과연 회사에서 바로 통하더라!

회사통 시리즈는
컴퓨터와 회사 업무를 동시에 마스터할 수 있는
직장인을 위한 '현장밀착형 입문(활용)서'이며
한빛미디어(주)의 대표 브랜드입니다.

회사에서 바로 **통** 하는
엑셀 2013

일 잘하는 직장인이
추천하는 최고의 시리즈

10년간 100만 독자들과 함께 성장했습니다

6년 전 막 회사 생활을 시작했을 때 회사에서 바로 통하는 시리즈가 큰 힘이 됐습니다. 실무에서 어떤 기능을 써야 할지 갈피를 잡지 못할 때 종종 책을 찾아보던 기억이 납니다. 지금 막 회사 생활을 시작하는 신입 사원에게 추천하고 싶은 책입니다.
● **김지연** | 제약회사 개발본부

회사에서 바로 통하는 시리즈에는 업무를 하면서 바로 활용할 수 있는 형태의 실습이 수록되어 있어서 프로그램을 익히는 데 큰 도움이 되었습니다. 생략 없이 상세한 단계별 설명과 그림 덕분에 쉽게 멋진 보고서를 만들 수 있게 되었습니다.
● **전성종** | IT서비스회사 재경정보팀

프레젠테이션 업무를 처음 받은 날이 생각납니다. 준비하는 시간이 턱없이 부족했어요. 인터넷으로 검색하며 밤새워 준비하다가 다음 날 아침 서점으로 달려가 《회사에서 바로 통하는 파워포인트》를 샀습니다. 그리고 책을 보면서 무사히 업무를 마무리 지을 수 있었습니다. 생각해보니 밤새 진땀 흘린 시간이 너무 아까웠어요.
● **김태우** | 여행사 마케팅팀

대학 때 인문 계열을 전공해서 입사하기 전까지 엑셀을 거의 사용해보지 않았습니다. 신입 사원일 때는 선배들도 모두 바빠 보이고, 괜히 일을 못하는 사람처럼 보일까봐 물어보기도 곤란했어요. 입사 동기와 함께 공부하는 데 회사에서 바로 통하는 시리즈가 큰 힘이 되었습니다. 경력이 쌓인 지금도 책을 곁에 두고 필요할 때마다 펼쳐보곤 합니다.
● **문아라** | 은행 근무

업무 특성상 엑셀을 자주 사용하는데, 스스로 해결하지 못하는 문제가 있을 때마다 《회사에서 바로 통하는 엑셀》을 찾아봤습니다. 과장님들께 배우지 못한 업무 기술이 책 곳곳에 녹아 있어 참 많은 도움이 되었습니다.
● **장승희** | 제약회사 구매팀

회사에서 바로 통하는 시리즈는 초급자나 중급자, 누구에게나 꼭 필요한 기능을 담은 가장 효율적인 교과서!
● **안상민** | 회계사

회사에서 바로 통하는 엑셀 2013

한은숙 지음

한빛미디어
Hanbit Media, Inc.

지은이 한은숙 lecturer@hanafos.com

숭실대 정보과학대학원을 졸업했으며 삼성전자, 하나로통신, 농림수산식품연수원 등의 여러 기업체와 공무원 연수원, 대학교에서 회사원, 공무원, 취업준비생 등을 대상으로 오피스를 강의했습니다. 캠퍼스21, 교원캠퍼스에서 온라인교육 콘텐츠를 제작하고 온라인 강의를 진행했으며 현재 오피스 전문 강사로 활동하고 있습니다.

[저서]

《IT CookBook 엑셀과 파워포인트 기초와 실습》(한빛미디어, 2004)

《회사에서 바로 통하는 엑셀 2003》(한빛미디어, 2005)

《IT CookBook 엑셀 실무와 활용》(한빛미디어, 2006)

《웃으며 찾는 엑셀 기능+함수 활용사전 406》(성안당, 2007)

《회사에서 바로 통하는 엑셀&파워포인트 2007》(한빛미디어, 2008)

《IT CookBook 엑셀 2007 실무와 활용》(한빛미디어, 2008)

《IT CookBook 엑셀과 파워포인트 2007 실무와 활용》(한빛미디어, 2009)

《한은숙의 Must Have 엑셀 2007을 가져라》(성안당, 2009)

《회사에서 바로 통하는 엑셀 2010》(한빛미디어, 2011)

《직장인을 위한 실무 엑셀》(길벗, 2012)

회사에서 바로 통하는
엑셀 2013

초판발행 2014년 07월 15일
9쇄발행 2020년 07월 27일

지은이 한은숙 / **펴낸이** 김태헌
펴낸곳 한빛미디어(주) / **주소** 서울시 서대문구 연희로2길 62 한빛미디어(주) IT출판부
전화 02-325-5544 / **팩스** 02-336-7124
등록 1999년 6월 24일 제25100-2017-000058호 / **ISBN** 978-89-6848-107-9 13000

총괄 전정아 / **책임편집** 배윤미 / **기획** 배윤미 / **편집** 안세현 / **진행** 박동민
디자인 표지 오필민, 내지 김연정, 천승훈
영업 김형진, 김진불, 조유미 / **마케팅** 박상용, 송경석, 조수현, 이행은 / **제작** 박성우, 김정우

이 책에 대한 의견이나 오탈자 및 잘못된 내용에 대한 수정 정보는 한빛미디어(주)의 홈페이지나 아래 이메일로 알려주십시오.
잘못된 책은 구입하신 서점에서 교환해 드립니다. 책값은 뒤표지에 표시되어 있습니다.
한빛미디어 홈페이지 www.hanbit.co.kr / 이메일 ask@hanbit.co.kr / 자료실 www.hanbit.co.kr/src/2107

지금 하지 않으면 할 수 없는 일이 있습니다.
책으로 펴내고 싶은 아이디어나 원고를 메일(writer@hanbit.co.kr)로 보내주세요.
한빛미디어(주)는 여러분의 소중한 경험과 지식을 기다리고 있습니다.

문서 작성의 기본부터 데이터 관리, 분석까지 엑셀의 막강한 기능을 만난다!

어느 회사에서 어떤 업무를 맡게 되든지 필수적으로 사용하게 되는 프로그램 중 하나가 엑셀입니다. 현재 워드나 프레젠테이션 프로그램은 다양하게 사용되고 있지만, 스프레드시트 프로그램 중에서는 엑셀을 대항할 만한 다른 프로그램이 없는 듯합니다. 대개 엑셀의 매력에 푹 빠지면 기안서든 보고서든 모두 엑셀로 작성하게 됩니다. 바꿔 말하면 어떠한 문서라도 엑셀로 만들 수 있다는 것입니다. 예전에는 주로 엑셀의 탁월한 계산 기능이 알려져 있었기에 경리, 회계 업무에만 쓰이는 프로그램이라는 인식이 강했습니다. 그러나 버전이 거듭 업그레이드된 지금은 기본 문서 작성에서부터 계산뿐 아니라 차트 작성, 대량의 데이터를 관리, 분석할 수 있는 기능까지 추가되고 개선되었습니다.

'핵심기능실습'으로 엑셀의 기초를, '회사통 실무활용'으로 엑셀 활용 능력을 기른다!

《회사에서 바로 통하는 엑셀 2013》은 업무에서 보편적으로 가장 많이 사용되는 실무 예제, 즉 실무에서 바로 사용 가능한 다양한 문서로 엑셀의 각 기능을 배우고 실제로 업무에서 활용할 수 있도록 구성했습니다.

이제 막 엑셀에 입문한 사용자라면 1부에 해당하는 1장에서 6장까지 마스터하면서 기본기를 다지고 엑셀 초보 단계를 뗄 수 있습니다. 2부인 7장에서 10장까지는 엑셀의 핵심 기능인 함수, 차트, 데이터 관리 기능 등을 알아보고 기본 문서 작성과 더불어 데이터 계산, 관리, 요약 분석을 배울 수 있도록 구성되었습니다. 엑셀 중급 유저로 거듭나는 데 도움이 되는 부분입니다. 3부인 11장의 실무 함수와 12장의 매크로, VBA를 공부하면 엑셀 파워 유저가 되기 위한 준비가 모두 완료됩니다. 엑셀 달인이나 엑셀 파워 유저가 되려면 각자 실제 업무에 맞게 활용해봐야 합니다. 각 장에 있는 '핵심기능실습', '회사통 실무활용', '혼자해보기' 등을 차근차근 공부하면 엑셀의 주요 기능을 반복해서 사용해볼 수 있습니다.

《회사에서 바로 통하는 엑셀 2013》으로 업무의 달인이 된다!

어떤 일을 만 번 하면 숙달이 되고, 십만 번을 하면 그 일에 달인이 된다고 합니다. 이 책의 내용을 여러 번 실습해보고, 사용자 여러분의 실제 업무 문서에 맞게 적용하는 작업을 반복해보기 바랍니다. 그러다 보면 어느새 엑셀의 달인에 가까워질 수 있으리라 생각합니다.

책을 집필하는 동안 말없이 힘을 준 하늘에 있는 사랑하는 아들 성준이, 힘들 때마다 묵묵히 옆을 지켜주는 가족과 친구, 지인들에게 감사드립니다. 느린 원고를 끝까지 기다려주고 좋은 책을 만들기 위해 항상 최선을 다하는 한빛미디어 관계자분들과 기획자 배윤미 님께도 감사드립니다.

2014년 6월 **한은숙**

'핵심기능실습'으로 엑셀 기능을 빠르게 익히고, '회사통 실무활용'으로 엑셀 활용 능력을 마스터한다!

▎ 효율적인 학습을 위한 3단계 학습법 한눈에 살펴보기 ▎

STEP 01

핵심기능실습

업무를 효율적으로 하기 위해서는 엑셀의 필수 기능을 능숙하게 다룰 수 있어야 합니다. '핵심기능실습'으로 회사에서 엑셀의 기본 기능을 빠르게 배우고 업무에 능숙하게 활용해봅니다.

STEP 02

회사통 실무활용

'회사통 실무활용'으로 엑셀의 핵심 기능과 활용 방법을 동시에 익힐 수 있습니다. 회사에서 바로 써먹는 실무 예제라 알아두면 재미도 있고, 업무 활용 능력도 단숨에 올라갑니다.

STEP 03

혼자해보기

완성 파일 미리 보기와 따라하기 힌트를 살펴보면서 배운 내용을 스스로 복습해봅니다. '혼자해보기'로 엑셀 문제 해결 및 응용 능력까지 한번에 향상시킬 수 있습니다.

바로 통하는 TIP

따라하기 과정이나 실습 중에 헷갈리기 쉬운 내용은 '바로 통하는 TIP'에서 그때그때 해결하도록 도와줍니다.

엑셀 실무활용노트

엑셀의 막강한 기능 중 꼭 알고 있어야 할 핵심만 정리해 '엑셀 실무활용노트'로 구성했습니다. 엑셀 활용 능력을 업그레이드하는 데 도움이 되는 유용한 정보를 소개합니다.

▎ 3단계 학습법이 회사에서 바로 통하는 이유 ▎

회사에서 바로 통하는 실무 예제로 바로 배워 바로 써먹는다!

업무에 당장 써먹을 수 있는 예제만 철저하게 선별해 수록했습니다. '핵심기능실습'과 '회사통 실무활용', '혼자해보기'에 수록된 예제는 엑셀의 기능을 배우면서 동시에 실무 활용 능력까지 업그레이드할 수 있는 최적화된 실무 문서입니다. 어느 회사에서나 사용되는 표준 문서이므로 미리 알아두면 업무 능력 향상에 큰 도움이 됩니다.

01 '핵심기능실습'으로 엑셀 기본 기능을 빠르게 익힌다!

엑셀을 다루는 데 반드시 알고 있어야 할 기능으로 구성했습니다. 엑셀의 기본 기능부터 필수 기능까지 빠르게 익혀 엑셀을 능숙하게 다룰 수 있도록 도와줍니다. 엑셀 업무 시 궁금한 부분이 있다면 그때그때 해당 기능을 찾아 익혀봅니다.

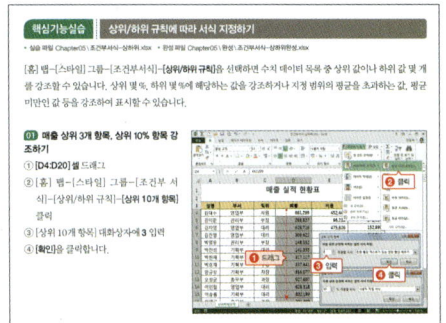

02 '회사통 실무활용'으로 업무 활용 능력을 업그레이드한다!

회사에서 엑셀 업무를 할 때 자주 사용하는 문서로 구성했습니다. 예제에 사용되는 엑셀 기능과 활용 방법을 알아두면 업무 효율을 단숨에 향상시킬 수 있습니다. 작업 시 자주 부딪히는 문제는 '엑셀 실무활용노트'를 참고합니다.

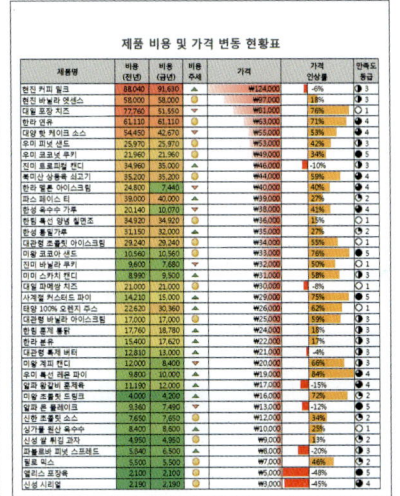

03 '혼자해보기'로 엑셀 문제 해결 및 응용력을 기른다!

'핵심기능실습'과 '회사통 실무활용'에서 배운 내용을 다시 한 번 복습할 수 있습니다. 완성 파일 미리 보기 및 따라하기를 진행하는 데 필요한 힌트가 충실하게 수록되어 있으므로 스스로의 엑셀 실력을 점검하고 문제 해결 및 응용 능력을 기르는 데 활용할 수 있습니다.

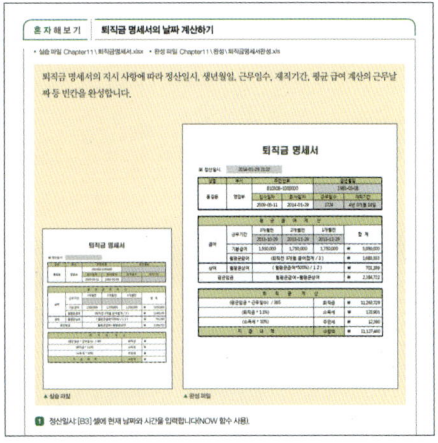

회사에서 통하는 절대 한 수!
단계별 학습으로 업무의 달인이 된다!

엑셀 활용 능력

왕초보라도 괜찮아!

기초부터 착실하게
문서 작성의
기본을 배워봅니다.

STEP 01

엑셀을 다루는 데
필요한 기본 기능
익히기

기본기 다지기
초급 사용자

엑셀 입문자라면 엑셀의 화면 구성과 작업 구조, 엑셀의 데이터 개념, 수식 작성 방법, 셀 참조의 개념, 서식 지정 및 페이지 설정과 인쇄 등 엑셀 기본 문서 작성을 위한 기본 기능을 꼭 익혀야 합니다.

문서 좀 다룰 줄 아는 직장인!

엑셀의 수식이나 함수 등을
이용한 문서 작성 방법을
공부합니다.
데이터 관리와 분석도 엑셀로
척척 진행할 수 있습니다.

STEP 02

엑셀을 좀더 깊이 있게
다루는 데 필요한
핵심 기능 익히기

포지션 획득하기
중급 사용자

기본 문서 작성으로 그치는 것이 아니라 엑셀에서 구현할 수 있는 핵심 기능을 활용할 수 있습니다. 함수, 차트, 피벗 테이블 등의 데이터 관리 분석 기능을 활용해 문서의 데이터를 계산하고 요약 분석까지 척척 해내는 포지션에 이르게 됩니다.

업무의 달인!

엑셀 기능을 자유자재로
활용하는 초고수
직장인이 될 수 있습니다.

STEP 03

엑셀로 업무 효율성을
극대화할 수 있는
고급 기능 익히기

파워 유저로 거듭나기
고급 사용자

엑셀의 분류별 고급 함수들을 실무에서 활용할 수 있게 됩니다. 또한 엑셀 기능의 한계를 넘어 반복 작업을 자동화할 수 있는 매크로와 VBA에 대해 익히게 됩니다.

학습 내용

SECTION

엑셀 2013을 다룰 때 반드시 알아야 할 기본 기능과 활용 방법을 소개합니다.

핵심기능실습

핵심 기능을 따라하면서 엑셀 2013의 기본 기능을 익힐 수 있습니다.

실습 파일&완성 파일

엑셀의 기능을 익히는 데 최적화된 예제만 선별해 수록했습니다. 예제를 따라한 후 결과를 비교해볼 수 있습니다.

실행 결과 보기

단계별 따라하기 완료 후 확인할 수 있는 실행 결과 및 주요 변화 내용을 한 번 더 설명해줍니다.

S E C T I O N

01 셀/행/열 편집하기

워크시트는 그 자체가 하나의 커다란 표이므로 셀, 행, 열 편집은 엑셀 문서 작성에서 반드시 알아야 할 기본 사항입니다. 행/열을 삽입, 삭제하고 크기를 조절하거나 숨기는 기능 등을 알아보겠습니다.

핵심기능실습 | 한 시트에 여러 표가 있는 상태의 셀/행/열 편집

· 실습 파일 Chapter03\Section01\분양정보.xlsx   · 완성 파일 Chapter03\Section01\완성\분양정보완성.xlsx

워크시트에 여러 표가 작성되어 있다면 행, 열을 삽입하거나 삭제하면 다른 표에도 함께 적용됩니다. 따라서 이러한 경우에는 셀 범위를 따로 지정해 셀을 삽입하거나 삭제하는 것이 좋습니다. 열 너비, 행 높이 등이 정리되지 않은 3개의 분양 정보 표에서 셀/행/열을 편집하고 문서를 보기 좋게 만들어보겠습니다.

01 행 · 열 삽입하기

행, 열 전체를 선택한 후 삽입하면 다른 표에도 행이 삽입됩니다.

① 2행 머리글 클릭
② 16행 머리글 Ctrl +클릭
③ [홈] 탭-[셀] 그룹-[삽입] 클릭
④ H열 머리글 클릭
⑤ [홈] 탭-[셀] 그룹-[삽입]을 클릭합니다.

행은 위쪽, 열은 왼쪽의 서식이 복사되어 삽입됩니다.

02

① H열 오른쪽에 표시된 [삽입 옵션] 클릭
② [서식 지우기]를 클릭합니다.

바로 통하는 TIP [삽입 옵션]은 다른 셀을 편집하면 바로 사라지며, 행/열 삽입을 해야 다시 나타납니다.

086 · Part 01 엑셀 기본 문서 작성

---

04 날짜 입력하기

① [I6] 셀에 **2014-5-7** 입력 후 Enter
② [G7] 셀에 **5-8** 입력 후 Enter
③ [J7] 셀에 **5/11**을 입력한 후 Enter 를 누릅니다.

바로 통하는 TIP 월, 일만 입력하면 연도는 컴퓨터에 설정된 현재 연도가 자동으로 지정됩니다.

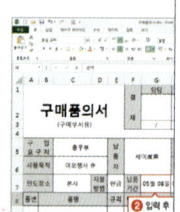

05 아포스트로피(')로 문자 입력하기

① [A9] 셀에 **'1-1** 입력 후 Tab
② [B9] 셀에 케이블 릴 접지형 30을 입력 후 Enter
③ [A10] 셀에 **'1-2** 입력 후 Tab
④ [B10] 셀에 케이블 릴 차단형 50을 입력한 후 Enter 를 누릅니다.

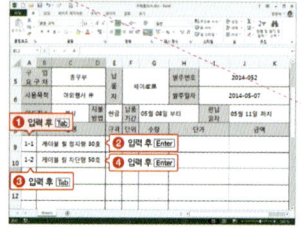

실무활용노트 | 아포스트로피(') 없이 문자를 계속 입력하려면

1-1, 1-2라고 입력하면 날짜 형식 01월 01일, 01월 02일로 입력됩니다. 문자로 입력하려면 반드시 앞에 아포스트로피(')를 입력해야 합니다. 문자로 입력할 목록이 많을 때 아포스트로피(')를 계속 입력하는 것이 번거롭다면 미리 입력할 범위의 서식을 텍스트로 지정해줍니다. 이후 입력할 때는 아포스트로피(') 없이 입력해도 문자로 입력됩니다.

③ [홈] 탭-[표시 형식] 그룹-[표시 형식 목록]에서 [텍스트] 선택
① 입력할 범위 먼저 지정
② 아포스트로피(') 없이 그냥 입력해도 문자로 입력됨

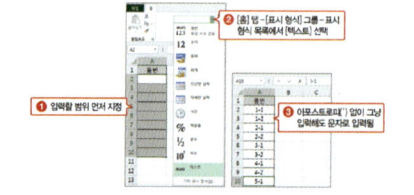

068 · Part 01 엑셀 기본 문서 작성

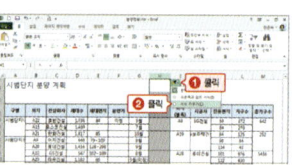

바로 통하는 TIP

예제 실습 중 헷갈리기 쉬운 부분을 그때그때 정리해줍니다.

실무활용노트

엑셀을 다루는 데 필요한 정보, 알고 넘어가면 좋을 참고 사항을 상세히 소개합니다.

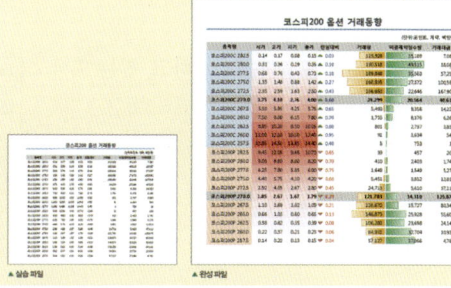

회사통 실무활용

회사에서 바로 쓸 수 있는 다양한 엑셀 문서로 실습을 구성했습니다. 차근차근 따라하다 보면 엑셀 실무 노하우를 얻을 수 있습니다.

사용 가능 버전

엑셀 2013이 아니더라도 해당 예제를 학습할 수 있는 엑셀 버전을 확인할 수 있습니다.

완성 화면 및 주요 기능 미리 보기

실습 완료 후 확인할 수 있는 완성 화면을 미리 보고 따라하기 과정에서 주요하게 학습할 기능을 한눈에 살펴볼 수 있습니다.

회사통 실무활용 16

품질 시험 결과표에 판정 결과 및 순위 구하기

2007 · 2010 · 2013

• 실습 파일 Chapter07 \ Section03 \ 품질시험결과표.xlsx • 완성 파일 Chapter07 \ Section03 \ 품질시험결과표완성.xlsx

품질 시험 결과표 조건에 따라 판정란에 '적합', '부적합'을 입력하고 수량합계란의 합계는 IF 함수 안에 AVERAGE와 SUM 함수를 중첩하여 구합니다. 또한 순위를 구하는 RANK.EQ 함수와 RANK.AVG 함수의 결과 차이를 알아보기 위해 두 함수를 사용하여 각각 순위를 구해보겠습니다.

• 현장밀도 판정 : 시험결과가 95% 이상이면 '적합', 아니면 '부적합'
• 염화물 판정 : 시험결과가 0.3 이하이면 '적합', 아니면 '부적합'
• 수량합계 : 시험결과 평균이 기준에 맞으면 합계를 구하고 그렇지 않으면 0
• 사용 함수 : IF, AVERAGE, SUM, RANK.EQ, RANK.AVG

품질 시험 결과표

항목	시험차수	기준	시험결과	판정	수량	순위1 (RANK.EQ)	순위2 (RANK.AVG)	검사자 성명	서명
현장밀도	1차	95% 이상	99.7%	적합	500	1	1	홍길동	
	2차	95% 이상	98.6%	적합	500	2	2	홍길동	
	3차	95% 이상	96.7%	적합	500	3	3.5	홍길동	
	4차	95% 이상	96.7%	적합	500	3	3.5	홍길동	
	5차	95% 이상	94.3%	부적합	500	5	5	홍길동	
	수량합계				2,500				
염화물	1차	0.3 kg/m²이하	0.299	적합	500	1	2	이순신	
	2차	0.3 kg/m²이하	0.488	부적합	500	5	5	이순신	
	3차	0.3 kg/m²이하	0.377	부적합	500	4	4	이순신	
	4차	0.3 kg/m²이하	0.299	적합	500	1	2	이순신	
	5차	0.3 kg/m²이하	0.299	적합	500	1	2	이순신	
	수량합계				0				

❶ 현장밀도 판정 결과 구하기(IF 함수 사용)
❷ 염화물 판정 결과 구하기(IF 함수 사용)
❸ 수량 합계 구하기(IF, AVERAGE, SUM 함수 중첩 사용)
❹ 클수록 높은 순위 구하기(RANK.EQ 함수 사용)
❺ 작을수록 높은 순위 구하기(RANK.EQ 함수 사용)
❻ 클수록 높은 순위 구하기(RANK.AVG 함수 사용)
❼ 작을수록 높은 순위 구하기(RANK.AVG 함수 사용)

CHAPTER 07 맥

혼자해보기

핵심기능실습 및 회사통 실무활용에서 배운 내용을 복습할 수 있습니다.

혼 자 해 보 기   주가지수옵션시세표에 조건부 서식 지정하기

• 실습 파일 Chapter05 \ Section08 \ 주가지수옵션시세표.xlsx • 완성 파일 Chapter05 \ Section08 \ 주가지수옵션시세표완성.xls

다음은 코스피200 옵션의 종목별 시세 데이터가 입력된 주가지수옵션시세표입니다. 준비 파일을 불러온 후 다음 지시 사항에 따라 조건부 서식을 지정하여 데이터를 시각화해봅니다.

코스피200 옵션 거래동향

▲ 실습 파일   ▲ 완성 파일

❶ [A5:B26] 셀에 수식을 사용한 조건부 서식을 지정하여 종목명이 '코스피200C'이면 [채우기 색]을 [파랑, 강조1, 80% 더 밝게]로 채우고, '코스피200P'이면 [주황, 강조2, 80% 더 밝게]로 채웁니다.

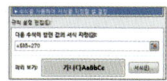

❷ [A5:J26] 셀에 수식을 사용한 조건부 서식을 지정하여 종목명 중 값이 270인 행의 [채우기 색]을 [흰색, 배경 1, 15% 더 어둡게]로 채우고, [글꼴 스타일]을 [굵게]로 지정합니다(종목명은 문자 부분은 A열에 숫자 부분은 B열에 따로 입력되어 있음).

❸ [C5:C26], [D5:D26], [E5:E26], [F5:F26] 셀에 각각 [빨강-흰색 색조]를 지정합니다.

❹ [G5:G25] 셀에 양수는 파랑색 음수는 마이너스 부호 없이 빨간색으로 소수 두 자리를 표시하도록 사용자 지정 표시 형식을 지정합니다[파랑]0.00;[빨강]0.00].

❺ [G5:G26] 셀에 아이콘 집합 [삼각형 3개]을 지정한 후 양수는 녹색 음수는 빨강 삼각형이 표시되도록 규칙을 편집합니다.

❻ [H5:H26] 셀에 [그래데이션 채우기]의 [주황 데이터 막대]를 지정한 후 [막대 방향]을 [오른쪽에서 왼쪽]으로 규칙을 편집합니다.

❼ [I5:I26] 셀에 [그래데이션 채우기]의 [녹색 데이터 막대]를 지정합니다.

회사에서 바로 통하는
실습 예제 다운로드하기

이 책에 사용된 모든 실습 및 완성 예제 파일은 한빛미디어 홈페이지(www.hanbit.co.kr/media)에서 다운로드할 수 있습니다. 예제 파일은 따라 하기를 진행할 때마다 사용되므로 컴퓨터에 복사해두고 활용합니다.

1 한빛미디어 홈페이지 (www.hanbit.co.kr/
media)로 접속합니다. 로그인 후 화면 오른쪽
아래에서 [자료실] 버튼을 클릭합니다.

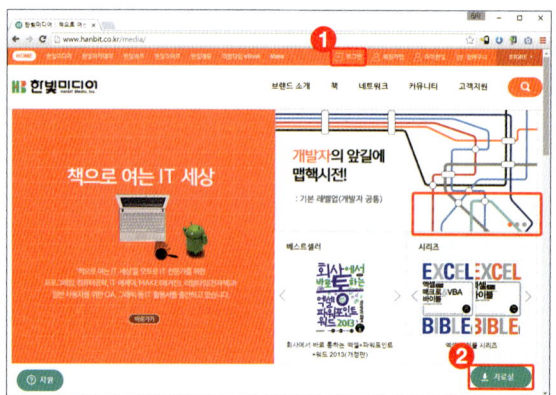

2 자료실 검색란에 도서명을 입력하고, 찾는 도서
의 제목 부분을 클릭합니다.

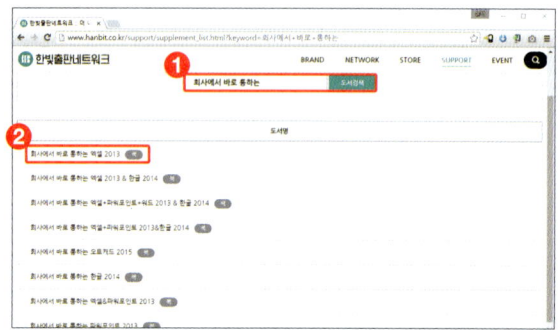

3 선택한 도서 정보가 표시되면 오른쪽에 있는 다
운로드 아이콘을 클릭합니다.

- 다운로드한 예제 파일은 일반적으로 [다운로드] 폴
더에 저장되며, 사용하는 웹브라우저 설정에 따라
다를 수 있습니다.

실습 예제 파일의 구성
알아보기

실습 예제 폴더에는 실습에 필요한 예제 파일 및 완성 파일이 들어 있습니다. 실습을 진행하는 해당 챕터와 섹션을 확인한 후 예제 파일을 불러와 사용합니다. 실습을 완료한 후에는 본인이 작업한 파일과 완성 파일을 비교해보면서 한 번더 실습한 내용을 확인해볼 수 있습니다.

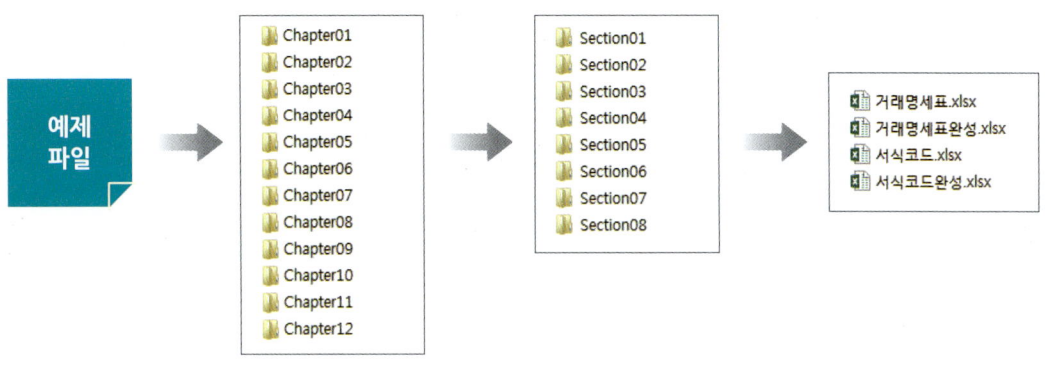

독자 Q&A

궁금한 내용은 묻고 답하기에서 바로 해결한다!

《회사에서 바로 통하는 엑셀 2013》을 학습하다 부딪히는 문제는 한빛미디어 홈페이지(www.hanbit.co.kr)의 '묻고 답하기' 게시판에 올리거나 이메일 ask@hanbit.co.kr 혹은 저자 이메일(lecturer@hanafos.com)로 보내 쉽게 해결할 수 있습니다.

PART 02 │ 엑셀 핵심 기능 다루기

PART 03 | 엑셀 실무 함수와 매크로

엑셀 기본 문서 작성

EXCEL 2013

엑셀을 만나다

엑셀을 주된 업무에 사용하지 않더라도 한두 번쯤은 엑셀 문서를 접해본 경험이 있을 것입니다. 그러나 단순히 다른 사람이 보낸 엑셀 문서를 열어보는 용도로, 혹은 기본적인 문서 작성 용도로만 사용하기에는 엑셀의 기능이 매우 막강하므로 이 장을 통해 무심히 지나쳤던 엑셀의 쓰임새에 대해서 잘 살펴보고 엑셀의 화면 구성과 사용자 지정 방법 등을 꼼꼼히 익혀두기 바랍니다.

엑셀이란?

마이크로소프트사에서 개발한 스프레드시트(Spreadsheet) 프로그램 엑셀! 스프레드시트에 대해서 알아보고 엑셀의 활용 범위를 살펴보면 자신의 업무에서는 어떻게 엑셀을 활용할 것인지 감이 잡힐 것입니다.

스프레드시트와 엑셀

스프레드시트는 원래 경리, 회계 업무에서 사용된 일정한 형태의 계산 용지를 일컫는 것으로, 이를 컴퓨터 화면에 그대로 옮겨 계산식을 첨가한 것이 스프레드시트 프로그램의 시작입니다. 즉, 연속적인 행과 열로 구성된 작업지 (Worksheet)에 데이터를 입력, 계산, 처리하여 표, 차트, 피벗 테이블 등의 다양한 형태로 표현하는 것입니다.

최초의 스프레드시트 프로그램은 1978년 8비트 애플 컴퓨터용으로 개발된 비지칼크(VisiCalc)입니다. 이후 IBM 호환 기종이 등장하면서 1982년 로터스에서 개발한 Lotus 1-2-3이 많이 사용되었습니다. 윈도우 운영체제가 등장하면서부터는 윈도우에 적합하고 사용하기 편리한 엑셀이 좀더 주목을 받았습니다.

초기 스프레드시트에서는 간단한 계산 작업밖에 할 수 없었는데, 현재 2013 버전까지 발전된 엑셀에서는 함수를 사용한 복잡한 계산은 물론 데이터 분석, 차트 작성, 스마트아트를 이용한 다이어그램 작성, 웹과 클라우드를 통한 작업 공유까지 막강한 기능들을 활용할 수 있게 되었습니다.

엑셀로 무엇을 할까?

엑셀은 회사뿐 아니라 학교나 가정에서도 많이 사용되는 대중적인 프로그램입니다. 엑셀로 할 수 있는 작업은 일일이 나열할 수 없을 정도로 다양합니다. 엑셀의 대표적인 기능은 다음과 같습니다.

● 문서 작성과 표 계산

기본적인 문서 작성은 워드프로세서를 사용하지만, 수치 데이터와 표가 많이 포함된 문서를 작성할 때는 엑셀을 사용하는 것이 훨씬 편리합니다. 특히 조건부 서식 기능을 사용하면 원하는 조건에 해당하는 데이터를 찾아 서식을 지정할 수 있습니다. 데이터를 효과적으로 시각화하여 강조할 수 있기 때문에 문서 작성 시간은 줄이면서 정확도는 높일 수 있습니다.

엑셀은 수학/삼각, 통계, 논리, 찾기/참조 영역, 날짜 및 시간, 텍스트, 재무 등 분야별로 전문적인 함수들을 제공합니다. 하나하나 계산기를 두드리며 계산하지 않아도 복잡한 계산을 함수로 쉽게 처리할 수 있습니다.

월간 입출금내역서

문서 분류	경리/회계	확
페 이 지 번 호	1/1페이지	
작 성 일 자	이순신	인
작 성 일 자	2014년 5월 30일 금요일	/

월	이전 잔액	총 예금액
5월	₩3,250,550	₩7,070,000

연도	최종 잔액	총 출금액
2014년	₩8,600,550	₩1,720,000

예금

예금번호	날짜	금액	설명	비율	조정여부
01001	2014-05-11	₩ 1,250,000	작업1, 수표1	17.7%	Y
01002	2014-05-15	₩ 1,500,000	작업1, 수표1	21.2%	Y
02001	2014-05-16	₩ 1,370,000	작업1, 수표2	19.4%	Y
02002	2014-05-25	₩ 1,750,000	작업2, 수표2	24.8%	Y
03001	2014-05-31	₩ 1,200,000	작업3, 수표1	17.0%	Y
합계		₩ 7,070,000		100.0%	

출금

종류	날짜	금액	내용	비율	조정여부
수표 2001	2014-05-10	₩ 250,000	전기	14.5%	Y
수표 2002	2014-05-11	₩ 220,000	난방/상하수도	12.8%	Y
수표 2003	2014-05-15	₩ 780,000	대출이자	45.3%	Y
직불	2014-05-19	₩ 170,000	소모품비	9.9%	Y
ATM	2014-05-20	₩ 300,000	현금인출	17.4%	Y
합계		₩ 1,720,000		100.0%	

▲ 표 계산 문서에 기본 서식 적용

제품 비용 및 가격 변동 현황표

제품명	비용(전년)	비용(금년)	비용추세	가격	가격인상률	만족도등급
현진 커피 밀크	88,040	91,630	▲	₩124,000	-6%	3
현진 바닐라 엣센스	58,000	58,000	○	₩97,000	18%	3
대일 포장 치즈	77,760	51,550	▽	₩81,000	76%	1
한라 연유	61,110	61,110	○	₩63,000	71%	4
대양 핫 케이크 소스	54,450	42,670	▽	₩55,000	53%	4
우미 피넛 샌드	25,970	25,970	○	₩53,000	42%	3
우미 코코넛 쿠키	21,960	21,960	○	₩49,000	34%	5
진미 트로피컬 캔디	34,960	35,000	▲	₩46,000	-10%	3
북미산 상등육 쇠고기	35,200	35,200	○	₩44,000	59%	4
한라 멜론 아이스크림	24,800	7,440	▽	₩40,000	40%	4
파스 페이스 티	39,000	40,000	▲	₩39,000	27%	2
한성 옥수수 가루	20,140	10,070	▽	₩38,000	41%	4
한림 특선 양념 칠면조	34,920	34,920	○	₩36,000	15%	1
한성 통밀가루	31,150	32,000	▲	₩35,000	27%	2
대관령 초콜릿 아이스크림	29,240	29,240	○	₩34,000	55%	1
미왕 코코아 샌드	10,560	10,560	○	₩33,000	76%	5
진미 바닐라 쿠키	9,600	7,680	▽	₩32,000	50%	1
미미 스카치 캔디	8,990	9,500	▲	₩31,000	58%	3
대일 파메쌍 치즈	21,000	21,000	○	₩30,000	-8%	1
사계절 커스터드 파이	14,210	15,000	▲	₩29,000	75%	5
태양 100% 오렌지 주스	22,620	30,360	▲	₩26,000	62%	1
대관령 바닐라 아이스크림	17,000	17,000	○	₩25,000	59%	3
한림 훈제 통닭	17,760	18,780	▲	₩24,000	18%	3
한라 분유	15,400	17,620	▲	₩22,000	17%	3
대관령 특제 버터	12,810	13,000	▲	₩21,000	-4%	3
미왕 계피 캔디	12,000	8,400	▽	₩20,000	66%	3
우미 특선 레몬 파이	18,000	10,000	▲	₩19,000	84%	4
알파 왕갈비 훈제육	11,190	12,000	▲	₩17,000	-15%	4
미왕 초콜릿 드링크	4,000	4,200	▲	₩16,000	72%	2
알파 콘 플레이크	9,360	7,490	▽	₩13,000	-12%	5
신한 초콜릿 소스	7,650	7,650	○	₩12,000	34%	2
싱가폴 평산 옥수수	8,400	8,600	▲	₩10,000	25%	1
신성 쌀 튀김 과자	4,950	4,950	○	₩9,000	13%	2
파트로바 피넛 스프레드	5,840	6,500	▲	₩8,000	-20%	3
밀로 믹스	5,500	5,500	○	₩7,000	46%	2
엘리스 포장육	2,100	2,100	○	₩5,000	-48%	5
신성 시리얼	2,190	2,190	○	₩3,000	-45%	4

▲ 수치 데이터에 조건부 서식 적용

차트와 일러스트레이션 삽입

차트를 작성하면 매출 실적을 비교하거나 기간별 변화 추이, 점유율 등을 나타낼 수 있습니다. 엑셀은 데이터 성격과 목적에 따라 차트를 쉽게 작성할 수 있도록 다양한 형태의 차트를 제공합니다. 뿐만 아니라 특별한 디자인 감각이 없어도 엑셀에서 제공하는 차트 디자인과 레이아웃을 선택하여 세련된 차트를 작성할 수 있습니다. 또한 일러스트레이션 그룹에서 선택할 수 있는 그래픽 개체들을 사용하여 조직도나 다이어그램 등을 간편하게 삽입할 수 있습니다.

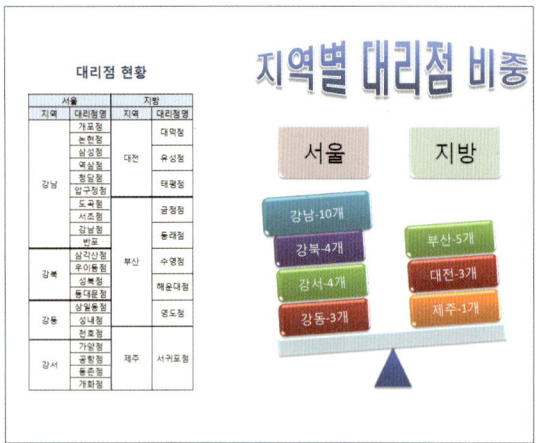

▲ 스마트아트의 밸런스형 다이어그램

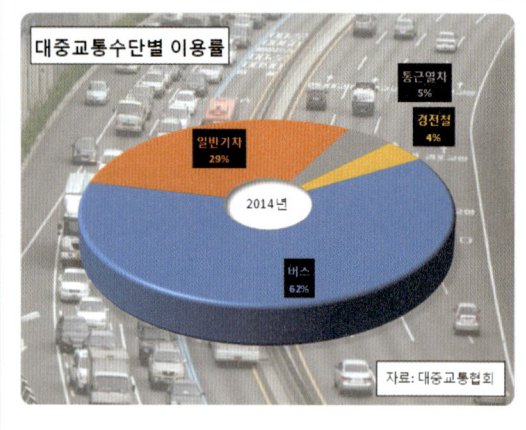

▲ 3차원 원형 차트

▲ Office용 앱 Bing Map

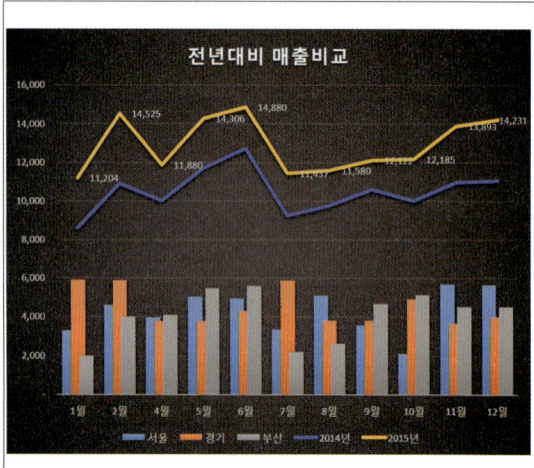

▲ 묶은 세로 막대형 : 꺾은선형 콤보 차트

데이터 관리와 분석

엑셀은 요즘 같은 빅데이터 시대에 많은 양의 데이터 목록을 관리하고 분석, 요약하는 데 매우 유용한 프로그램입니다. 데이터 목록을 원하는 조건으로 정렬하고 필터링하는 것은 기본이고, 피벗 테이블로 대량의 데이터를 효과적으로 요약한 보고서를 간편하게 작성하여 데이터를 분석할 수 있습니다. 이러한 엑셀의 데이터 관리 분석 기능을 사용하면 전문적인 데이터베이스 프로그램을 사용하지 않더라도 간편하게 데이터를 관리하고 분석할 수 있습니다.

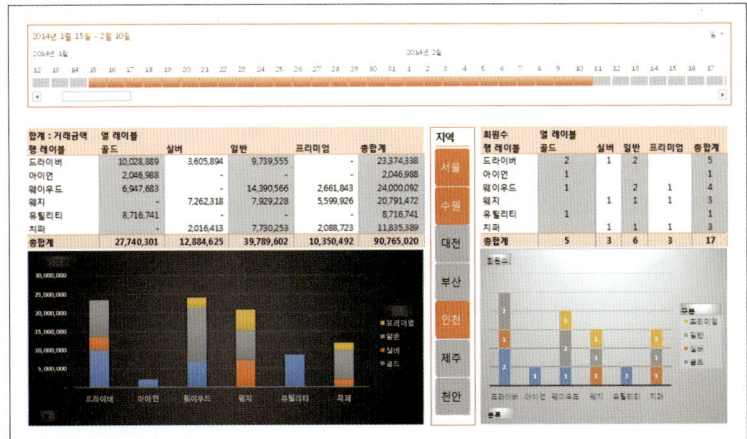

▲ 피벗 테이블과 피벗 차트

▲ 피벗 테이블 보고서

매크로를 사용한 반복 작업의 자동화

엑셀의 매크로 기능은 마우스 클릭 한 번 또는 단축키 조작 한 번으로 반복적인 작업을 간단하게 처리할 수 있게 해줍니다. 또한 비주얼 베이직 프로그램(Visual Basic for Application)을 내장하고 있어서 엑셀 문서 내에서 실행할 수 있는 간단한 프로그램을 만들 수 있습니다.

▲ 매크로 포함 자동화 문서

엑셀의 실행 및 종료 방법은 다른 응용프로그램과 크게 다르지 않습니다. 엑셀을 좀더 빨리 시작하고 종료하는 다양한 방법과 옵션에 대해서 살펴보겠습니다.

핵심기능실습 | **엑셀 시작 화면 다루기**

오피스 2013이 설치되어 있다면 엑셀 프로그램 아이콘을 찾아 선택합니다. 엑셀이 실행되면 최근 사용한 엑셀 문서 목록과 마이크로소프트 온라인에서 제공하는 서식 파일 목록이 시작 화면으로 나타납니다.

01 새 통합 문서 열기

빈 워크시트에서 작업을 시작하려면 시작 화면에서 [새 통합 문서]를 선택합니다.

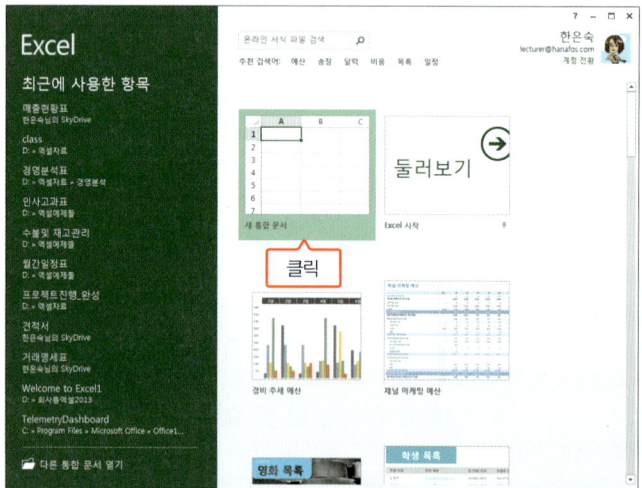

바로 통하는 TIP Office에 로그인하기

오피스 2013을 설치한 후 처음 실행했다면 [Office에 로그인] 창이 먼저 표시됩니다. 회사나 학교에서 제공하는 마이크로소프트 온라인 서비스 ID가 있다면 [조직 또는 학교]를 선택한 후 로그인하고, 아니면 마이크로소프트의 웹 클라우드인 원드라이브(OneDrive)에 개인 계정을 등록한 후 로그인합니다. 클라우드에 파일을 저장하면 집, 사무실 등의 장소와 PC, 모바일 기기 등의 디바이스에 상관없이 실시간으로 파일을 불러올 수 있습니다. 회사 계정이나 개인 계정을 통해 마이크로소프트 온라인 서비스로 이동할 수 있으며, 계정마다 제공되는 서비스는 다를 수 있습니다. 두 계정을 모두 사용할 수도 있습니다. 작업할 파일이 있는 계정으로 로그인합니다.

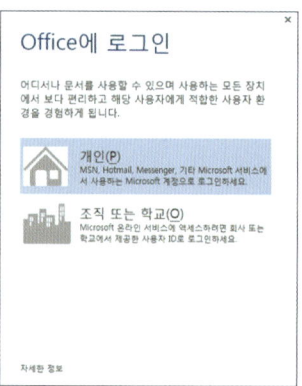

02 최근에 사용한 통합 문서 열기

최근에 사용한 통합 문서 목록을 다시 보기 위해서 [파일] 탭을 클릭합니다.

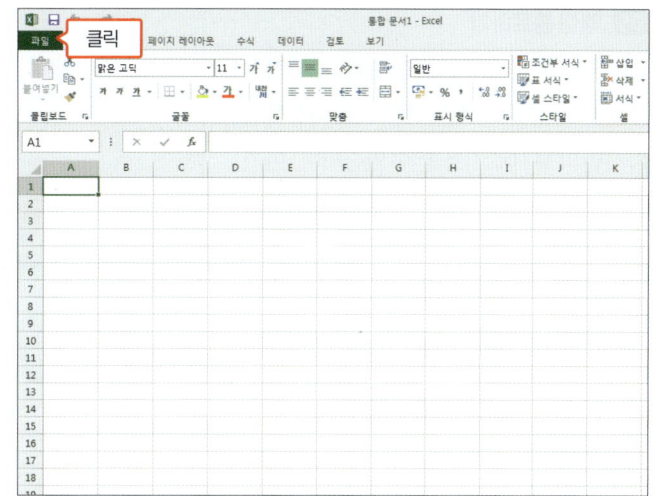

03

[최근에 사용한 통합 문서] 목록에서 파일명을 클릭하면 바로 해당 통합 문서가 열립니다. 온라인 서식 파일을 사용하기 위해 [새로 만들기]를 선택합니다.

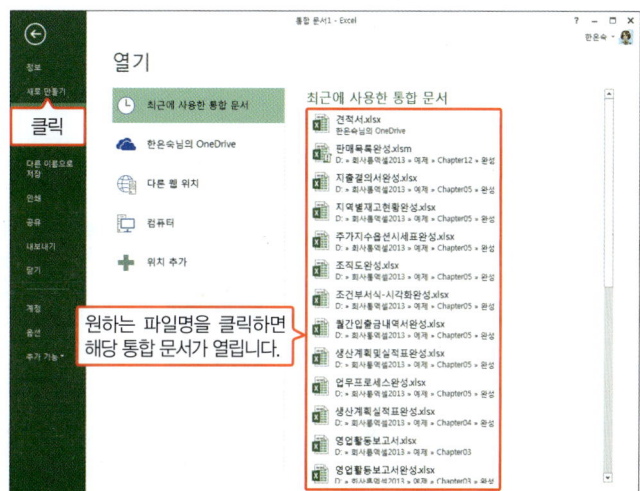

04 온라인 서식 파일 다운 받기

[온라인 서식 파일 검색] 입력란에 검색어를 입력한 후 원하는 서식을 찾아 문서를 작성할 수도 있습니다. 여기에서는 마이크로소프트가 제공하는 기본 서식을 사용해 문서를 작성해보겠습니다.

① 표시된 목록 중 [채널 마케팅 예산] 클릭
② 서식 파일 미리 보기 창이 표시되면 [만들기]를 클릭합니다.

바로 통하는 TIP 온라인 서식 파일이란?

서식 파일이란 비즈니스 문서를 만들 때 쉽고 빠르게 사용할 수 있도록 모든 서식이 완성된 문서입니다. 비즈폼, 예스폼 등과 같은 웹 사이트에서 서식 파일을 다운로드하는 것처럼 마이크로소프트 온라인에서도 서식 파일을 제공합니다.

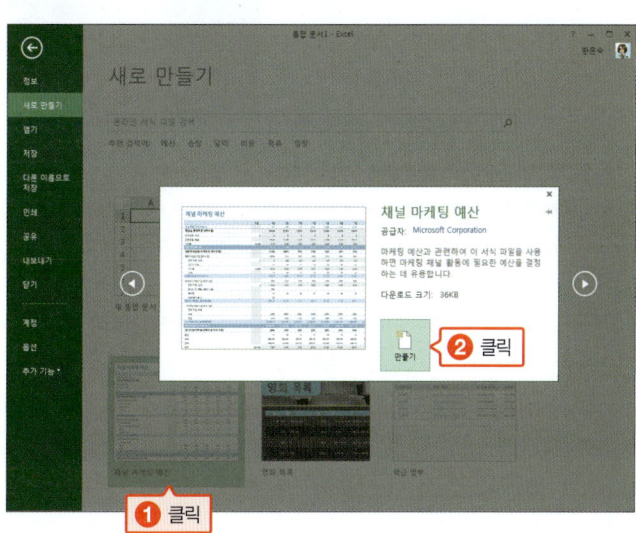

05 엑셀 종료하기

다운로드된 서식 파일이 열립니다. 원하는 부분을 수정하고 다른 이름으로 저장하면 자신만의 문서로 사용할 수 있습니다. 여기에서는 저장하지 않고 엑셀을 종료하겠습니다.

① [닫기 ✕] 클릭

② 저장을 확인하는 메시지의 대화상자에서 [저장 안 함]을 클릭합니다.

바로 통하는 TIP 엑셀 종료 단축키
- 프로그램 종료 : Alt + F4
- 문서만 닫기 : Ctrl + F4 또는 Ctrl + W

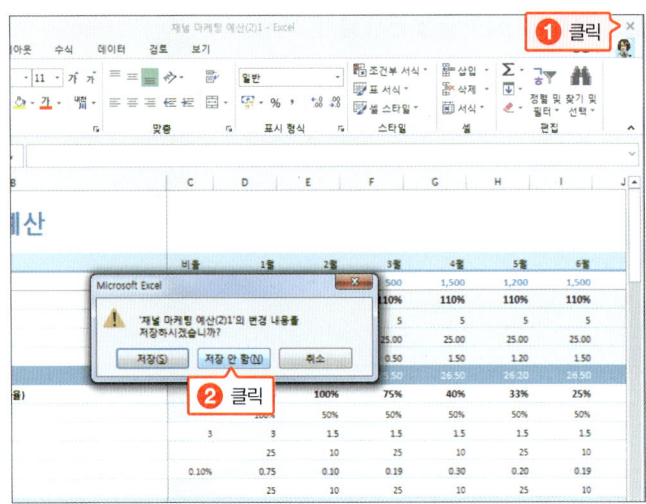

실무활용노트 EXCEL | 엑셀 시작 옵션

1. 엑셀을 실행할 때 [새 통합 문서]로 바로 시작하기

엑셀을 실행할 때마다 나타나는 시작 화면을 잘 사용하지 않는다면 이전 버전처럼 새 통합 문서가 바로 표시되도록 할 수 있습니다.

① [파일] 탭-[옵션] 선택

② [Excel 옵션] 대화상자의 [일반] 선택

③ [시작 옵션]에서 [이 응용 프로그램을 시작할 때 시작 화면 표시] 옵션의 체크 표시 해제

④ [확인]을 클릭합니다.

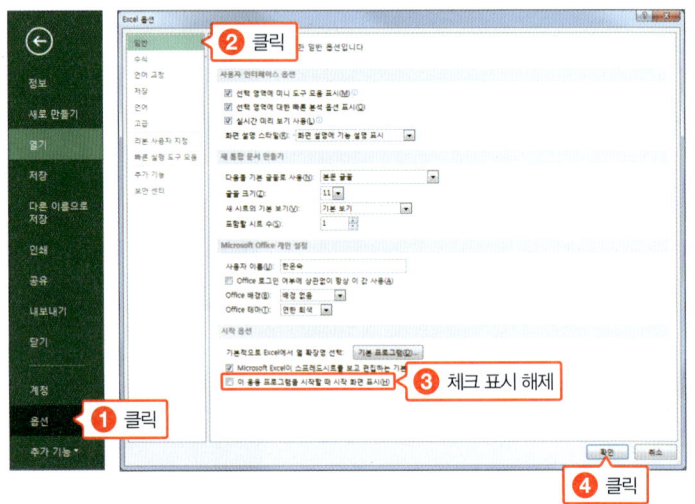

2. 엑셀을 안전 모드로 실행하기

엑셀에서 특정 기능을 실행할 때마다 알 수 없는 원인으로 비정상적으로 종료될 때는 윈도우의 안전 모드 부팅처럼 엑셀 또한 안전 모드로 실행할 수 있습니다. 엑셀을 안전 모드로 시작한 후 정상적인 방법으로 종료했다가 다시 실행하면 엑셀의 기본적인 설정이 초기화되어 문제가 해결될 수 있습니다.

엑셀을 안전 모드로 실행하려면 ① 단축키 ⊞+R을 눌러 [실행] 대화상자 표시 ② 명령어 입력란에 'excel /s'(excel 입력 후 한 칸 띄고 /s 입력)를 입력합니다. ③ [확인]을 클릭합니다.

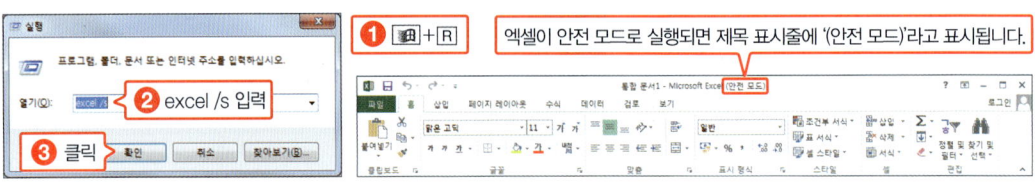

엑셀이 안전 모드로 실행되면 제목 표시줄에 '(안전 모드)'라고 표시됩니다.

어떤 응용 프로그램이든 익숙해지려면 그 프로그램의 화면 구성을 잘 파악하고 있어야 합니다. 엑셀 2013에서는 이전 버전보다 사용자 인터페이스가 더욱 편리하게 업그레이드되었습니다. 엑셀의 화면 구성 요소 하나하나를 살펴보고 화면 보기 종류에 대해서도 알아보겠습니다.

엑셀의 전체 화면 구성 살펴보기

엑셀의 기본 화면 구성은 다음과 같이 세 부분으로 나누어져 있습니다. ① **명령 지시** 부분은 텍스트 형태의 메뉴와 아이콘 형태의 명령 버튼이 통합된 리본 메뉴, 그리고 자주 사용하는 명령 아이콘을 모아놓은 빠른 실행 도구 모음으로 구성되어 있습니다. ② **데이터 입력** 부분은 데이터, 수식 등을 입력하여 원하는 문서 작업을 할 수 있는 워크시트입니다. ③ **작업 상태 표시** 부분은 현재 작업 상태를 표시합니다. 상태 표시줄에서는 선택된 범위의 자동 계산 결과 등을 보여주며 화면 보기 모드와 화면 배율을 지정할 수 있습니다.

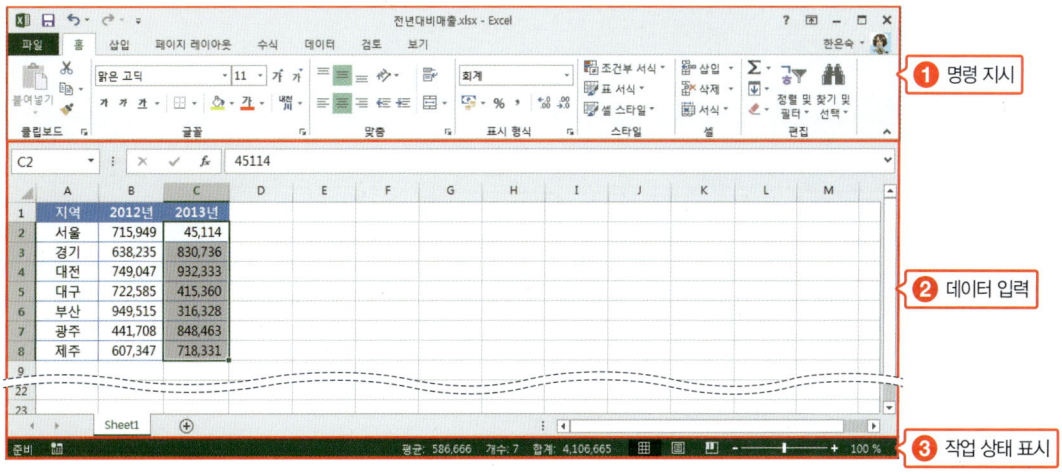

➖ 명령 지시

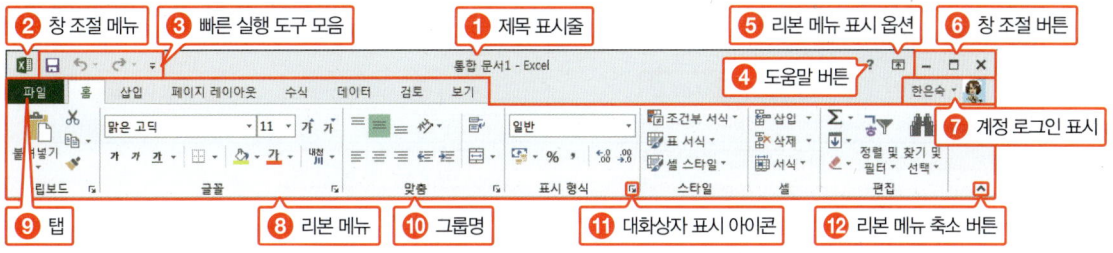

① **제목 표시줄** : 작업 중인 파일 이름, 프로그램명이 표시되며 작업 상태에 따라 [읽기 전용], [호환 모드], [공유], [그룹] 등의 표시가 나타납니다.

② **창 조절 메뉴** : 클릭하면 창 조절 메뉴가 표시되고 더블클릭하면 엑셀이 종료됩니다.

③ **빠른 실행 도구 모음** : 자주 사용하는 명령을 추가하여 빠르게 선택할 수 있습니다.

④ **도움말 버튼** : 엑셀 도움말 창을 엽니다. 단축키 F1 을 눌러도 됩니다.

⑤ **리본 메뉴 표시 옵션** : 리본 메뉴 표시와 숨기기에 대한 옵션을 선택할 수 있습니다.

⑥ **창 조절 버튼** : 엑셀 창을 최소/최대화하거나 닫을 수 있습니다.

⑦ **계정 로그인 표시** : 마이크로소프트 개인 계정이나 회사에서 제공한 계정으로 로그인한 것을 표시해줍니다. 클릭하면 계정 설정, 계정 전환을 할 수 있습니다.

⑧ **리본 메뉴** : 텍스트 형태의 메뉴와 아이콘 형태의 명령 버튼이 통합된 메뉴입니다.

⑨ **탭** : 리본 메뉴 중 텍스트 형태의 메뉴 부분입니다. 기본적으로 파일, 홈, 삽입, 페이지 레이아웃, 수식, 데이터, 검토, 보기 탭이 항상 표시되며, 작업 상태에 따라 탭들이 추가됩니다.

⑩ **그룹명** : 아이콘 명령들을 분류해놓은 그룹 이름입니다.

⑪ **대화상자 표시 아이콘** : 그룹에 없는 명령은 대화상자를 열어 선택할 수 있습니다.

⑫ **리본 메뉴 축소 버튼** : 리본 메뉴 중 탭만 표시하고 명령 아이콘 부분은 숨깁니다. 단축키 Ctrl + F1 을 누르거나 선택된 탭을 더블클릭합니다.

데이터 입력

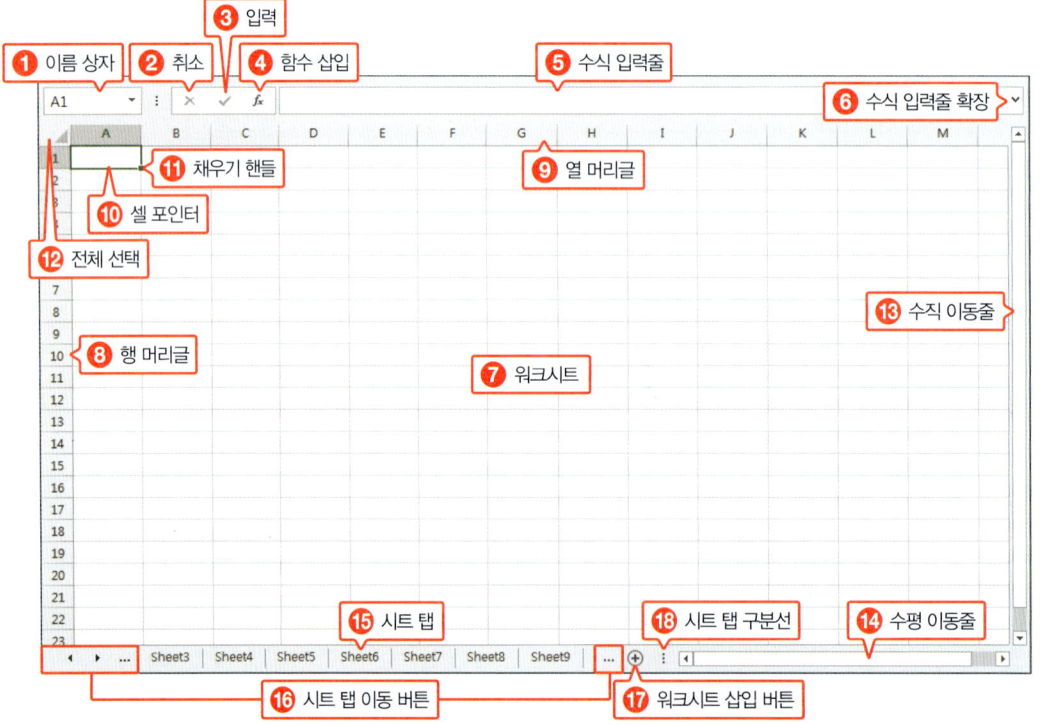

① **이름 상자** : 현재 선택된 셀 주소나 셀 이름이 표시됩니다. 차트나 도형 등의 개체를 선택하면 개체의 이름이 표시되고, 수식이나 함수를 입력할 때는 최근 사용한 함수 목록이 표시됩니다.

② **취소** : 셀에 데이터를 입력하던 도중 [취소]를 누르면 입력이 취소됩니다.

③ **입력** : 셀에 데이터를 입력하던 도중 [입력]을 누르면 입력이 완료됩니다.

④ **함수 삽입** : 함수 마법사가 실행됩니다.

⑤ **수식 입력줄** : 선택된 셀의 데이터나 수식이 표시됩니다. 실제로 셀에 입력된 데이터를 확인할 수 있고, 클릭하면 커서가 나타나면서 데이터를 수정할 수 있습니다.

⑥ **수식 입력줄 확장** : 클릭하면 수식 입력줄이 넓게 확장되면서 축소 버튼이 표시됩니다. 축소 버튼을 클릭하면 다시 수식 입력줄이 축소되고 이번에는 확장 버튼이 표시됩니다.

⑦ **워크시트** : 행과 열로 구성된 엑셀의 작업 영역입니다.

⑧ **행 머리글** : 행 번호가 표시되는 부분으로 1~1,048,576행까지 있습니다.

⑨ **열 머리글** : 열 이름이 표시되는 부분으로 A~XFD열까지 총 16,384개의 열이 있습니다.

⑩ **셀 포인터** : 행과 열이 교차하면서 만들어진 사각 영역을 셀이라고 합니다. 워크시트 하나에는 17,179,869,184개의 셀이 있습니다. 셀 포인터는 현재 선택된 셀을 나타내는 테두리선입니다.

⑪ **채우기 핸들** : 셀 포인터 오른쪽 아래의 검은 점을 '채우기 핸들'이라고 합니다. 채우기 핸들을 드래그하면 셀 내용을 연속적으로 복사합니다.

⑫ **전체 선택** : 클릭하면 워크시트 전체를 선택할 수 있습니다.

⑬ **수직 이동줄** : 화면을 위아래로 이동하는 도구로 수직 스크롤바라고도 합니다. 양끝의 화살표 버튼을 누르면 한 행씩 이동하고, 가운데 막대를 직접 드래그하면 원하는 만큼 화면을 이동할 수 있습니다.

⑭ **수평 이동줄** : 화면을 왼쪽이나 오른쪽으로 이동하는 도구로 수평 스크롤바라고도 합니다. 양끝의 화살표 버튼을 누르면 한 열씩 이동하고, 가운데 막대를 직접 드래그하면 원하는 만큼 화면을 이동할 수 있습니다.

⑮ **시트 탭** : 시트 이름이 표시되는 곳으로 선택된 시트 탭은 흰색으로 표시됩니다.

⑯ **시트 탭 이동 버튼** : 시트 개수가 많아서 시트 탭들이 다 보이지 않을 때 가려져 있는 시트 탭을 볼 수 있도록 시트 탭 화면을 이동할 수 있습니다. 화살표 버튼을 클릭하면 왼쪽으로 한 칸, 오른쪽으로 한 칸씩 이동하며 Ctrl+클릭하면 해당 방향의 마지막 시트로 이동합니다. 시트 개수가 많을 때 나타나는 시트 탭 양쪽 끝의 ⋯ 표시는 이전 시트, 다음 시트 목록을 표시하는 버튼입니다.

⑰ **워크시트 삽입 버튼** : 새 워크시트를 삽입합니다.

⑱ **시트 탭 구분선** : 시트 탭과 수평 이동줄 사이의 구분선으로, 이를 드래그하면 시트 탭과 수평 이동줄의 너비를 조절할 수 있습니다.

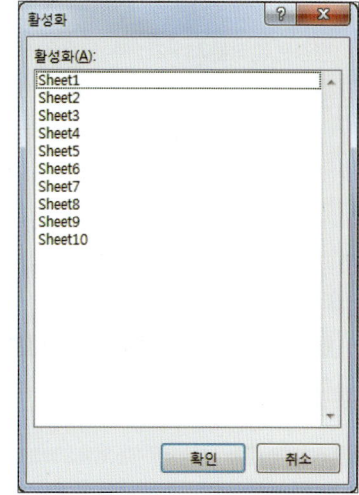

▲ 시트 탭 이동 버튼에서 마우스 오른쪽 버튼을 클릭하면 전체 시트 목록을 표시하는 [활성화] 대화 상자가 나타납니다. 목록에서 시트명을 클릭하고 [확인]을 클릭하면 해당 시트로 이동합니다.

⬤ 작업 상태 표시

상태 표시줄은 워크시트의 작업 상태를 표시해주며 상태 표시줄에서 마우스 오른쪽 버튼을 클릭하면 상태 표시줄 사용자 지정 메뉴가 나타납니다. 상태 표시줄에 표시할 항목을 선택하거나 해제할 수 있습니다.

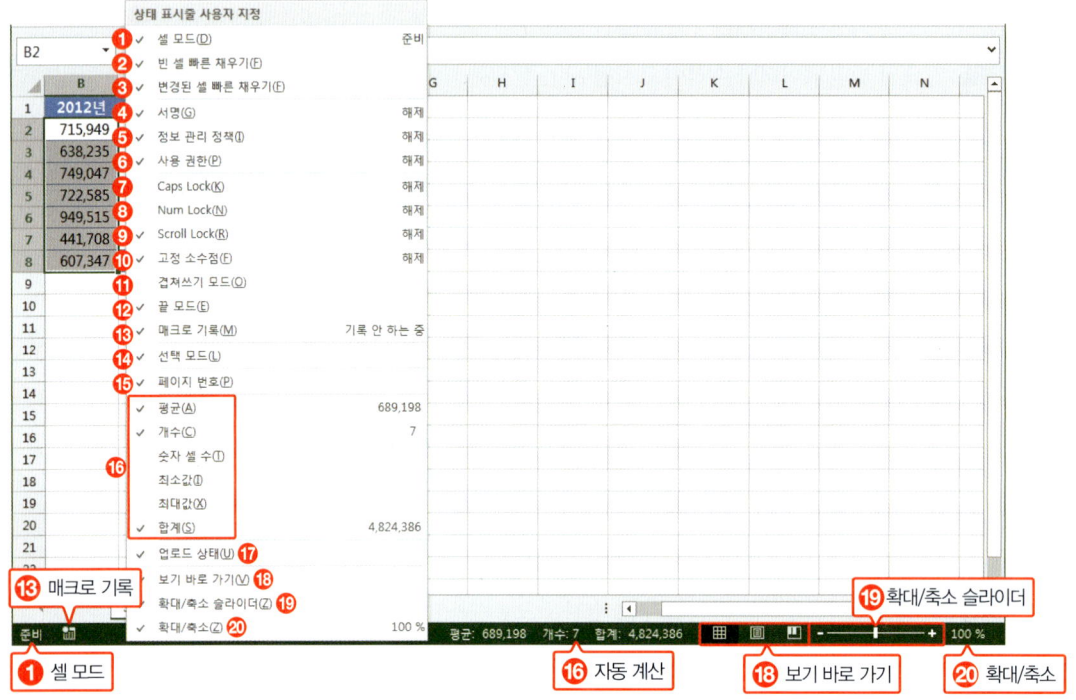

① **셀 모드** : 준비, 입력, 참조, 편집 등 현재의 작업 상태가 나타납니다.

② **빈 셀 빠른 채우기** : 빠른 채우기 기능의 실행 후 선택 열에 채워지지 않은 빈 셀이 몇 개인지 표시됩니다. 클릭하면 해당 셀들이 선택됩니다.

③ **변경된 셀 빠른 채우기** : 빠른 채우기 기능 실행 후 선택 열에 빠른 채우기로 변경된 셀의 개수가 표시됩니다. 클릭하면 해당 셀들이 선택됩니다.

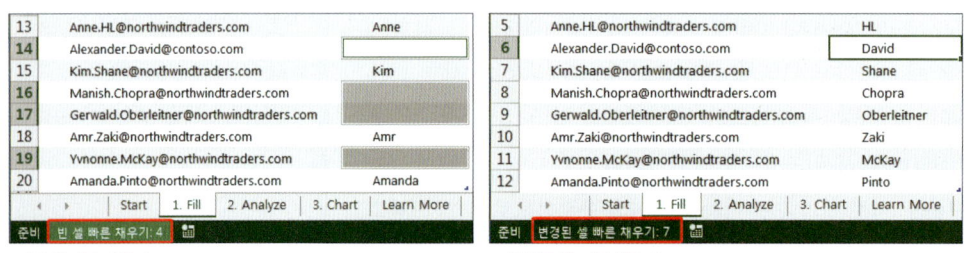

▲ 빈 셀 빠른 채우기　　　　　　　　　　▲ 변경된 셀 빠른 채우기

> **바로 통하는 TIP**　빠른 채우기는 엑셀 2013에서 새롭게 추가된 기능으로 자세한 내용은 79쪽을 참고합니다.

④ **서명** : 현재 사용 중인 통합 문서가 디지털 서명된 경우 나타납니다.

⑤ **정보 관리 정책** : 현재 사용 중인 통합 문서 내용의 사용 권한을 제한하기 위해 IRM(정보 권한 관리)이 사용되었을 때 나타납니다.

⑥ **사용 권한** : 현재 문서의 읽기 및 편집 권한을 확인할 수 있습니다. [파일] 탭 – [정보]에서 [통합 문서 보호] – [액세스 제한]을 사용하여 문서에 대한 액세스를 제한할 경우 나타납니다.

⑦ **Caps Lock** : 대문자를 입력할 수 있도록 Caps Lock 을 누른 경우 'Caps Lock'이 표시됩니다.

⑧ **Num Lock** : 숫자 키패드로 숫자를 입력할 수 있도록 Num Lock 을 누르면 표시됩니다.

⑨ **Scroll Lock** : 화살표 키로 화면을 스크롤 할 수 있도록 Scroll Lock 을 누르면 표시됩니다.

⑩ **고정 소수점** : [파일] 탭 – [옵션]에서 [고급]을 선택하고 편집 옵션에서 [소수점 자동 삽입]을 선택하면 나타납니다.

⑪ **겹쳐쓰기 모드** : 셀 내용을 편집하는 동안 Insert 를 눌렀을 때 겹쳐쓰기 모드 활성화 여부를 나타냅니다.

⑫ **끝 모드** : End 를 눌렀을 때 끝 모드 활성화 여부를 나타냅니다. 끝 모드일 때 화살표 키를 누르면 해당 방향의 마지막 셀로 이동합니다.

⑬ **매크로 기록** : 이 옵션을 선택하면 셀 모드 표시 옆에 매크로 기록 버튼이 표시됩니다.

⑭ **선택 모드** : F8 을 누르면 '선택 영역 확장'이라고 표시되며 마우스가 아닌 화살표 키로 범위를 지정할 수 있습니다. Shift + F8 을 누르면 '선택 영역에 추가'라고 표시되며 화살표 키를 사용하여 인접하지 않은 셀 또는 범위를 지정할 수 있습니다.

⑮ **페이지 번호** : 페이지 레이아웃 보기 또는 인쇄 미리 보기에서 작업하는 경우 현재 페이지 번호 및 전체 페이지 수가 표시됩니다.

⑯ **자동 계산** : 숫자가 입력된 셀 범위를 지정하면 해당 함수를 사용한 결과 값이 표시됩니다.

⑰ **업로드 상태** : 파일을 서버에 업로드하는 경우 업로드 상태가 표시됩니다.

⑱ **보기 바로 가기** : 기본, 페이지 레이아웃, 페이지 나누기 미리 보기로 구성되어 있으며 화면 보기를 쉽게 선택할 수 있습니다.

⑲ **확대/축소 슬라이더** : 확대/축소 슬라이더에서 슬라이더를 드래그하거나 축소 및 확대 버튼을 클릭합니다. 워크시트 화면 배율을 빠르게 조절할 수 있습니다.

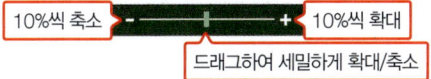

⑳ **확대/축소** : 현재 워크시트의 확대/축소 배율이 나타납니다. 클릭하면 확대/축소 대화상자가 표시되어 배율을 선택할 수 있습니다.

엑셀의 다양한 화면 보기

엑셀에서는 많은 양의 데이터를 다루는 문서 작업을 자주 하므로 작업 상황에 따라 적절한 화면 보기를 선택하는 것이 좋습니다. 앞에서 살펴본 화면 보기는 가장 많이 사용되는 기본 보기입니다. 엑셀의 화면 보기 종류를 살펴보고 화면 구성 요소 표시/숨기기 설정에 대해서도 알아보겠습니다.

백스테이지(Backstage) 보기

[파일] 탭을 클릭하거나 파일 관련 명령을 선택하면 백스테이지(Backstage) 보기로 전환됩니다. 이 화면 보기는 엑셀 프로그램과 파일에 관련된 작업을 수행하는 곳입니다. 통합 문서 정보, 새로 만들기, 열기, 저장, 인쇄, 공유 등의 작업과 엑셀 계정 및 환경 설정 등을 할 수 있습니다.

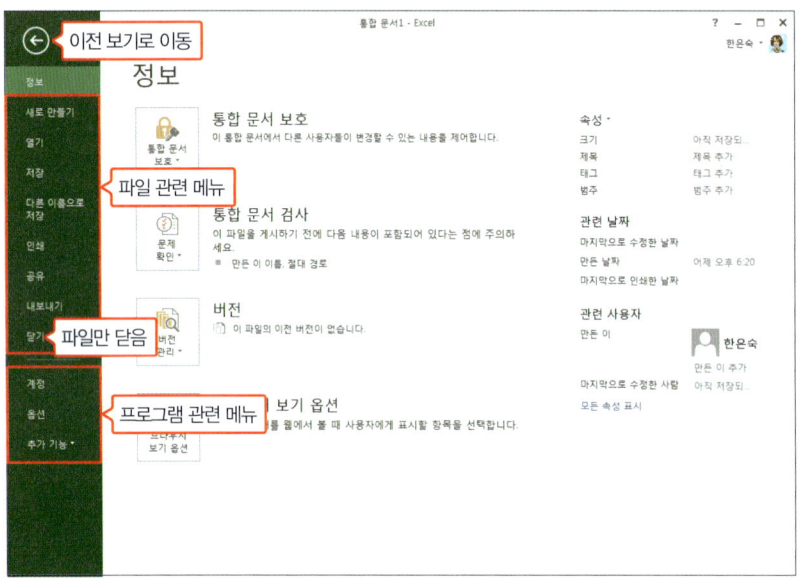

페이지 레이아웃 보기

인쇄 모양을 보면서 편집 작업까지 할 수 있는 화면 보기입니다. **[방법 ①]** [보기] 탭-[통합 문서 보기] 그룹-[페이지 레이아웃]을 클릭하거나 **[방법 ②]** 상태 표시줄의 [페이지 레이아웃 ▣]을 클릭하면 페이지 레이아웃 보기로 전환됩니다. 페이지 레이아웃 보기에서는 인쇄 용지 모양과 용지 여백을 확인할 수 있으며 눈금선에서 직접 여백을 조절하거나 머리글/바닥글 영역을 클릭해 페이지 번호 등을 입력할 수 있습니다.

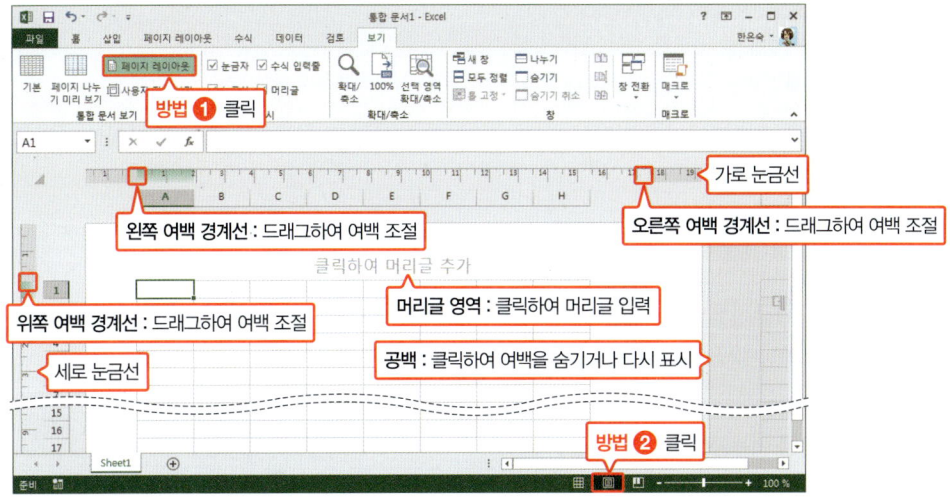

페이지 나누기 미리 보기

여러 페이지로 나누어진 문서의 경우 나누어진 페이지를 살펴보고 효과적으로 페이지 구분선을 조절할 수 있는 화면 보기입니다. **[방법 ①]** [보기] 탭−[통합 문서 보기] 그룹−[페이지 나누기 미리 보기]를 클릭하거나 **[방법 ②]** 상태 표시줄의 [페이지 나누기 미리 보기 ▥]를 클릭하면 페이지 나누기 미리 보기로 전환됩니다.

페이지 나누기 미리 보기에서는 데이터를 입력한 부분, 즉 인쇄할 영역만 흰색으로 표시됩니다. 나머지 부분은 회색으로 표시되며 워크시트에 페이지 번호가 나타납니다. 또한 페이지 구분선이 표시되는데, 파란색 점선은 자동으로 페이지가 나누어진 것을 나타내는 자동 페이지 구분선이며 파란색 실선은 사용자가 페이지 구분선을 드래그하여 직접 지정한 사용자 지정 페이지 구분선입니다.

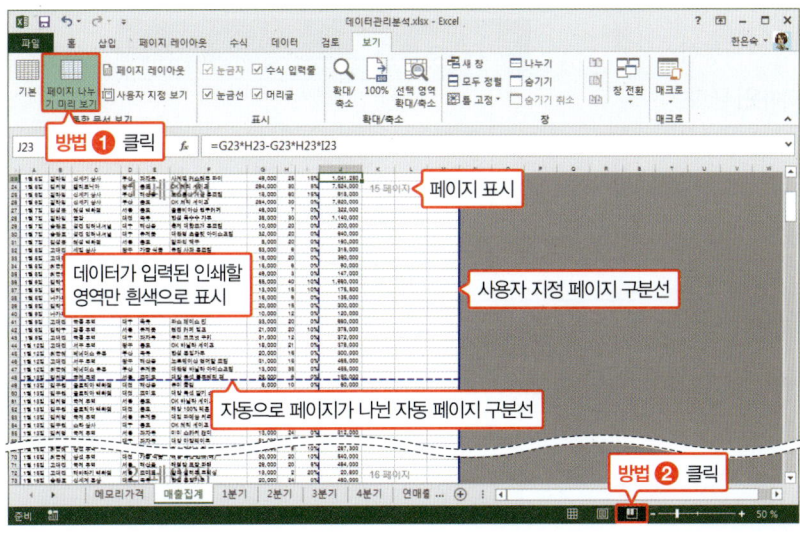

• 실습 파일 Chapter01\Section04\분기별판매보고서.xlsx • 완성 파일 Chapter01\Section04\분기별판매보고서완성.xlsx

문서 모양에 맞게 화면을 구성해서 작업하면 편리합니다. 워크시트의 구성 요소 일부를 사용자가 임의로 화면에서 숨길 수 있습니다.

01 화면 구성 요소 숨기기

워크시트 눈금선을 해제하면 워크시트에 설정한 테두리 등의 셀 서식이 좀더 깔끔하게 표시됩니다. 워크시트에서 눈금선을 숨기기 위해 [보기] 탭-[표시] 그룹-[눈금선]의 체크 표시를 해제합니다.

바로 통하는 TIP 눈금선 외에도 눈금자, 수식 입력줄, 머리글 등도 같은 방법으로 표시/숨기기를 할 수 있습니다.

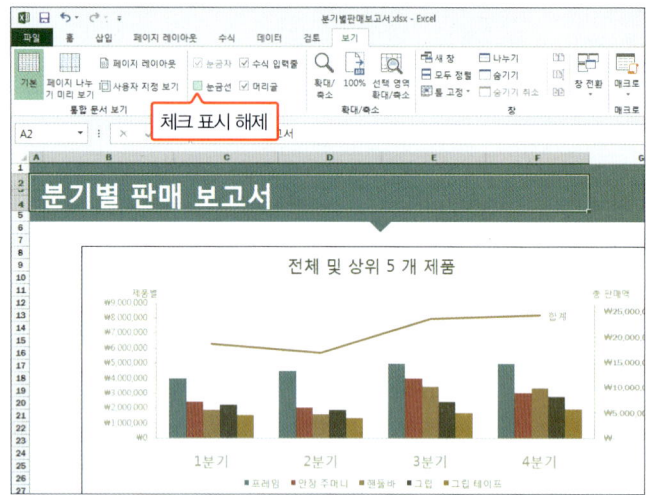

02 페이지 레이아웃 보기

페이지 레이아웃 보기는 인쇄 용지 윤곽을 보여줍니다. 정확한 용지 크기를 확인한 후 여백을 조절할 수 있도록 눈금자가 표시됩니다.

① 인쇄 모양을 보기 위해 [보기] 탭-[통합 문서 보기] 그룹-[페이지 레이아웃] 클릭

② [보기] 탭-[표시] 그룹-[눈금자]의 체크 표시 해제

③ 용지와 용지 사이 공백 부분에 마우스 포인터를 위치시키고 **마우스 포인터**가 공백 숨기기 모양 ⊞이 되면 클릭합니다.

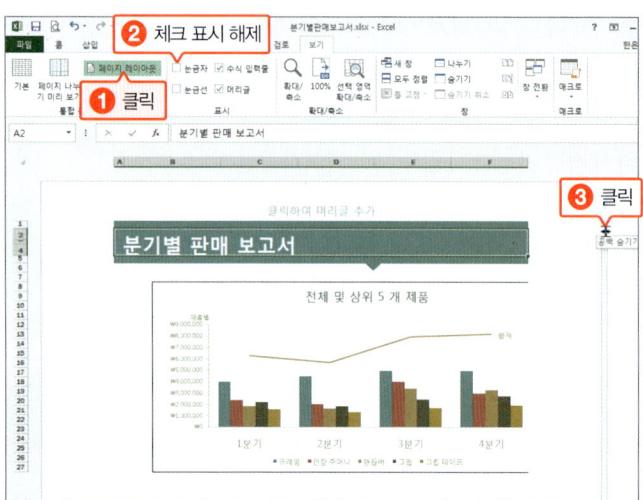

바로 통하는 TIP 공백을 숨기면 용지 여백 부분 없이 나누어진 페이지를 연결해서 볼 수 있습니다.

03 선택 영역에 맞게 화면 배율 지정하기

한 페이지 전체가 보이도록 세로 범위를 기준으로 화면 배율을 축소해보겠습니다.

① [보기] 탭-[통합 문서 보기] 그룹-[페이지 나누기 미리 보기] 클릭

② [G1:G58] 셀 드래그

③ [보기] 탭-[확대/축소] 그룹-[선택 영역 확대/축소]를 클릭합니다.

바로 통하는 TIP 워크시트 확대/축소 단축키

Ctrl 을 누른 상태에서 마우스 휠을 위로 올리면 워크시트 화면 배율이 확대되고, 아래로 내리면 워크시트 화면 배율이 축소됩니다.

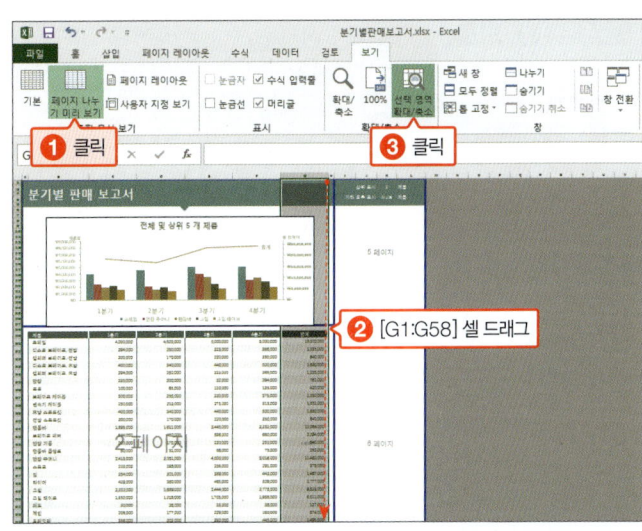

04 페이지 구분선으로 인쇄 배율 설정하기

페이지 구분선을 직접 드래그하여 화면 배율을 조절해보겠습니다.

① 오른쪽으로 나누어진 페이지를 한 페이지에 인쇄하기 위해 **자동 페이지 구분선**을 **H열**까지 드래그

② 인쇄에 불필요한 부분은 인쇄 영역에서 제외시키기 위해 L열 옆의 **파란색 실선**을 **H열**까지 드래그합니다.

바로 통하는 TIP 자동 페이지 구분선은 F열 오른쪽의 파란색 점선입니다.

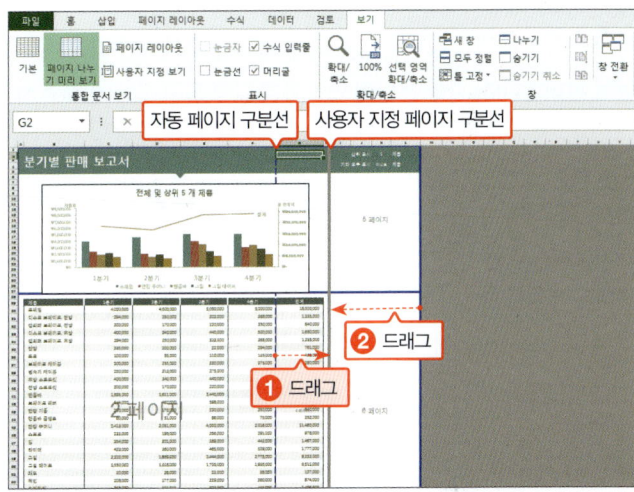

화면 구성 요소 표시 옵션

[보기] 탭-[표시] 그룹에서 선택할 수 있는 화면 표시 옵션 외에 스크롤 막대, 시트 탭, 눈금선 색 등 다양한 화면 구성 요소 표시 옵션을 설정할 수 있습니다.

① [파일] 탭-[옵션] 선택

② [Excel 옵션] 대화상자의 [고급] 선택

③ [표시], [이 통합 문서의 표시 옵션], [이 워크시트의 표시 옵션] 항목의 각 옵션을 선택하거나 해제합니다.

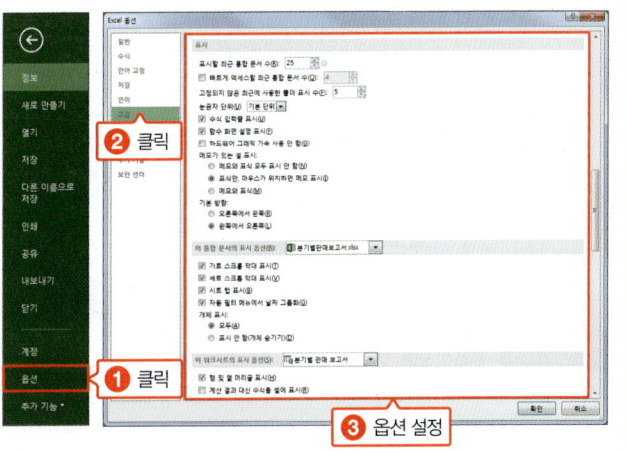

05 리본 메뉴와 도구 모음 사용자 지정하기

엑셀의 여러 가지 기능을 사용하려면 리본 메뉴와 빠른 실행 도구 모음의 명령 아이콘을 선택합니다. 리본 메뉴와 빠른 실행 도구 모음은 사용자에 맞게 지정하여 사용할 수 있으며 리본 메뉴를 숨겨서 워크시트를 더 넓게 표시할 수도 있습니다.

핵심기능실습 | **빠른 실행 도구 모음 사용자 지정하기**

자주 사용하는 명령을 빠른 실행 도구 모음에 추가하면 리본 메뉴 탭을 이리저리 찾아보지 않고 한번에 실행할 수 있어 편리합니다. 다양한 방법으로 빠른 실행 도구 모음에 자주 사용하는 명령 아이콘을 추가해보겠습니다.

01 빠른 실행 도구 모음 사용자 지정 메뉴에서 추가하기

새로 만들기, 열기, 인쇄 등과 같이 자주 사용하는 명령을 사용자 지정 메뉴에서 선택해 빠른 실행 도구 모음에 추가해보겠습니다.

① ③ ⑤ [빠른 실행 도구 모음 사용자 지정🔽] 클릭

② [새로 만들기] 선택

④ [열기] 선택

⑥ [인쇄 미리 보기 및 인쇄]를 선택합니다.

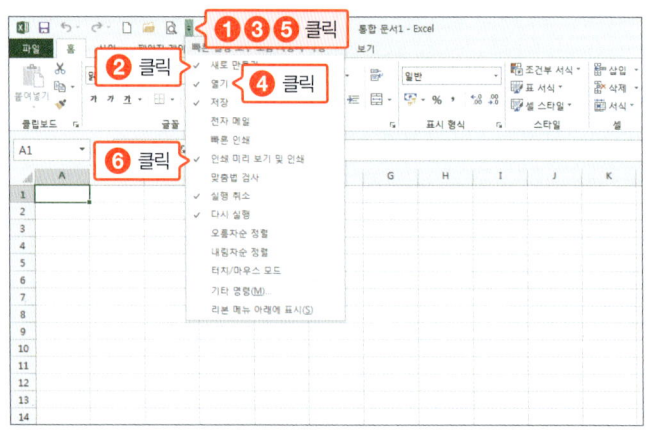

02 리본 메뉴에서 직접 추가하기

리본 메뉴에서 직접 서식 복사 명령을 추가해보겠습니다.

① [홈] 탭-[클립보드] 그룹-[서식 복사]에서 **마우스 오른쪽 버튼** 클릭

② 메뉴에서 [빠른 실행 도구 모음에 추가]를 선택합니다.

바로 통하는TIP 목록이 있는 명령 아이콘을 추가할 때 주의점

테두리 아이콘과 같이 목록이 포함된 아이콘을 이와 같은 방법으로 빠른 실행 도구 모음에 추가하면 현재 선택된 항목만 아이콘으로 추가됩니다. 목록 버튼까지 아이콘으로 함께 추가하려면 아이콘 목록 버튼 위에 마우스 포인터를 위치시킨 상태에서 빠른 실행 도구 모음에 추가해야 합니다.

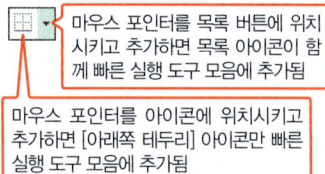

마우스 포인터를 목록 버튼에 위치 시키고 추가하면 목록 아이콘이 함께 빠른 실행 도구 모음에 추가됨

마우스 포인터를 아이콘에 위치시키고 추가하면 [아래쪽 테두리] 아이콘만 빠른 실행 도구 모음에 추가됨

03 Excel 옵션 대화상자에서 추가하기

[Excel 옵션] 대화상자에서는 리본 메뉴에서
추가할 수 없는 명령을 추가할 수 있습니다.

① [빠른 실행 도구 모음 사용자 지정▣] 클
릭 후 [기타 명령] 선택

② [명령 선택] 목록 표시 버튼 클릭 후 [리본
메뉴에 없는 명령] 선택

③ 명령 목록 상자에서 [균등 분할] 선택

④ [추가]를 클릭합니다.

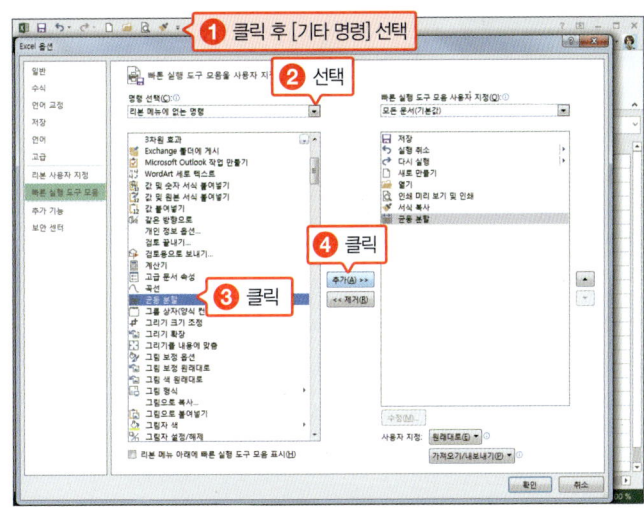

**04 빠른 실행 도구 모음 명령의 아이콘 순
서 변경하기**

빠른 실행 도구 모음의 아이콘 나열 순서를
바꿔보겠습니다.

① [새로 만들기] 선택

② 제일 위로 이동시키기 위해 [위로 이동▲]
세 번 클릭

③ [열기] 선택

④ 두 번째 위치로 이동시키기 위해 [위로 이
동▲] 세 번 클릭

⑤ [확인]을 클릭합니다.

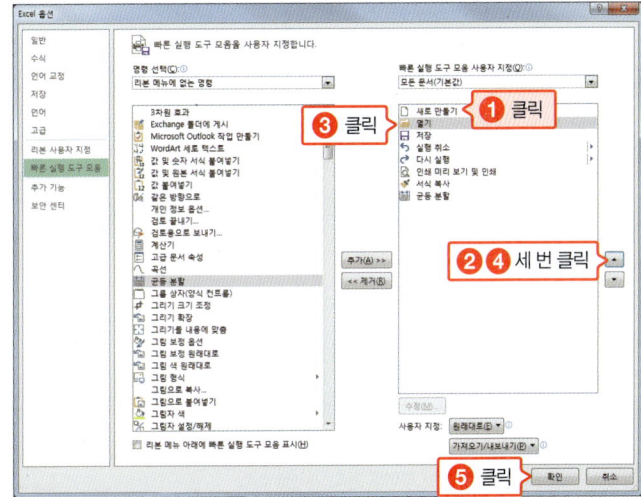

실무 활용 노트 EXCEL | **빠른 실행 도구 모음의 명령 제거하기**

빠른 실행 도구 모음의 명령을 제거하는 방법입니다. **[방법 ①]** [Excel 옵션] 대화상자의 빠른 실행 도구 모음 목록에서 ① 제거할 명령
선택 ② [제거]를 클릭합니다. **[방법 ②]** 빠른 실행 도구 모음에서 ① 직접 제거할 명령 아이콘에 마우스 포인터를 위치시키고 마우스
오른쪽 버튼을 클릭한 후 ② [빠른 실행 도구 모음에서 제거]를 선택합니다.

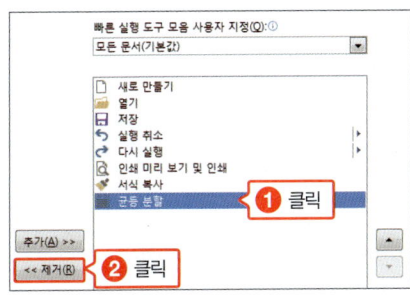

▲ [방법 ①] [Excel 옵션] 대화상자에서 명령 제거

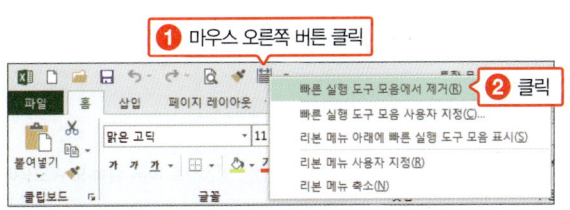

▲ [방법 ②] 빠른 실행 도구 모음에서 직접 명령 제거

· 실습 파일 없음 · 완성 파일 Chapter01 \ Section05 \ 내도구.exportedUI

리본 메뉴에 없는 몇 가지 명령을 추가하여 나만의 도구 탭을 만들 수 있습니다.

01 [내 도구] 탭 만들기

리본 메뉴의 [보기] 탭 옆에 새로운 탭을 추가해보겠습니다.

① 빠른 실행 도구 모음이나 리본 메뉴의 명령 아이콘에 마우스 포인터를 위치시킨 후 **마우스 오른쪽 버튼** 클릭

② **[리본 메뉴 사용자 지정]**을 선택합니다.

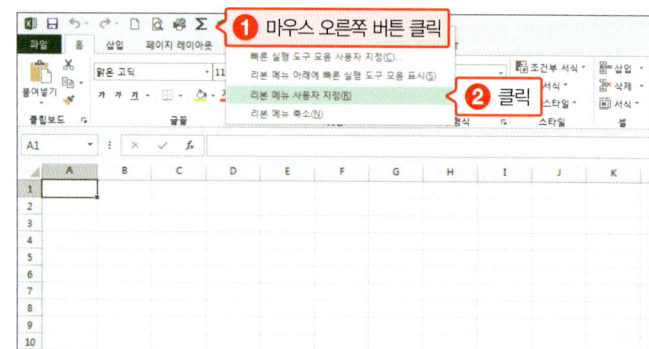

02

① 리본 메뉴 탭 목록에서 **[보기]** 선택

② **[새 탭]** 클릭

③ 추가된 **[새 탭]** 선택

④ **[이름 바꾸기]** 클릭

⑤ [이름 바꾸기] 대화상자에 **내 도구** 입력

⑥ **[확인]**을 클릭합니다.

바로 통하는TIP 리본 메뉴 목록에서 [추가 기능], [POWER VIEW], [디자인], [텍스트], [레이아웃], [배경 제거]는 도형, 그림, 차트, 피벗 테이블 등의 개체를 삽입하면 표시되는 탭입니다.

03 [그룹] 만들기

기존 탭이나 그룹에는 명령을 추가할 수 없으므로 앞서 만든 [내 도구] 탭에 새 그룹을 만들고 명령을 추가해보겠습니다.

① [내 도구] 아래에 있는 **[새 그룹]** 선택

② **[이름 바꾸기]** 클릭

③ [이름 바꾸기] 대화상자의 [표시 이름]에 **범위지정** 입력

④ **[확인]**을 클릭합니다.

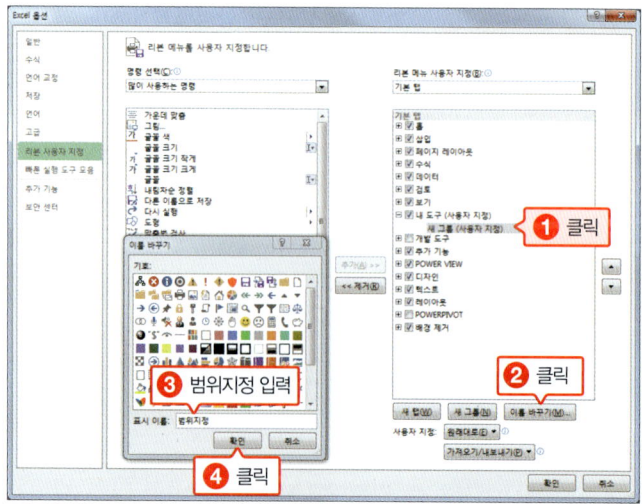

04 새 그룹에 명령 추가하기

① [명령 선택] 목록 표시 버튼을 클릭하여
  [리본 메뉴에 없는 명령] 선택

② [현재 영역 선택] 선택

③ [추가] 클릭

④ [화면에 보이는 셀 선택] 선택

⑤ [추가]를 클릭합니다.

바로 통하는 TIP [현재 영역 선택]은 데이터가 입력된
표 범위에서 임의의 셀을 선택한 후 클릭했을 때 선택한 셀
과 인접한 표 범위를 자동으로 지정해주는 명령입니다. [화
면에 보이는 셀 선택]은 중간에 숨겨진 행이나 열이 있을 때
숨겨진 행이나 열은 제외하고 화면에 보이는 셀만 범위로
지정해주는 명령입니다.

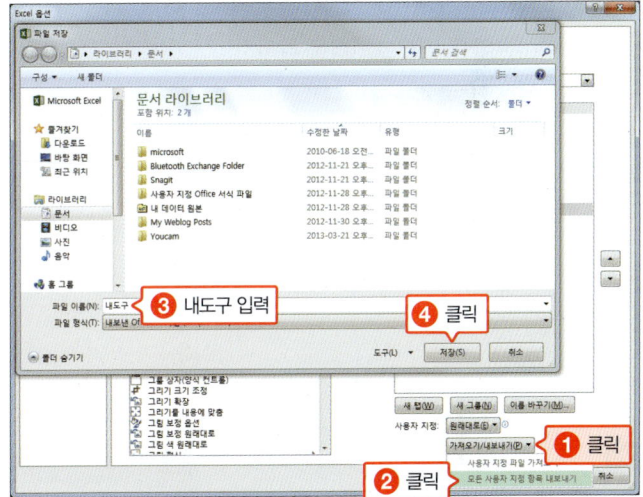

05 사용자 지정 파일로 저장하기

구성한 빠른 실행 도구 모음과 리본 메뉴를
다른 PC에서 사용할 수 있도록 사용자 지
정 파일로 저장해보겠습니다.

① [가져오기/내보내기] 클릭

② [모든 사용자 지정 항목 내보내기] 클릭

③ [파일 저장] 대화상자의 [파일 이름]에
  내도구 입력

④ [저장]을 클릭합니다.

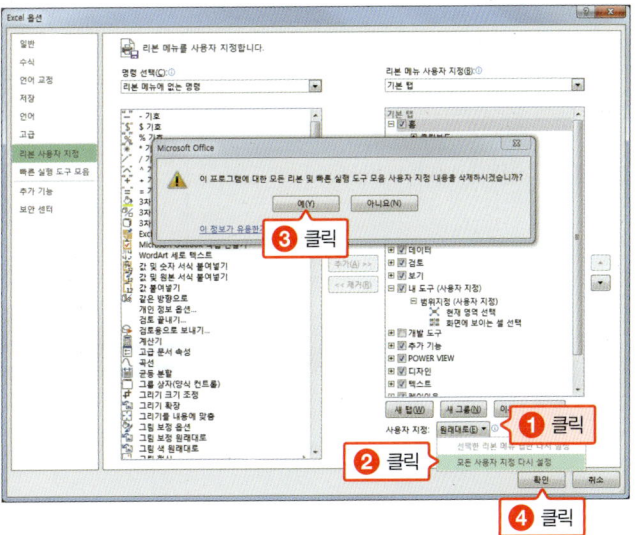

06 빠른 실행 도구 모음 및 리본 메뉴 설정 초
기화하기

모든 설정을 처음 상태로 되돌립니다.

① [원래대로] 클릭

② [모든 사용자 지정 다시 설정] 클릭

③ 삭제를 확인하는 메시지의 대화상자에
  서 [예] 클릭

④ [확인]을 클릭합니다.

[Excel 옵션] 대화상자에서 [빠른 실행 도구 모음]
탭을 클릭한 후 [원래대로]–[빠른 실행 도구 모음
만 다시 설정]을 선택하면 리본 메뉴 설정은 그대
로 있고 빠른 실행 도구 모음만 초기화됩니다.

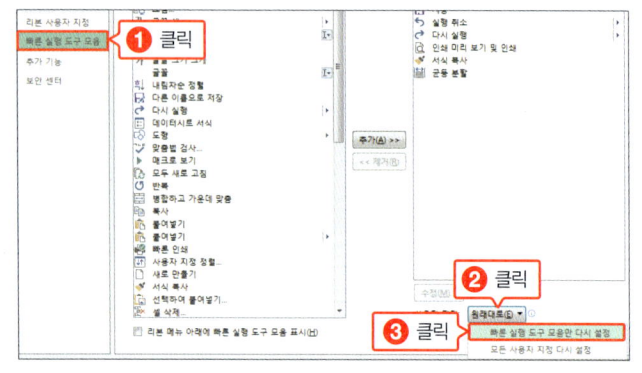

07 도구 모음 사용자 지정 파일 가져오기

① 빠른 실행 도구 모음이나 리본 메뉴의
   명령 아이콘에 마우스 포인터를 위치시
   킨 후 **마우스 오른쪽 버튼** 클릭
② **[리본 메뉴 사용자 지정]**을 선택합니다.

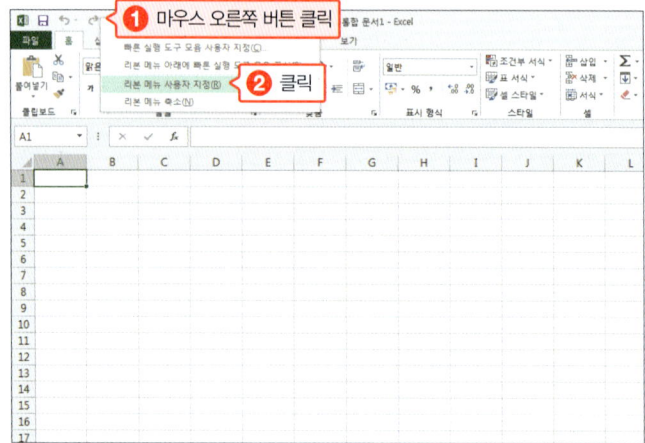

08

① [Excel 옵션] 대화상자에서 [가져오기/
   내보내기] 클릭
② [사용자 지정 파일 가져오기] 선택
③ [파일 열기] 대화상자가 나타나면 **내도
   구.exportedUI** 파일 선택
④ [열기]를 클릭합니다.

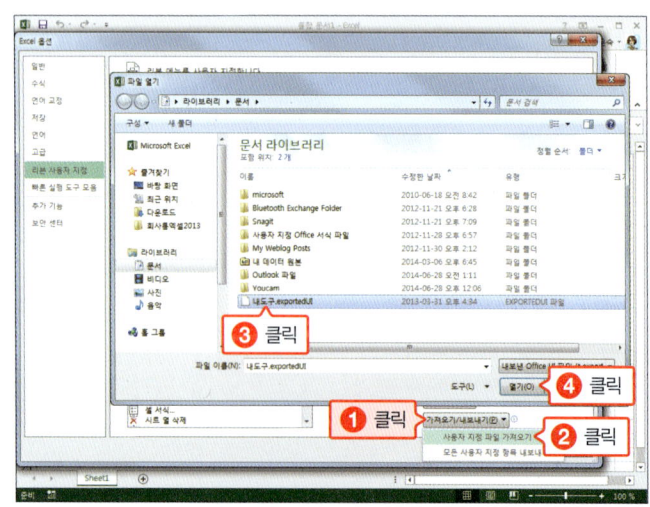

09

① 변경을 확인하는 메시지의 대화상자에
   서 [예] 클릭

② [확인]을 클릭합니다.

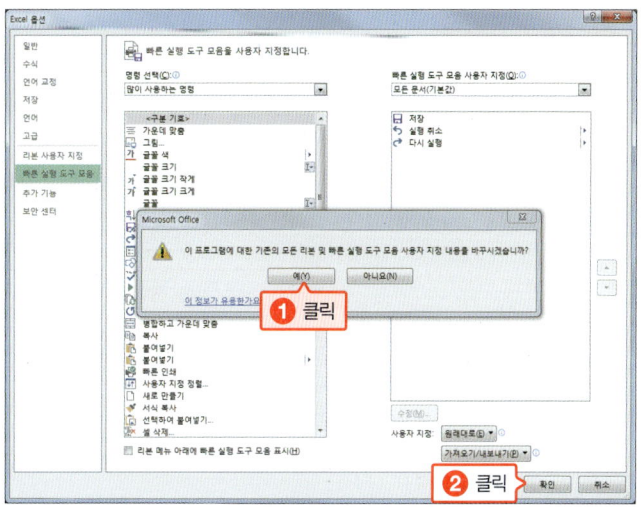

핵심기능실습 | **빠른 실행 도구 모음 이동 및 리본 메뉴 숨기기**

• **실습 파일** Chapter01\Section05\사용자도구.exportedUI • **완성 파일** 없음

사용자 지정으로 빠른 실행 도구 모음에 추가한 아이콘이 많은 경우 리본 메뉴 위쪽에 모든 아이콘이 표시되지 않
을 수 있습니다. 이때는 빠른 실행 도구 모음을 리본 메뉴 아래로 이동하여 표시할 수 있습니다. 또한 워크시트를
넓게 사용할 수 있도록 리본 메뉴를 최소화하여 표시할 수 있습니다.

01 빠른 실행 도구 모음 이동

사용자 지정으로 추가한 빠른 실행 도구 아
이콘이 리본 메뉴 위쪽에 다 표시되지 않을
때는 리본 메뉴 아래로 옮겨 사용할 수 있
습니다.

① 빠른 실행 도구 모음이나 리본 메뉴의
   명령 아이콘에 마우스 포인터를 위치시
   킨 후 **마우스 오른쪽 버튼** 클릭

② **[리본 메뉴 아래에 빠른 실행 도구 모음 표시]**
   를 선택합니다.

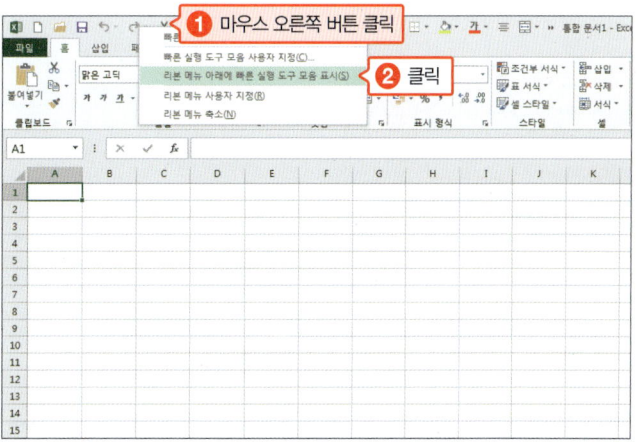

02 리본 메뉴 탭만 표시하기

① **[리본 메뉴 표시 옵션 ▣]** 클릭

② **[탭 표시]**를 선택합니다.

리본 메뉴가 숨겨지면서 탭만 표시됩니다. 탭 하단으
로 빠른 실행 도구 모음이 이동되었습니다.

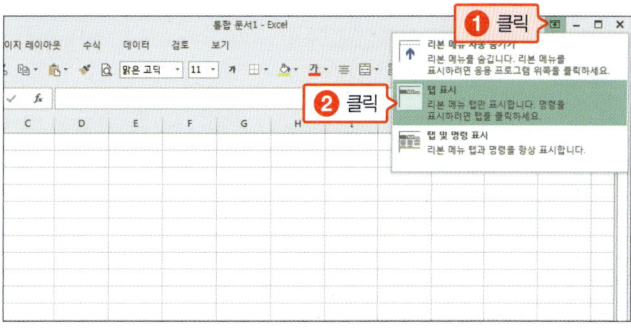

리본 메뉴 표시 옵션

[리본 메뉴 표시 옵션 📑]을 클릭했을 때 나타나는 메뉴에서 다음과 같은 옵션을 선택할 수 있습니다.

[리본 메뉴 자동 숨기기] : 리본 메뉴와 빠른 실행 도구 모음이 숨겨지며 워크시트가 전체 화면으로 표시됩니다. 창의 위쪽을 클릭하면 리본 메뉴와 빠른 실행 도구 모음이 내려옵니다.

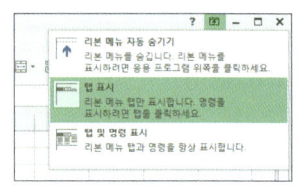

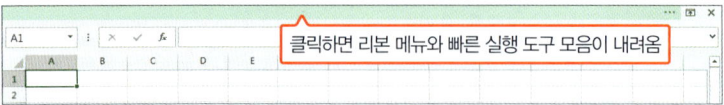

클릭하면 리본 메뉴와 빠른 실행 도구 모음이 내려옴

[탭 표시] : 리본 메뉴의 탭만 표시합니다.

[탭 및 명령 표시] : 리본 메뉴를 모두 표시합니다.

[탭 표시]와 **[탭 및 명령 표시]**는 리본 메뉴에서 선택된 탭을 더블클릭하거나 Ctrl + F1 을 눌러 전환할 수 있습니다.

터치/마우스 모드로 명령 간격 최적화

사용하는 PC에서 터치 모드를 지원한다면 화면 터치로 명령을 선택할 수도 있습니다. 화면 터치로 명령을 선택하려면 명령 간격이 좀 넓찍해야 편리하므로, 엑셀 2013의 터치 모드로 전환하여 명령 아이콘들의 간격을 넓게 조정할 수 있습니다.

① [빠른 실행 도구 모음 사용자 지정] 메뉴 목록에 있는 **[터치/마우스 모드]**를 선택합니다. ② 빠른 실행 도구 모음에 표시된 [터치/마우스 모드 📲]를 클릭한 후 ③ **[터치]**를 선택합니다. 터치 모드에서는 마우스 클릭과 화면 터치 방법을 모두 사용할 수 있습니다.

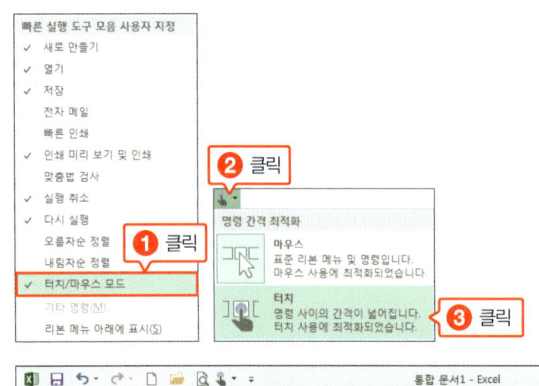

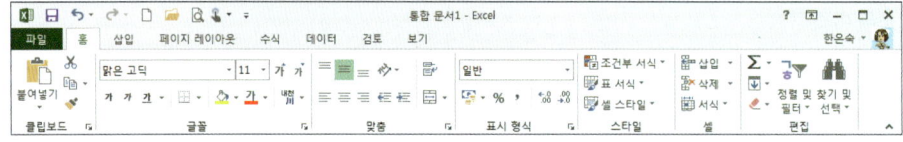

▲ 마우스 모드 상태 : 기본

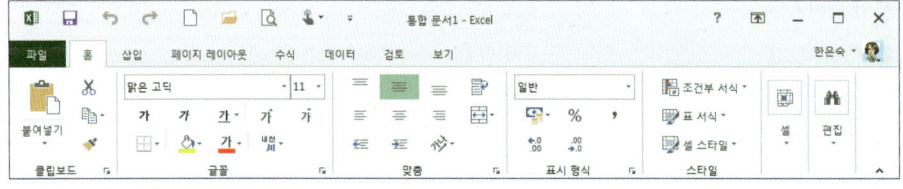

▲ 터치 모드 상태 : 명령 간격이 넓게 조정

06 엑셀 통합 문서 다루기

엑셀은 워크시트, 차트, 피벗 테이블, 외부 데이터베이스 등 여러 형태의 문서를 포함할 수 있어서 통합 문서라고 부릅니다. 엑셀의 기본 통합 문서를 열어 데이터를 입력하고 저장하면서 엑셀 명령 사용 방법에 대해서 알아보겠습니다.

엑셀 명령을 사용하는 5가지 방법

엑셀 기능을 사용하기 위해 엑셀 명령을 선택하는 방법에는 ① 빠른 실행 도구 모음, ② 리본 메뉴, ③ 마우스 오른쪽 버튼을 누르면 나오는 단축 메뉴, ④ 단축 메뉴와 함께 나오는 미니 도구 모음, ⑤ 명령별로 정해진 키보드 단축키 등이 있습니다.

작업 상황에 따라 편리한 방법으로 이용할 수 있습니다. 빠른 실행 도구 모음이나 리본 메뉴는 사용자 취향에 따라 다양하게 설정할 수 있지만, 앞으로의 실습을 위해서 리본 메뉴는 기본 설정 탭, 빠른 실행 도구 모음은 [새로 만들기], [열기], [저장], [실행 취소], [다시 실행], [인쇄 미리 보기 및 인쇄]로 설정해두겠습니다.

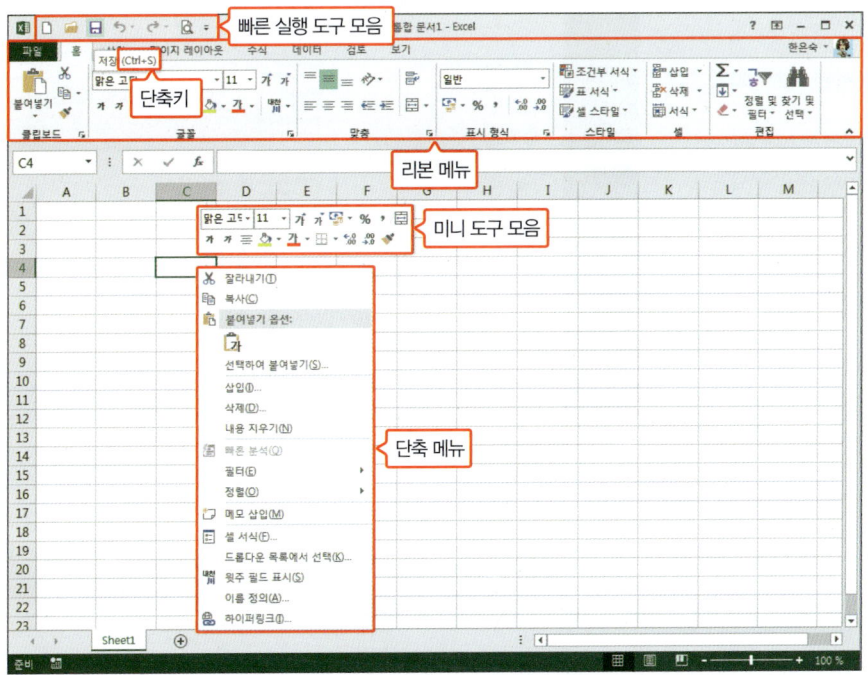

통합 문서 열기 및 저장 위치

빠른 실행 도구 모음의 [열기 🖿]를 클릭하거나 단축키 [Ctrl]+[O]를 누르면 백스테이지 화면의 [열기] 탭이 표시됩니다. [저장 🖫]을 클릭하거나 단축키 [Ctrl]+[S]를 누르면 백스테이지 화면의 [다른 이름으로 저장] 탭이 표시됩니다. 해당 탭에는 원드라이브와 같은 사용자 계정이나 최근 사용했던 폴더 등 문서의 모든 위치가 표시되어 있어 원하는 문서를 열거나 저장할 수 있습니다.

— 최근 폴더 선택

① 최근 폴더 목록 중 **원하는 위치** 선택
② 해당 위치가 표시된 대화상자가 나타납니다.

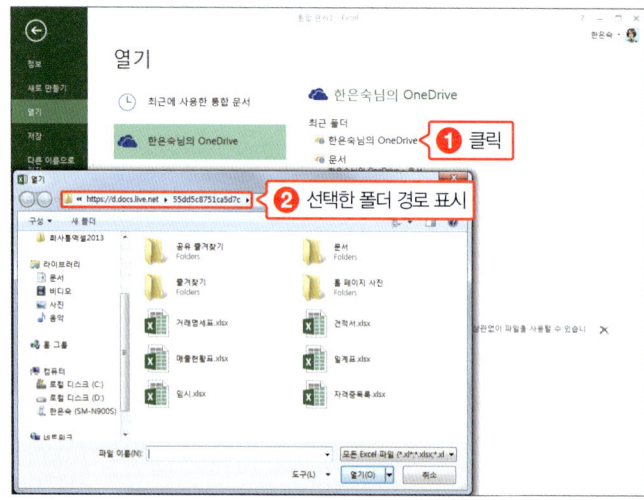

— 폴더 찾아보기

① 최근 폴더 목록에 원하는 폴더가 없다면 **[찾아보기]** 클릭
② 기본 파일 위치가 표시된 **대화상자**가 열립니다.

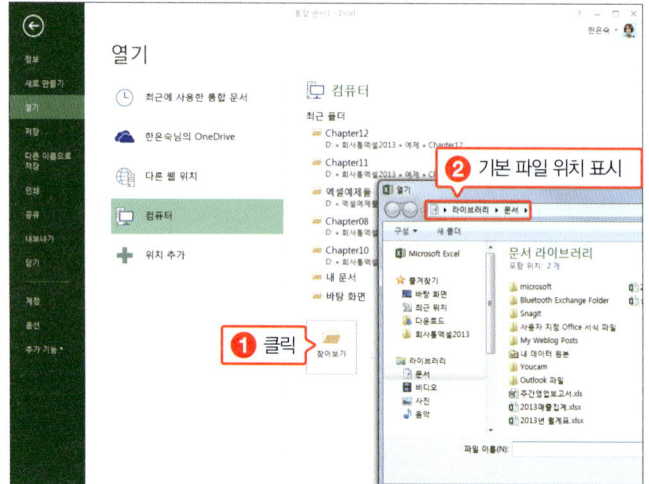

열기 및 저장 대화상자 바로 열기

빠른 실행 도구 모음에서 [열기], 혹은 [저장]을 클릭하거나 단축키를 눌렀을 때 백스테이지 화면으로 이동하지 않고 바로 [열기] 또는 [다른 이름으로 저장] 대화상자가 표시되도록 할 수 있습니다.

— [방법 ①] 단축키 [F12] 사용

[다른 이름으로 저장] 대화상자를 바로 열려면 [Ctrl]+[S] 대신 [F12]를 누릅니다. [열기] 대화상자를 바로 불러오려면 [Ctrl]+[O] 대신 [Ctrl]+[F12]를 누릅니다.

[방법 ②] 저장 옵션 설정

앞으로 실습을 진행할 때는 이 방법을 사용하겠습니다. 다음과 같이 저장 옵션을 설정해둡니다. [열기] 또는 Ctrl +O, [저장] 또는 Ctrl +S를 눌렀을 때도 바로 대화상자가 나타나도록 설정해보겠습니다.

① [파일] 탭-[옵션] 선택 ② [Excel 옵션] 대화상자에서 [저장] 선택 ③ [파일을 열거나 저장할 때 Backstage 표시 안함]에 체크 표시 ④ [확인]을 클릭합니다.

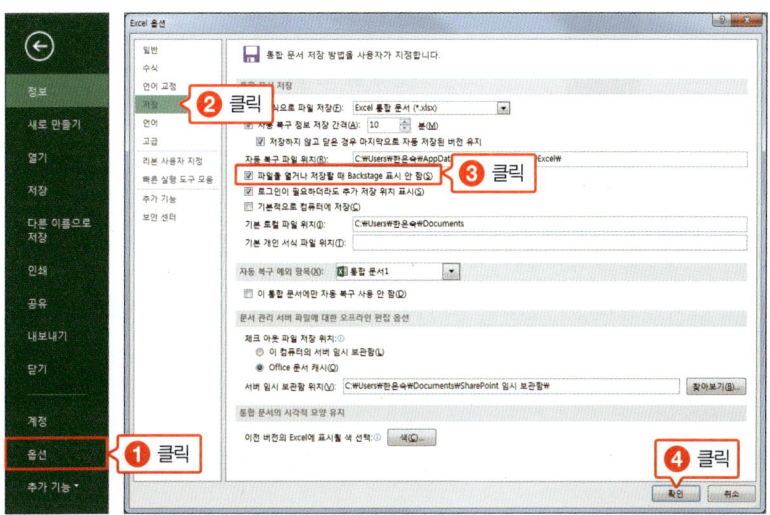

파일 형식 변경하기

엑셀 문서를 PDF 파일로 저장하거나 기타 다른 형식으로 변경하여 저장하려면 [파일] 탭-[내보내기]를 선택한 후 다음과 같은 방법을 사용합니다.

PDF/XPS 만들기

① [PDF/XPS 문서 만들기] 선택
② [PDF/XPS 만들기]를 클릭합니다.

엑셀 문서를 PDF 파일 형식으로 저장할 수 있는 [PDF 또는 XPS로 게시] 대화상자가 표시됩니다.

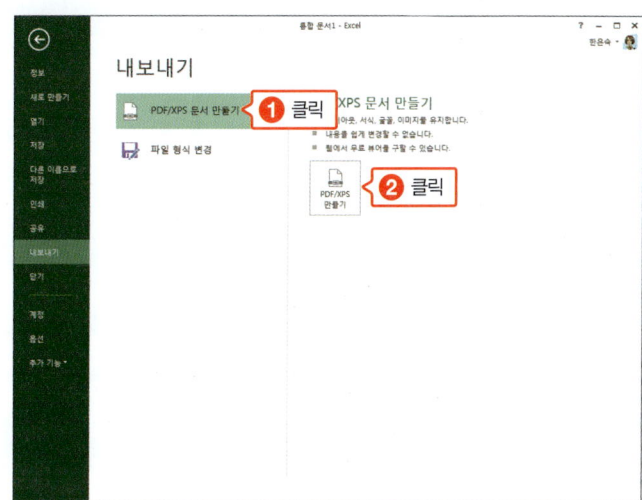

다른 파일 형식으로 만들기

① [파일 형식 변경] 선택

② 통합 문서 파일 유형 목록에서 저장할
   파일 유형 선택

③ [다른 이름으로 저장]을 클릭합니다.

[다른 이름으로 저장] 대화상자가 나타나며 대화상자
의 [파일 형식]란에는 선택한 파일 유형이 표시되어
있습니다.

단축키 사용

클릭 과정을 최소화하려면 [파일] 탭을 선택할 필요 없이 F12를 눌러 [다른 이름으로 저장] 대화상자를 바로 엽니
다. 표시된 대화상자에서 [파일 형식]을 변경할 파일 형식으로 선택하고 저장합니다.

핵심기능실습 | **통합 문서를 PDF 형식으로 저장하기**

▪ **실습 파일** Chapter01\Section06\주간영업보고서.xlsx ▪ **완성 파일** Chapter01\Section06\주간영업보고서.pdf

주간영업보고서 파일을 불러온 후 엑셀이 설치되어 있지 않은 컴퓨터에서도 파일 내용을 확인해볼 수 있도록
PDF 형식으로 저장해보겠습니다.

01 통합 문서 열기

① 빠른 실행 도구 모음에서 [열기 📂] 클릭

② [열기] 대화상자에서 **예제 폴더** 선택

③ **주간영업보고서.xlsx** 파일 선택

④ [열기]를 클릭합니다.

바로 통하는 TIP [Excel 옵션] 대화상자에서 [저장] 옵
션으로 [파일을 열거나 저장할 때 Backstage 표시 안
함]을 선택했다면 바로 [열기] 대화상자가 나타납니다. 이
옵션을 선택하지 않았다면 Ctrl + F12를 눌러 [열기] 대
화상자를 바로 열 수 있습니다.

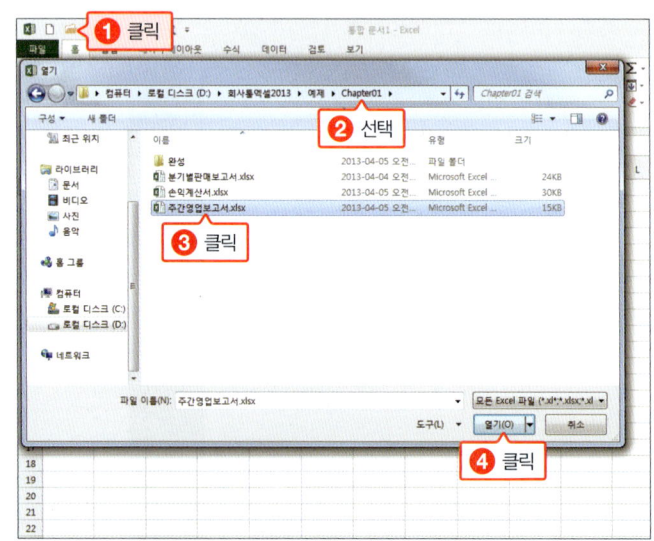

02 파일 형식 변경하기

통합 문서를 PDF 형식으로 저장해보겠습니다.

① F12 를 눌러 [다른 이름으로 저장] 대화상자 표시

② 저장 위치로 [문서] 폴더 선택

③ [파일 형식] 목록 표시 버튼 클릭

④ [PDF(*.pdf)] 선택

⑤ [저장]을 클릭합니다.

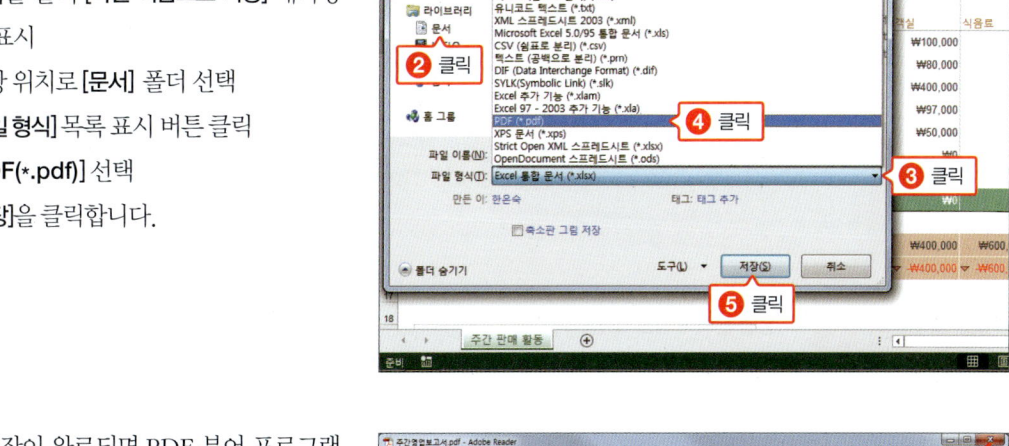

03 저장이 완료되면 PDF 뷰어 프로그램이 자동으로 실행되면서 PDF 파일이 열립니다. [닫기]를 클릭합니다.

바로 통하는 TIP PDF 파일을 열 수 있는 PDF 뷰어 프로그램이 컴퓨터에 설치되어 있어야 합니다.

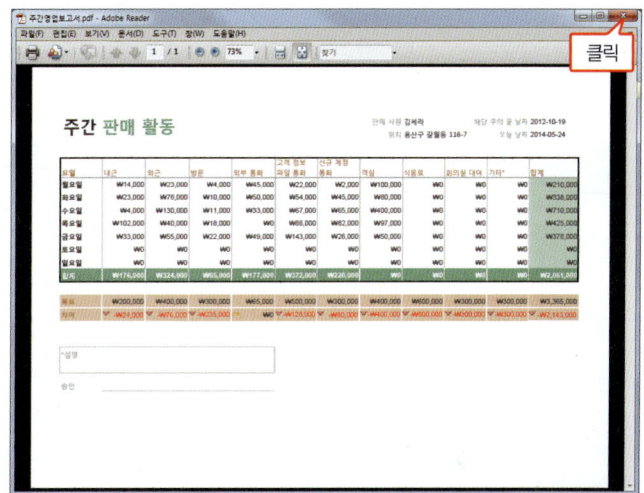

04 엑셀을 종료하기 위해 [닫기]를 클릭합니다.

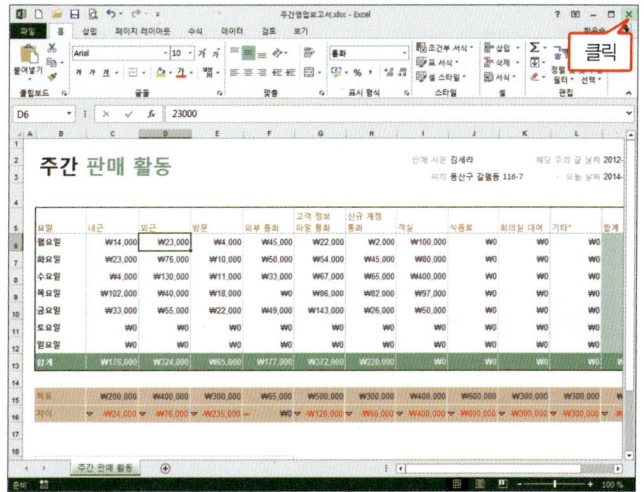

파일을 열었을 때 [제한된 보기]로 열리는 경우

엑셀 2013은 컴퓨터에 대한 피해를 최소화하기 위해 위험 가능성 있는 파일을 [제한된 보기] 모드에서 엽니다. 제한된 보기 모드는 파일을 읽고 내용만 검사할 수 있는 보기 모드이므로 편집 작업은 할 수 없습니다.

인터넷에서 다운로드한 파일이나 아웃룩 메일 첨부 파일을 열면 자동으로 제한된 보기가 사용되는데, 다음 그림과 같이 메시지 표시줄이 나타납니다. 열린 파일이 문제가 없다면 [편집 사용]을 클릭하여 편집 작업을 할 수 있습니다.

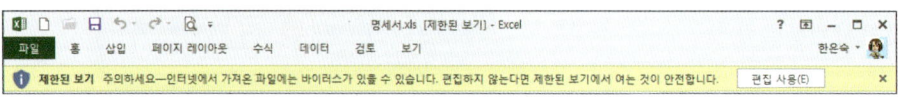

통합 문서에 암호 설정하기

보안을 위해 문서에 암호를 지정하여 암호를 아는 사람만 문서를 열게 할 수 있습니다.

① [파일] 탭–[정보]를 선택합니다.

② [통합 문서 보호]–[암호 설정]을 선택합니다.

③ [문서 암호화] 대화상자에 암호를 입력하고 [확인]을 클릭합니다.

④ 암호 확인 대화상자에 같은 암호를 한 번 더 입력하고 [확인]을 클릭합니다.

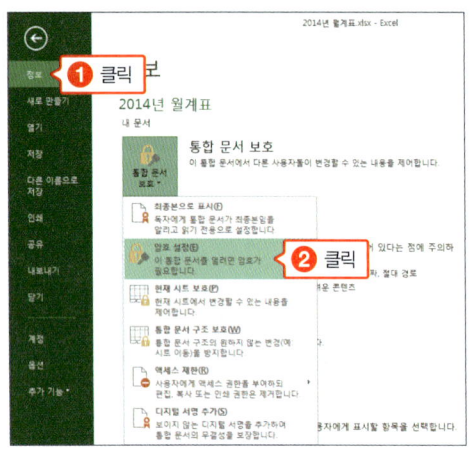

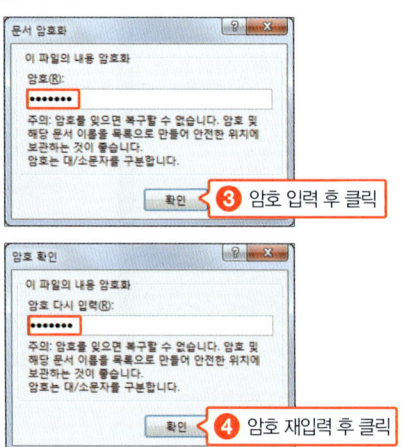

⑤ 이 통합 문서를 열려면 암호를 알아야 한다는 메시지가 표시됩니다.

⑥ 파일을 닫고 다시 열면 암호를 묻는 대화상자가 표시됩니다. 암호 입력 후 [확인]을 클릭하여 문서를 엽니다.

⑦ 암호를 다시 해제하려면 [파일] 탭–[정보]–[통합 문서 보호]–[암호 설정]을 다시 선택하고 [문서 암호화] 대화상자의 암호를 삭제한 후 [확인]을 클릭합니다.

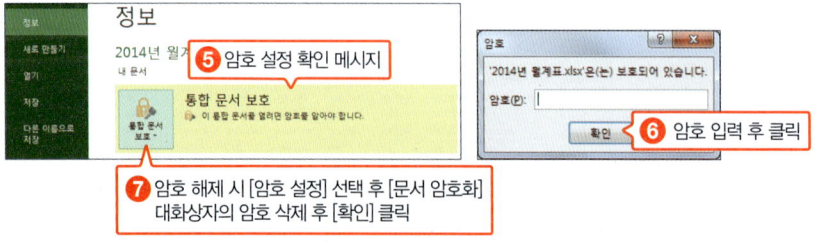

문서 작성의 시작!
데이터 입력

워드프로세서에서는 입력하는 문자, 숫자, 날짜, 시간을 모두 문자로 인식하지만 엑셀에서는 입력하는 데이터가 문자인지, 숫자인지, 날짜 혹은 시간인지에 따라 자동으로 적용되는 기본 서식과 표시 형식이 다릅니다. 따라서 엑셀에서 다뤄지는 데이터의 특징을 잘 알아두면 문서 작성 시간을 줄일 수 있고 작업의 효율성도 높일 수 있습니다. 이번 장에서는 엑셀의 작업 영역인 셀, 워크시트, 통합 문서의 개념을 이해하고 엑셀에서 다루는 데이터의 종류별 특성에 대해서 알아보겠습니다.

스프레드시트는 경리/회계 업무에서 사용하던 계산 용지와 같습니다. 따라서 엑셀은 계산 용지들의 묶음에 해당하는 회계 장부와 유사한 구조로 되어 있습니다. 통합 문서(Book)가 회계 장부라면 워크시트(Worksheet)는 장부 안에 각 부서별로 색인(Index)되어 있는 여러 페이지라고 할 수 있습니다. 셀(Cell)은 각 페이지에서 수입, 지출 내역과 금액을 기재하는 각각의 칸이라고 생각하면 됩니다.

셀과 셀 주소

셀은 행과 열이 교차하면서 만들어진 칸이며 엑셀에서 데이터를 입력하는 최소 단위입니다. 각 셀은 열 이름과 행 번호가 결합된 셀 주소를 가집니다. 예를 들어 A열과 1행이 만나는 곳의 셀 주소는 [A1]입니다.

셀을 선택하면 해당 셀 주소가 이름 상자에 나타납니다. 또한 셀에 수식이 입력된 경우 셀에는 수식 결과만 표시되며 수식 입력줄에서 실제 입력 값인 수식을 확인할 수 있습니다. 셀 한 개의 최대 너비는 255, 최대 높이는 409입니다. 너비의 단위는 문자 수(영문 기준)이며, 높이의 단위는 글꼴 크기를 나타내는 포인트입니다.

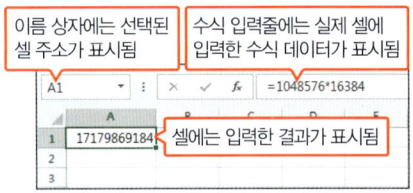

셀을 모아놓은 워크시트

하나의 워크시트에는 1,048,576개의 번호가 매겨져 있는 행과 A~XFD까지 16,384개의 알파벳 이름이 매겨져 있는 열이 있습니다.

워크시트에 있는 행/열의 전체 개수는 행/열을 삽입하거나 삭제해도 변하지 않습니다. 반면 워크시트의 개수는 컴퓨터 메모리가 허용되는 범위에서 무한정 추가할 수 있습니다. 물론 워크시트 하나에서만 작업해도 충분할 만큼 워크시트의 규모가 크지만, 작성하는 문서의 종류에 따라 여러 워크시트에 각각 나누어 작업하는 것이 편합니다.

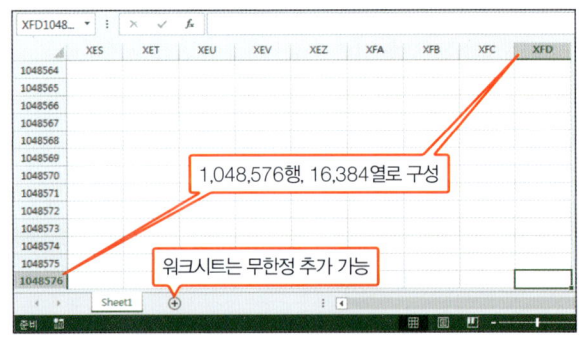

워크시트를 모아놓은 통합 문서

엑셀에서는 워크시트뿐 아니라 차트시트, 매크로시트 등 여러 형태의 문서를 각각의 워크시트에 작성하되, 하나의 파일로 저장할 수 있어 통합 문서라고 부릅니다.

다음처럼 '일계표'라는 하나의 통합 문서 파일은 기획실, 감리실, 설계실의 보고서 양식이 각각 다른 시트에 작성되어 있는 구조입니다.

▪ **참고 파일** Chapter02\Section03\일계표.xlsx

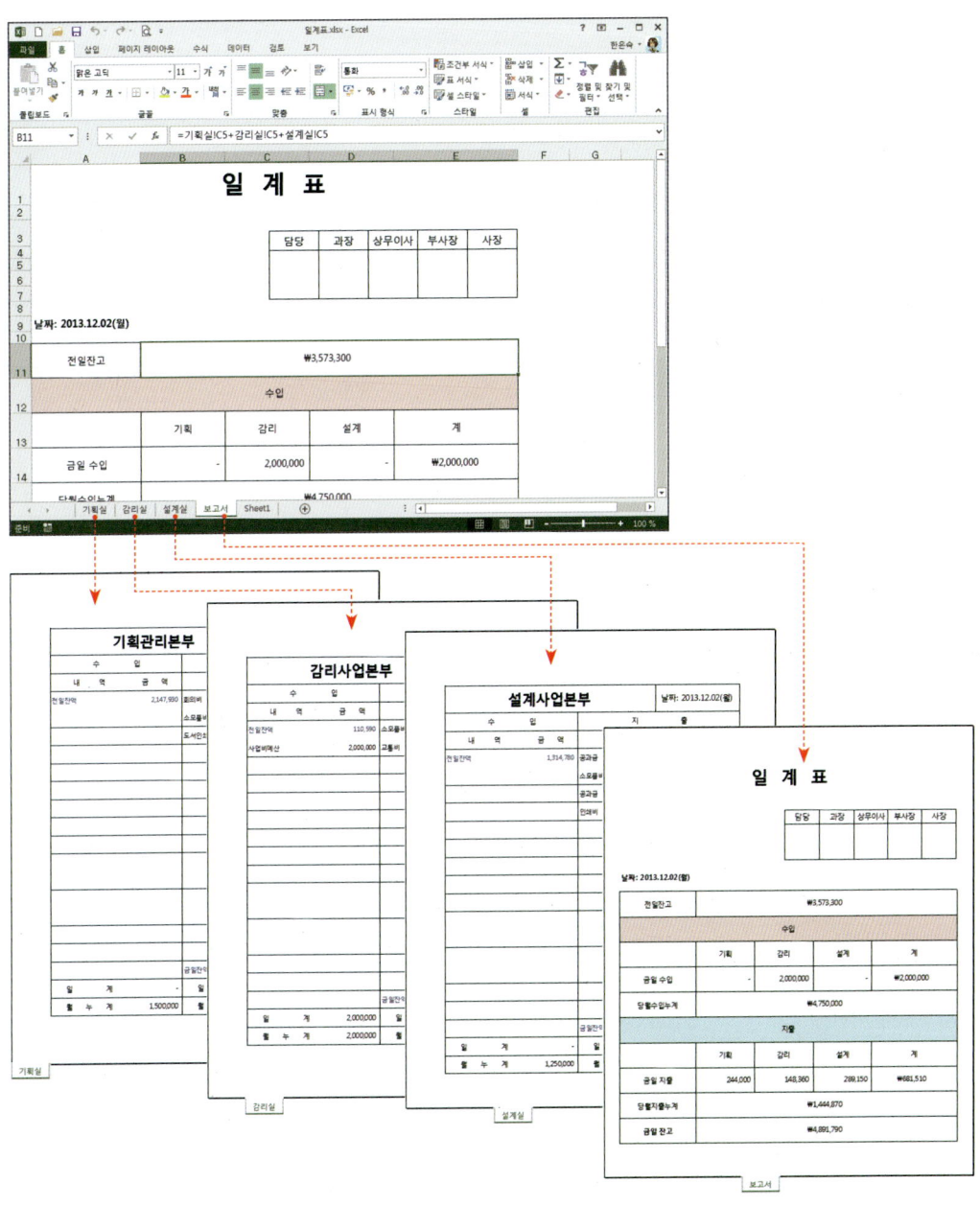

02 셀 선택 및 범위 지정하기

엑셀에서 데이터를 입력하고 문서를 편집하는 기본 작업은 모두 셀 단위로 이루어집니다. 작업할 셀을 선택하거나 범위를 지정할 때는 마우스로 클릭 및 드래그하는 것이 일반적이지만 보다 빠르게 작성해야 할 때는 단축키를 이용하기도 합니다.

셀 선택 및 범위 지정 단축키

키보드의 방향키 ←, →, ↑, ↓를 누르면 각 방향으로 한 셀씩 셀 포인터가 이동합니다. 인접한 셀을 선택할 때는 마우스를 클릭하여 셀을 선택하는 것보다 단축키를 사용하는 것이 편리합니다. 셀 선택 및 범위 지정 시 사용되는 단축키는 다음과 같습니다.

단축키	결과
→ 또는 Tab	오른쪽으로 한 셀 이동
← 또는 Shift + Tab	왼쪽으로 한 셀 이동
↓ 또는 Enter	아래쪽으로 한 셀 이동
↑ 또는 Shift + Enter	위쪽으로 한 셀 이동
Ctrl + 방향키 →, ←, ↑, ↓	해당 방향의 마지막 데이터 셀로 이동
End, 방향키 →, ←, ↑, ↓	Ctrl + 방향키와 동일 단, End와 방향키를 동시에 누르는 것이 아니라 End를 누른 후 방향키를 별도로 누름
Home	현재 행의 처음 셀로 이동
Ctrl + End	워크시트의 마지막 사용 셀로 이동
Ctrl + Home	[A1] 셀로 이동
Page Up	한 화면 단위로 위로 이동
Page Down	한 화면 단위로 아래로 이동
Alt + Page Up	한 화면 단위로 왼쪽으로 이동
Alt + Page Down	한 화면 단위로 오른쪽으로 이동
Shift + →, ←, ↑, ↓	화살표 방향으로 한 셀씩 범위 지정
Ctrl + Shift + →, ←, ↑, ↓	화살표 방향의 마지막 데이터 셀까지 한번에 범위 지정
Ctrl + A 또는 Ctrl + *	인접한 전체 데이터 범위 지정

여러 셀 선택 및 범위 지정

떨어져 있는 비연속 셀을 동시에 선택하거나 범위 지정하려면 첫 번째 셀을 선택한 후 두 번째 선택할 셀부터 Ctrl+클릭이나 Ctrl+드래그합니다. 또한 행 머리글이나 열 머리글을 클릭하거나 드래그하면 행 전체, 열 전체가 범위로 지정됩니다.

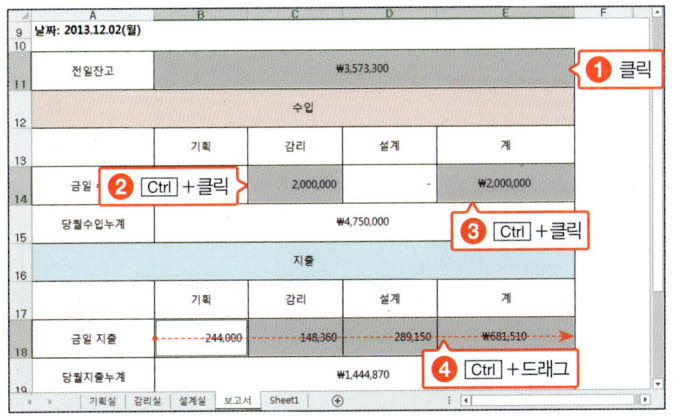

▲ 비연속 셀 선택 및 범위 지정

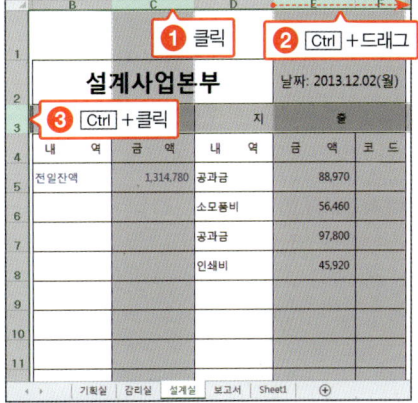

▲ 행/열 전체 선택

이름 상자를 사용하여 셀 선택 및 범위 지정

이름 상자에 셀 주소를 직접 입력하여 셀을 선택하거나 범위를 지정할 수 있습니다. 셀 범위는 셀 주소 사이에 콜론(:)을 넣어 지정하고 비연속 셀이나 범위를 지정할 때는 셀 주소나 범위 사이에 콤마(,)를 넣습니다.

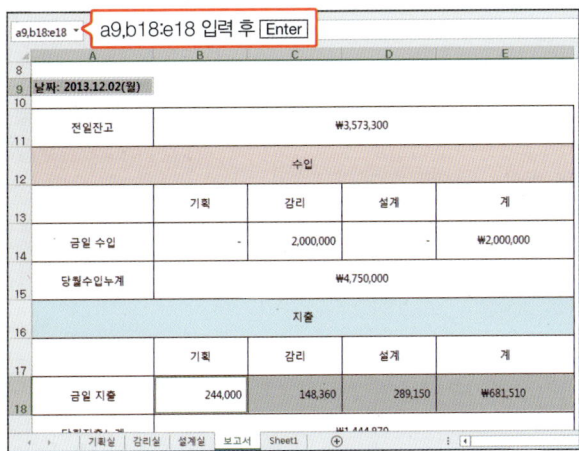

▲ 이름 상자에 범위 입력하여 [A9] 셀과 [B18:E18] 셀 범위 지정

• 실습 파일 Chapter02\Section02\성과보고서.xlsx **• 완성 파일 없음**

마우스, 단축키, 이름 상자를 사용하여 다양한 방법으로 셀을 선택하고 범위를 지정해보겠습니다.

01 마우스와 단축키로 범위 지정

① [B5] 셀에서 [G5] 셀까지 드래그

② Ctrl + Shift + ↓ 를 누릅니다.

바로 통하는 TIP 범위 지정 단축키가 적용되지 않는다면 [파일] 탭-[옵션]-[고급]에서 [Lotus 호환성 옵션] 항목 중 [키보드 명령 바꾸기]가 선택되어 있는지 확인합니다. 이 옵션이 선택되어 있으면 Tab 및 일부 범위 지정 단축키가 적용되지 않습니다.

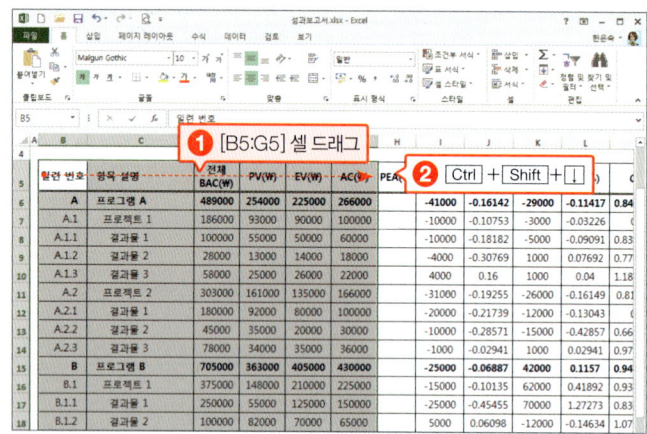

02 표 전체 범위 지정

표 범위 내의 아무 셀이나 클릭한 후 단축키를 누르면 한번에 표 전체 범위를 지정할 수 있습니다.

① [B5] 셀 클릭

② Ctrl + A 를 누릅니다. [B5] 셀을 기준으로 데이터 범위가 지정됩니다.

바로 통하는 TIP Ctrl + * 을 눌러도 됩니다.

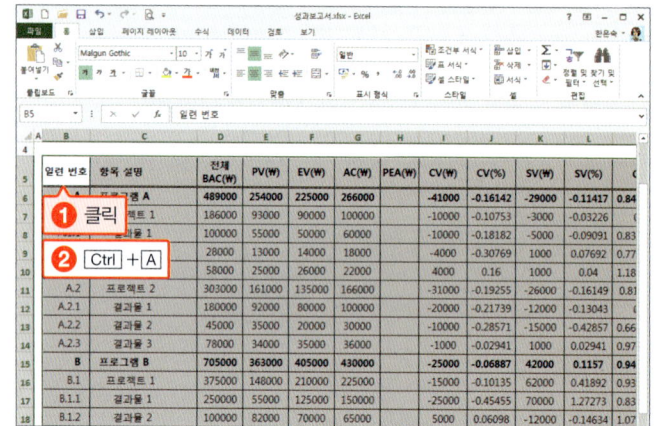

03 워크시트 전체 범위 지정

[전체 선택 ◢]을 클릭합니다. 워크시트 전체가 범위로 지정됩니다.

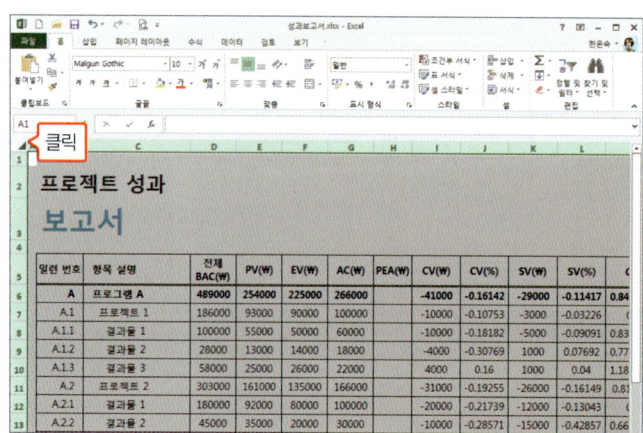

04 행/열 전체 범위 지정

행/열 머리글을 드래그하는 것만으로 간편하게 범위를 지정할 수 있습니다.

① D열에서 G열 머리글까지 드래그
② 5행 머리글을 Ctrl+클릭합니다.

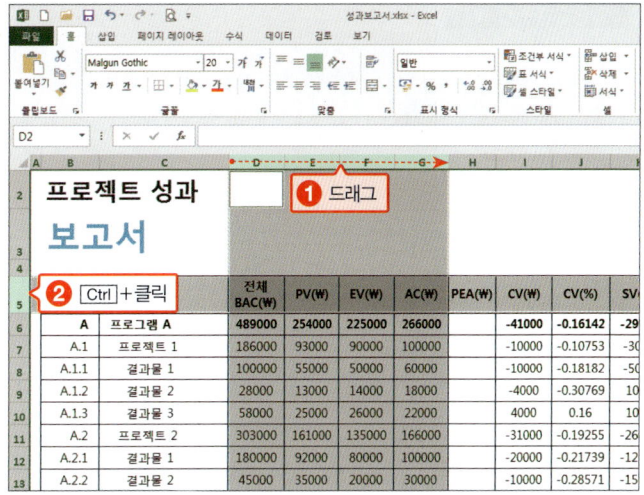

05 Shift와 Ctrl로 범위 지정

① [D6] 셀 클릭
② [G14] 셀 Shift+클릭
③ [I6] 셀 Ctrl+클릭
④ [J14] 셀을 Shift+클릭합니다.

[D6:G14] 셀, [I6:J14] 셀이 범위로 지정되었습니다. 즉 Shift는 연속된 셀 범위를 지정할 때, Ctrl은 떨어져 있는 셀 범위를 지정할 때 사용합니다.

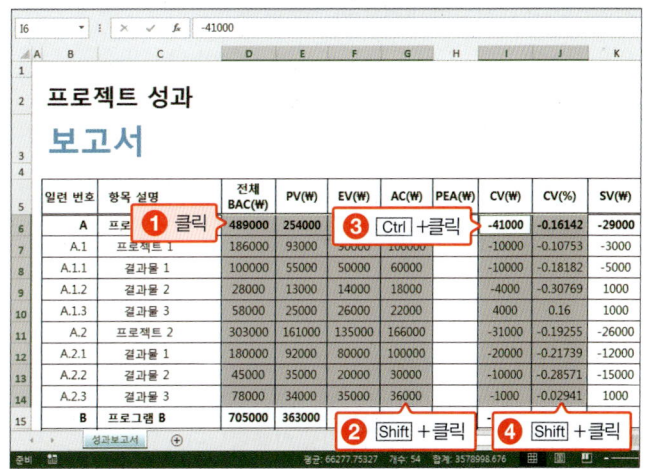

06 이름 상자로 범위 지정

이름 상자에 범위를 입력하면 각각의 범위가 한번에 선택됩니다.

① 이름 상자에 i6,k6,o6:p6 입력
② Enter를 누릅니다.

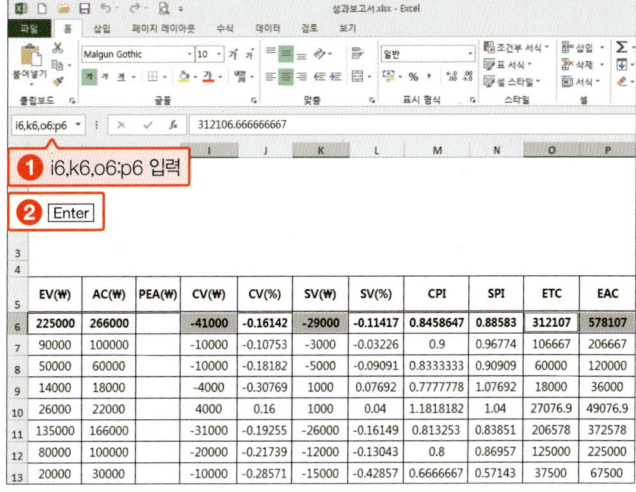

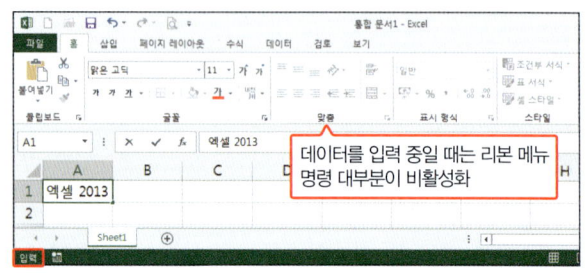

셀에 데이터를 입력하고 수정하는 기본적인 방법과 좀더 빠르게 데이터를 입력할 수 있는 단축키 등을 알아보겠습니다. 또한 셀에 입력된 데이터를 설명하는 메모 입력 방법에 대해서 소개합니다.

데이터 입력의 기본

데이터를 입력하는 중일 때는 작업 상태 표시줄에 '입력'이라고 표시되며 입력을 완료할 때까지 서식 지정 등 대부분의 엑셀 명령을 사용할 수 없습니다. 데이터 입력 후에는 반드시 Enter를 누르거나 마우스 또는 방향키로 다른 셀을 선택해야 데이터 입력이 완료됩니다. 입력을 완료하기 전에 ESC를 누르면 입력이 취소됩니다.

> 데이터를 입력 중일 때는 리본 메뉴 명령 대부분이 비활성화

데이터 수정하기

셀 내용을 모두 수정하는 경우에는 셀을 선택한 후 새로운 데이터를 입력하면 됩니다. 셀 내용의 일부만 수정할 때는 다음 세 가지 방법 중 한 가지를 사용합니다.

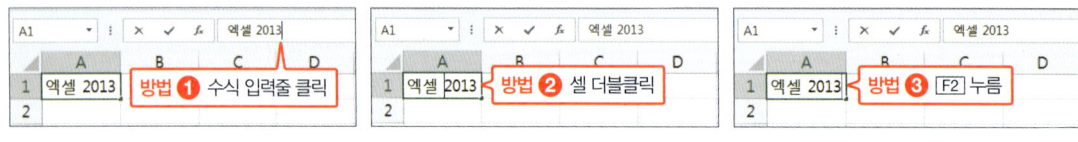

방법 ❶ 수식 입력줄 클릭 방법 ❷ 셀 더블클릭 방법 ❸ F2 누름

데이터 지우기

셀 내용을 지우려면 셀을 선택한 후 Delete를 누릅니다. 셀에 서식이 지정된 경우에 서식은 그대로 남게 됩니다. 서식만 따로 지우거나 서식과 내용을 모두 지우려면 [홈] 탭-[편집] 그룹-[지우기]를 클릭합니다.

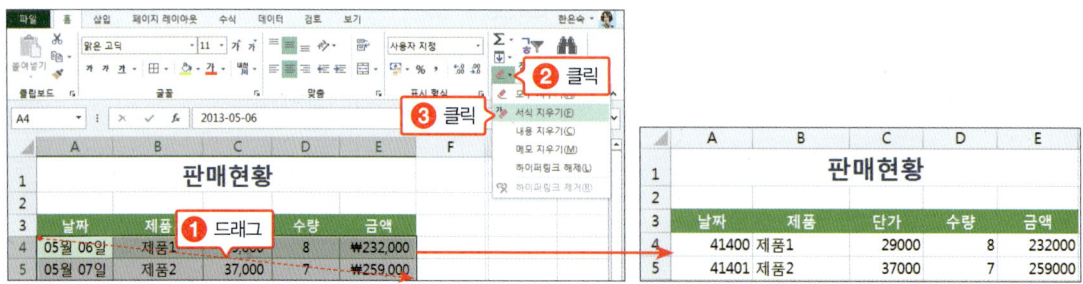

▲ 셀 내용은 그대로 놔두고 서식만 지운 경우

• 실습 파일 Chapter02\Section03\매출집계표.xlsx   • 완성 파일 Chapter02\Section03\매출집계표완성.xlsx

입력할 데이터가 이미 입력되어 있는 문자열과 같은 내용일 때는 첫 글자만 입력하는 것으로
자동 완성할 수 있습니다. 예를 들어 '아'의 입력만으로 '아쿠아지누'가 나타났을 때 자동 완성
된 데이터를 사용하려면 Enter 를 누르고, 자동 완성 문자열을 사용하지 않으려면 무시하고
입력하거나 Delete 를 누르고 입력합니다.

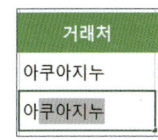

여기에서는 단축키를 사용하여 반복되는 데이터 목록을 좀더 빠르게 입력해보겠습니다. 위쪽 셀의 데이터를 복
사하는 단축키는 Ctrl + D , Ctrl +아포스트로피 ' , 왼쪽 셀의 데이터를 복사하는 단축키는 Ctrl + R , 범위에
한꺼번에 같은 데이터를 입력하는 단축키는 Ctrl + Enter 입니다.

01 자동 완성으로 입력하기

① [B10] 셀에 **아쿠아** 입력

② 자동 완성된 **아쿠아지누**에서 **지누**라는 글
자를 삭제하기 위해 Delete 를 누른 후
Tab

③ [C10] 셀에 **김** 입력 후 '김선주'가 자동
완성되면 Tab

바로 통하는 TIP '아쿠아지누'가 [B7] 셀에 입력되어
있으므로 [B10] 셀에 '아'를 입력하면 '아쿠아지누'가 나
타납니다.

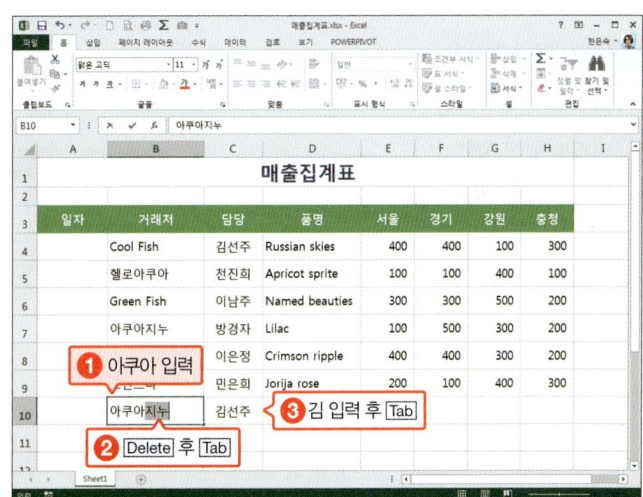

02 Alt + ↓ 로 입력하기

단축키를 이용해 이미 입력된 품명의 목록
을 표시한 후 데이터를 입력해보겠습니다.

① [D10] 셀에서 Alt + ↓ 를 누르면 기존
에 입력된 품명 목록 표시

② ↓ 를 눌러 **Russian skies**를 선택한 후
Enter 를 누릅니다.

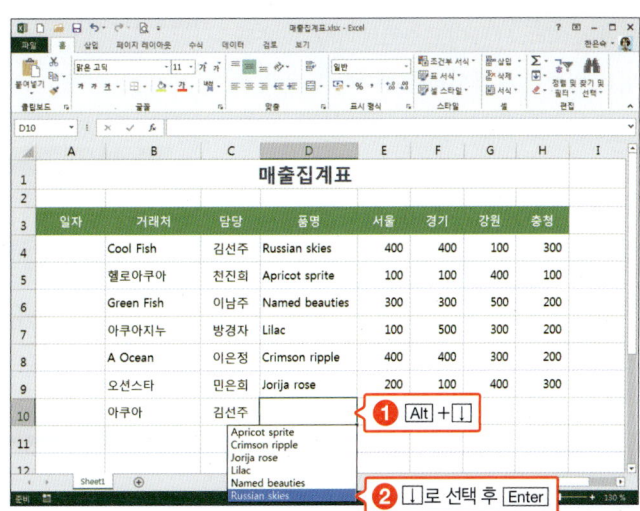

실무활용노트 EXCEL 자동 완성을 사용하지 않으려면

[파일] 탭-[옵션]을 선택하고 [Excel 옵션] 대화상자에서 [고급]을 선택합니다. 편집 옵션 중 [셀 내용을 자동 완성]의 체크 표시를 해제하면 자동 완성이 실행되지 않습니다.

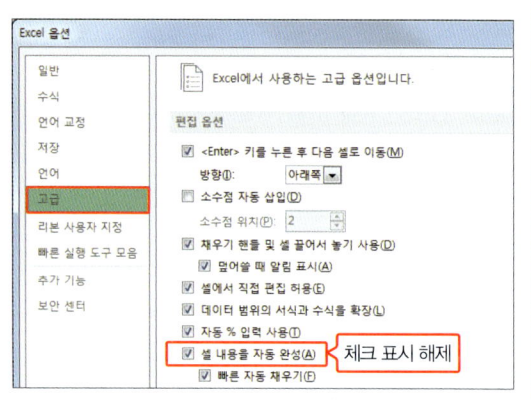

03 데이터 수정하기

① [D7] 셀 선택 후 F2

② ripple 입력 후 Enter

③ [D9] 셀 더블클릭

④ J를 **Z**로 수정하고 Enter 를 누릅니다.

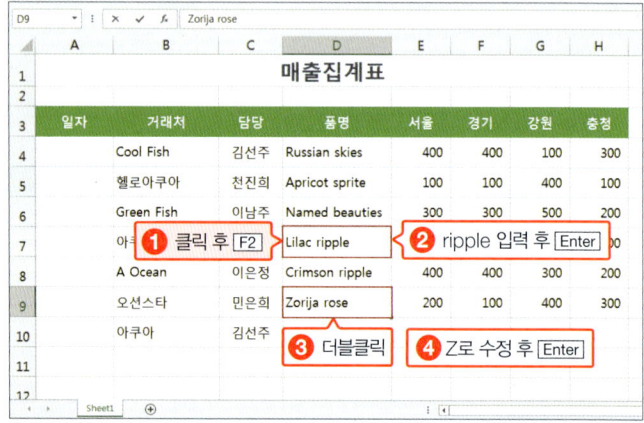

04 단축키로 인접 셀 데이터 복사하기

단축키 Ctrl + ' (아포스트로피)를 이용해 바로 위쪽 셀의 데이터를 복사한 후 입력해 보겠습니다. Ctrl + R 을 누르면 바로 왼쪽 셀의 데이터가 복사됩니다.

① [B11] 셀 선택 후 Ctrl + '

② **스타** 입력 후 Tab

③ [C11] 셀에서 Ctrl + D

④ [E9:F10] 셀 드래그 후 Ctrl + D

⑤ [F10:H10] 셀을 드래그한 후 Ctrl + R 을 누릅니다.

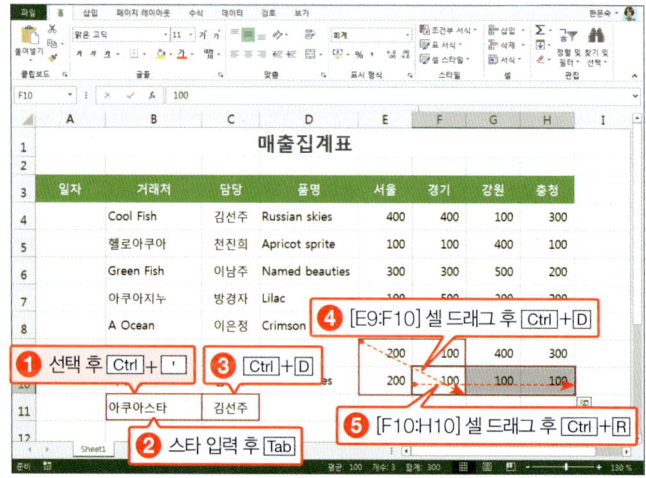

바로 통하는 TIP Ctrl + ' (아포스트로피)를 누르면 바로 위에 있는 셀 데이터가 복사됩니다. 입력을 완료하려면 Tab 또는 Enter 를 누릅니다. Ctrl + D 는 입력 완료 상태로 복사합니다. Ctrl + R 을 누르면 바로 왼쪽 셀의 데이터를 복사합니다. 범위를 지정한 후 Ctrl + D 나 Ctrl + R 을 누르면 지정된 범위 중 첫 셀의 데이터를 나머지 셀에 복사합니다.

05 범위 지정 후 Ctrl + Enter 로 한꺼번에 데이터 입력하기

① [A4:A11] 셀 드래그

② 12/6을 입력한 후 Ctrl + Enter 를 누릅니다.

[A4:A11] 셀에 12월 06일이 모두 입력되었습니다.

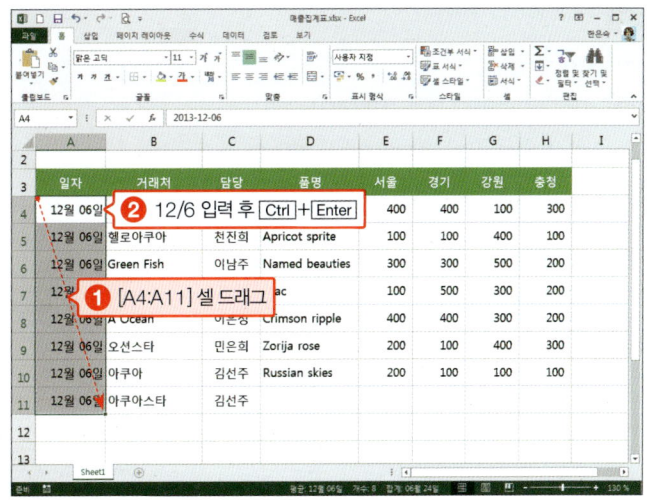

• **실습 파일** Chapter02\Section03\일계표.xlsx • **완성 파일** Chapter02\Section03\일계표완성.xlsx

셀에 대해 설명할 메모를 셀과 연결된 상자에 입력할 수 있습니다. 메모 상자는 기본적으로 숨겨지며 메모가 삽입된 셀 오른쪽 위에 빨간색 표식이 생깁니다. 여기에 마우스 포인터를 가져가면 메모 상자가 표시됩니다.

01 메모 삽입하기

셀에 메모를 넣어보겠습니다.

① [B11] 셀 클릭

② [검토] 탭-[메모] 그룹-[새 메모] 클릭

③ 메모 상자에 **기획실+감리실+설계실** 입력

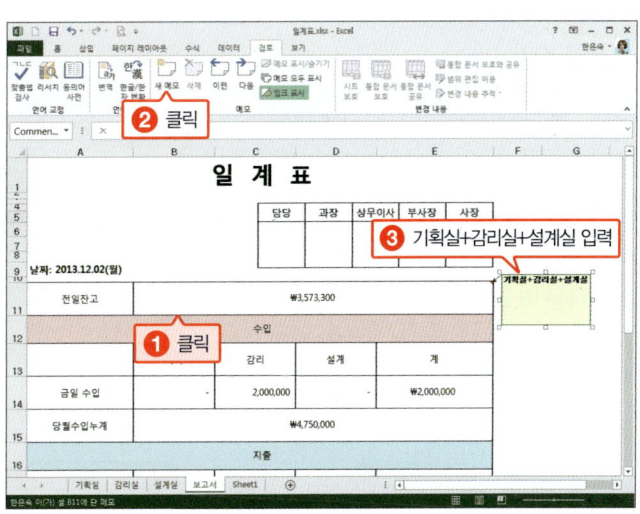

바로 통하는 TIP 메모 상자에 입력된 사용자 이름은 메모를 입력한 사람을 구분하기 위한 장치이나 필요 없다면 Backspace 를 눌러 지운 후 입력합니다.

02

① [B20] 셀 클릭

② [검토] 탭-[메모] 그룹-[새 메모] 클릭

③ 나타난 메모 상자에 **전일잔고+금일수입-금일지출**이라고 입력합니다.

바로 통하는 TIP 단축키 Shift + F2 를 눌러도 메모 상자가 삽입됩니다.

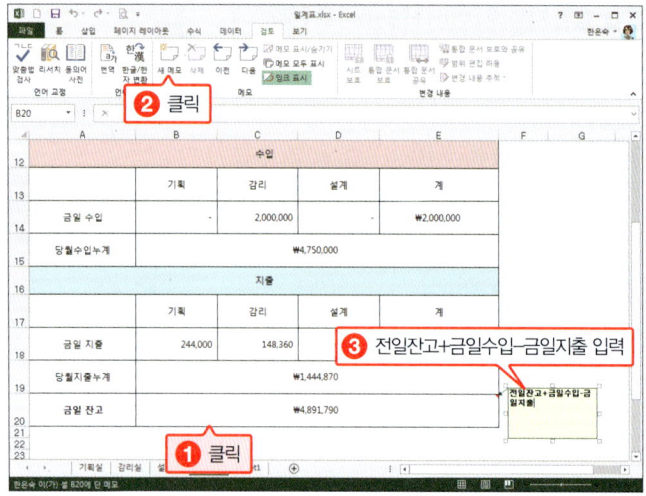

03 메모 편집하기

셀에 삽입된 메모를 표시한 후 메모 상자의 위치 및 크기를 조절해보겠습니다.

① [검토] 탭-[메모] 그룹-[메모 모두 표시] 클릭

② **첫 번째 메모 상자**를 클릭하고 드래그해 위치를 이동한 후 조절점을 드래그해 크기를 줄입니다.

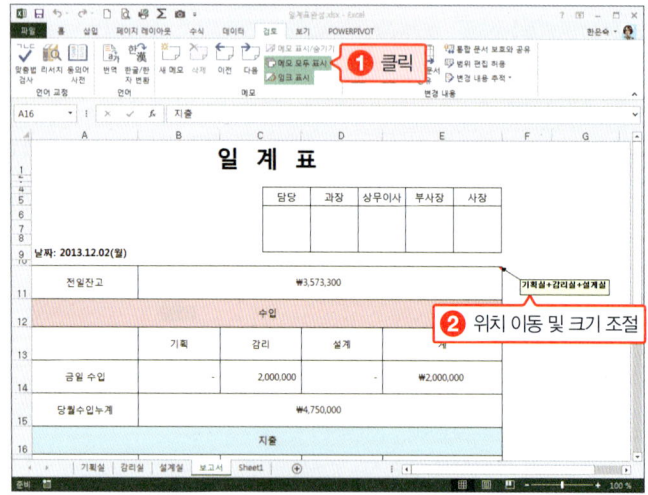

04 다음 메모로 이동

① [검토] 탭-[메모] 그룹-[다음] 클릭. 다음 메모 상자가 선택됩니다.

② 조절점을 드래그하여 크기를 줄입니다.

바로 통하는 TIP 메모 삽입, 메모 편집, 메모 삭제, 메모 표시/숨기기 명령은 마우스 오른쪽 버튼을 클릭하여 단축 메뉴에서 선택해도 됩니다.

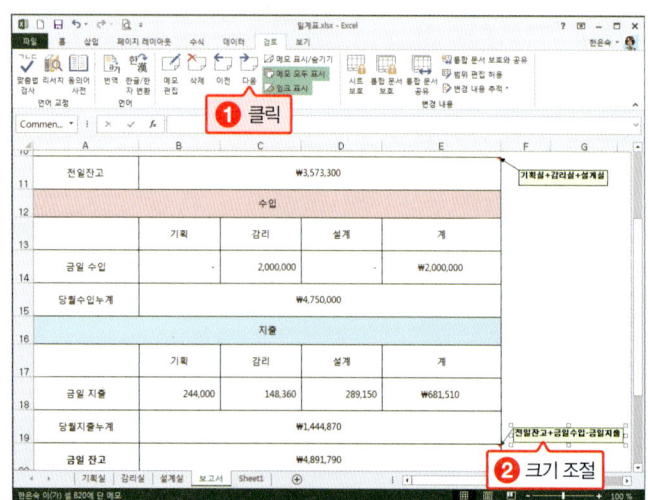

엑셀 데이터 종류별 특징

셀에 입력된 데이터는 계산할 수 있는 숫자, 날짜/시간 등의 수치 데이터와 계산할 수 없는 한글, 영문, 한자, 특수 문자 등의 문자 데이터로 구분할 수 있습니다. 데이터 종류별로 기본 지정되는 서식이 다르며 함께 입력하는 기호에 따라 지정되는 서식 종류가 달라지기도 합니다.

숫자 데이터의 특징

숫자는 0~9의 아라비아 숫자로 입력하며 숫자 입력 시 +, −, 콤마(,), 소수점(.), %, ₩, $ 기호를 함께 입력하면 해당 기호에 따른 서식이 적용됩니다. 숫자 데이터의 기본 서식 및 열 너비에 따른 표시 방식은 다음과 같습니다.

숫자 부호의 의미

+는 양수, −는 음수 기호이며, 숫자를 괄호 속에 입력해도 음수로 입력됩니다. 콤마(,)는 1000자리 구분 기호, 마침표(.)는 소수점, %는 백분율, ₩, $는 통화 기호입니다. 공백과 / 기호를 사용하면 분수 형식을 입력할 수 있습니다. 예를 들어 '0'을 입력한 후 한 칸 띄고 '1/2'이라고 입력하면 셀에 1/2로 표시되고 계산될 때는 0.5로 계산됩니다.

숫자 부호	입력	셀 표시	실제 값	숫자 부호	입력	셀 표시	실제 값
양수	+100	100	100	퍼센트	50%	50%	0.5
음수	−100	−100	−100	통화 기호	₩1,000	₩1,000	1000
	(100)	−100	−100		$1,200	$1,200	1200
콤마	1,000	1,000	1000	분수	0 1/2	1/2	0.5
소수점	3.25	3.25	3.25		1 1/2	1 1/2	1.5

숫자 데이터에 기호를 쓸 때는 반드시 형식에 맞게 사용해야 숫자 데이터로 인식합니다. 예를 들어 400$ 또는 10,00(소수점이 아닌 콤마)과 같이 입력하면 바르지 않은 표기이므로 숫자가 아닌 문자 데이터로 인식합니다.

날짜/시간 데이터의 특징

날짜를 쓸 때는 반드시 년-월-일, 년/월/일, 년/월, 년-월, 월/일, 월-일의 형태로 년, 월, 일 사이에 하이픈(-) 이나 슬래시(/)를 입력해야 날짜 데이터로 인식합니다. 시간을 쓸 때는 시:분, 시:분:초, 분:초의 형태로 시, 분, 초 사이에 콜론(:)을 입력해야 시간 데이터로 인식합니다. 날짜와 시간 데이터도 계산할 수 있는 데이터이므로 기본 적으로 오른쪽 맞춤되어 입력되며 열 너비가 좁으면 셀이 #으로 채워집니다.

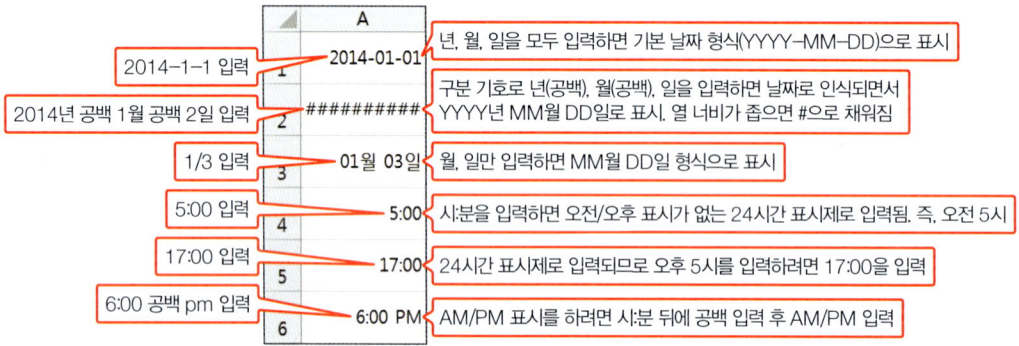

바로 통하는 TIP 현재 날짜/시간 입력 단축키

[Ctrl]+[;](세미콜론)을 누르면 현재 컴퓨터에 설정된 날짜가 입력되고, [Ctrl]+[:](콜론)([Ctrl]+[Shift]+[;](세미콜론))을 누르면 현재 컴퓨터에 설정된 시간이 입력됩니다.

문자 데이터의 특징

한글, 영문, 한자, 특수 문자, 숫자와 문자가 혼합된 데이터는 문자 데이터로 취급합니다. 문자 데이터에 지정되 는 기본 서식 및 특징은 다음과 같습니다.

한자 입력하기

한자를 글자별로 입력할 때는 먼저 변환할 한글을 입력합니다. [한자]를 누른 후 나타난 한자 목록에서 변환할 한자를 선택합니다. 단어별로 변환할 때는 단어를 입력한 후 [Spacebar]를 눌러 한 칸 띄고 [한자]를 누르면 [한글/한자 변환] 대화상자가 나타납니다. [한글/한자 변환] 대화상자에서는 입력 형태를 선택할 수 있으며 한자 사전에서 한자의 음과 뜻을 확인할 수 있습니다.

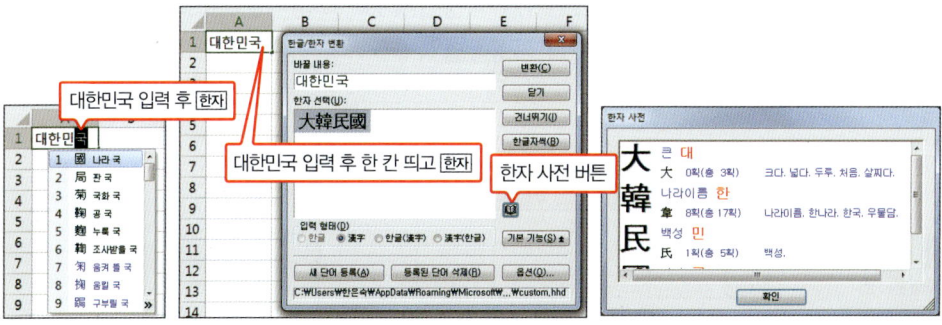

▲ 글자별 변환　　▲ 단어별 변환

특수 문자 입력하기

[방법①] 한글 자음을 입력합니다. [한자]를 누르고 나타난 특수 문자 목록에서 변환할 특수 문자를 선택하면 입력한 한글 자음이 선택한 특수 문자로 변환됩니다. [방법②] [삽입] 탭-[기호] 그룹-[기호]를 선택하고 [기호] 대화상자에서 원하는 특수 문자를 선택하여 삽입합니다.

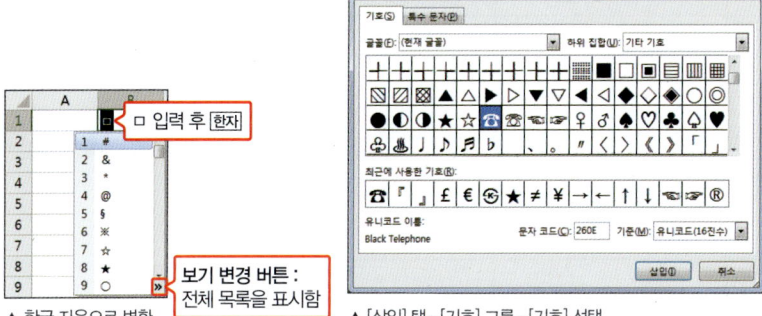

▲ 한글 자음으로 변환　　▲ [삽입] 탭-[기호] 그룹-[기호] 선택

실무활용노트 EXCEL　　자음별 특수 문자

- **참고 파일** Chapter02\Section04\자음별특수문자.xlsx

한글 자음을 입력한 후 [한자]를 눌렀을 때 나타나는 특수 문자 목록은 다음과 같습니다.

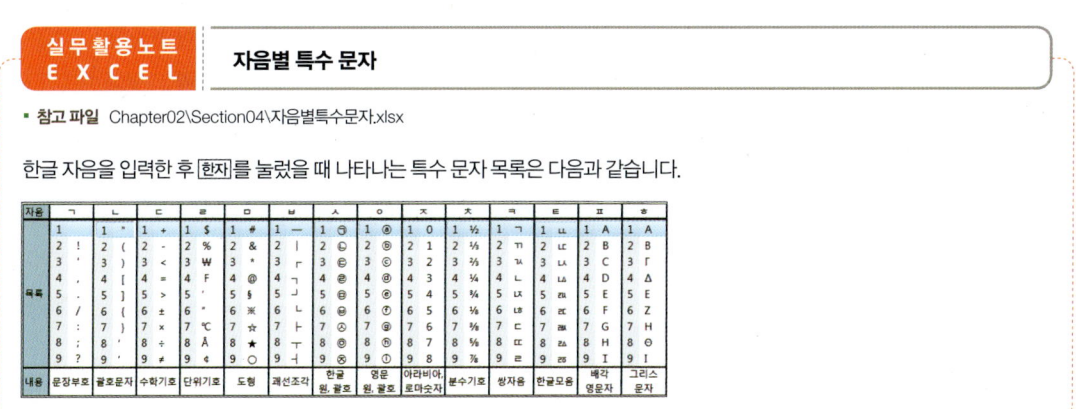

구매품의서 항목 입력하기

2007 | 2010 | 2013

- 실습 파일 Chapter02\Section04\구매품의서.xlsx
- 완성 파일 Chapter02\Section04\구매품의서완성.xlsx

구매품의서는 구매할 물품의 품명, 규격, 단위, 수량, 단가, 금액 등을 작성하여 상사에게 결재를 받기 위한 문서 양식입니다. 작성된 문서에 데이터를 입력하면서 데이터의 종류별 특징을 확인해봅니다.

구매품의서
(구매부서용)

결 재	담당	과장	부장	이사	사장
	/	/	/	/	/

❶
구 입 요 구 처	총무부	❷ 납 품 자	제이産業	발주번호	2014-052
사용목적	야외행사 件			❸ 발주일자	2014-05-07

인도장소	본사	지불 방법	현금	납품 기간	05월 08일 부터	완납 일자	05월 11일 까지

품번	품명	규격	❻	수량	단가	금액
❹ 1-1	케이블 릴 접지형 30호	1.5	㎡	2	55,000	₩110,000
1-2	케이블 릴 차단형 50호	2.5	㎡	1	70,000	₩70,000

❺

❻ 【특기사항】

㈜ 한빛 식품

구매부 _____

구매의뢰자: _____

❶ Alt + Enter 로 셀에서 줄 바꿈
❷ 한자 입력
❸ 날짜 입력
❹ 아포스트로피(')로 문자 입력
❺ 숫자 입력
❻ 특수 문자 입력

01 Alt + Enter로 셀에서 줄 바꾸기

셀 내에서 줄을 바꿔 데이터를 입력해보겠습니다.

① [A5] 셀에 **구입** 입력 후 Alt + Enter

② **요구처** 입력 후 Enter

③ 같은 방법으로 [D7] 셀에 **지불, 방법** 입력

④ [F7] 셀에 **납품, 기간** 입력

⑤ [I7] 셀에 **완납, 일자** 입력

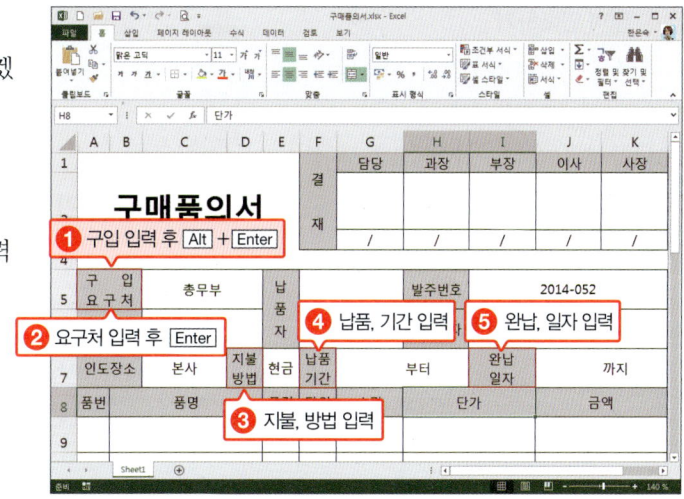

02 한자 입력하기

① [C6] 셀에 **야외행사 건** 입력 후 한자

② ②를 눌러 한자 목록의 두 번째 한자를 선택한 후 Enter

③ [F5] 셀에 **제이산업** 입력 후 한 칸 띄우고 한자

④ **제이**에 대한 한자가 나타나면 [건너뛰기]를 클릭합니다.

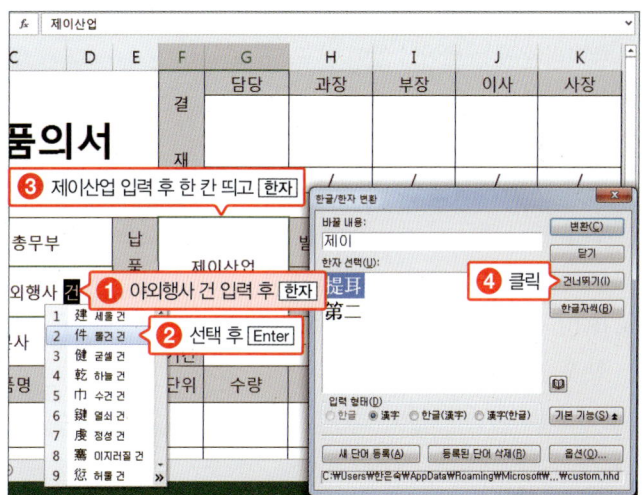

03 **산업**에 대한 한자는 대화상자에서 [**변환**]을 클릭한 후 Enter를 누릅니다.

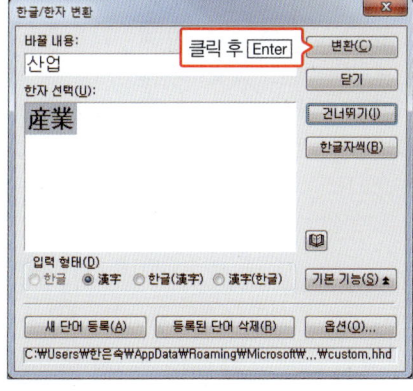

바로 통하는 TIP 한자 변환 후에도 셀에 커서가 계속 남아 있으므로 마지막에 반드시 Enter를 눌러야 합니다.

04 날짜 입력하기

① [I6] 셀에 **2014-5-7** 입력 후 Enter

② [G7] 셀에 **5-8** 입력 후 Enter

③ [J7] 셀에 **5/11**을 입력한 후 Enter를 누릅니다.

바로 통하는 TIP 월, 일만 입력하면 연도는 컴퓨터에 설정된 현재 연도가 자동으로 지정됩니다. 년, 월, 일 사이에는 하이픈(−)이나 슬래시(/)를 입력합니다.

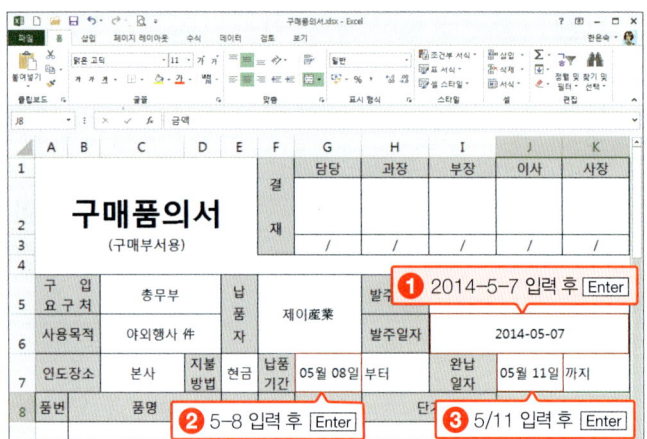

05 아포스트로피(')로 문자 입력하기

숫자나 날짜 등 계산이 필요 없는 문자 형식의 데이터일 때는 데이터 앞에 아포스트로피(')를 붙여줍니다.

① [A9] 셀에 **'1-1** 입력 후 Tab

② [B9] 셀에 **케이블 릴 접지형 30호** 입력 후 Enter

③ [A10] 셀에 **'1-2** 입력 후 Tab

④ [B10] 셀에 **케이블 릴 차단형 50호**를 입력한 후 Enter를 누릅니다.

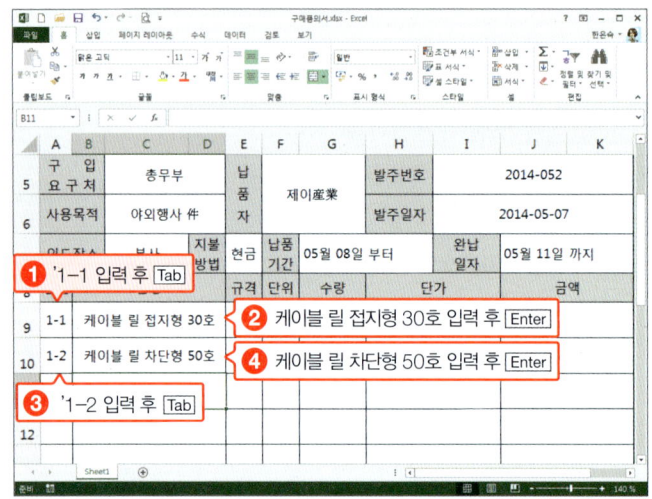

실무활용노트 EXCEL │ 아포스트로피(') 없이 문자로 계속 입력하려면

셀에 1-1, 1-2를 입력하면 01월 01일, 01월 02일과 같이 날짜 형식으로 입력됩니다. 날짜 형식이 아닌 문자로 입력하려면 반드시 앞에 아포스트로피(')를 입력해야 합니다. 문자로 입력할 목록이 많을 때 아포스트로피(')를 계속 입력하는 것이 번거롭다면 미리 입력할 범위의 서식을 텍스트로 지정해줍니다. 그러면 해당 범위에 데이터를 입력할 때는 아포스트로피(') 없이 입력해도 문자로 입력됩니다.

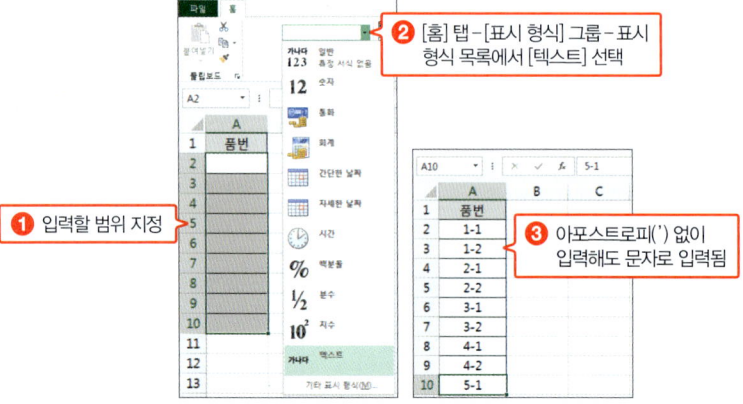

06 숫자 입력하기

① [E9] 셀에 **1.5** 입력 후 `Tab`을 두 번 누름

② [G9] 셀에 **2** 입력 후 `Tab`

③ [H9] 셀에 **55,000** 입력 후 `Tab`

④ [J9] 셀에 **₩110000**을 입력한 후 `Enter`를 누릅니다.

바로 통하는 TIP `Tab`을 누르면 오른쪽 셀로 셀 포인터가 이동합니다.

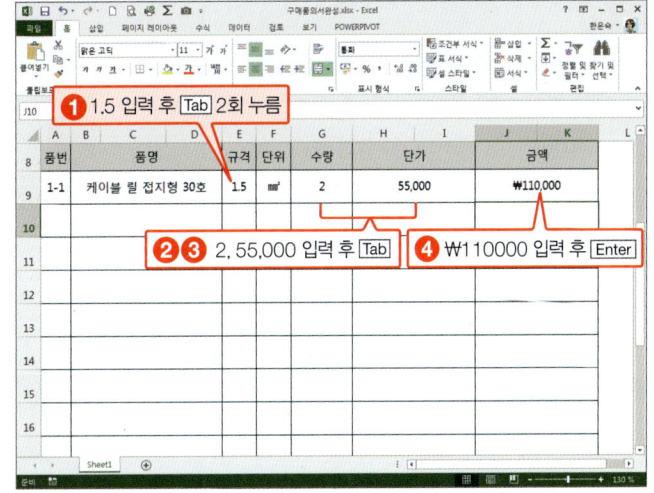

07

① [E10] 셀에 **2.5** 입력 후 `Tab`을 두 번 누름

② [G10] 셀에 **1** 입력 후 `Tab`

③ [H10] 셀에 **70,000** 입력 후 `Tab`

④ [J10] 셀에 **₩70000**을 입력한 후 `Enter`를 누릅니다.

바로 통하는 TIP 통화 기호와 함께 숫자를 입력하면 자릿수 구분 기호 콤마(,)가 자동으로 입력됩니다.

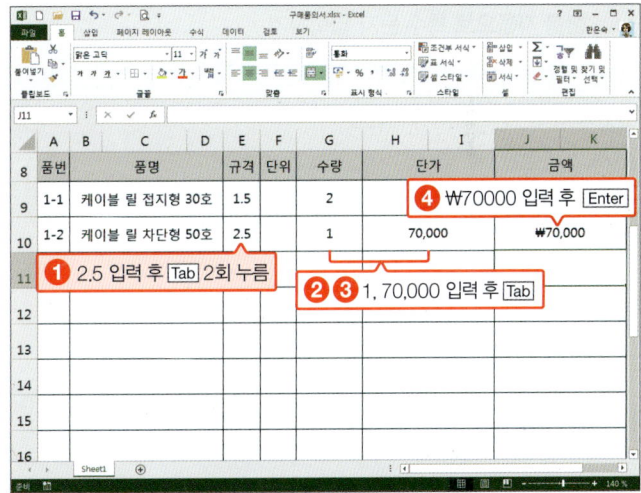

08 [기호] 대화상자에서 특수 문자 입력하기

① [F9] 셀 클릭

② [삽입] 탭-[기호] 그룹-**[기호]**를 선택합니다.

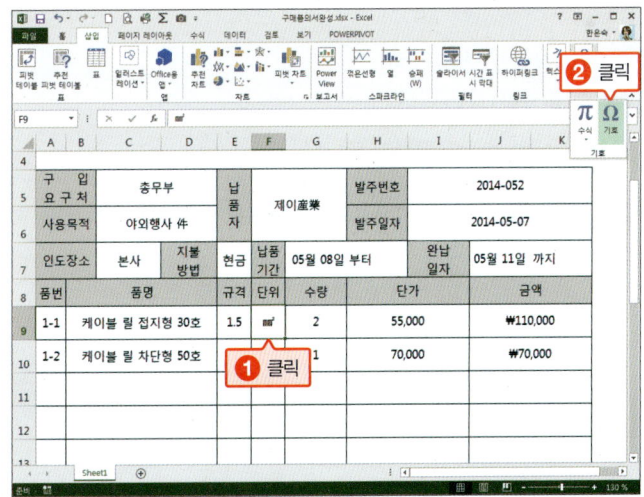

09

① [기호] 대화상자의 [하위 집합] 목록에
  서 [한중일 호환] 선택

② ㎟ 선택

③ [삽입] 클릭

④ [닫기] 클릭 후 Enter

⑤ [F10] 셀이 선택된 상태에서 Ctrl + D
  를 눌러 복제합니다.

바로 통하는 TIP [기호] 대화상자를 닫아도 셀에 커서
가 남아 있으므로 마지막에는 반드시 Enter 를 눌러야 합
니다.

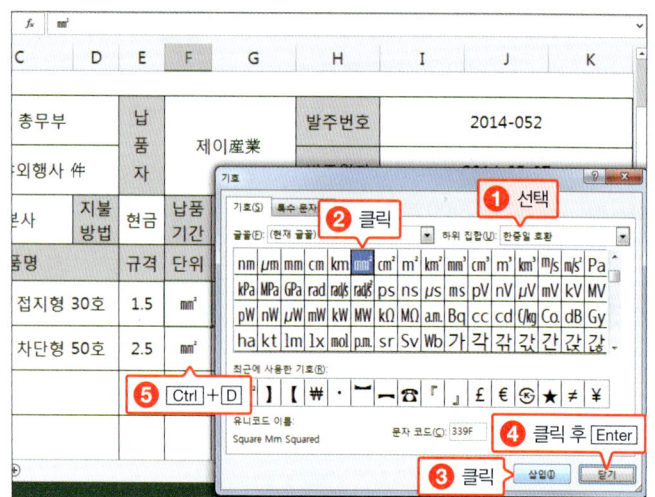

10 한글 자음으로 특수 문자 입력하기

한글 자음을 입력한 후 한자 를 누르면 특수 문자 목록이 나타납니다.

① [A21] 셀에 ㄴ 입력 후 한자

② [보기 변경 »] 클릭

③ 【를 선택합니다.

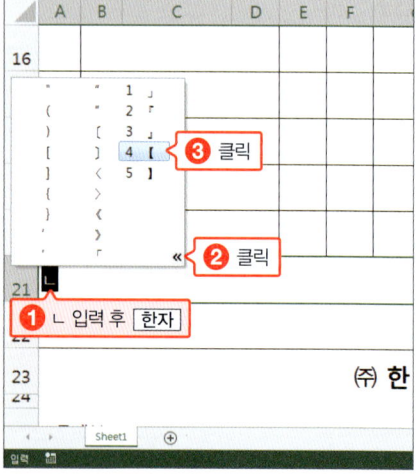

11

① 특기사항 ㄴ 입력 후 한자

② [보기 변경 »] 클릭

③ 】를 선택한 후 Enter 를 누릅니다.

바로 통하는 TIP 한글 자음에 따른 특수 문자 목록은 65쪽 실무활용노트의 내용을 참
고합니다.

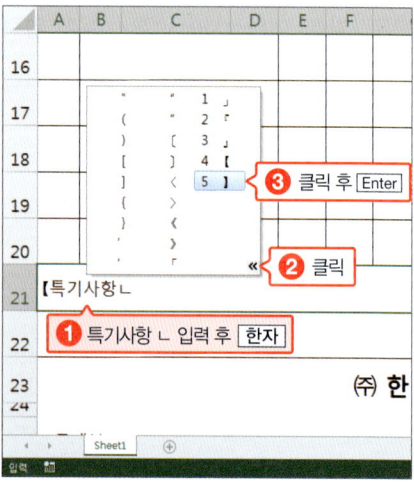

데이터를 종류별로 선택한 후 강조 및 수정하기

2007 | 2010 | 2013

- **실습 파일** Chapter02\Section04\성과보고서.xlsx · **완성 파일** Chapter02\Section04\성과보고서완성.xlsx

다음과 같이 여러 데이터가 입력된 성과 보고서에서 메모가 삽입된 셀과 문자가 입력된 셀만 선택한 후 셀 색을 지정하여 강조합니다. 또한 빈 셀만 선택한 후 하이픈(–) 기호를 한꺼번에 입력합니다.

프로젝트 성과
보고서

일련 번호	항목 설명	전체 BAC(₩)	PV(₩)	EV(₩)	AC(₩)	PEA(₩)	CV(₩)	CV(%)	SV(₩)	SV(%)	CPI	SPI	ETC	EAC	VAC(%)	VAC(₩)	평균 지수
A	프로그램 A	489000	254000	225000	266000	-	-41000	-0.1614	-29000	-0.1142	0.845865	0.88583	312107	578107	-0.1822	-89107	0.87
A.1	프로젝트 1	186000	93000	90000	100000	-	-10000	-0.10753	-3000	-0.03226	0.9	0.96774	106667	206667	-0.11111	-20666.7	0.93
A.11	결과물 1	100000	55000	50000	60000	-	-10000	-0.18182	-5000	-0.09091	0.8333333	0.90909	60000	120000	-0.2	-20000	0.87
A.12	결과물 2	28000	13000	14000	18000	-	-4000	-0.30769	1000	0.07692	0.7777778	1.07692	18000	36000	-0.28571	-8000	0.93
A.13	결과물 3	58000	25000	26000	22000	-	4000	0.16	1000	0.04	1.1818182	1.04	27076.9	49076.9	0.15385	8923.08	1.11
A.2	프로젝트 2	303000	161000	135000	166000	-	-31000	-0.19255	-26000	-0.16149	0.813253	0.83851	206578	372578	-0.22963	-69577.8	0.83
A.21	결과물 1	180000	92000	80000	100000	-	-20000	-0.21739	-12000	-0.13043	0.8	0.86957	125000	225000	-0.25	-45000	0.83
A.22	결과물 2	45000	35000	20000	30000	-	-10000	-0.28571	-15000	-0.42857	0.6666667	0.57143	37500	67500	-0.5	-22500	0.62
A.23	결과물 3	78000	34000	35000	36000	-	-1000	-0.02941	1000	0.02941	0.9722222	1.02941	44228.6	80228.6	-0.02857	-2228.57	1.00
B	프로그램 B	705000	363000	405000	430000	-	-25000	-0.0689	42000	0.1157	0.94186	1.1157	318519	748519	-0.0617	-43519	1.03
B.1	프로젝트 1	375000	148000	210000	225000	-	-15000	-0.10135	62000	0.41892	0.9333333	1.41892	176786	401786	-	-26785.7	1.18
B.11	결과물 1	250000	55000	125000	150000	-	-25000	-0.45455	70000	1.27273	0.8333333	2.27273	150000	300000	-	-50000	1.55
B.12	결과물 2	100000	82000	70000	65000	-	5000	0.06098	-12000	-0.14634	1.0769231	0.85366	27857.1	92857.1	0.07143	7142.86	0.97
B.13	결과물 3	25000	11000	15000	10000	-	5000	0.45455	4000	0.36364	1.5	1.36364	6666.67	16666.7	0.33333	8333.33	1.43
B.2	프로젝트 2	330000	215000	195000	205000	-	-10000	-0.04651	-20000	-0.09302	0.9512195	0.90698	141923	346923	-	-16923.1	0.93
B.21	결과물 1	90000	55000	60000	50000	-	10000	0.18182	5000	0.09091	1.2	1.09091	25000	75000	0.16667	15000	1.15
B.22	결과물 2	90000	60000	50000	45000	-	5000	0.08333	-10000	-0.16667	1.1111111	0.83333	36000	81000	-	9000	0.97
B.23	결과물 3	150000	100000	85000	110000	-	-25000	-0.25	-15000	-0.15	0.7727273	0.85	84117.6	194118	-0.29412	-44117.6	0.81

① 메모 셀만 선택 후 강조

② 문자 셀만 선택 후 강조

③ 빈 셀만 선택 후 하이픈(–) 기호 입력

01 메모 셀만 선택한 후 강조하기

메모가 입력된 셀을 찾아 셀 배경색을 넣어 강조해보겠습니다.

① [홈] 탭-[편집] 그룹-[찾기 및 선택] -[메모] 선택

② [홈] 탭-[글꼴] 그룹-[채우기 색]-[주황, 강조4, 80% 더 밝게]를 선택합니다.

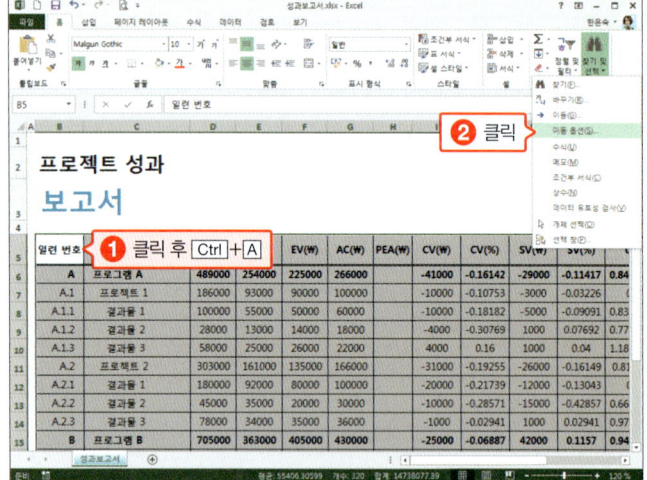

02 문자만 선택한 후 강조하기

문자가 입력된 셀을 찾아 셀 배경색을 넣어 강조해보겠습니다.

① 표 전체를 범위로 지정하기 위해 [B5] 셀 클릭 후 Ctrl + A

② [홈] 탭-[편집] 그룹-[찾기 및 선택]-[이동 옵션]을 선택합니다.

03

① [이동 옵션] 대화상자에서 [상수] 선택

② [수식] 아래 옵션에서 [텍스트] 제외한 나머지 옵션의 체크 표시 모두 해제

③ [확인] 클릭

④ [홈] 탭-[글꼴] 그룹-[채우기 색]-[녹색, 강조2, 80% 더 밝게]를 선택합니다.

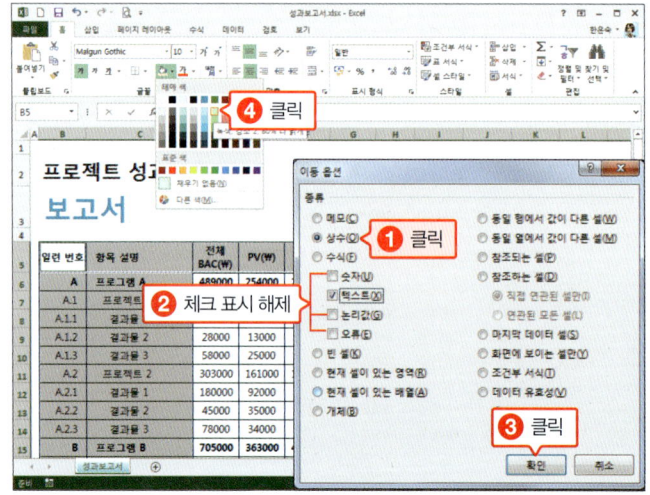

04 빈 셀만 선택한 후 데이터 입력하기

빈 셀을 찾아 원하는 데이터를 입력해보겠습니다.

① 표 전체를 범위로 지정하기 위해 **[H6]** 셀 클릭 후 Ctrl + A

② **[홈]** 탭-**[편집]** 그룹-**[찾기 및 선택]**-**[이동 옵션]**을 선택합니다.

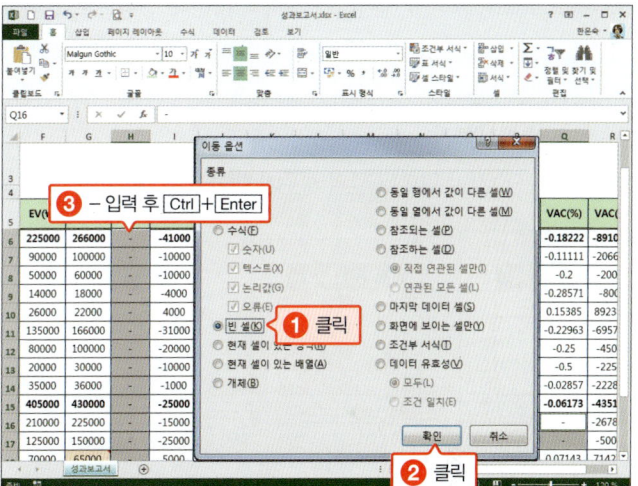

05

① **[이동 옵션]** 대화상자에서 **[빈 셀]** 선택

② **[확인]** 클릭

③ 하이픈(-)을 입력한 후 Ctrl + Enter 를 누릅니다.

빈 셀에만 '-'가 입력됩니다.

데이터 자동 채우기

연속된 셀에 데이터를 복사하거나 숫자 데이터를 일정한 증가 값이나 감소 값으로 변화시키면서 자동으로 데이터를 채울 수 있습니다.

채우기 핸들 사용하기

채우기 핸들은 일종의 셀 복사 도구로 셀 포인터 오른쪽 아래에 있는 까만 점을 말합니다. 채우기 핸들을 아래나 오른쪽으로 드래그하면 데이터가 복사되고 반대 방향으로 드래그하면 데이터가 지워집니다. 셀 안에 어떤 데이터가 있느냐에 따라, 또 몇 개의 셀을 선택했는지에 따라 복사되는 패턴이 다릅니다.

━ 연속 셀 복사하기

문자만 또는 숫자만 입력된 셀의 채우기 핸들을 드래그하면 드래그한 위치까지 같은 데이터가 복사됩니다.

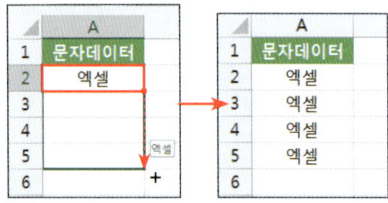

▲ 문자만 입력된 셀

▲ 숫자만 입력된 셀

━ 연속 데이터 채우기

문자와 숫자가 혼합된 데이터는 숫자를 1씩 증가시키면서 데이터가 채워집니다. 숫자만 입력된 셀이나 혼합 데이터가 입력된 셀에서는 값 차이가 있는 두 셀의 범위를 지정한 후 채우기 핸들을 드래그하면 두 값의 차이만큼 증감하면서 데이터가 채워집니다.

▲ 한 개의 혼합 데이터   ▲ 숫자 데이터 범위 채우기   ▲ 혼합 데이터 범위 채우기   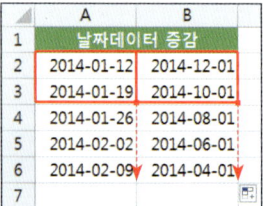

▲ 날짜 데이터 범위 채우기

Ctrl +채우기 핸들 드래그

채우기 핸들을 드래그할 때 Ctrl 을 누른 상태에서 드래그할 수 있습니다. 숫자 데이터만 입력된 셀을 Ctrl +드래그하면 숫자가 1씩 증가되면서 채워집니다. 혼합 데이터일 때는 셀이 복사됩니다.

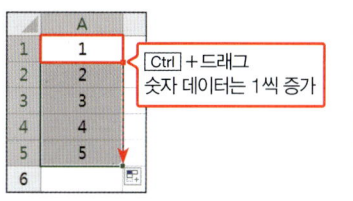

Ctrl +드래그
숫자 데이터는 1씩 증가

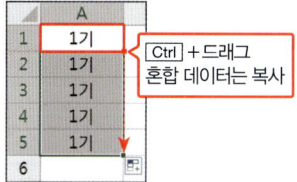

Ctrl +드래그
혼합 데이터는 복사

사용자 지정 목록 채우기

사용자 지정 목록을 등록해두면 문자만 입력된 셀이라도 채우기 핸들을 드래그해 등록된 순서대로 데이터를 채울 수 있습니다. 숫자와 문자 혼합 데이터인 경우에도 시작 값과 끝 값이 정해져 있는 경우는 사용자 지정 목록에 추가해두어야 합니다. 예를 들어 1월~12월이 사용자 지정 목록에 등록되어 있지 않으면 12월 다음에 13월이 채워집니다.

사용자 지정 목록을 추가하려면 [파일] 탭-[옵션]을 선택한 후 표시되는 [Excel 옵션] 대화상자에서 [고급]을 선택하고 [일반] 항목의 [사용자 지정 목록 편집]을 클릭합니다.

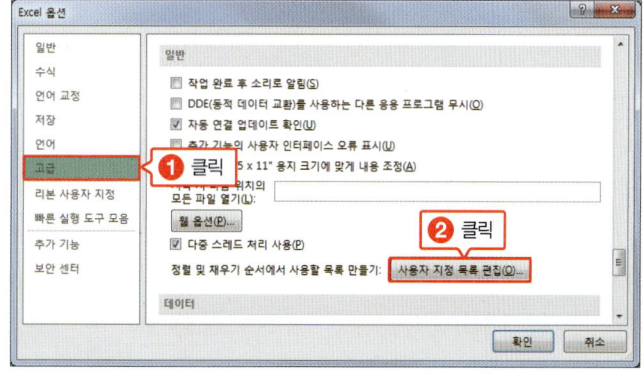

[사용자 지정 목록] 대화상자에서 목록을 추가하거나 삭제, 수정할 수 있습니다.

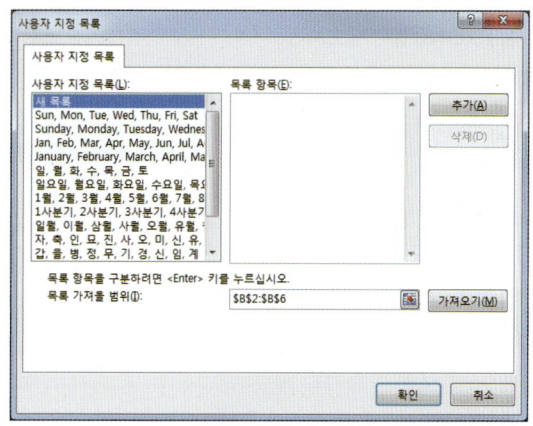

• **실습 파일** Chapter02\Section05\자동채우기.xlsx • **완성 파일** Chapter02\Section05\자동채우기완성.xlsx

채우기 핸들을 드래그하여 데이터를 채우면 드래그한 셀까지 범위가 지정되고 셀의 오른쪽 끝에 [자동 채우기 옵션 📭]이 나타납니다. 복사나 증감 등의 데이터 채우기 방식은 [채우기 옵션]에서 변경할 수 있습니다. 채우기 옵션 메뉴는 데이터의 종류에 따라 다르게 나타납니다.

01 서식만 채우기

채우기 핸들을 이용하여 셀 서식을 적용해 보겠습니다.

① [A3] 셀 클릭

② 채우기 핸들을 [E3] 셀까지 드래그

③ [자동 채우기 옵션] 클릭

④ [서식만 채우기]를 선택합니다.

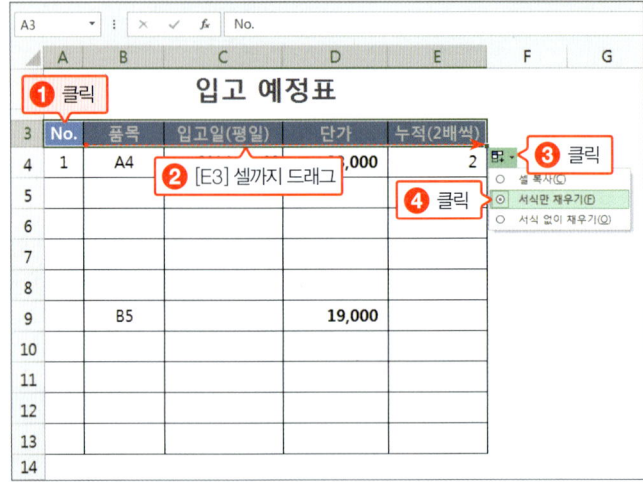

02 셀 복사하기

채우기 핸들을 이용하여 셀에 입력된 데이터를 지정한 범위까지 복사해보겠습니다.

① [B4] 셀 클릭

② [B8] 셀까지 채우기 핸들 드래그

③ [자동 채우기 옵션] 클릭

④ [셀 복사] 선택

⑤ [B9] 셀 클릭

⑥ 채우기 핸들을 [B13] 셀까지 드래그

⑦ [자동 채우기 옵션] 클릭

⑧ [셀 복사]를 선택합니다.

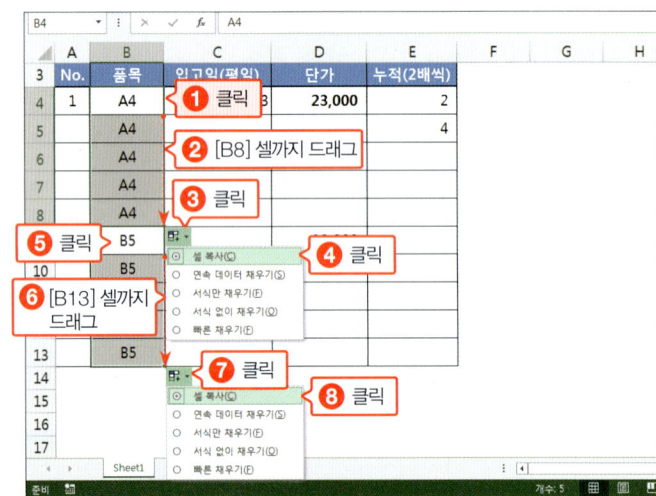

03 연속 데이터 채우기

채우기 핸들을 이용하여 셀에 입력된 데이터를 1씩 증가시키면서 범위까지 채워보겠습니다.

① [A4] 셀 클릭

② 채우기 핸들 더블클릭

③ [자동 채우기 옵션] 클릭

④ [연속 데이터 채우기]를 선택합니다.

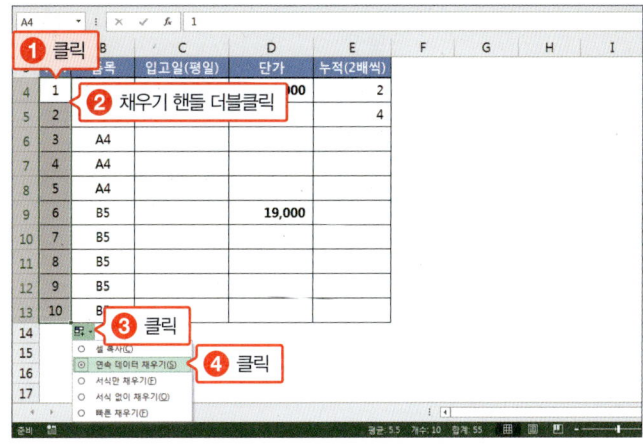

04 날짜 평일 단위로 채우기

채우기 핸들을 이용하여 셀에 입력된 날짜를 하루씩 증가시키면서 범위까지 채워보겠습니다.

① [C4] 셀 클릭

② 채우기 핸들 더블클릭

③ [자동 채우기 옵션] 클릭

④ [평일 단위 채우기]를 선택합니다.

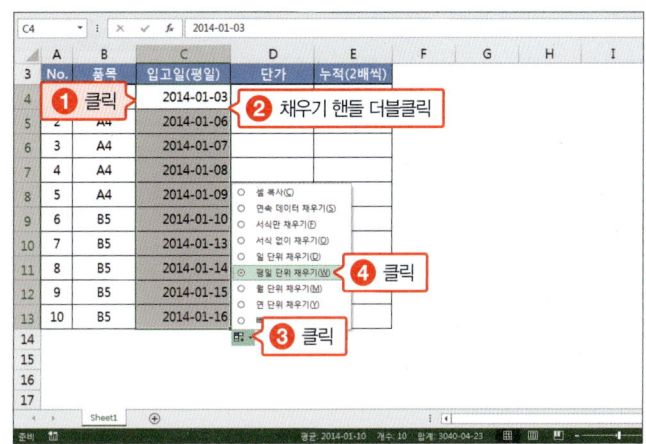

05 서식 없이 채우기

① [D4] 셀 클릭

② 채우기 핸들 더블클릭

③ [자동 채우기 옵션] 클릭

④ [서식 없이 채우기]를 선택합니다.

지정한 범위까지 데이터가 복사됩니다. 서식은 변하지 않습니다.

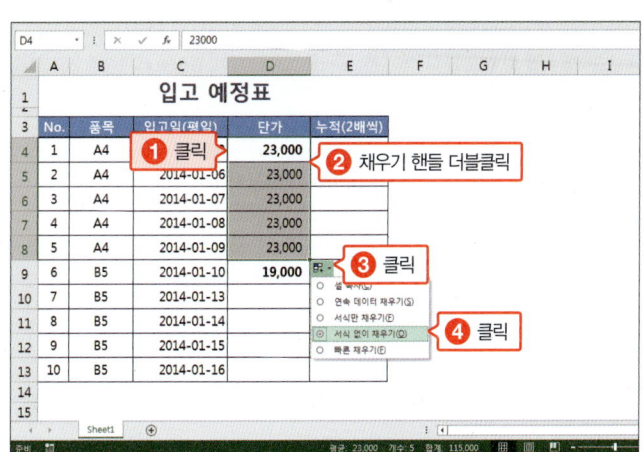

06

① [D9] 셀 클릭

② 채우기 핸들 더블클릭

③ [자동 채우기 옵션] 클릭

④ [서식 없이 채우기]를 선택합니다.

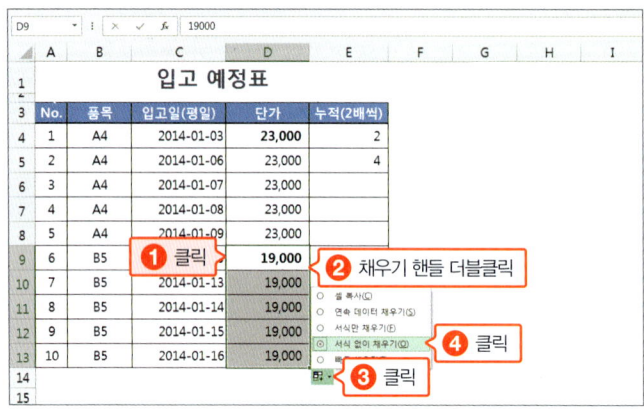

07 단축 메뉴로 급수 추세 반영하기

자동 채우기 옵션의 급수 추세는 두 셀의
값을 나눈 값만큼 곱해서 범위를 채우는 방
식입니다. 두 배씩 늘어나는 값으로 범위의
데이터를 채워보겠습니다.

① [E4:E5] 셀 드래그

② 마우스 오른쪽 버튼을 클릭한 상태에서
채우기 핸들을 [E13] 셀까지 드래그

③ 나타난 단축 메뉴에서 [급수 추세 반영]을
선택합니다.

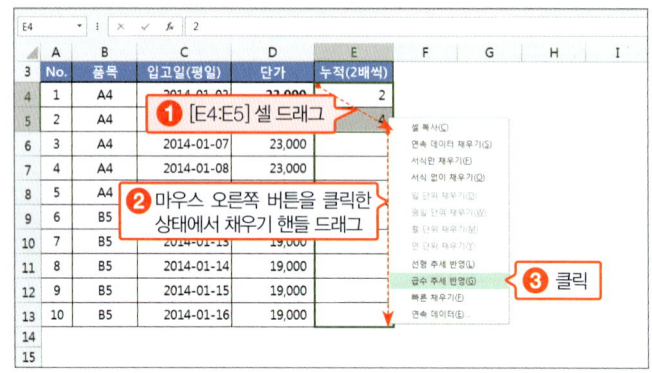

바로 통하는 TIP   단축 메뉴로 데이터 채우기

마우스 오른쪽 버튼을 클릭한 상태에서 채우기 핸들을 드래그하면 단축 메뉴가 표시됩니다. 자동 채우기 옵션 메뉴처럼 셀에 입력된 데이터 종류에 따라
메뉴가 다르게 표시되며, 숫자가 입력된 두 셀의 범위를 지정한 후 채우기 핸들을 드래그하면 선형 추세(두 셀의 값 차이만큼 더하는 방식)나 급수 추세
(두 번째 셀 값을 첫 번째 셀 값으로 나눈 결과를 곱하는 방식) 방식을 선택하여 셀을 채울 수 있습니다.

실무활용노트 EXCEL   연속 데이터 대화상자

채우기 핸들 단축 메뉴에서 [연속 데이터]를 선택하거나 [홈] 탭-[편집] 그룹-[채우기]-[계열]을 선택하면 [연속 데이터] 대화상자가
열립니다. 대화상자에서 데이터가 채워질 방향, 유형, 단계 값, 종료 값 등을 입력하면 채우기 핸들을 드래그하지 않아도 자동으로 원하
는 데이터 값을 채울 수 있습니다.

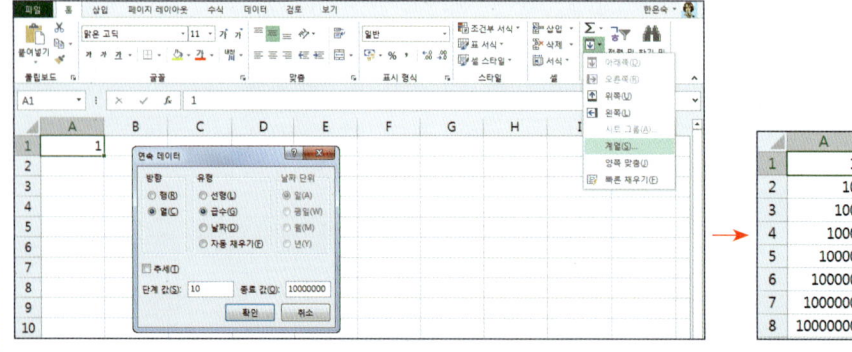

빠른 채우기로 이메일 주소 분리하기

- **실습 파일** Chapter02\Section05\빠른채우기.xlsx - **완성 파일** Chapter02\Section05\빠른채우기완성.xlsx

빠른 채우기는 엑셀 2013에서 새롭게 추가된 기능입니다. 여러 개의 열로 분할해야 하는 데이터 작업에 사용하면 편리합니다. 옆 열의 데이터에서 분할할 데이터를 몇 개 입력해주면 엑셀이 데이터의 패턴을 인식하면서 자동으로 빠른 채우기가 실행됩니다.

01 빠른 채우기로 같은 패턴의 분할 데이터 입력하기

이메일 주소에서 아이디만 분리해보겠습니다. 첫 번째 데이터를 입력한 후 다음 행에서는 첫 글자만 입력해도 나머지 셀에 같은 패턴의 분할 데이터가 제시됩니다.

① [B2] 셀에 **sjk6712** 입력 후 [Enter]

② [B3] 셀에 **k** 입력

③ [Enter]를 누릅니다.

02 단축키를 이용한 빠른 채우기

빠른 채우기를 사용할 수 있는 데이터도 제시된 시간이 지나면 실행되지 않습니다. 이때는 단축키를 이용해 빠른 채우기를 합니다. 첫 번째 도메인을 분리해보겠습니다.

① [C2] 셀에 **aaaa** 입력 후 [Enter]

② [C3] 셀을 클릭한 후 [Ctrl]+[E]를 누릅니다.

03 리본 메뉴를 이용한 빠른 채우기

리본 메뉴에서 [빠른 채우기]를 사용해보겠습니다.

① [C3:C11] 셀 드래그 후 [Delete]

② [C3] 셀 클릭

③ [홈] 탭-[편집] 그룹-[채우기]에서 **[빠른 채우기]**를 선택합니다.

바로 통하는 TIP [데이터] 탭-[데이터 도구] 그룹-[빠른 채우기]를 선택해도 됩니다.

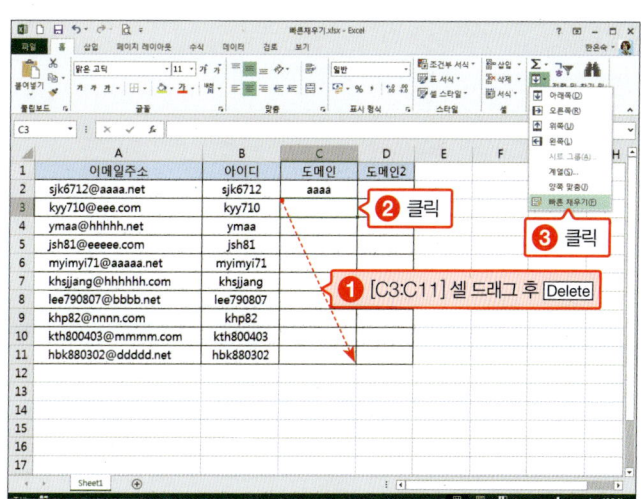

04 자동 채우기 옵션으로 두 번째 도메인 분리하기

[자동 채우기 옵션]에서 [빠른 채우기]를 선택할 수 있습니다.

① [D2] 셀에 **net** 입력 후 Enter

② [D2] 셀을 다시 클릭한 후 **채우기 핸들** 더블클릭

③ [자동 채우기 옵션] 클릭

④ [빠른 채우기]를 선택합니다.

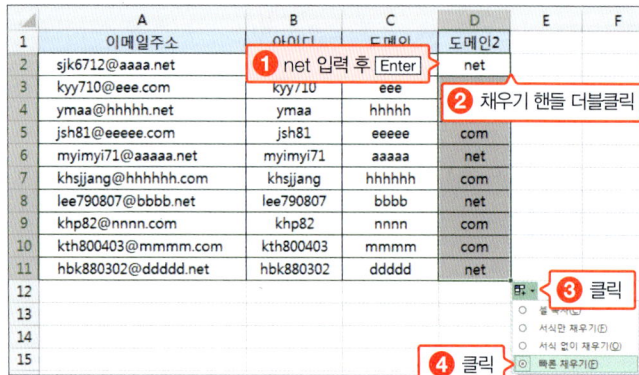

실무활용노트 E X C E L | 빠른 채우기가 실행되지 않는 경우

빠른 채우기가 모든 경우에 실행되는 것은 아닙니다. 데이터에 일관성이 없거나 셀 병합이 된 경우에는 실행되지 않습니다. 또한 [Excel 옵션] 대화상자에서 [빠른 자동 채우기] 옵션이 해제되어 있어도 실행되지 않습니다.

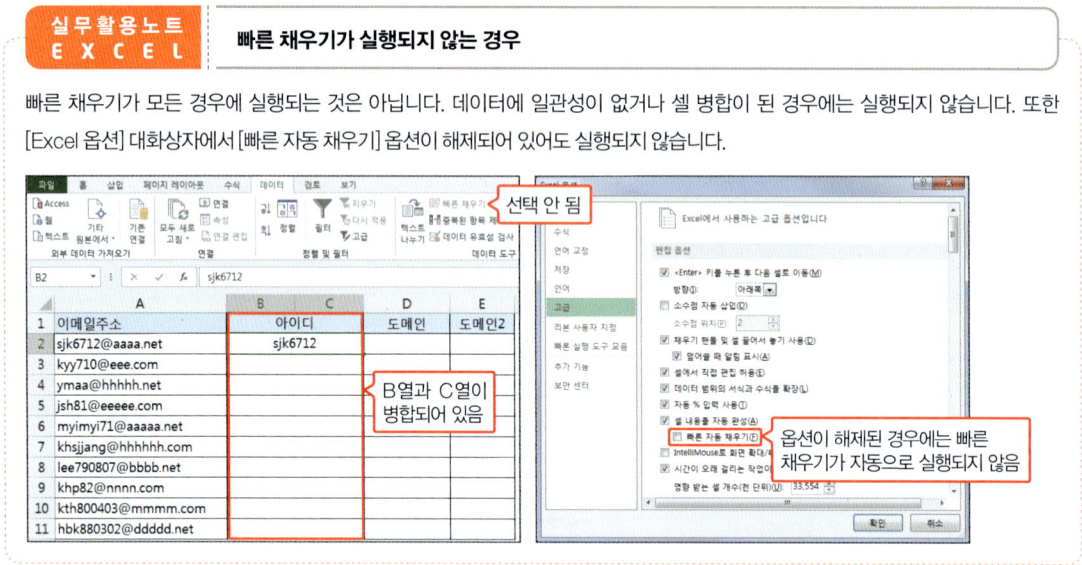

채우기로 데이터 열 분할 및 행 분할하기

2007 | 2010 | **2013**

- 실습 파일 Chapter02\Section05\자재청구서.xlsx
- 완성 파일 Chapter02\Section05\자재청구서완성.xlsx

공사 자재를 청구하는 자재청구서 양식입니다. 결재란의 직책은 사용자 지정 목록을 등록하여 순서대로 채우고, 규격 항목은 빠른 채우기, 결재 요구 문장은 양쪽 맞춤 기능을 사용하여 채워보겠습니다.

자 재 청 구 서
작성일자 : 2014. 01. 20.

결재	담당	대리	과장	차장	부장	이사

NO.	품 명	규 격	단위	수 량	단 가	금 액	납품일	비 고
1	안전화 270mm	270mm	컬레	3	28,000	84,000	1/21	한미
2	아크용접기홀더 500A	500A	EA	10	7,500	75,000	1/21	한미
3	면장갑 450g	450g	컬레	400	285	114,000	1/21	혜성
4	마스크 필터 3M2097	3M2097	SET	30	6,750	202,500	1/21	한미
5	CO2 와이어 1.4¢*5Kg	5Kg	롤	30	12,750	382,500	1/21	한미
6	CO2 와이어 1.4¢*15Kg	15Kg	롤	100	33,750	3,375,000	1/21	한미
7	산소호스반도 5/16"	16"	EA	50	300	15,000	1/21	혜성
8	에어호스반도 13mm	13mm	EA	20	300	6,000	1/21	한미
9	산소호스연결대 5/16"	16"	EA	20	525	10,500	1/21	혜성
10	CO2 라이너스프링 5m	5m	EA	20	3,000	60,000	1/21	한미
합계						₩4,324,500		

1) 추천업체 : 혜성산업 선정업체 : 혜성산업, 한미상사	결제방법(기타) :
2) 산출근거 :	월마감 익월말일 현금
*특기사항 (첨부 : □ 유 □ 무) 동일기업 요청 건	상기와 같이 자재에 대한 견적서를 품의하오니, 결재하여 주시기 바랍니다.
	지시 사항

❶ 사용자 지정 목록 채우기

❷ 빠른 채우기로 데이터 열 분할

❸ 양쪽 맞춤으로 데이터 행 분할

01 사용자 지정 목록 채우기

사용자 지정 목록 채우기 기능을 이용하면 원하는 내용
으로 [빠른 채우기]를 할 수 있습니다.

① [파일] 탭-[옵션]을 선택해 [Excel 옵션] 대화상자
　가 나타나면 [고급] 선택

② [일반]에서 [사용자 지정 목록 편집]을 클릭합니다.

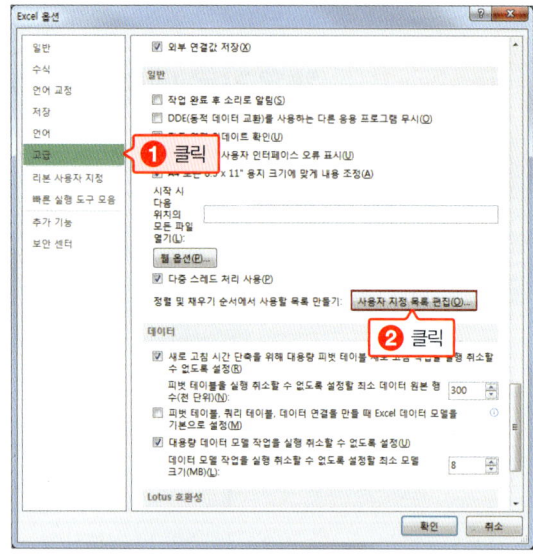

02 사용자 지정 목록 편집하기

① [사용자 지정 목록] 대화상자의 [목록 항목]에 **담당,**
　대리, 과장, 차장, 부장, 이사 입력

② [추가] 클릭

③ [확인]을 클릭합니다.

[Excel 옵션] 대화상자에서도 [확인]을 클릭합니다.

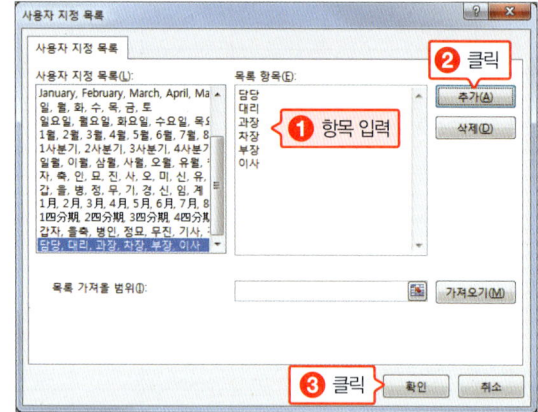

03 앞서 편집한 사용자 지정 목록으로
셀을 채워보겠습니다.

① [E2] 셀 클릭

② 채우기 핸들을 [J2] 셀까지 드래그합니다.

담당, 대리, 과장, 차장, 부장, 이사 순서로 셀이 채워
집니다.

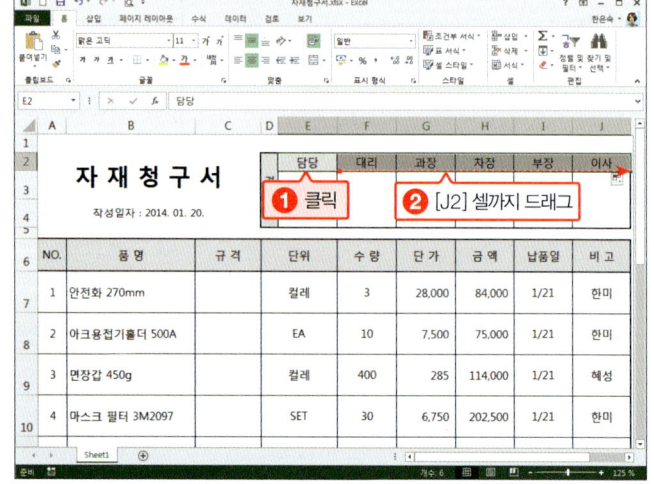

04 빠른 채우기로 데이터 열 분할

품명에서 규격 부분만 분리해보겠습니다.

① [C7] 셀에 **270mm** 입력 후 Enter

② [홈] 탭-[편집] 그룹-[채우기]-**[빠른 채우기]**를 선택합니다.

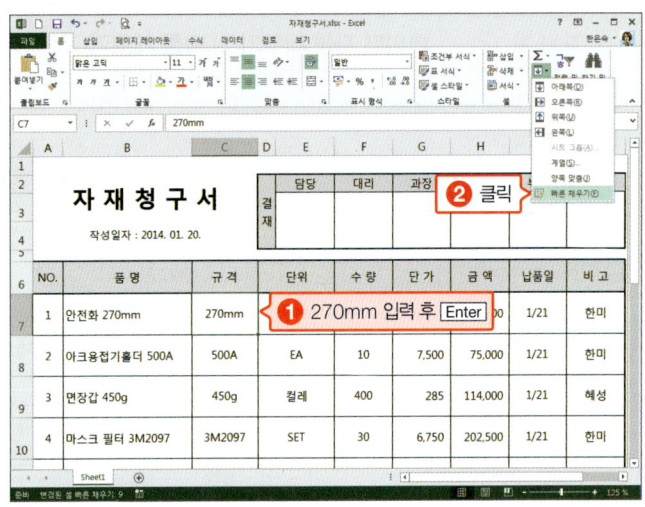

05 양쪽 맞춤으로 데이터 행 분할

한 줄로 입력된 데이터를 해당 범위 안에서 여러 줄로 나눠서 넣어보겠습니다.

① **[G21:J22]** 셀 드래그

② [홈] 탭-[편집] 그룹-[채우기]-**[양쪽 맞춤]** 선택

③ 대화상자에서 **[확인]**을 클릭합니다.

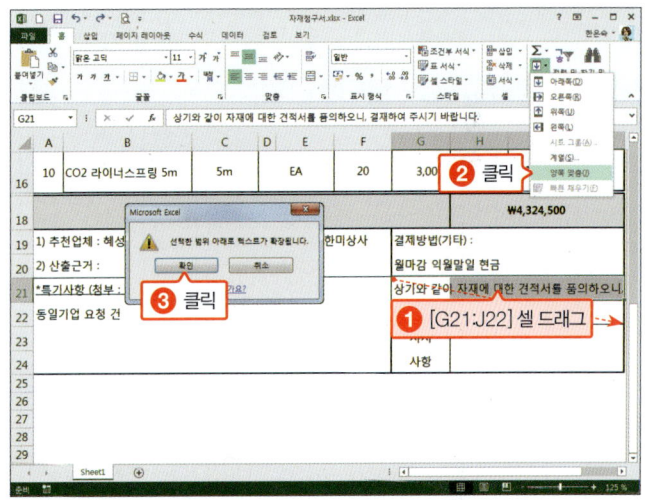

바로 통하는 TIP 양쪽 맞춤

웹 사이트나 워드 문서 등 다른 곳에 작성된 문장을 엑셀의 셀로 복사하면 한 셀에 모든 문장이 입력됩니다. 이런 경우 양쪽 맞춤을 사용하면 지정한 범위 너비에 맞게 아래 셀들에 데이터가 나누어집니다. 셀이 병합된 경우에는 실행되지 않습니다.

• 실습 파일 Chapter02\Section05\생산판매재고계획표.xlsx • 완성 파일 Chapter02\Section05\생산판매재고계획표완성.xlsx

제품에 대한 월간 생산, 판매, 재고 수량 계획표입니다. 완성 그림을 보고 지시 사항에 따라 데이터를
효과적으로 채웁니다.

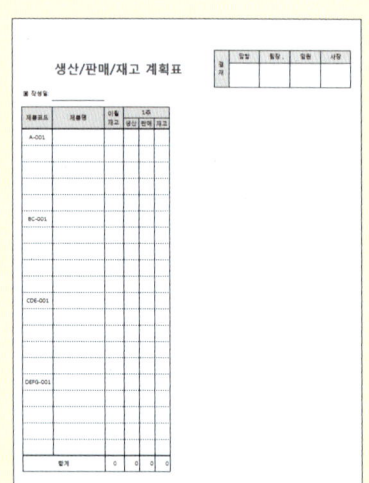

▲ 실습 파일

▲ 완성 파일

1 제품코드는 [연속 데이터 채우기]로 각각 채우며 A-001 항목은 [서식 없이 채우기]로 해야 합니다.

2 제품명은 [빠른 채우기]를 사용하여 제품코드의 숫자 앞부분을 분할하여 채웁니다([B7] 셀에 데이터를 입력하고 채우기 핸들을
더블클릭한 후 [자동 채우기 옵션] 메뉴에서 선택합니다. 또 다른 방법으로는 [B7] 셀에 데이터를 입력한 후 [B7:B26] 셀을 범
위 지정하고 Ctrl + E , 또는 [홈] 탭-[편집] 그룹-[채우기]-[빠른 채우기] 선택합니다).

3 이월재고를 입력할 때 처음에는 [C7] 셀에 '10', [C9] 셀에 '15'를 입력한 후 [C7:C10] 셀 범위를 지정하고 채우기 핸들을 더블
클릭하여 빈 셀과 함께 5단위씩 채웁니다.

4 [C7:C26] 셀을 범위 지정한 후 [홈] 탭-[편집] 그룹-[찾기 및 선택]-[이동 옵션]을 선택하여 빈 셀만 선택합니다. '20'을 입력하
고 Ctrl + Enter 를 눌러 빈 셀에는 모두 '20'을 입력합니다.

5 [D5:F27] 셀을 범위 지정한 후 채우기 핸들을 [R27] 셀까지 드래그하여 한꺼번에 서식과 내용을 채웁니다.

문서의 틀을 잡는
데이터 편집

처음부터 빈 워크시트에 문서를 작성하는 경우도 있지만 이미
작성된 문서에 데이터를 입력한 후 자신의 업무에 필요한 형태
로 편집하는 경우도 많습니다. 이번 장에서는 빈 워크시트에 입
력했든, 이미 작성된 문서에 입력했든 간에 데이터가 있는 문서
의 전체 틀을 잡아주는 방법에 대해서 알아보겠습니다. 틀을 잡
는다는 것은 행/열 높이와 너비를 맞춰주거나 이동, 복사, 삭제
등으로 셀을 재배치해 일목요연하게 데이터를 정리하는 작업으
로, 셀, 행, 열, 워크시트를 다루는 방법에 대해서 잘 알고 있어
야 합니다.

01 셀/행/열 편집하기

워크시트는 그 자체가 하나의 커다란 표이므로 셀, 행, 열 편집은 엑셀 문서 작성에서 반드시 알아야 할 기본 사항입니다. 행/열을 삽입, 삭제하고 크기를 조절하거나 숨기는 기능을 알아보겠습니다.

핵심기능실습 | **한 시트에 여러 표가 있을 때 셀/행/열 편집하기**

• **실습 파일** Chapter03\Section01\분양정보.xlsx • **완성 파일** Chapter03\Section01\분양정보완성.xlsx

워크시트에 여러 표가 작성되어 있을 때 행, 열을 삽입하거나 삭제하면 다른 표에도 함께 적용됩니다. 따라서 이러한 경우에는 셀 범위를 따로 지정해 셀을 삽입하거나 삭제하는 것이 좋습니다. 열 너비, 행 높이 등이 정리되지 않은 세 개의 분양 정보 표에서 셀/행/열을 편집하고 문서를 보기 좋게 정리해보겠습니다.

01 행 · 열 삽입하기

행, 열 전체를 선택한 후 삽입하면 다른 표에도 행 또는 열이 삽입됩니다.

① **2행 머리글** 클릭

② **16행 머리글** Ctrl +클릭

③ [홈] 탭−[셀] 그룹−[**삽입**] 클릭

④ **H열 머리글** 클릭

⑤ [홈] 탭−[셀] 그룹−[**삽입**]을 클릭합니다.

행은 위쪽, 열은 왼쪽의 서식이 복사되어 삽입됩니다. 행 전체를 선택했으므로 인접해 있는 옆 표에도 행이 삽입됩니다.

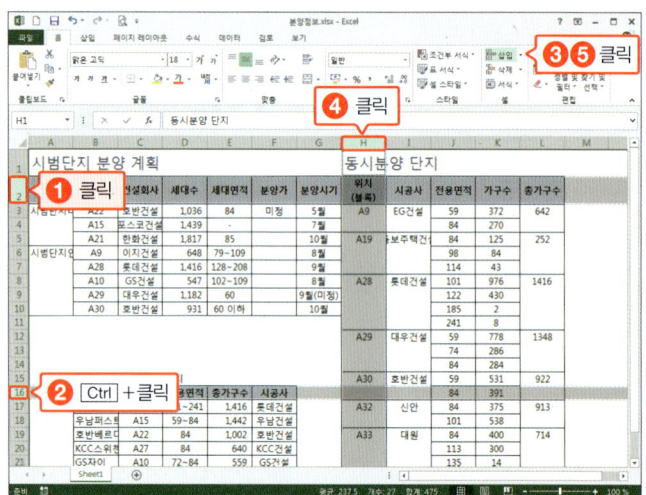

02

① **H열 오른쪽에 표시된 [삽입 옵션 ▾]** 클릭

② [**서식 지우기**]를 선택합니다.

바로 통하는 TIP [삽입 옵션]은 다른 셀을 편집하면 바로 사라지며, 행/열 삽입을 해야 다시 나타납니다.

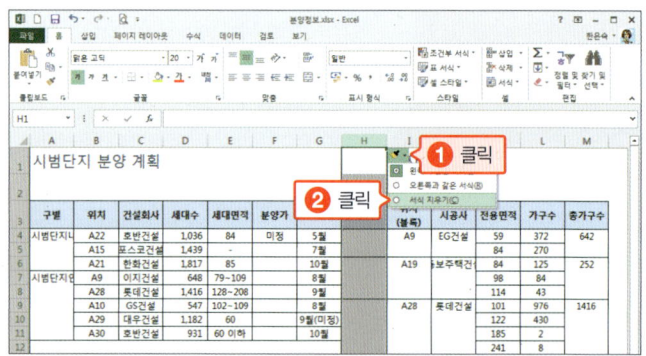

03 행/셀 삭제하기

셀 범위를 지정하여 삭제하면 인접해 있는 다른 표에는 영향을 주지 않고 삭제할 수 있습니다.

① 25~26행 드래그

② [홈] 탭-[셀] 그룹-**[삭제]** 클릭

③ 이번에는 옆의 표와 위쪽 표에 영향을 주지 않으면서 범위를 삭제하기 위해 **[I17:M17] 셀** 드래그

④ [홈] 탭-[셀] 그룹-**[삭제]**를 클릭합니다.

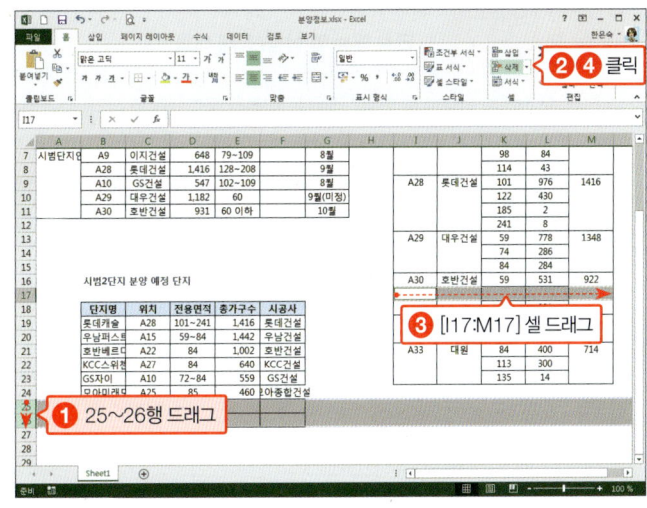

04

① **[A16:A24] 셀** 드래그

② [홈] 탭-[셀] 그룹-**[삭제]** 클릭

③ **[A14:F15] 셀** 드래그

④ [홈] 탭-[셀] 그룹-**[삭제]**를 클릭합니다.

바로 통하는TIP

- 행/열 머리글을 선택하면 선택한 행, 열 전체가 삽입, 삭제됩니다.
- 셀 범위를 선택하면 선택한 범위 반대쪽의 셀 범위가 밀리거나 당겨지면서 삽입, 삭제됩니다.
- [삽입]의 경우 선택한 행의 위쪽, 선택한 열의 왼쪽에 같은 서식으로 삽입됩니다.

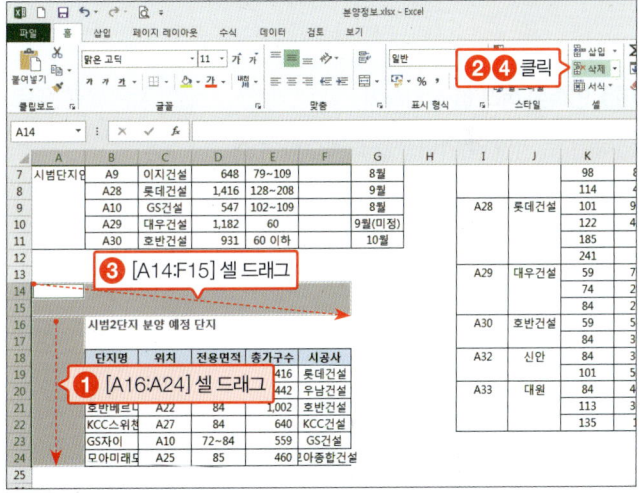

05 셀 삽입 및 열 삭제하기

① **[G16:G22] 셀** 드래그

② [홈] 탭-[셀] 그룹-**[삽입]** 클릭

③ **F열 머리글**에서 마우스 오른쪽 버튼 클릭

④ **[삭제]**를 선택합니다.

[G16:G22] 셀 왼쪽으로 셀이 삽입되고 F열 전체가 삭제됩니다.

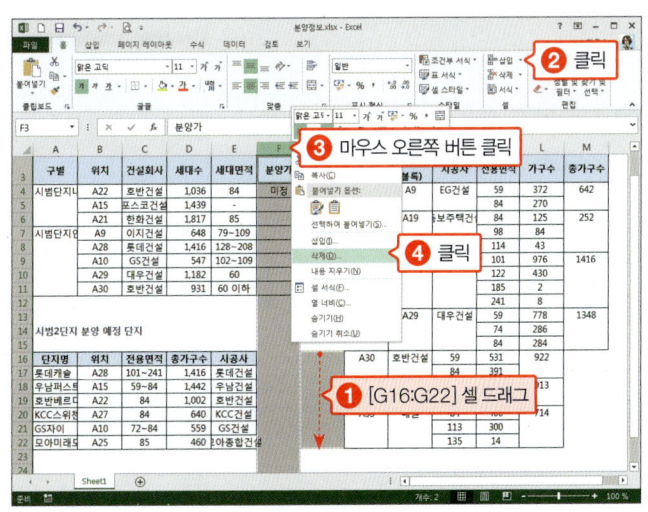

열 전체, 행 전체를 선택한 후 마우스 오른쪽 버튼을 클릭했을 때 나타나는 단축 메뉴에서 [삽입], [삭제]를 선택하면 바로 삽입, 삭제가 실행되지만 일부 셀 범위를 지정한 후 단축 메뉴에서 [삽입], [삭제]를 선택하면 대화상자가 표시됩니다. 대화상자에서는 선택한 셀이나 셀 범위를 아래나 위, 왼쪽이나 오른쪽으로 밀어낼 것인지를 바로 선택할 수 있습니다. 리본 메뉴의 [홈] 탭-[셀] 그룹-[삽입]-[셀삽입], [홈] 탭-[셀] 그룹-[삭제]-[셀 삭제]를 선택해도 대화상자를 표시할 수 있습니다.

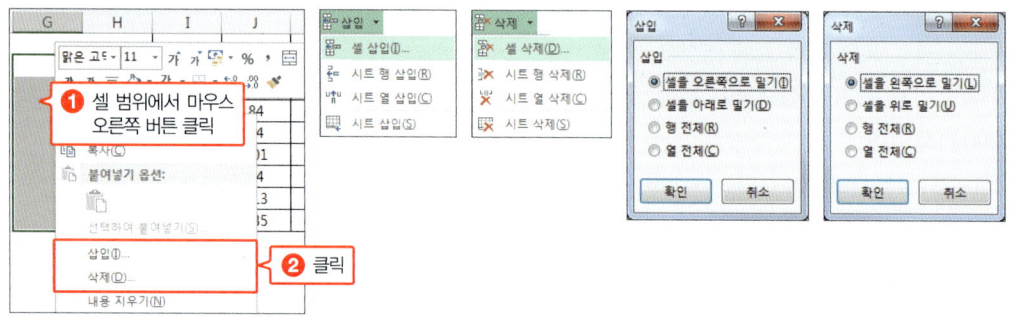

06 연속된 여러 열 삽입하기

연속된 두 열의 열 머리글을 드래그하여 새로운 열을 삽입할 수 있습니다.

① [J:K] 열 드래그
② [홈] 탭-[셀] 그룹-**삽입** 클릭

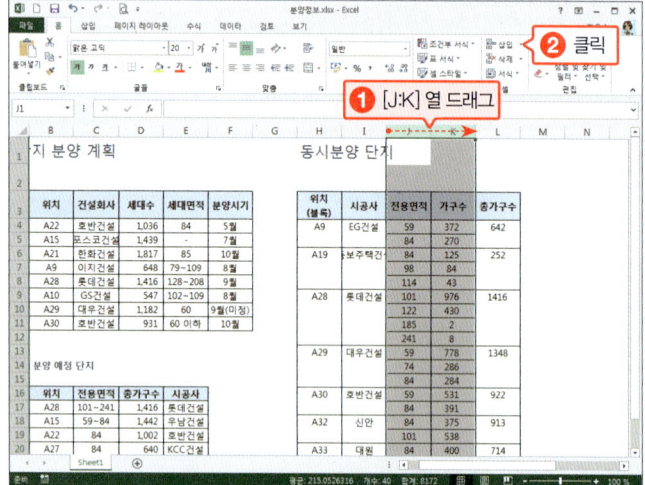

07 연속된 두 열을 범위로 지정했으므로 마찬가지로 연속된 두 열이 삽입되었습니다. Ctrl + Z 를 누르면 실행을 취소할 수 있습니다.

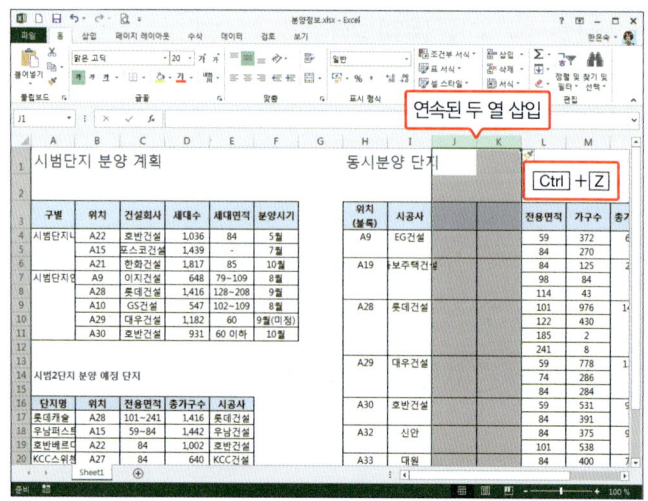

08 다중 선택 열 삽입하기

연속된 열일지라도 각각의 열을 범위로 선택하면 선택한 열 왼쪽으로 새로운 열이 하나씩 삽입됩니다.

① **J열** 클릭

② **K열** Ctrl +클릭

③ [홈] 탭-[셀] 그룹-**[삽입]**을 클릭합니다.

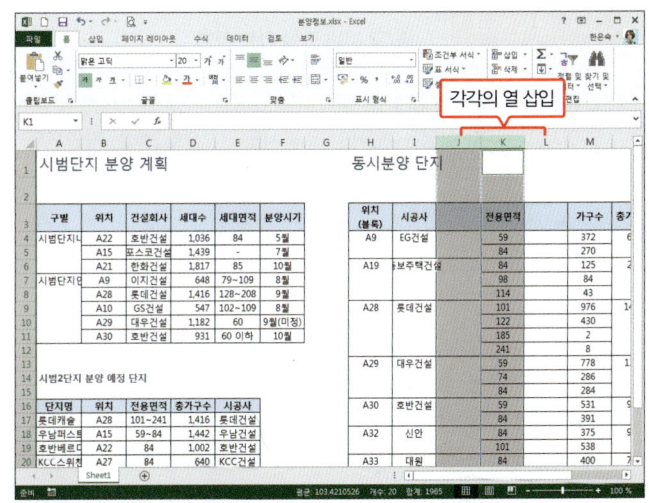

09 범위를 한 개씩 따로 선택했으므로 선택한 각각의 열 왼쪽으로 열이 하나씩 삽입되었습니다.

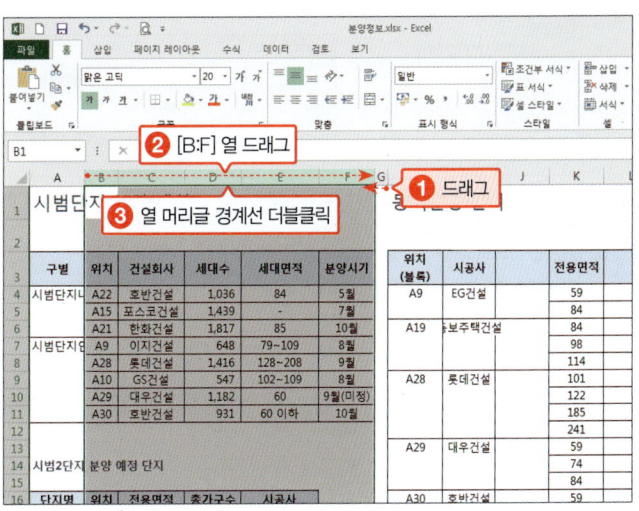

10 열 너비 조절하기

범위로 지정한 열의 넓이를 한번에 조절해 보겠습니다.

① 열 너비를 줄이기 위해 **G열 머리글** 오른쪽 경계선을 왼쪽으로 드래그

② **[B:F]열** 드래그

③ 자동 맞춤을 하기 위해 지정된 범위 중 한군데의 **열 머리글 경계선**을 더블클릭합니다.

데이터의 길이에 따라 범위로 지정한 열의 너비가 자동 맞춤됩니다.

11 대화상자에서 너비 조절하기

각각의 열을 범위로 선택한 후 [열 너비] 대화상자에서 열의 너비를 조절해보겠습니다.

① **A열 머리글** 클릭

② **I열 머리글**을 Ctrl +클릭

③ **마우스 오른쪽 버튼** 클릭

④ **[열 너비]** 선택

⑤ **[열 너비]** 대화상자에 **12** 입력

⑥ **[확인]**을 클릭합니다.

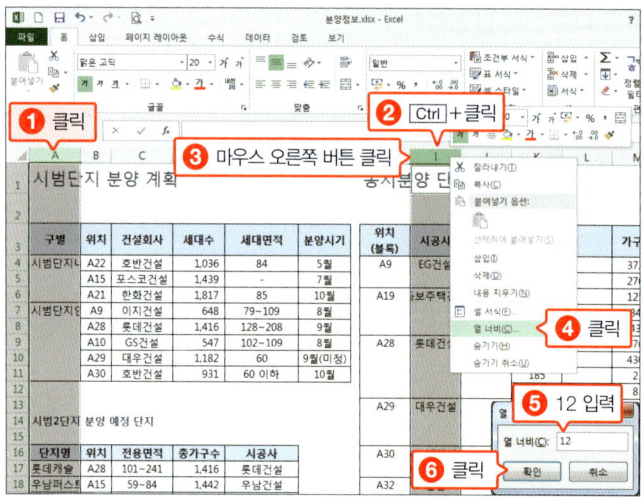

행/열 너비 조절 기본 사항

1. 단위 : 행/열 머리글의 경계선을 끌어 너비, 높이를 조정하면 스크린 팁에서 행 높이는 글꼴 크기를 나타내는 포인트 단위로 표시되고 열 너비는 문자 수(영문 기준) 단위로 표시됩니다. 괄호 안에는 픽셀 단위가 표시됩니다.

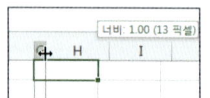

▲ 너비 : 문자 수 단위(픽셀 단위)

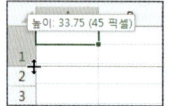

▲ 높이 : 포인트 단위(픽셀 단위)

2. 대화상자 : 행/열 머리글에서 마우스 오른쪽 버튼을 클릭한 후 [행 높이], [열 너비] 메뉴를 선택하거나 [홈] 탭-[셀] 그룹-[서식]-[행 높이], [열 너비]를 선택하면 대화상자에서 정확한 포인트, 문자 수를 직접 입력하여 조절할 수 있습니다.

3. 자동 맞춤 : 행/열 머리글의 경계선을 더블클릭하면 입력된 데이터 크기에 맞게 자동으로 행 높이, 열 너비가 조절됩니다. [홈] 탭-[셀] 그룹-[서식]-[행 높이 자동 맞춤], [열 너비 자동 맞춤]을 선택해도 됩니다.

4. 표준 너비 : [홈] 탭-[셀] 그룹-[서식]-[기본 너비]를 선택하여 [표준 너비] 대화상자를 불러온 후 문자 수를 입력하여 표준 열 너비를 지정하면 전체 워크시트의 열 너비가 지정한 너비로 조절됩니다.

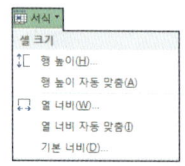

▲ [홈] 탭-[셀] 그룹-[서식] 메뉴

▲ 표준 열 너비를 '2'로 입력하여 전체 워크시트의 열 너비를 2로 지정

5. 같은 간격으로 조절 : 행/열 머리글을 선택하여 여러 행이나 열 범위를 지정한 후 지정된 범위 중 한군데 머리글 경계선을 드래그하거나 행 높이, 열 너비를 대화상자에 수치로 입력하면 선택한 범위의 행, 열이 같은 크기로 조절됩니다.

12 열 숨기기

각각의 열을 범위로 선택한 후 열을 숨겨보 겠습니다.

① **J열 머리글** 클릭

② **L열 머리글**을 Ctrl+클릭합니다.

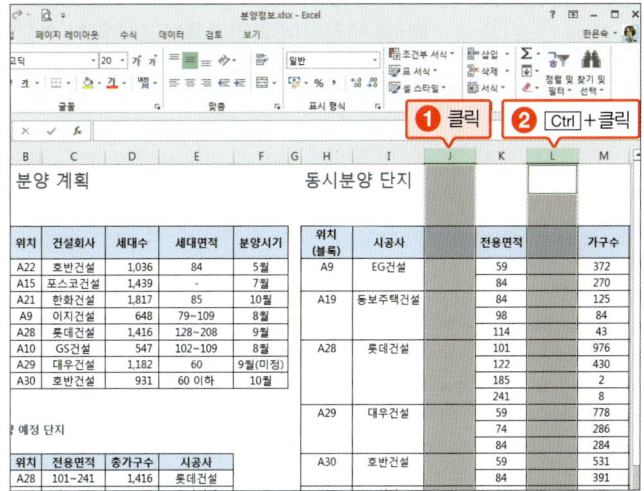

13

① **J열 머리글**에서 마우스 오른쪽 버튼 클릭

② 단축 메뉴에서 **[숨기기]**를 선택합니다.

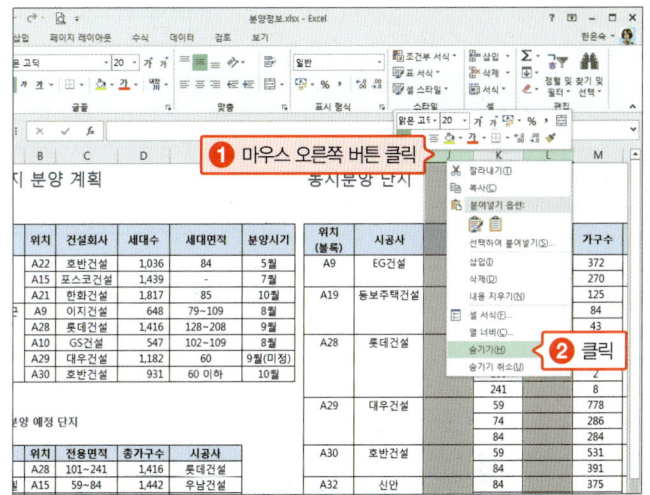

숨기기 취소

숨긴 행/열의 숨기기를 취소할 때는 숨겨진 행/열을 포함한 머리글을 드래그하 여 범위를 지정하고 마우스 오른쪽 버튼을 클릭한 후 단축 메뉴에서 [숨기기 취 소]를 선택합니다. [홈] 탭–[셀] 그룹–[서식]–[숨기기 및 숨기기 취소]–[행 숨기 기 취소], [열 숨기기 취소]를 선택할 수 있습니다.

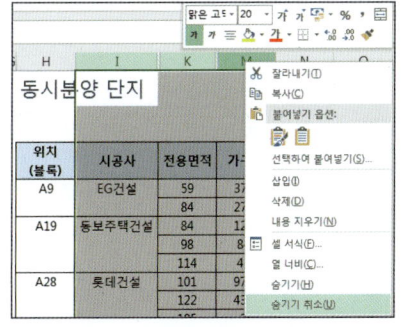

• 실습 파일 Chapter03\Section01\영업활동보고서.xlsx   • 완성 파일 Chapter03\Section01\영업활동보고서완성.xlsx

다음은 하루 동안의 영업 활동 내용을 기록하여 보고하는 영업활동보고서 양식입니다. 미완성된 문서에서 다음 지시 사항에 따라 행/열을 편집하여 문서를 완성해보겠습니다.

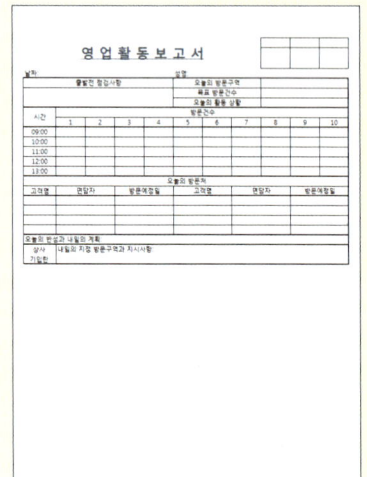

▲ 실습 파일

▲ 완성 파일

1 D열과 J열 앞에 열을 삽입합니다(D열 머리글 클릭, J열 머리글을 `Ctrl`+클릭한 후 [홈] 탭-[셀] 그룹-[삽입] 클릭).

2 방문건수를 1~12까지로 채웁니다([B8:C8] 셀을 드래그한 후 채우기 핸들을 [M8] 셀까지 드래그하고 [서식 없이 채우기] 옵션 선택).

3 오늘의 방문처에 새로 생긴 셀에는 각각 '순위'라고 입력합니다([D15], [K15] 셀).

4 13행 위에 5개의 행을 삽입하되, 오른쪽 거래처 목록 표에는 삽입되지 않도록 합니다([A13:M17] 셀을 범위 지정한 후 [홈] 탭-[셀] 그룹-[삽입] 클릭).

5 시간을 09:00~18:00까지로 채웁니다([A9:A10] 셀을 범위 지정한 후 채우기 핸들을 [A18] 셀까지 드래그하고 [서식 없이 채우기] 옵션 선택).

6 [B:M] 열 너비를 '6'으로 지정합니다.

7 [4:6] 행, [9:18] 행, [21:24] 행 높이를 '25'로 지정하고 [25:26] 행 높이를 '75'로 지정합니다. 거래처 목록표는 숨깁니다.

02 데이터 이동 및 복사하기

엑셀에서 데이터 이동과 복사는 셀 단위로 이루어지는 작업의 특성상 데이터를 붙여 넣을 때 원본 열 너비를 유지한다거나 행/열을 바꾸어 복사하는 등 다양한 붙여넣기 옵션을 선택하여 사용할 수 있습니다.

핵심기능실습 | **데이터 이동, 복사로 거래집계 요약하기**

- **실습 파일** Chapter03\Section02\거래집계표.xlsx • **완성 파일** Chapter03\Section02\거래집계표완성.xlsx

거래집계표 목록 중 지역별 거래건수와 거래금액 합계만 복사하여 지역별 거래집계표와 지역별 거래점 목록표를 만들어보겠습니다.

01 잘라내기

리본 메뉴를 이용해 표 위쪽에 입력된 데이터를 잘라내어 표 아래쪽으로 이동해보겠습니다.

① **[A2:E9] 셀** 드래그
② **[홈] 탭-[클립보드] 그룹-[잘라내기 ✂]** 를 클릭합니다.

02 붙여넣기

① **[A26] 셀** 클릭
② **[홈] 탭-[클립보드] 그룹-[붙여넣기 📋]** 를 클릭합니다.

바로 통하는 TIP 데이터 이동, 복사 단축키
- 잘라내기 : Ctrl + X
- 복사하기 : Ctrl + C
- 붙여넣기 : Ctrl + V 또는 Enter
- 잘라낸 셀/복사한 셀 삽입하기 : Ctrl + Shift + =

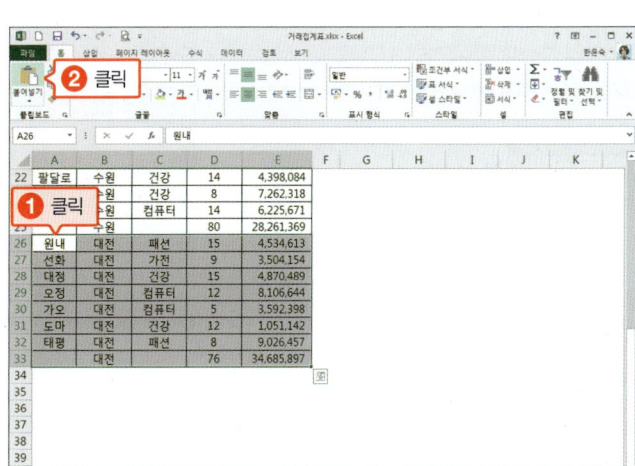

03 잘라낸 셀 삽입하기

잘라내기 후 붙여넣기를 하면 데이터가 이동되므로 원래 데이터가 들어 있던 범위는 비어 있습니다. 단축 메뉴를 이용해 잘라낸 셀을 삽입하겠습니다.

① Ctrl + Z 를 눌러 붙여넣기 실행 취소
② [A26] 셀 마우스 오른쪽 버튼 클릭
③ [잘라낸 셀 삽입]을 선택합니다.

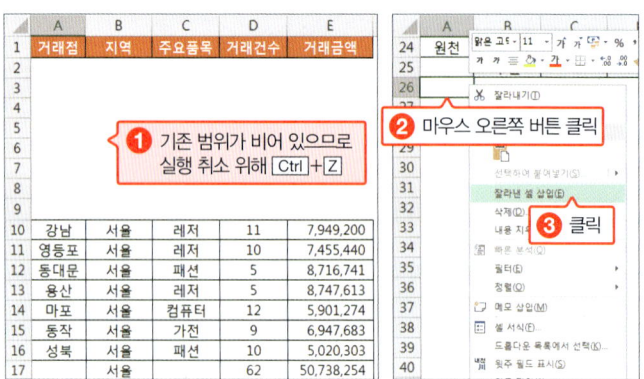

실무활용노트 EXCEL | **잘라낸 셀, 복사한 셀 삽입하기**

[잘라내기]나 [복사]한 후 빈 셀이 아닌 데이터 셀에 붙여넣기하면 기존 데이터는 지워지고 덮어쓰기됩니다. 기존 데이터를 지우지 않고 중간에 데이터를 삽입하려면 잘라내기 후에 [잘라낸 셀 삽입], 복사한 후에 [복사한 셀 삽입]을 선택합니다. [잘라낸 셀 삽입], [복사한 셀 삽입]은 마우스 오른쪽 버튼을 클릭한 후 표시되는 단축 메뉴에서 선택하거나 [홈] 탭-[셀] 그룹-[삽입]에서 선택할 수 있습니다. [잘라낸 셀 삽입]을 선택하면 기존 범위에 있던 셀이 삭제되면서 셀이 자동으로 밀리고 새 데이터가 삽입됩니다. [복사한 셀 삽입]을 선택하면 [삽입하여 붙여넣기] 대화상자가 표시되어 셀을 어느 방향으로 밀면서 삽입할지 선택할 수 있습니다.

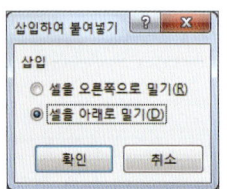

▲ [홈] 탭-[셀] 그룹-[삽입]-[복사한 셀 삽입]   ▲ 복사한 셀 삽입 시 대화상자 표시

04

① [B1:B25] 셀 드래그
② [홈] 탭-[클립보드] 그룹-[잘라내기 ✂] 클릭
③ [D1] 셀 마우스 오른쪽 버튼 클릭
④ [잘라낸 셀 삽입]을 선택합니다.

바로 통하는 TIP [B1:B25] 셀을 드래그할 때는 [B1] 셀을 클릭한 후 Ctrl + Shift + ↓ 를 눌러도 됩니다.

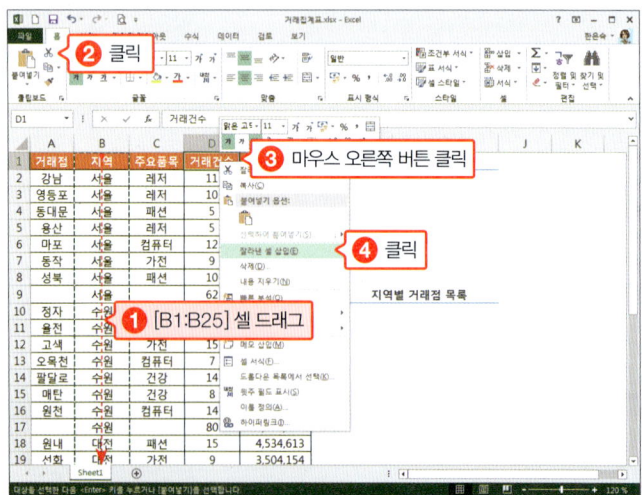

05 복사하기

리본 메뉴를 이용해 셀을 복사하고 붙여 넣어보겠습니다.

① [C1:E1] 셀 드래그
② [C9:E9] 셀 Ctrl + 드래그
③ [C17:E17] 셀 Ctrl + 드래그
④ [C25:E25] 셀 Ctrl + 드래그
⑤ [홈] 탭-[클립보드] 그룹-[복사 📋]를 클릭합니다.

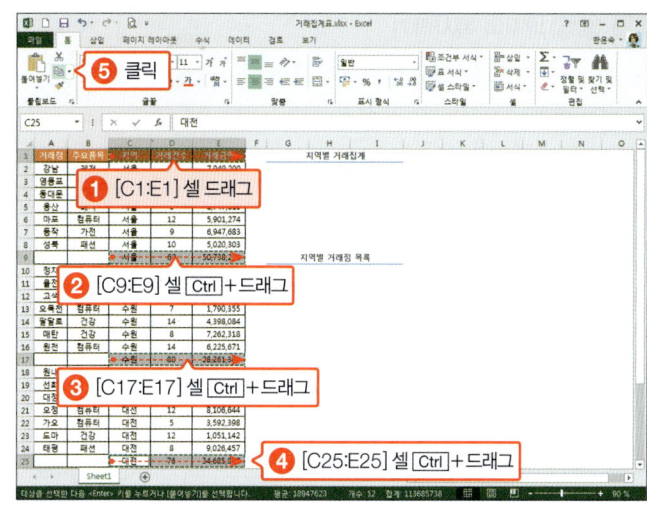

06 열 너비 유지하면서 붙여넣기

① [G3] 셀 클릭
② [홈] 탭-[클립보드] 그룹-[붙여넣기]-[원본 열 너비 유지 📋] 선택
③ [홈] 탭-[클립보드] 그룹-[붙여넣기]-[값 📋]을 선택합니다.

열 너비는 유지되면서 셀에 표시된 값만 붙여 넣어집니다.

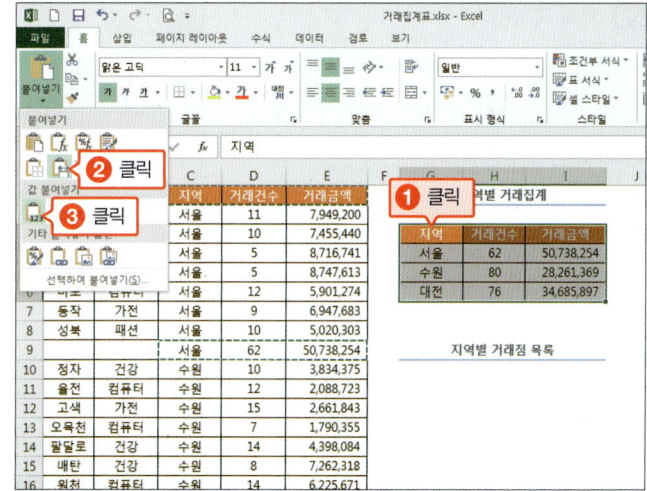

실무활용노트 EXCEL 실시간 미리 보기

[잘라내기]나 [복사]를 실행한 후 붙여넣기 옵션 목록에 마우스 포인터를 위치시키면 붙여 넣어질 모양을 미리 볼 수 있습니다. 실시간 미리 보기를 사용하고 싶지 않다면 [파일] 탭-[옵션]을 선택한 후 [Excel 옵션] 대화상자를 불러옵니다. [일반]에서 [사용자 인터페이스 옵션] 항목 중 [실시간 미리 보기 사용]의 체크 표시를 해제합니다.

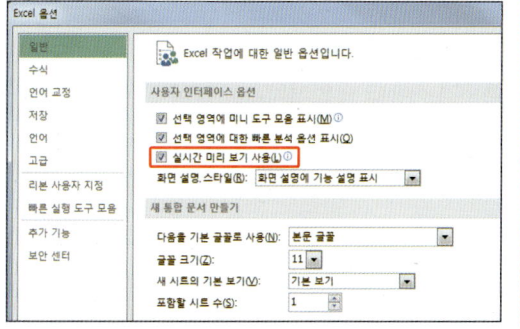

07 행/열 바꾸어 복사하기

[붙여넣기] 옵션 중 [바꾸기]를 이용하면 행과 열을 바꾸어 붙여 넣을 수 있습니다.

① [G4:G6] 셀 드래그
② [홈] 탭-[클립보드] 그룹-[복사 📋] 클릭
③ [G11] 셀 클릭
④ [홈] 탭-[클립보드] 그룹-[붙여넣기]-[바꾸기 📋]를 클릭합니다.

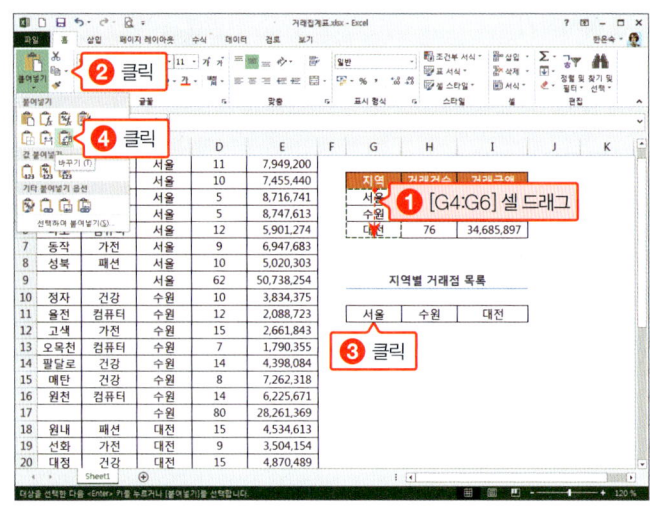

08 서식 복사하기

[서식 복사]를 이용하면 선택한 셀의 서식을 간단히 복사하고 다른 셀에 적용할 수 있습니다.

① [G3] 셀 클릭
② [홈] 탭-[클립보드] 그룹-[서식 복사 ❖] 클릭
③ [G11:I11] 셀을 드래그합니다.

바로 통하는 TIP 서식만 복사하고자 하는 경우 붙여넣기 목록의 [기타 붙여넣기 옵션] 중 [서식 📋]을 선택해도 되지만, [서식 복사 ❖]를 클릭한 후 서식을 적용할 부분을 마우스로 드래그하면 좀더 쉽게 서식만 복사할 수 있습니다. 여러 위치에 계속해서 동일한 서식을 지정하려면 [서식 복사 ❖]를 더블클릭하고 서식 복사를 끝내려면 [ESC]를 누릅니다.

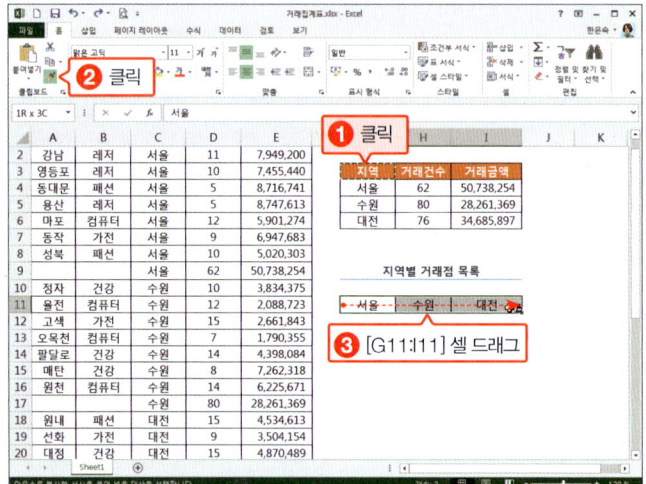

09 단축키로 복사하기

단축키를 이용해 셀을 복사하고 붙여 넣어 보겠습니다.

① [A2:A8] 셀 드래그 후 Ctrl + C
② [G12] 셀 클릭 후 Ctrl + V
③ [A10:A16] 셀 드래그 후 Ctrl + C
④ [H12] 셀을 클릭하고 Ctrl + V를 누릅니다.

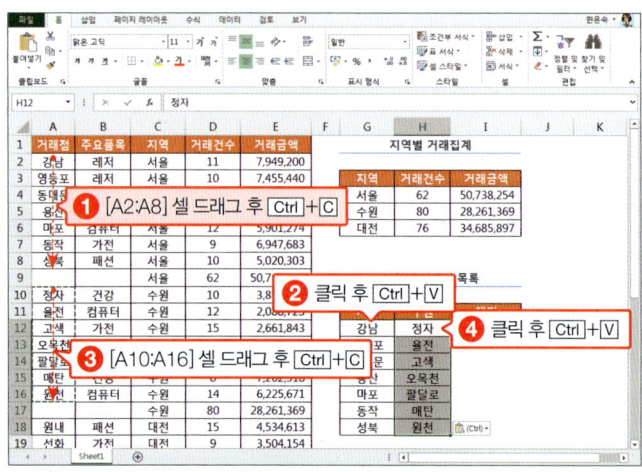

10 마우스로 복사하기

마우스를 이용해 셀을 복사하고 붙여 넣어 보겠습니다.

① **[A18:A24]** 셀 드래그

② 지정한 범위의 외곽 테두리를 Ctrl 을 누르며 드래그하여 **[I12:I18]** 셀 범위에 놓습니다.

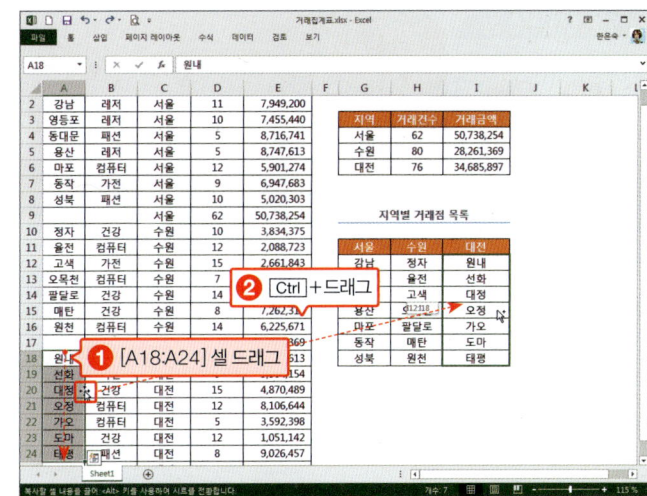

실무활용노트
EXCEL **마우스를 사용한 이동과 복사**

한 워크시트 내 가까운 곳으로 데이터를 이동, 복사할 때 마우스를 이용하는 것이 좀더 간편할 때가 있습니다. 마우스로 드래그할 때와 단축키를 함께 사용할 때의 실행 방식은 다음과 같습니다.

① 범위 외곽 테두리 부분을 드래그하면 선택한 셀이 이동됩니다.

② 범위 외곽 테두리 부분을 Ctrl +드래그하면 선택한 셀이 복사됩니다.

③ 범위 외곽 테두리 부분을 Shift +드래그하면 열 또는 행 사이에 데이터가 삽입되면서 선택한 셀이 이동됩니다.

④ 범위 외곽 테두리 부분을 Ctrl + Shift +드래그하면 열 또는 행 사이에 데이터가 삽입되면서 선택한 셀이 복사됩니다.

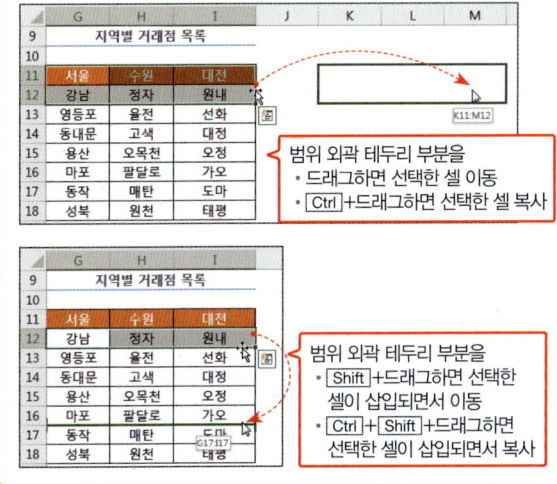

범위 외곽 테두리 부분을
- 드래그하면 선택한 셀 이동
- Ctrl +드래그하면 선택한 셀 복사

범위 외곽 테두리 부분을
- Shift +드래그하면 선택한 셀이 삽입되면서 이동
- Ctrl + Shift +드래그하면 선택한 셀이 삽입되면서 복사

03 데이터 선택하여 붙여넣기

복사한 데이터는 그림으로 붙여 넣거나 연산하여 붙여 넣는 등 다양한 붙여넣기 옵션을 선택할 수 있습니다. 엑셀에서 선택할 수 있는 붙여넣기 옵션의 종류를 살펴보고 주요 옵션을 이용해 데이터를 다양하게 복사해보겠습니다.

선택하여 붙여넣기 옵션

데이터 붙여넣기 옵션은 총 22개가 있습니다. 데이터를 복사한 후 [홈] 탭-[클립보드] 그룹-[붙여넣기 붙여넣기]를 클릭하면 14~15개 옵션 아이콘이 표시됩니다. 또는 데이터 복사 후 붙여 넣을 위치에서 마우스 오른쪽 버튼을 클릭했을 때 나타나는 단축 메뉴에는 자주 사용하는 6개의 붙여넣기 옵션 아이콘만 표시되며 [선택하여 붙여넣기] 메뉴를 선택해야 14~15개의 옵션 아이콘을 추가로 확인할 수 있습니다.

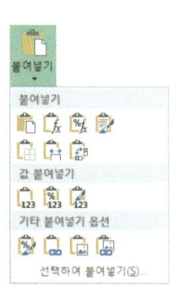

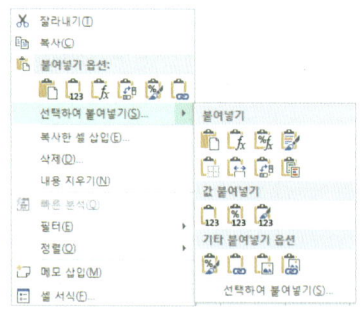

▲ [홈]-[클립보드]-[붙여넣기] 목록의
 붙여넣기 옵션들

▲ 붙여 넣을 위치에서 마우스 오른쪽 버튼을 클릭
 했을 때 나타나는 붙여넣기 옵션들

메뉴에 나와 있는 옵션 외에 다른 옵션을 추가하려면 붙여넣기 옵션 목록 아래쪽에 있는 [선택하여 붙여넣기]를 선택합니다. 표시된 대화상자에서 다른 옵션을 선택할 수 있습니다.

바로 통하는 TIP [선택하여 붙여넣기] 단축키는 Ctrl + Alt + V 입니다.

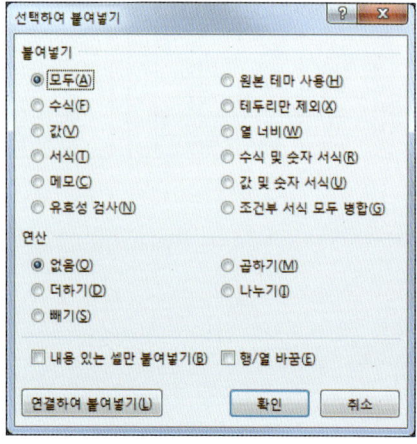

▲ [선택하여 붙여넣기] 대화상자

붙여넣기 옵션을 선택했을 때의 결과는 다음과 같습니다. 아래 표에서 아이콘이 없는 옵션은 [선택하여 붙여넣기] 대화상자에서만 선택할 수 있습니다.

옵션	아이콘	결과
모두		모든 셀 내용과 서식을 붙여 넣음
수식		수식 입력줄에 입력한 대로 수식만 붙여 넣음
값		셀에 표시된 대로 값만 붙여 넣음
서식		셀 서식만 붙여 넣음
메모		셀에 첨부한 메모만 붙여 넣음
유효성 검사		복사한 셀의 데이터 유효성 검사 규칙을 붙여 넣음
원본 테마 사용(원본 서식 유지)		원본 데이터에 적용된 테마를 사용하여 모든 셀 내용과 서식을 붙여 넣음
테두리만 제외(테두리 없음)		테두리만 제외하고 복사한 데이터에 적용된 문서 테마 서식의 모든 셀 내용을 붙여 넣음
열 너비(원본 열너비 유지)		한 개의 열 또는 열 범위의 너비를 다른 열 또는 열 범위에 붙여 넣음
수식 및 숫자 서식		선택한 셀의 수식과 숫자 서식 옵션만 붙여 넣음
값 및 숫자 서식		선택한 셀의 값과 숫자 서식 옵션만 붙여 넣음
값 및 원본 서식		선택한 셀의 값과 원본 테마 사용 옵션을 붙여 넣음
조건부 서식 모두 병합		모든 셀 내용과 서식을 붙여 넣으며 원본 셀과 대상 셀에 서로 다른 조건부 서식이 지정되어 있다면 조건부 서식을 병합함
그림		복사한 내용과 서식을 그림 형태로 붙여 넣음
연결된 그림		복사한 내용과 서식을 그림 형태로 붙여 넣으면서 원본 셀과 연결함
곱하기		복사한 값을 붙여 넣을 셀 값에 곱함
더하기		복사한 값을 붙여 넣을 셀 값에 더함
나누기		붙여 넣을 셀 값을 복사한 값으로 나눔
빼기		붙여 넣을 셀 값에서 복사한 값을 뺌
내용 있는 셀만 붙여넣기		복사한 셀 범위에 빈 셀이 있다면 빈 셀의 서식은 붙여 넣지 않음
행/열 바꿈(바꾸기)		붙여 넣을 때 행/열의 위치 바꿈
연결하여 붙여넣기		복사한 셀 주소를 붙여 넣는 대상 셀에 수식으로 연결하며, 이때 서식은 복사되지 않음

그림 및 연결하여 붙여넣기 기능으로 주문서 만들기

2007 | 2010 | 2013

• 실습 파일 Chapter03\Section03\물품주문서.xlsx • 완성 파일 Chapter03\Section03\물품주문서완성.xlsx

다음 물품주문서 파일에는 주문과 계약 관련 정보가 작성된 추가양식, 결재양식, 주문목록, 주문서는 각각 별도의 시트에 작성되어 있습니다. 붙여넣기 옵션 중 [그림], [연결된 그림]을 사용하여 다른 시트에 따로 작성된 여러 표를 한 시트에 합쳐서 표시하고 [연결하여 붙여넣기], [연산] 등을 선택하여 주문목록이 주문서에 연결되어 표시되도록 물품주문서를 완성해보겠습니다.

물 품 주 문 서

❶ 결재 / / / /

주 문 처	한국전등기구공업(협)	주문번호	01-3400	집행계획번호	02-1111	발행일자	14/12/11
품의부서	전력계통건설처 건축부	품의번호	50056	청 구 부 서	6609	전력계통건설처	
계약부서	전력계통건설처 총무부	계약일자	2014.12.02	계 약 방 법	수의	회계과목 27010	

❷

항목	식별번호	품명	규격	단위	수량	단가	금액	비고
1	203-000-06	가로등	(TYPE-N1 MH 175W)	SET	3	384,300	1,152,900	
2	203-000-06	매입개방	(TYPE-F1 FL 2/32W)	SET	273	53,100	14,496,300	
3	203-000-06	매입등	(TYPE-I5 FUL 2/13W)	SET	25	21,060	526,500	
4	203-000-06	매입등	(TYPE-I4 IL 60W)	SET	53	8,100	429,300	
5	203-000-06	문주등	(TYPE-I8 IL 100W)	SET	3	76,500	229,500	
6	203-000-06	반갓형광등	(TYPE-F4 FL 1/32W)	SET	1	30,780	30,780	
7	203-000-06	방폭등	(TYPE-I3 IL 60W)	SET	36	77,085	2,775,060	
8	203-000-06	벽부등	(TYPE-I2 IL 60W)	SET	18	11,700	210,600	
9	203-000-06	벽부등	(TYPE-F4A FL 1/20W)	SET	1	28,080	28,080	
10	203-000-06	직갓등	(TYPE-F5 FL 1/32W)	SET	1	28,080	28,080	
11	203-000-06	직부등	(TYPE-I1 IL 60W)	SET	50	8,010	400,500	
12	203-000-06	탐조등	(TYPE-01 2000W)	SET	4	2,916,000	11,664,000	
13	203-000-06	투광등	(TYPE-M1 MH 175W)	SET	30	117,000	3,510,000	
14	203-000-06	파이프갓등	(TYPE-F2 FL 2/32W)	SET	32	52,200	1,670,400	
15	203-000-06	펜단트형광등	(TYPE-F3 FL 1/32W)	SET	68	39,600	2,692,800	

❸ (항목) **❹** (단가/금액 영역)

귀사의 물품공급계약 일반조건 및 특수조건 각항을 준수하며, 납기에 틀림없이 공급하겠습니다.	공급가액	39,844,800
	부 가 세	3,984,480
납품자 : 오필승전등공업 홍길동 (인)	합 계	43,829,280

❶ 그림으로 붙여넣기
❷ 연결된 그림으로 붙여넣기
❸ 연결하여 붙여넣기
❹ 연산하며 붙여넣기

01 그림으로 붙여넣기

복사한 범위의 내용을 그림 형태로 붙여 넣을 수 있습니다.

① [결재양식] 시트의 **[B2:F4] 셀** 드래그
② [홈] 탭–[클립보드] 그룹–**복사** 📋 를 클릭합니다.

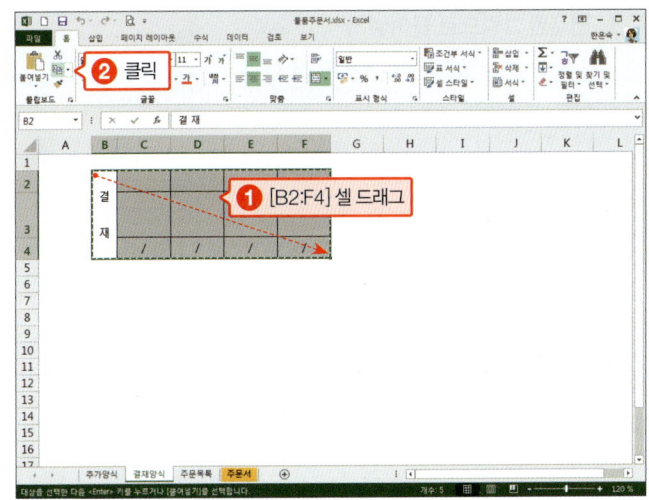

02

① [주문서] 시트의 **[F1] 셀** 클릭
② [홈] 탭–[클립보드] 그룹–[붙여넣기]–**[그림** 📋 **]** 클릭
③ 삽입된 양식의 조절점을 드래그해 위치와 크기를 조절합니다.

바로 통하는TIP 복사할 범위의 내용이 하나의 그림으로 삽입되므로 조절점이 나타납니다.

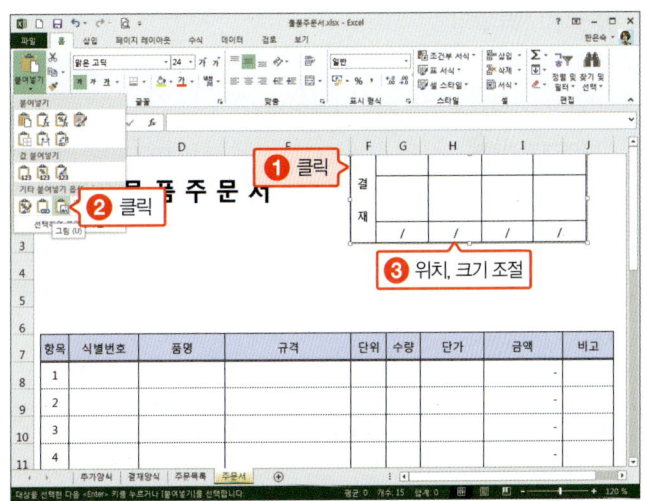

실 무 활 용 노 트
E X C E L | **그림으로 복사**

셀 범위를 그림으로 복사하는 또 다른 방법은 [홈] 탭–[클립보드] 그룹–[복사]–[그림으로 복사]를 선택하는 것입니다. [그림 복사] 대화상자에서 모양과 형식을 선택하고 [확인]을 클릭한 후 붙여 넣을 위치를 선택합니다. 리본 메뉴, 단축 메뉴 또는 단축키를 사용하여 붙여넣기하면 그림으로 붙여집니다. 특히 엑셀의 셀 범위를 그림으로 복사하여 '한글'과 같은 다른 프로그램에 붙여 넣을 때는 [형식] 중에서 [비트맵]을 선택해야 제대로 된 모양으로 그림이 붙여 넣어집니다.

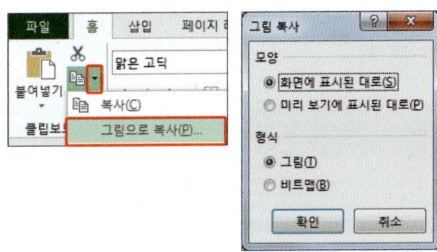

03 연결된 그림으로 붙여넣기

복사한 범위의 내용을 그림으로 붙여 넣으면서 원본과 연결할 수 있습니다.

① **[추가양식] 시트** 클릭

② [그림]으로 붙여넣기를 할 때는 워크시트 눈금선까지 함께 들어가게 되므로 [보기] 탭-[표시] 그룹-**[눈금선]**의 체크 표시 해제

③ **[B2:J4] 셀** 드래그

④ Ctrl + C 를 눌러 복사합니다.

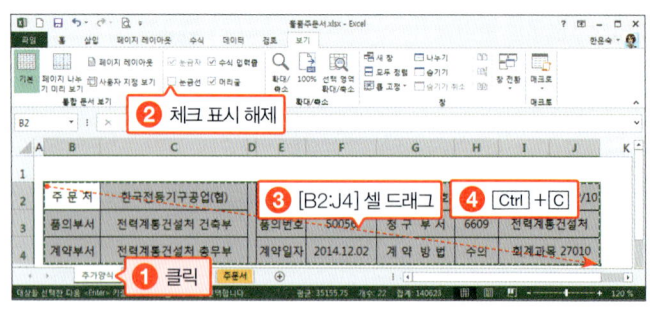

04

① **[주문서] 시트** 클릭

② **[B4] 셀** 클릭

③ [홈] 탭-[클립보드] 그룹-[붙여넣기] -**[연결된 그림 📋]** 선택

④ 삽입된 양식의 **조절점**을 드래그해 위치와 크기 조절

⑤ **삽입된 양식**을 더블클릭합니다.

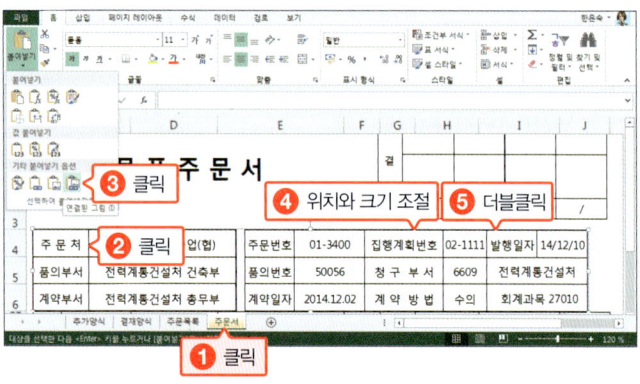

[연결된 그림]으로 붙여넣기한 개체를 더블클릭하면 원본이 있는 곳으로 화면이 이동됩니다.

05 다시 [추가양식] 시트 화면으로 이동합니다.

① [J2] 셀의 발행일자를 **14/12/11**로 수정

② **[주문서] 시트**를 클릭합니다.

[주문서] 시트를 살펴보면 연결된 그림에도 발행일자가 **14/12/11**로 수정된 것을 확인할 수 있습니다. 또한 개체를 선택한 상태에서 수식 입력줄을 살펴보면 **=추가양식!$B$2:$J$4** 수식으로 연결된 것을 알 수 있습니다.

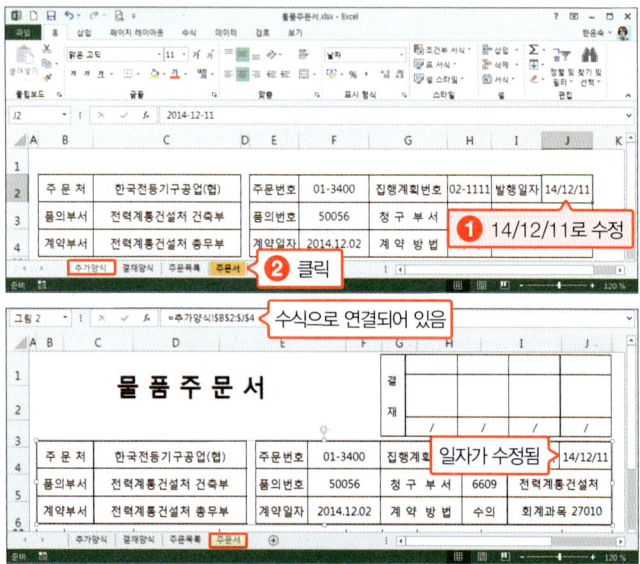

연결된 그림으로 붙여넣기 위한 또 다른 방법은 [카메라] 도구를 사용하는 것입니다. [카메라]는 리본 메뉴에는 없는 명령이므로 빠른 실행 도구 모음에 추가한 후 사용합니다.

1. ① 빠른 실행 도구 모음에서 마우스 오른쪽 버튼 클릭 ② [빠른 실행 도구 모음 사용자 지정]을 선택합니다.

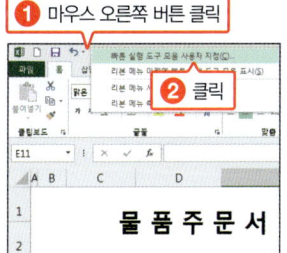

2. ① [Excel 옵션] 대화상자의 [명령 선택] 목록에서 [리본 메뉴에 없는 명령] 선택 ② 명령 목록에서 [카메라] 선택 ③ [추가] 클릭 ④ [확인]을 클릭합니다.

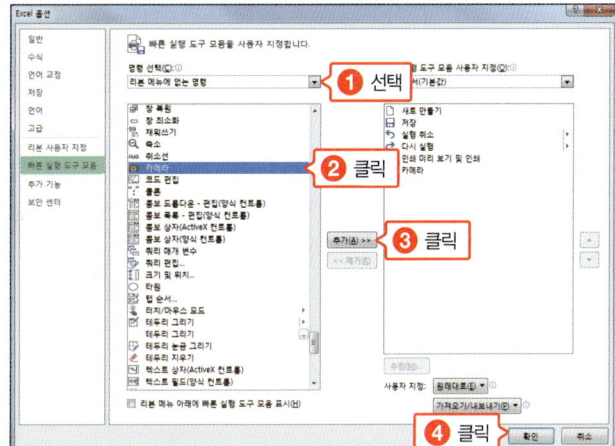

3. ① [추가양식] 시트의 [B2:J4] 셀 드래그 ② 빠른 실행 도구 모음의 [카메라 📷] 클릭 ③ [주문서] 시트를 클릭합니다.

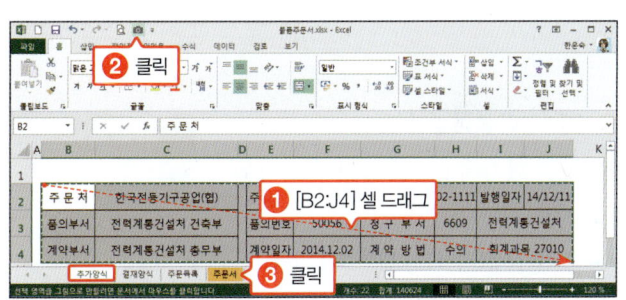

4. ① 그림으로 삽입하려는 위치인 [B4] 셀 클릭. 양식이 바로 삽입됩니다. 카메라로 삽입된 개체에는 테두리가 자동으로 지정되어 바깥쪽이 이중 테두리가 됩니다.
② 양식이 선택된 상태에서 [서식] 탭–[그림 스타일] 그룹–[그림 테두리]–[윤곽선 없음]을 선택합니다.

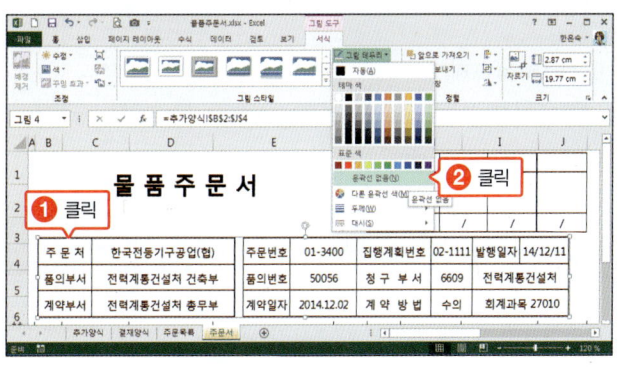

06 연결하여 붙여넣기

복사한 범위를 수식으로 연결하여 붙여 넣을 수 있습니다.

① [주문목록] 시트의 [A2:F16] 셀 드래그

② [홈] 탭-[클립보드] 그룹-[복사 📋]를 클릭합니다.

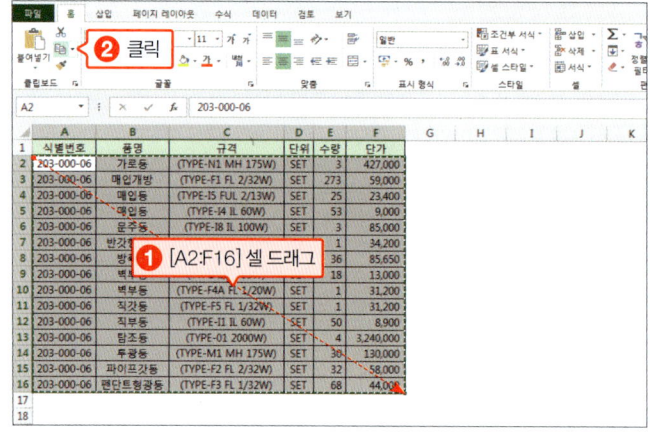

07

① [주문서] 시트의 [C8] 셀 클릭

② [홈] 탭-[클립보드] 그룹-[붙여넣기]-[연결하여 붙여넣기 📋]를 선택합니다.

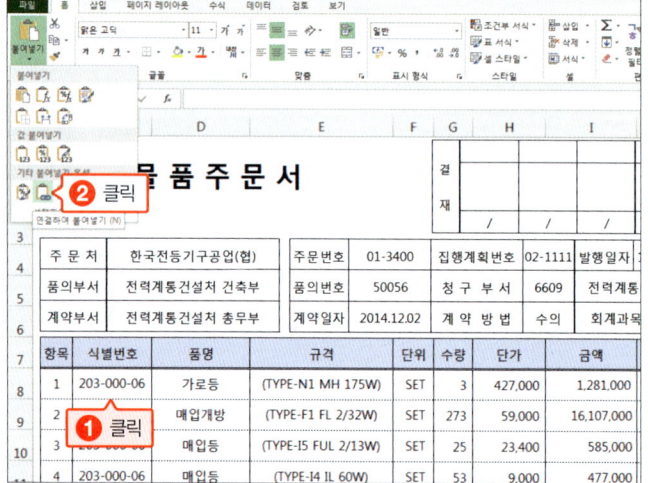

08 연산하며 붙여넣기

원본 목록 단가에 0.9를 곱하여 단가를 10% 낮춰보겠습니다.

① [주문목록] 시트의 [H5] 셀에 0.9 입력

② [H5] 셀 클릭 후 복사하기 위해 Ctrl + C

③ [F2:F16] 셀 드래그

④ [홈] 탭-[클립보드] 그룹-[붙여넣기]-[선택하여 붙여넣기] 선택

⑤ 대화상자에서 [곱하기] 선택

⑥ [확인]을 클릭합니다.

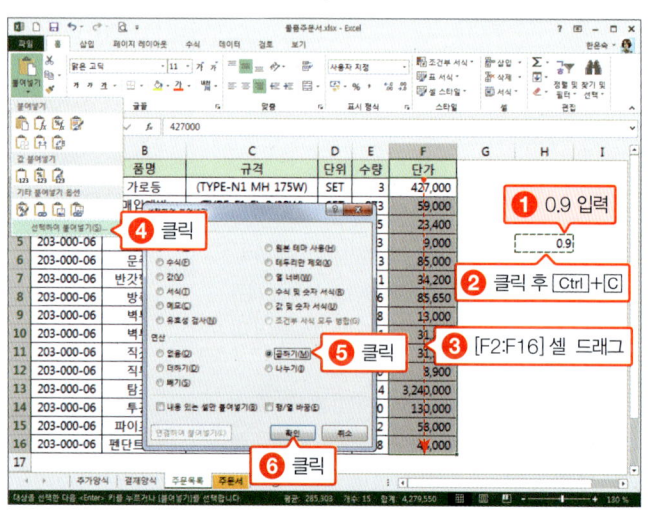

[F2:F16] 셀의 각 셀 값에 0.9가 곱해지면서 값이 변했습니다.

09 0.9가 입력된 셀의 서식까지 복사되어 테두리와 쉼표 서식이 없어졌으므로 서식을 복사하겠습니다.

① **[E2]** 셀 클릭 후 Ctrl + C

② **[F2:F16]** 셀 드래그

③ **[홈]** 탭-[클립보드] 그룹-[붙여넣기]- **[서식 📋]**을 선택합니다.

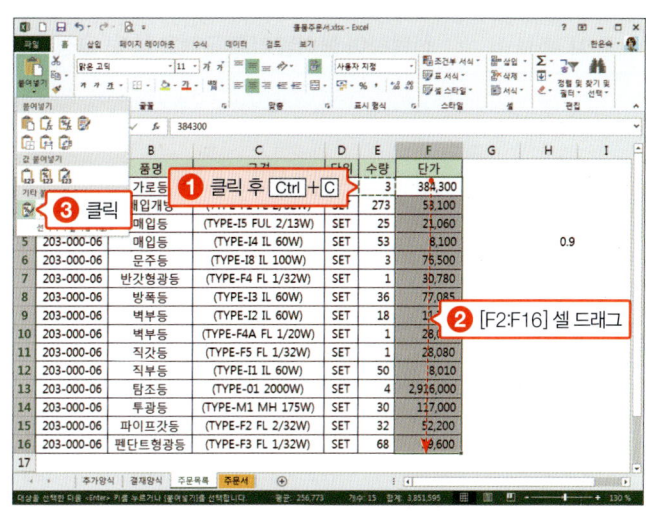

10 **[주문서]** **시트**를 선택해보면 [연결하여 붙여넣기]가 된 범위에서도 단가가 함께 변경된 것을 확인할 수 있습니다.

바로 통하는 TIP [주문서] 시트의 [C8:H22] 셀에서 각 셀을 선택해보면 수식 입력줄에 =주문목록!F2와 같은 형태의 수식이 작성되어 연결된 것을 알 수 있습니다.

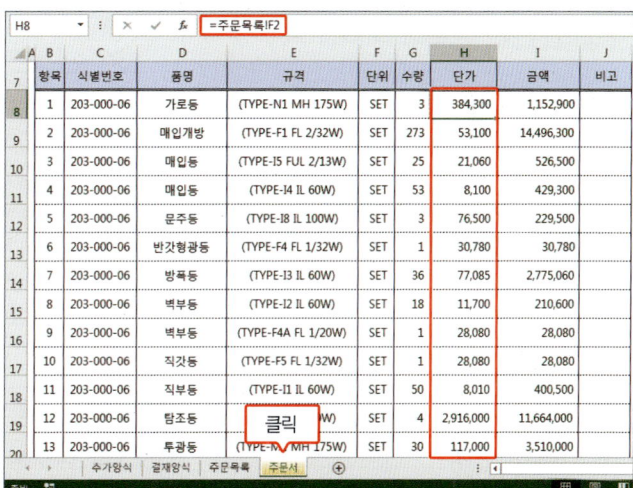

선택하여 붙여넣기로 구매요청 및 결정서 완성하기

• 실습 파일 Chapter03\Section03\구매요청결정서.xlsx • 완성 파일 Chapter03\Section03\구매요청결정서완성.xlsx

물품의 구매요청과 구매결정에 대한 결재를 함께 받는 구매요청 및 결정서입니다. 다음 지시 사항에 따라 별도의 시트로 작성된 결재양식과 제품목록을 복사한 후 구매요청 및 결정서 문서에 [그림으로 붙여넣기]나 [연결하여 붙여넣기]를 하여 문서를 완성해보겠습니다.

구매요청 및 결정서
구매요청일: 2014년 5월 6일

구분	구매요청					구매결정						
	담당	주임	과.부장	이사	전무	담당	과부장	이사	상무	전무	사장	회장

1. 구매 요청 품명

품명	규격	현재고	요청량	단가	금액	희망납기	비.교(목적)
BC-181	300x214	0	28	88,000	2,464,000	2014-05-09	
PA-2543	330x232	0	28	98,000	2,744,000	2014-05-09	
AO-482	338x250	1	22	6,400	140,800	2014-05-09	
GM-159	330x213	1	26	42,800	1,112,800	2014-05-09	
ZW-318	307x248	1	35	56,000	1,960,000	2014-05-09	
DA-2031	344x220	2	23	46,000	1,058,000	2014-05-10	
CQ-460	328x230	3	25	38,000	950,000	2014-05-10	
CU-476	310x226	4	21	7,800	163,800	2014-05-10	
HU-304	311x240	7	25	12,200	305,000	2014-05-10	
CU-147	347x228	9	28	7,900	221,200	2014-05-10	

2. 특기사항

품명	BC-181	PA-2543	AO-482	GM-159	ZW-318	DA-2031	CQ-460	CU-476	HU-304	CU-147
재질	TR	ACETATE	METAL	WOOD	TR	ACETATE	METAL	WOOD	TR	ACETATE
원산지	Italy	Italy	China	Korea	Korea	Korea	Korea	China	China	China
스타일	Square	Round	Square	Round	Square	Round	Square	Round	Square	Round
색상	Black	Brown	Red	Wine	White	Other	Black	Brown	Red	Wine
브랜드	RISHA	PICA	KURTZ	LUCY	ENFIX	HM	RISHA	PICA	KURTZ	LUCY

▲ 실습 파일   ▲ 완성 파일

1 [결재양식] 시트의 결재양식을 복사합니다. [구매요청결정서] 시트의 [A4] 셀 위치에 [연결된 그림]으로 붙여 넣은 후 크기와 위치를 적당히 조절합니다(결재양식에서는 워크시트 눈금선이 보이지 않도록 수정).

2 [제품목록] 시트의 [A2:C11] 셀을 [구매요청결정서] 시트 [A11] 셀에, [제품목록] 시트의 [D2:D11] 셀을 [구매요청결정서] 시트의 [E11] 셀에 [연결하여 붙여넣기]합니다.

3 [제품목록] 시트의 [A1:A11], [E1:I11] 셀을 범위로 지정한 후 [K1] 셀에 행/열을 바꾸어 붙여 넣습니다.

4 [K:U] 열 범위를 지정한 후 열 너비를 자동 맞춤한 후 [K1:U6] 셀을 복사합니다. [구매요청결정서] 시트의 [A23] 셀에 [그림으로 붙여넣기]를 한 후 크기와 위치를 적당히 조절합니다.

6 기존 요청량에 일률적으로 10씩을 더합니다([선택하여 붙여넣기]의 더하기 연산 사용).

04 데이터 찾기 및 바꾸기

긴 데이터 목록이 있는 워크시트에서 특정 문자나 숫자가 포함된 셀을 찾아야 할 때 일일이 화면을 스크롤하면서 찾는 것은 비효율적입니다. 엑셀의 찾기 및 바꾸기 기능을 사용하면 원하는 범위 내에서 쉽게 데이터를 찾을 수 있고, 필요에 따라 간편하게 다른 데이터로 수정할 수 있습니다.

핵심기능실습 | **특정 데이터를 한번에 찾고 바꾸기**

▪ 실습 파일 Chapter03\Section04\가격표.xlsx ▪ 완성 파일 Chapter03\Section04\가격표완성.xlsx

스마트폰의 요금제별 가격표가 작성된 월별 시트에서 특정 문자와 숫자를 찾아보고 다른 데이터로 한꺼번에 바꾸기를 실행해보겠습니다.

01 데이터 한 셀씩 찾기

① [홈] 탭-[편집] 그룹-[찾기 및 선택]-
  [찾기] 선택

② [찾을 내용]에 **3400** 입력

③ **[옵션]** 클릭

④ **[전체 셀 내용 일치]** 체크 표시

⑤ **[다음 찾기]**를 클릭합니다.

[다음 찾기]를 계속 클릭하면 3400이 입력된 [I5], [I12] 셀이 번갈아가며 선택됩니다.

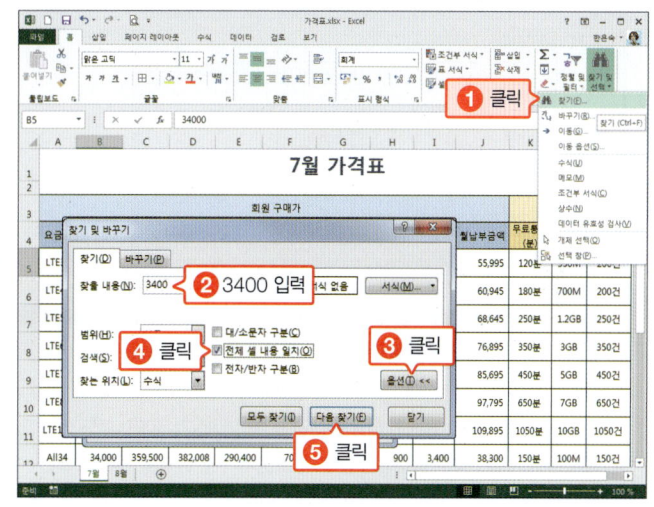

바로 통하는 TIP 단축키 Ctrl + F를 누르면 [찾기] 탭이 선택된 대화상자, Ctrl + H를 누르면 [바꾸기] 탭이 선택된 대화상자가 표시됩니다.

02 전체 시트에서 한꺼번에 찾기

① [범위] 목록에서 [통합 문서] 선택

② [모두 찾기] 클릭

③ 대화상자의 오른쪽 아래 테두리선을 아래로 드래그

④ 검색 결과 목록에서 [8월] 시트의 [I5] 셀 항목을 클릭하면 [8월] 시트의 [I5] 셀로 이동

⑤ [닫기]를 클릭합니다.

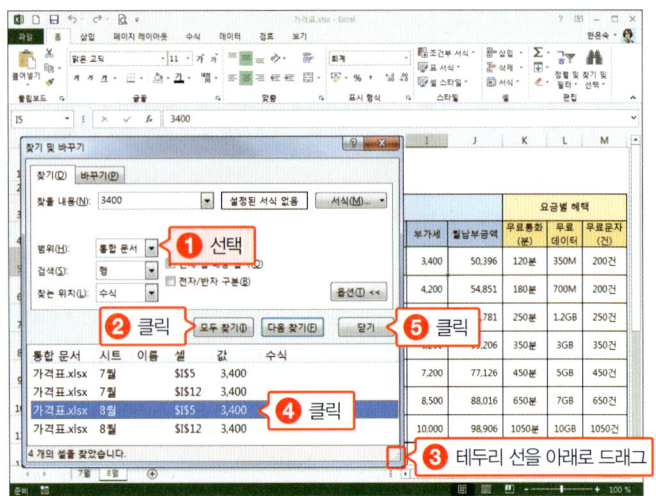

검색 결과 목록에서 현재 시트뿐 아니라 다른 시트의 검색 결과까지 모두 확인할 수 있습니다.

실무활용노트 EXCEL 　검색 옵션

[찾기 및 바꾸기] 대화상자의 [옵션]을 클릭했을 때 표시되는 검색 옵션은 다음과 같습니다.

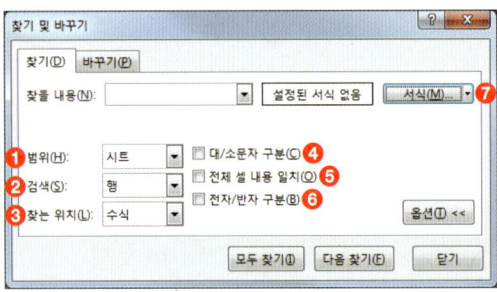

① **범위** : [시트]를 선택하면 현재 선택된 시트에서만 검색합니다. [통합 문서]를 선택하면 모든 시트에서 검색합니다.

② **검색** : [행]을 선택하면 왼쪽에서 오른쪽 방향으로, [열]을 선택하면 위에서 아래 방향으로 검색합니다.

③ **찾는 위치** : [수식]을 선택하면 수식 입력줄에 나타나는 수식을 기준으로 검색합니다. [값]을 선택하면 셀에 표시된 값을 기준으로 검색합니다. [메모]를 선택하면 메모를 삽입한 셀이 있는 경우에만 메모 상자에서 검색합니다.

④ **대/소문자 구분** : 영문 검색어인 경우 대/소문자 구분 여부를 선택합니다.

⑤ **전체 셀 내용 일치** : 찾는 검색어가 셀 내에 있는 경우에만 찾아주며 다른 문자와 섞여 있다면 검색되지 않습니다.

⑥ **전자/반자 구분** : 검색어에 전자(2byte 전각 문자) 또는 반자(1byte 반각 문자)의 구분이 있는 경우는 전자/반자 구분 여부를 선택합니다.

⑦ **서식** : [서식]을 선택하면 [서식 찾기] 대화상자에서 찾을 서식을 선택할 수 있습니다. [셀에서 서식 선택]을 선택하면 마우스 클릭만으로 워크시트 내에서 찾을 서식을 선택할 수 있습니다. [서식▼]-[서식 찾기 지우기]를 선택하면 서식을 지울 수 있습니다.

03 한꺼번에 데이터 바꾸기

① [홈] 탭-[편집] 그룹-[찾기 및 선택]-
   [바꾸기] 선택

② [찾을 내용]에 **All**, [바꿀 내용]에 **올인원**
   입력

③ [범위]는 **[통합문서]** 선택

④ **[전체 셀 내용 일치]**의 체크 표시 해제

⑤ **[모두 바꾸기]** 클릭

⑥ 바뀐 결과를 나타내는 메시지의 대화상
   자에서 **[확인]**을 클릭합니다.

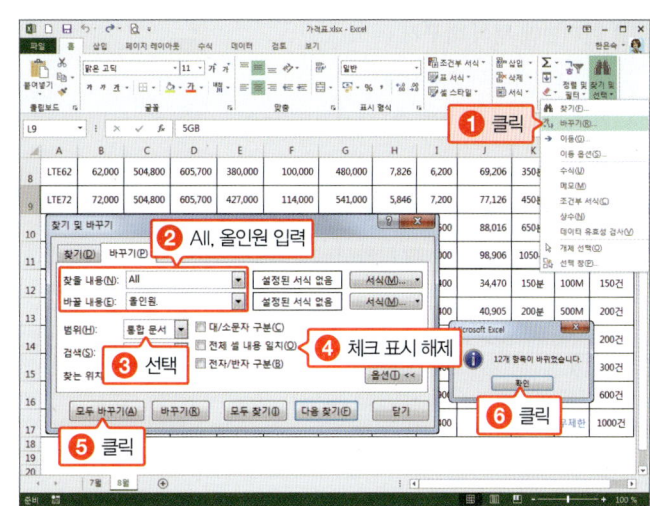

[7월], [8월] 시트에서 12개 항목의 데이터가 모두 바
뀌었다는 메시지가 표시됩니다.

바로 통하는 TIP   **검색어 입력 규칙**

찾을 내용으로 검색어를 입력할 때 별표(*)나 물음표(?) 같은 와일드카드 문자(대표 문자)를 사용할 수 있습니다.

- 별표(*) : 모든 문자를 대표하는 문자입니다. 예를 들어 검색어로 s*d를 입력하면 'sad' 및 'started'를 찾을 수 있습니다.
- 물음표(?) : 한 글자를 대표하는 문자입니다. 예를 들어 L열에서 한 자릿수 GB를 찾으려면 '?GB'를 입력합니다.
- 별표(*), 물음표(?)의 문자 자체를 찾으려면 앞에 물결표(~)를 붙입니다. 예를 들어 '?' 문자를 포함하는 데이터를 찾으려면 '~?'를 검색 조건으로 입력
  합니다.
- 와일드카드 문자(대표 문자)로 검색할 때는 [전체 셀 내용 일치]에 체크 표시하여 옵션을 선택합니다.

04 특정 범위에서만 데이터 바꾸기

① **[K5:K17]** 셀 드래그

② [찾을 내용]에 **분** 입력

③ [바꿀 내용]에는 **기존에 입력된 글자를 삭
   제하고 빈칸으로 수정**

④ [범위]에서 **[시트]** 선택

⑤ **[모두 바꾸기]**를 클릭합니다.

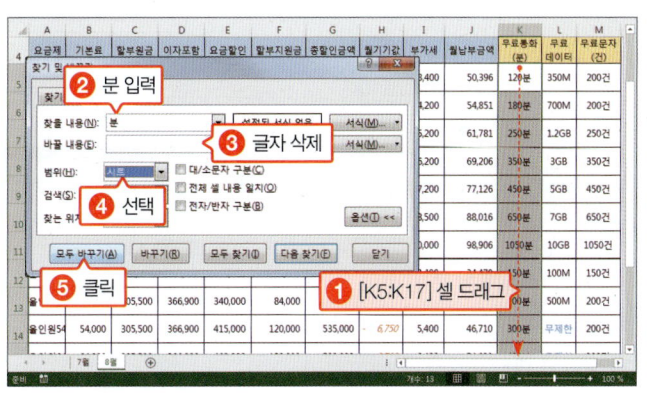

지정된 범위에서 '분'이라는 글자를 삭제하기 위한 내
용입니다.

05 바뀐 결과를 나타내는 메시지의 대화
상자에서 **[확인]**을 클릭합니다.

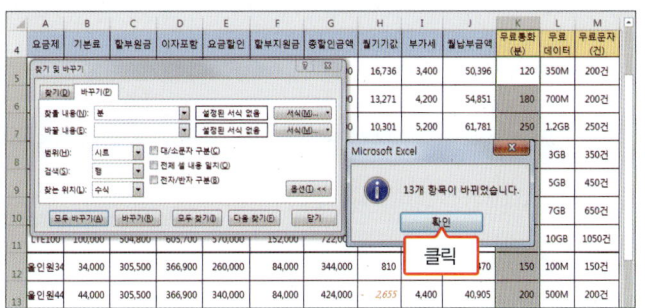

06 한꺼번에 서식 바꾸기

① [찾을 내용]에서 **글자 삭제**

② [찾을 내용]의 오른쪽에서 [서식]−[셀에서 서식 선택] 선택

③ 마우스 포인터가 서식 선택 모양 🔧✐으로 바뀌면 **[L14]** 셀을 클릭합니다.

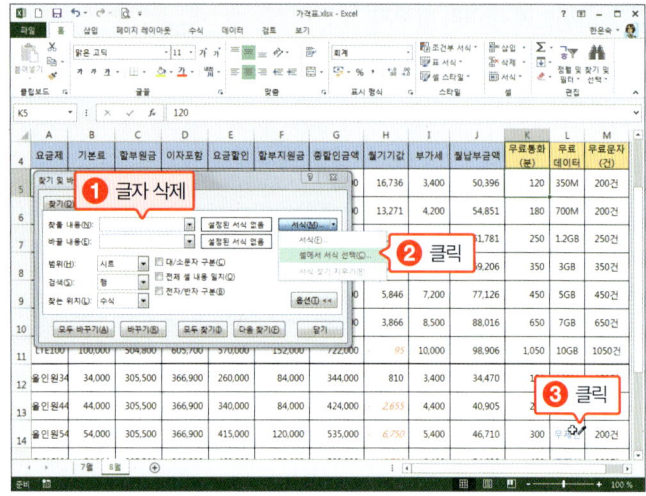

07

① [바꿀 내용]에서 **글자 삭제**

② [바꿀 내용]의 오른쪽에서 [서식]−[셀에서 서식 선택] 선택

③ **[H14]** 셀을 클릭합니다.

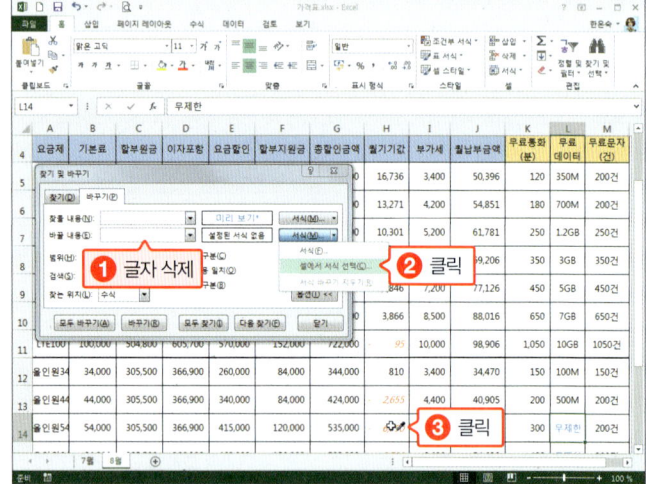

08

① [범위]에서 **[통합 문서]** 선택

② **[모두 바꾸기]** 클릭

③ 메시지 대화상자에서 **[확인]** 클릭

④ [찾기 및 바꾸기] 대화상자의 **[닫기]**를 클릭합니다.

[H14] 셀의 서식이 셀에 적용됩니다.

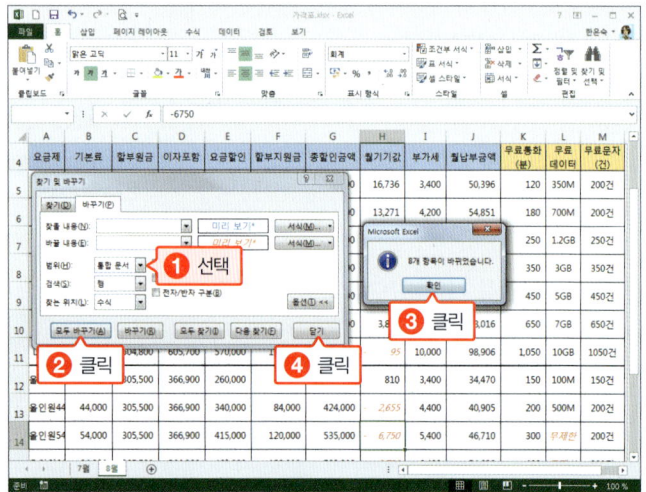

여러 워크시트가 포함된 엑셀 문서를 다루다 보면 각 시트의 데이터 내용에 맞게 시트 이름을 변경하거나 필요 없
는 시트를 삭제하고, 시트의 순서를 바꾸거나 시트를 통째로 복사해야 하는 경우가 있습니다. 워크시트 관리에서
필요한 주요 기능을 살펴보겠습니다.

핵심기능실습 | **여러 파일의 시트를 복사하여 새 문서 만들기**

▪ **실습 파일** Chapter03\Section05\구매요청결정서완성.xlsx, 물품주문서완성.xlsx   ▪ **완성 파일** Chapter03\Section05\구매요청및주문서.xlsx

앞에서 작성했던 '구매요청결정서'와 '물품주문서' 파일의 시트를 새 통합 문서로 복사한 후 시트 이름을 바꾸고 시
트 탭에 색을 지정해보겠습니다. 또한 복사한 각각의 시트를 시트 그룹으로 묶은 후 '구매요청및주문서' 파일로 저
장해보겠습니다.

01 두 개의 파일 열기 및 새 문서 만들기
엑셀을 실행합니다.

① Ctrl + F12 눌러 [열기] 대화상자 표시

② 예제 폴더에서 **구매요청결정서완성.xlsx**
   파일 선택

③ 두 번째 파일인 **물품주문서완성.xlsx**를
   Ctrl +클릭하여 선택

④ **[열기]** 클릭

⑤ 빠른 실행 도구 모음의 **[새로 만들기]**를
   클릭합니다.

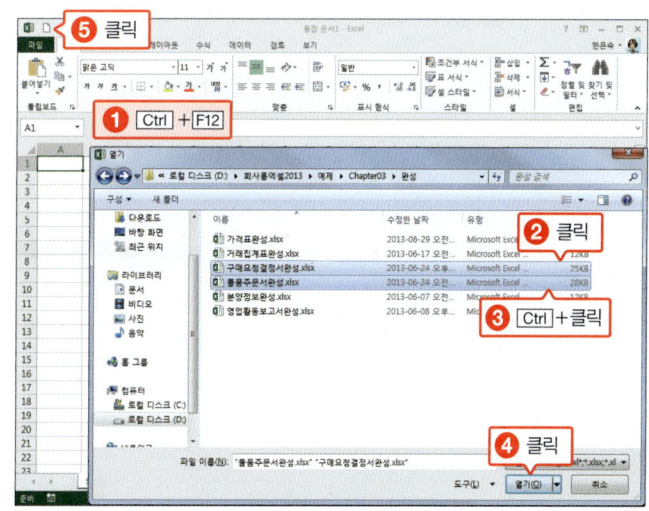

바로 통하는 TIP 빠른 실행 도구 모음에 새로 만들기 명령이 없는 경우에는 [빠른 실행 도구 모음 사용자 지정]을 클릭한 후 목록에서 추가할 수 있
습니다. 새로 만들기 명령은 단축키 Ctrl + N 을 누르거나 [파일] 탭-[새로 만들기]를 클릭하여 실행할 수 있습니다.

02 모든 문서 창 표시하기

① [보기] 탭-[창] 그룹-[모두 정렬] 클릭
② [창 정렬] 대화상자에서 [바둑판식] 선택
③ [확인]을 클릭합니다.

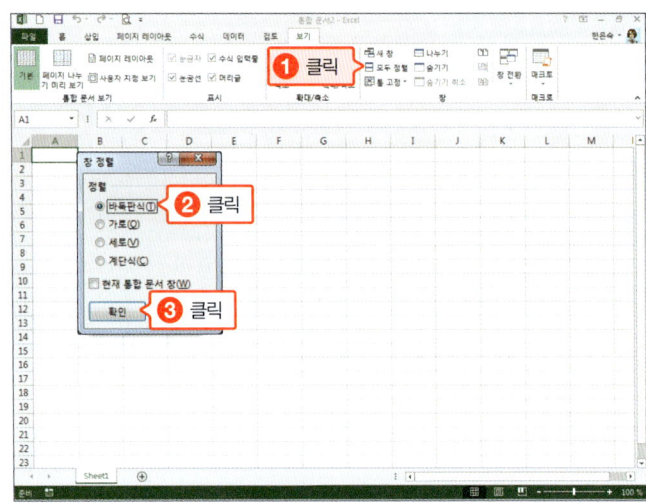

03 마우스로 시트 복사하기

① 물품주문서완성 파일의 [주문서] 시트 클릭
② Ctrl 을 누른 상태에서 통합문서2 파일
  의 [Sheet1] 시트 앞으로 드래그합니다.

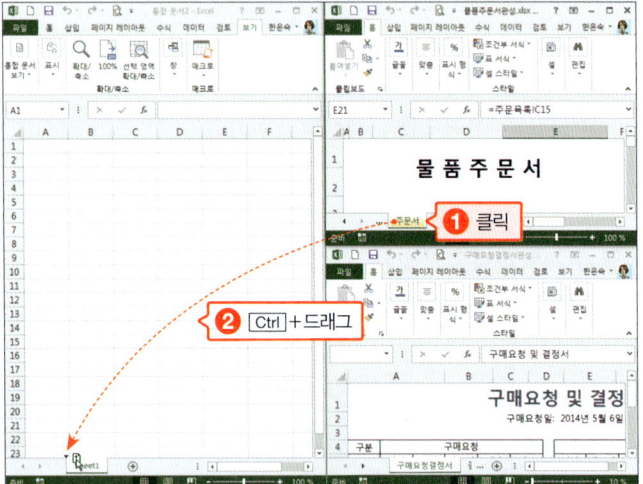

04 대화상자에서 시트 복사하기

① 구매요청결정서완성 파일의 [구매요청결
  정서] 시트에서 마우스 오른쪽 버튼 클릭
② [이동/복사]를 선택합니다.

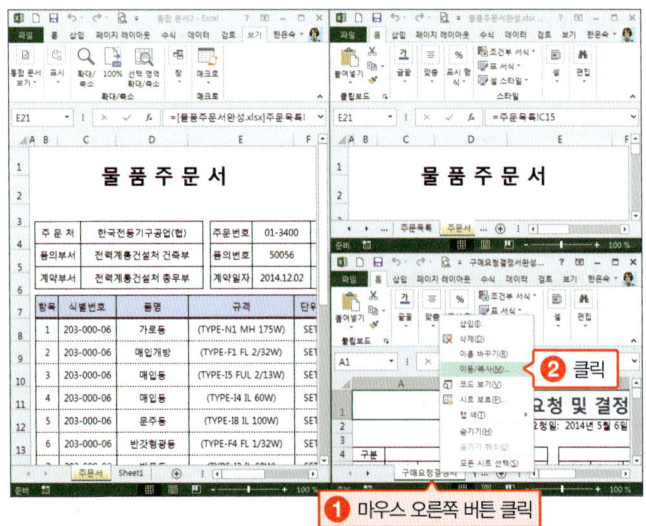

05

① [이동/복사] 대화상자의 [대상 통합 문서] 목록에서 **[통합 문서2]** 선택

② 시트 목록에서 [Sheet1] 선택

③ **[복사본 만들기]**에 체크 표시

④ **[확인]** 클릭

⑤ [통합 문서2] 파일 창의 **[최대화]** 버튼을 클릭합니다.

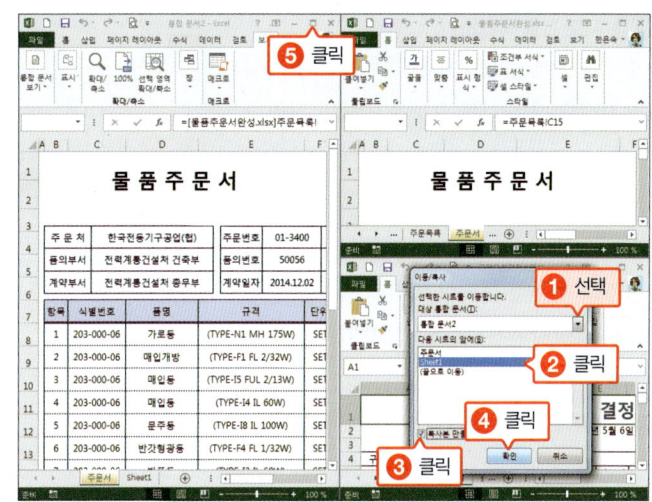

06 새 시트 삽입/삭제 및 시트 이름 바꾸기

① 새 시트를 추가하기 위해 ⊕ 버튼 클릭

② 새로 삽입된 시트를 더블클릭하고 **주문서양식** 입력 후 [Enter]

③ **[Sheet1] 시트**에서 마우스 오른쪽 버튼 클릭

④ **[삭제]**를 선택합니다.

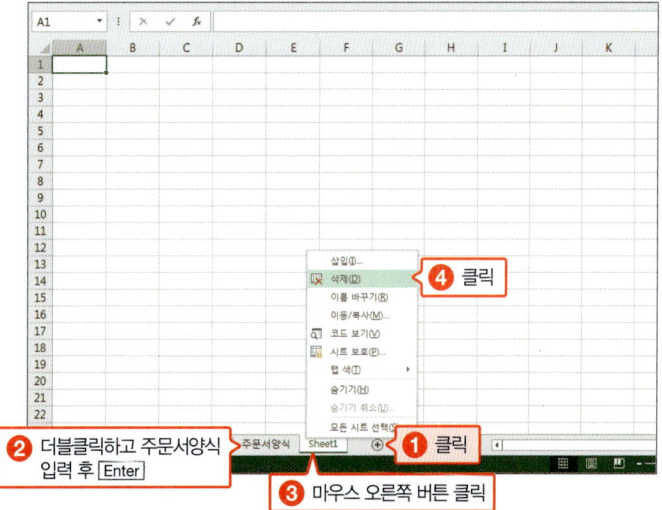

07 탭 색 지정 및 시트 이동하기

① **[주문서양식] 시트** 마우스 오른쪽 버튼 클릭

② **[탭 색]** 선택

③ **[노랑]** 선택

④ **[주문서양식] 시트**를 [주문서] 시트 오른쪽으로 드래그하여 옮겨놓습니다.

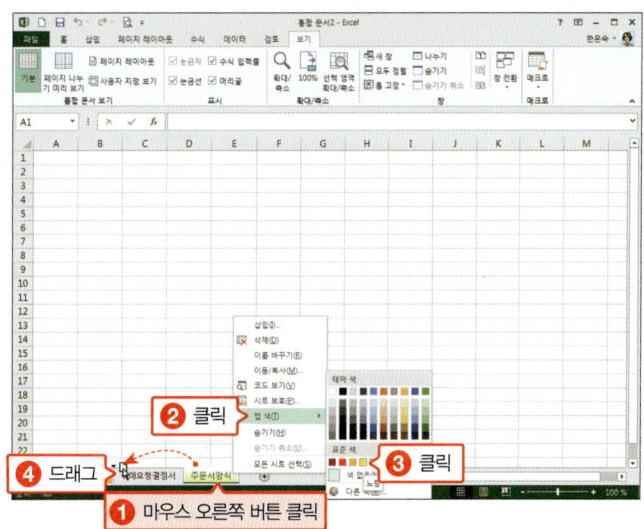

08 시트 그룹 작업하기

여러 시트에 동일한 내용이나 동일한 서식을 지정할 때는 시트 그룹을 만들면 편리합니다.

① [주문서] 시트 클릭

② [주문서양식] 시트 Ctrl +클릭

③ 시트 전체를 선택하기 위해 ◢ 클릭

④ [홈] 탭-[편집] 그룹-[채우기]-[시트 그룹] 선택

⑤ [시트 그룹 채우기] 대화상자에서 [서식] 선택

⑥ [확인]을 클릭합니다.

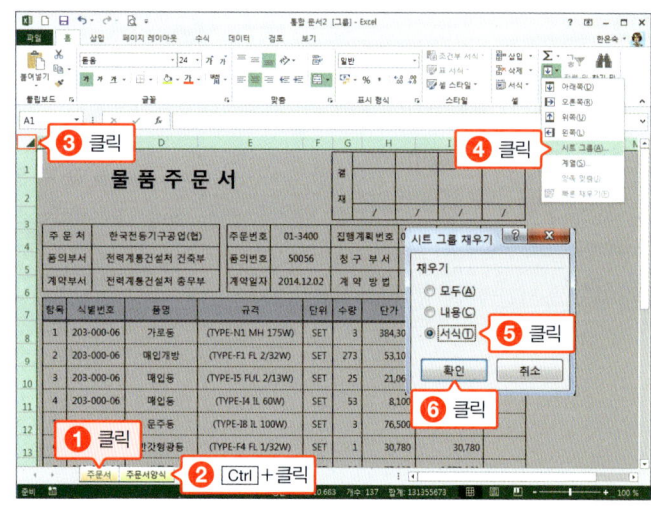

바로 통하는 TIP 여러 시트를 선택한 후 범위를 지정하고 [시트 그룹 채우기]를 하면 첫 번째 시트의 내용이나 서식이 그대로 뒤쪽 시트에 채워집니다. 또한 데이터 입력, 서식 지정 등을 작업할 경우 선택된 모든 시트에 동일한 작업이 실행됩니다.

09

① [B7:J7] 셀 드래그

② [홈] 탭-[글꼴] 그룹-[채우기 색]-[황금색, 강조4, 60% 더 밝게]를 선택합니다.

[주문서] 시트와 [주문서양식] 시트를 시트 그룹으로 저장해놓았기 때문에 두 시트 모두 동일한 서식이 적용됩니다.

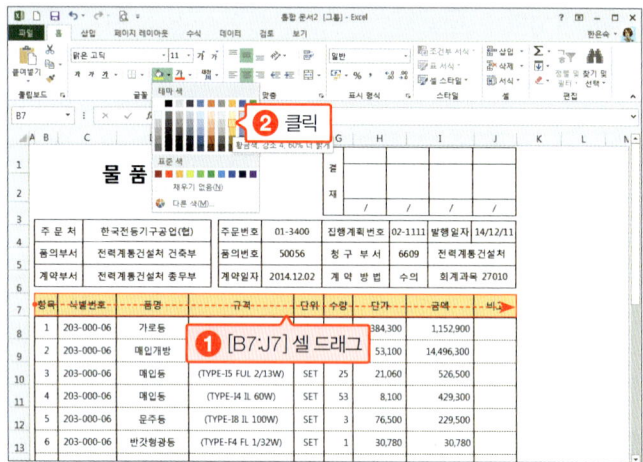

10 시트 그룹 해제하기

앞서 지정한 [주문서] 시트와 [주문서양식] 시트의 시트 그룹을 해제해보겠습니다.

① [B7] 셀 클릭. 지정된 범위를 해제합니다.

② 시트 그룹을 해제하기 위해 선택되어 있지 않은 [구매요청결정서] 시트를 클릭합니다.

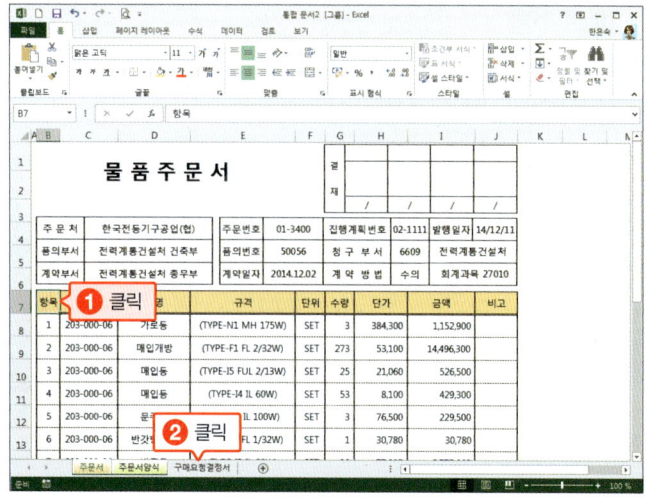

여러 시트를 선택했다가 해제할 때는 선택되어 있지 않은 다른 시트를 클릭하거나 선택되어 있는 시트에서 마우스 오른쪽 버튼을 클릭한 후 [시트 그룹 해제]를 선택합니다.

11 시트 숨기기

시트 숨기기는 말 그대로 잠시 화면에서 보이지 않도록 숨겨놓는 것으로, 삭제와는 다릅니다. [주문서양식] 시트를 숨겨보겠습니다.

① [주문서양식] 시트에서 마우스 오른쪽 버튼 클릭

② [숨기기]를 선택합니다.

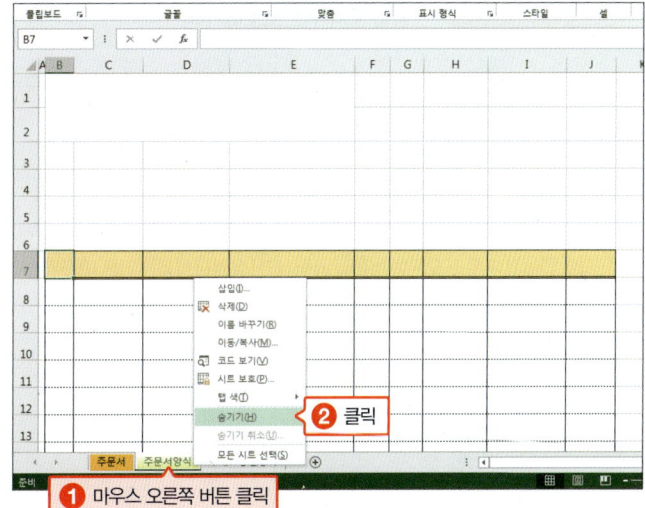

숨겼던 시트를 다시 표시하려면 아무 시트에서나 마우스 오른쪽 버튼을 클릭한 후 [숨기기 취소]를 선택합니다. [숨기기 취소] 대화상자의 숨겨진 시트 목록에서 표시할 시트명을 선택한 후 [확인]을 클릭합니다.

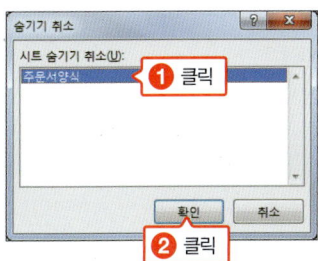

12 파일 저장하기

① 빠른 실행 도구 모음에서 [저장 🖫] 클릭
② [파일 이름]에 **구매요청및주문서** 입력
③ [저장]을 클릭합니다.

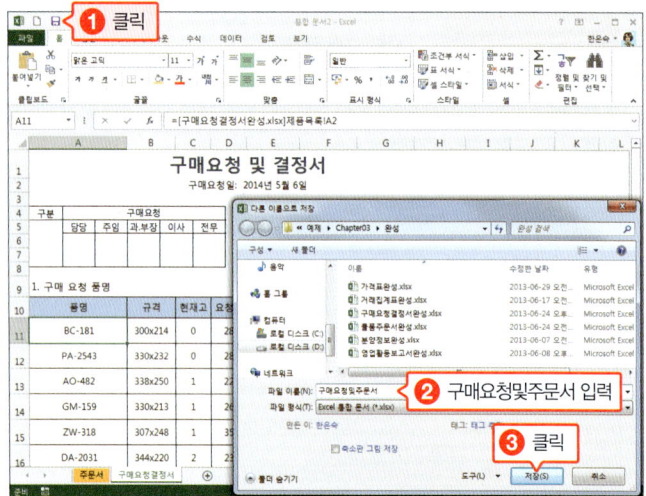

실무활용노트 **통합 문서 구조 보호하기**

시트 이름 바꾸기, 이동, 복사, 삽입, 삭제, 숨기기 등의 시트 작업은 엑셀 작업의 실행 취소 목록에 등록되지 않기 때문에 빠른 실행 도구 모음의 [실행 취소 ↩]나 단축키 Ctrl + Z로 실행을 취소할 수 없습니다. 그러므로 다른 사용자가 시트 이동, 복사, 삽입, 삭제, 이름 바꾸기를 할 수 없도록 통합 문서 구조를 보호해보겠습니다.

① [검토] 탭-[변경 내용] 그룹-[통합 문서 보호] 선택
② [구조 및 창 보호] 대화상자의 [구조]에 체크 표시가 되어 있다면 [확인] 클릭(암호 지정은 옵션 사항이므로 지정하지 않아도 됨)
③ 시트 탭에서 마우스 오른쪽 버튼을 클릭하면 [삽입], [삭제], [이름 바꾸기], [이동/복사] 등의 시트 관련 메뉴가 모두 비활성화되어 사용할 수 없습니다.

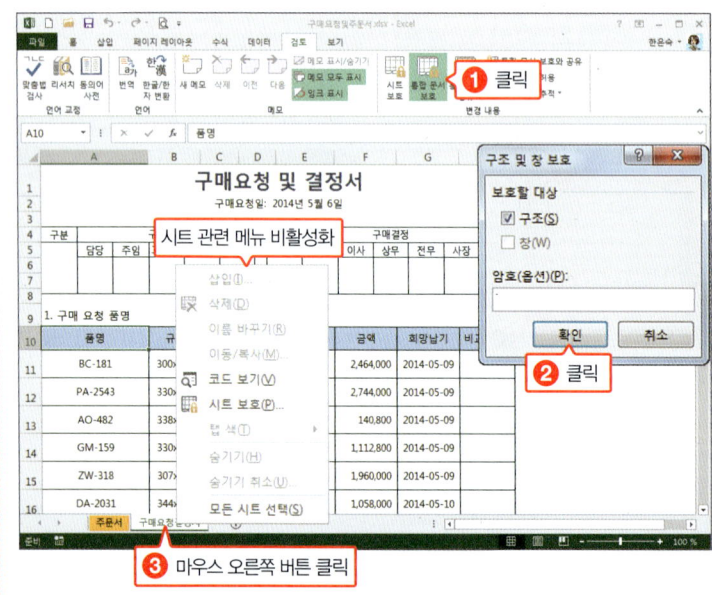

CHAPTER

04

영리한 엑셀!
수식을 사용하다

수식을 작성해 자동으로 계산할 수 있다는 점은 엑셀의 가장 큰 장점 중 하나로, 숫자를 많이 다루는 문서 작업에 매우 탁월 합니다. 이번 장에서는 연산자를 활용한 간단한 수식 작성 및 자동 합계 도구에서 제공하는 기본 함수의 활용 방법에 대해서 살펴보겠습니다. 또한 수식 작성과 함수 작성을 위해 꼭 알아두 어야 할 엑셀의 셀 참조 방식과 엑셀 2013부터 새로 추가된 빠 른 분석 도구를 활용한 계산 방법도 알아보겠습니다.

01 엑셀 수식 이해하기

엑셀의 모든 셀은 수식을 입력했을 때 바로 계산 결과가 표시됩니다. 엑셀에서 수식으로 사용할 수 있는 연산자와 피연산자, 연산 순서 등에 대해서 알아보겠습니다.

엑셀 수식의 구성 요소

수식은 등호(=)로 시작하여 숫자 또는 셀 주소 등의 피연산자와 연산자로 이루어진 계산식입니다. 등호로 시작하는 대신 피연산자 앞에 양수(+) 또는 음수(−) 부호를 입력하여 작성할 수 있습니다. 셀에는 수식 결과가 표시되며 입력한 수식은 수식 입력줄에서 확인하고 수정할 수 있습니다.

=	피연산자	연산자	피연산자
❶	❷	❸	❷

① **등호(=)** : 수식의 시작을 선언

② **피연산자** : 연산할 대상으로 숫자, 셀 참조, 문자, 수식, 함수식 사용

③ **연산자** : 연산할 방식으로 산술 연산자, 참조 연산자, 비교 연산자, 문자 연산자 사용

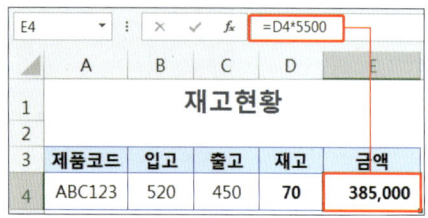

▲ =D4*5500을 입력한 결과

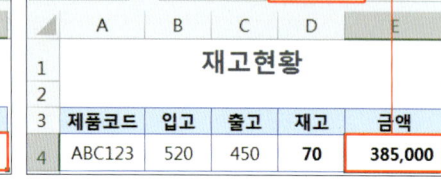

▲ 등호 입력 없이 +D4*5500을 입력한 결과

118 • PART 01 엑셀 기본 문서 작성

셀 주소를 참조하여 수식 작성

수식 작성 시 등호, 연산자, 숫자, 괄호 등은 직접 입력해야 하지만 계산할 데이터가 입력된 셀이 있다면 셀 주소는 참조하는 것이 좋습니다. 셀 주소를 참조하여 수식을 작성해놓으면 해당 셀의 값이 변경되었을 때 수식이 재계산되어 결과 값도 자동으로 변경됩니다. 셀 주소는 직접 입력해도 되지만 등호나 연산자를 입력하고 참조할 셀을 마우스로 클릭하여 입력하는 것이 편합니다.

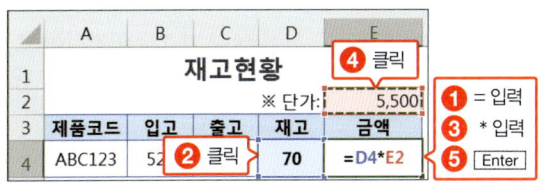

▲ 단가가 입력된 셀 주소 참조　　　　　▲ 단가의 셀 값을 수정하면 금액을 자동으로 재계산

연산자의 유형과 계산 순서

엑셀 수식에 사용되는 연산자 유형 및 여러 개의 연산자가 혼합 사용되는 경우 계산 순서는 다음과 같습니다. 같은 우선순위 연산자일 경우는 왼쪽에서 오른쪽 순서로 계산되며 괄호로 묶어놓은 수식은 연산자 우선순위에 상관없이 먼저 계산됩니다.

종류	의미	연산자	기능	순서
산술 연산자	숫자 계산을 위한 연산자	% (백분율)	백분율	1
		^ (캐럿)	제곱	2
		* (별표)	곱하기	3
		/ (슬래시)	나누기	4
		+ (더하기)	더하기	5
		− (빼기)	빼기	6
문자 연산자	문자열 연결을 위한 연산자	&(앰퍼샌드)	문자열 연결	7
비교 연산자	주로 논리 값을 확인하기 위한 조건식이 사용되는 함수식에서 사용	= (등호)	같다	8
		> (보다 큼)	보다 크다	
		< (보다 작음)	보다 작다	
		>= (크거나 같음)	크거나 같다	
		<= (작거나 같음)	작거나 같다	
		<> (같지 않음)	같지 않다	

문자열 연결하고 전월대비율, 달성률 구하기

2007 | 2010 | 2013

• 실습 파일 Chapter04\Section01\생산계획실적표.xlsx   • 완성 파일 Chapter04\Section01\생산계획실적표완성.xlsx

생산계획 실적표는 3개월간 제품별 생산계획량과 그 실적량을 작성하여 전월대비율을 구하고 계획량과 실적량의 합계로 달성률을 구하여 보고할 수 있는 양식입니다. 제품명은 라인과 코드를 하이픈(−) 기호로 연결하여 표시하고 계획수량과 실적수량은 전전월, 전월, 당월의 수량 합계를 구합니다. 전월대비율과 달성률은 다음 공식을 적용하여 수식을 작성해보겠습니다.

* 전월대비율(%) : (당월실적−전월실적)/(당월실적+전월실적)×100

* 3개월간 제품별 생산 달성률(%) : 실적수량/계획수량×100

* 예제에 사용된 전월대비율은 전월대비 구성비의 증감율(전월과 당월 실적합계 대비 생산량 구성 차이)입니다. 일반적인 전월대비 증감율을 구하려면 '(당월실적−전월실적)/전월실적*100' 또는 '(당월실적/전월실적−1)*100'의 공식을 사용하면 됩니다.

생산계획 실적표

결재	담당	팀장	부장	대표

작성일자: 2014-07-01

라인	코드	품명	전전월		전월		당월		전월대비 (%)	비고
			계획	실적	계획	실적	계획	실적		
A	3E001	A-3E001	1,400	1,200	1,300	1,500	2,100	2,000	14.29	
A	3E002	A-3E002	3,000	1,500	2,500	1,900	2,200	2,200	7.32	
A	8U001	A-8U001	1,500	1,600	1,700	1,900	1,500	2,000	2.56	
A	8U002	A-8U002	2,400	3,100	1,900	1,900	2,400	2,300	9.52	
B	7S001	B-7S001	3,400	2,900	1,900	2,000	1,900	2,000	0.00	
B	7S002	B-7S002	1,600	1,500	1,600	1,900	1,200	1,600	-8.57	
D	4W001	D-4W001	3,100	2,000	1,200	2,300	2,800	2,300	0.00	

3개월간 제품별 생산 달성률				
품명	계획수량	실적수량	달성률	향후계획
A-3E001	4,800	4,700	98%	
A-3E002	7,700	5,600	73%	신규 장비 구입
A-8U001	4,700	5,500	117%	
A-8U002	6,700	7,300	109%	
B-7S001	7,200	6,900	96%	작업인원 증원
B-7S002	4,400	5,000	114%	
D-4W001	7,100	6,600	93%	

❶ 문자열 연결하기

❷ 전월대비율 수식 입력

❸ 품명 셀 연결

❹ 3개월간 계획수량, 실적수량 합계 수식 입력

❺ 달성률 수식 입력 및 백분율 스타일 지정

01 문자열 연결하기

'라인-코드'의 형태로 품명을 입력해보겠습니다.

① [C7] 셀에 **등호(=)** 입력

② **[A7]** 셀 클릭

③ **앰퍼샌드(&)** 입력

④ **"–"** 입력

⑤ 다시 **앰퍼샌드(&)** 입력

⑥ **[B7]** 셀 클릭

⑦ Enter 를 누릅니다.

바로 통하는TIP 수식에서 피연산자로 문자를 직접 입력하는 경우에는 문자열 앞뒤에 큰따옴표("")를 입력해야 합니다.

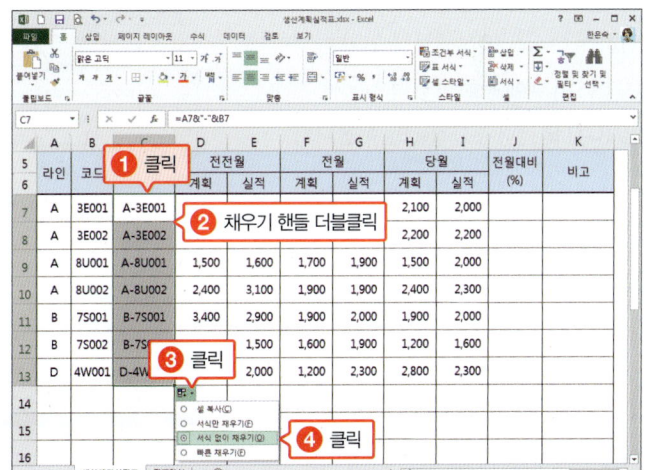

02 서식 없이 수식 자동 채우기

A열과 B열의 문자열이 합쳐져 완성된 품명을 [C13] 셀까지 채워보겠습니다.

① [C7] 셀 클릭

② **채우기 핸들** 더블클릭

③ 위쪽 굵은 테두리 선까지 복사된 것을 해제하기 위해 **[자동 채우기 옵션]** 클릭

④ **[서식 없이 채우기]**를 선택합니다.

03 전월대비율 구하기

셀에 수식을 직접 입력해 전월대비율을 구해보겠습니다.

① [J7] 셀에 **=(I7-G7)/(I7+G7)*100** 입력 후 Enter

② **[J7]** 셀 클릭

③ 수식을 복사하기 위해 **채우기 핸들** 더블클릭

④ **[자동 채우기 옵션]** 클릭

⑤ **[서식 없이 채우기]**를 선택합니다.

바로 통하는TIP 수식을 작성할 때는 셀 주소를 직접 입력하거나 셀을 클릭해 자동 입력합니다.

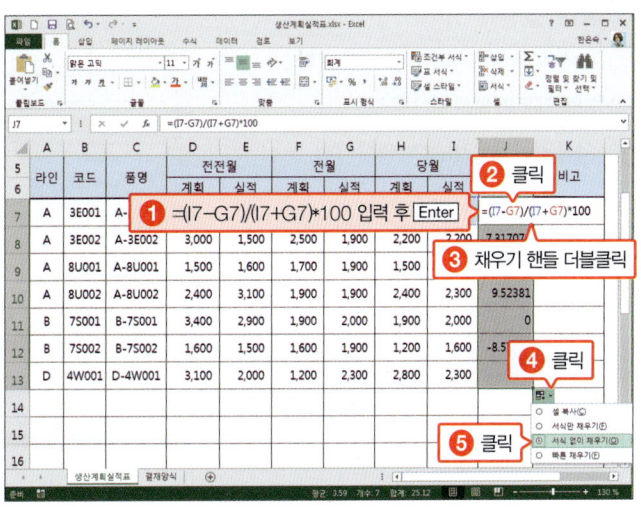

04 음수 서식 및 자릿수 조정하기

전월대비율을 소수 둘째 자리까지 표시하고 음수인 경우에는 빨간색으로 표시해보겠습니다.

① [홈] 탭-[표시 형식] 그룹의 **[대화상자 표시]** 클릭
② [범주] 목록에서 **[숫자]** 선택
③ [소수 자릿수]에 **2** 입력
④ [음수] 목록에서 빨강 **[-1234.10]** 선택
⑤ **[확인]**을 클릭합니다.

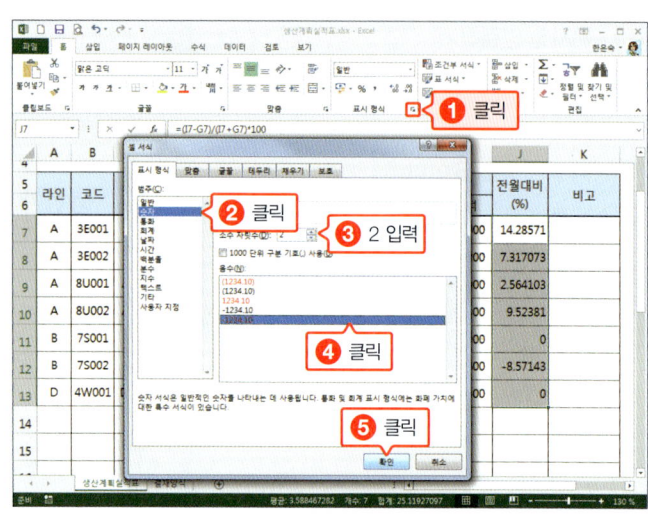

05 수식으로 품명 셀 연결하기

이번에는 C열의 품명을 그대로 가져다 입력하는 수식을 작성해보겠습니다.

① [A19] 셀에 **등호(=)** 입력
② **[C7]** 셀 클릭 후 Enter 를 누릅니다.

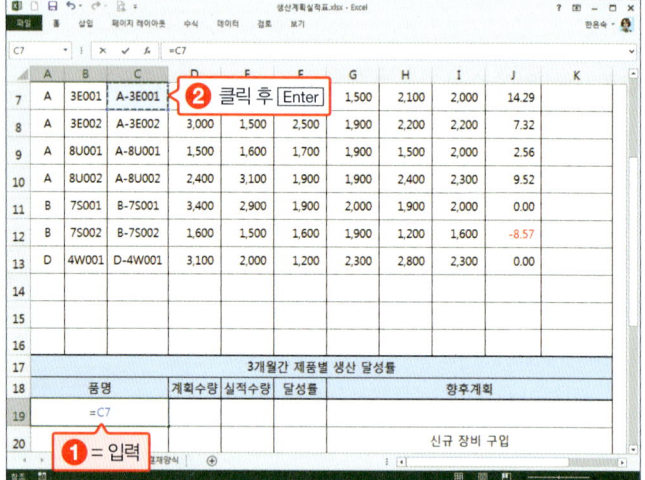

06

① [A19] 셀 클릭
② 채우기 핸들을 **[A25]** 셀까지 드래그
③ **[자동 채우기 옵션]** 클릭
④ **[서식 없이 채우기]**를 선택합니다.

[A25] 셀까지 품명이 입력됩니다.

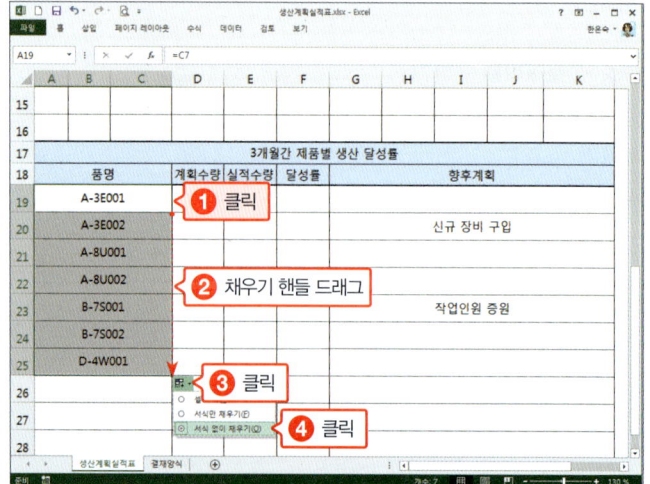

07 3개월간 계획수량 합계 구하기

① [D19] 셀에 **등호(=)** 입력

② **[D7]** 셀 클릭

③ **더하기(+)** 입력

④ **[F7]** 셀 클릭

⑤ **더하기(+)** 입력

⑥ **[H7]** 셀 클릭 후 [Enter]를 누릅니다.

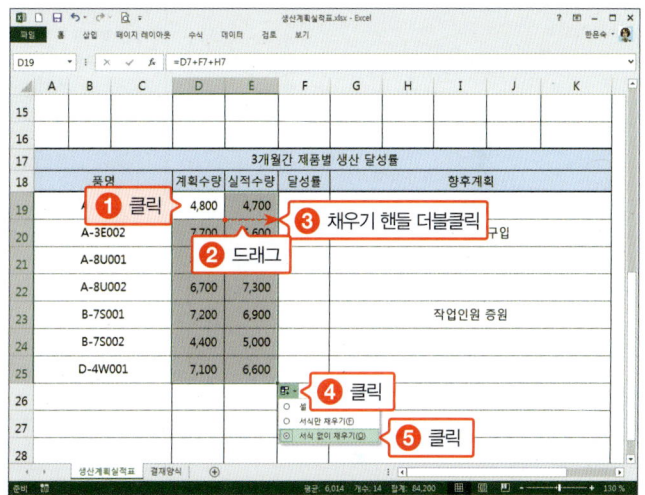

08 3개월간 실적수량 합계 구하기

① 수식을 복사하기 위해 **[D19]** 셀 클릭

② **채우기 핸들**을 오른쪽으로 한 칸 드래그

③ **채우기 핸들** 더블클릭

④ **[자동 채우기 옵션 ▦]** 클릭

⑤ **[서식 없이 채우기]**를 선택합니다.

[E19] 셀에는 '=E7+G7+H7'의 수식이 입력됩니다.

바로 통하는 TIP 셀 주소가 피연산자로 참조된 수식을
다른 셀로 이동하거나 복사하면 셀 위치에 따라 셀 주소
가 상대적으로 변경됩니다. 오른쪽으로 복사하면 열 이름
이 바뀌고, 아래쪽으로 복사하면 행 번호가 자동으로 바뀝
니다.

09 달성률 구하고 백분율 스타일 지정하기

셀에 수식을 직접 입력해 달성률을 구해보
겠습니다.

① [F19] 셀에 **=E19/D19** 입력 후 [Enter]

② 수식을 복사하기 위해 **[F19]** 셀 클릭

③ **채우기 핸들** 더블클릭

④ **[자동 채우기 옵션 ▦]** 클릭

⑤ **[서식 없이 채우기]** 선택

⑥ **[홈]** 탭-**[표시 형식]** 그룹에서 **[백분율 스
타일 ％]**을 클릭합니다.

바로 통하는 TIP [백분율 스타일]을 클릭하면 자동으
로 값에 100을 곱한 후 % 기호를 붙여서 표시해주므로
수식에서 따로 100을 곱하지 않아도 됩니다.

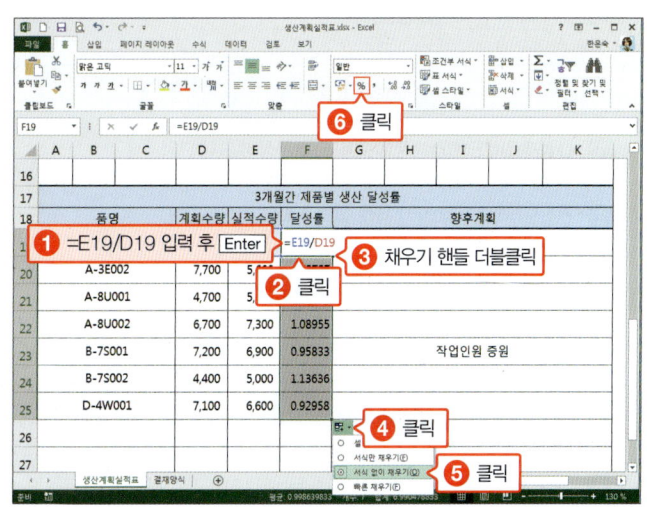

• 실습 파일 Chapter04\Section01\공사원가계산서.xlsx • 완성 파일 Chapter04\Section01\공사원가계산서완성.xlsx

다음은 공사에 들어간 재료비, 노무비, 경비 등을 입력하여 공사원가를 산출하는 공사원가계산서 양식입니다. 계산 결과가 입력될 빈 셀에 다음의 지시 사항에 따라 수식을 작성하여 문서를 완성합니다. 수식은 셀 주소를 피연산자로 사용하여 작성합니다.

공 사 원 가 계 산 서

공 사 명 :	준인테리어디자인 건축공사
공 사 기 간 :	2014.01.03 ~ 2014.10.30
공 사 금 액 :	일금 사억구천이백구십삼만이천삼백오십이 원정 (VAT 포함)

항 목		금 액	구성비		비 고
재료비	직 접 재 료 비	150,000,000			
	간 접 재 료 비	7,500,000	직접재료비의	5%	
	기 타 재 료 비				
	소 계	157,500,000			
순공사원가 노무비	직 접 노 무 비	150,000,000			
	간 접 노 무 비	21,000,000	직접노무비의	14%	
	소 계	171,000,000			
경비	전 력 비				
	운 반 비				
	기 계 경 비	25,000,000			
	특허권사용료				
	시 험 검 사 비				
	가 설 비				
	지 급 임 자 료				
	보 험 료	5,130,000	노무비의	3%	산재보험료
	산업안전보건관리비	8,535,000	재료비+직접노무비의	1.8%	구성비 결과+300만원
	환 경 보 전 비	3,325,000	재료비+직접노무비+기계경비의	1%	
	기 타 경 비	6,570,000	재료비+노무비의	2%	수도광열,여비교통비외
	소 계	48,560,000			
일 반 관 리 비		22,623,600	재료비+노무비+경비의	6 %	
이 윤		48,436,720	노무비+경비+일반관리비의	20 %	
총원가 (공급가액 합계)		448,120,320	재료비+노무비+경비+일반관리비+이윤		
부 가 가 치 세		44,812,032	총원가의	10 %	
합 계 금 액		492,932,352	총원가+부가가치세		

▲ 실습 파일   ▲ 완성 파일

1 간접재료비(E10) = 직접재료비(E9)*구성비(G10)

2 간접노무비(E14)에는 [E10] 셀의 수식을 복사합니다.

3 보험료(E23) = 노무비(E15)*구성비(G23)

4 산업안전보건관리비(E24) = [재료비(E12)+직접노무비(E13)]*구성비(G24)+3,000,000

5 환경보전비(E25) = [재료비(E12)+직접노무비(E13)+기계경비(E18)]*구성비(G25)

6 기타경비(E26) = [재료비(E12)+노무비(E15)]*구성비(G26)

일반관리비, 이윤, 부가가치세의 구성비 셀들을 보면 % 없이 숫자만 입력되어 있으므로 수식 작성 시 구성비 셀 주소 옆에 % 기호를 직접 입력하여 백분율로 계산합니다.

7 일반관리비(E28) = [재료비(E12)+노무비(E15)+경비(E27)]*구성비(G28)%

8 이윤(E29) = [노무비(E15)+경비(E27)+일반관리비(E28)]*구성비(G29)%

9 총원가(E30) = 재료비(E12)+노무비(E15)+경비(E27)+일반관리비(E28)+이윤(E29)

10 부가가치세(E31) = 총원가(E30)*구성비(G31)%

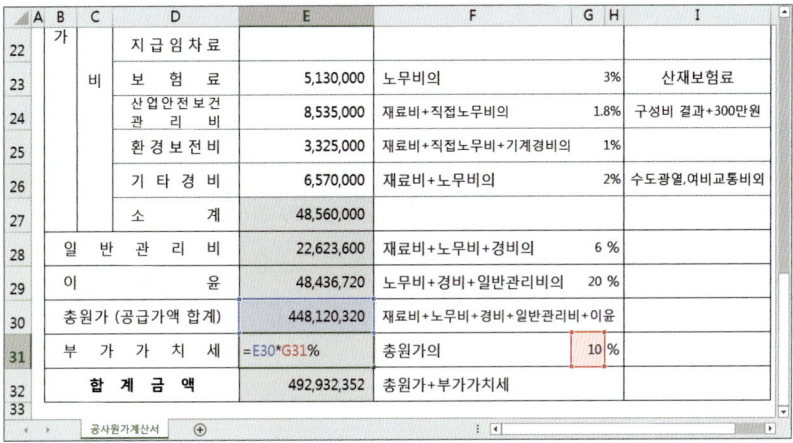

11 합계금액(E32) = 총원가(E30)+부가가치세(E31)

12 공사금액(E6) = 합계금액(E32)

공사금액(E6) 셀에는 숫자를 한글로 표시하는 서식이 지정되어 있습니다.

02 셀 참조 이해하기

수식에서 피연산자로 셀 주소를 사용하는 것을 셀 참조라고 합니다. 셀 참조 유형에는 상대 참조, 절대 참조, 혼합 참조가 있습니다. 셀 참조 유형에 따라 수식을 복사했을 때 셀 주소의 열 이름, 행 번호가 바뀌기도 하고 고정되기도 합니다. 이제까지 사용했던 셀 참조 유형은 상대 참조였습니다. 상대 참조 외에 절대 참조, 혼합 참조를 사용해야 하는 경우에 대해서 살펴보겠습니다.

셀 참조의 유형

• 사용 예 참고 파일　Chapter04\Section02\참조유형.xlsx

유형	형태	설명	사용 예
상대 참조	A1	수식을 오른쪽으로 이동/복사하면 열 이름이, 아래쪽으로 이동/복사하면 행 번호가 변경됨. 주로 피연산 셀의 개수와 방향이 같을 때 사용	[C2] 셀의 수식을 아래로 복사함 A열: 거래 금액 / B열: 적립율 / C열: 적립금 / D열: 적립금 수식 2행: 150,000 / 5% / 7,500 / =A2*B2 3행: 380,000 / 7% / 26,600 / =A3*B3
절대 참조	$A$1	행/열 모두에 $ 기호가 붙은 형태로 수식을 어느 방향으로 이동/복사해도 셀 주소가 변경되지 않음. 피연산 셀이 하나의 셀과 여러 개의 셀일 때 하나의 셀을 절대 참조로 사용	[B4] 셀의 수식을 아래로 복사함 1행: 적립율 A / 5% B 3행: 거래 금액 A / 적립금 B / 적립금 수식 C 4행: 150,000 / 7,500 / =A4*B$1 5행: 380,000 / 19,000 / =A5*B$1
혼합 참조	$A1 또는 A$1	행/열 중 한군데에만 $ 기호가 붙은 형태로 수식을 이동/복사하면 $ 기호가 붙지 않은 부분만 변경됨. 수식을 오른쪽과 아래로 모두 복사해야 하는 경우에 사용	[B5] 셀의 수식을 오른쪽으로 복사한 후 다시 아래로 복사함 1~2행: 적립율 A / 전월 B 5% / 금월 C 7% 4행: 거래 금액 A / 전월 적립금 B / 금월 적립금 C / 적립금 수식 D,E 5행: 150,000 / 7,500 / 10,500 / =B$2*$A5 / =C$2*$A5 6행: 380,000 / 19,000 / 26,600 / =B$2*$A6 / =C$2*$A6

셀 참조 변환 키 F4

수식을 작성할 때 등호(=)를 입력한 후 피연산 셀을 클릭하면 기본적으로 셀 주소가 상대 참조 형태로 입력됩니다. 셀 주소가 입력되었을 때 F4를 누르면 한번씩 누를 때마다 참조 형태가 변경됩니다. 셀 참조 형태는 다음과 같은 순서로 변경됩니다.

A1 — F4 → $A$1 — F4 → A$1 — F4 → $A1 — F4 → …

상대 참조　　　절대 참조　　　행 절대 참조　　　열 절대 참조　　　반복…

핵심기능실습 | **상대, 절대, 혼합 참조로 매출합계, 달성률, 점유율 구하기**

• **실습 파일** Chapter04\Section02\매출달성현황표.xlsx　• **완성 파일** Chapter04\Section02\매출달성현황표완성.xlsx

1분기, 2분기 매출 합계를 계산하여 상반기 매출 및 매출 목표 대비 달성률과 매출 점유율을 구해보겠습니다. 이때 절대 참조나 혼합 참조를 사용해야 하는 곳에 상대 참조를 사용하면 어떤 현상이 일어나는지 살펴봅니다. 달성률과 점유율 셀에는 백분율 스타일 서식이 미리 지정되어 있습니다.

01 상대 참조로 상반기 매출 구하기

① [G5] 셀에 = 입력

② [C5] 셀 클릭

③ 더하기(+) 입력

④ [E5] 셀 클릭 후 Enter

⑤ [G5] 셀 클릭

⑥ **채우기 핸들**을 [G15] 셀까지 드래그하여 수식을 복사합니다.

[G6:G15] 셀에는 C열과 E열의 해당 행을 더한 합계가 표시됩니다.

02 절대 참조로 점유율 구하기

상반기 매출 점유율은 '상반기 매출/상반기 매출합계'입니다.

① [I5] 셀에 **=G5/G16** 입력 후 Enter

② [I5] 셀 클릭

③ **채우기 핸들**을 [I16] 셀까지 드래그하여 수식을 복사합니다.

[I5] 셀을 제외한 나머지 셀에는 0으로 나눴을 때 생기는 #DIV/0! 오류가 표시됩니다.

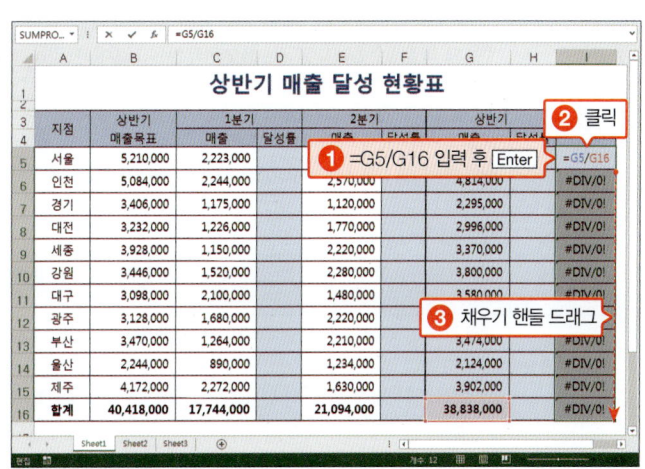

03 상반기 매출인 [G5] 셀의 주소는 해당 행을 계산에 반영해야 하므로 아래로 복사될 때마다 행 번호가 변경되는 상대 참조여야 합니다. 그러나 상반기 매출합계인 [G16] 셀의 주소는 모든 행에 늘 똑같은 값을 반영해야 하므로 행 번호가 변경되어서는 안 됩니다. 수식에서 [G16] 셀을 절대 참조로 수정해보겠습니다.

① **[I5] 셀** 클릭 후 F2

② 수식 끝에 커서가 생기면 F4를 눌러 G16을 **$G$16** 형태로 변경한 후 Enter

③ [I5] 셀을 클릭한 후 **채우기 핸들**을 **[I16] 셀**까지 드래그합니다.

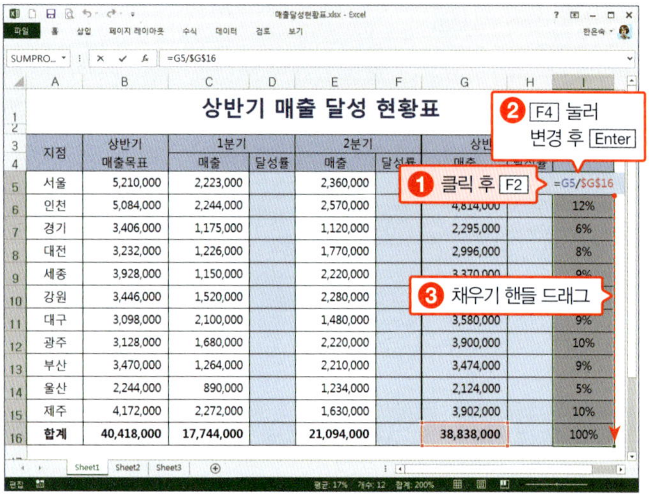

실무활용노트 EXCEL

오류 표시 종류와 대처 방법

수식에 오류가 있거나 인접 셀의 수식과 다른 수식인 경우에는 셀 왼쪽 위에 초록색 오류 표시가 나타나고 해당 셀을 선택했을 때 왼쪽에 스마트 태그 아이콘이 표시됩니다. 스마트 태그 아이콘에 마우스 포인터를 위치시키면 오류에 대한 설명이 표시되고 클릭하면 오류 관련 메뉴를 선택할 수 있습니다.

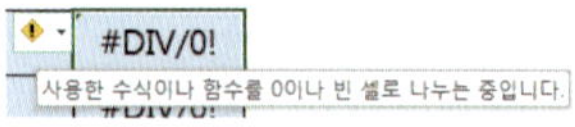

▲ 스마트 태그에 마우스 포인터를 위치시키면 오류 관련 설명 표시

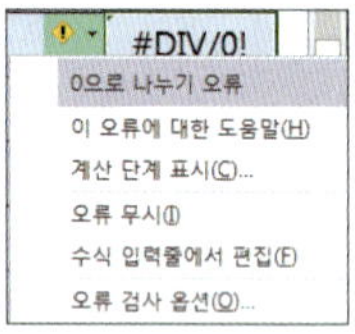

▲ 스마트 태그를 클릭하면 오류 관련 메뉴 표시

오류 관련 메뉴에서는 오류에 대한 도움말을 볼 수 있습니다. 8가지 오류 표시에 대한 주요 원인과 대처 방법은 다음과 같습니다.

오류 표시	원인	대처 방법
#DIV/0!	DIVIDE의 약자로 숫자를 0으로 나누었을 때 나타나는 오류	나누는 숫자를 0이 아닌 다른 숫자로 바꿈
#N/A	VLOOKUP, HLOOKUP, LOOKUP, MATCH 등의 함수에서 찾을 값이 없을 때. 배열 함수 등에서 열 또는 행 범위의 인수가 일치하지 않을 때 나타나는 오류	찾는 값을 바꾸거나 참조 범위의 값을 바꿈
#NAME?	함수명을 잘못 입력하거나 잘못된 인수를 사용했을 때. 즉 엑셀이 인식할 수 없는 이름이나 함수명이 사용되었을 때 나타나는 오류	사용된 함수나 이름에 오타가 있는지, 인수가 제대로 사용되었는지 확인
#NULL!	범위 연산자를 잘못 사용했거나 교차하지 않는 영역을 참조할 때 나타나는 오류	참조 범위를 다시 지정
#NUM!	함수의 인수나 수식이 잘못된 형식으로 입력되었을 때 나타나는 오류	함수의 형식을 확인하고 알맞은 형식으로 수정
#REF!	참조된 셀 주소가 잘못되었거나 참조했던 셀이 삭제되었을 때 나타나는 오류	참조된 셀이 삭제되었거나 공백이 아닌지 확인
#VALUE!	논리 값 또는 숫자가 필요한 수식에 텍스트를 입력했거나 배열 수식을 입력한 후 Ctrl + Shift + Enter를 누르지 않은 경우에 나타나는 오류	인수의 데이터 형태나 함수의 종류 등을 확인하고 수정
#####	셀 값보다 열 너비가 좁거나 날짜/시간 서식 셀에 음수 값이 입력된 경우. 또 엑셀에서 처리할 수 있는 숫자 범위를 넘었을 때 나타나는 표시	열 너비를 늘려주거나 셀 서식을 확인하고 조정

04 혼합 참조로 달성률 구하기

달성률은 '매출/상반기 매출목표'입니다.

① [D5] 셀에 **=C5/B5** 입력 후 [Enter]

② [D5] 셀 클릭

③ **채우기 핸들**을 [D16] 셀까지 드래그하여
수식을 복사합니다.

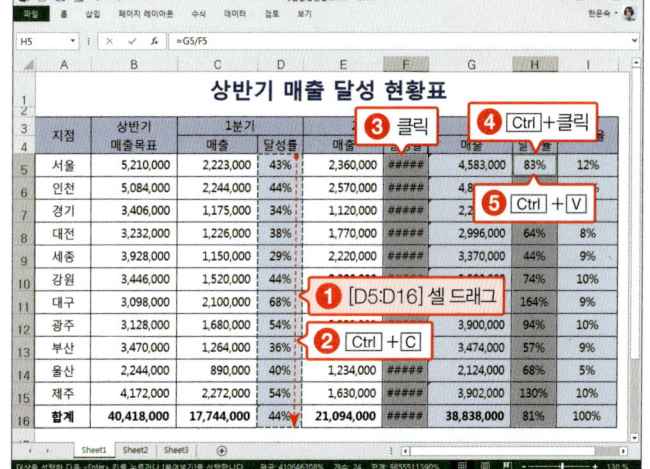

05

① 수식 채우기 후 [D5:D16] 셀 드래그

② 수식을 복사하기 위해 [Ctrl]+[C]

③ [F5] 셀 클릭

④ [H5] 셀 [Ctrl]+클릭

⑤ [Ctrl]+[V]를 눌러 붙여넣기합니다.

2분기 달성률과 상반기 달성률의 값이 너무 크거나
맞지 않습니다.

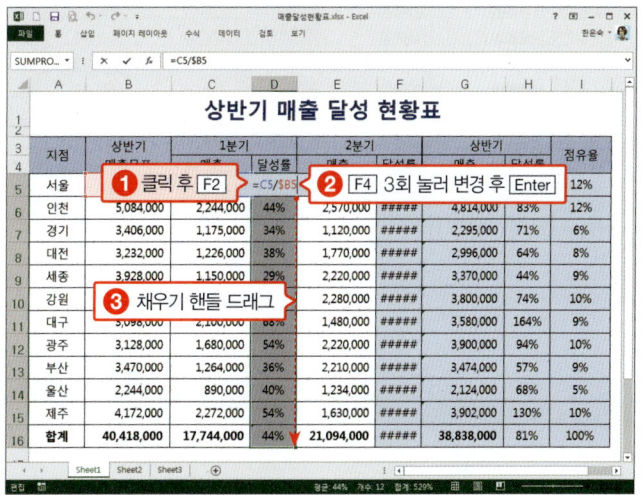

06 달성률을 계산하는 수식에서 매출이
입력되어 있는 [C5] 셀의 주소는 오른쪽으
로 복사될 때 열 이름이 상대적으로 변경되
어야 하지만, 상반기 매출목표인 [B5] 셀의
주소는 열 이름은 변경되지 않고 행 번호
만 변경되어야 합니다. 즉 달성률 수식에서
[B5] 셀은 열 고정 혼합 참조로 수정되어야
합니다.

① [D5] 셀 클릭 후 [F2]

② 수식 끝에 커서가 생기면 [F4]를 세 번
눌러 B5를 $B5 형태로 변경 후 [Enter]

③ 다시 [D5] 셀을 클릭하고 **채우기 핸들**을
[D16] 셀까지 드래그합니다.

07

① 수식 채우기 후 [D5:D16] 셀 드래그

② 수식 복사를 위해 Ctrl + C

③ [F5] 셀 클릭

④ [H5] 셀 Ctrl +클릭

⑤ Ctrl + V 를 눌러 붙여넣기합니다.

[F5:F16], [H5:H16] 셀에는 B열은 고정된 채 $ 기호가 붙지 않은 부분의 값만 변하는 혼합 참조 형태의 수식이 복사됩니다.

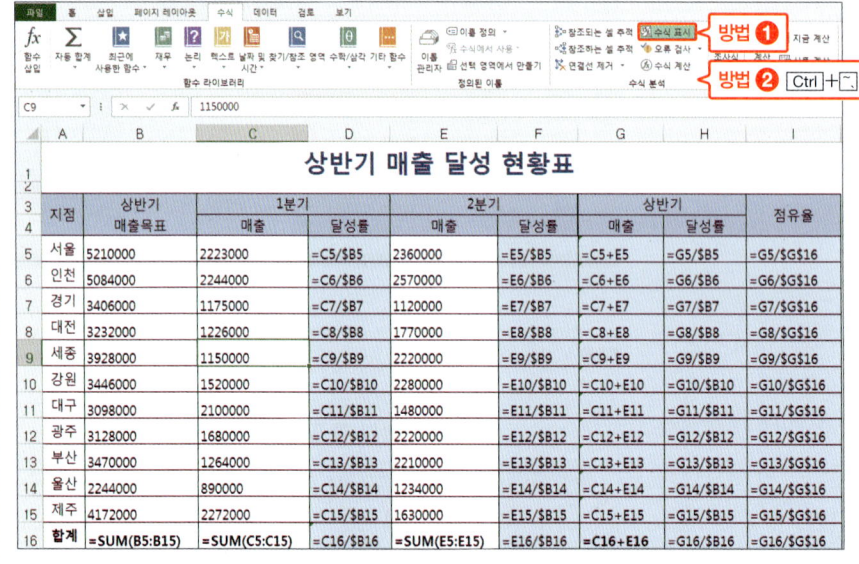

실무활용노트 EXCEL | **워크시트에 수식 표시하기**

기본적으로 워크시트 셀에는 수식 결과가 표시됩니다. 수식은 수식 입력줄에서 확인할 수 있습니다. 워크시트에 있는 수식을 전체적으로 확인하고 싶다면 **[방법 ①]** [수식] 탭-[수식 분석] 그룹-[수식 표시]를 클릭하거나 **[방법 ②]** 단축키 Ctrl + ` 를 누릅니다. 원상 복구하려면 다시 [수식] 탭-[수식 분석] 그룹-[수식 표시]를 클릭하거나 Ctrl + ` 를 누르면 됩니다.

상반기 매출 달성 현황표

지점	상반기 매출목표	1분기 매출	1분기 달성률	2분기 매출	2분기 달성률	상반기 매출	상반기 달성률	점유율
서울	5210000	2223000	=C5/$B5	2360000	=E5/$B5	=C5+E5	=G5/$B5	=G5/$G$16
인천	5084000	2244000	=C6/$B6	2570000	=E6/$B6	=C6+E6	=G6/$B6	=G6/$G$16
경기	3406000	1175000	=C7/$B7	1120000	=E7/$B7	=C7+E7	=G7/$B7	=G7/$G$16
대전	3232000	1226000	=C8/$B8	1770000	=E8/$B8	=C8+E8	=G8/$B8	=G8/$G$16
세종	3928000	1150000	=C9/$B9	2220000	=E9/$B9	=C9+E9	=G9/$B9	=G9/$G$16
강원	3446000	1520000	=C10/$B10	2280000	=E10/$B10	=C10+E10	=G10/$B10	=G10/$G$16
대구	3098000	2100000	=C11/$B11	1480000	=E11/$B11	=C11+E11	=G11/$B11	=G11/$G$16
광주	3128000	1680000	=C12/$B12	2220000	=E12/$B12	=C12+E12	=G12/$B12	=G12/$G$16
부산	3470000	1264000	=C13/$B13	2210000	=E13/$B13	=C13+E13	=G13/$B13	=G13/$G$16
울산	2244000	890000	=C14/$B14	1234000	=E14/$B14	=C14+E14	=G14/$B14	=G14/$G$16
제주	4172000	2272000	=C15/$B15	1630000	=E15/$B15	=C15+E15	=G15/$B15	=G15/$G$16
합계	=SUM(B5:B15)	=SUM(C5:C15)	=C16/$B16	=SUM(E5:E15)	=E16/$B16	=C16+E16	=G16/$B16	=G16/$G$16

03 다른 시트, 다른 파일의 셀 참조하기

수식에서 다른 시트나 다른 파일의 셀을 참조하면 셀 주소 앞에 시트 이름, 파일 이름이 함께 표시됩니다. 다른 시트나 다른 파일의 셀을 참조하는 경우 어떤 형태로 셀 주소가 참조되는지 살펴보겠습니다.

다른 시트의 셀 참조

● 다른 시트의 셀 참조 순서

계산할 값이 다른 시트에 있는 경우입니다.

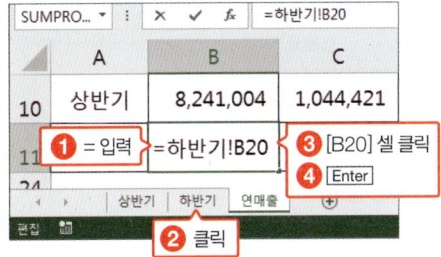

① 등호(=)를 입력하고

② 셀을 참조할 해당 시트 탭을 클릭한 후

③ 해당 셀을 클릭합니다.

④ 수식 작성이 끝나면 Enter를 누릅니다.

셀 주소 앞에는 시트명이 표시되고 시트명과 셀 주소를 구분하는 기호로 **느낌표(!)**가 붙습니다.

● 시트명에 공백이 포함되거나 숫자로 시작하는 경우

시트명이 숫자로 시작하거나 시트명에 공백이 포함된 경우에는 시트명이 **작은따옴표(' ')** 안에 표시됩니다.

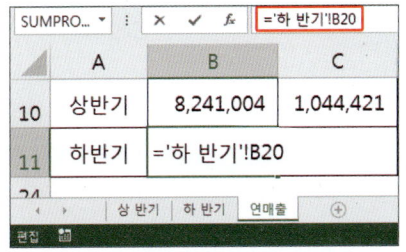

▲ 시트명에 공백이 포함된 경우 작은따옴표(' ') 안에 표시   ▲ 시트명이 숫자로 시작된 경우 작은따옴표(' ') 안에 표시

다른 파일의 셀 참조

계산할 값이 다른 파일에 있는 경우에는 우선 해당 파일을 불러옵니다.

① 등호(=)를 입력하고

② 참조할 파일을 선택한 후

③ 참조할 시트의 셀을 클릭합니다.

④ 수식 작성이 끝나면 Enter 를 누릅니다. 셀 주소는 기본적으로 **절대 참조**로 입력되며, 파일명은 시트명 앞쪽으로 **대괄호([ ])** 안에 표시됩니다.

➖ **다른 파일의 셀 참조 순서**

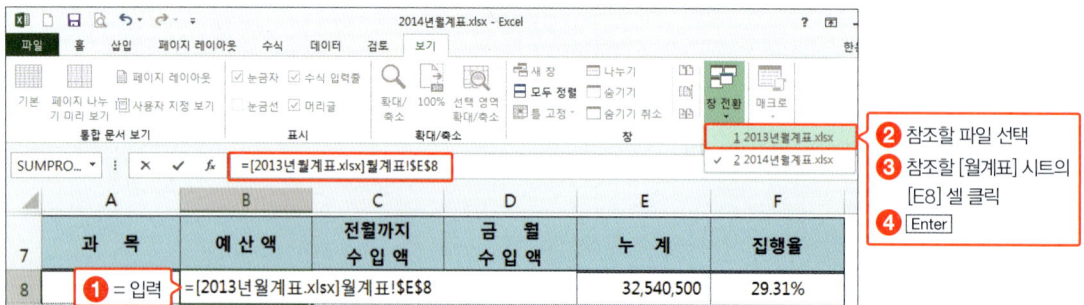

➖ **파일명에 공백이 포함되거나 시트명이 숫자로 시작, 또는 공백이 포함된 경우**

파일명에 공백이 포함되거나 시트명이 숫자로 시작되는 경우, 공백이 포함된 경우에는 파일명부터 시트명까지 작은따옴표(' ') 안에 표시됩니다.

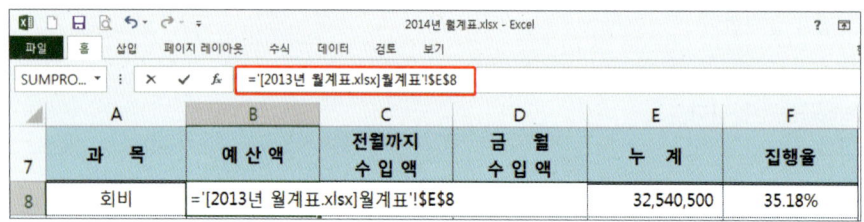

▲ 파일명에 공백이 포함된 경우

다른 파일과 시트를 참조하여 거래명세서 내역표 완성하기

2007 | 2010 | 2013

- **실습 파일** Chapter04 \ Section03 \ 7월거래내역.xlsx, 8월거래내역.xlsx
- **완성 파일** Chapter04 \ Section03 \ 7월거래내역완성.xlsx, 8월거래내역완성.xlsx

거래처별 8월 거래명세서 내역표와 거래처 통합 보고서입니다. 거래처별 거래명세서 내역표가 각 시트에 따로 작성되어 있고 파일은 월별로 저장됩니다. 각 거래처 시트의 전월 누계란에는 '7월거래내역' 파일에 있는 거래처 시트의 거래금액 누계를 연결합니다. [통합보고서] 시트의 전월 누계는 각 거래처 시트의 전월 누계합계를 구하고 거래처별 공급가액은 각 시트의 거래금액 합계를 연결합니다. 거래금액 누계는 '전월 누계+거래금액 합계'의 수식을 작성하여 구합니다.

▲ 거래처별 8월 거래명세서 내역표

8월 거래명세 내역표

	담당	과장	부장	사장
결재				

작성일: 08월 31일

전월 누계 (부가세포함)	₩55,294,360		
거래처	**공급가액**	**세액**	**합계**
엔터파크	2,342,300	234,230	2,576,530
24마켓	3,340,550	334,055	3,674,605
예스마트	3,375,350	337,535	3,712,885
거래금액 합계	9,058,200	905,820	9,964,020
거래금액 누계 (부가세포함)	₩65,258,380		

❶ 7월 전월 누계 연결
❷ 거래처 시트 전월 누계 합계 수식 입력
❸ 거래처별 거래금액 합계 연결
❹ 거래금액 누계 수식 입력
❺ 파일 원본 연결 끊기

▲ 거래처 통합 보고서

01 두 개의 파일 열기

[열기] 대화상자에서 두 개의 엑셀 파일을 열어보겠습니다.

① 빠른 실행 도구 모음에서 [열기 📂] 클릭

② **7월거래내역** 선택

③ **8월거래내역** Ctrl +선택

④ [**열기**]를 클릭합니다.

바로 통하는 TIP [Excel 옵션] 대화상자에서 [저장] 옵션으로 [파일을 열거나 저장할 때 Backstage 표시 안함]을 설정해두었기 때문에 바로 [열기] 대화상자가 나타납니다. 이 옵션을 선택하지 않은 경우에는 Ctrl + F12를 눌러 [열기] 대화상자를 바로 열 수 있습니다.

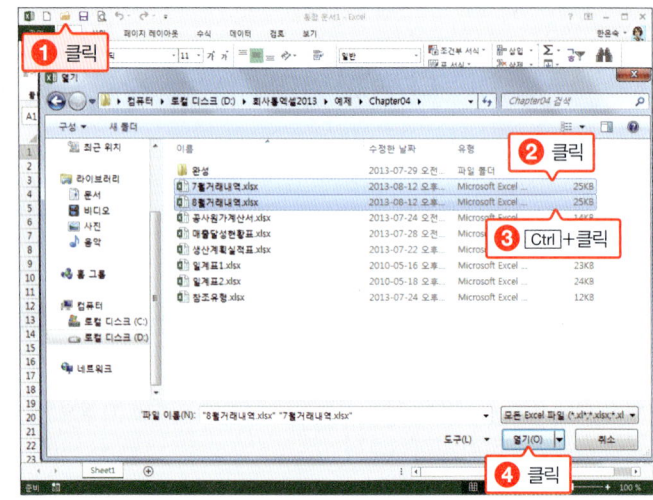

02

7월거래내역 파일의 참조 파일인 6월 거래내역 파일을 찾을 수 없으므로 연결 업데이트에 대한 경고 메시지가 표시됩니다. [**업데이트하지 않음**]을 클릭합니다.

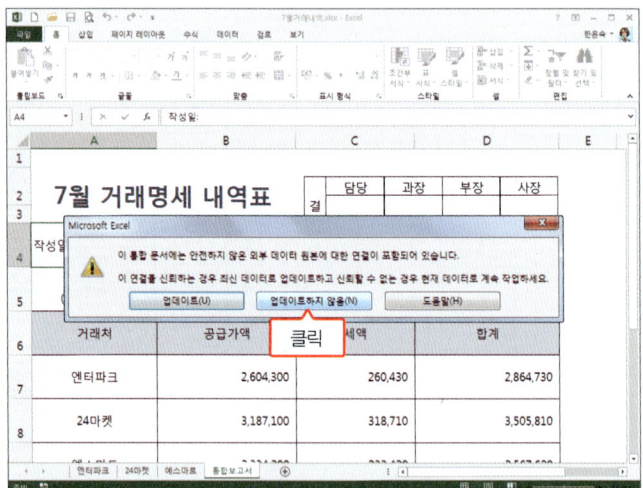

03 7월 전월 누계 연결하기

8월거래내역 파일에서 [예스마트] 시트의 전월 누계만 연결되어 있지 않습니다.

① 8월거래내역 파일에서 [**예스마트**] 시트 클릭

② [**E7**] 셀 클릭

③ **등호(=)** 입력

④ [**보기**] 탭 – [**창**] 그룹 – [**창 전환**] – [**7월거래내역**]을 선택합니다.

바로 통하는 TIP [보기] 탭 – [창] 그룹 – [창 전환]을 사용하지 않고도 통합 문서 창 전환 단축키 Ctrl + Tab 을 눌러도 됩니다.

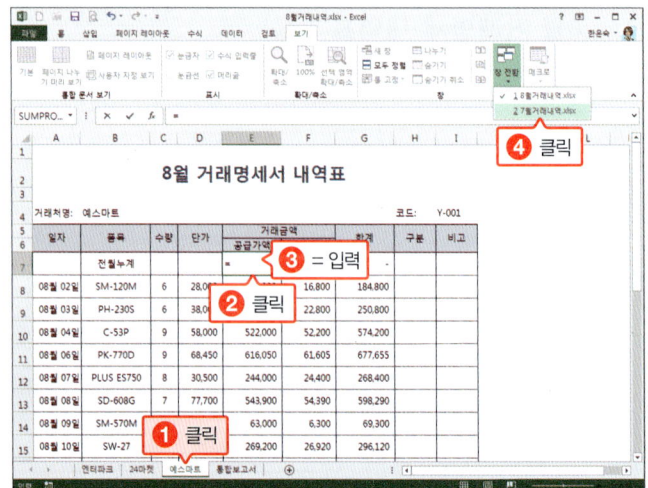

다른 파일의 셀을 연결한 통합 문서를 '대상 통합 문서'라고 하고 이 문서에 연결된 통합 문서는 '원본 통합 문서'라고 합니다. 즉, 7월거래내역 파일은 대상 통합 문서이고 6월거래내역 파일은 원본 통합 문서입니다. 또한 8월거래내역 파일은 7월거래내역 파일의 대상 통합문서이고 7월거래내역 파일은 8월거래내역 파일의 원본 통합 문서입니다. 원본 통합 문서가 열려 있지 않은 상태에서 대상 통합 문서를 열면 연결을 업데이트할 것인지를 묻는 경고 메시지가 표시됩니다. 연결 업데이트란 원본 통합 문서의 참조 셀 값이 변경되었을 때 대상 통합 문서에서도 값을 변경한다는 의미입니다.

현재 7월거래내역 파일의 원본인 6월거래내역 파일이 함께 열리지 않았으므로 경고 메시지가 표시되었습니다. 예제 폴더에 6월거래내역 파일이 없으므로 [업데이트하지 않음]을 선택했는데, 만약 [업데이트]를 클릭한 경우에는 파일을 찾을 수 없으므로 업데이트할 수 없다는 경고 메시지가 표시됩니다. [계속]을 클릭하면 7월거래내역 파일 화면이 바로 표시되며 [연결 편집]을 클릭하면 [연결 편집] 대화상자가 나타납니다.

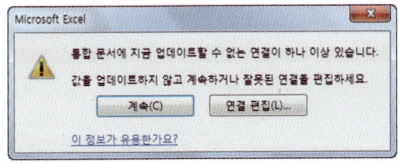

경고 메시지가 표시되지 않는 경우는 대상 통합 문서 작성 시 연결 편집 옵션에서 알림 표시를 하지 않도록 설정했기 때문입니다. [데이터] 탭-[연결] 그룹-[연결 편집]을 클릭하고 대화상자에서 [시작할 때 확인 메시지 표시]를 클릭하면 통합 문서를 열 때 연결 업데이트 알림 표시 여부를 선택할 수 있습니다.

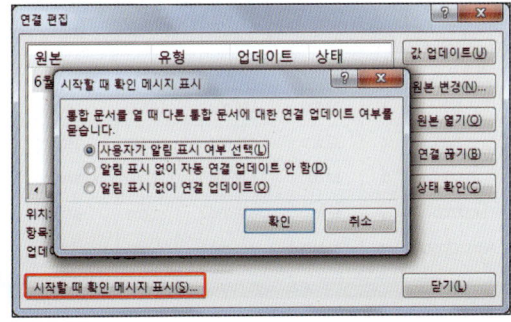

04 7월거래내역 화면이 표시됩니다.

① [예스마트] 시트 클릭

② [E27] 셀 클릭

③ Enter 를 누릅니다.

바로통하는TIP 수식 입력줄을 통해 수식이 입력된 것을 확인할 수 있습니다.

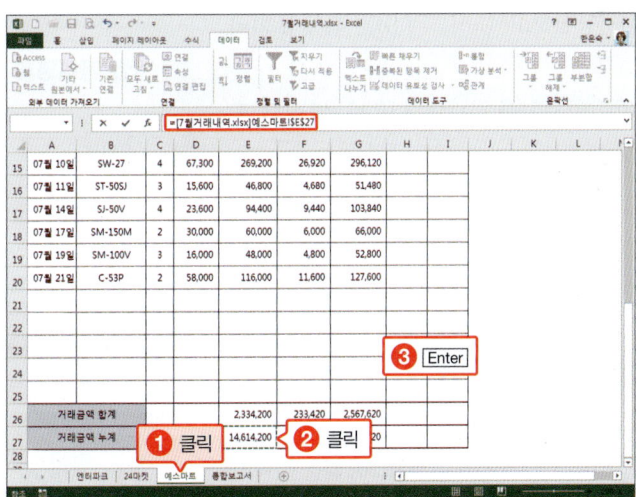

05 거래처 시트의 전월 누계 합계 구하기

각 시트의 7월 전월 누계를 더한 합을 구해
보겠습니다.

① 8월거래내역 파일의 **[통합보고서]** 시트
클릭

② [B5] 셀에 **등호(=)**를 입력합니다.

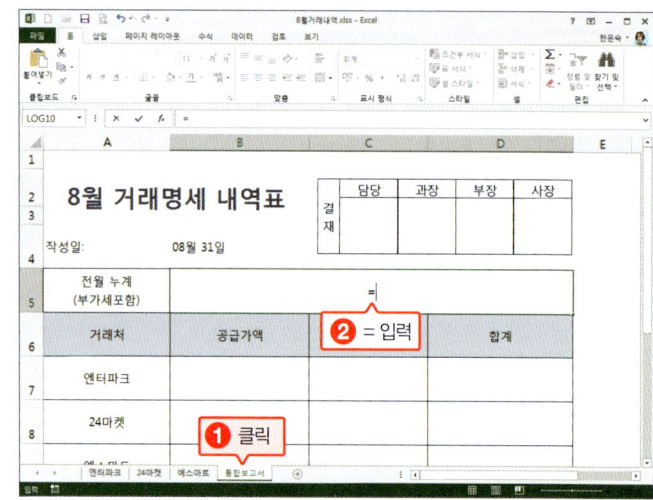

06

① [엔터파크] 시트에서 [G7] 셀 클릭 후 **+**
입력

② [24마켓] 시트에서 [G7] 셀 클릭 후 **+**입력

③ [예스마트] 시트에서 **[G7]** 셀을 클릭한
후 Enter 를 누릅니다.

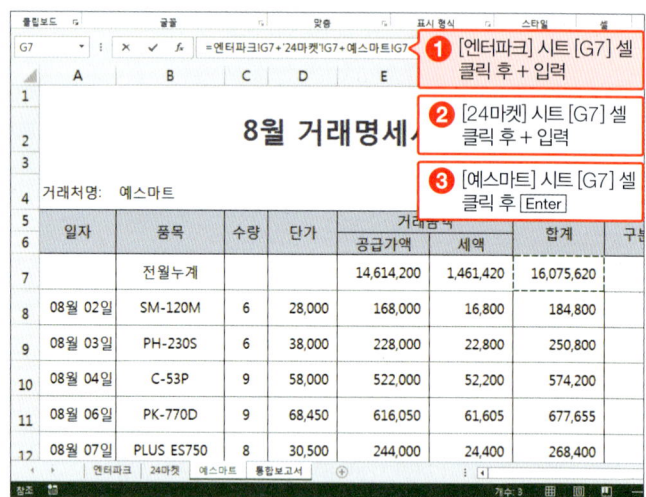

07 거래처별 거래금액 합계 연결하기

① [통합보고서] 시트의 [B7] 셀에 **등호(=)**
입력

② [엔터파크] 시트에서 **[E26]** 셀 클릭 후
Enter

③ [통합보고서] 시트의 [B8] 셀에 **등호(=)**
입력

④ [24마켓] 시트에서 **[E26]** 셀 클릭 후
Enter

⑤ [통합보고서] 시트의 [B9] 셀에 **등호(=)**
입력

⑥ [예스마트] 시트에서 **[E26]** 셀을 클릭하
고 Enter 를 누릅니다.

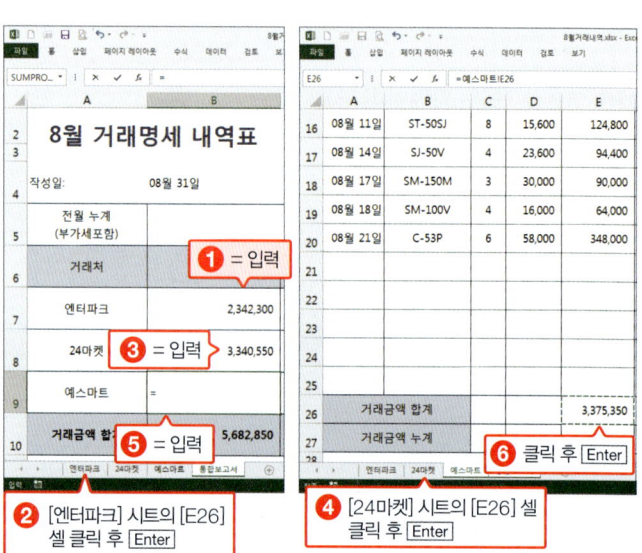

08 수식 복사 및 거래금액 누계 구하기

① [통합보고서] 시트 **[B7:B9]** 셀 드래그

② 수식 복사를 위해 **[D9]** 셀까지 **채우기 핸** 들 드래그

③ **[B11]** 셀에 **등호(=)** 입력

④ **[B5]** 셀 클릭 후 **+** 입력

⑤ **[D10]** 셀을 클릭한 후 Enter 를 누릅니다.

[C7:C9] 셀에는 각 시트의 거래금액 세액이, [D7:D9] 셀에는 각 시트의 거래금액 합계가 표시됩니다.

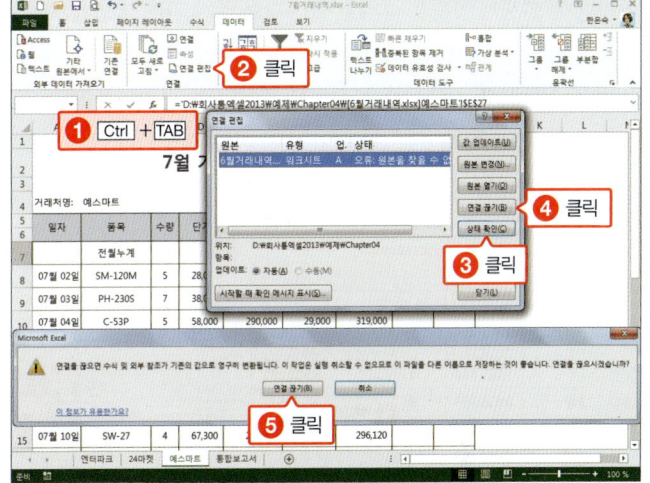

09 7월거래내역 파일의 원본 연결 끊기

6월거래내역 파일이 없으므로 7월거래내역 파일 거래처 시트에서 전월 누계 셀의 연결을 끊고 값만 남기도록 하겠습니다.

① Ctrl + Tab 을 눌러 **7월거래내역** 파일로 창 전환

② [데이터] 탭-[연결] 그룹-**[연결 편집]** 클릭

③ [연결 편집] 대화상자의**[상태 확인]** 클릭

④ **[연결 끊기]** 클릭

⑤ 연결을 끊겠는지를 확인하는 대화상자에서 **[연결끊기]**를 클릭합니다.

[상태 확인]을 클릭하면 6월거래내역 파일 상태가 표시되고 [연결 끊기]를 클릭하면 경고 메시지가 표시됩니다.

실무활용노트 EXCEL **외부 참조 연결 한꺼번에 끊기**

[연결 편집] 대화상자에서 [연결 끊기]를 클릭하면 선택한 원본 파일과 연결된 모든 시트의 연결 수식이 없어지고 기존 값으로 변환됩니다. 즉 [엔터파크], [24마켓], [예스마트] 시트의 전월 누계 [E27] 셀의 수식이 한번에 모두 없어지고 값만 남게 됩니다.

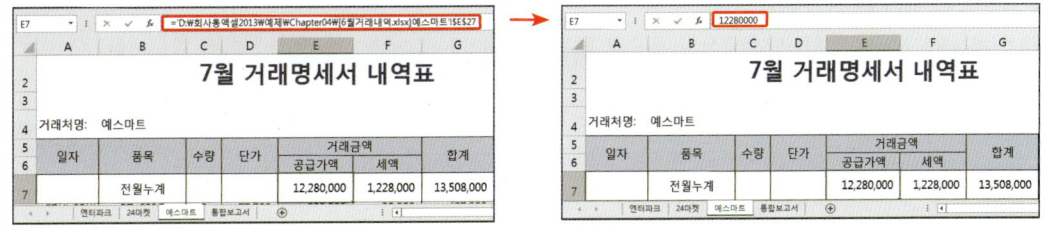

셀과 셀 범위에는 이름을 정의할 수 있으며, 수식을 작성할 때 정의한 이름을 셀 주소로 사용할 수 있습니다. 이름은 기본적으로 시트명을 포함한 절대 참조 형태로 정의됩니다. 이름을 정의하는 여러 가지 방법 및 관리에 대해서 살펴보겠습니다.

이름 정의하기

셀이나 셀 범위에 이름을 정의할 때는 다음의 세 가지 방법을 사용할 수 있습니다.

[방법 ① 이름 상자 사용] 이름을 정의할 셀이나 셀 범위를 선택한 후 이름 상자에 정의할 이름을 입력하고 Enter를 누릅니다. [방법 ② 새 이름 대화상자 사용] 이름을 정의할 셀이나 셀 범위를 선택한 후 [수식] 탭-[정의된 이름] 그룹-[이름 정의]를 클릭합니다. [새 이름] 대화상자의 [이름]에 정의할 이름을 입력하고 [확인]을 클릭합니다.

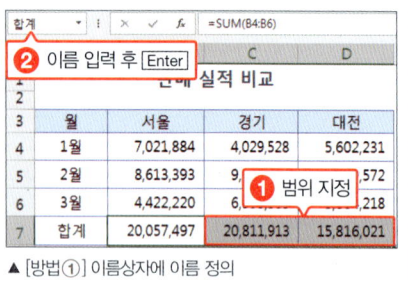

▲ [방법①] 이름상자에 이름 정의

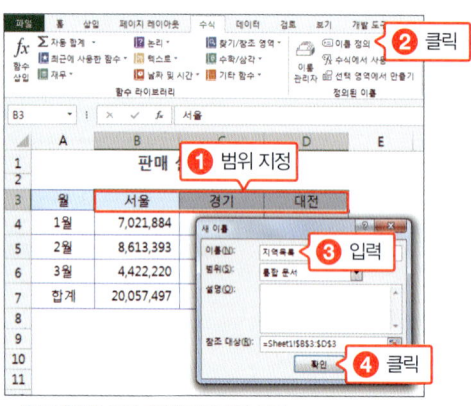

▲ [방법②] 새 이름 대화상자에 이름 정의

[방법 ③ 선택 영역에서 만들기] 셀 범위 중 첫 행, 왼쪽 열, 끝 행, 오른쪽 열에 입력된 문자를 해당 행이나 열 범위 이름으로 한꺼번에 정의할 수 있습니다. 범위를 지정한 후 [수식] 탭-[정의된 이름] 그룹-[선택 영역에서 만들기]를 클릭합니다. 대화상자에서 이름으로 만들 위치에 체크 표시하고 [확인]을 클릭합니다.

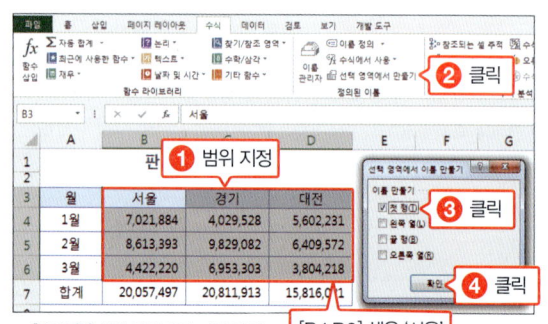

▲ [방법③] 선택 영역에서 이름 정의

[B4:B6] 셀은 '서울'
[C4:C6] 셀은 '경기'
[D4:D6] 셀은 '대전'
이름으로 정의됨

이름 편집 및 삭제하기

정의한 이름 목록은 이름 상자의 목록 버튼을 클릭해서 확인할 수 있습니다. 목록에서 이름을 선택하면 해당 범위가 지정됩니다.

▲ 이름 상자에서 이름 선택

이름을 수정하거나 삭제하려면 [수식] 탭–[정의된 이름] 그룹–[이름 관리자]를 클릭합니다. 목록에서 수정할 이름을 선택하고 [편집]을 클릭하면 [이름 편집] 대화상자가 표시됩니다. 더 이상 사용하지 않는 이름은 선택하고 [삭제]를 클릭합니다. [필터]를 클릭하면 정의한 이름을 종류별로 필터합니다.

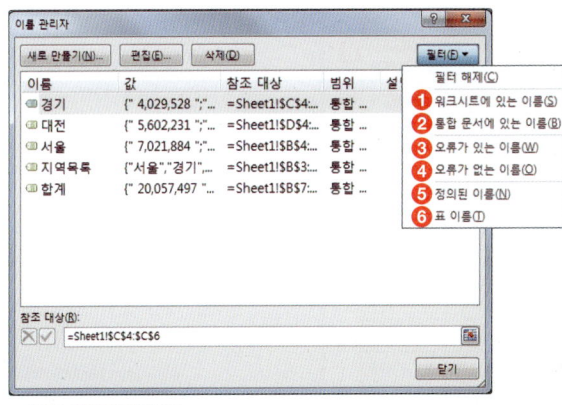

▲ [이름 관리자] 대화상자

① **워크시트에 있는 이름** : 새 이름 대화상자로 이름 정의 시 범위를 특정 워크시트로 지정한 이름

② **통합 문서에 있는 이름** : 범위를 통합 문서로 지정한 이름

③ **오류가 있는 이름** : #REF, #VALUE, #NAME 등의 오류가 포함된 이름

④ **오류가 없는 이름** : 오류가 포함되지 않은 이름

⑤ **정의된 이름** : 사용자가 정의한 이름이나 인쇄 영역 이름 등 엑셀에서 자동으로 정의된 이름

⑥ **표 이름** : 표로 정의된 범위일 때 표 이름

수식에서 이름 사용하기

수식을 작성할 때 셀 주소 대신 이름을 사용하면 수식을 좀더 쉽게 이해할 수 있으며, 수식이 간편하게 보이는 장점이 있습니다. 특히 절대 참조나 혼합 참조로 지정해야 하는 셀의 경우 이름을 사용하는 것이 더 간편하기 때문에 이름은 복잡한 함수식에서 더욱 유용하게 쓰입니다.

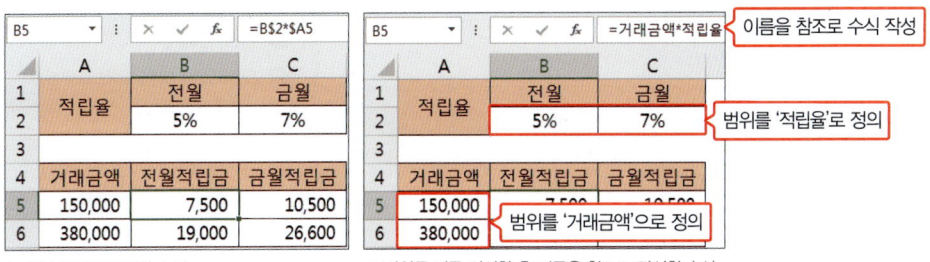

▲ 혼합 참조로 작성한 수식   ▲ 범위를 이름 정의한 후 이름을 참조로 작성한 수식

이름 참조로 연월차 연말정산표 수식 작성하기

- **실습 파일** Chapter04 \ Section04 \ 연월차정산표.xlsx　■ **완성 파일** Chapter04 \ Section04 \ 연월차정산표완성.xlsx

직원들의 입사연도와 기본급, 월차 일수가 입력된 연월차 연말정산표입니다. 수식에 사용할 셀과 셀 범위에 이름을 정의한 후 셀 주소 대신 이름을 참조한 수식을 작성해 연차일수, 연월차수당 등을 구해보겠습니다. 셀 주소를 참조하는 수식인 경우에는 절대 참조, 혼합 참조를 신경 써서 사용해야 하지만, 이름을 정의하면 기본적으로 셀 주소가 절대 참조로 정의됩니다. 범위의 경우 배열별로 계산되기 때문에 이름을 수식에 참조하면 수식이 훨씬 간편해집니다.

❶ 이름 상자에 이름 정의

❷ [새 이름] 대화상자에 이름 정의

❸ 선택 영역에서 이름 정의

❹ 이름 참조하여 수식 입력

❺ 이름 편집

❻ 오류 있는 이름 삭제

140 ● PART 01 엑셀 기본 문서 작성

01 이름을 직접 입력하여 정의하기

이름을 직접 입력하여 정의할 때는 이름 상자를 이용하는 방법과 [새 이름] 대화상자를 이용하는 방법이 있습니다. 현재연도와 세율이 입력된 셀의 이름을 등록해보겠습니다.

① [A2] 셀 클릭

② 이름 상자에 **현재연도** 입력 후 Enter 를 누릅니다.

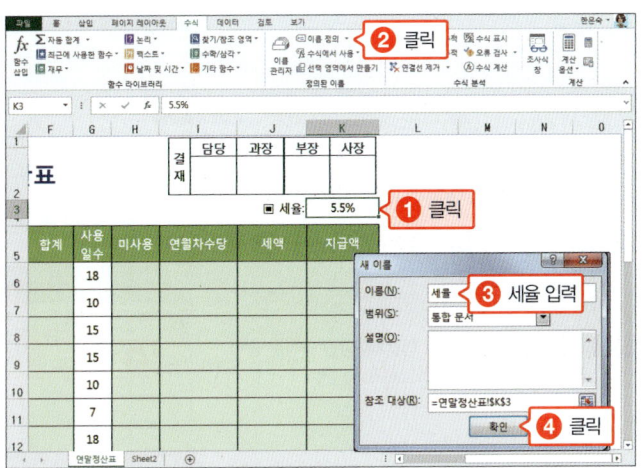

02 [새 이름] 대화상자에 이름 정의하기

① [K3] 셀 클릭

② [수식] 탭-[정의된 이름] 그룹-[이름 정의] 클릭

③ [새 이름] 대화상자의 [이름]에는 [K3] 셀 왼쪽 내용인 '■ 세율:'이 입력되어 있습니다. 특수문자를 지우고 **세율** 입력

④ [확인]을 클릭합니다.

바로 통하는 TIP 이름의 첫 번째 글자는 문자, 밑줄(_) 또는 백슬래시(\)를 사용해야 하며 숫자는 첫 글자로 사용할 수 없습니다. 두 번째 글자부터는 문자, 숫자, 마침표 및 밑줄을 사용할 수 있으며 공백은 사용할 수 없습니다. 이름의 길이는 최대 255자까지 지정할 수 있고 대소문자는 구별되지 않습니다.

03 선택 영역에서 이름 정의하기

① [A5] 셀 클릭

② Ctrl + A 를 눌러 표 전체 범위 지정

③ [수식] 탭-[정의된 이름] 그룹-[선택 영역에서 만들기] 클릭

④ 대화상자에서 [왼쪽 열]의 체크 표시 해제

⑤ [확인]을 클릭합니다.

바로 통하는 TIP 지정된 범위 중 첫 행의 각 셀 이름이 그 아래쪽 셀 범위의 이름으로 정의됩니다. 즉, [A6:A25] 셀이 '이름', [B6:B25] 셀이 '입사연도', [C6:C25] 셀이 '기본급'…[K6:K25] 셀이 '지급액'이라는 이름으로 정의됩니다.

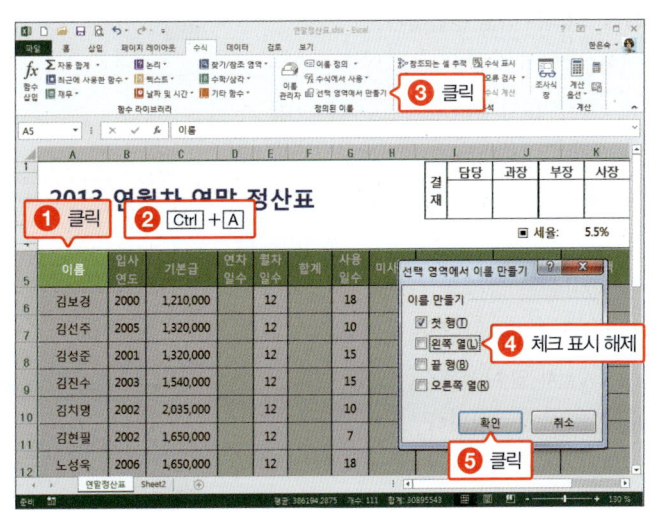

04 이름 참조하여 수식 입력하기

① [D6] 셀에 **=현재연도-입사연도-1+10** 입력 후 Enter

② [F6] 셀에 **=연차일수+월차일수** 입력 후 Enter

③ [H6] 셀에 **=합계-사용일수**를 입력한 후 Enter 를 누릅니다.

바로 통하는 TIP [D6] 셀의 연차일수를 구하는 공식은 현재연도-입사연도-1+10입니다. 입사 후 1년이 지나야 추가 연차일수가 생기므로 1을 빼고 기본 연차일수로 10을 더했습니다.

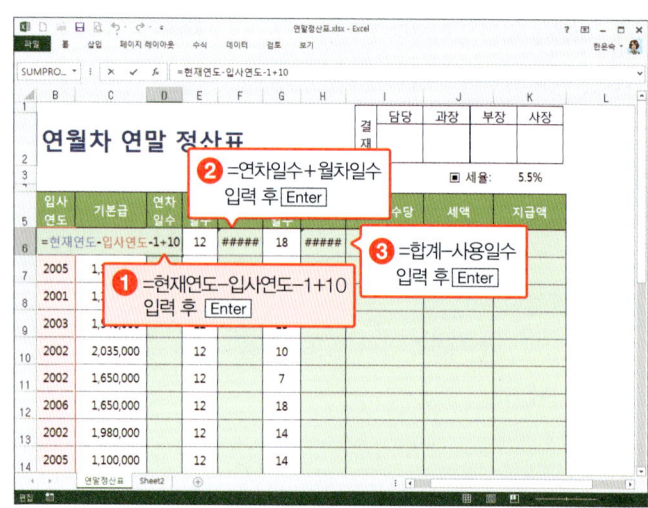

05

① [I6] 셀에 **=기본급*미사용/25** 입력 후 Enter

② [J6] 셀에 **=연월차수당*세율** 입력 후 Enter

③ [K6] 셀에 **=연월차수당-세액**을 입력한 후 Enter 를 누릅니다.

바로 통하는 TIP [I6] 셀의 연월차수당을 구하는 공식은 기본급*미사용일수/25(월근무일수)입니다.

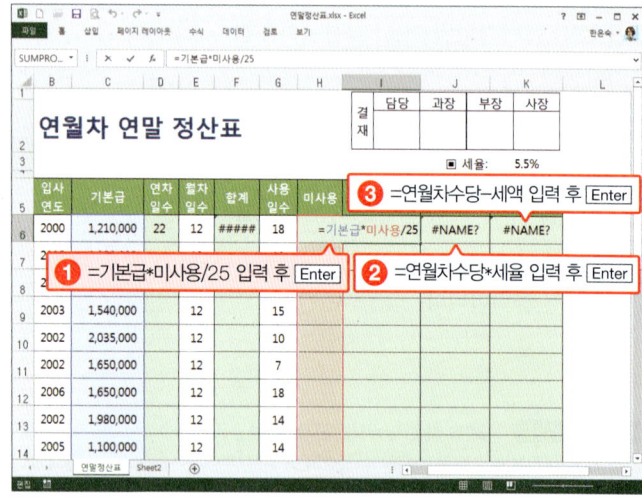

06 정의된 이름 편집하기

연차일수 외에 모두 '#NAME?' 오류가 생긴 이유는 [E5] 셀의 월차일수라는 이름 가운데 공백이 포함되어 이름이 정의될 때 '월차_일수'로 정의되었기 때문입니다.

① [수식] 탭-[정의된 이름] 그룹-[이름 관리자] 클릭

② [이름 관리자] 대화상자의 이름 목록에서 [월차_일수] 선택

③ [편집]을 클릭합니다.

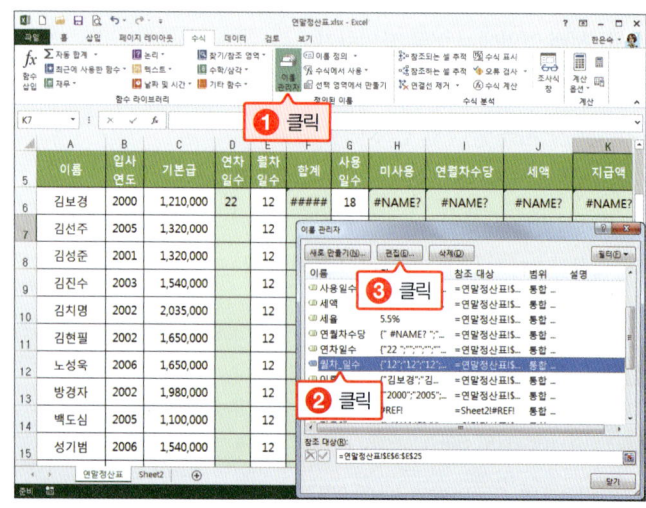

07

① [이름 편집] 대화상자의 [이름]에서 밑줄(_)을 지우고 **월차일수**로 수정

② [확인] 클릭

③ [이름 관리자] 대화상자에서 **[닫기]**를 클릭합니다.

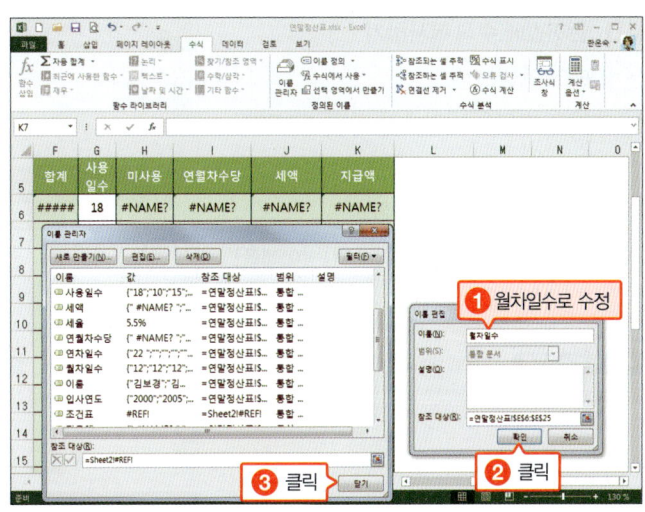

08 오류 있는 이름 한꺼번에 삭제하기

① [수식] 탭-[정의된 이름] 그룹-**[이름 관리자]** 클릭

② [이름 관리자] 대화상자의 [필터]-**[오류가 있는 이름]**을 선택합니다.

오류가 있는 이름 목록만 표시됩니다.

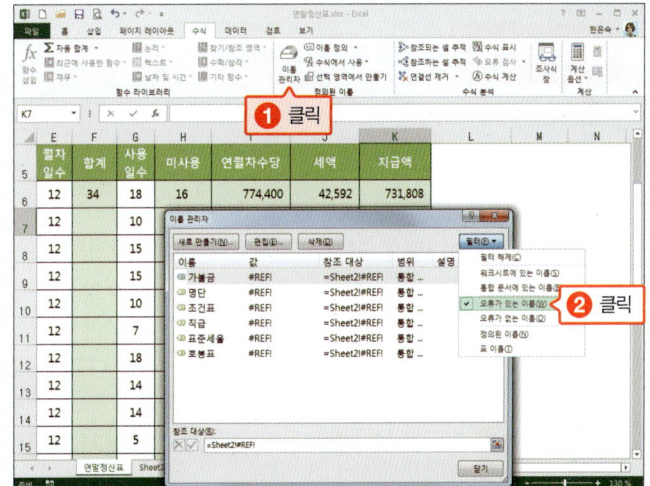

09

① [이름 관리자] 대화상자의 목록에서 **첫 번째 이름** 선택

② 목록을 모두 선택하기 위해 마지막 이름 ⎡Shift⎤+클릭

③ **[삭제]** 클릭

④ 삭제를 확인하는 경고 메시지가 표시되면 **[확인]** 클릭

⑤ [필터]-**[필터 해제]** 선택

⑥ **[닫기]**를 클릭합니다.

바로 통하는 TIP REF! 오류가 표시된 이름들은 처음 이름 정의했던 셀들이 삭제되어 없어졌을 때 생기는 오류입니다. 연말정산표 파일 작성 시 미리 정의되었던 이름으로, 정의했던 셀들이 삭제되면서 오류가 생겼습니다.

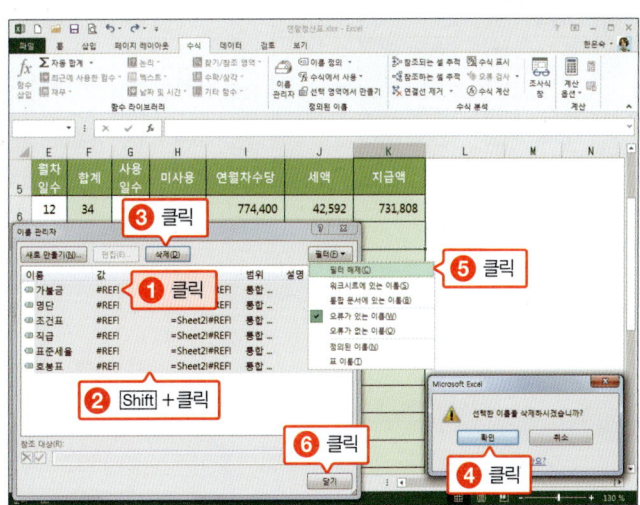

10 한꺼번에 수식 복사하기

① [D6:D25] 셀 드래그

② 추가로 범위를 지정하기 위해 [F6:F25]
　셀 Ctrl +드래그

③ [H6:K25] 셀 Ctrl +드래그

④ [홈] 탭-[편집] 그룹-[채우기]-[아래쪽]
　을 선택합니다.

바로 통하는 TIP 　아래로 채우기는 Ctrl +D를 눌러도
됩니다.

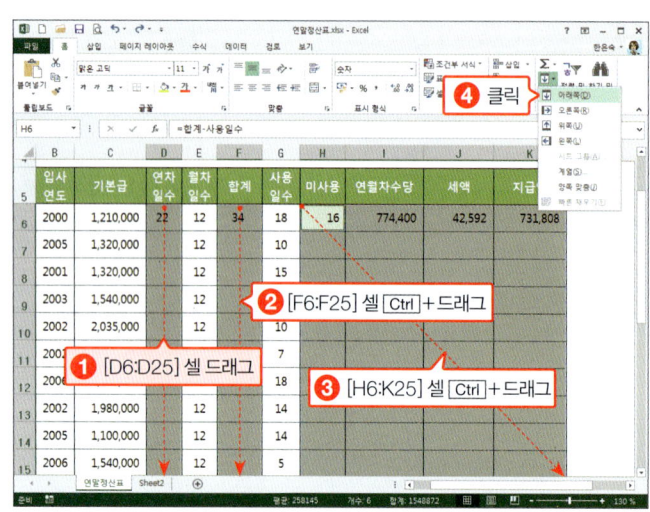

실무활용노트 EXCEL │ **배열 수식으로 작성하기**

▪ 참고 파일　Chapter04\Section04\연말정산표(배열 수식).xlsx

배열 수식으로 작성하면 셀이나 셀 범위에 이름을 정의하지 않고 절대 참조, 혼합 참조 변경 없이 셀과 셀 범위를 수식에 직접 사용할
수 있습니다. 배열 수식으로 계산되도록 설정해보겠습니다.

① 결과 셀 범위를 먼저 지정 ② 수식 작성 ③ 수식 작성을 마칠 때 반드시 Ctrl + Shift + Enter 를 눌러 완료해야 합니다. 작성을 마친
후 수식 입력줄에 입력된 배열 수식을 확인해보면 수식 앞뒤로 중괄호({ })가 붙어 있습니다. 한꺼번에 작성한 배열 수식은 셀 하나만 따
로 수정하거나 삭제할 수 없고 처음 지정했던 셀 범위를 지정한 후 삭제해야 합니다.

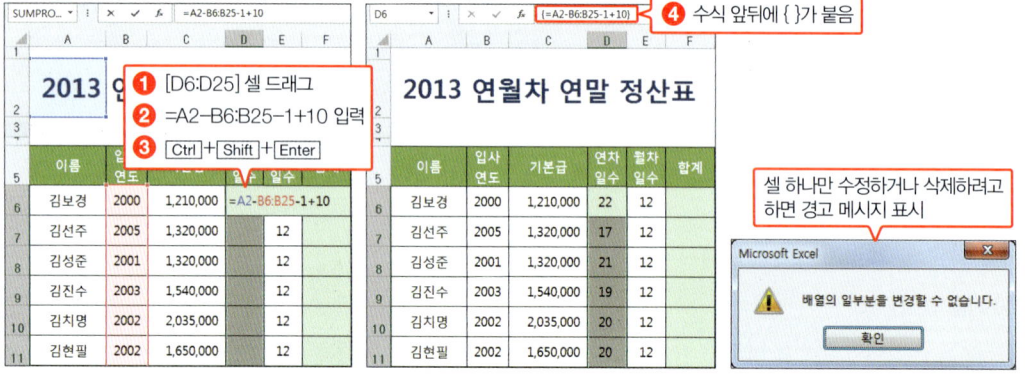

05 자동 합계 도구 사용하기

합계, 평균, 최댓값, 최솟값, 숫자 개수를 계산할 때는 수식을 직접 입력할 필요 없이 엑셀에서 제공하는 자동 합계 도구를 사용할 수 있습니다. 클릭 한 번으로 이러한 값을 구하는 방법에 대해서 알아보겠습니다.

핵심기능실습 | 자동 합계 단축키 만들어 사용하기

- **실습 파일** Chapter04\Section05\5월거래내역.xlsx   - **완성 파일** Chapter04\Section05\5월거래내역완성.xlsx

자동 합계 도구 Σ는 [홈] 탭-[편집] 그룹과 [수식] 탭-[함수 라이브러리] 그룹 두 곳에 있습니다. 자동 합계 도구의 5가지 함수 중 가장 많이 사용되는 [합계]의 단축키는 Alt + = 로 나타나지만 이 단축키는 영문 엑셀에서만 실행되고 아쉽게도 한글 엑셀에서는 실행되지 않습니다. 가장 많이 사용되는 [합계] 명령을 좀더 쉽고 빠르게 사용할 수 있도록 단축키로 만들어보겠습니다.

01 빠른 실행 도구 모음에 [합계] 명령 추가하기

① 빠른 실행 도구 모음에서 **마우스 오른쪽 버튼** 클릭

② **[빠른 실행 도구 모음 사용자 지정]**을 선택합니다.

02

① [Excel 옵션] 대화상자의 [많이 사용하는 명령] 목록에서 **[합계]** 선택

② **[추가]** 클릭

③ 맨 위로 이동시키기 위해 **위로 이동 버튼** ▲ 클릭

④ **[확인]**을 클릭합니다.

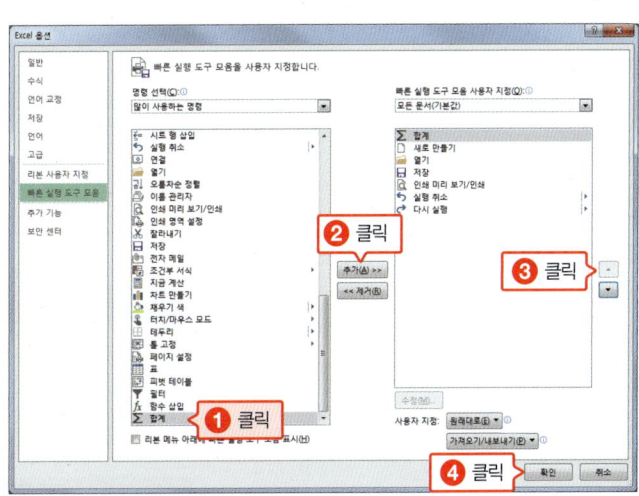

03 합계 구하기

빠른 실행 도구 모음에 추가한 [합계] 명령으로 합계를 구해보겠습니다.

① [B21] 셀 클릭

② 빠른 실행 도구 모음의 [합계 Σ] 클릭. 자동으로 계산될 범위가 지정된 SUM 함수식이 셀에 입력됩니다.

③ Enter 를 누릅니다.

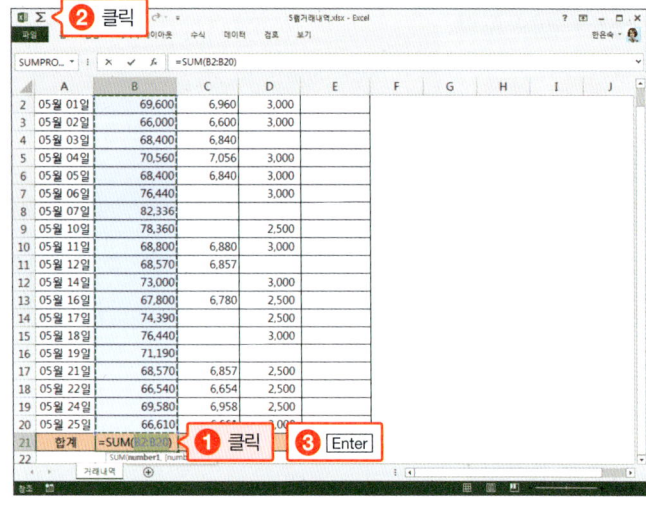

04 단축키로 합계 구하기

Alt 를 누르면 빠른 실행 도구 모음에는 숫자가, 리본 메뉴에는 알파벳이 표시됩니다. 표시된 숫자나 알파벳을 Alt 와 조합하여 해당 명령의 단축키로 사용할 수 있습니다.

① Alt

② [C21] 셀 클릭 후 Alt + 1

③ 빈 셀 때문에 SUM 함수의 계산 범위가 일부만 지정되었으므로 [C2:C20] 셀 드래그 후 Enter

④ [C21] 셀을 클릭하고 [E21] 셀까지 채우기 핸들을 드래그하여 수식을 복사합니다.

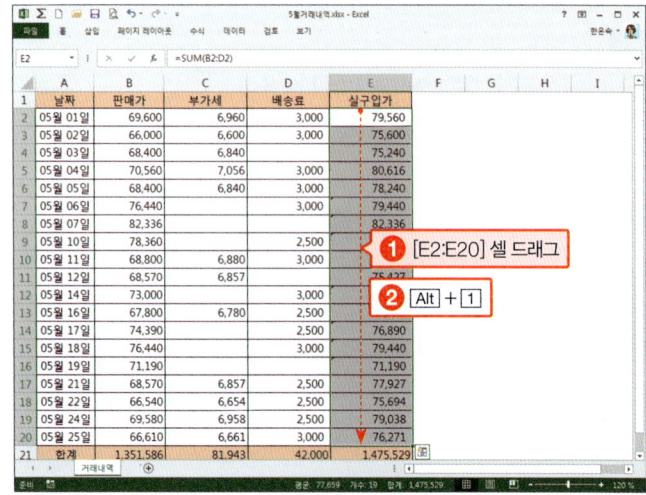

05 범위 지정 후 한번에 합계 구하기

범위를 지정한 후 단축키를 눌러도 합계를 구할 수 있습니다.

① [E2:E20] 셀 드래그

② Alt + 1 을 누릅니다.

바로 통하는 TIP 계산될 범위를 포함한 [B2:E20] 셀을 드래그한 후 실행해도 됩니다.

▪ **실습 파일** Chapter04 \ Section05 \ 누계및소계.xlsx ▪ **완성 파일** Chapter04 \ Section05 \ 누계및소계완성.xlsx

합계 계산 범위에 절대 참조와 상대 참조를 사용하면 누계를 구할 수 있습니다. 또한 중간에 소계를 구할 셀들이 있다면 소계를 구할 부분을 다중 범위로 지정한 후 합계를 구합니다.

01 누계 구하기

일자별 실구입가의 누계액을 구해보겠습니다.

① [일별누계] 시트의 **[G2] 셀** 클릭

② Alt + 1, SUM 함수식에 [F2] 셀만 표시됩니다.

③ **콜론(:) 입력.** [F2:F2]로 범위가 지정됩니다.

④ 앞의 F2를 **$F$2**로 수정한 후 Enter 를 누릅니다.

02

① **[G2] 셀** 클릭

② **채우기 핸들**을 더블클릭하여 수식을 복사합니다.

바로 통하는 TIP 하나의 셀을 합계 계산 범위로 지정하되, 첫 번째 주소는 절대 참조, 두 번째 주소는 상대 참조로 지정하면 수식을 아래로 복사할 때마다 계산 범위가 확장되므로 행마다 누계가 구해집니다.

03 소계 구하기

주별 실구입가의 소계액을 구해보겠습니다.

① **[주별소계] 시트** 선택

② **[C2:F6] 셀**에 드래그

③ **[C7:F12] 셀**에 Ctrl +드래그

④ **[C13:F18] 셀**에 Ctrl +드래그

⑤ **[C19:F24] 셀**에 Ctrl +드래그

⑥ **[C25:F25] 셀**에 Ctrl +드래그

⑦ Alt + 1 을 누릅니다.

바로 통하는 TIP 빈 셀 앞의 숫자 셀 범위가 자동으로 합계 범위로 지정되어 소계가 구해집니다. 마지막 합계 범위에는 소계 셀들이 자동으로 계산 셀로 지정됩니다.

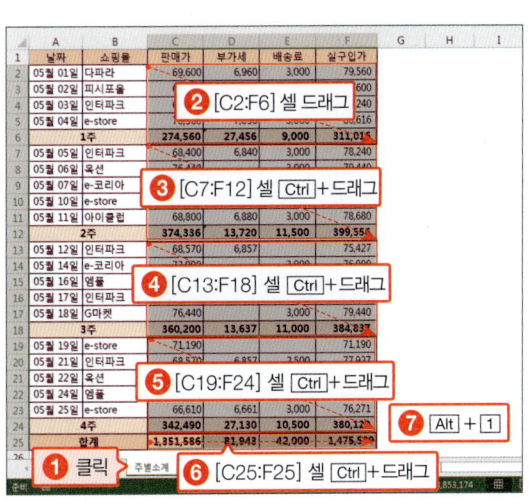

평균, 숫자 개수, 최댓값, 최솟값 구하기

2007 | 2010 | 2013

• 실습 파일 Chapter04\Section05\거래통계표.xlsx   • 완성 파일 Chapter04\Section05\거래통계표완성.xlsx

한 달 동안의 거래 내역표로부터 평균구입가, 최고구입가, 최저구입가, 평균배송료, 무이자 할부 건수, 부가세 건수 등을 구해보겠습니다. 자동 합계 도구 목록에 있는 [평균], [숫자 개수], [최대값], [최소값]을 사용하면 범위 지정만으로 값을 계산할 수 있습니다.

6월 거래 통계표

평균구입가	77,427	최고구입가	82,351
평균배송료	2,137	최저구입가	71,190
부가세건수	14	무이자할부건수	19

날짜	쇼핑몰	판매가	부가세	배송료	실구입가	무이자할부
06월 01일	다파라	69,600	6,960	3,000	79,560	
06월 02일	피시포몰	66,000	6,600	3,000	75,600	3
06월 03일	인터파크	68,400	6,840	-	75,240	10
06월 04일	e-store	70,560	7,056	3,000	80,616	
06월 05일	인터파크	68,400	6,840	3,000	78,240	10
06월 06일	옥션	76,440		3,000	79,440	10
06월 07일	e-코리아	82,336		-	82,336	3
06월 08일	e-코리아	79,351		3,000	82,351	
06월 09일	옥션	76,630		-	76,630	
06월 10일	e-store	78,360		2,500	80,860	3
06월 11일	아이클럽	68,800	6,880	3,000	78,680	
06월 12일	인터파크	68,570	6,857	-	75,427	3
06월 13일	e-코리아	76,440		3,000	79,440	3
06월 14일	e-코리아	73,000		3,000	76,000	
06월 15일	G마켓	70,560		2,300	72,860	
06월 16일	엠플	67,800	6,780	2,500	77,080	6
06월 17일	인터파크	74,390		2,500	76,890	3
06월 18일	G마켓	76,440		3,000	79,440	6
06월 19일	e-store	71,190		-	71,190	6
06월 20일	G마켓	63,900	6,390	2,400	72,690	3
06월 21일	인터파크	68,570	6,857	2,500	77,927	6
06월 22일	옥션	66,540	6,654	2,500	75,694	3
06월 23일	인터파크	76,440		2,500	78,940	3
06월 24일	엠플	69,580	6,958	2,500	79,038	
06월 25일	e-store	66,610	6,661	3,000	76,271	3
06월 26일	엠플	66,660	6,666	2,500	75,826	10
06월 27일	인터파크	76,260		-	76,260	6

❶ 평균(AVERAGE) 입력
❷ 빈 셀만 선택 후 0으로 채우기
❸ 실구입가의 최댓값 입력
❹ 실구입가의 최솟값 입력
❺ 부가세 건수 입력
❻ 무이자 할부 건수 입력

01 평균구입가 구하기

한 달간 거래한 실구입가의 평균을 구해보
겠습니다.

① [B3] 셀 클릭

② [홈] 탭-[편집] 그룹-[자동 합계]-[평
균] 선택

③ [F8] 셀 클릭

④ Ctrl + Shift + ↑

⑤ Enter 를 누릅니다.

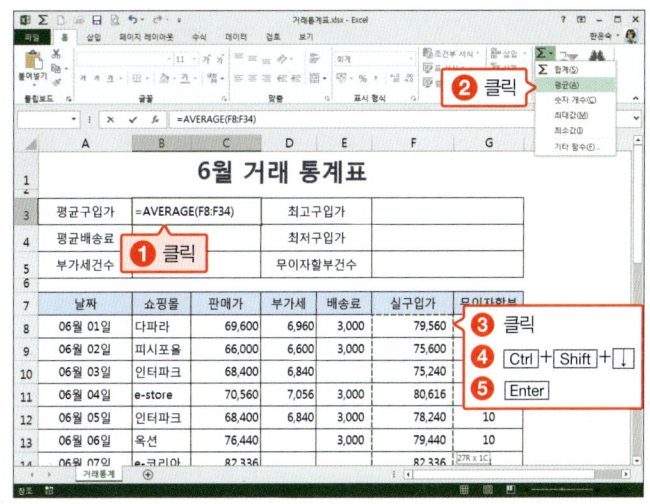

02 평균배송료 구하기

한 달간 사용한 배송료의 평균을 구해보겠
습니다.

① [B4] 셀 클릭

② [홈] 탭-[편집] 그룹-[자동 합계]-[평
균] 선택

③ [E8:E34] 셀 드래그한 후 Enter 를 누릅
니다.

평균을 구하는 AVERAGE 함수는 빈 셀을 0으로 처
리하지 않고 빈 셀을 제외한 평균을 구합니다.

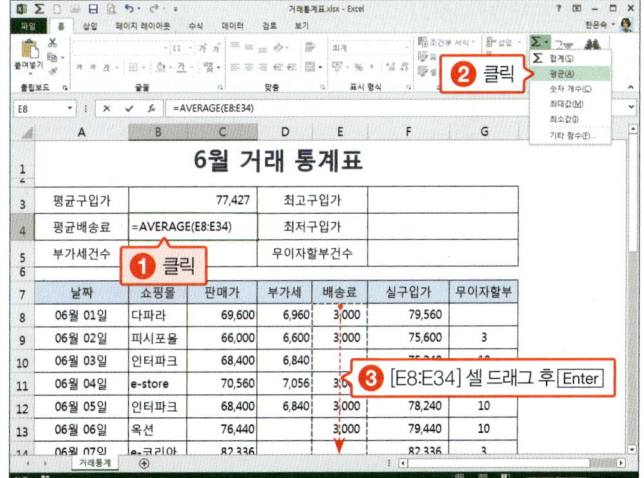

03 배송료의 빈 셀을 모두 0으로 채우기

배송료 셀 중 빈 셀에 모두 0을 입력하여 배
송료가 무료인 셀까지 포함된 평균을 구해
보겠습니다.

① [E8:E34] 셀 드래그

② [홈] 탭-[편집] 그룹-[찾기 및 선택]-
[이동 옵션] 선택

③ [이동 옵션] 대화상자의 [빈 셀] 선택

④ [확인]을 클릭합니다.

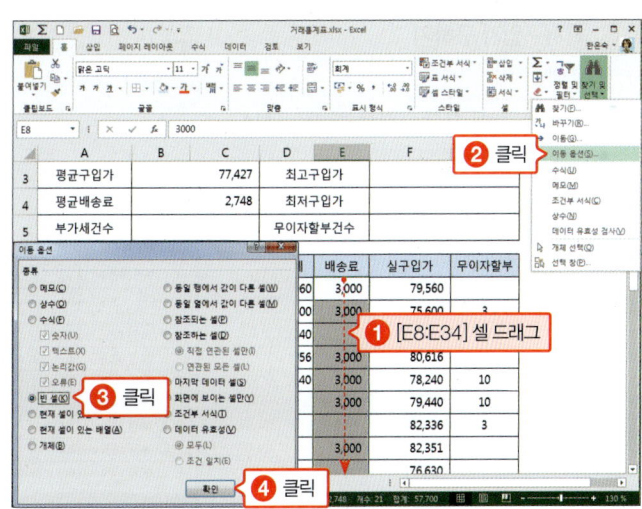

04

① 빈 셀만 선택되면 0 입력

② Ctrl + Enter 를 누릅니다.

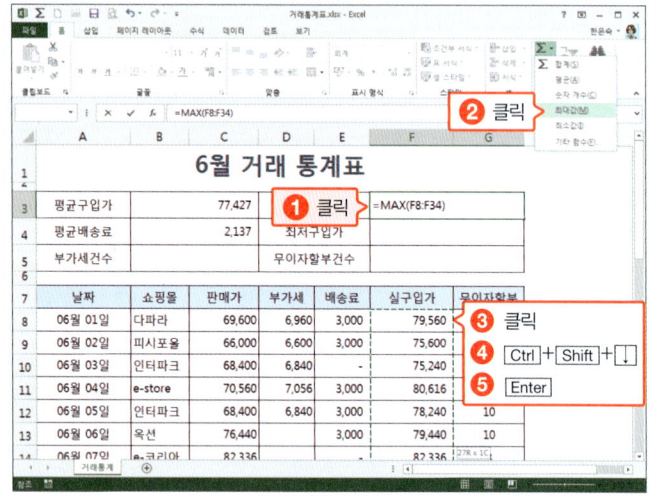

05 최고구입가 구하기

① [F3] 셀 클릭

② [홈] 탭-[편집] 그룹-[자동 합계]-**[최대값]** 선택

③ [F8] 셀 클릭

④ Ctrl + Shift + ↓

⑤ Enter 를 누릅니다.

최댓값을 구하는 MAX 함수식이 입력됩니다.

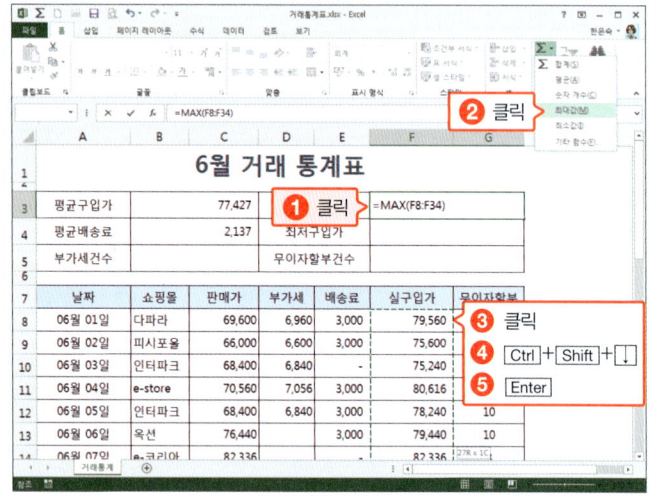

06 최저구입가 구하기

① [F4] 셀 클릭

② [홈] 탭-[편집] 그룹-[자동 합계]-**[최소값]** 선택

③ [F8] 셀 클릭

④ Ctrl + Shift + ↓

⑤ Enter 를 누릅니다.

최솟값을 구하는 MIN 함수식이 입력됩니다.

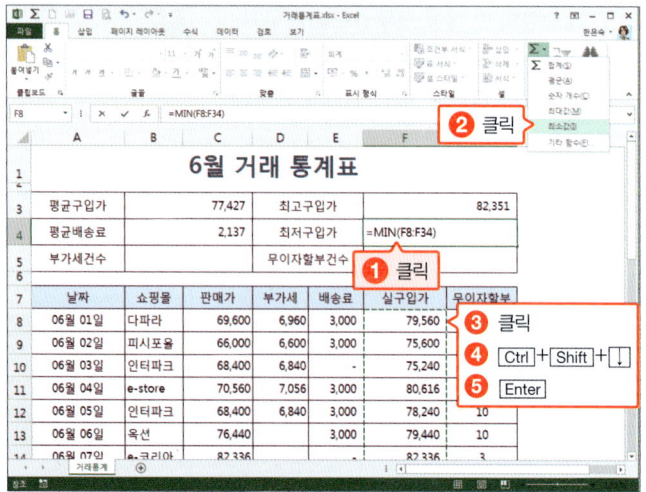

07 부가세 건수 구하기

부가세와 무이자할부 범위는 미리 이름 정
의가 되어 있으므로 이를 이용하여 함수식
을 입력해보겠습니다.

① [B5] 셀 클릭

② [홈] 탭–[편집] 그룹–[자동 합계]–[숫자
개수] 선택

③ COUNT 함수식이 입력되면 괄호 안에
부가세를 입력한 후 Enter 를 누릅니다.

08 무이자할부 건수 구하기

① [F5] 셀 클릭

② [홈] 탭–[편집] 그룹–[자동 합계]–[숫자
개수] 선택

③ COUNT 함수식이 입력되면 괄호 안에
무이자할부를 입력한 후 Enter 를 누릅
니다.

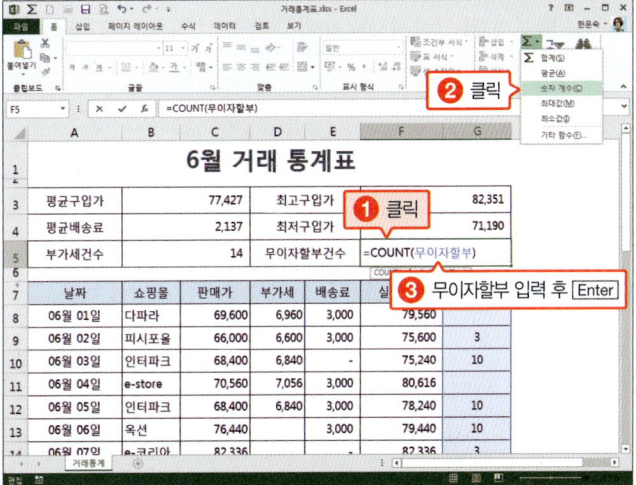

- **실습 파일** Chapter04\Section05\상반기판매실적.xlsx   • **완성 파일** Chapter04\Section05\상반기판매실적완성.xlsx

3차원 참조란 여러 시트 내에서 위치가 같은 셀들을 계산 범위로 지정하는 참조 형태입니다. **3차원 참조 형태 : '1월:6월'!B4**와 같이 시트명과 시트명 사이에 범위를 나타내는 참조 연산자 콜론(:)을 사용하여 지정합니다.

월별로 제품별 판매실적이 별도의 시트에 작성된 상반기판매실적 파일에 3차원 참조 범위를 지정하여 상반기 판매실적 합계를 구해보겠습니다.

01 자동 합계 도구 사용하기

자동 합계 도구로 서울 지역의 판매실적을 구해보겠습니다.

① [상반기] 시트의 [B4] 셀 클릭

② [홈] 탭-[편집] 그룹-[자동 합계]를 클릭합니다.

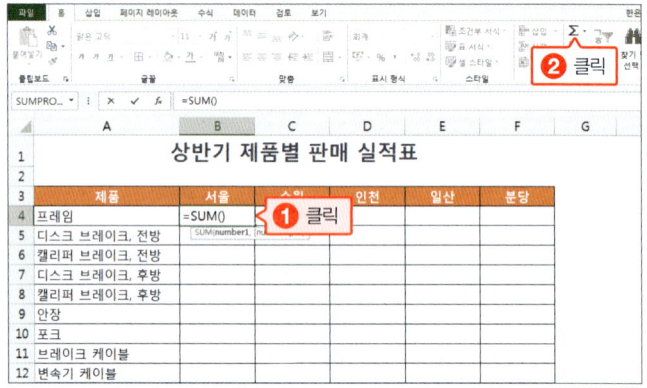

02 3차원 참조 범위 지정하기

① [1월] 시트 클릭

② [6월] 시트 Shift +클릭

③ [1월] 시트의 [B4] 셀을 클릭한 후 Enter 를 누릅니다.

03 수식 복사하기

[상반기] 시트로 화면이 바뀌고 [B4] 셀에 합계가 구해졌습니다. 나머지 지역의 판매실적도 구해보겠습니다.

① [B4] 셀 클릭

② 채우기 핸들을 [F4] 셀까지 드래그

③ 다시 **채우기 핸들**을 더블클릭하여 나머지 빈 셀에 수식을 복사합니다.

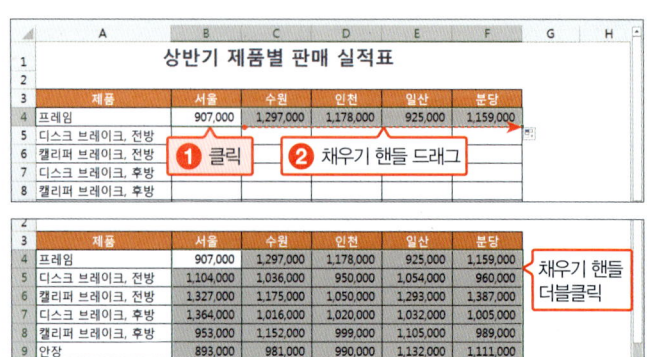

엑셀 2013에서 새롭게 추가된 빠른 분석 도구는 지정된 데이터 범위에 대해 쉽게 조건부 서식을 지정하거나 차트, 계산, 피벗 테이블 삽입 등을 할 수 있는 도구입니다. 빠른 분석 도구로 합계, 평균, 총%, 누계를 쉽게 구해보겠습니다.

핵심기능실습 | 빠른 분석 도구로 합계, 평균, 점유율, 누계 구하기

• 실습 파일 Chapter04\Section06\연매출실적표.xlsx • 완성 파일 Chapter04\Section06\연매출실적표완성.xlsx

빠른 분석 도구의 합계를 사용하여 월별, 지점별 매출 실적이 입력된 연매출실적표에 지점별 매출합계, 월평균매출, 월매출누계, 지점별 매출점유율 등을 구해보겠습니다.

01 지점별 매출합계 구하기

① [A4:F15] 셀 드래그
② 범위 끝에 표시된 [빠른 분석 🔳] 클릭
③ [합계] 클릭
④ 열 방향 [합계🔳]를 선택합니다.

02 지점별 점유율 구하기

수치 데이터만 범위로 지정하지 않고 데이터 레이블에 해당하는 [A4:A15] 셀도 범위로 지정했기 때문에 [A16] 셀에 데이터 레이블로 '합계'라는 글자가 입력됩니다. 지점별 점유율을 구해보겠습니다.

① [B16:F16] 셀 드래그
② 범위 끝에 표시된 [빠른 분석 🔳] 클릭
③ [합계] 클릭
④ 열 방향 [총%🔳]를 선택합니다.

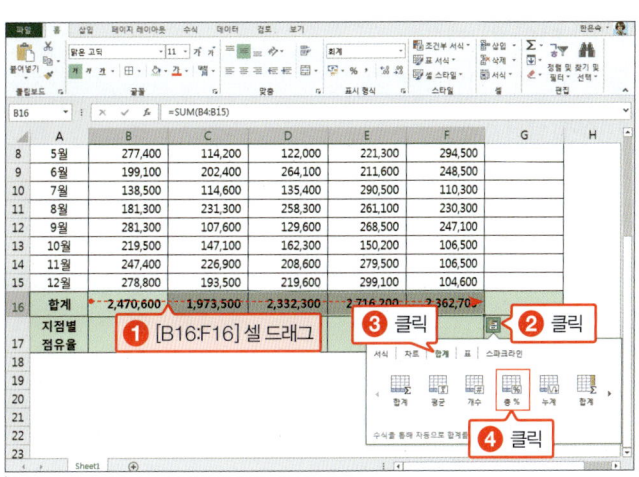

03 월평균매출 구하기

[B17] 셀 수식을 확인해보면 =SUM(B16) /SUM($B$16:$F$16)이라고 입력되어 있습니다. 즉, [총%]에는 지정된 범위 중 한 열의 '합계/총 범위 합계'가 구해지므로 열 합계의 점유율이 됩니다. 계속해서 월평균 매출을 구해보겠습니다.

① [B4:F15] 셀 드래그

② 범위 끝에 표시된 [빠른 분석圖] 클릭

③ [합계] 클릭

④ 오른쪽 이동 버튼 ▶ 클릭

⑤ 행 방향 [평균▒]을 선택합니다.

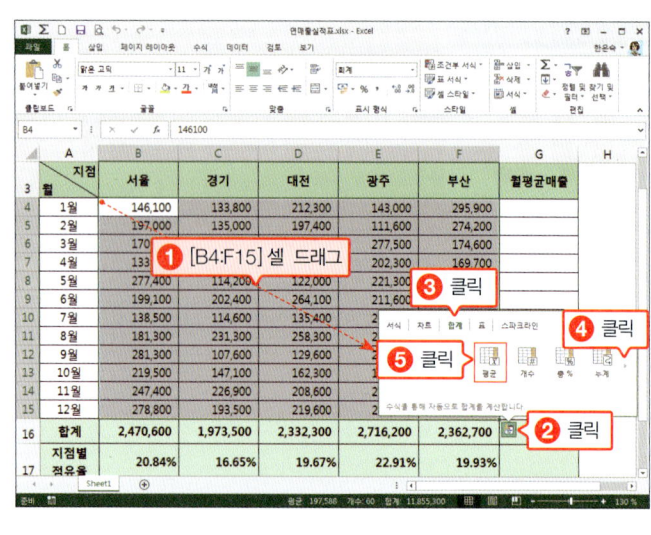

04 열 삽입하기

빠른 분석 도구의 계산 결과는 지정된 연속 범위 끝 부분에만 입력되므로 이미 범위 끝에 계산 결과가 있는 상태에서 다른 계산 결과를 또 입력해야 한다면 빈 열을 삽입한 후 값을 구해야 합니다.

① G열 머리글 클릭

② [홈] 탭-[셀] 그룹-[삽입]을 클릭합니다.

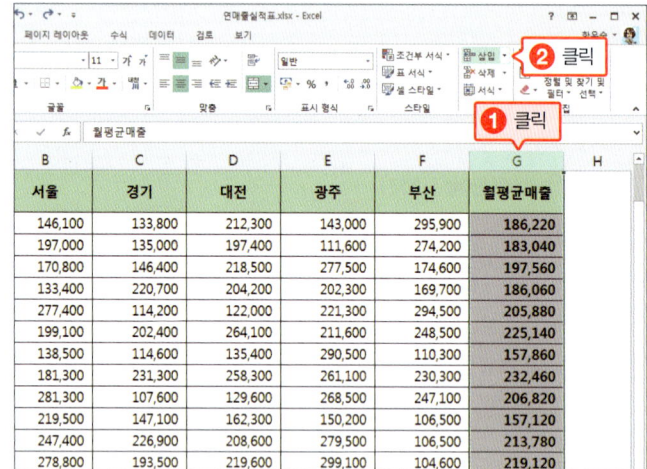

05 월별 매출 누계 구하기

G열에 월별 매출 누계를 구해보겠습니다.

① [B3:F15] 셀 드래그

② 범위 끝에 표시된 [빠른 분석圖] 클릭

③ [합계] 클릭

④ 오른쪽 이동 버튼 ▶ 클릭

⑤ 행 방향 [누계▒] 선택

⑥ [G3] 셀에 누계를 입력하여 완성합니다.

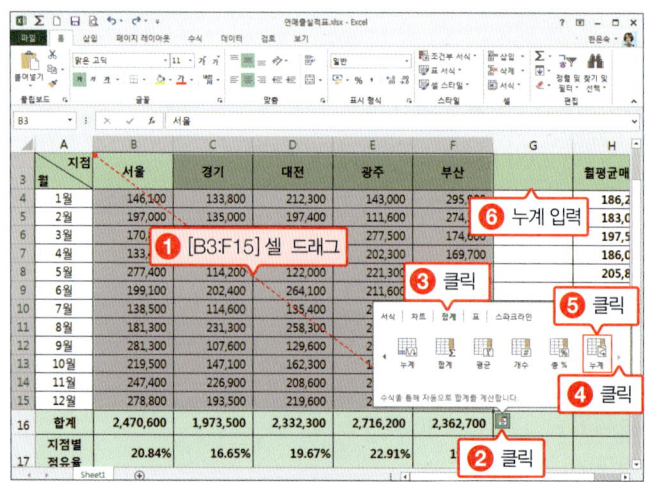

서식 활용으로
문서 스타일 살리기

단순하게 데이터만 입력된 문서는 문서의 의도를 한눈에 파악
하기 어렵습니다. 특히 엑셀 문서는 수치를 많이 다루고 긴 데
이터 목록을 포함한 것이 많으므로 강조할 데이터를 눈에 띄게
표시해주면서 간결하게 꾸미는 것이 좋습니다. 엑셀에서 제공
하는 표 서식과 셀 스타일 등을 활용하면 마우스 클릭 몇 번으
로 테두리, 셀 색, 글꼴 등의 기본적인 서식을 빠르게 지정할 수
있습니다. 엑셀에서는 숫자, 날짜, 시간, 문자 등 종류에 따라
데이터를 다양한 방식으로 표시할 수 있으며 지정하는 조건에
맞춰 다른 서식으로 나타낼 수 있습니다.

표 서식과 셀 스타일로
빠른 서식 지정하기

데이터 입력을 마친 후 글꼴, 테두리, 셀 색, 맞춤, 표시 형식 등을 일일이 지정할 시간이 충분하지 않다거나 스타일 지정에 익숙하지 않다면 표 서식이나 셀 스타일을 사용해 여러 서식을 한번에 지정할 수 있습니다. 표 서식과 셀 스타일에는 테두리, 셀 색, 표시 형식, 글꼴 등이 미리 정의되어 있습니다.

표 서식 지정

표 서식은 미리 정의된 표 스타일을 빠르게 지정할 수 있는 기능입니다. 엑셀 2003 버전까지 자동 서식이라는 이름으로 제공되던 기능이 업그레이드된 것입니다. 표 서식을 지정하면 표 범위가 데이터베이스의 특성을 가지게 되는데, 표의 데이터베이스 관련 기능은 'Chapter 10 데이터를 골라 쓰자! 데이터 관리와 분석'에서 더 자세히 다루도록 하고 이번 장에서는 서식을 빠르게 지정하기 위한 도구로만 사용해보겠습니다.

➖ 표 서식 지정 방법

[방법①] [홈] 탭-[스타일] 그룹-[표 서식 📝]을 클릭하고 셀 색, 테두리, 글꼴 색 등이 조합된 서식 샘플 목록에서 원하는 서식을 선택합니다. [방법②] [삽입] 탭-[표] 그룹-[표 ⊞]를 클릭하면 기본 서식이 지정됩니다.

➖ [표 도구]-[디자인] 탭 생성

표 서식이 지정되면 리본 메뉴에 [표 도구]-[디자인] 탭이 생성됩니다. 데이터베이스 관련 명령이나 표 스타일 구성 요소를 선택하고 표 스타일을 변경할 수 있습니다. [표 도구]는 워크시트에서 표 범위 안쪽 셀이 선택되어야 표시됩니다. 표 범위 바깥쪽 셀이 선택되면 [표 도구]도 없어집니다.

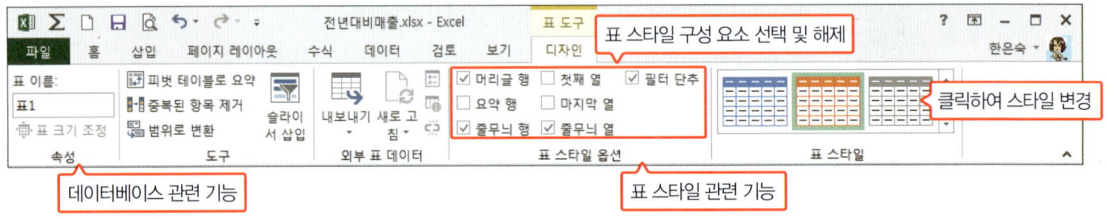

➖ 필터 해제

표 서식이 지정된 범위는 데이터베이스의 특성을 가지게 되어 표 범위 첫 행 셀에는 [필터 단추]가 생깁니다. 표 범위의 속성을 유지하면서 [필터 단추]만 없애려면 [표 도구]-[디자인] 탭-[표 스타일 옵션] 그룹-[필터 단추]의 체크 표시를 해제하거나 [데이터] 탭-[정렬 및 필터] 그룹-[필터]를 클릭, 또는 단축키 Ctrl+Shift+L을 눌러도 됩니다.

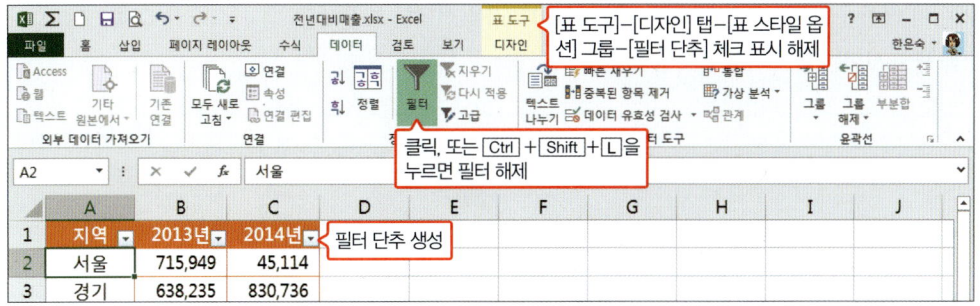

일반 범위로 변환

표 범위를 데이터베이스로서 관리하는 것이 목적이 아니라 서식을 빠르게 지정하기 위한 목적으로 표 스타일을 지정했다면 [표 도구]−[디자인] 탭−[도구] 그룹−[범위로 변환🔄]을 클릭하여 일반 범위로 변환할 수 있습니다. 적용된 서식은 그대로 유지되면서 일반 범위로 변환됩니다.

셀 스타일 지정

표 서식은 선택된 셀 주변 전체 데이터 범위가 자동 지정되면서 서식이 지정되지만 셀 스타일은 선택한 셀이나 선택 범위에만 서식이 지정됩니다. [홈] 탭−[스타일] 그룹−[셀 스타일🗗]을 클릭하면 글꼴, 숫자 서식, 테두리, 셀 색 등의 서식이 미리 적용된 셀 스타일 목록이 표시됩니다.

모니터 해상도에 따른 셀 스타일 목록

[홈] 탭−[스타일] 그룹−[셀 스타일🗗]은 모니터 해상도에 따라 다음과 같이 다르게 표시됩니다. 모니터 해상도가 1680×1050 이상이라면 리본 메뉴에 일부 셀 스타일 목록이 바로 표시되며, [이전 버튼▵]을 클릭하면 스타일 목록 창 안에 이전 목록이 표시됩니다. [다음 버튼▿]을 클릭하면 다음 목록이 표시되고 전체 목록을 표시하려면 [자세히 버튼▿]을 클릭합니다.

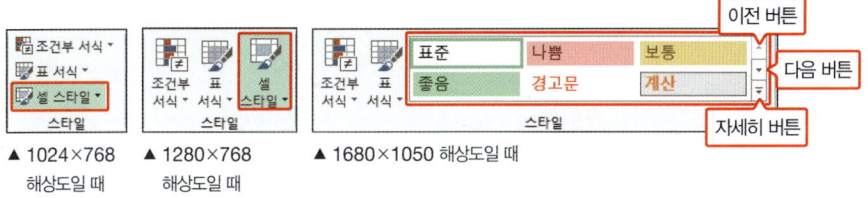

▲ 1024×768 해상도일 때   ▲ 1280×768 해상도일 때   ▲ 1680×1050 해상도일 때

테마에 따른 스타일 변화

적용하는 테마에 따라서 표 서식과 셀 스타일 목록의 색상 배합, 글꼴 조합 등이 다르게 표시됩니다. 이미 워크시트 범위에 지정된 표 서식이나 셀 스타일도 테마를 변경하면 함께 변경됩니다. 테마는 [페이지 레이아웃] 탭−[테마] 그룹−[테마🎨]를 클릭한 후 테마 목록에서 변경할 수 있습니다. 선택한 테마에서도 [페이지 레이아웃] 탭−[테마] 그룹의 [테마 색🎨], [테마 글꼴🅰], [테마 효과🔵]에 따라 색 배합이나 글꼴 조합 등이 다르게 표시됩니다.

다음은 ① [페이지 레이아웃] 탭 - [테마] 그룹 - [테마] - [패싯]을 선택한 후 ② [홈] 탭 - [스타일] 그룹 - [셀 스타일]을 선택했을 때 표시되는 셀 스타일 목록입니다.

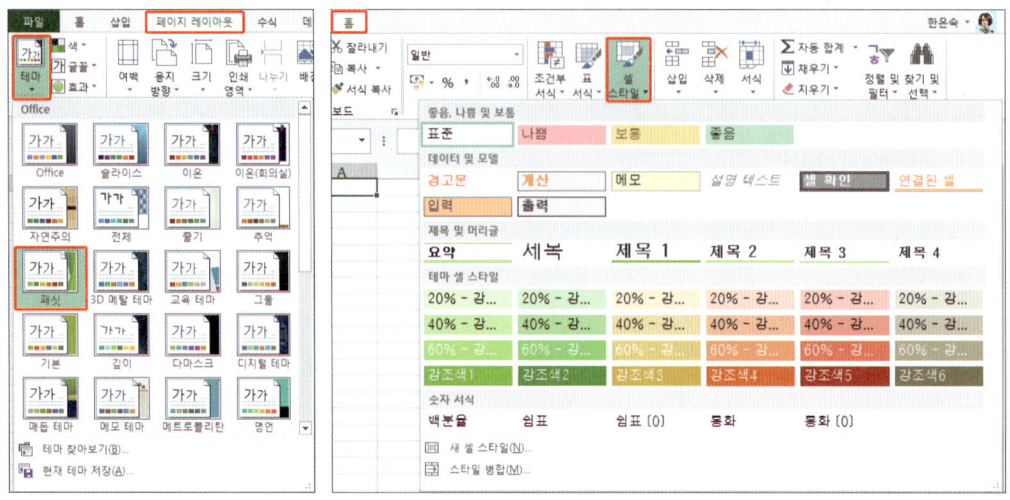

▲ [패싯] 테마 설정   ▲ [패싯] 테마에 따라 변경된 셀 스타일 목록

핵심기능실습 **빠르게 서식 지정하고 변경하기**

• **실습 파일** Chapter05 \ Section01 \ 지역별재고현황.xlsx • **완성 파일** Chapter05 \ Section01 \ 지역별재고현황완성.xlsx

표 서식과 셀 스타일을 이용하면 가장 빠르게 서식을 지정할 수 있습니다. 테두리, 셀 색 등 서식 지정 없이 데이터만 입력되어 있는 '지역별재고현황' 파일에 표 서식과 셀 스타일, 테마 변경 등을 적용해 빠르게 서식을 지정하고 변경하는 방법에 대해서 알아보겠습니다.

01 표 서식 지정하기

① 표 서식을 지정할 범위 중 한 셀인 [A4] 셀 클릭

② [홈] 탭 - [스타일] 그룹 - **[표 서식]** 클릭

③ **[표 스타일 밝게 2]** 선택

④ [표 서식] 대화상자가 표시되면 데이터 범위가 =$A$4:$I$16로 지정되었는지 확인한 후 [머리글 포함]에 체크 표시

⑤ **[확인]**을 클릭합니다.

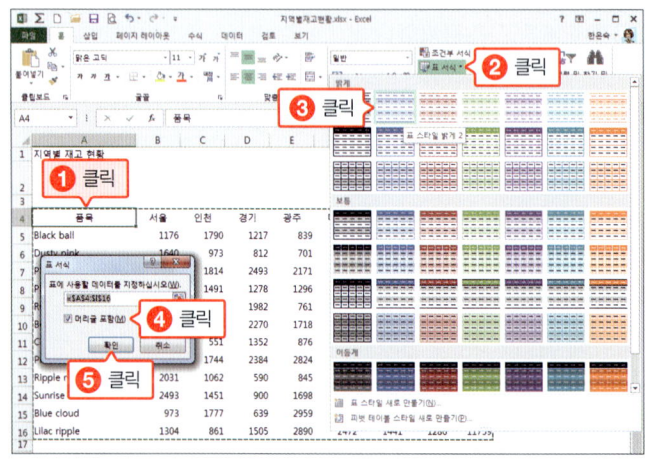

[머리글 포함] 옵션을 선택하지 않으면

표 서식 지정 시 [머리글 포함] 옵션을 선택하지 않으면 데이터 범위의 첫 행 위쪽으로 머리글 행이 추가로 생깁니다.

	A	B	C	D	E	F	G	H	I
4	열1 ▾	열2 ▾	열3 ▾	열4 ▾	열5 ▾	열6 ▾	열7 ▾	열8 ▾	열9 ▾
5	품목	서울	인천	경기	광주	대구	대전	부산	합계
6	Black ball	1176	1790	1217	839	1248	2791	2713	11774

02 스타일 변경 및 표 스타일 옵션 선택하기

① [표 도구]-[디자인] 탭-[표 스타일] 그룹에서 [표 스타일 밝게13] 선택

② [표 스타일 옵션] 그룹에서 [첫째 열], [마지막 열], [줄무늬 열] 체크 표시

③ [필터 단추]의 체크 표시를 해제합니다.

바로 통하는 TIP 표 스타일 그룹에서 원하는 스타일에 마우스 포인터를 위치시키면 워크시트에 적용할 표 서식을 미리 보여줍니다. 스타일은 마우스를 클릭했을 때만 적용됩니다.

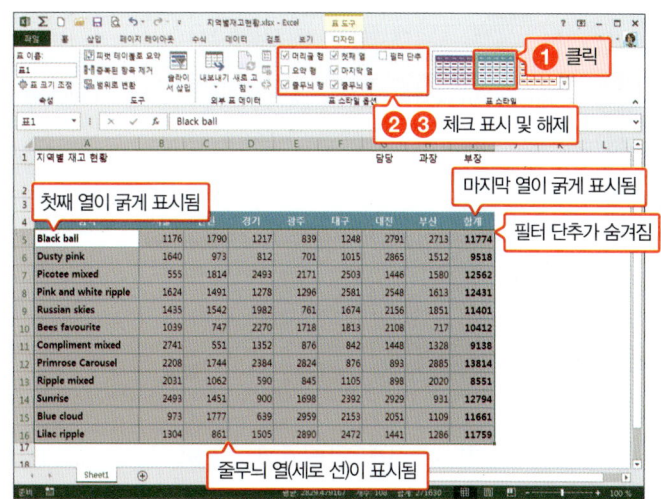

03 정상 범위로 변환하기

① [표 도구]-[디자인] 탭-[도구] 그룹-[범위로 변환] 클릭

② 변환을 확인하는 메시지의 대화상자에서 [예]를 클릭합니다.

표 서식은 유지된 채 표가 정상 범위로 변환됩니다.

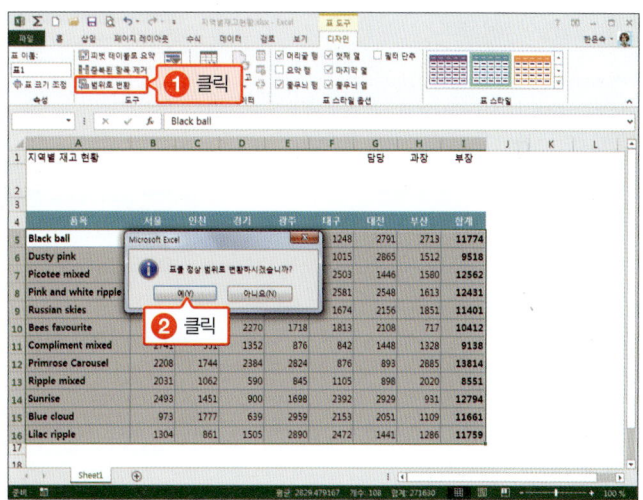

• **참고 파일** Chapter05\Section01\표서식.xlsx

표 범위는 데이터를 효율적으로 관리할 수 있는 일종의 데이터 관리 범위입니다. 정상 범위와 달리 표 범위 안에서는 셀 병합, 서식 없는 빈 행, 빈 열을 삽입할 수 없습니다. 수식 입력 시에는 일반적인 셀 참조 형식이 아닌 구조적 참조 형식으로 입력됩니다. 따라서 데이터 관리를 위해서가 아니라 서식 지정만을 위해 표 서식을 사용했다면 다시 정상 범위로 변환하는 것이 좋습니다. 또한 셀 병합이 포함된 범위에 표 서식을 지정하면 셀 병합이 모두 해제됩니다.

	품목정보		서울	인천	경기	광주	대구	대전	부산	
	품목				대리점					합계
판매월	품목		서울	인천	경기	광주	대구	대전	부산	
1월	Black ball		1176	1790	1217	839	1248	2791	2713	11774
	Dusty pink		1640	973	812	701	1015	2865	1512	9518
	Picotee mixed		555	1814	2493	2171	2503	1446	1580	12562
2월	Pink and white ripple		1624	1491	1278	1296	2581	2548	1613	12431
	Russian skies		1435	1542	1982	761	1674	2156	1851	11401
	Bees favourite		1039	747	2270	1718	1813	2108	717	10412
3월	Compliment mixed		2741	551	1352	876	842	1448	1328	9138
	Primrose Carousel		2208	1744	2384	2824	876	893	2885	13814
	Ripple mixed		2031	1062	590	845	1105	898	2020	8551
4월	Sunrise		2493	1451	900	1698	2392	2929	931	12794
	Blue cloud		973	1777	639	2959	2153	2051	1109	11661
	Lilac ripple		1304	861	1505	2890	2472	1441	1286	11759

셀 병합이 모두 해제됨

---

04 셀 스타일 지정하기

① [A1] 셀 클릭
② [홈] 탭-[스타일] 그룹-[**셀 스타일**] 클릭
③ [**제목**]을 선택합니다.

[제목] 스타일이 적용됩니다.

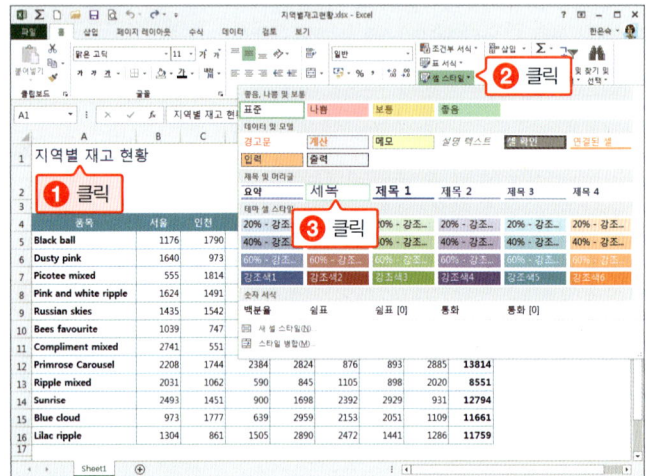

05

① [G1:I2] 셀 드래그
② [홈] 탭-[스타일] 그룹-[**셀 스타일**] 클릭
③ [**메모**]를 선택합니다.

해당 범위에 [메모] 스타일이 적용됩니다.

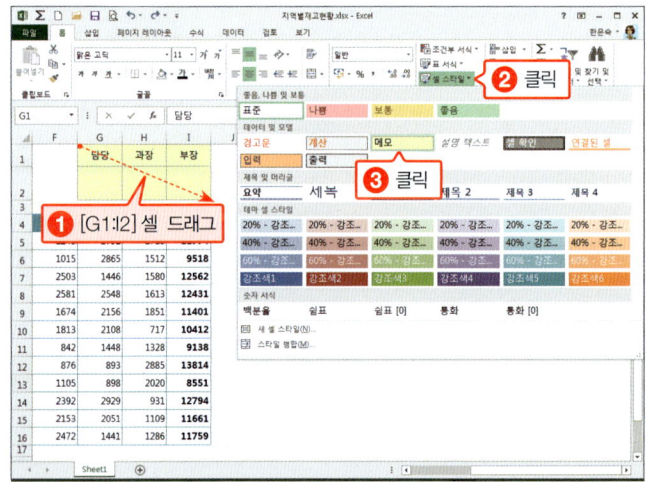

06

① [B5:I16] 셀 드래그

② [홈] 탭-[스타일] 그룹-[셀 스타일] 클릭

③ 쉼표 [0]을 선택합니다.

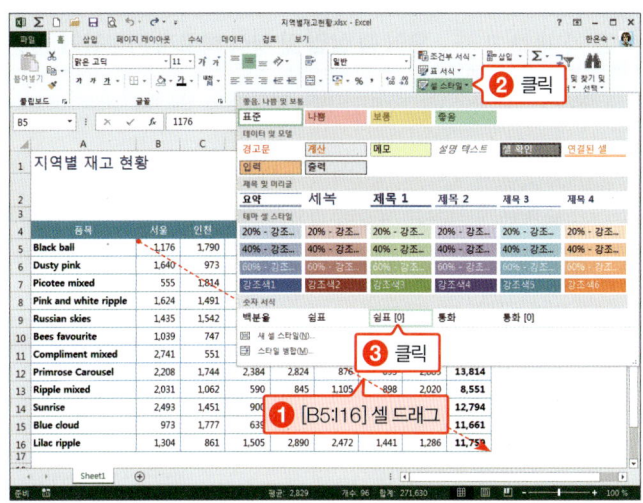

세 자리 단위마다 숫자에 콤마가 표시됩니다.

바로 통하는 TIP [셀 스타일]에서 '쉼표'는 세 자리 단위마다 숫자에 콤마를 표시하면서 소수 둘째 자리까지 나타내고, '쉼표[0]'은 정수로 표시합니다.

---

07 병합하고 가운데 맞춤하기

① [A1:F2] 셀 드래그

② [홈] 탭-[맞춤] 그룹-[병합하고 가운데 맞춤🔳] 클릭

③ [홈] 탭-[글꼴] 그룹-[글꼴 크기 크게 가] 세 번 클릭

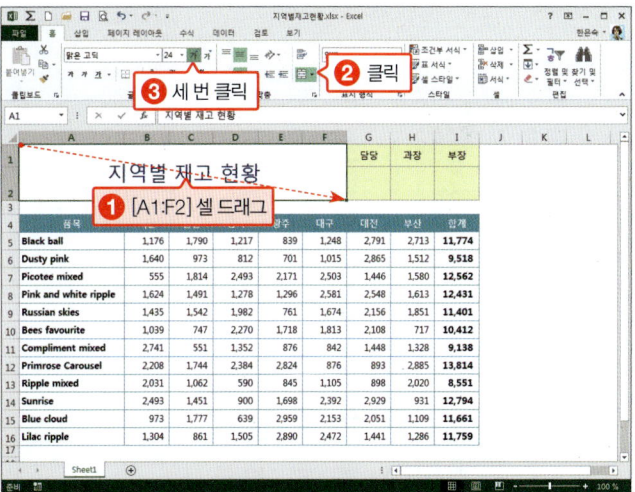

글꼴 크기를 [24]로 지정합니다.

---

08 테마 변경하기

① [페이지 레이아웃] 탭-[테마] 그룹-[테마] 클릭

② [어린이 테마]를 선택합니다.

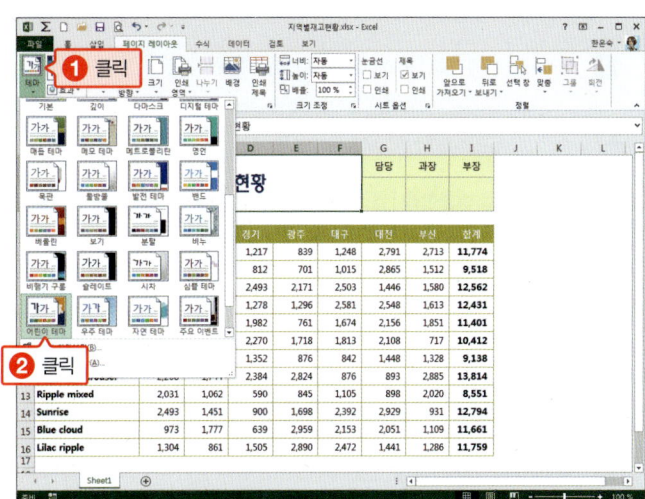

[어린이 테마]에 정의된 글꼴, 표 테두리, 셀 색 등으로 바로 변경됩니다.

• 실습 파일 Chapter05 \ Section01 \ 고객거래내역.xlsx • 완성 파일 Chapter05 \ Section01 \ 고객거래내역완성.xlsx

데이터만 입력된 '고객거래내역' 파일을 불러온 후 다음의 지시 사항에 따라 표 서식과 셀 스타일 설정으로 빠르게 서식을 지정하고 요약 행을 삽입하여 금액 합계를 구해보겠습니다.

▲ 실습 파일   ▲ 완성 파일

1️⃣ [A3:J43] 셀에 대해 [표 스타일 보통 6]을 지정합니다.

2️⃣ [첫째 열], [마지막 열], [줄무늬 열], [요약 행]을 선택하고 [줄무늬 행]은 체크 표시를 해제합니다.

3️⃣ [A1:J1] 셀을 병합한 후 [셀 스타일] 중 [제목 1] 지정. 글꼴 크기는 24로 지정합니다.

4️⃣ 거래금액, 결제금액 요약 셀인 [H44], [I44] 셀의 요약 목록 버튼을 클릭하고 각각 합계를 선택합니다.

5️⃣ [H4:J44] 셀에 대해 [셀 스타일] 중 [쉼표 [0]]을 지정합니다.

6️⃣ [A44:J44] 셀에 대해 [셀 스타일] 중 [요약]을 지정합니다.

7️⃣ [디자인] 탭-[도구] 그룹-[범위로 변환]을 눌러 정상 범위로 변환합니다.

8️⃣ [A44:G44] 셀을 셀 병합하고 합계라고 입력합니다.

02 글꼴과 맞춤 서식 지정하기

글꼴과 맞춤 서식은 데이터 입력 후 가장 먼저 설정하게 되는 서식입니다. 글꼴 서식에는 글꼴 종류, 글꼴 크기, 강조 스타일, 글꼴 색, 밑줄 등이 포함되며 맞춤 서식에는 셀 내의 텍스트 정렬 방식과 글자 방향, 셀 병합 등이 포함됩니다.

서식 도구

서식 지정 시 주로 사용하는 도구는 [홈] 탭 – [글꼴], [맞춤], [표시 형식] 그룹의 명령 버튼입니다. 리본 메뉴에 없는 서식 명령은 각 그룹의 [대화상자 표시 ⑤] 아이콘을 클릭하거나 마우스 오른쪽 버튼을 클릭한 후 단축 메뉴에서 [셀 서식]을 선택합니다. 단축키 Ctrl + 1 을 눌러 표시된 [셀 서식] 대화상자에서도 지정할 수 있습니다. 또한 마우스 오른쪽 버튼을 클릭했을 때 단축 메뉴와 함께 나타나는 미니 도구 모음에서도 글꼴, 글꼴 크기, 표시 형식, 테두리, 셀 색, 글꼴 색 등의 기본적인 서식을 지정할 수 있습니다.

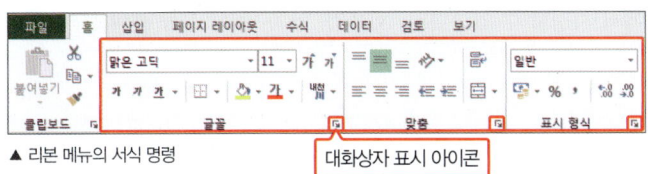

▲ 리본 메뉴의 서식 명령   대화상자 표시 아이콘

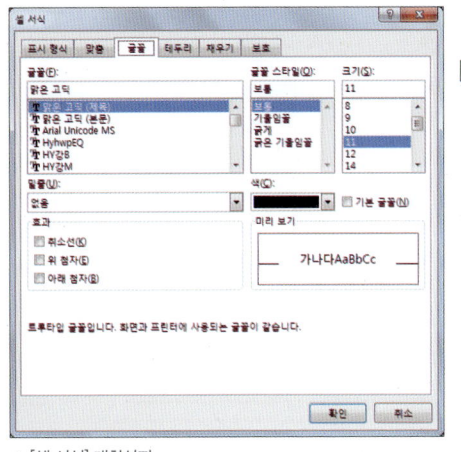

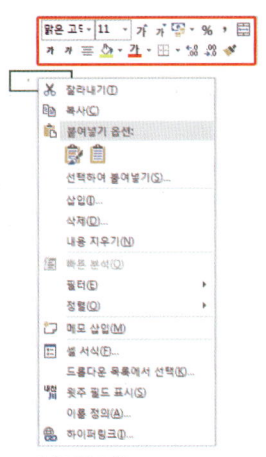

▲ [셀 서식] 대화상자   ▲ 미니 도구 모음

글꼴 서식

글꼴, 글꼴 크기, 글꼴 스타일, 밑줄, 글꼴 색 등의 기본 서식은 [홈] 탭 – [글꼴] 그룹에서 지정할 수 있습니다. 회계용 밑줄, 취소선, 위 첨자, 아래 첨자 등은 [셀 서식] 대화상자에서 지정할 수 있습니다.

• **참고 파일** Chapter05\Section02\서식샘플.xlsx

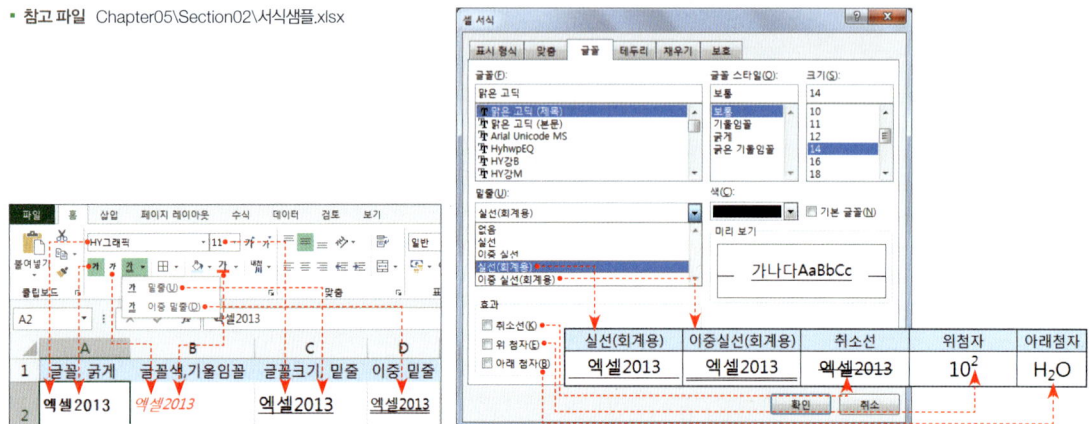

▲ [홈] 탭 – [글꼴] 그룹에서 지정하는 글꼴 서식   ▲ [셀 서식] 대화상자에서 지정하는 글꼴 서식

맞춤 서식

셀 내에서 가로, 세로 기준으로 텍스트를 정렬할 위치와 글자 방향, 텍스트 줄 바꿈, 셀 병합, 들여쓰기, 내어쓰기 등 대부분의 맞춤 서식은 [홈] 탭 – [맞춤] 그룹에서 지정할 수 있습니다. 채우기, 양쪽 맞춤, 균등 분할 등의 기타 맞춤 옵션은 [셀 서식] 대화상자에서 지정할 수 있습니다.

— **[홈] 탭 – [맞춤] 그룹에서 지정하는 맞춤 서식**

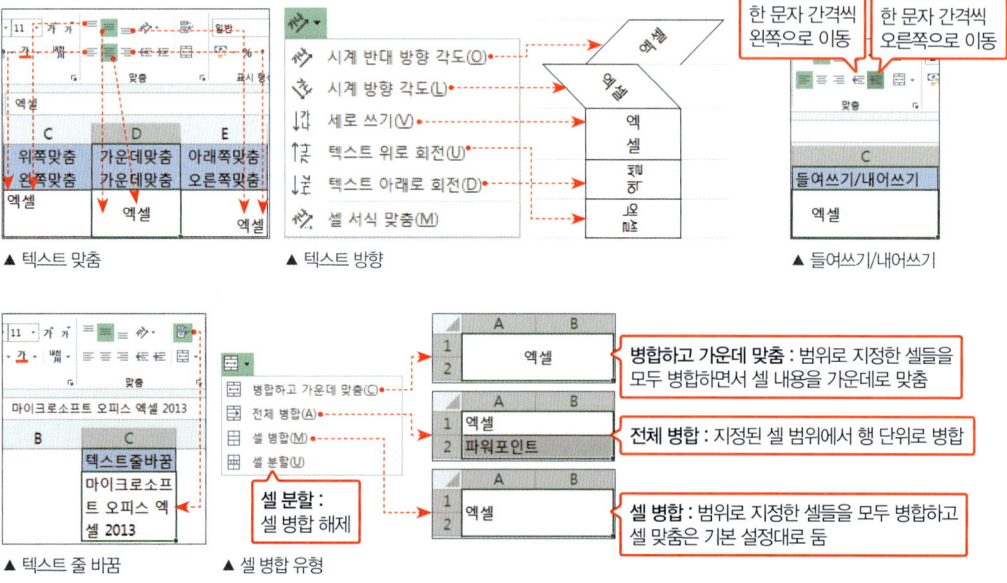

● [셀 서식] 대화상자에서 지정하는 맞춤 서식

▲ 가로 맞춤의 기타 옵션

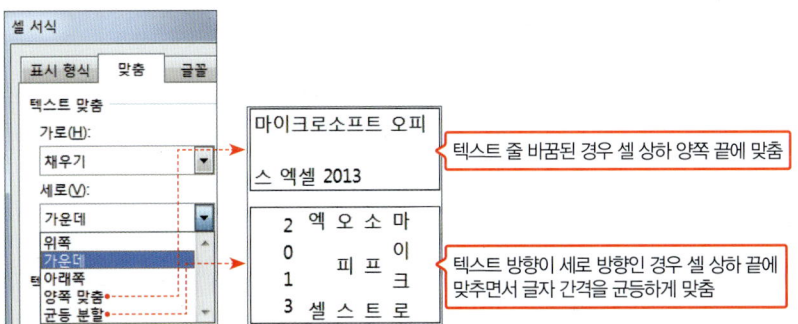

▲ 세로 맞춤의 기타 옵션

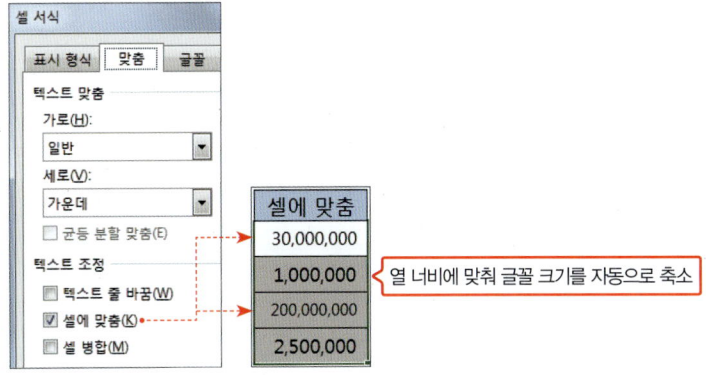

▲ 셀에 맞춤

지출결의서에 글꼴 및 맞춤 서식 지정하기

2007 | 2010 | 2013

• **실습 파일** Chapter05 \ Section02 \ 지출결의서.xlsx   • **완성 파일** Chapter05 \ Section02 \ 지출결의서완성.xlsx

지출결의서는 업무에 필요한 지출 사항에 대해 자금 관리 부서에서 출금 승인을 받기 위해 지출일자, 지출금액, 관련 영수증을 첨부하여 제출하고 결과 사항을 다시 결재받도록 하는 문서입니다. 글꼴과 맞춤 서식이 미처 지정되지 않은 준비 파일을 불러온 후 완성 그림과 같이 글꼴과 맞춤 서식을 지정해보겠습니다.

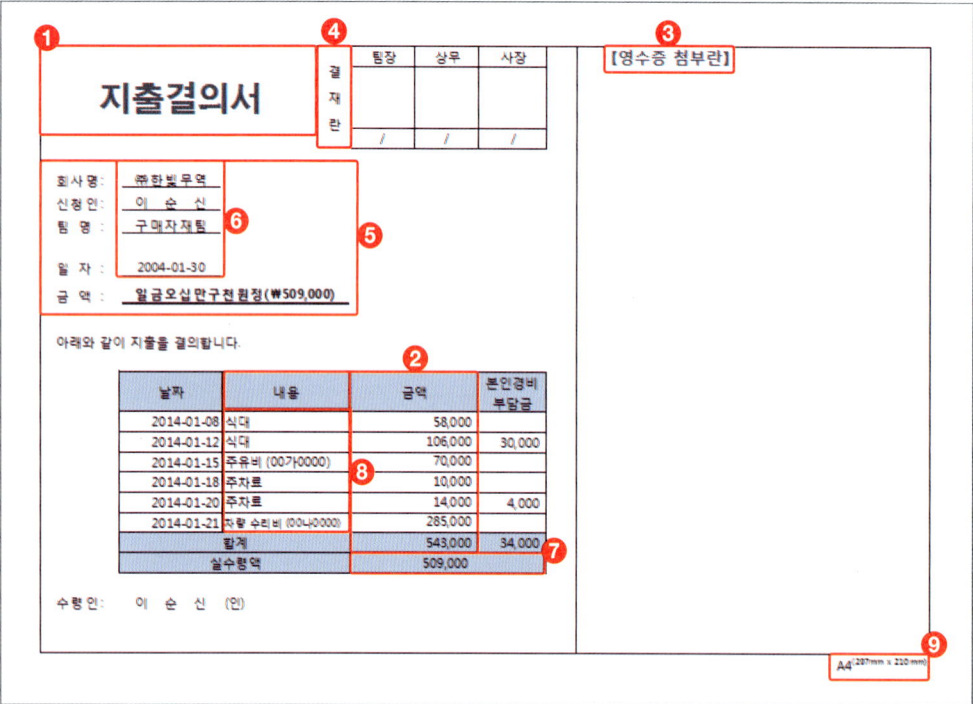

❶ 셀 병합

❷ 전체 병합

❸ 글꼴 서식 지정

❹ 세로 맞춤

❺ 균등 분할

❻ 회계용 밑줄 지정

❼ 선택 영역의 가운데 맞춤

❽ 셀 너비에 맞춰 글꼴 크기 자동 축소

❾ 위 첨자 지정

01 셀 병합하기

① [A1:C3] 셀 드래그

② 추가로 범위를 지정하기 위해 [D1:D3] 셀 Ctrl +드래그

③ [B10:D10] 셀 Ctrl +드래그

④ [홈] 탭-[맞춤] 그룹-[병합하고 가운데 맞춤 ▦]을 클릭합니다.

범위로 지정한 셀들이 모두 병합되면서 셀 내용이 가운데로 맞춰집니다.

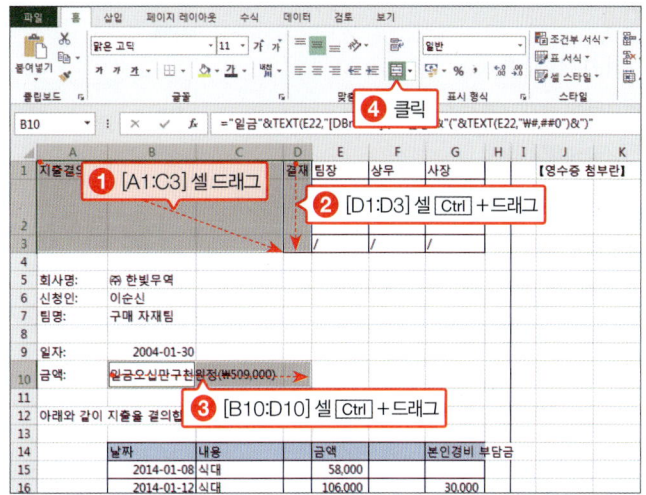

02 행 단위로 병합하기

① [C14:D20] 셀 드래그

② [E14:F21] 셀 Ctrl +드래그

③ [홈] 탭-[맞춤] 그룹-[병합하고 가운데 맞춤 ▾]의 목록 버튼 클릭

④ [전체 병합]을 선택합니다.

지정된 범위의 셀이 행 단위로 병합되면서 문자는 왼쪽, 숫자는 오른쪽으로 자동 정렬됩니다.

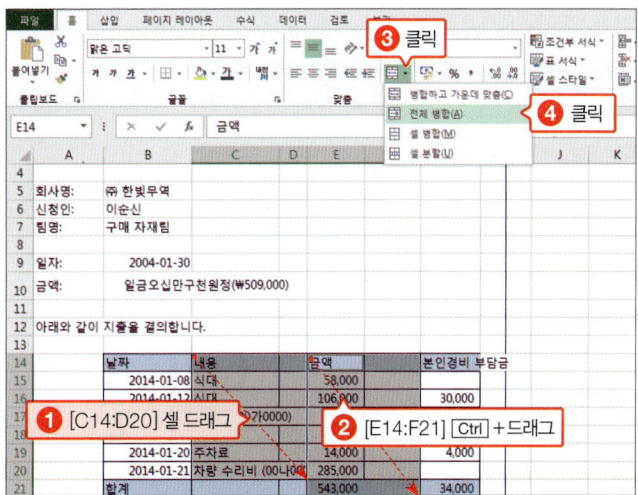

03 글꼴, 글꼴 크기, 글꼴 색 지정하기

① [A1] 셀 클릭

② [홈] 탭-[글꼴] 그룹-[글꼴]에서 [HY견고딕] 선택

③ [글꼴 크기]에서 [28] 선택

④ [글꼴 색]에서 [청회색, 텍스트 2]를 선택합니다.

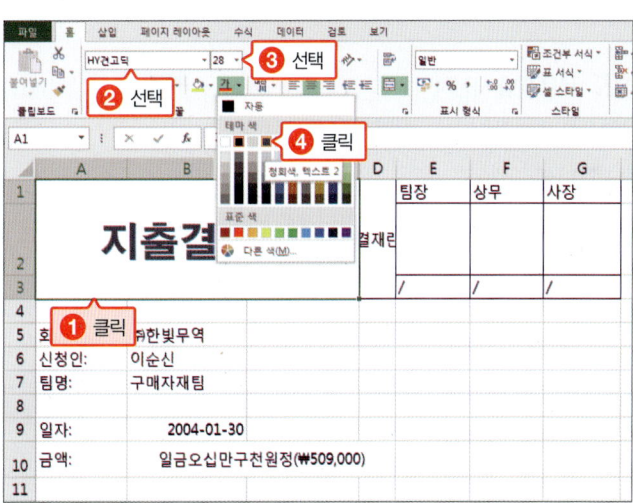

04

① [J1] 셀 클릭

② [글꼴 크기 크게 ⚬] 두 번 클릭

③ [굵게 ⚬] 클릭

④ [글꼴 색]에서 다시 [청회색, 텍스트 2] 선택합니다.

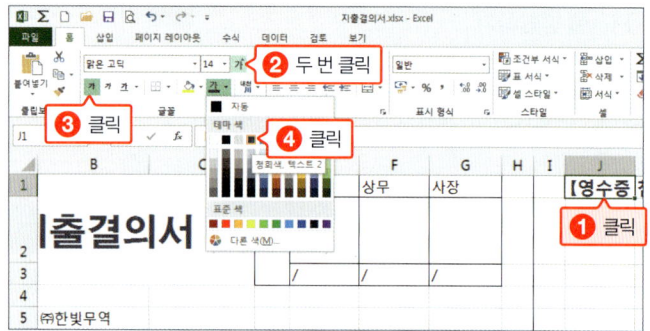

테마 글꼴, 글꼴 크기 목록

글꼴 목록 중 테마 글꼴은 [페이지 레이아웃] 탭-[테마] 그룹-[테마]와 [글꼴]에서 선택하는 테마에 따라 다르게 변경되는 글꼴입니다. 글꼴 크기 목록은 선택한 글꼴이나 사용자 PC에 설정된 프린터 종류에 따라 다르게 나타날 수 있으며 1~409포인트 사이의 숫자를 지정할 수 있습니다. [글꼴 크기 크게 ⚬]와 [글꼴 크기 작게 ⚬]는 글꼴 크기 목록에 있는 순서대로 글꼴 크기가 커지고 작아집니다. 글꼴과 글꼴 크기는 직접 입력하여 지정할 수도 있습니다.

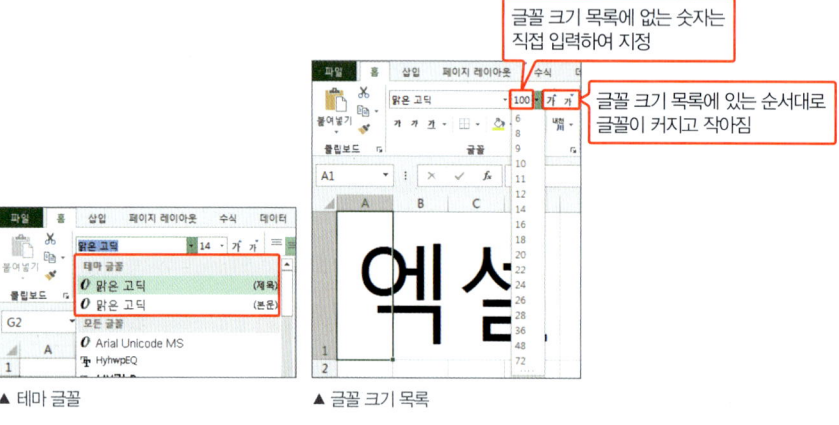

▲ 테마 글꼴   ▲ 글꼴 크기 목록

---

05 세로 맞춤 지정하기

셀 내의 문자를 세로로 정렬해보겠습니다.

① [D1] 셀 클릭

② [홈] 탭-[맞춤] 그룹-[방향]-[세로 쓰기] 선택

③ [셀 서식] 대화상자를 불러오기 위해 Ctrl + 1

④ [맞춤] 탭의 [세로] 맞춤 목록에서 [균등 분할(들여쓰기)] 선택

⑤ [들여쓰기] 값 1 입력

⑥ [확인]을 클릭합니다.

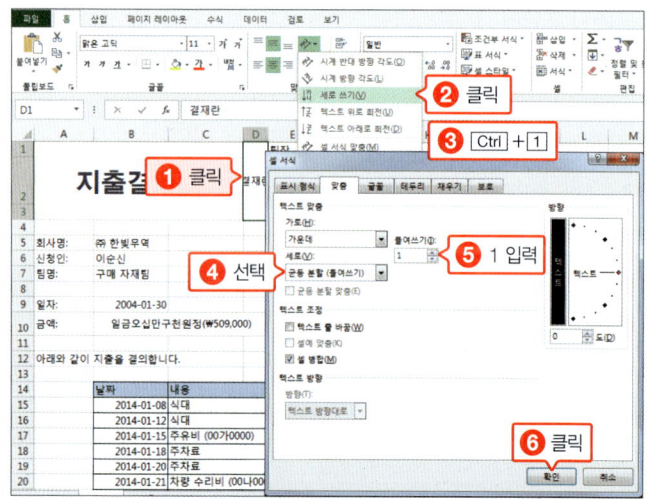

06 텍스트 줄 바꿈 및 가운데 맞춤하기

① [G14] 셀 클릭

② [홈] 탭-[맞춤] 그룹-[텍스트 줄바꿈] 클릭

③ [E1:G3] 셀 드래그

④ 추가로 범위를 지정하기 위해 [B14:G14] 셀 Ctrl +드래그

⑤ [가운데 맞춤 ▤]을 클릭합니다.

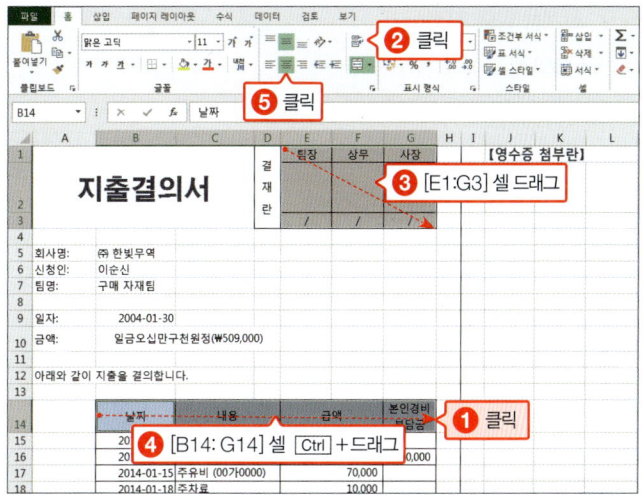

07 균등분할 및 들여쓰기

① [A5:D10] 셀 드래그

② 추가로 범위를 지정하기 위해 [A24:B24] 셀 Ctrl +드래그

③ [홈] 탭-[맞춤] 그룹의 [대화상자 표시 ▫] 아이콘 클릭

④ [맞춤] 탭의 [가로] 맞춤 목록에서 [균등 분할(들여쓰기)] 선택

⑤ [들여쓰기] 값 1 입력

⑥ [확인]을 클릭합니다.

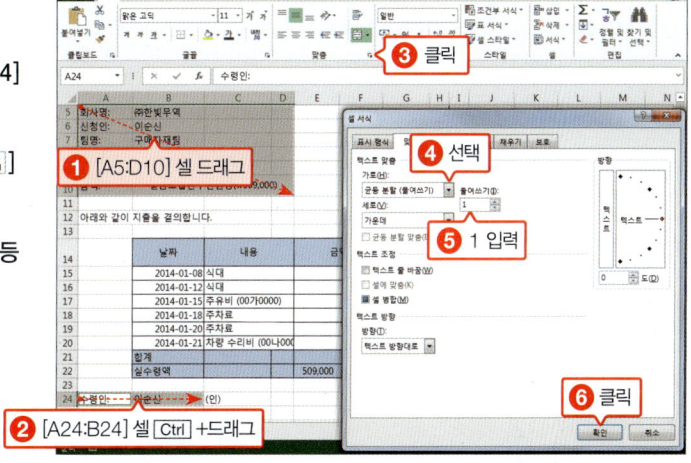

08

셀 좌우 끝에 텍스트가 맞춰지면서 글자 사이 간격이 균등하게 띄어쓰기됩니다. [A12] 셀의 시작 위치를 똑같이 맞춰보겠습니다.

① [A12] 셀 클릭

② [들여쓰기 ▤]를 클릭합니다.

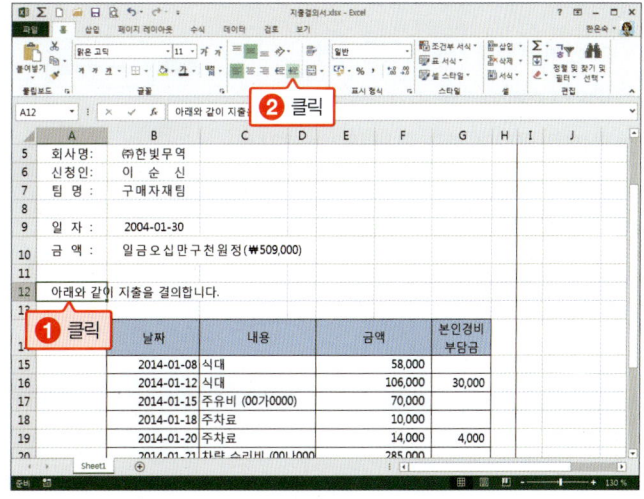

09 회계용 밑줄 지정하기

① [B5:B9] 셀 드래그

② [홈] 탭-[글꼴] 그룹의 [대화상자 표시 🔲] 아이콘 클릭

③ [밑줄]에서 [실선(회계용)] 선택

④ [확인]을 클릭합니다.

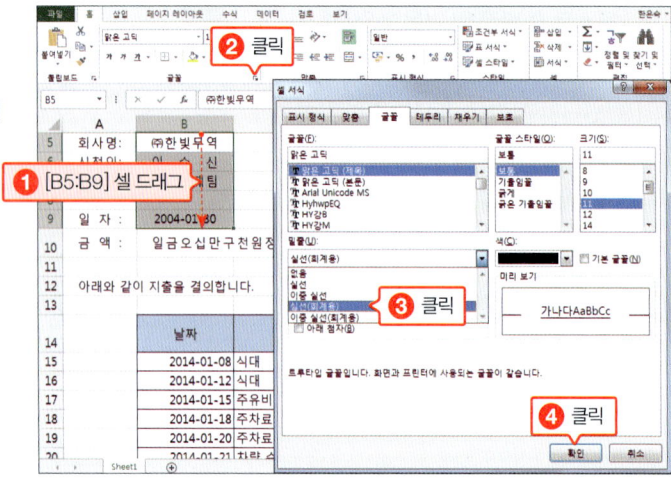

10

① [B10] 셀 클릭

② [셀 서식] 대화상자를 다시 불러오기 위해 Ctrl + 1

③ [밑줄]에서 [이중 실선(회계용)] 선택

④ [글꼴 스타일]에서 [굵게] 선택

⑤ [확인]을 클릭합니다.

바로 통하는 TIP 회계용 밑줄이 아닌 경우

회계용이 아닌 밑줄은 셀 너비 전체가 아닌 글자에만 밑줄이 표시되어 균등분할일 때 사용하면 보기 좋지 않습니다.

㈜한빛무역
이   순   신
구매자재팀

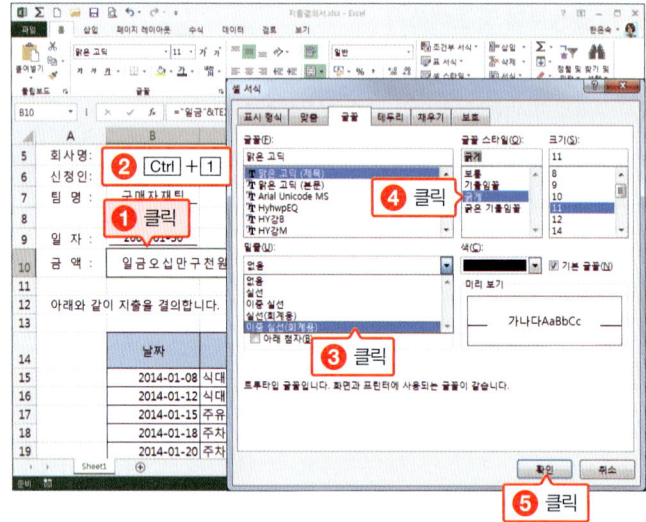

11 선택 영역의 가운데 맞춤하기

① [B21:D22] 셀 드래그

② 추가로 범위 지정을 위해 [E22:G22] 셀 Ctrl +드래그

③ [홈] 탭-[맞춤] 그룹의 [대화상자 표시 🔲] 아이콘 클릭

④ [가로] 맞춤 목록에서 [선택 영역의 가운데로] 선택

⑤ [확인]을 클릭합니다.

셀이 병합되어있지 않아도 범위의 가운데로 정렬됩니다.

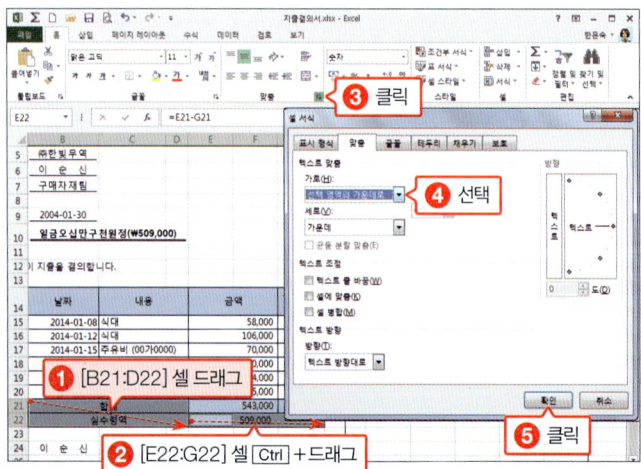

12 셀 너비에 맞춰 글꼴 크기 자동 축소하기

① [C15:C20] 셀 드래그

② [홈] 탭-[맞춤] 그룹의 [대화상자 표시] 아이콘 클릭

③ [텍스트 조정] 옵션 중 [셀에 맞춤]에 체크 표시

④ [확인]을 클릭합니다.

범위 중 셀 크기보다 글자 수가 더 많은 [C20] 셀만 열 너비에 맞춰 자동으로 글꼴 크기를 작게 표시합니다.

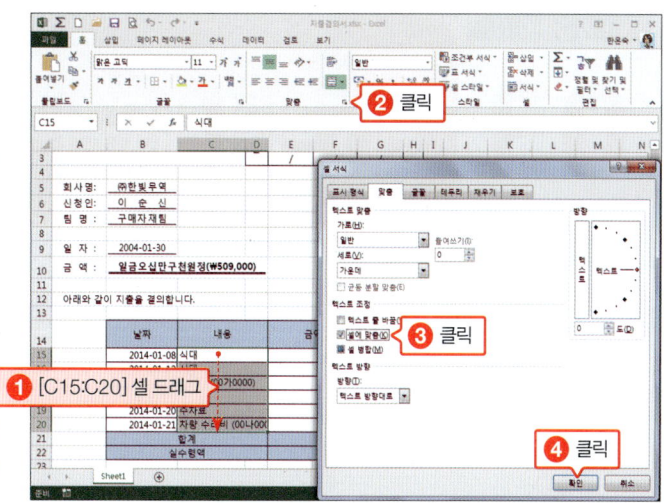

13 위 첨자 지정하기

① [N27] 셀 더블클릭

② 셀 내에서 (297mm×210mm) 부분만 드래그해 범위 지정

③ [홈] 탭-[글꼴] 그룹의 [대화상자 표시] 아이콘 클릭

④ [효과] 옵션 중 [위 첨자]에 체크 표시

⑤ [확인] 클릭 후 Enter

⑥ [N27] 셀 클릭

⑦ [홈] 탭-[맞춤] 그룹-[오른쪽 맞춤 ▤]을 클릭합니다.

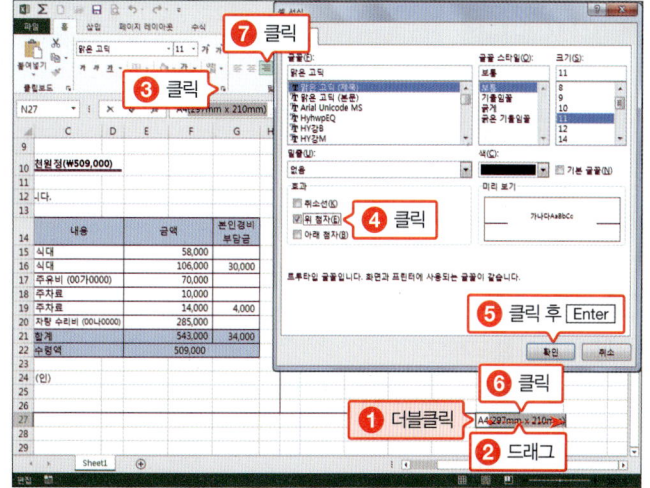

바로 통하는 TIP 셀 내의 일부 텍스트를 범위 지정할 때는 수식 입력줄을 클릭한 후 텍스트 범위를 드래그해도 됩니다.

14 워크시트 눈금선 숨기기

밑줄이나 표의 테두리를 좀더 확실히 보기 위해 워크시트 눈금선을 숨기겠습니다. [보기] 탭-[표시] 그룹-[눈금선]을 클릭해 체크 표시를 해제합니다.

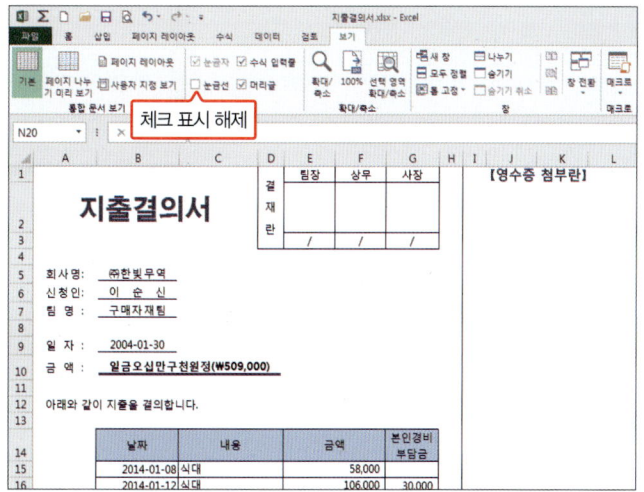

SECTION 03 테두리와 채우기 색 서식 지정하기

테두리를 지정할 때는 [홈] 탭-[글꼴] 그룹의 [테두리] 목록에서 선택하거나 [테두리 그리기] 도구로 직접 그릴 수 있습니다. 또는 [셀 서식] 대화상자에서 테두리를 선택할 수도 있습니다. 셀 색만 채우는 경우에는 [홈] 탭-[글꼴] 그룹-[채우기 색]을 사용하면 되지만 [셀 서식] 대화상자의 [채우기] 탭에서는 셀에 그라데이션이나 무늬도 지정할 수 있습니다.

핵심기능실습 · **테두리와 채우기 색으로 업무 프로세스 완성하기**

▪ **실습 파일** Chapter05\Section03\업무프로세스.xlsx　▪ **완성 파일** Chapter05\Section03\업무프로세스완성.xlsx

각 셀에 입력된 데이터 항목을 구분지어 나타내려면 테두리를 지정하거나 채우기 색을 지정하는 것이 좋습니다. 테두리와 채우기 색이 지정되지 않은 업무 프로세스 파일을 불러온 후 테두리와 채우기 색을 지정하는 방법을 알아보고 문서를 보기 좋게 완성해보겠습니다.

01 테두리 목록에서 테두리 지정하기

① [G24:I26] 셀 드래그

② [홈] 탭-[글꼴] 그룹- [테두리 ▦▾]의 목록 버튼 클릭

③ [모든 테두리] 선택

④ 다시 [테두리 ▦▾]의 목록 버튼 클릭

⑤ [굵은 상자 테두리]를 선택합니다.

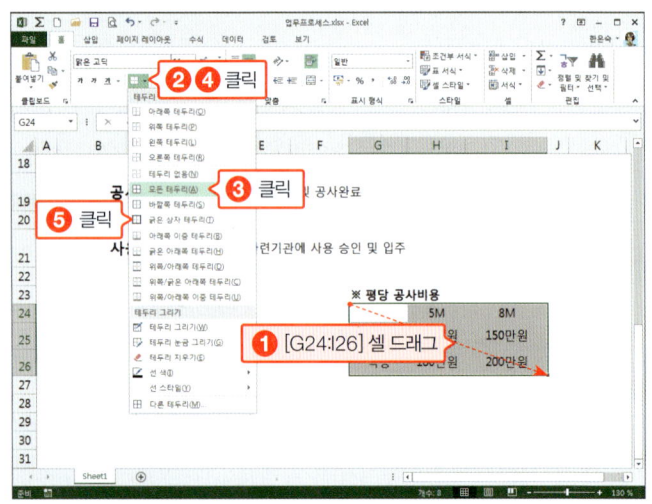

범위로 지정한 셀 전체에 테두리가 그려집니다.

02

① [G24:I24] 셀 드래그

② [테두리 ▦ ▾]의 목록 버튼 클릭

③ [굵은 아래쪽 테두리]를 선택합니다.

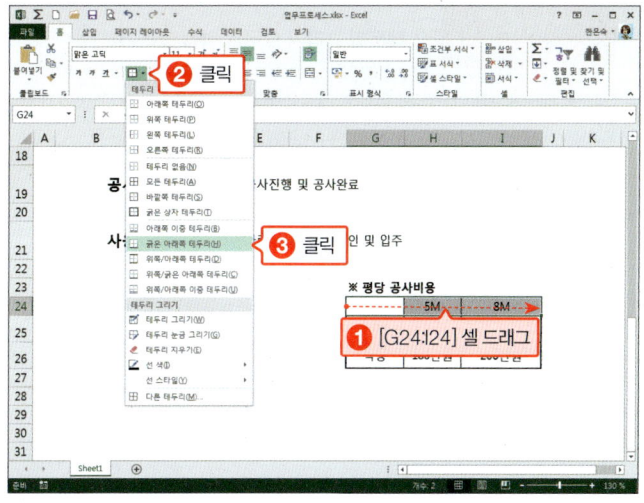

03 대각선 지정하기

① [G24] 셀 클릭

② Spacebar 를 7번 눌러 공백 삽입

③ 높이 입력 후 Alt + Enter 를 눌러 줄 바꿈

④ 유형 입력 후 Enter 를 누릅니다.

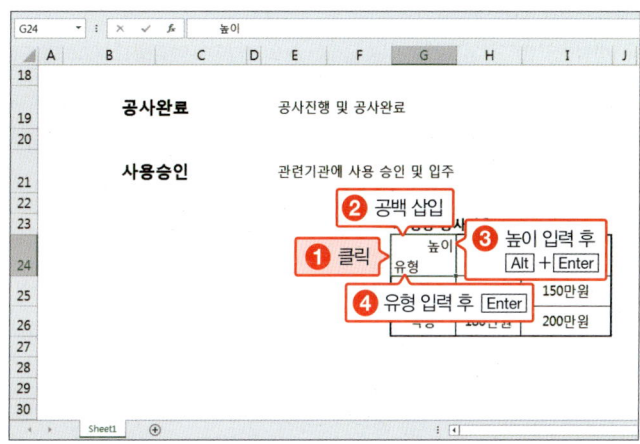

04

① [G24] 셀 클릭

② [셀 서식] 대화상자를 불러오기 위해 Ctrl + 1

③ [테두리] 탭의 [선 스타일]에서 [실선] 선택

④ 테두리 위치로 [오른쪽 대각선▨] 클릭

⑤ [확인]을 클릭합니다.

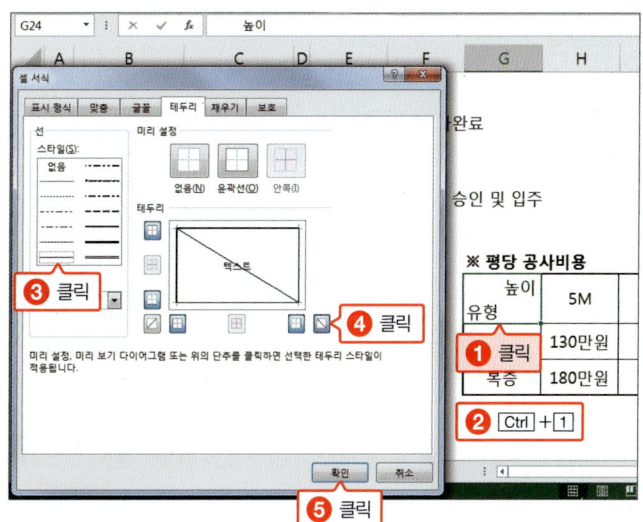

[홈] 탭–[글꼴] 그룹의 테두리 목록에 있는 [테두리 그리기]는 워크시트에서 직접 마우스를 드래그해 테두리를 그리는 도구입니다. 선 색과 선 스타일을 선택합니다.

▲ [홈] 탭–[글꼴] 그룹–[테두리]
–[테두리 그리기]

[방법] ① [테두리 그리기]를 클릭한 후 워크시트에 범위를 드래그하면 지정한 범위에 외곽선이 그려집니다.

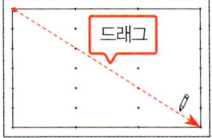

▲ 외곽선만 그려짐

[방법] ② [테두리 눈금 그리기]를 클릭한 후 워크시트에 범위를 드래그하면 지정한 범위 내에 모든 테두리가 그려집니다.

▲ 모든 테두리 그려짐

[방법] ③ [테두리 지우기]를 클릭한 후 테두리가 그려져 있는 범위를 드래그하면 범위 내에 모든 테두리가 삭제됩니다. 워크시트 눈금선이 숨겨진 상태에서 [테두리 그리기] 모드일 때는 워크시트에 눈금을 나타내는 점이 표시됩니다.

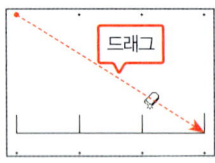

▲ 모든 테두리 지워짐

05 셀 색 채우기

범위를 지정하고 배경색을 채워보겠습니다.

① [A1:J27] 셀 드래그

② [홈] 탭–[글꼴] 그룹–[채우기 색 🖌]의 목록 버튼 클릭

③ [흰색, 배경 1, 15% 더 어둡게]를 선택합니다.

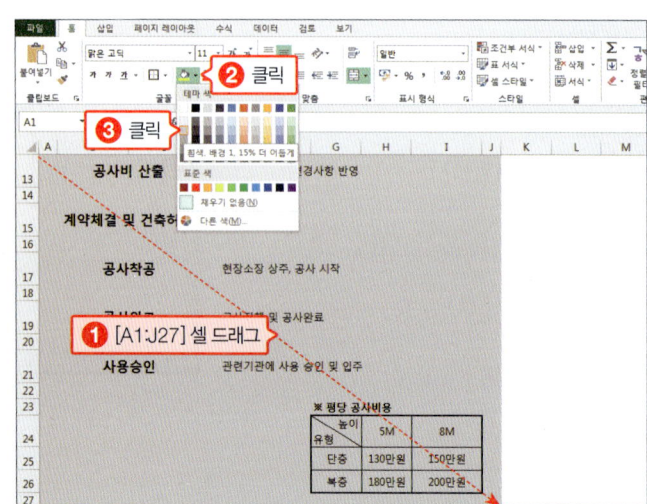

06

① [G24:I26] 셀 드래그

② [채우기 색 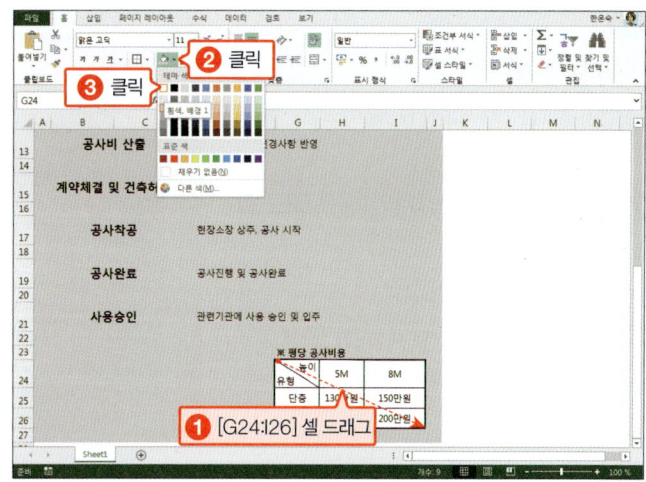]의 목록 버튼 클릭

③ [흰색, 배경 1]을 선택합니다.

07 위치별로 선 스타일, 선 색 지정하기

제목 셀에 선 스타일과 색을 지정해보겠습니다.

① [C2] 셀 클릭

② [셀 서식] 대화상자를 불러오기 위해
[Ctrl] + [1]

③ [테두리] 탭의 [선 스타일]에서 [굵은 실선] 선택

④ [색] 목록에서 [흰색, 배경1] 선택

⑤ 테두리 위치로 [위쪽 ▦] 클릭

⑥ [왼쪽 ▦]을 클릭합니다.

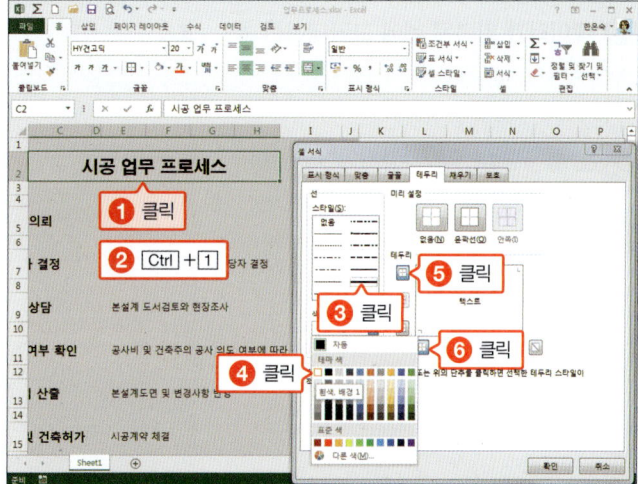

테두리의 위쪽과 왼쪽에만 흰색 굵은 실선이 적용됩니다.

08

① [색] 목록에서 [자동] 선택

② [아래쪽 ▦] 클릭

③ [오른쪽 ▦] 클릭

④ [확인]을 클릭합니다.

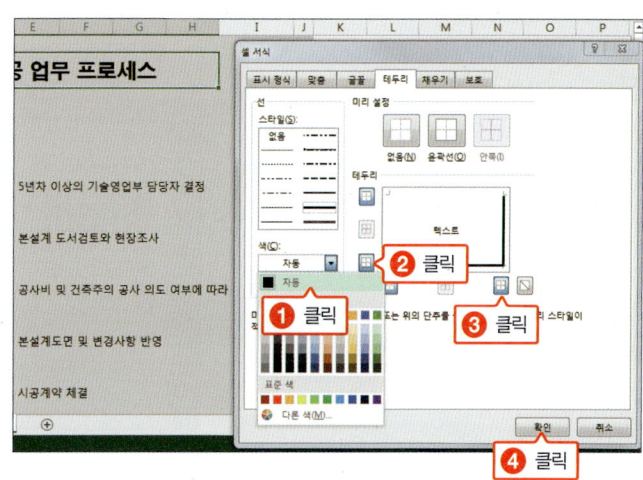

09

① [B6:C20] 셀 드래그

② [셀 서식] 대화상자를 불러오기 위해
　[Ctrl]+[1]

③ [테두리] 탭의 [선 스타일]에서 [굵은 점
　선] 선택

④ [색] 목록에서 [파랑] 선택

⑤ 테두리 위치로 [가운데 세로　] 클릭

⑥ [확인]을 클릭합니다.

B열과 C열 사이에 파란색 굵은 점선이 표시됩니다.

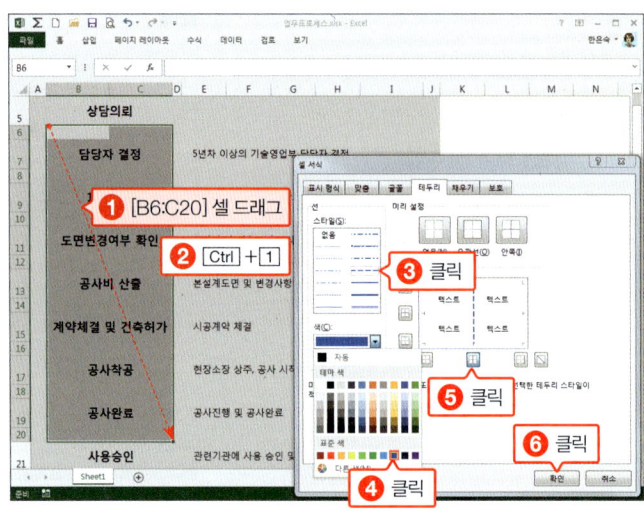

10 데이터가 입력된 셀에 그라데이션 효
과 지정하기

① [B5:C21] 셀 드래그

② [홈] 탭-[편집] 그룹-[찾기 및 선택　]-
　[이동 옵션] 선택

③ [이동 옵션] 대화상자에서 [상수] 선택

④ [확인]을 클릭합니다.

데이터가 입력된 셀만 범위로 지정됩니다.

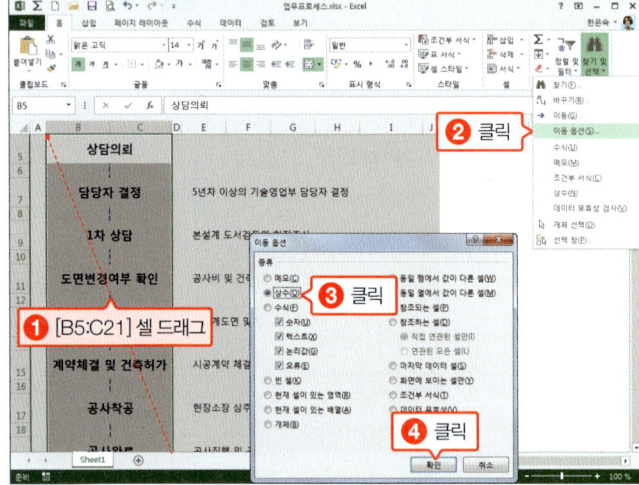

11

① [셀 서식] 대화상자를 불러오기 위해
　[Ctrl]+[1]

② 대화상자의 [채우기] 탭의 [채우기 효과]
　클릭

③ [채우기 효과] 대화상자의 [색 2] 목록에
　서 [파랑] 선택

④ [적용] 목록에서 세 번째 유형 선택

⑤ [확인] 클릭

⑥ [셀 서식] 대화상자에서 [확인]을 클릭합
　니다.

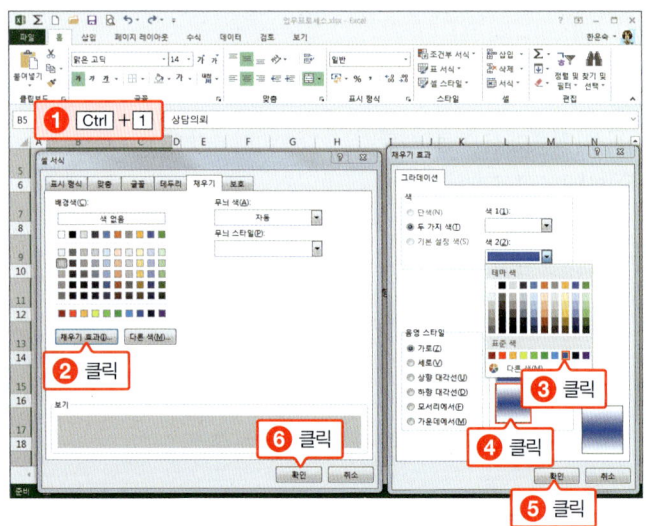

12 글꼴 색 지정하기

① [홈] 탭–[글꼴] 그룹–[글꼴 색 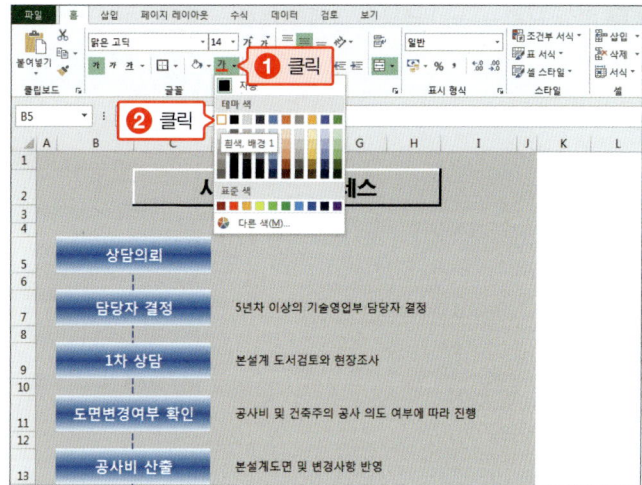]의 목
   록 버튼 클릭

② [흰색, 배경 1]을 선택합니다.

13 데이터가 입력된 셀 무늬 지정하기

① [E7:I21] 셀 드래그

② [홈] 탭–[편집] 그룹–[찾기 및 선택 🔍]–
   [이동 옵션] 선택

③ [이동 옵션] 대화상자에서 [상수] 선택

④ [확인]을 클릭합니다.

_____

데이터가 입력된 셀만 범위로 지정됩니다.

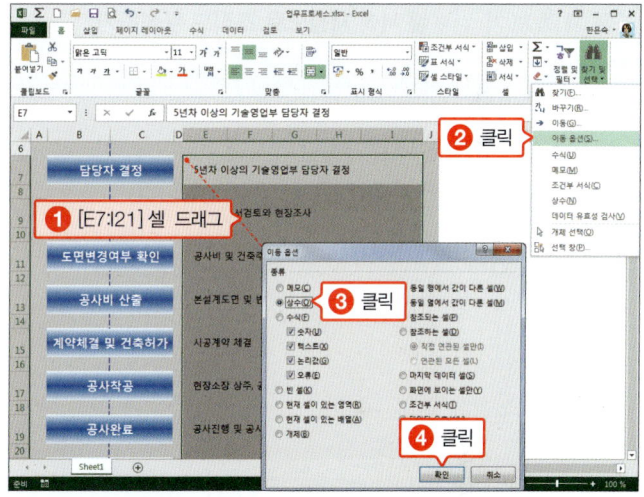

14

① [셀 서식] 대화상자를 불러오기 위해
   Ctrl + 1

② [채우기] 탭의 [배경색]에서 [흰색, 배경 1]
   선택

③ [무늬 색] 목록에서 [파랑, 강조 1, 80% 더
   밝게] 선택

④ [무늬 스타일] 목록에서 [가는 실선 가로
   교차 무늬] 선택

⑤ [확인]을 클릭합니다.

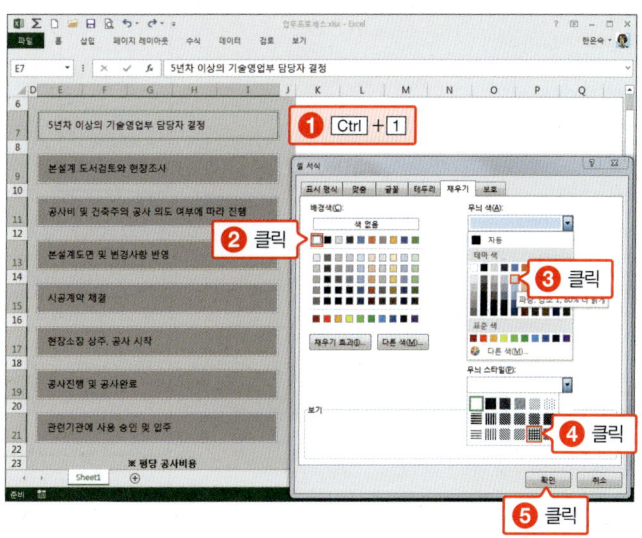

15 Ctrl + B 를 눌러 글꼴을 굵게 변경합니다.

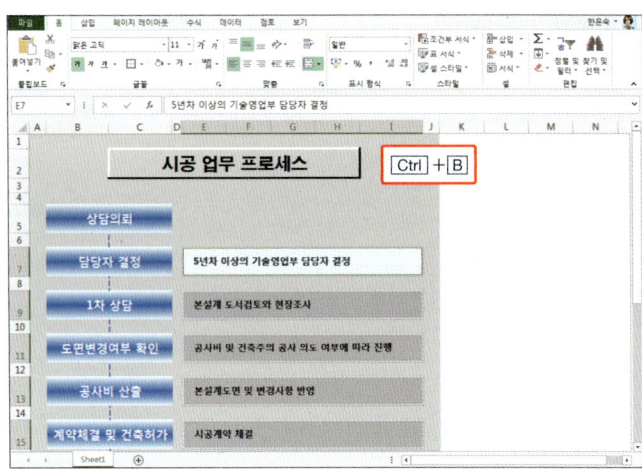

• 실습 파일 Chapter05\Section03\조직도.xlsx • 완성 파일 Chapter05\Section03\조직도완성.xlsx

데이터가 입력되어 있고 행/열 크기만 조절된 조직도 파일을 불러온 후 다음의 지시 사항에 따라 글꼴과 맞춤, 테두리와 채우기 색 서식을 지정합니다.

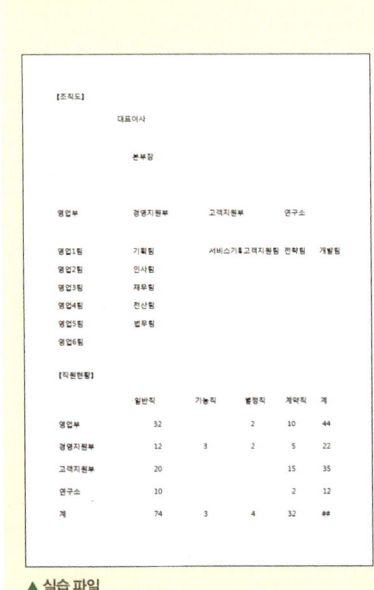

▲ 실습 파일

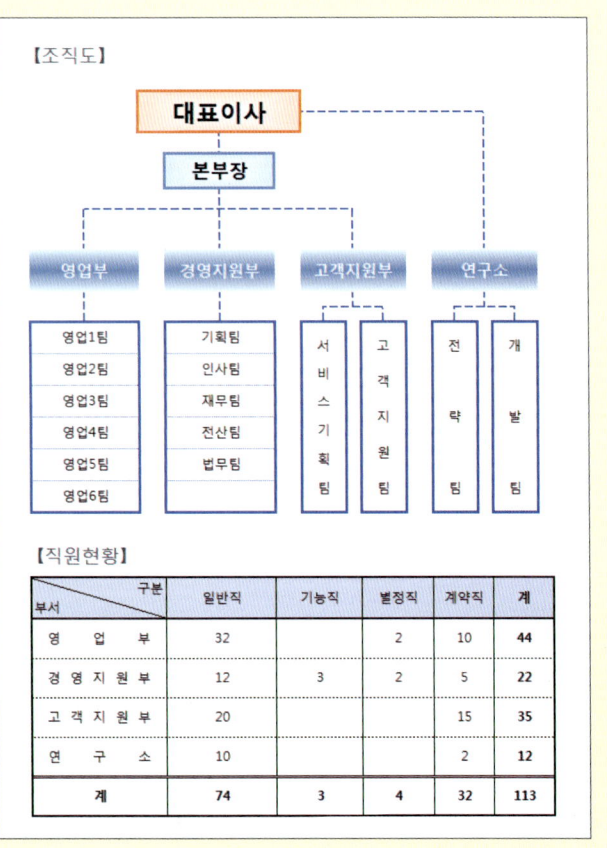

【조직도】

【직원현황】

부서 \ 구분	일반직	기능직	별정직	계약직	계
영 업 부	32		2	10	44
경 영 지 원 부	12	3	2	5	22
고 객 지 원 부	20			15	35
연 구 소	10			2	12
계	74	3	4	32	113

▲ 완성 파일

1 [B1] 셀, [B20] 셀은 [글꼴 크기] 16, [글꼴 색]은 [청회색, 텍스트 2]를 지정합니다.

2 다음 범위를 병합하고 가운데 맞춤합니다.

[D3:G4] 셀, [E6:F6] 셀, [B10:C10] 셀, [E10:F10] 셀, [H10:M10] 셀, [O10:T10] 셀, [H13:I18] 셀, [L13:M18] 셀, [O13:P18] 셀, [S13:T18] 셀

3 [H13] 셀, [L13] 셀, [O13] 셀, [S13] 셀에 [텍스트 방향]을 [세로 쓰기]로 지정하고 [세로] 맞춤을 [균등분할]로 지정합니다. [들여쓰기] 값은 1로 지정합니다.

4 다음 범위를 전체 병합합니다.

[B13:C18] 셀, [E13:F18] 셀, [B21:D26] 셀, [E21:F26] 셀, [G21:K26] 셀, [L21:N26] 셀, [O21:R26] 셀, [S21:U26] 셀

5 직원현황 표의 각 셀과 셀 범위 서식은 다음과 같이 지정합니다.

[B21] 셀의 '구분' 앞에 공백 22, 줄을 바꾼 후 부서 입력, 오른쪽 대각선 지정

[B22:D26] 셀은 [가로] 맞춤으로 [균등분할], [들여쓰기] 값 1 지정

[E21:U26] 셀은 가운데 맞춤 지정

[B26:U26] 셀, [S21:U25] 셀은 글꼴 [굵게] 지정

[B21:U26] 셀은 [모든 테두리] 지정 후 [굵은 상자 테두리] 지정

[B21:U21] 셀은 [굵은 아래쪽 테두리], 셀 색은 [파랑, 강조 1, 80%] 지정

[B25:U25] 셀은 [아래쪽 이중 테두리] 지정

[B22:U25] 셀은 [셀 서식] 대화상자의 [테두리]에서 [선 스타일]은 [점선], 선 위치는 가운데 가로선 지정

04 데이터 표시 형식 지정하기

엑셀에서는 숫자, 혹은 날짜나 시간, 문자에 따라 다양한 형태로 데이터를 표시하도록 설정할 수 있습니다. [홈] 탭-[표시 형식] 그룹에서 자주 사용하는 표시 형식의 종류를 선택할 수 있습니다. 또한 [셀 서식] 대화상자의 [표시 형식] 탭에서 데이터 범주별로 다양한 표시 형식의 종류를 선택할 수 있습니다.

표시 형식 그룹

자주 사용되는 기본적인 표시 형식을 지정할 때는 [홈] 탭-[표시 형식] 그룹의 각 명령 버튼과 표시 형식 목록을 선택합니다. [표시 형식] 그룹의 각 도구들은 다음과 같습니다.

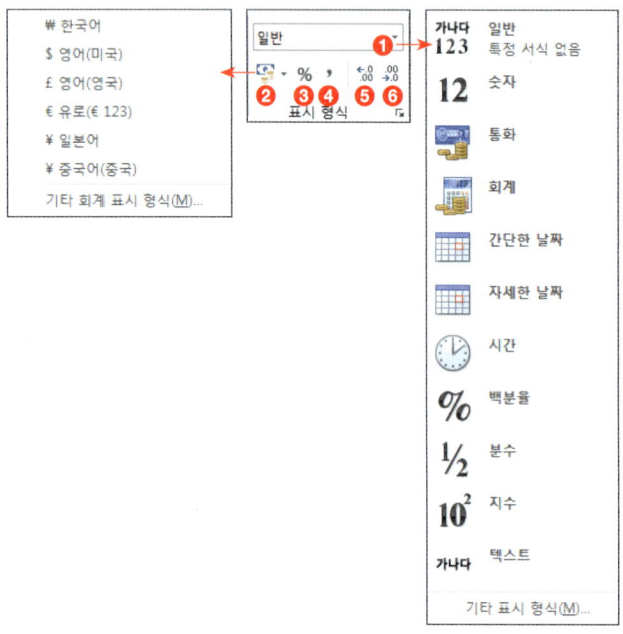

① **표시 형식 목록** : 데이터 종류별로 표시 형식 선택. [기타 표시 형식]을 선택하면 [셀 서식] 대화상자 표시

② **회계 표시 형식** : 숫자를 통화 기호와 소수 둘째 자리까지 표시하는 회계 형식으로 표시

③ **백분율 스타일** : 숫자에 100을 곱하고 % 기호가 표시되는 백분율로 표시(단축키 Ctrl + Shift + %)

④ **쉼표 스타일** : 숫자에 천 단위 구분 기호 표시

⑤ **자릿수 늘림** : 클릭할 때마다 소수 한 자리씩 늘림

⑥ **자릿수 줄임** : 클릭할 때마다 소수 한 자리씩 줄임

[셀 서식] 대화상자의 [표시 형식] 탭

[홈] 탭–[표시 형식] 그룹에 없는 표시 형식의 종류는 [표시 형식] 그룹의 [대화상자 표시 🖝] 아이콘을 클릭하거나 단축키 Ctrl + 1 을 눌러 [셀 서식] 대화상자를 불러온 후 [표시 형식] 탭에서 선택할 수 있습니다. [범주] 목록에서 종류를 선택하면 오른쪽에 해당 종류에 대해 지정할 수 있는 서식 목록이 표시됩니다.

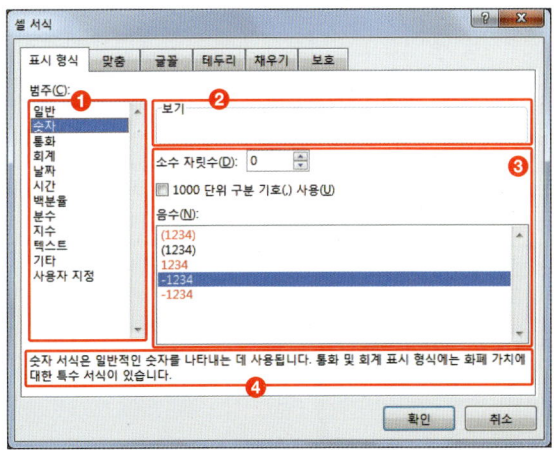

① **범주** : [일반]을 선택하면 특정 서식이 지정되지 않으며, 텍스트를 제외하고는 모두 숫자 데이터에 대해 지정해야 하는 범주입니다. [사용자 지정]은 서식 코드를 직접 입력하여 표시 형식을 지정할 수 있습니다.

② **보기** : 선택된 셀 데이터에 적용될 서식을 미리 확인할 수 있습니다.

③ **서식 옵션 및 목록** : 범주에서 선택한 종류에 대해 선택할 수 있는 서식 옵션과 서식 목록이 표시됩니다.

④ **범주 설명** : 선택한 범주에 대한 설명이 표시됩니다.

실무활용노트 EXCEL **회계 표시 형식과 통화 표시 형식의 차이**

회계 표시 형식과 통화 표시 형식의 경우 숫자에 자릿수 구분 기호 쉼표와 통화 기호가 붙는 것은 똑같지만, 회계 표시 형식의 통화 기호는 셀 왼쪽 끝에 표시되고 통화 표시 형식의 통화 기호는 숫자 바로 앞에 붙는다는 것이 다릅니다. 회계 표시 형식을 지정한 경우에는 가운데 맞춤이 지정되지 않습니다.

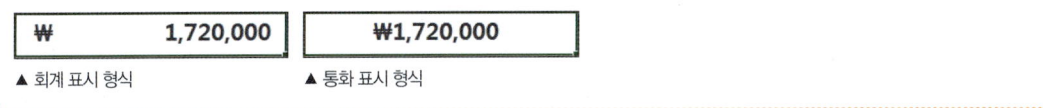

▲ 회계 표시 형식   ▲ 통화 표시 형식

월간 입출금 내역서에 기본 표시 형식 지정하기

2007 | 2010 | 2013

• 실습 파일 Chapter05 \ Section04 \ 월간입출금내역서.xlsx   • 완성 파일 Chapter05 \ Section04 \ 월간입출금내역서완성.xlsx

월간 입출금 내역서는 회사 장부상 금액과 통장 잔액이 불일치할 때 이를 일치시키기 위해 은행 계정 조정에 사용되는 문서입니다. 실습 파일에 입력된 날짜와 숫자에는 특별한 표시 형식이 지정되어 있지 않습니다. 각 셀에 적합한 표시 형식을 지정하여 완성해보겠습니다.

❶ 날짜에 요일까지 표시
❷ 날짜의 월만 표시
❸ 날짜의 연도만 표시
❹ 통화 형식 지정
❺ 회계 형식 지정
❻ 백분율 및 자릿수 지정
❼ 텍스트 형식으로 숫자 입력

01 날짜에 요일까지 표시하기

날짜 표시 형식을 변경해 요일까지 표시해 보겠습니다.

① [G5] 셀 클릭

② [홈] 탭–[표시 형식] 그룹–**[표시 형식]**의 목록 버튼 클릭

③ **[자세한 날짜]**를 선택합니다.

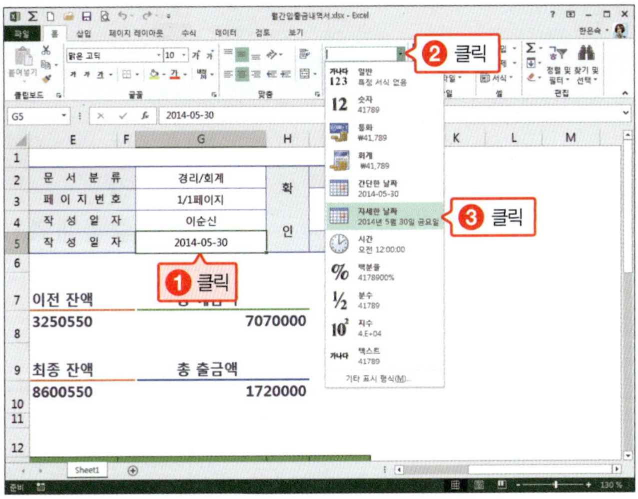

02 날짜 셀 연결하기

[G5] 셀의 날짜를 연결한 후 월만 표시해보겠습니다.

① **[C8] 셀 클릭**

② **[C10] 셀** Ctrl +클릭

③ **등호(=)** 입력

④ **[G5] 셀 클릭**

⑤ F4를 눌러 **절대 참조** 형태로 변경

⑥ Ctrl + Enter를 누릅니다.

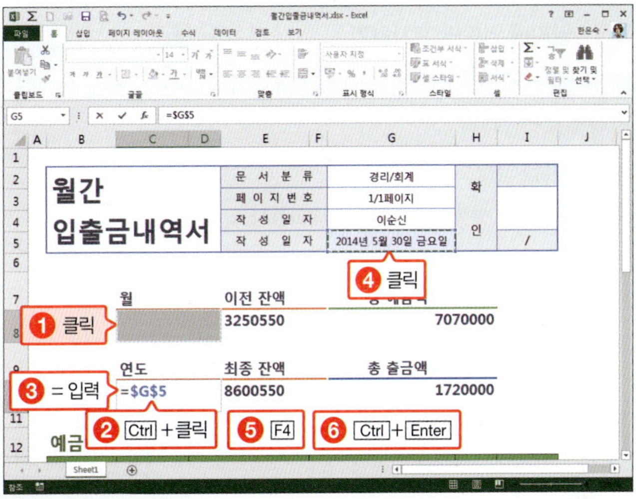

03 날짜의 월만 표시하기

수식으로 자세한 날짜 서식이 있는 셀을 연결했으므로 [C8] 셀과 [C10] 셀에는 서식도 함께 적용되었습니다. 다만 열 너비가 좁아 #으로 채워진 것입니다.

① **[C8] 셀 클릭**

② [홈] 탭–[표시 형식] 그룹의 **[대화상자 표시** ⧉**]** 아이콘 클릭

③ [범주] 목록에서 **[날짜]** 선택

④ [형식] 목록에서 **[2012년 3월]**을 선택합니다.

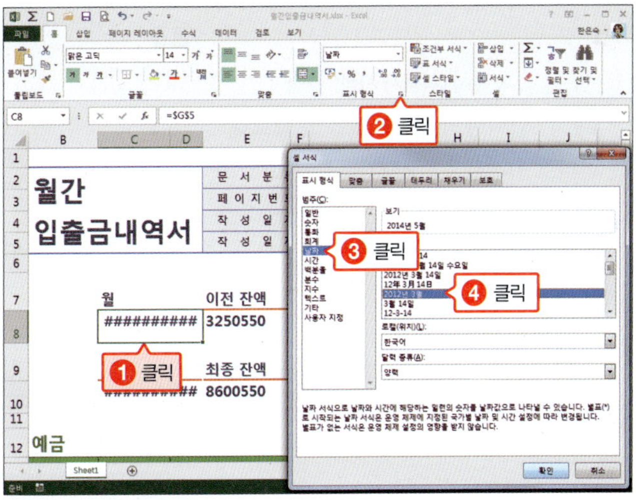

04

① [범주] 목록에서 [사용자 지정] 선택

② [형식] 입력란의 yyyy"년"을 드래그해 범위로 지정한 후 Delete

③ [확인]을 클릭합니다.

바로 통하는TIP [셀 서식] 대화상자에서 선택한 범주에 해당하는 형식을 선택한 후 [사용자 지정]을 선택하면 [형식] 입력란에는 해당 형식에 대한 서식 코드가 표시되고 서식 코드 일부를 수정하여 원하는 형식으로 맞출 수 있습니다.

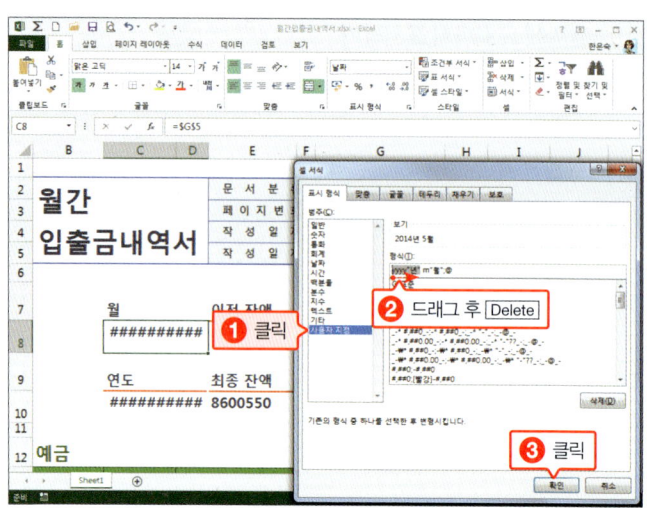

05 날짜에 연도만 표시하기

[G5] 셀과 연결된 날짜에서 연도만 표시해 입력해보겠습니다.

① [C10] 셀 클릭

② [홈] 탭-[표시 형식] 그룹의 [대화상자 표시 📄] 아이콘 클릭

③ [범주] 목록에서 [날짜] 선택

④ [형식] 목록에서 [2012년 3월]을 선택합니다.

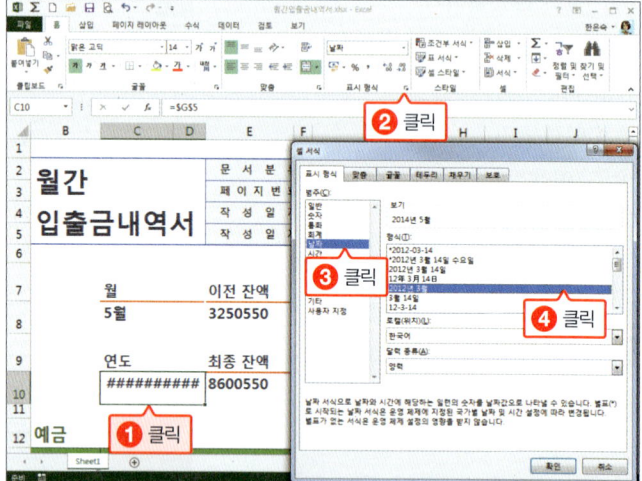

06

① [범주] 목록에서 [사용자 지정] 선택

② [형식] 입력란의 m"월";@을 드래그해 범위로 지정한 후 Delete

③ [확인]을 클릭합니다.

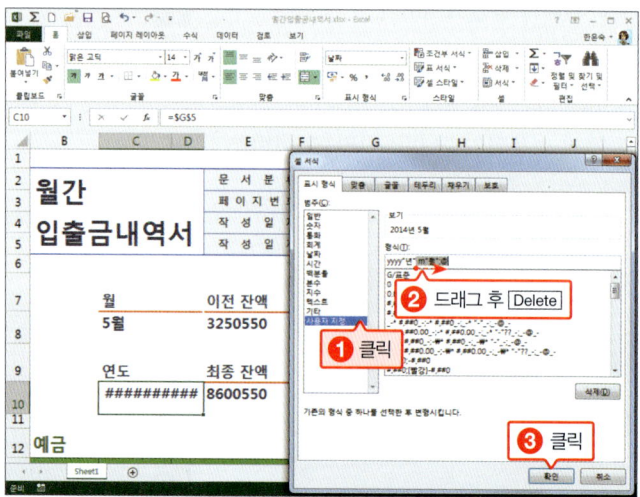

07 통화 형식 지정하기

① [E8:H8] 셀 드래그

② [E10:H10] 셀 Ctrl+드래그

③ [홈] 탭–[표시 형식] 그룹–**[표시 형식]**의
목록 버튼 클릭

④ **[통화]** 선택

⑤ [G8] 셀 클릭

⑥ [G10] 셀 Ctrl+클릭

⑦ [홈] 탭–[맞춤] 그룹–**[가운데▤]**를 클릭
합니다.

통화 기호가 숫자 바로 앞에 표시됩니다.

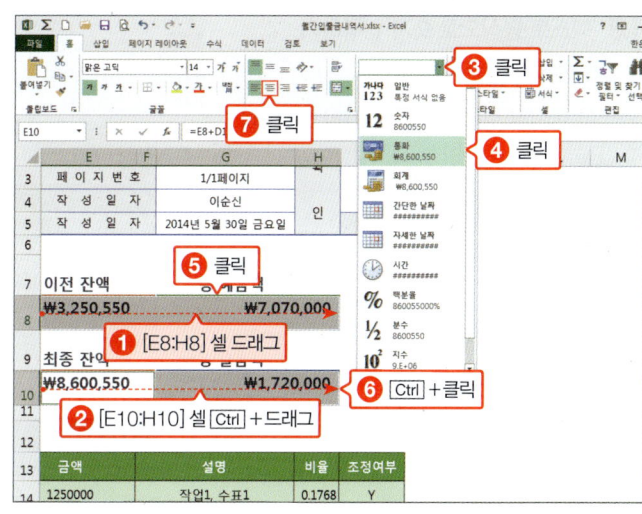

08 회계 표시 형식 지정하기

① [D14:E19] 셀 드래그

② [D23:E28] 셀 Ctrl+드래그

③ [홈] 탭–[표시 형식] 그룹–**[회계 표시 형
식▦]**을 클릭합니다.

통화 기호가 셀의 왼쪽 끝에 표시되고 숫자는 오른쪽
끝으로 정렬됩니다.

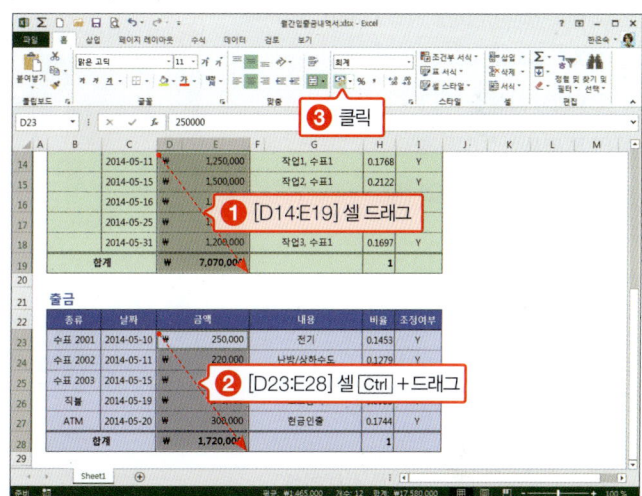

09 백분율, 자릿수 지정하기

① [H14:H19] 셀 드래그

② [H23:H28] 셀 Ctrl+드래그

③ [백분율 스타일 %] 클릭

④ [자릿수 늘림▦]을 클릭합니다.

소수 첫째 자리까지 백분율로 표시됩니다.

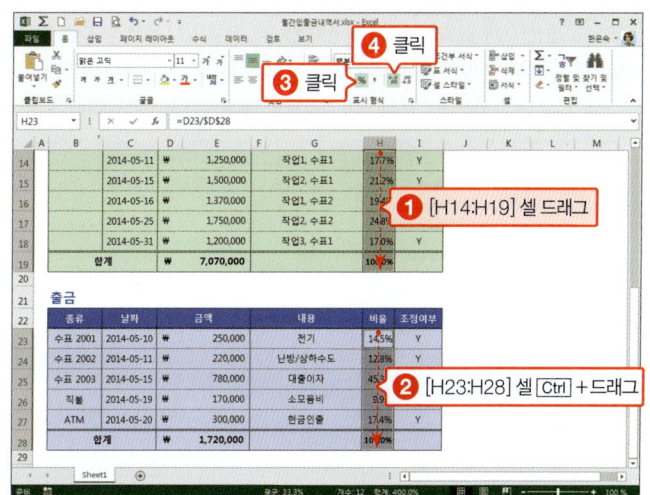

10 텍스트 형식으로 숫자 입력하기

① [B14:B18] 셀 드래그

② [홈] 탭-[표시 형식] 그룹-[표시 형식]의 목록 버튼 클릭

③ [텍스트]를 선택합니다.

바로 통하는 TIP 숫자를 텍스트 형식으로 입력하려면 아포스트로피(') 기호를 입력한 후 숫자를 입력해야 하는데, 텍스트 형식으로 입력할 셀이 많은 경우에는 매우 번거로울 수 있습니다. 그런 경우에는 셀 범위에 텍스트 표시 형식을 지정합니다. 그러면 아포스트로피(') 기호 없이 입력해도 숫자가 텍스트 형식으로 입력됩니다.

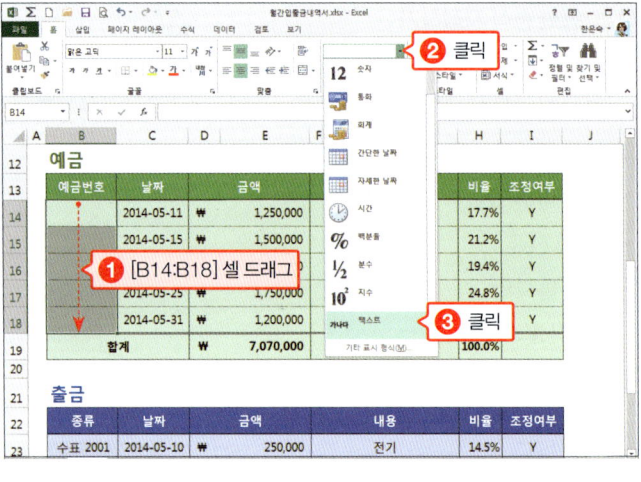

11

① [B14]~[B18] 셀에 각각 **01001, 01002, 02001, 02002, 03001** 입력

② [B14:B18] 셀 드래그

③ [오류 검사] 버튼 클릭

④ [오류 무시]를 선택합니다.

숫자가 텍스트 형식으로 지정되어 오류가 나타났습니다. [오류 무시]를 선택하면 오류 표시가 사라집니다.

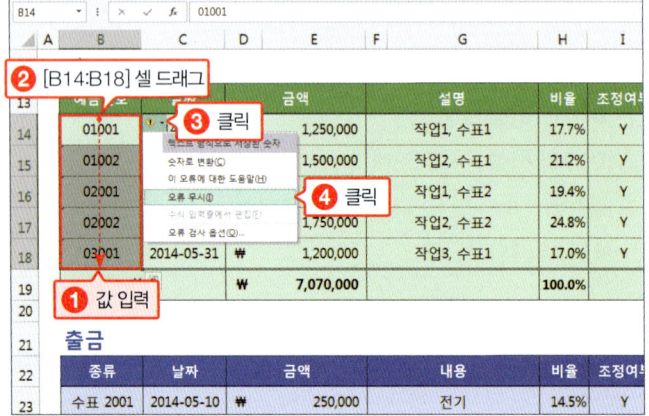

| **오류 검사 옵션**

셀에 오류 표시가 나타나지 않게 설정하려면 오류 검사 메뉴에서 [오류 검사 옵션] 메뉴를 선택하거나 [파일] 탭-[옵션]을 선택한 후 [Excel 옵션] 대화상자에서 [수식]을 선택합니다. 오류 검사 옵션 중 [다른 작업을 수행하면서 오류 검사]의 체크 표시를 해제하면 오류 검사를 수행하지 않아 오류 표시가 나타나지 않게 됩니다. [무시한 오류를 원래대로]를 클릭하면 없었던 오류 표시가 다시 나타납니다. [오류 검사 규칙] 옵션에 있는 내용이 검사될 때 셀에 오류 표시가 나타납니다.

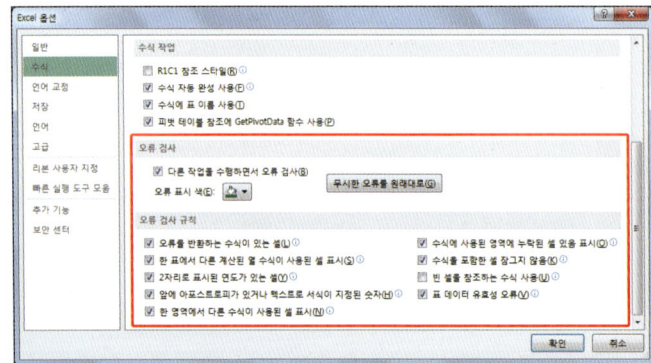

05 사용자 지정 서식 코드 활용하기

[셀 서식] 대화상자의 [표시 형식] 탭–[범주] 목록에서 데이터 종류를 선택합니다. [형식] 목록에서 기본으로 제공하는 서식 형식을 선택한 후 [범주] 목록에서 [사용자 지정]을 선택하면 해당 서식 코드가 입력됩니다. 서식 코드의 구성과 데이터별 코드 종류를 살펴보고 다양한 활용 방법에 대해서 알아보겠습니다.

핵심기능실습 | **데이터별 서식 코드 및 서식 코드 구성 알아보기**

- **실습 파일** Chapter05 \ Section05 \ 서식코드.xlsx   • **완성 파일** Chapter05 \ Section05 \ 서식코드완성.xlsx

여러 개의 서식 코드를 지정할 때는 세미콜론(;)으로 구분하여 입력합니다. 서식 코드는 양수, 음수, 0, 문자의 순서로 최대 네 개의 섹션으로 구성할 수 있습니다. 두 개의 섹션만 지정한 경우에 첫 번째 섹션은 양수 및 0에, 두 번째 섹션은 음수에 적용되고, 한 개 섹션만 지정한 경우에는 양수, 음수, 0에 적용됩니다. 각 섹션 구성별로 지정한 서식 코드와 종류별 입력 데이터에 따라 표시되는 서식은 다음과 같습니다.

01 숫자 및 문자 서식 코드 알아보기

[숫자및문자] 시트의 [C4:C16] 셀과 [E4:E16] 셀에는 같은 데이터가 입력되어 있습니다. [E4:E16] 셀의 각 셀에 [D4:D16] 셀의 서식 코드를 지정했을 때 데이터가 어떻게 표시되는지 확인해보겠습니다.

① **[E4]** 셀 클릭

② Ctrl + 1 을 누릅니다.

[셀 서식] 대화상자가 열립니다.

02

① [표시 형식] 탭의 [범주] 목록에서 **[사용자 지정]** 선택

② [형식] 입력란에 서식 코드 **0.00** 입력

③ **[확인]**을 클릭합니다.

---

01 ～ **02** 과정을 반복하여 [E5]~[E16] 셀에도 [D5]~[D16] 셀의 각 서식 코드를 지정합니다.

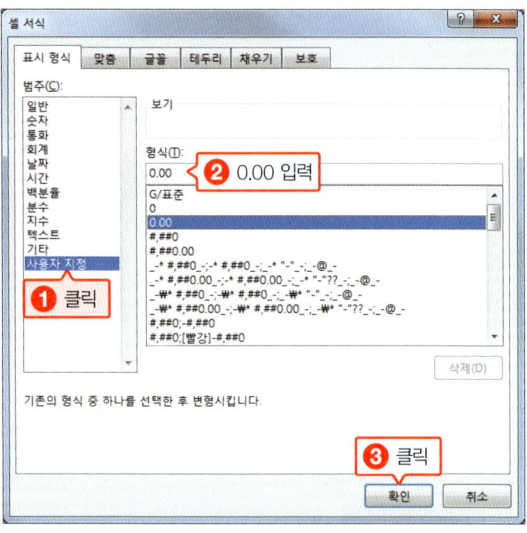

03 날짜 서식 코드 알아보기

[날짜및시간] 시트의 [E4:E16] 셀에는 모두 같은 날짜가 입력되어 있습니다. [E4:E16] 셀의 각 셀에 [B4:B16] 셀의 서식 코드를 지정했을 때 데이터가 어떻게 표시되는지 확인해보겠습니다.

① **[E4]** 셀 클릭

② Ctrl + 1 을 눌러 [셀 서식] 대화상자를 엽니다.

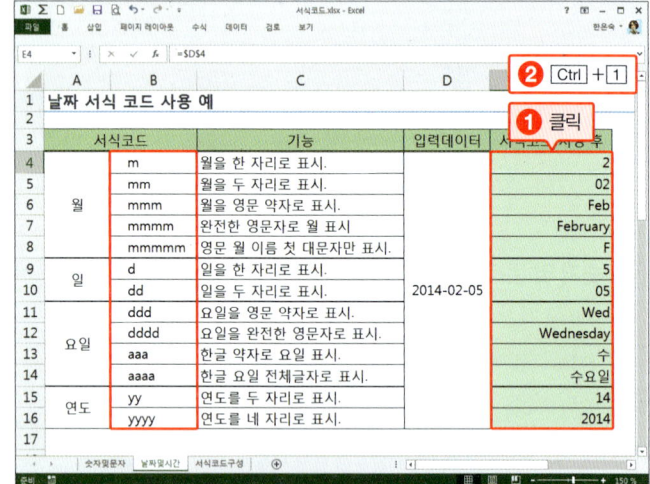

04

① [표시 형식] 탭의 [범주] 목록에서 **[사용자 지정]** 선택

② [형식] 입력란에 서식 코드 **m** 입력

③ **[확인]**을 클릭합니다.

---

03 ～ **04** 과정을 반복하여 [E5]~[E16] 셀에도 [B5]~[B16] 셀의 각 서식 코드를 지정합니다.

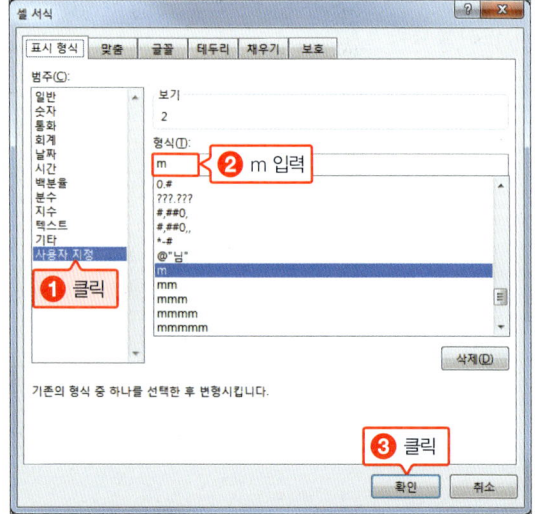

05 시간 서식 코드 알아보기

[D22:D34] 셀과 [F22:F34] 셀에는 같은 시간이 입력되어 있습니다. [F22:F34] 셀의 각 셀에 [E22:E34] 셀의 서식 코드를 지정했을 때 데이터가 어떻게 표시되는지 확인해보겠습니다.

① [F22] 셀 클릭

② Ctrl + 1을 눌러 [셀 서식] 대화상자를 엽니다.

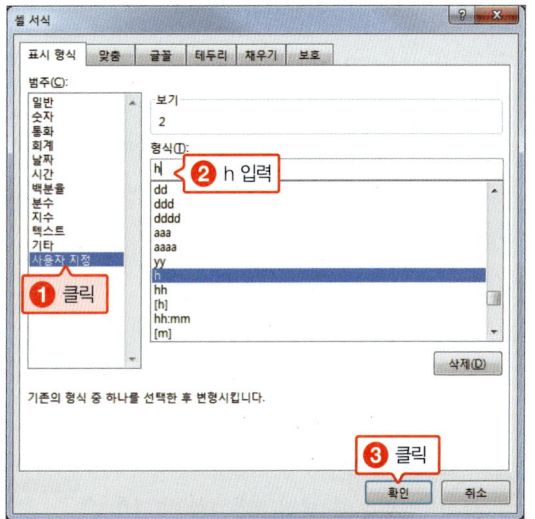

06

① [표시 형식] 탭의 [범주] 목록에서 [사용자 지정] 선택

② [형식] 입력란에 서식 코드 h 입력

③ [확인]을 클릭합니다.

05 ~ 06 과정을 반복하여 [F23]~[F34] 셀과 [E23]~[E34] 셀에도 각 서식 코드를 지정합니다.

07 날짜 서식 지정하기

① [서식코드구성] 시트의 [A6:A10] 셀 드래그

② [셀 서식] 대화상자를 불러오기 위해 Ctrl + 1

③ [표시 형식] 탭의 [범주] 목록에서 [사용자 지정] 선택

④ [형식] 입력란에 서식 코드 mm/dd(aaa) 입력

⑤ [확인]을 클릭합니다.

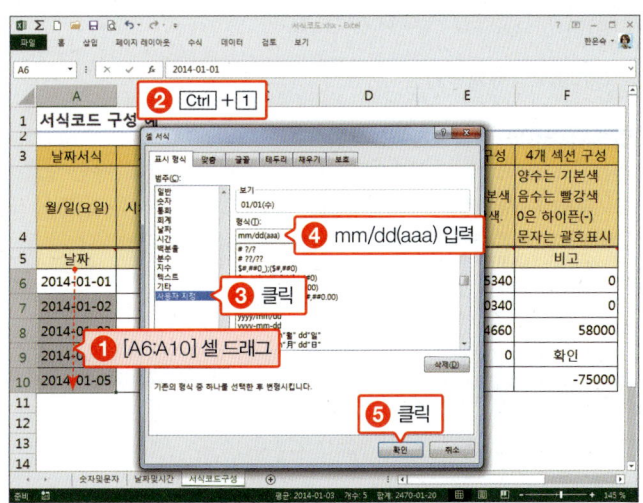

08 시간 서식 지정하기

① [B6:B10] 셀 드래그

② [셀 서식] 대화상자를 불러오기 위해 Ctrl + 1

③ [표시 형식] 탭의 [범주] 목록에서 [사용자 지정] 선택

④ [형식] 입력란에 서식 코드 **hh:mm AM/PM** 입력

⑤ [확인]을 클릭합니다.

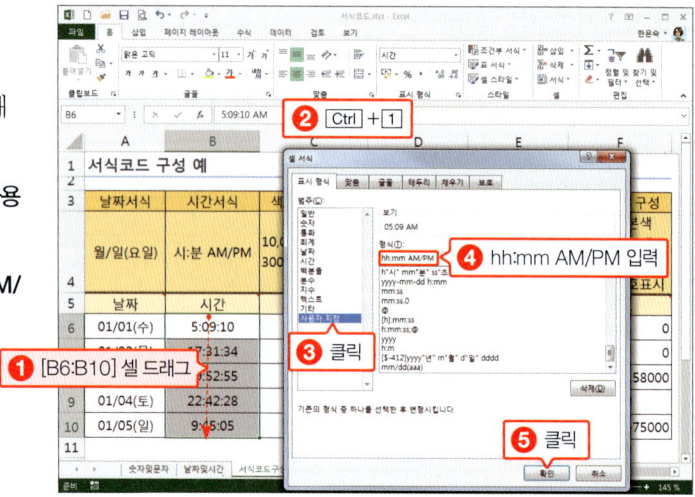

09 색 및 조건 코드 지정하기

[C6:C10] 셀은 10,000 미만 숫자는 빨간색, 300,000 이상 숫자는 파란색으로 표시하고 나머지 숫자는 기본 색으로 표시하겠습니다. 모든 숫자에는 천 단위 구분 기호를 표시하도록 합니다.

① [C6:C10] 셀 드래그

② [셀 서식] 대화상자를 불러오기 위해 Ctrl + 1

③ [표시 형식] 탭의 [범주] 목록에서 [사용자 지정] 선택

④ [형식] 입력란에 서식 코드 **[빨강][<10000]#,##0;[파랑][>=300000]#,##0;#,##0** 입력

⑤ [확인]을 클릭합니다.

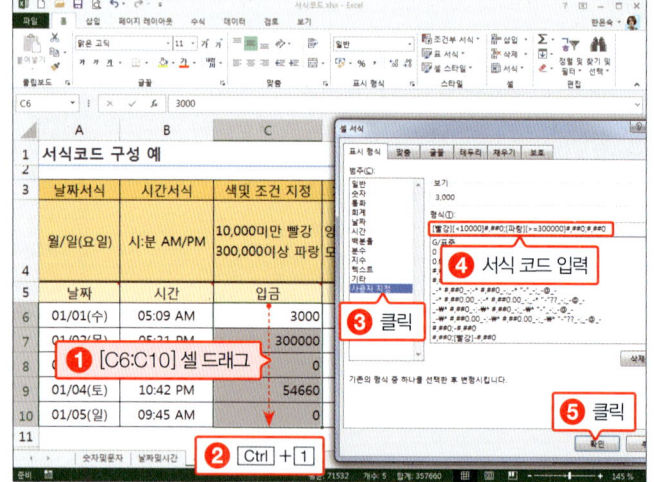

바로 통하는TIP 색 및 조건 지정 코드

색상이나 조건을 지정할 때는 서식 코드 앞 대괄호([ ]) 안에 색상 이름, 조건을 입력합니다. 색상 이름은 [검정], [녹색], [흰색], [파랑], [자홍], [노랑], [녹청], [빨강]의 8가지 색을 지정할 수 있습니다. 조건으로 크다(>), 작다(<), 크거나 같다(>=), 작거나 같다(<=)를 표시하는 비교 연산자를 먼저 입력하고 숫자를 입력하여 지정합니다. 색상과 조건을 함께 지정할 때는 색상을 먼저 입력합니다.

10 서식 코드 한 개 섹션 지정하기

양수, 음수, 0에 대한 서식 코드를 지정해 보겠습니다.

① [D6:D10] 셀 드래그

② [셀 서식] 대화상자를 불러오기 위해 Ctrl + 1

③ [표시 형식] 탭의 [범주] 목록에서 [사용자 지정] 선택

④ [형식] 입력란에 서식 코드 [빨강]#,##0 입력

⑤ [확인]을 클릭합니다.

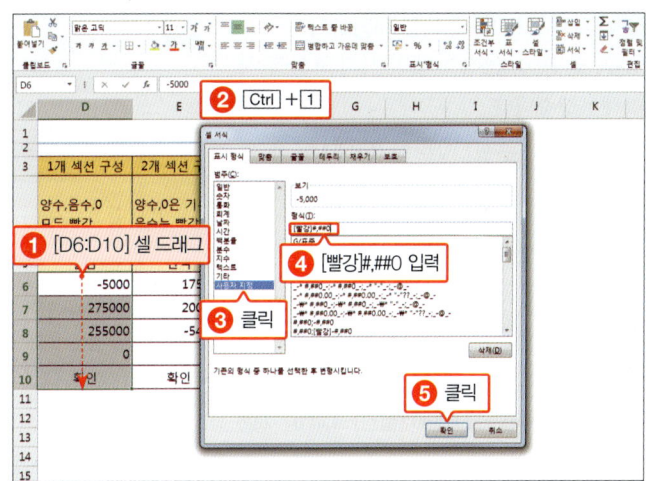

실무활용노트 EXCEL | 서식 코드 설명

한 개 섹션 코드만 지정하면 문자를 제외한 양수, 음수, 0에 모두 표시 효과가 적용됩니다. 음수인 경우 부호는 기본 서식으로 마이너스 부호(−)가 표시됩니다.

적용 데이터	양수, 음수, 0
서식 코드	[빨강]#,##0
표시 효과	글꼴 색 빨강, 천 단위 구분 기호 표시

---

11 서식 코드 두 개 섹션 지정하기

양수, 0에 대한 서식 코드와 음수에 대한 서식 코드를 지정해보겠습니다.

① [E6:E10] 셀 드래그

② [셀 서식] 대화상자를 불러오기 위해 Ctrl + 1

③ [표시 형식] 탭의 [범주] 목록에서 [사용자 지정] 선택

④ [형식] 입력란에 서식 코드 #,##0;[빨강]−#,##0을 입력.

⑤ [확인]을 클릭합니다.

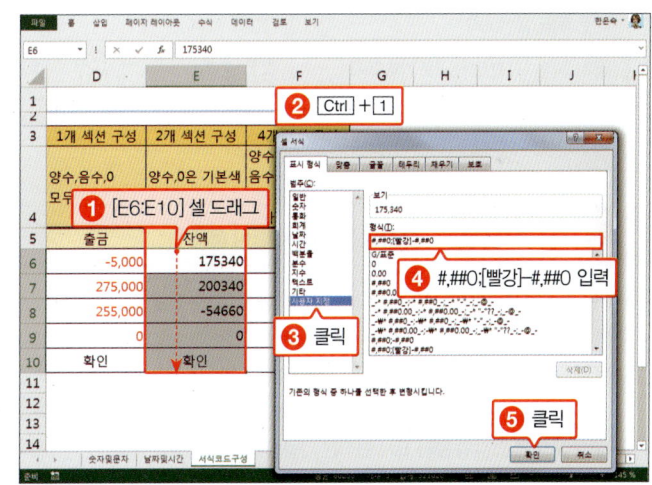

실무활용노트 EXCEL | 서식 코드 설명

두 개 섹션 코드를 지정하면 첫 번째 섹션은 양수와 0, 두 번째 섹션은 음수에 적용되며 문자는 기본 서식으로 표시됩니다.

	첫 번째 섹션	두 번째 섹션
적용 데이터	양수, 0	음수
서식 코드	#,##0	[빨강]−#,##0
표시 효과	천 단위 구분 기호 표시	글꼴 색 빨강, 마이너스 부호 표시, 천 단위 구분 기호 표시

12 **서식 코드 네 개 섹션 지정하기**

양수, 음수, 0, 문자에 대한 서식 코드를 지
정해보겠습니다.

① [서식코드구성] 시트의 [F6:F10] 셀 드
래그

② [셀 서식] 대화상자를 불러오기 위해
Ctrl + 1

③ [표시 형식] 탭의 [범주] 목록에서 [사용
자 지정] 선택

④ [형식] 입력란에 #,##0;[빨강]−#,##0;−;(@)
입력

⑤ [확인]을 클릭합니다.

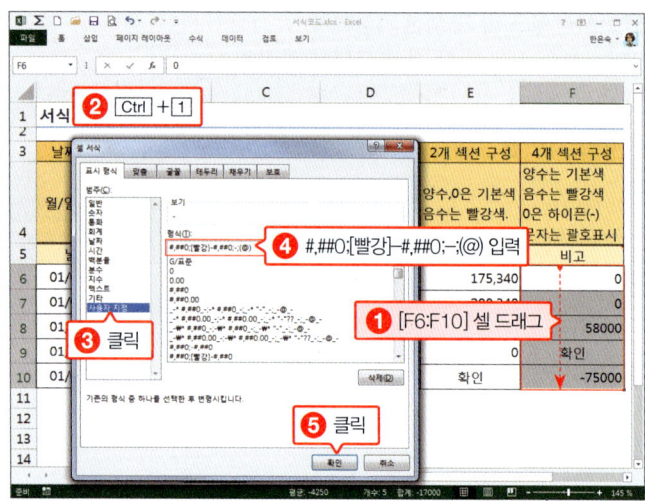

서식 코드 설명

양수, 음수, 0, 문자가 모두 입력되는 범위이고 네 가지 종류에 대해 서식을 달리 지정하고 싶은 경우 네 개 섹션의 서식 코드를 지정합
니다. 첫 번째 섹션은 양수, 두 번째 섹션은 음수, 세 번째 섹션은 0, 네 번째 섹션은 문자에 대해 적용됩니다.

	첫 번째 섹션	두 번째 섹션	세 번째 섹션	네 번째 섹션
적용데이터	양수	음수	0	문자
서식 코드	#,##0	[빨강]−#,##0	−	(@)
표시 효과	천 단위 구분 기호 표시	글꼴 색 빨강, 마이너스 부호 표시, 천 단위 구분 기호 표시	0대신 하이픈(−) 표시	문자 앞뒤에 괄호 표시

숫자의 문자 표시 형식 코드

[범주] 목록에서 [기타]를 선택하고 [형식] 목록에서 [숫자(한글)]를 선택하면 숫자를 한글로 표시합니다. 이때 사용자 지정의 형식 입력
란에 입력된 서식 코드 중 [DBNum4]는 숫자를 한글 형태로 표시하라는 코드이며 [$−412]는 기타 범주에서 선택한 로컬(위치) 코드
(한국어는 [$−412], 일본어는 [$−411], 중국어(대만)는 [$−404], 중국어(중국)는 [$−804]), G/표준은 숫자에 대한 일반 서식 코드입니
다. G/표준 대신 0을 입력하면 값으로 표시하지 않고 넘버링하듯 표시합니다. 예를 들어 숫자 526에 문자 표시 형식 코드를 지정했을
때 코드에 따른 숫자의 문자 표시 형식은 다음과 같습니다.

서식 코드	값 문자 표시 형식	서식 코드	넘버링된 표시 형식
[DBNum1][$−412]G/표준	한자로 표시(五百二十六)	[DBNum1][$−412]0	한자로 표시(五二六)
[DBNum2][$−412]G/표준	한자 갖은자로 표시(伍百貳拾六)	[DBNum2][$−412]0	한자 갖은자로 표시(伍貳六)
[DBNum3]G/표준	단위만 한자로 표시(5百2十6)	[DBNum3]0	전각 숫자로 표시(5 2 6)
[DBNum4][$−412]G/표준	한글로 표시(오백이십육)	[DBNum4][$−412]0	한글로 표시(오이육)

거래명세표에 사용자 지정 표시 형식 지정하기

2007 | 2010 | 2013

• **실습 파일** Chapter05 \ Section05 \ 거래명세표.xlsx • **완성 파일** Chapter05 \ Section05 \ 거래명세표완성.xlsx

거래명세표는 세부 거래 내역이나 거래 사실을 뒷받침할 수 있도록 거래가 발생한 시점에서 작성해 거래 물품의 수령 여부를 확인하도록 하는 문서입니다. 숫자, 문자 서식 코드 앞뒤에 원하는 문자를 넣어서 표시할 수도 있습니다. 데이터 표시 형식이 지정되지 않은 거래명세표 파일을 불러오고 각 데이터마다 적절한 표시 형식을 지정한 후 문서를 완성해보겠습니다.

거 래 명 세 표

거래일자		
2014.5.12(월요일) ❶		

	상호(법인명)	우리 가구		등록번호	1 2 3 - 4 5 - 6 7 8 9 0
공급받는자	사업장주소	성남시 분당구 야탑동 000-0	공급자	상호(법인명)	㈜ SJ	성명	김성준
	전화번호	031-777-0000		사업장주소	서울 동작구 상도동 000-0
	합계금액	**일금사천삼백이십육만일천구백원정** ❾		전화	02-888-0000	팩스	02-888-0000

❷ 일	품 ❸ 목	규 ❹ 격	수 ❺ 량	단가(단위) ❼	공 급 가 액	세 액	비고 ❻
5 12	SJ-글로시 500	30.0cm	7	112	784,000	78,400	001
5 12	SJ-골드 슬라이딩	30.0cm	100	124	12,400,000	1,240,000	002
5 12	SJ-라인 700	30.0cm	120	98	11,760,000	1,176,000	003
5 12	SJ-글로시 500	15.0cm	15	59	885,000	88,500	004
5 12	SJ-골드 슬라이딩	15.0cm	20	63	1,260,000	126,000	005
5 12	SJ-카멜 600	30.0cm	120	102	12,240,000	1,224,000	006

합 계		₩39,329,000	₩3,932,900	

[MEMO]						
출발일시	2014-05-12 8:30	도착일시	2014-05-13 11:00	배송소요시간	**26시간 30분** ❽	인수자	이순신

❶ 연.월.일(요일) 〈yyyy.m.d(aaaa)〉로 날짜 표시

❷ 날짜의 월〈m〉과 일〈d〉만 표시

❸ 문자 앞에 다른 문자 일률적으로 표시 〈"SJ-"@〉

❹ 숫자 뒤에 문자 일률적으로 표시 〈0.0"cm"〉

❺ 숫자 자릿수 맞추기 〈???〉

❻ 숫자 자릿수 맞추기 〈000〉

❼ 천 원 단위 생략 표시 〈#,##0,〉

❽ 경과 시간 표시 〈[h]시간 m[분]〉

❾ 숫자를 한글로 표시

01 날짜에 요일 표시하기

① [A2] 셀 클릭

② [셀 서식] 대화상자를 불러오기 위해 Ctrl + 1

③ [표시 형식] 탭의 [범주] 목록에서 [사용자 지정] 선택

④ [형식] 입력란에 서식 코드 **yyyy.m.d (aaaa)** 입력

⑤ [확인]을 클릭합니다.

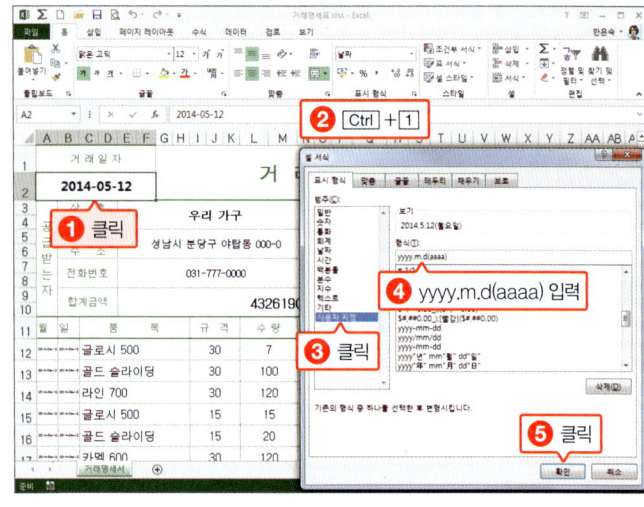

02 날짜의 월만 표시하기

① [A12:A17] 셀 드래그

② [셀 서식] 대화상자를 불러오기 위해 Ctrl + 1

③ [표시 형식] 탭의 [범주] 목록에서 [사용자 지정] 선택

④ [형식] 입력란에 서식 코드 m 입력

⑤ [확인]을 클릭합니다.

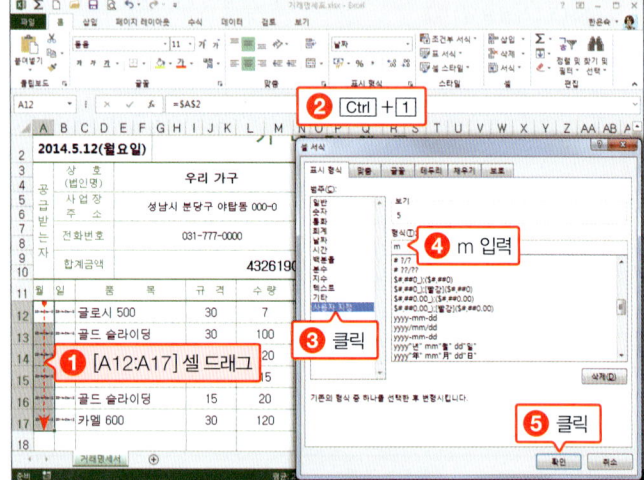

03 날짜의 일만 표시하기

① [B12:B17] 셀 드래그

② [셀 서식] 대화상자를 불러오기 위해 Ctrl + 1

③ [표시 형식] 탭의 [범주] 목록에서 [사용자 지정] 선택

④ [형식] 입력란에 서식 코드 d 입력

⑤ [확인]을 클릭합니다.

바로 통하는 TIP [A12:B17] 셀에는 [A2] 셀의 날짜가 수식으로 연결되어 있으며 기본 날짜 서식과 셀에 맞춤 서식이 설정되어 있습니다.

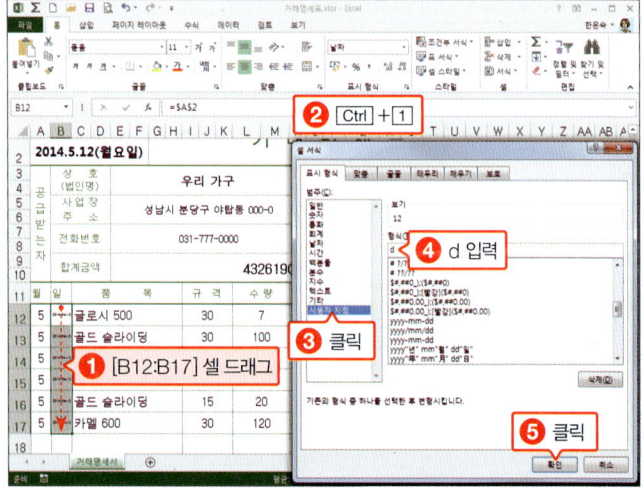

04 문자 앞에 다른 문자 표시하기

품목명 앞에 한꺼번에 'SJ-'를 붙여보겠습니다.

① [C12:C17] 셀 드래그
② [셀 서식] 대화상자를 불러오기 위해 Ctrl + 1
③ [표시 형식] 탭의 [범주] 목록에서 [사용자 지정] 선택
④ [형식] 입력란에 서식 코드 "SJ-"@ 입력
⑤ [확인]을 클릭합니다.

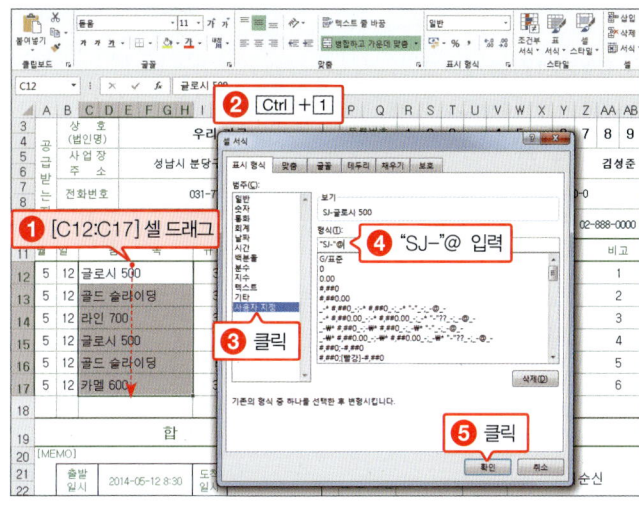

05 숫자 뒤에 문자 표시하기

규격을 소수 한 자리까지 표시하면서 뒤에 'cm'를 붙여보겠습니다.

① [I12:I17] 셀 드래그
② [셀 서식] 대화상자를 불러오기 위해 Ctrl + 1
③ [표시 형식] 탭의 [범주] 목록에서 [사용자 지정] 선택
④ [형식] 입력란에 서식 코드 0.0"cm" 입력
⑤ [확인]을 클릭합니다.

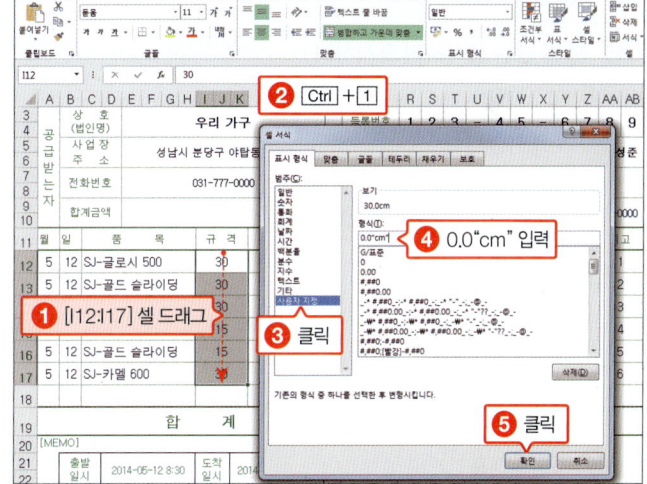

06 숫자 자릿수 맞추기

① [L12:L17] 셀 드래그
② [셀 서식] 대화상자를 불러오기 위해 Ctrl + 1
③ [표시 형식] 탭의 [범주] 목록에서 [사용자 지정] 선택
④ [형식] 입력란에 서식 코드 ??? 입력
⑤ [확인]을 클릭합니다.

바로 통하는 TIP 수량 범위에 입력된 숫자 중 가장 긴 숫자가 세 자리이므로 ???를 지정하면 자릿수가 세 자리가 안 되는 숫자는 앞이 공백으로 채워지기 때문에 셀에서 가운데 맞춤된 상태에서는 숫자가 오른쪽 맞춤된 것으로 보입니다.

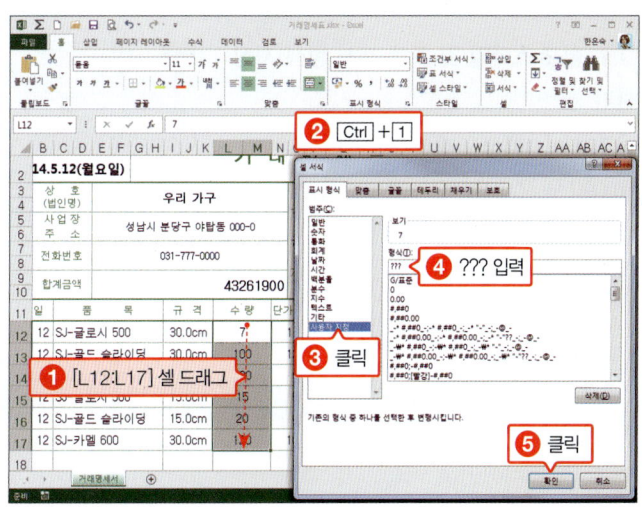

07

① [Z12:Z17] 셀 드래그

② [셀 서식] 대화상자를 불러오기 위해
   Ctrl + 1

③ [표시 형식] 탭의 [범주] 목록에서 [사용
   자 지정] 선택

④ [형식] 입력란에 서식 코드 000 입력

⑤ [확인]을 클릭합니다.

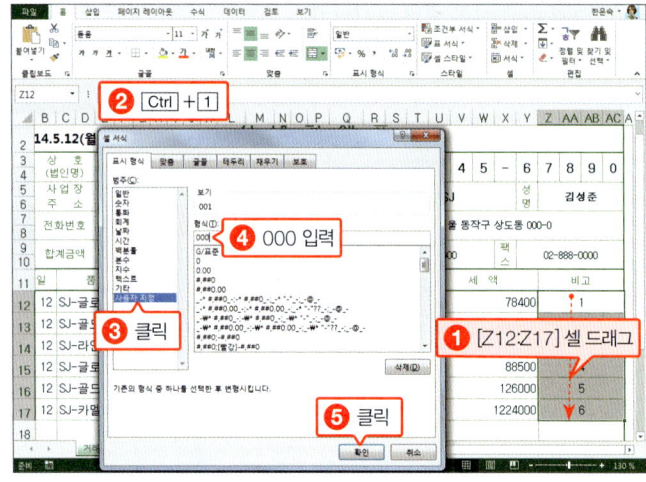

바로 통하는 TIP 비고 범위는 서식 코드를 000으로 지정해서 숫자를 세 자리로 맞추되, 자릿수가 세 자리가 안 되는 숫자는 앞이 0으로 채워집니다.

08 천 원 단위 생략하여 표시하기

단가는 열 너비가 좁으므로 천 원 단위를
생략하여 표시합니다.

① [N12:N17] 셀 드래그

② [셀 서식] 대화상자를 불러오기 위해
   Ctrl + 1

③ [표시 형식] 탭의 [범주] 목록에서 [사용
   자 지정] 선택

④ [형식] 입력란에 서식 코드 #,##0, 입력

⑤ [확인]을 클릭합니다.

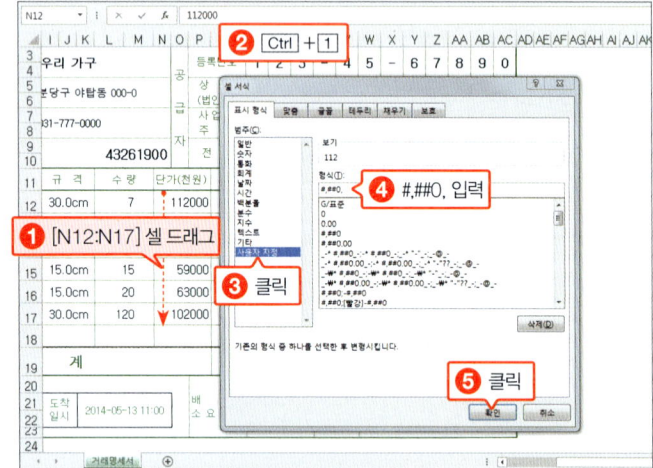

09 쉼표 스타일 및 회계 표시 형식 지정
하기

① [Q12:U17] 셀 드래그

② [홈] 탭-[표시 형식] 그룹-[쉼표 스타일
   ▪] 클릭

③ [Q19:U19] 셀 드래그

④ [회계 표시 형식 ▦]을 클릭합니다.

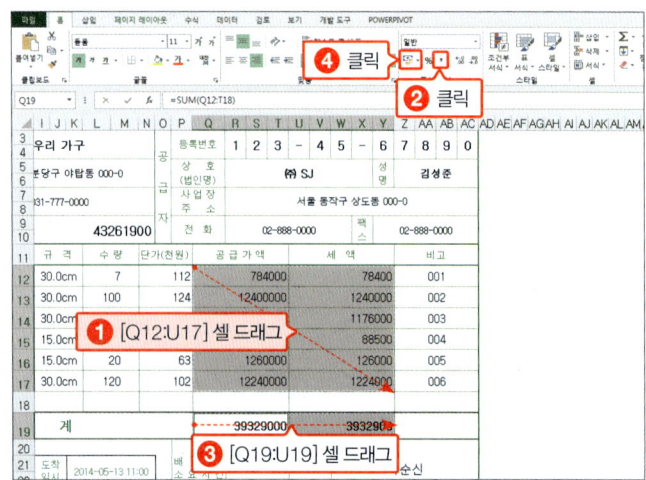

10 경과 시간 표시하기

배송소요시간은 '도착일시−출발일시'의 수식이 작성되어 있습니다. 24시간이 넘는 값이지만 기본 시간 서식으로 표시되어 있으므로 경과 시간으로 표시되도록 수정합니다.

① [R20] 셀 클릭

② [셀 서식] 대화상자를 불러오기 위해 Ctrl + 1

③ [표시 형식] 탭의 [범주] 목록에서 [사용자 지정] 선택

④ [형식] 입력란에 서식 코드 [h]시간 m분 입력

⑤ [확인]을 클릭합니다.

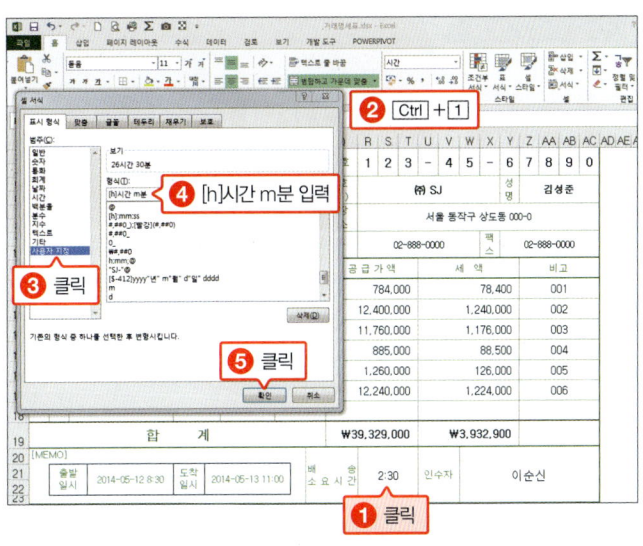

11 숫자를 한글로 표시하기

'공급가액+세액'의 합계금액을 한글로 표시하겠습니다.

① [E9] 셀 클릭

② [셀 서식] 대화상자를 불러오기 위해 Ctrl + 1

③ [표시 형식] 탭의 [범주] 목록에서 [기타] 선택

④ [형식] 목록에서 [숫자(한글)]을 선택

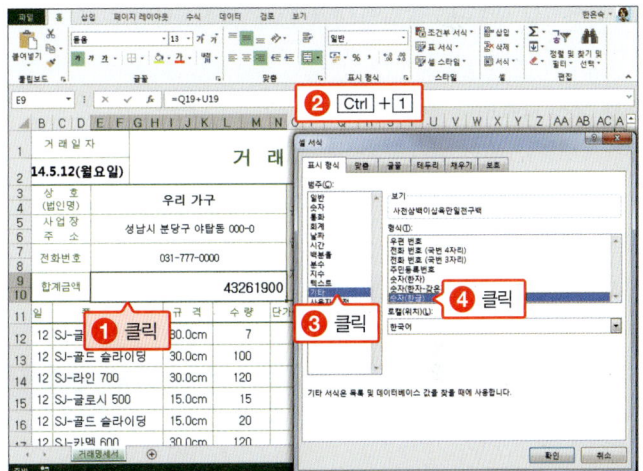

12

① [사용자 지정] 선택

② [형식] 입력란에 입력된 서식 코드 중 'G/표준' 앞에 **"일금"**, 끝에 **"원정"** 입력

③ [확인]을 클릭합니다.

합계금액 앞에 일금이, 뒤에 원정이 붙습니다.

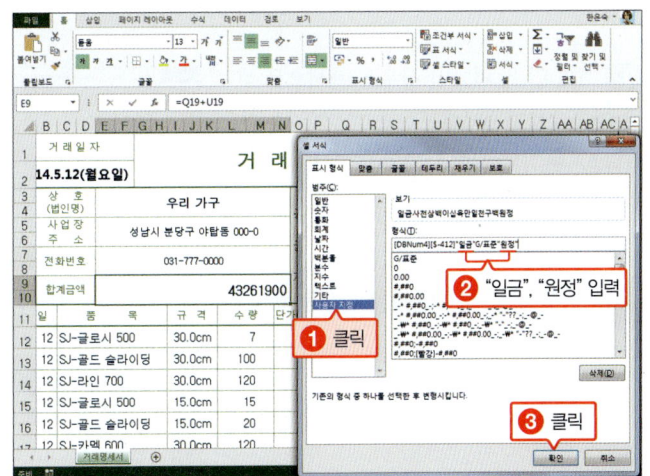

06 규칙에 따라 조건부 서식 지정하기

앞에서 다루었던 사용자 지정 서식 코드로 지정할 수 있는 조건과 색상은 몇 가지로 한정되어 있습니다. 조건부 서식 기능을 사용하면 좀더 다양한 조건을 지정할 수 있으며 조건에 따라 글꼴 색뿐 아니라 셀 색, 테두리, 표시 형식 등의 서식을 다르게 지정할 수 있습니다.

핵심기능실습 | 셀 강조 규칙에 따라 서식 지정하기

• **실습 파일** Chapter05\Section06\조건부서식–강조규칙.xlsx • **완성 파일** Chapter05\Section06\조건부서식–강조규칙완성.xlsx

데이터 범위에서 특정 숫자나 날짜 범위에 속하는 셀, 특정 문자가 포함된 셀, 중복 값이 있는 셀, 빈 셀, 오류 셀 등에 서식을 지정하는 방법에 대해서 알아보겠습니다.

01 숫자 값에 따라 셀 강조하기

차인잔액이 300만 원을 초과하는 경우 빨간색으로 셀을 강조해보겠습니다.

① [F4:F35] 셀 드래그

② [홈] 탭–[스타일] 그룹–[조건부 서식]– [셀 강조 규칙]–[보다 큼] 선택

③ 대화상자 입력란에 **3000000** 입력

④ [확인]을 클릭합니다.

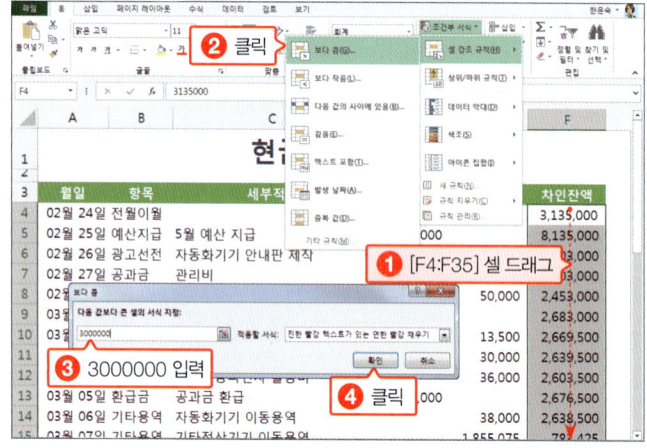

02 100만 원 미만인 경우 노란색으로 셀을 강조해보겠습니다.

① [홈] 탭–[스타일] 그룹–[조건부 서식]– [셀 강조 규칙]–[보다 작음] 선택

② 대화상자에 **1000000** 입력

③ [적용할 서식] 목록에서 [진한 노랑 텍스트 가 있는 노랑 채우기] 선택

④ [확인]을 클릭합니다.

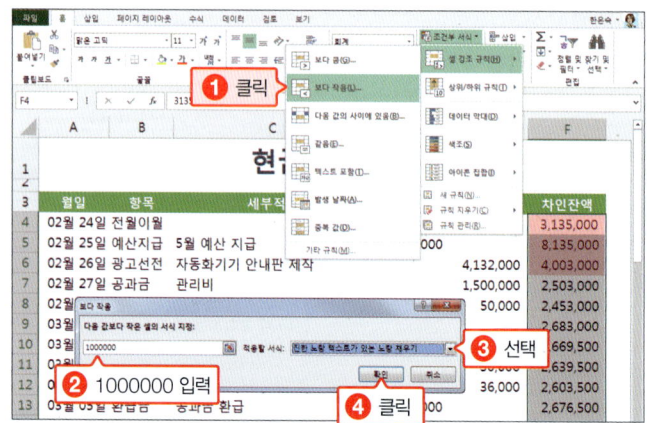

03 200만 원 이상, 250만 원 이하인 경우 녹색으로 셀을 강조해보겠습니다.

① [홈] 탭-[스타일] 그룹-[조건부 서식]-[셀 강조 규칙]-[다음 값의 사이에 있음] 선택

② 대화상자 입력란에 **2000000**, [그리고] 에 **2500000** 입력

③ [적용할 서식] 목록에서 [**진한 녹색 텍스트가 있는 녹색 채우기**] 선택

④ [**확인**]을 클릭합니다.

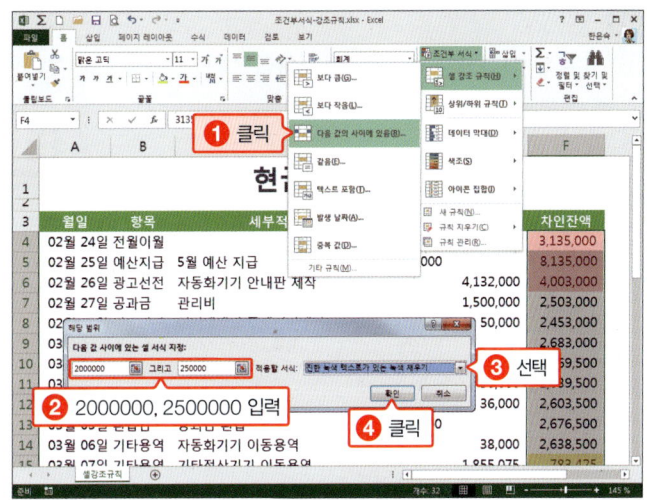

실무활용노트 EXCEL   **기타 비교 연산자 지정**

[셀 강조 규칙] 메뉴에서 선택할 수 있는 [보다 큼]은 〉 연산자, [보다 작음]은 〈 연산자, [다음 값의 사이에 있음]은 〉=, 그리고 〈= 연산자가 적용됩니다. 셀 값에 대한 다른 규칙 항목을 선택하려면 [홈] 탭-[스타일] 그룹-[조건부 서식]-[셀 강조 규칙]-[기타 규칙]을 선택하고 연산자 목록에서 제외 범위, 〈〉(같지 않음), 〉=, 〈= 등의 연산자를 선택할 수 있습니다.

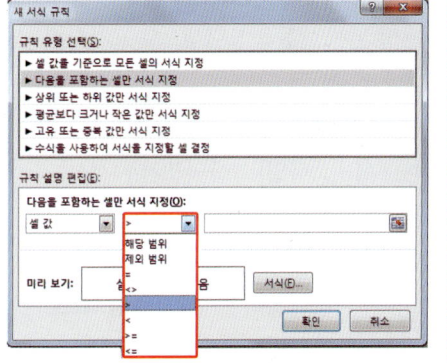

---

04 텍스트에 따라 셀 강조하기

항목에 '기타'가 포함된 셀의 글꼴을 굵게, 빨간색으로 지정하겠습니다.

① [**B4:B35**] 셀 드래그

② [홈] 탭-[스타일] 그룹-[조건부 서식]-[셀 강조 규칙]-[**텍스트 포함**] 선택

③ 대화상자 입력란에 **기타** 입력

④ [적용할 서식] 목록에서 [**사용자 지정 서식**]을 선택합니다.

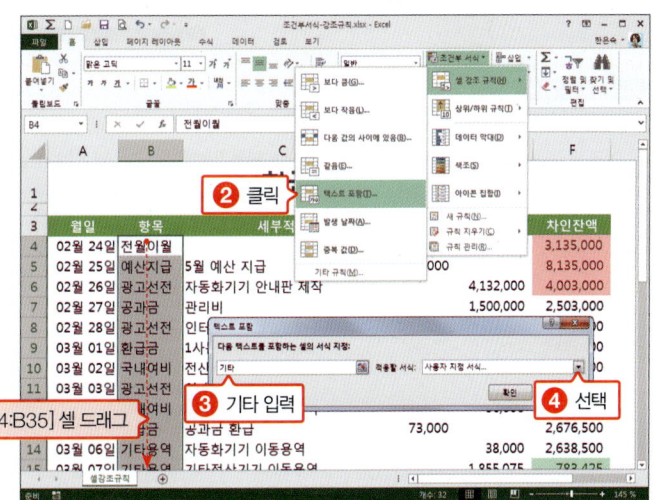

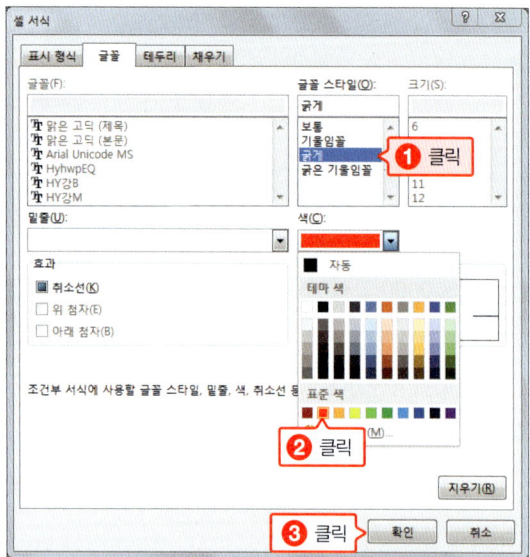

05

① [셀 서식] 대화상자의 [글꼴] 탭–[글꼴 스타일] 목록
   에서 [**굵게**] 선택

② [색] 목록에서 [**빨강**] 선택

③ [**확인**]을 클릭합니다.

[텍스트 포함] 대화상자의 [확인]을 클릭해 대화상자를 닫으면 '기타'
가 포함된 셀의 글꼴이 굵은 빨간색으로 변경된 것을 확인할 수 있
습니다.

06 발생 날짜에 따라 셀 강조하기

지난 달 날짜 셀들을 노란색으로 표시하겠
습니다.

① [A4:A35] 셀 드래그

② [홈] 탭–[스타일] 그룹–[조건부 서식]–
   [셀 강조 규칙]–[**발생 날짜**] 선택

③ 목록에서 [**지난 달**] 선택

④ [적용할 서식] 목록에서 [**진한 노랑 텍스트
   가 있는 노랑 채우기**] 선택

⑤ [**확인**]을 클릭합니다.

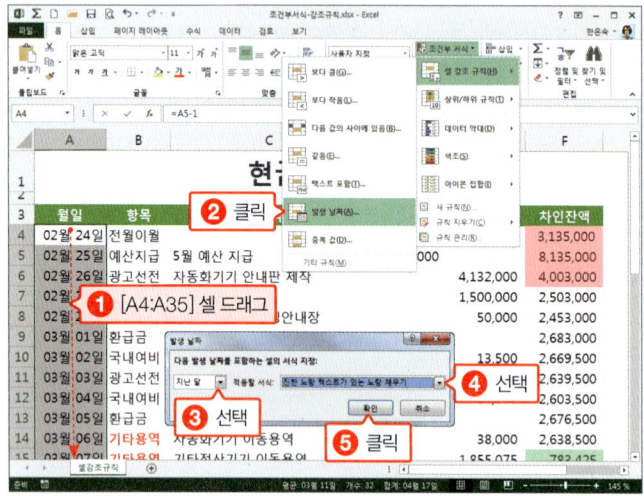

바로 통하는 TIP 　**발생 날짜 기준**

발생 날짜는 컴퓨터에 설정된 현재 날짜를 기준으로 어제, 오늘, 내일, 지난 7일, 지난 주, 이번 주, 다음 주, 지난 달, 이번 달, 다음 달을 선택할 수 있습니
다. 예제 파일의 마지막 셀인 [A35] 셀 날짜는 현재 날짜를 입력하는 TODAY 함수가 입력되어 있고, 그 위의 셀들은 아래 셀에서 1을 빼서 아래 셀의
이전 날짜가 입력되도록 수식이 지정되어 있습니다. 따라서 그림의 날짜와 여러분이 실습하고 있는 화면의 날짜는 다를 수 있습니다.

07 **중복 값, 고유 값 강조하기**

지출액이 중복되는 셀을 빨간색으로 표시
하겠습니다.

① [E4:E35] 셀 드래그

② [홈] 탭-[스타일] 그룹-[조건부 서식]-
   [셀 강조 규칙]-[중복 값] 선택

③ [확인]을 클릭합니다.

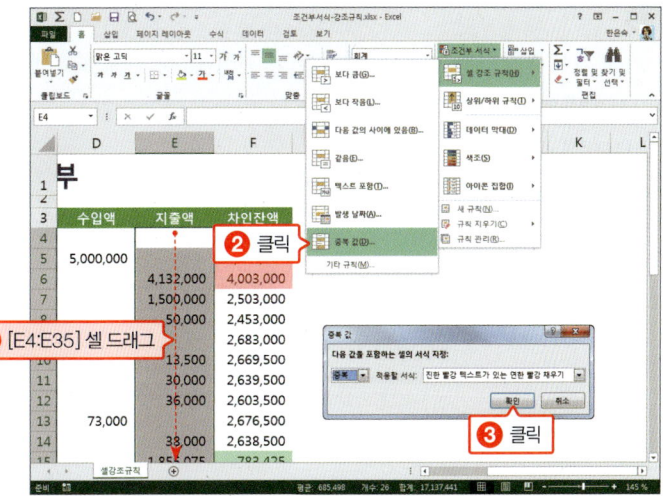

08 고유 항목인 셀을 녹색으로 표시하겠
습니다.

① [B4:B35] 셀 드래그

② 다시 [홈] 탭-[스타일] 그룹-[조건부 서
   식]-[셀 강조 규칙]-[중복 값] 선택

③ 대화상자 목록에서 [고유] 선택

④ [적용할 서식] 목록에서 [진한 녹색 텍스트
   가 있는 녹색 채우기] 선택

⑤ [확인]을 클릭합니다.

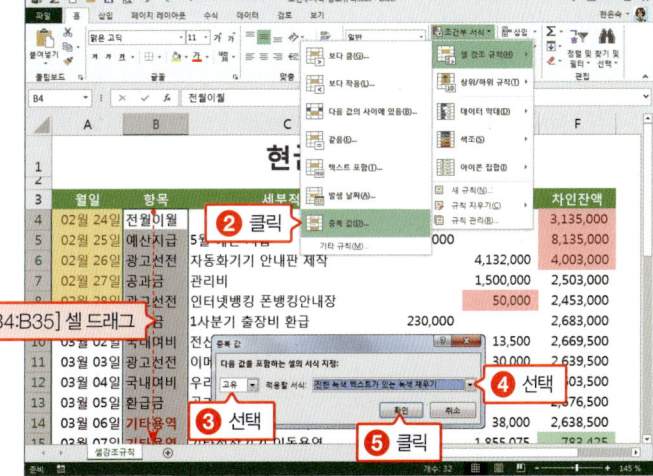

09 **내용 있는 셀에만 윤곽선 표시하기**

표 전체 범위에서 데이터가 있는 셀에만 테
두리가 표시되도록 설정하겠습니다.

① 표 전체 범위를 지정하기 위해 Ctrl +
   A

② [홈] 탭-[스타일] 그룹-[조건부 서식]-
   [셀 강조 규칙]-[기타규칙]을 선택합니다.

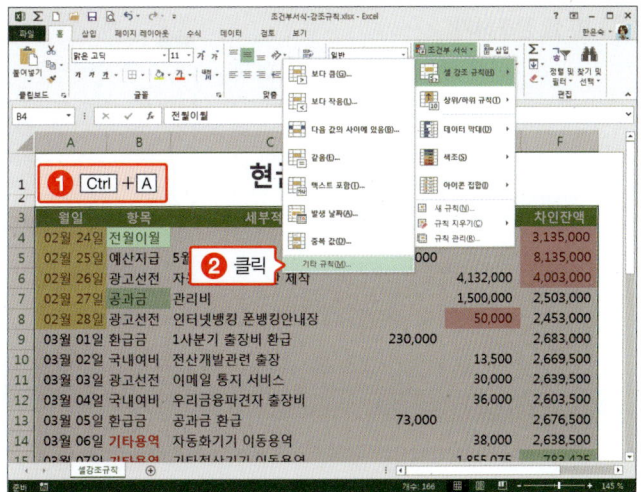

10

① [새 서식 규칙] 대화상자의 [규칙 설명 편집]란 첫 번째 목록에서 [내용 있는 셀] 선택

② [서식]을 클릭합니다.

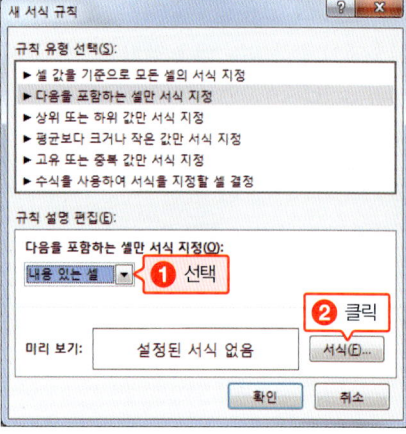

11

① [셀 서식] 대화상자의 [테두리] 탭에서 [윤곽선] 클릭

② [확인]을 클릭합니다.

[새 서식 규칙] 대화상자의 [확인]을 클릭해 대화상자를 닫으면 데이터가 있는 셀에 테두리가 표시됩니다.

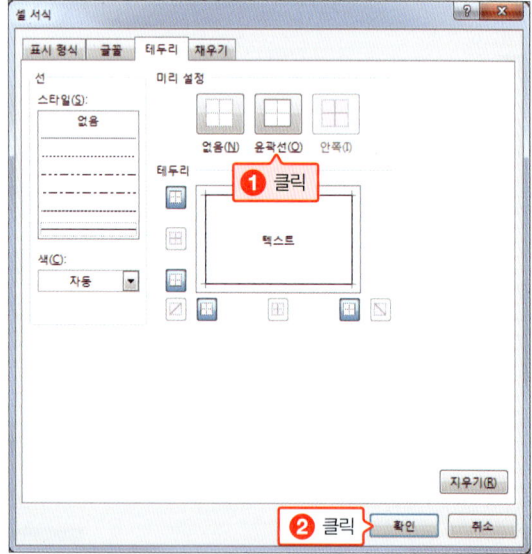

12 빈 셀 강조하기

표 전체 범위에서 빈 셀에만 셀 색을 회색으로 채우겠습니다. [홈] 탭-[스타일] 그룹-[조건부 서식]-[셀 강조 규칙]-[기타 규칙]을 선택합니다.

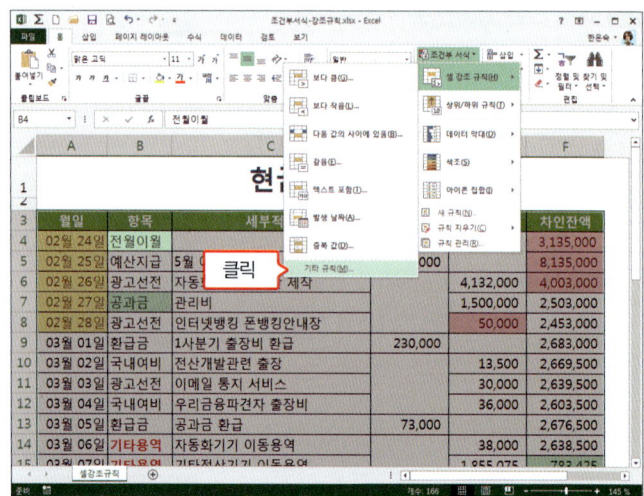

13

① [규칙 설명 편집]란의 첫 번째 목록에서 [빈 셀] 선택

② [서식]을 클릭합니다.

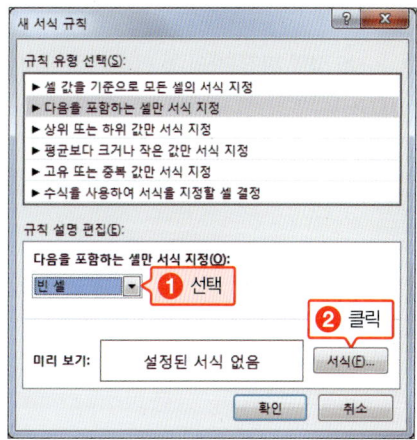

14

① [셀 서식] 대화상자 [채우기] 탭−[배경색] 목록에서 **[흰색, 배경1, 15% 더 어둡게]** 선택

② [확인]을 클릭합니다.

[새 서식 규칙] 대화상자의 [확인]을 클릭해 대화상자를 닫으면 빈 셀의 셀 색이 흰색으로 채워집니다.

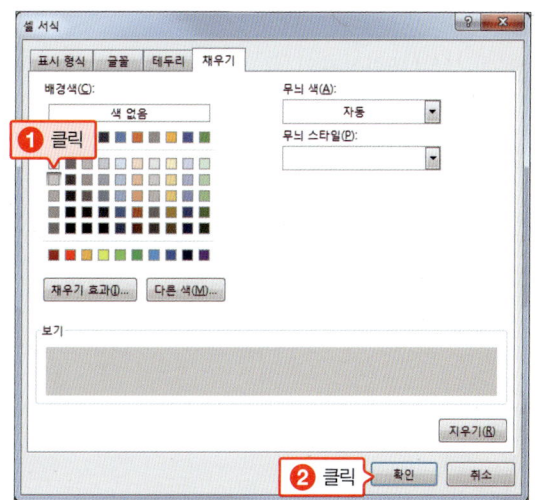

15 오류 감추기

차인잔액에는 '위쪽 셀+수입액−지출액' 의 수식이 입력되어 있습니다. [E23] 셀과 [D34] 셀에는 문자가 입력되어 있어 [F23] 셀부터 문자와 사칙연산했을 때 나타나는 #VALUE! 오류가 표시되었습니다. 셀 값이 오류일 때는 글꼴 색을 [흰색]으로 설정하여 화면에 표시되지 않도록 설정하겠습니다. [홈] 탭−[스타일] 그룹−[조건부 서식]−[셀 강조 규칙]−**[기타 규칙]**을 선택합니다.

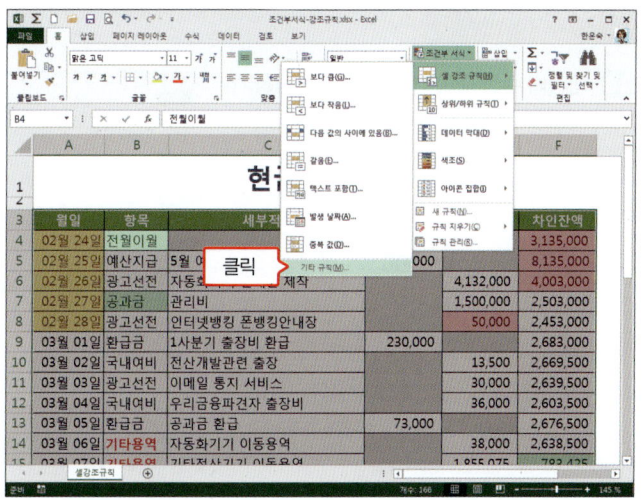

16

① [규칙 설명 편집]란의 첫 번째 목록에서 [오류] 선택

② [서식]을 클릭합니다.

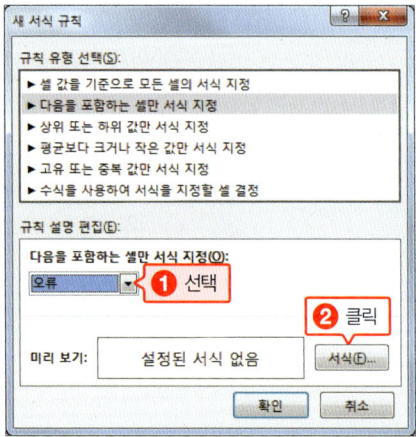

17

① [셀 서식] 대화상자의 [글꼴] 탭–[색] 목록에서 [흰색, 배경1] 선택

② [확인]을 클릭합니다.

[새 서식 규칙] 대화상자의 [확인]을 클릭해 대화상자를 닫으면 오류가 있는 셀의 글꼴 색이 흰색으로 설정되어 화면에 표시되지 않습니다.

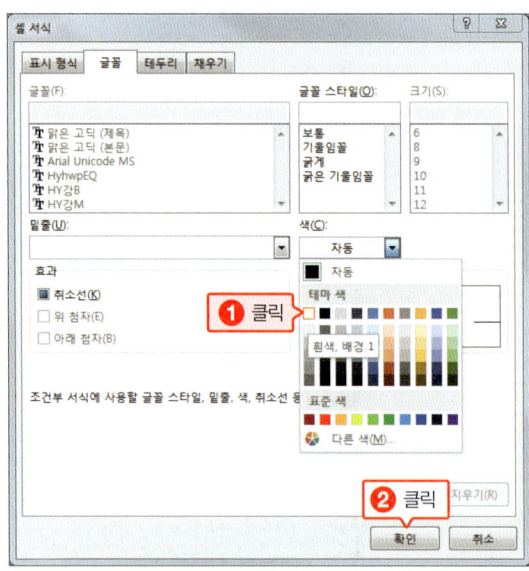

18 데이터 수정에 따라 서식 자동 변경하기

조건부 서식이 설정된 셀의 데이터를 수정하면 지정한 서식 조건에 따라 셀 서식이 자동으로 바뀝니다.

① [F4] 셀 값을 **2,135,000**으로 수정

② [D7] 셀에 **0**을 입력합니다.

전월이월 값에 따라 나머지 차인잔액들이 바뀌고 그에 따라 서식도 바뀝니다. 값이 입력됨에 따라 윤곽선이 표시되고 셀 색은 없어집니다.

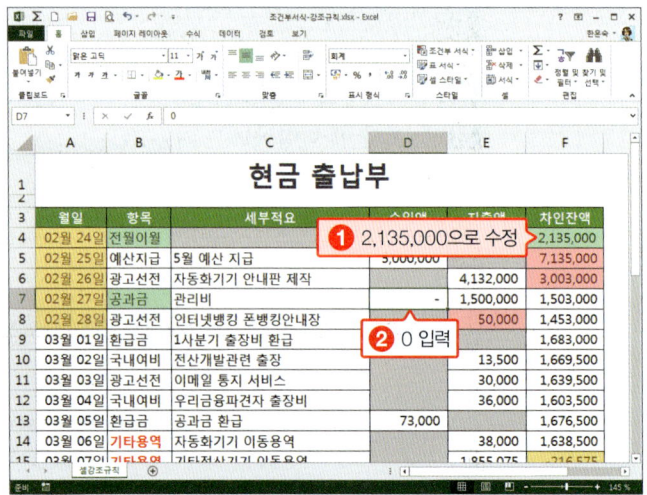

• **실습 파일** Chapter05\Section06\조건부서식–상하위.xlsx • **완성 파일** Chapter05\Section06\조건부서식–상하위완성.xlsx

[홈] 탭–[스타일] 그룹–[조건부 서식]–[상위/하위 규칙]을 선택하면 수치 데이터 목록 중 상위 값이나 하위 값 몇 개를 강조할 수 있습니다. 상위 몇 %, 하위 몇 %에 해당하는 값을 강조하거나 지정 범위의 평균을 초과하는 값, 평균 미만인 값 등을 강조하여 표시할 수 있습니다.

01 매출 상위 세 개 항목 강조하기

① [D4:D20] 셀 드래그

② [홈] 탭–[스타일] 그룹–[조건부 서식]–
   [상위/하위 규칙]–**[상위 10개 항목]** 선택

③ [상위 10개 항목] 대화상자의 입력란에
   3 입력

④ [확인]을 클릭합니다.

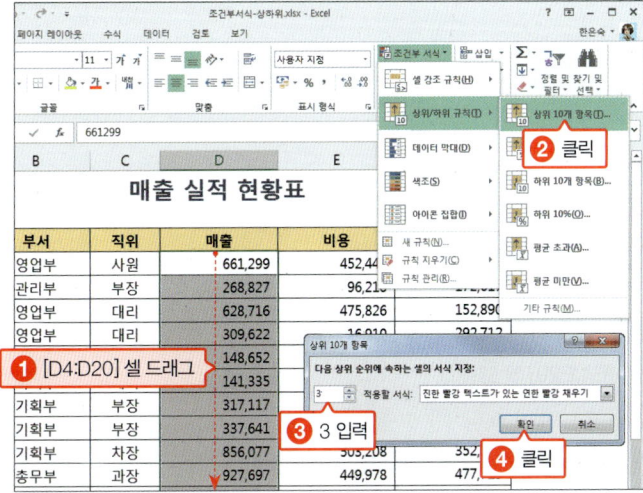

02 매출 상위 10% 항목 강조하기

매출이 가장 높은 상위 10% 셀에 서식을
적용해보겠습니다.

① [홈] 탭–[스타일] 그룹–[조건부 서식]–
   [상위/하위 규칙]–**[상위 10%]** 선택

② [상위 10%] 대화상자의 [적용할 서식] 목
   록에서 **[사용자 지정 서식]**을 선택합니다.

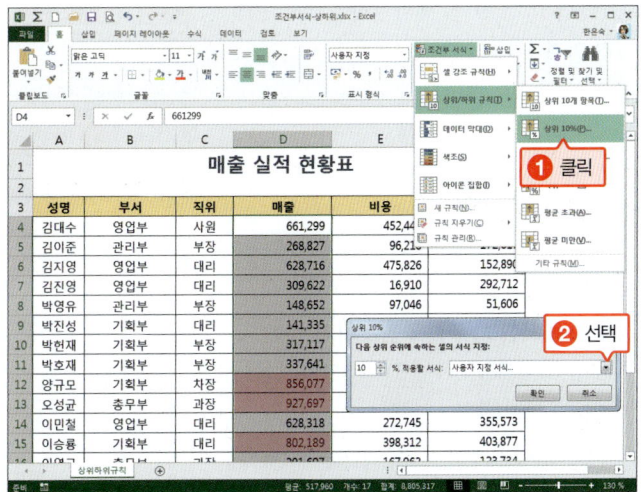

03

① [셀 서식] 대화상자의 [글꼴] 탭-[글꼴 스타일] 목록
　에서 [굵은 기울임꼴] 선택

② [확인]을 클릭합니다.

[상위 10%] 대화상자의 [확인]을 클릭해 대화상자를 닫습니다.

---

04 비용 하위 세 개 항목 강조하기

① [E4:E20] 셀 드래그

② [홈] 탭-[스타일] 그룹-[조건부 서
　식]-[상위/하위 규칙]-[하위 10개 항목]
　선택

③ [하위 10개 항목] 대화상자의 입력란에
　3 입력

④ [확인]을 클릭합니다.

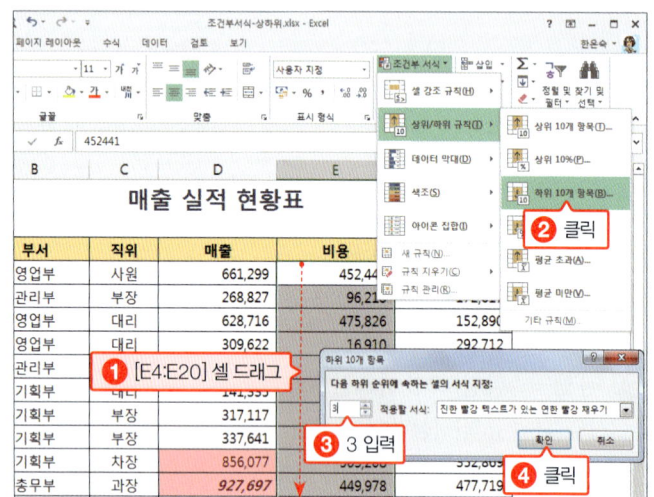

---

05 비용 하위 10% 항목 강조하기

비용이 가장 낮은 하위 10% 셀에 서식을
지정해보겠습니다.

① [홈] 탭-[스타일] 그룹-[조건부 서식]
　-[상위/하위 규칙]-[하위10%] 선택

② [하위 10%] 대화상자의 [적용할 서식] 목
　록에서 [사용자 지정 서식]을 선택합니다.

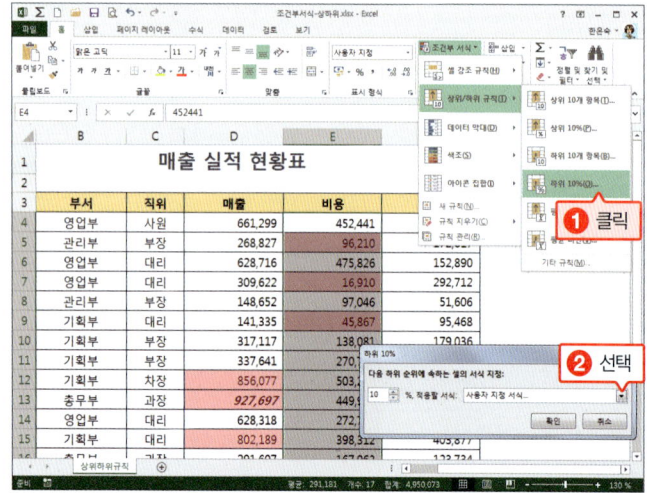

06

① [셀 서식] 대화상자의 [글꼴] 탭-[글꼴 스타일] 목록
에서 [굵은 기울임꼴] 선택

② [확인]을 클릭합니다.

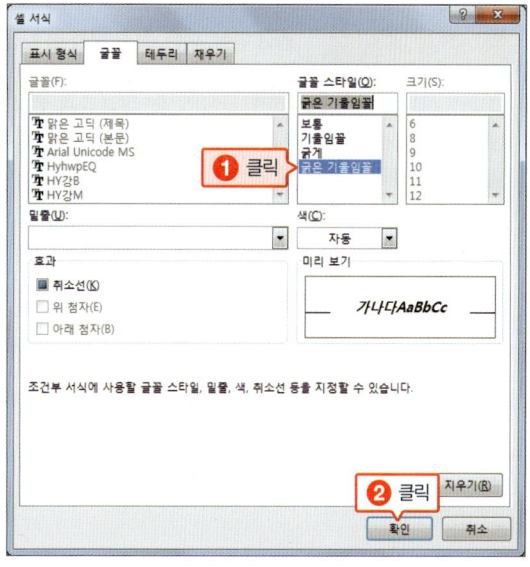

[하위 10%] 대화상자의 [확인]을 클릭해 대화상자를 닫습니다.

07 수익이 평균을 초과하는 값 강조하기

① [F4:F20] 셀 드래그

② [홈] 탭-[스타일] 그룹-[조건부 서
식]-[상위/하위 규칙]-[평균 초과] 선택

③ [평균 초과] 대화상자의 [적용할 서식]
목록에서 [진한 녹색 텍스트가 있는 녹색 채
우기] 선택

④ [확인]을 클릭합니다.

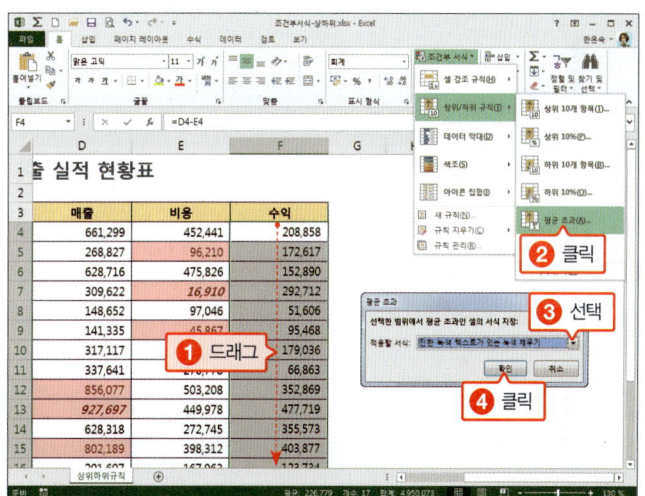

08 수익이 평균 미만인 값 강조하기

① [홈] 탭-[스타일] 그룹-[조건부 서
식]-[상위/하위 규칙]-[평균 미만] 선택

② [평균 미만] 대화상자의 [적용할 서식]
목록에서 [빨강 텍스트] 선택

③ [확인]을 클릭합니다.

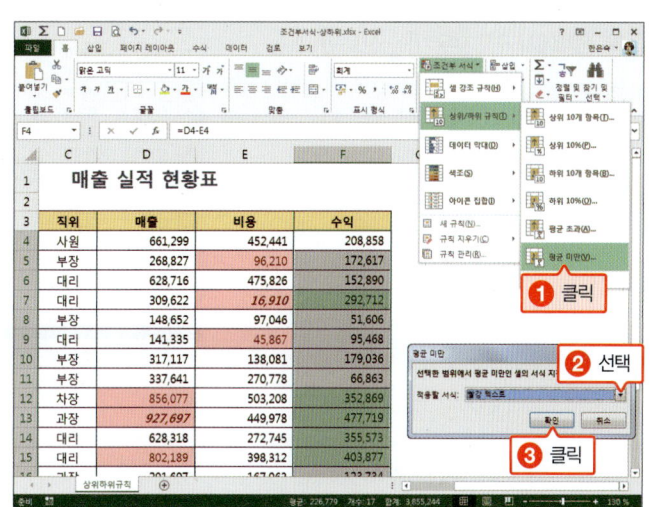

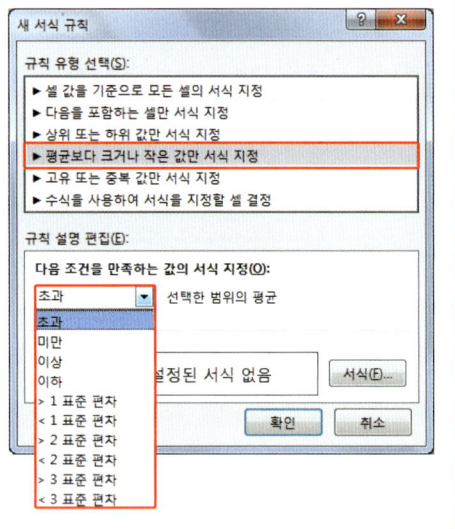

실무활용노트 EXCEL — 평균 이상, 이하, 표준 편차 값 지정

[조건부 서식] 메뉴 중 [상위/하위 규칙]에서는 평균 초과, 평균 미만까지만 선택할 수 있습니다. 그러나 [홈] 탭-[스타일] 그룹-[조건부 서식]-[상위/하위 규칙]-[기타 규칙]을 선택하고 [새 서식 규칙] 대화상자의 [규칙 유형 선택] 목록에서 [평균보다 크거나 작은 값만 서식 지정]을 선택하고 [규칙 설명 편집] 목록을 선택하면 이상, 이하, 표준 편차 값까지 지정할 수 있습니다.

핵심기능실습 | 수식에 따라 서식 지정하기

• **실습 파일** Chapter05\Section06\조건부서식-수식.xlsx • **완성 파일** Chapter05\Section06\조건부서식-수식완성.xlsx

[홈] 탭-[스타일] 그룹-[조건부 서식]-[새 규칙]을 선택하면 사용자가 원하는 조건을 수식으로 설정하여 서식을 지정할 수 있으며 수식으로 조건을 설정하면 행 단위로 서식을 지정할 수도 있습니다. 기존에 지정된 조건부 서식 규칙을 지우기 위해 앞서 완성한 파일을 사용하여 새 규칙을 작성해보겠습니다.

01 전체 규칙 지우기

특정 범위를 지정하지 않고 전체 시트의 조건부 서식을 지워보겠습니다. [홈] 탭-[스타일] 그룹-[조건부 서식]-[규칙 지우기]-**[시트 전체에서 규칙 지우기]**를 선택합니다.

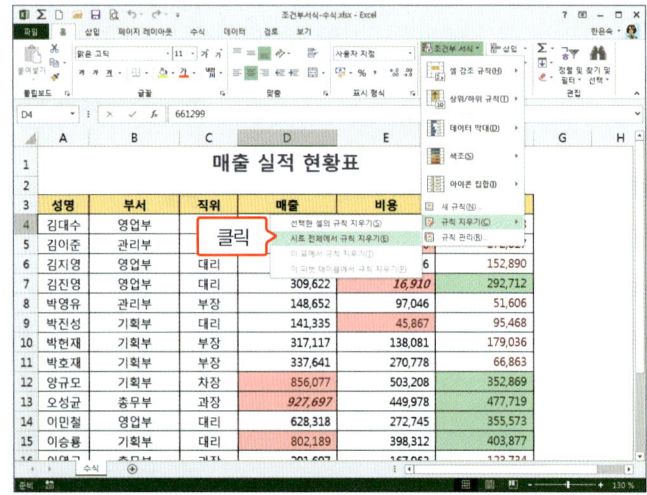

전체 시트의 모든 조건부 서식 규칙을 삭제할 때는 특정 범위를 지정할 필요 없이 [조건부 서식]-[규칙 지우기]-[시트 전체에서 규칙 지우기]를 선택합니다. 일부 범위의 모든 규칙을 지우려면 해당 범위를 지정한 후 [조건부 서식]-[규칙 지우기]-[선택한 셀의 규칙 지우기]를 선택합니다. 지정 범위의 규칙 중 일부 규칙만 지우려면 해당 범위를 지정한 후 [조건부 서식]-[규칙 관리]를 선택합니다. [조건부 서식 규칙 관리자] 대화상자의 규칙 목록에서 삭제할 규칙을 선택하고 [규칙 삭제]를 클릭합니다.

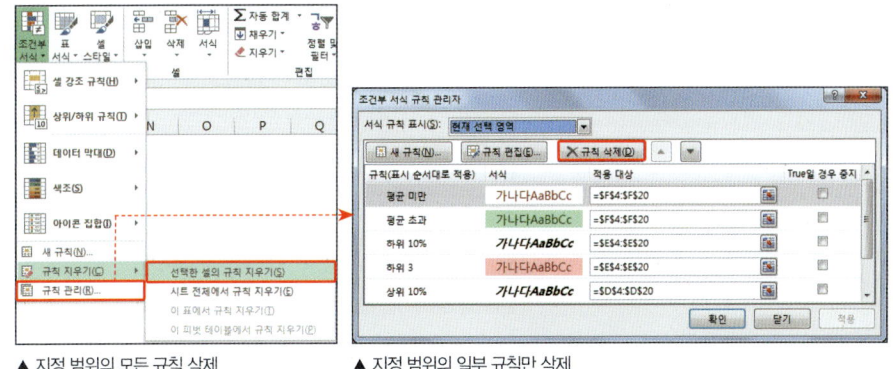

▲ 지정 범위의 모든 규칙 삭제　　　　▲ 지정 범위의 일부 규칙만 삭제

02 영업부 행 강조하기

부서가 영업부인 행에만 셀 색을 지정하겠습니다. 조건은 부서지만 서식은 다른 셀에도 지정되어야 하므로 부서 범위만 지정하지 않고 제목 행을 제외한 전체 표 범위를 지정해야 합니다.

① [A4:F20] 셀 드래그

② [홈] 탭-[스타일] 그룹-[조건부 서식]-[새 규칙]을 선택합니다.

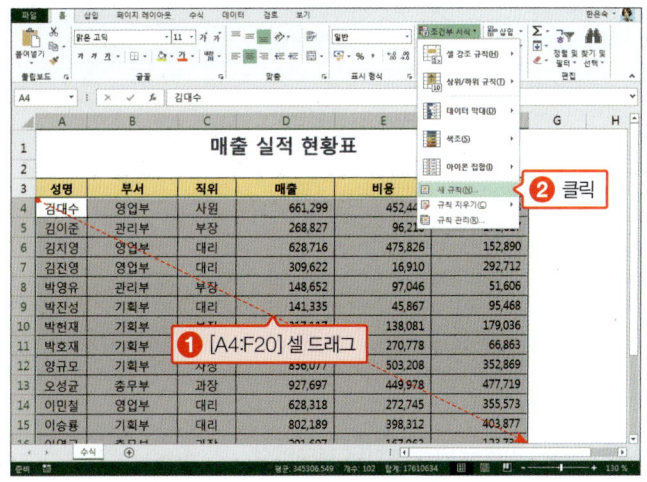

03

① [새 서식 규칙] 대화상자의 [규칙 유형 선택] 목록에서 [수식을 사용하여 서식을 지정할 셀 결정] 선택

② 수식 입력란에 =$B4="영업부" 입력

③ [서식]을 클릭합니다.

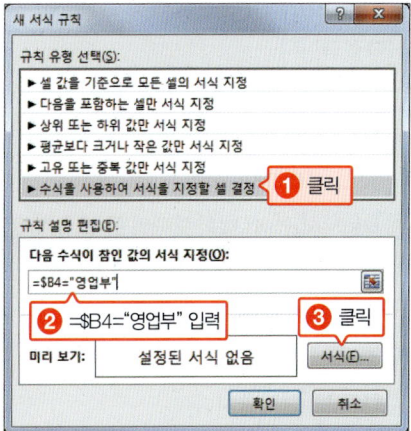

04

① [셀 서식] 대화상자의 [채우기] 탭의 [배경색] 목록에서 [파랑, 강조 1, 80% 더 밝게] 선택

② [확인]을 클릭합니다.

[새 서식 규칙] 대화상자의 [확인]을 클릭해 대화상자를 닫습니다.

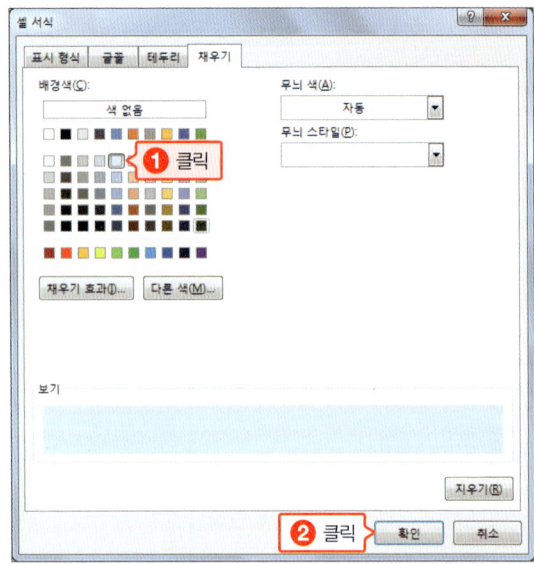

실무활용노트 EXCEL 조건 기준 셀의 참조 형태

수식을 사용하여 서식을 지정할 때 수식에서 사용되는 조건 기준 셀은 조건 목록의 첫 번째 셀로 지정합니다. 또한 행 단위로 서식이 지정되어야 하는 경우에는 $B4와 같이 열 이름만 고정된 혼합 참조 형태여야 합니다. 표 형태 때문에 그림과 같이 열 단위로 서식이 지정되어야 하는 경우에는 B$4와 같이 행 번호만 고정된 혼합 참조 형태로 설정합니다.

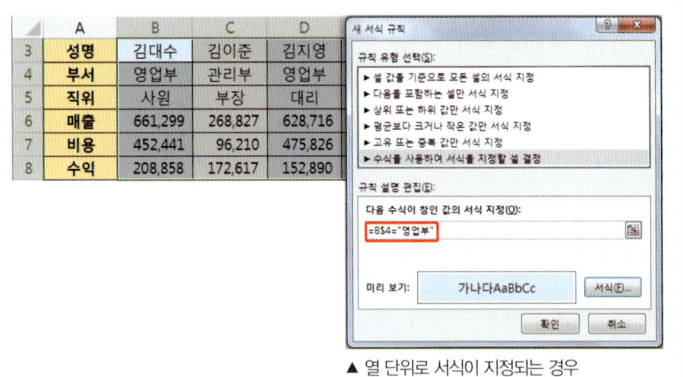

▲ 열 단위로 서식이 지정되는 경우

05 매출과 비용의 비율에 따라 강조하기

비용이 매출의 70% 이상인 행의 글꼴 색을 주황색으로 표시하고 스타일을 [굵게] 표시하겠습니다.

① [A4:F20] 셀이 계속 범위로 지정된 상태에서 [홈] 탭-[스타일] 그룹-[조건부 서식]-[새 규칙] 선택

② [새 서식 규칙] 대화상자의 규칙 유형 선택 목록에서 [수식을 사용하여 서식을 지정할 셀 결정] 선택

③ 수식 입력란에 =$E4>=$D4*0.7 입력

④ [서식]을 클릭합니다.

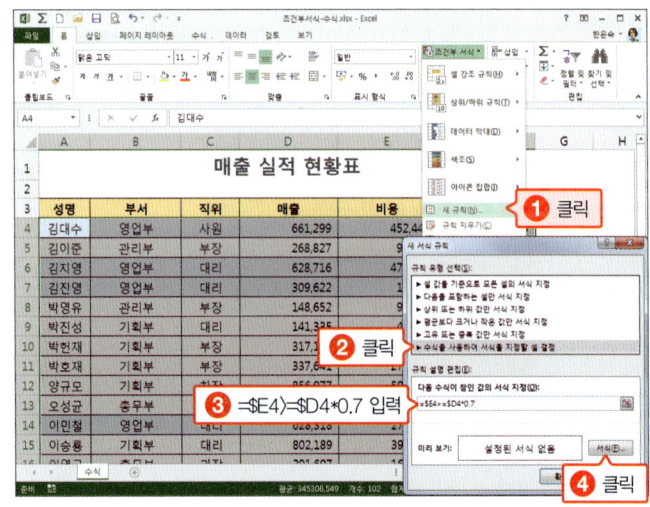

06

① [셀 서식] 대화상자의 [글꼴] 탭의 [글꼴 스타일] 목록에서 [굵게] 선택

② [색] 목록에서 [주황, 강조 2] 선택

③ [확인]을 클릭합니다.

[새 서식 규칙] 대화상자의 [확인]을 클릭해 대화상자를 닫습니다.

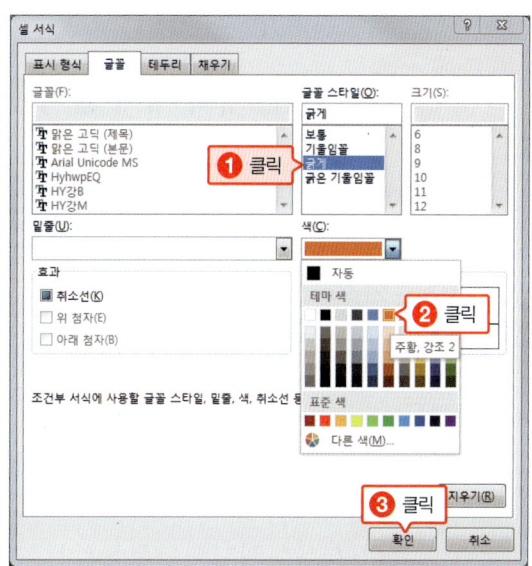

07 매출과 비용의 비율을 65% 이상이 되도록 규칙 편집하기

비용이 매출의 70%가 아니라 65% 이상인 행에 서식이 적용되도록 수식을 편집해보겠습니다.

① [A4:F20] 셀이 계속 범위로 지정된 상태에서 [홈] 탭-[스타일] 그룹-[조건부 서식]-[규칙 관리] 선택

② [조건부 서식 규칙 관리자] 대화상자의 규칙 목록에서 첫 번째 규칙 클릭

③ [규칙 편집]을 클릭합니다.

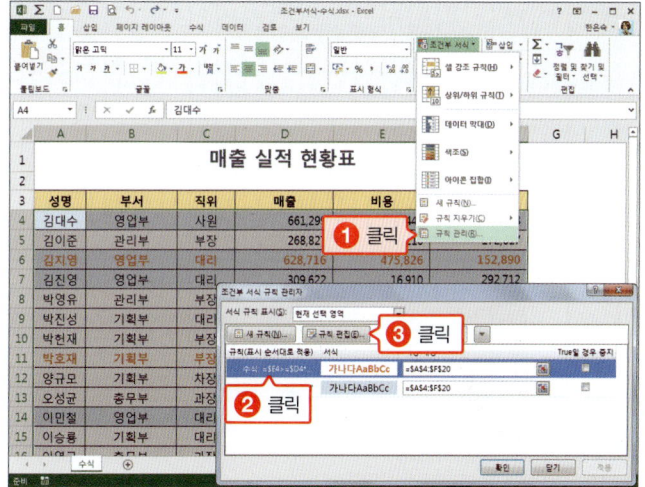

08

① [서식 규칙 편집] 대화상자의 수식 입력란에 표시된 수식에서 0.7을 0.65로 수정

② [확인]을 클릭합니다.

[조건부 서식 규칙 관리자] 대화상자의 [확인]을 클릭해 대화상자를 닫습니다.

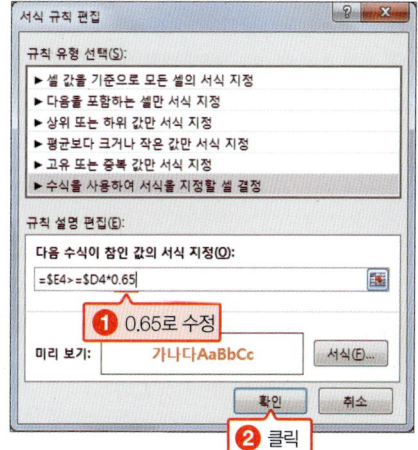

생산계획 대비 실적현황표에 조건부 서식 지정하기

2007 | 2010 | 2013

- 실습 파일 Chapter05\Section06\생산계획및실적표.xlsx · 완성 파일 Chapter05\Section06\생산계획및실적표완성.xlsx

한 달간의 제품별 생산 목표량과 일별 계획량, 실적량 및 계획 대비 실적 달성률 수식이 입력된 실적현황표입니다. 앞서 기능 실습으로 익힌 조건부 서식의 셀 강조 규칙, 상위/하위 규칙, 수식을 사용한 규칙 지정을 통해 해당하는 셀에 서식을 지정해보겠습니다.

생산 계획 대비 실적 현황

생산 월:　2013년 10월

품명	목표	구분	1	2	3	4	5	6	7	8	9	10	11	12	13	14	15	16	17	18	19	20	21	22	23	24	25	26	27	28	29	30	31	계
AI-725	250	계획	8	8	8	8	8	8	8	8	8	8	8	8	8	8	8	8	8	8	8	8	8	8	8	10	8	10	8	10	8	10		250
		실적	10		6	6	6	6	7		9			7	8	6	7	6	10	9	9	8	7		10	9	9	9	6	7	9	9		237
		달성률	125%	88%	75%	75%	75%	75%	88%	113%	125%	125%	100%	88%	100%	75%	88%	75%	125%	113%	113%	100%	88%	70%	125%	90%	113%	90%	75%	70%	113%	90%		95%
BH-902	450	계획	15	15	15	15	15	15	15	15	15	15	15	15	15	15	15	15	15	15	15	16	15	19	15	20	15	18	16	16				450
		실적	13	17	16	15	16	15	16	14	16	14	13	17	17	15	16	13	14	17	14	13	17	17	13	13	13	13	13	13	3			431
		달성률	87%	113%	107%	100%	107%	100%	107%	93%	107%	93%	87%	113%	113%	100%	107%	100%	87%	93%	113%	93%	81%	113%	89%	87%	65%	87%	72%	81%	81%			96%
CY-959	150	계획	5	5	5	5	5	5	5	5	5	5	5	5	5	5	5	5	5	5	5	5	5	5	5	6	6	6	6	6				150
		실적	6	7	7	4	7	4	6	3	5	3	3	7	3	3	6	3	5	5	5	5	7	4	5	6	6	6	5	5				146
		달성률	120%	140%	140%	80%	140%	80%	120%	60%	120%	60%	60%	140%	60%	60%	120%	60%	100%	100%	100%	100%	140%	80%	100%	100%	100%	100%	83%	83%				97%
AV-809	100	계획	3	3	3	3	3	3	3	3	3	3	3	3	3	5	4	2	3	3	3	3	4	3	4	4	4	5	4	5				100
		실적	2	2	2	5	4	5	2	3	5	2	5	2	3	5	4	2	3	4	2	3	2	3	3	3	3	3	3	4				96
		달성률	67%	67%	67%	167%	133%	167%	67%	100%	167%	67%	167%	67%	80%	100%	100%	100%	100%	67%	133%	67%	100%	100%	67%	50%	75%	100%	60%	75%	60%			96%
BN-209	250	계획	8	8	8	8	8	8	8	8	8	8	8	8	8	8	8	8	8	9	8	10	8	10	8	9	10	3	10	10	10			250
		실적	6	10	10	7	9	7	8	8	10	6	10	6	7	9	6	10	9	10	7	10	6	9	8	3	10							233
		달성률	75%	125%	125%	88%	113%	88%	100%	100%	125%	75%	125%	75%	88%	113%	75%	125%	88%	100%	113%	88%	100%	75%	75%	75%	89%	100%	67%	30%	100%	100%		93%
CZ-927	350	계획	12	12	12	12	12	12	12	12	12	12	12	12	12	12	12	12	12	12	12	12	12	12	12	12	12	12	12	12			2	350
		실적	11	11	14	14	10	14	12	14	12	10	12	11	13	14	12	14	13	13	14	10	12	12	13	12	13						1	357
		달성률	92%	92%	117%	117%	83%	117%	100%	117%	100%	83%	100%	92%	100%	108%	117%	83%	117%	83%	100%	117%	108%	108%	117%	83%	100%	100%	108%	100%	108%		50%	102%
합계	1550	계획	51	51	51	51	51	51	51	51	51	51	51	51	51	53	52	50	51	53	51	51	51	52	54	55	54	59	57	58	58	57	20	1550
		실적	48	54	55	51	52	51	51	51	59	45	51	50	51	50	51	47	52	46	57	51	51	51	53	46	50	54	47	43	55	26	1	1500
		달성률	94%	106%	108%	100%	102%	100%	100%	100%	116%	88%	100%	98%	96%	96%	102%	92%	98%	90%	112%	100%	98%	94%	96%	85%	85%	95%	81%	74%	96%	130%	50%	97%

1 오늘 날짜 셀 강조
2 A로 시작하는 품명 강조
3 품명 중복 확인 및 수정
4 계획, 실적 행 아래 테두리 점선 표시
5 달성률 행 셀 색 채우기
6 달성률 100% 미만의 데이터 빨간색으로 표시
7 빈 셀 색 회색으로 채우기
8 오류 숨기기
9 실적 상위 10%, 평균 미만 셀 강조

01 오늘 날짜 셀을 빨간색으로 강조하기

① [D3:AH3] 셀 드래그

② [홈] 탭-[스타일] 그룹-[조건부 서식]-
[셀 강조 규칙]-[발생 날짜] 선택

③ [발생 날짜] 대화상자의 날짜 목록에서
[오늘] 선택

④ [확인]을 클릭합니다.

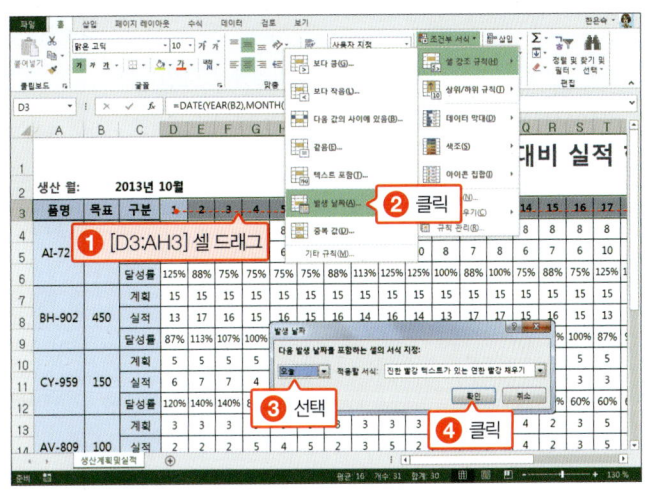

바로 통하는 TIP 날짜 기준

[B2] 셀에는 현재 날짜를 표시하는 TODAY 함수가 입력되어 있고 연도와 월만 나타나도록 사용자 지정 표시 형식이 설정되어 있습니다. [D3] 셀에는 [B2] 셀 연도와 월의 첫째 날짜가 입력되도록 DATE 함수가 작성되어 있습니다. [E3:AH3] 셀에는 각각 그 앞 셀에서 1을 더해서 앞 셀의 다음 날짜가 입력되도록 수식이 지정되어 있으며 일자만 표시되도록 사용자 지정 표시 형식이 설정되어 있습니다. TODAY 함수는 컴퓨터에 설정된 현재 날짜가 입력되므로 그림과 여러분이 실습하고 있는 화면의 날짜가 다를 수 있습니다.

02 A로 시작하는 품명을 굵은 기울임꼴로 강조하기

① [A4:A21] 셀 드래그

② [홈] 탭-[스타일] 그룹-[조건부 서식]-
[셀 강조 규칙]-[기타 규칙]을 선택합니다.

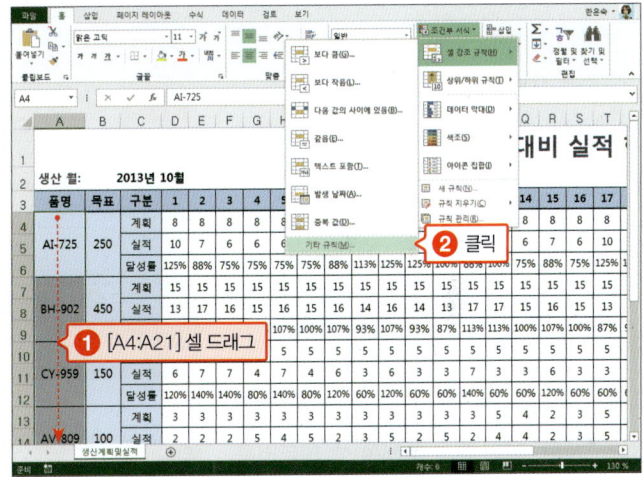

03

① [새 서식 규칙] 대화상자의 [규칙 설명 편집] 첫 번째
목록에서 [특정 텍스트] 선택

② 두 번째 목록에서 [시작 문자] 선택

③ 세 번째 입력란에 A 입력

④ [서식]을 클릭합니다.

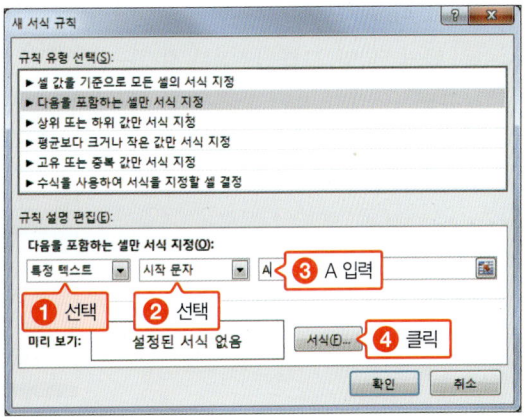

04

① [셀 서식] 대화상자의 [글꼴] 탭의 [글꼴 스타일] 목
록에서 [굵은 기울임꼴] 선택

② [확인] 클릭

[새 서식 규칙] 대화상자의 [확인]을 클릭해 대화상자를 닫습니다.

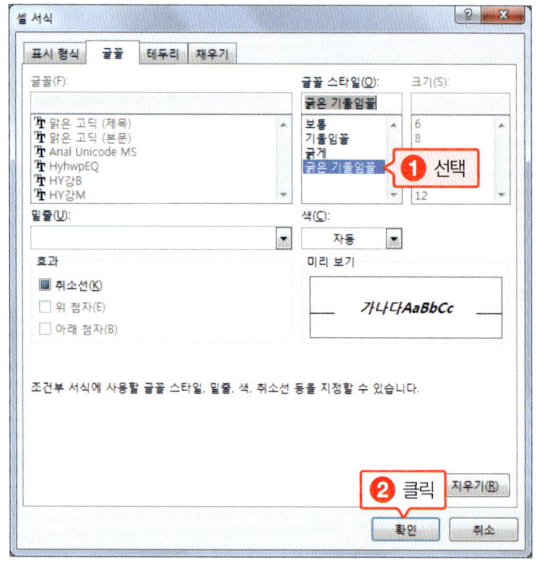

05 중복된 품명 확인하고 수정하기

① 품명이 계속 범위로 지정된 상태에서
[홈] 탭–[스타일] 그룹–[조건부 서식]–
[셀 강조 규칙]–[중복 값] 선택

② [중복 값] 대화상자의 [확인] 클릭

③ [A16] 셀의 품명을 BN-209로 수정합
니다.

[중복 값] 대화상자에서 [확인]을 클릭하면 [A7] 셀과
[A16] 셀 값이 중복된 것을 확인할 수 있습니다.

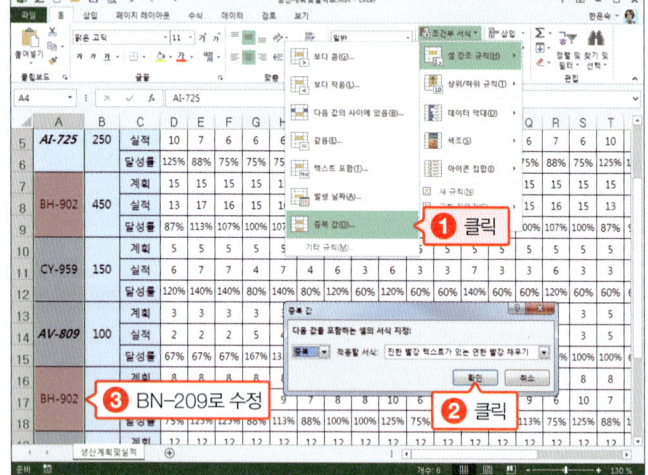

06 계획, 실적 행의 아래쪽 셀 테두리를
점선으로 표시하기

① [C4:AI24] 셀을 드래그

② [홈] 탭–[스타일] 그룹–[조건부 서식]–
[새 규칙]을 선택합니다.

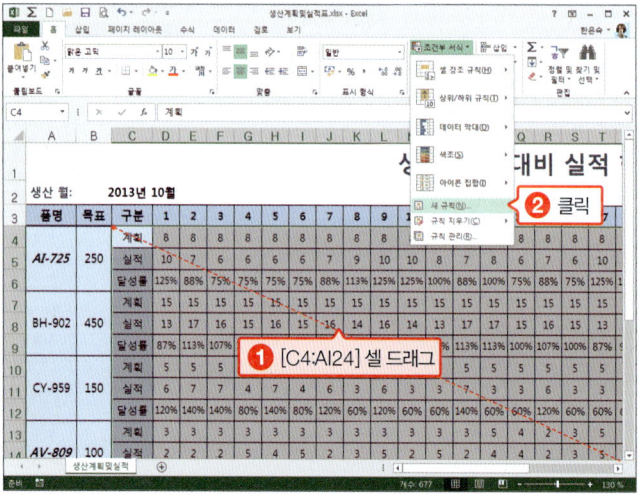

07

① [새 서식 규칙] 대화상자의 [규칙 유형 선택] 목록에서 [수식을 사용하여 서식을 지정할 셀 결정] 선택

② [규칙 설명 편집]의 수식 입력란에 =$C4<>"달성률" 입력

③ [서식]을 클릭합니다.

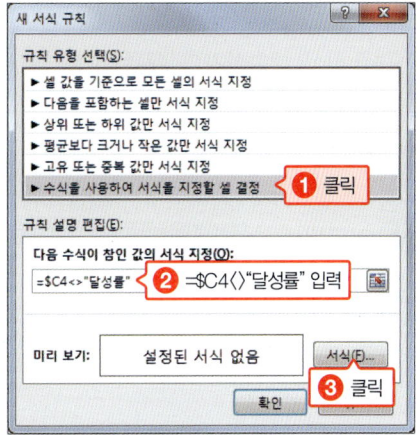

08

① [셀 서식] 대화상자의 [테두리] 탭–[선 스타일] 목록에서 두 번째 [점선] 선택

② 테두리 위치 버튼 중 [아래쪽] 클릭

③ [확인]을 클릭합니다.

[새 서식 규칙] 대화상자의 [확인]을 클릭해 대화상자를 닫습니다.

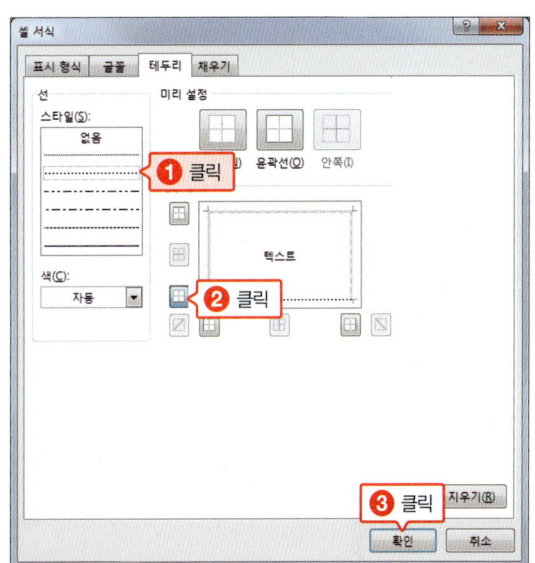

09 달성률 행에 셀 색 채우기

① [C4:AI24] 셀이 계속 지정된 상태에서 [홈] 탭–[스타일] 그룹–[조건부 서식]–[새 규칙] 선택

② [규칙 유형 선택] 목록에서 [수식을 사용하여 서식을 지정할 셀 결정] 선택

③ [규칙 설명 편집]의 수식 입력란에 =$C4="달성률" 입력

④ [서식]을 클릭합니다.

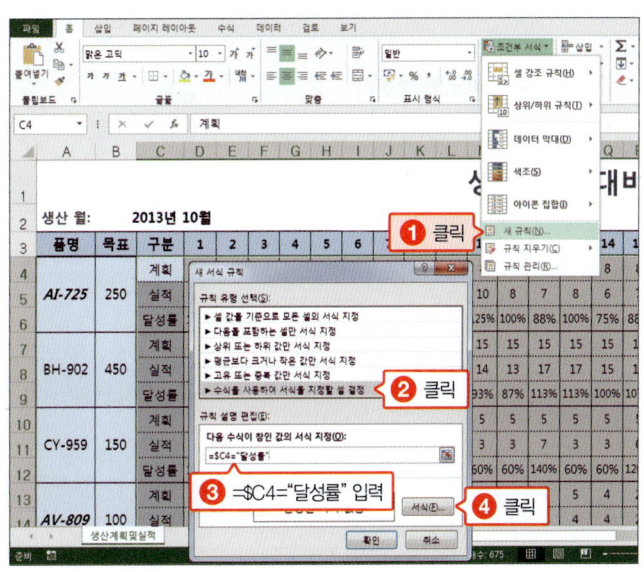

10

① [셀 서식] 대화상자의 [채우기] 탭-[배경색] 목록에서 [파랑, 강조1, 80% 더 밝게] 선택

② [확인]을 클릭합니다.

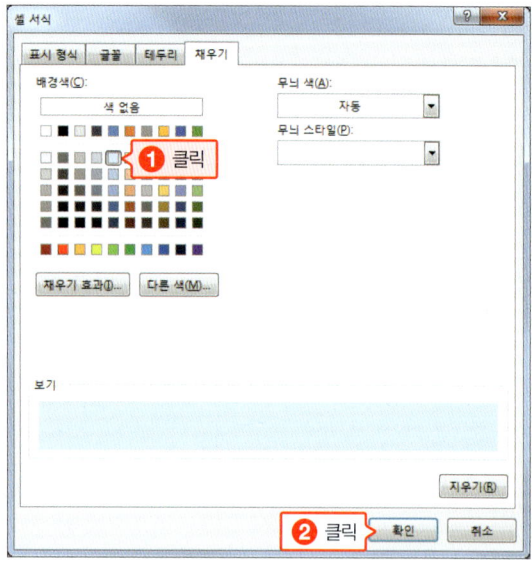

[새 서식 규칙] 대화상자의 [확인]을 클릭해 대화상자를 닫습니다.

11 달성률 100% 미만은 빨간색 텍스트로 표시하기

① [C4:AI24] 셀이 계속 범위로 지정된 상태에서 [홈] 탭-[스타일] 그룹-[조건부 서식]-[셀 강조 규칙]-[보다 작음] 선택

② [보다 작음] 대화상자의 입력란에 **1** 입력

③ [적용할 서식] 목록에서 [빨강 텍스트] 선택

④ [확인]을 클릭합니다.

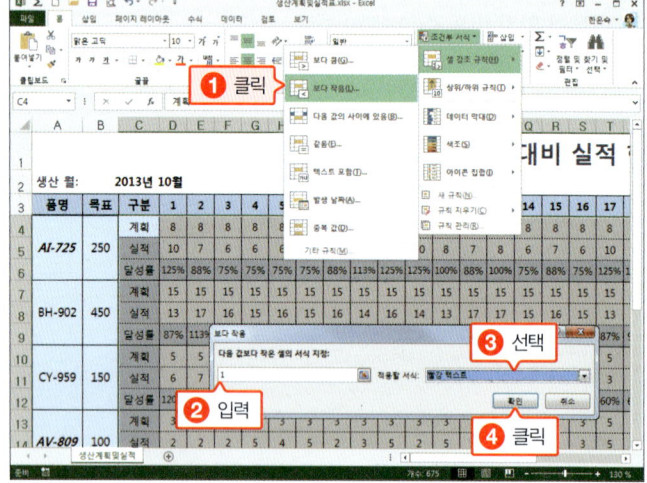

12 빈 셀을 회색으로 채우기

① [C4:AI24] 셀이 계속 범위로 지정된 상태에서 [홈] 탭-[스타일] 그룹-[조건부 서식]-[셀 강조 규칙]-[기타 규칙] 선택

② [규칙 설명 편집]의 첫 번째 목록에서 [빈 셀] 선택

③ [서식]을 클릭합니다.

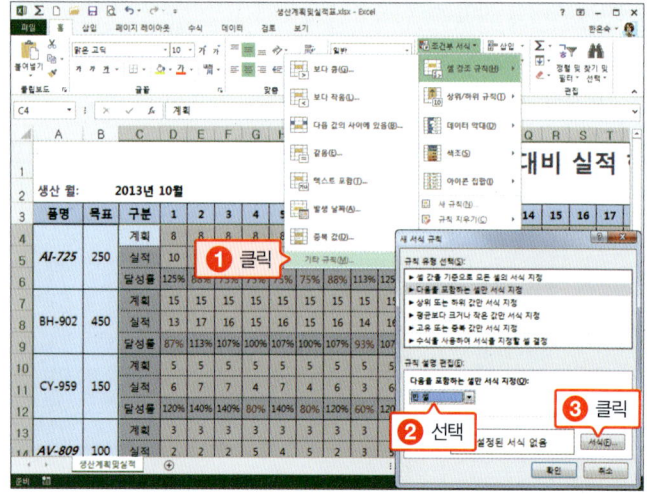

13

① [셀 서식] 대화상자의 [채우기] 탭–[배경색] 목록에서 [흰색, 배경1, 15% 더 어둡게] 선택

② [확인]을 클릭합니다.

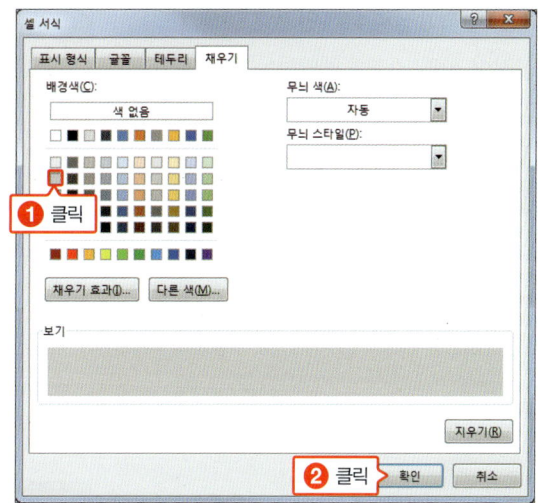

[새 서식 규칙] 대화상자의 [확인]을 클릭해 대화상자를 닫습니다.

14 오류 숨기기

달성률을 구하는 수식은 '실적량/계획량'이므로 계획량이 빈 셀이면 0으로 나눌 때 나타나는 #DIV/0! 오류가 표시됩니다. 오류 문자를 숨기려면 글꼴 색을 달성률 셀 색과 같은 [파랑, 강조1, 80% 더 밝게]로 설정합니다.

① [C4:AI24] 셀이 범위로 계속 지정된 상태에서 [홈] 탭–[스타일] 그룹–[조건부 서식]–[셀 강조 규칙]–[기타 규칙] 선택

② [규칙 설명 편집]의 첫 번째 목록에서 [오류] 선택

③ [서식]을 클릭합니다.

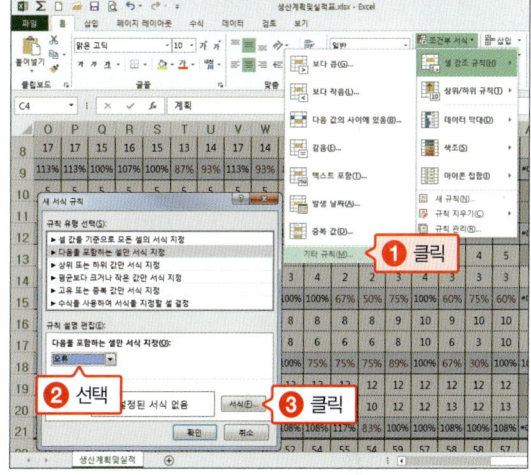

15

① [셀 서식] 대화상자의 [글꼴] 탭–[색] 목록에서 [파랑, 강조1, 80% 더 밝게] 선택

② [확인]을 클릭합니다.

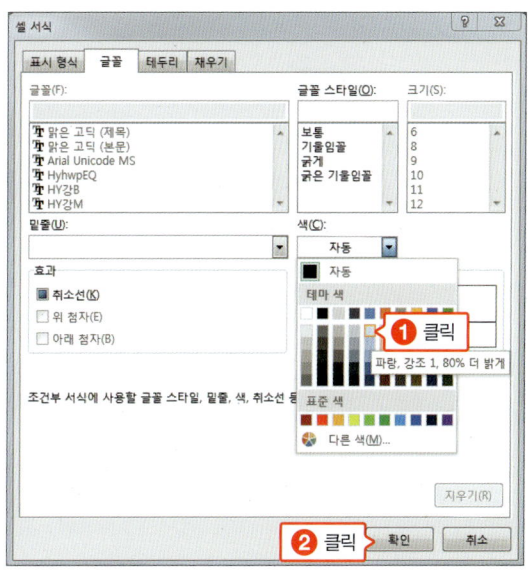

[새 서식 규칙] 대화상자의 [확인]을 클릭해 대화상자를 닫습니다.

16 실적이 상위 10%인 셀 강조하기

실적이 상위 10%에 해당하는 셀에 서식을
적용하겠습니다.

① **[D23:AH23]** 셀 드래그

② **[홈]** 탭-**[스타일]** 그룹-**[조건부 서식]**
－**[상위/하위 규칙]**-**[상위 10%]** 선택

③ **[상위 10%]** 대화상자의 **[확인]**을 클릭합
니다.

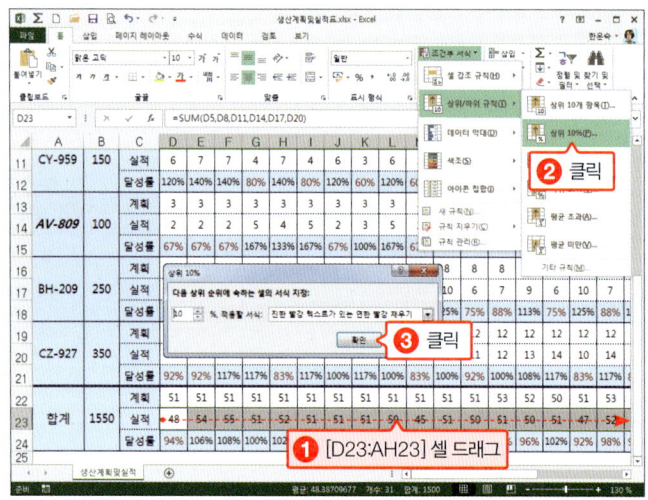

17 실적이 평균 미만인 셀 강조하기

실적이 평균보다 낮은 셀에 서식을 적용하
겠습니다.

① **[홈]** 탭-**[스타일]** 그룹-**[조건부 서식]**
－**[상위/하위 규칙]**-**[평균 미만]** 선택

② **[평균 미만]** 대화상자의 **[적용할 서식]**
목록에서 **[진한 노랑 텍스트가 있는 노랑 채
우기]** 선택

③ **[확인]**을 클릭합니다.

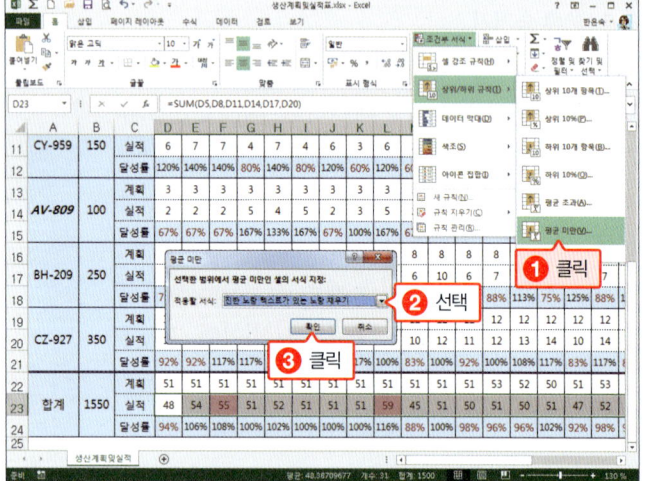

수치 데이터 목록의 경우 값의 많고 적음을 한눈에 파악할 수 있도록 셀에 데이터 막대를 표시하거나 전체 목록의 합계 대비 값 비율에 따라 셀에 색조나 아이콘을 표시할 수 있습니다.

핵심기능실습 | **셀에 데이터 막대, 색조, 아이콘 집합 표시하기**

- **실습 파일** Chapter05 \ Section07 \ 조건부서식-시각화.xlsx • **완성 파일** Chapter05 \ Section07 \ 조건부서식-시각화완성.xlsx

목록의 셀 값을 서로 비교해서 보여줄 때는 데이터 막대를 사용하고 데이터의 변화나 분포를 파악할 때는 색조를 표시해 보여주면 좋습니다. 또한 아이콘 집합은 데이터를 임계 값으로 3~5가지 범주로 분류하여 표시할 때 사용하면 좋습니다.

01 데이터 막대로 매출 비교하기

셀에 입력된 매출 값을 비교하기 위해 데이터 막대를 표시해보겠습니다.

① [데이터막대] 시트의 **[F2:F16] 셀 드래그**

② [홈] 탭-[스타일] 그룹-[조건부 서식]-[데이터 막대]-**[연한 파랑 데이터 막대]**를 선택합니다.

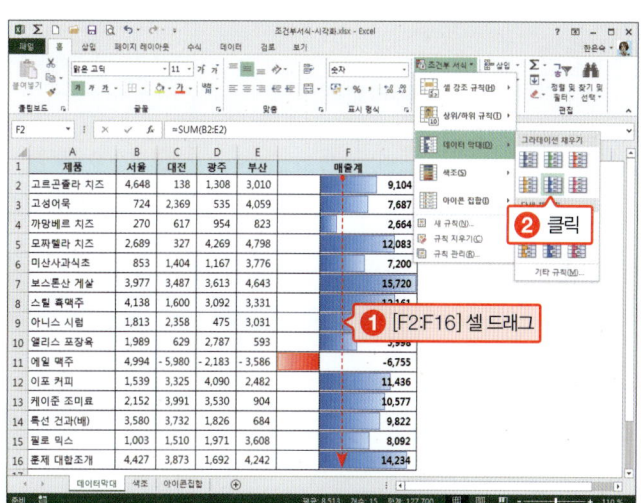

바로 통하는TIP 범위 중 최댓값 셀의 막대가 오른쪽 끝까지 채워지고 나머지 셀들의 막대 길이는 최댓값 셀과의 비율에 맞춰 표시됩니다. 음수 값은 왼쪽 방향으로 채워지며 음수 막대 색상은 기본 색상이 빨간색입니다.

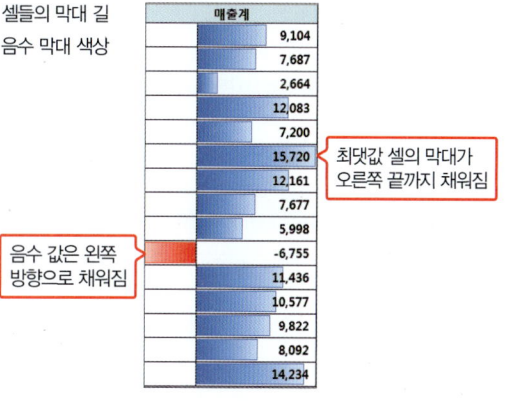

02 데이터 막대 길이 기준 및 색상 변경하기

매출 목표가 20,000이라는 가정 하에 막대 길이의 최댓값을 20,000으로 지정하여 매출 목표를 얼마나 달성했는지 표시해보겠습니다. 막대 색과 테두리 색, 음수 막대 색도 변경해보겠습니다.

① [F2:F16] 셀이 지정된 상태에서 [홈] 탭-[스타일] 그룹-[조건부 서식]-[규칙 관리] 선택

② [조건부 서식 규칙 관리자] 대화상자의 [규칙 편집]을 클릭합니다.

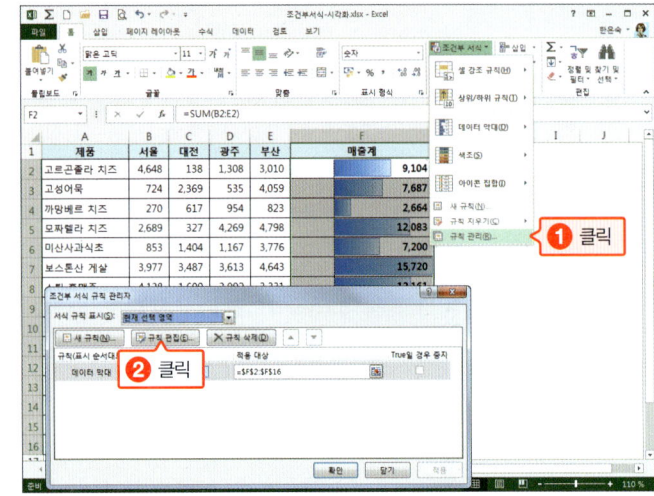

03

① [서식 규칙 편집] 대화상자의 [최대값]에서 [종류]로 [숫자] 선택

② [값] 입력란에 20000 입력

③ [채우기]의 [색] 목록에서 [바다색, 강조 5] 선택

④ [테두리] 목록에서 [테두리 없음] 선택

⑤ [음수 값 및 축]을 클릭합니다.

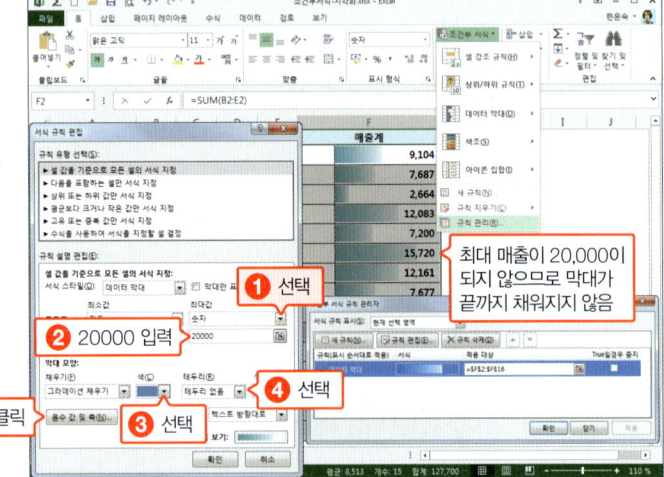

최대 매출이 20,000이 되지 않으므로 막대가 끝까지 채워지지 않음

04

① [음수 값 및 축 설정] 대화상자의 [음수 막대 채우기 색]의 [채우기 색] 목록에서 [빨강, 강조 2] 선택

② [확인]을 클릭합니다.

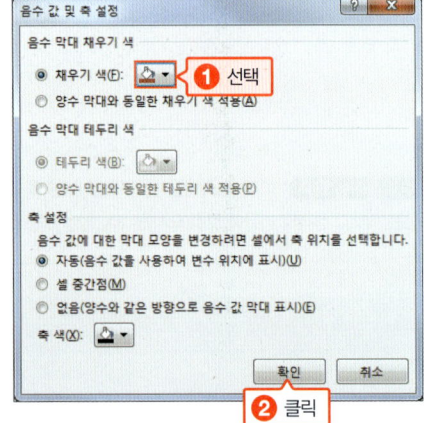

[서식 규칙 편집] 대화상자의 [확인]을 클릭합니다. [조건부 서식 규칙 관리자] 대화상자의 [확인]을 클릭하여 대화상자를 모두 닫습니다.

05 색조로 월별 매출 변화 표시하기

색조는 데이터의 변화와 분포를 파악하고 같은 분포를 가진 대부분의 데이터 중 이례적인 항목을 한눈에 볼 수 있도록 도움을 줍니다. 2색조를 사용하면 최대/최솟값을 기준으로 두 가지 색 변화로 데이터를 표현하며, 3색조를 사용하면 최대/중간/최솟값의 세 가지 색 변화로 데이터를 표시합니다.

① [색조] 시트의 **[B2:B13] 셀** 드래그
② [홈] 탭-[스타일] 그룹-[조건부 서식]-[색조]-**[녹색-흰색 색조]**를 선택합니다.

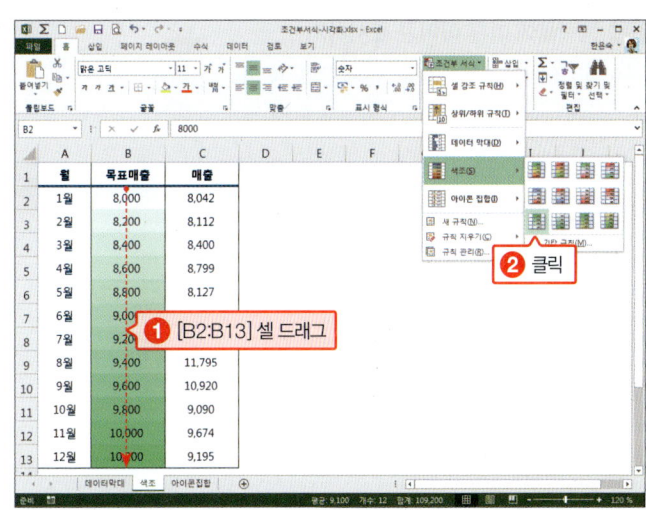

목표매출 범위의 색조를 보면 점점 매출을 높이고자 하는 것을 알 수 있습니다.

06

① **[C2:C13] 셀** 드래그
② 다시 [홈] 탭-[스타일] 그룹-[조건부 서식]-[색조]-**[녹색-흰색 색조]**를 선택합니다.

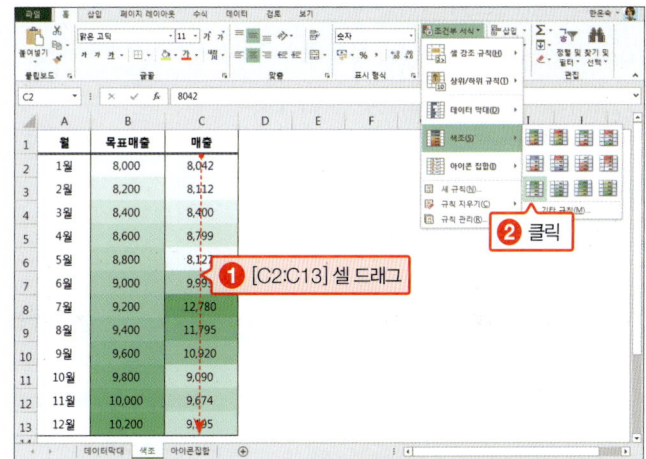

매출 범위의 색조를 보면 6~9월의 매출이 높은 것을 파악할 수 있습니다.

실무활용노트
E X C E L │ 색조별 값의 크기 순서

2색조의 경우 색의 음영은 높은 값에서 낮은 값 순서로 표시됩니다. 예를 들면 [녹색-노랑 색조]를 지정하면 최댓값이 진한 녹색, 최솟값이 진한 노란색으로 표시되며 나머지 값들은 최댓값, 최솟값을 기준으로 삼은 색 변화로 표시됩니다.

3색조의 경우 색의 음영은 높은 값, 중간 값, 낮은 값 순서로 표시됩니다. 예를 들면 [녹색-노랑-빨강 색조]를 지정하면 최댓값이 진한 녹색, 중간 값이 진한 노란색, 최솟값은 진한 빨간색으로 표시되며 나머지 값들은 이를 기준으로 삼은 색 변화로 표시됩니다.

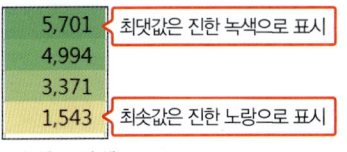

▲ 녹색-노랑 색조

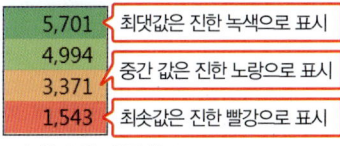

▲ 녹색-노랑-빨강 색조

07 등락률에 따른 아이콘 표시하기

아이콘 집합은 데이터를 임계값에 따라 3~5가지 범주의 아이콘으로 분류하여 표시할 수 있습니다. 다음 표는 숫자가 양수이면 반등, 음수이면 하락, 0이면 보합이므로 세 가지 범주의 아이콘을 선택해보겠습니다.

① [아이콘집합] 시트의 **[B3:F18] 셀 드래그**

② **[홈] 탭-[스타일] 그룹-[조건부 서식]-[아이콘 집합]-[3방향 화살표(컬러)]** 를 선택합니다.

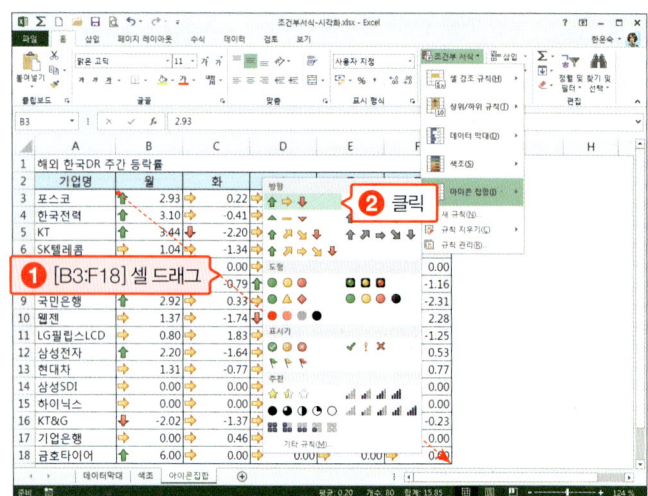

바로 통하는 TIP 아이콘 집합도 색조와 마찬가지로 높은 값에서 낮은 값 순서로 값이 적용됩니다. 예를 들어 3방향 화살표(컬러)를 적용하면 첫 번째 녹색 화살표가 높은 값, 두 번째 노란색 화살표가 중간 값, 세 번째 빨간색 화살표가 낮은 값에 적용됩니다.

08 아이콘에 대한 기준 값 및 종류 변경하기

[백분율]로 지정된 아이콘 표시 기준 값을 [숫자]로 변경해보겠습니다.

① 계속 같은 범위가 지정된 상태에서 **[홈] 탭-[스타일] 그룹-[조건부 서식]-[규칙 관리]** 선택

② [조건부 서식 규칙 관리자] 대화상자의 **[규칙 편집]**을 클릭합니다.

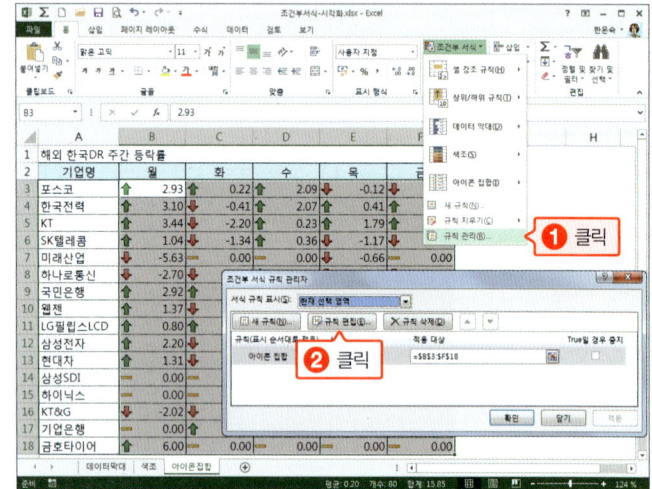

09

① [서식 규칙 편집] 대화상자 첫 번째 아이콘 값의 [종류] 목록에서 **[숫자]** 선택. [값]이 0으로 바뀝니다.

② 비교 연산자 목록에서 **>** 선택

③ 두 번째 아이콘 목록에서 **[노란색 파선]** 선택

④ 아이콘 값의 [종류] 목록에서 **[숫자]** 선택

⑤ **[확인]**을 클릭합니다.

[조건부 서식 규칙 관리자] 대화상자의 [확인]을 클릭해 대화상자를 닫습니다.

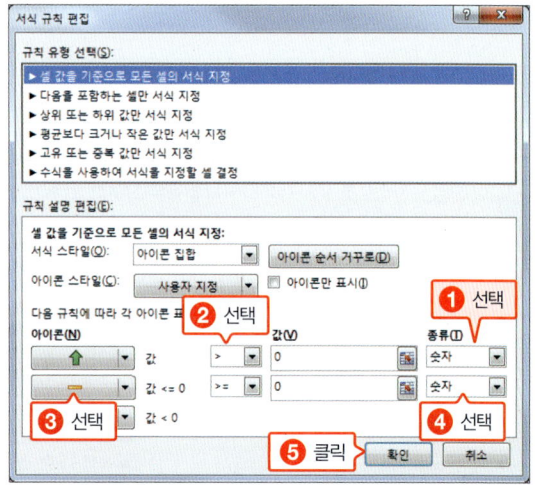

아이콘 집합의 규칙 편집 시 값 범위

아이콘 집합을 지정하면 기본적으로는 백분율 값을 기준으로 아이콘이 표시됩니다. 조건부 서식의 백분율은 범위의 최솟값, 최댓값을 기준으로 한 백분율 순위입니다. 다음 그림에서 PERCENTRANK.EXE 함수로 구해놓은 백분율 값과 비교해보면 이해하기 쉽습니다.

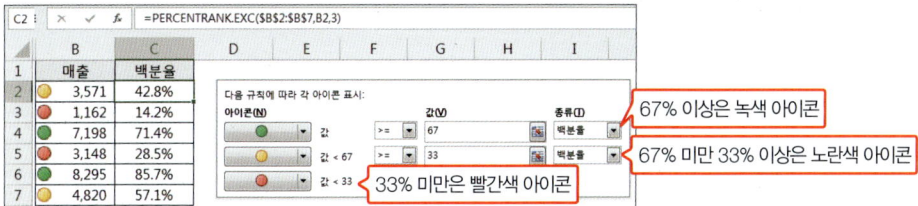

▲ 백분율 순위 기준에 대한 아이콘 집합 표시

실무에서는 백분율보다 직접 숫자 값을 기준으로 하는 경우가 많으므로 기준 값 종류를 숫자로 사용할 때가 더 많습니다. 첫 번째 아이콘의 기준 값 조건을 지정하면 두 번째 아이콘의 시작 조건도 함께 정해지며 값을 입력하면 그 다음 아이콘의 조건이 정해집니다.

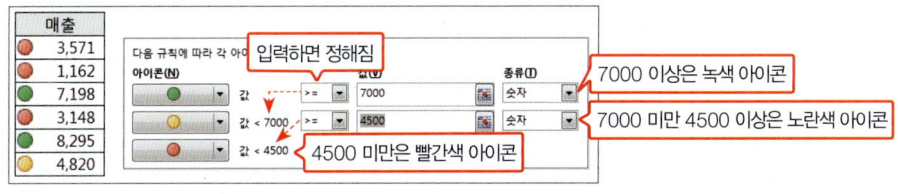

▲ 숫자 기준에 대한 아이콘 집합 표시

제품 비용 및 가격 변동 데이터 시각화하기

2007 | 2010 | 2013

• 실습 파일 Chapter05\Section07\가격변동표.xlsx   • 완성 파일 Chapter05\Section07\가격변동표완성.xlsx

제품별 전년도와 금년도 비용에 따른 비용 변화 추세와 제품가격, 가격 인상률, 제품 만족도 등급이 입력된 표입니다. 각 수치를 한눈에 파악할 수 있게 비용은 색조, 가격과 가격 인상률은 데이터 막대, 비용 추세와 만족도 등급에는 아이콘 집합을 표시해보겠습니다.

제품 비용 및 가격 변동 현황표

제품명	비용 (전년)	비용 (금년)	비용 추세	가격	가격 인상률	만족도 등급
현진 커피 밀크	88,040	91,630	▲	₩124,000	-6%	3
현진 바닐라 엣센스	58,000	58,000	○	₩97,000	18%	3
대일 포장 치즈	77,760	51,550	▽	₩81,000	76%	1
한라 연유	61,110	61,110	○	₩63,000	71%	4
대양 핫 케이크 소스	54,450	42,670	▽	₩55,000	53%	4
우미 피넛 샌드	25,970	25,970	○	₩53,000	42%	3
우미 코코넛 쿠키	21,960	21,960	○	₩49,000	34%	5
진미 트로피컬 캔디	34,960	35,000	▲	₩46,000	-10%	3
북미산 상동육 쇠고기	35,200	35,200	○	₩44,000	59%	4
한라 멜론 아이스크림	24,800	7,440	▽	₩40,000	40%	4
파스 페이스 티	39,000	40,000	▲	₩39,000	27%	3
한성 옥수수 가루	20,140	10,070	▽	₩38,000	41%	4
한림 특선 양념 칠면조	34,920	34,920	○	₩36,000	15%	1
한성 통밀가루	31,150	32,000	▲	₩35,000	27%	2
대관령 초콜릿 아이스크림	29,240	29,240	○	₩34,000	55%	1
미왕 코코아 샌드	10,560	10,560	○	₩33,000	76%	5
진미 바닐라 쿠키	9,600	7,680	▽	₩32,000	50%	3
미미 스카치 캔디	8,990	9,500	▲	₩31,000	58%	3
대일 파메쌍 치즈	21,000	21,000	○	₩30,000	-8%	1
사계절 커스터드 파이	14,210	15,000	▲	₩29,000	75%	5
태양 100% 오렌지 주스	22,620	30,360	▲	₩26,000	62%	1
대관령 바닐라 아이스크림	17,000	17,000	○	₩25,000	59%	3
한림 훈제 통닭	17,760	18,780	▲	₩24,000	18%	3
한라 분유	15,400	17,620	▲	₩22,000	17%	3
대관령 특제 버터	12,810	13,000	▲	₩21,000	-4%	3
미왕 계피 캔디	12,000	8,400	▽	₩20,000	66%	3
우미 특선 레몬 파이	9,800	10,000	▲	₩19,000	84%	4
알파 왕갈비 훈제육	11,190	12,000	▲	₩17,000	-15%	4
미왕 초콜릿 드링크	4,000	4,200	▲	₩16,000	72%	2
알파 콘 플레이크	9,360	7,490	▽	₩13,000	-12%	5
신한 초콜릿 소스	7,650	7,650	○	₩12,000	34%	3
싱가풀 원산 옥수수	8,400	8,600	▲	₩10,000	25%	1
신성 쌀 튀김 과자	4,950	4,950	○	₩9,000	13%	2
파볼로바 피넛 스프레드	5,840	6,500	▲	₩8,000	-20%	3
필로 믹스	5,500	5,500	○	₩7,000	46%	2
앨리스 포장육	2,100	2,100	○	₩5,000	-48%	5
신성 시리얼	2,190	2,190	○	₩3,000	-45%	4

❶ 비용이 클수록 빨간색, 작을수록 녹색으로 분포되는 색조로 표시

❷ 비용 추세를 아이콘으로만 표시

❸ 5개 등급을 5가지 원으로 표시

❹ 데이터 막대로 표시

01 비용에 색조 표시하기

① [B4:B40] 셀 드래그

② [홈] 탭-[스타일] 그룹-[조건부 서식]-[색조]-**[빨강-노랑-녹색 색조]**를 선택합니다.

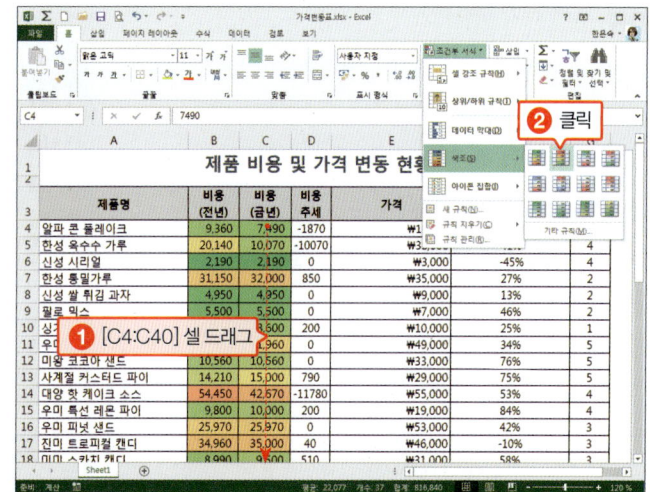

02

① [C4:C40] 셀 드래그

② 다시 [홈] 탭-[스타일] 그룹-[조건부 서식]-[색조]-**[빨강-노랑-녹색 색조]**를 선택합니다.

비용이 클수록 빨간색으로 분포되고 작을수록 녹색으로 분포됩니다. 비용(전년) 색조와 비용(금년) 색조의 차이가 많이 나면 비용 차이가 크다는 것을 알 수 있습니다.

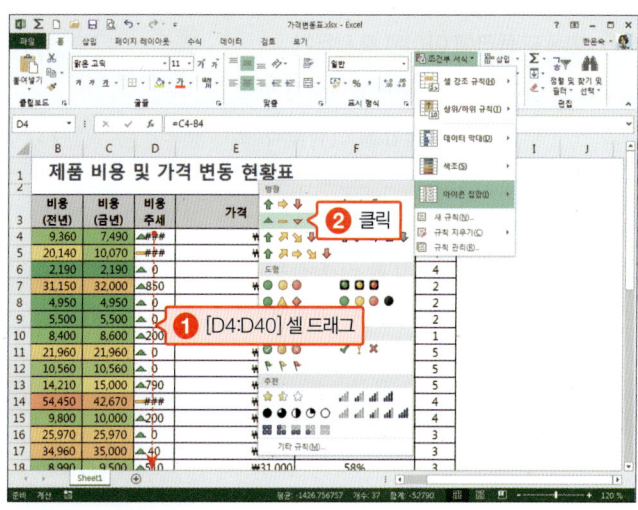

03 비용 추세를 아이콘으로만 표시하기

비용 추세에는 '비용(금년)-비용(전년)'의 수식이 작성되어 있습니다. 비용이 올랐으면 양수, 줄었으면 음수, 같으면 0이므로 이에 맞게 아이콘 표시 규칙을 수정한 후 숫자를 숨기고 아이콘만 표시하겠습니다.

① [D4:D40] 셀 드래그

② [홈] 탭-[스타일] 그룹-[조건부 서식]-[아이콘 집합]-**[삼각형 3개]**를 선택합니다.

숫자가 큰 셀은 아이콘이 표시되면서 열 너비가 좁아지기 때문에 숫자가 #으로 채워집니다.

04

① [D4:D40] 셀이 지정된 상태에서 [홈]
탭-[스타일] 그룹-[조건부 서식]-**[규칙
관리]** 선택

② [조건부 서식 규칙 관리자] 대화상자의
[규칙 편집]을 클릭합니다.

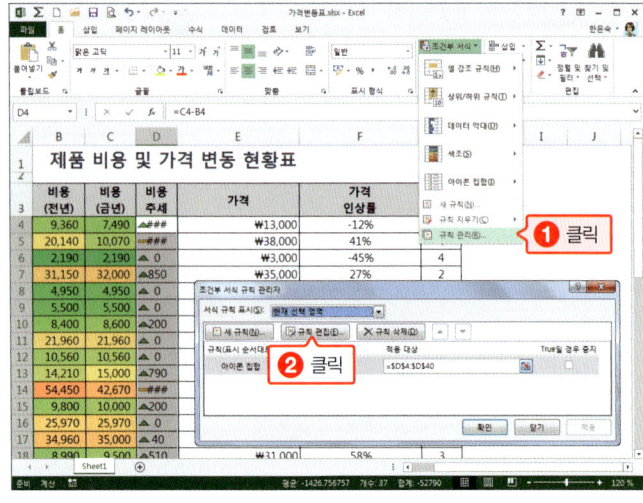

05

① [서식 규칙 편집] 대화상자 첫 번째 아이콘 값의 [종
류] 목록에서 **[숫자]** 선택

[값]이 0으로 바뀝니다.

② 비교 연산자 목록에서 〉 선택

③ 두 번째 아이콘 목록에서 **[노란색 원 ○]** 선택

④ 아이콘 값의 [종류] 목록에서 **[숫자]** 선택

⑤ **[아이콘만 표시]** 옵션에 체크 표시

⑥ **[확인]**을 클릭합니다.

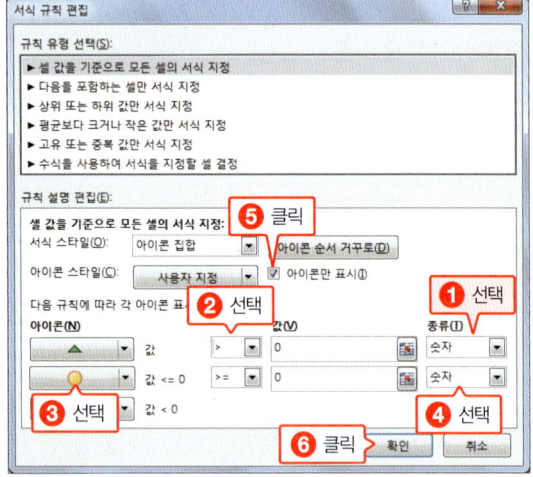

[조건부 서식 규칙 관리자] 대화상자의 [확인]을 클릭해 대화상자를
닫습니다.

06 만족도 등급에 아이콘 표시하기

만족도 등급은 1~5 등급이 입력되어 있으
므로 5개짜리 아이콘 집합을 선택해서 표
시하겠습니다.

① [G4:G40] 셀 드래그

② [홈] 탭-[스타일] 그룹-[조건부 서
식]-[아이콘 집합]-[5가지 원(흑백)]을
선택합니다.

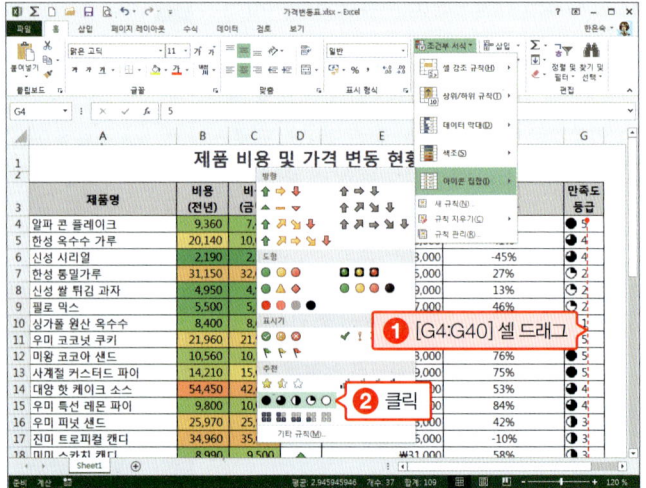

07 가격에 데이터 막대 표시하기

제품의 가격을 데이터 막대로 표시해보겠습니다.

① [E4:E40] 셀 드래그

② [홈] 탭-[스타일] 그룹-[조건부 서식]-[데이터 막대]-[그라데이션 채우기]-[빨강 데이터 막대]를 선택합니다.

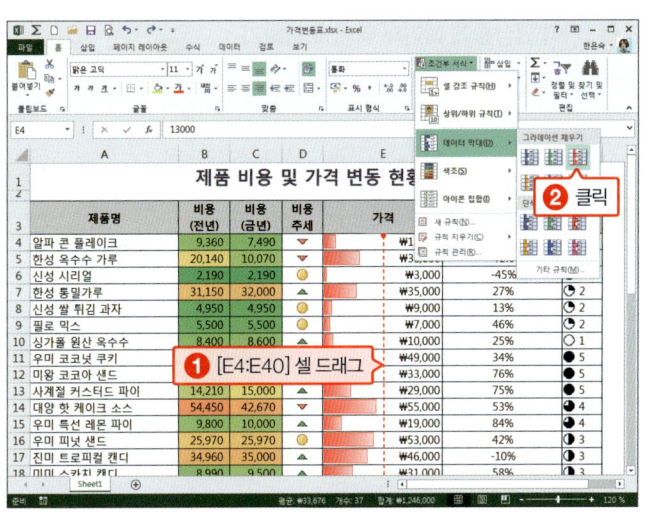

08 데이터 막대의 테두리 숨기고 막대 방향 변경하기

① [E4:E40] 셀이 계속 범위로 지정된 상태에서 [홈] 탭-[스타일] 그룹-[조건부 서식]-[규칙 관리] 선택

② [조건부 서식 규칙 관리자] 대화상자의 [규칙 편집]을 클릭합니다.

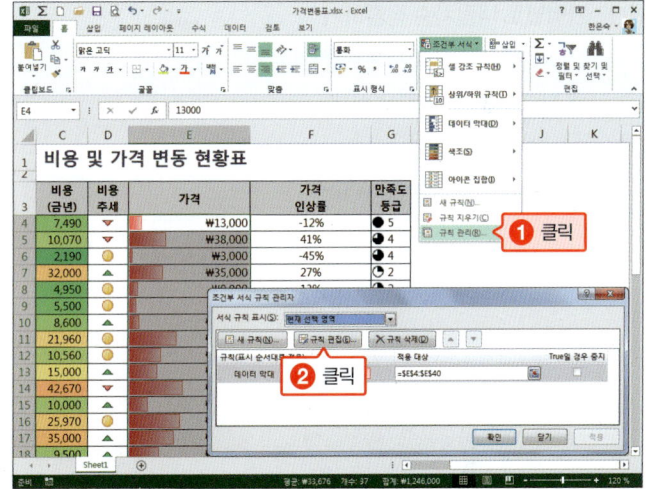

09

① [서식 규칙 편집] 대화상자의 [테두리] 목록에서 [테두리 없음] 선택

② [막대 방향] 목록에서 [오른쪽에서 왼쪽] 선택

③ [확인]을 클릭합니다.

[조건부 서식 규칙 관리자] 대화상자의 [확인]을 클릭해 대화상자를 닫습니다.

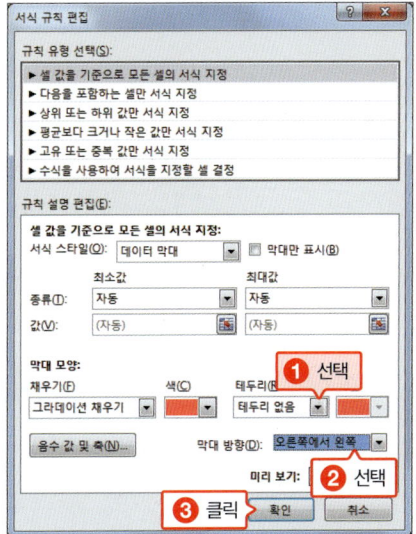

10 가격 인상률에 데이터 막대 표시하기

가격 인상률은 데이터 막대로 표시해보겠습니다.

① [F4:F40] 셀 드래그

② [홈] 탭–[스타일] 그룹–[조건부 서식]–[데이터 막대]–[단색 채우기]–[주황 데이터 막대]를 선택합니다.

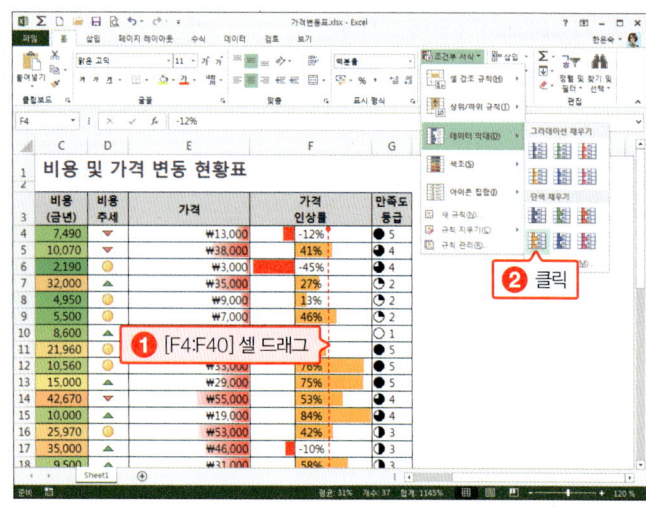

11 가격별로 내림차순 정렬하기

가격이 높은 제품부터 표시해보겠습니다.

① 가격 셀 중 하나인 [E4] 셀 선택

② [데이터] 탭–[정렬 및 필터] 그룹–[숫자 내림차순 정렬 힣]을 클릭합니다.

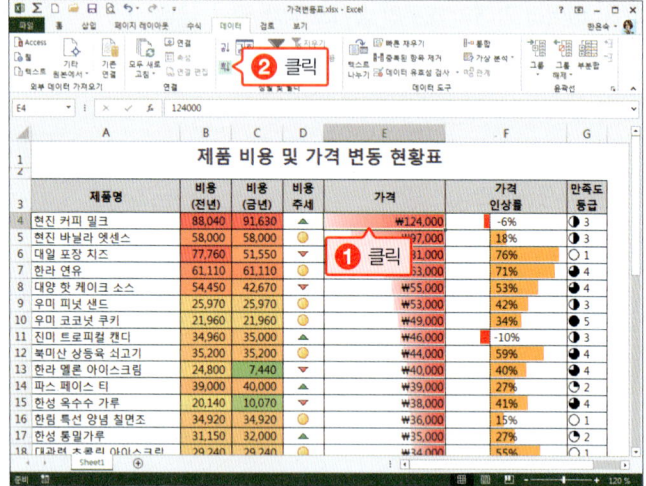

08 빠른 분석 도구로 조건부 서식 지정하기

엑셀 2013부터 추가된 빠른 분석 도구를 사용하면 조건부 서식의 기본 규칙을 보다 즉각적으로 지정할 수 있습니다. 빠른 분석 도구를 사용한 조건부 서식 지정 방법에 대해서 알아보겠습니다.

빠른 분석 도구 서식의 기본 규칙 항목

데이터 범위를 지정했을 때 범위 끝에 표시되는 빠른 분석 아이콘📧을 클릭하거나 단축키 Ctrl + Q를 누르면 빠른 분석 도구가 표시됩니다. 빠른 분석 도구의 [서식]에는 지정 범위의 데이터 종류에 따라 조건부 서식 규칙이 표시됩니다. 옵션에 마우스 포인터를 올리면 바로 해당 규칙의 기본 서식이 미리 표시되고 클릭하면 바로 지정됩니다. 데이터 종류별 기본 규칙 항목과 지정 서식은 다음과 같습니다.

숫자 범위 지정 시	문자 범위 지정 시	날짜 범위 지정 시
서식 | 차트 | 합계 | 표 | 스파크라인	서식 | 차트 | 합계 | 표 | 스파크라인	서식 | 차트 | 합계 | 표 | 스파크라인
데이터 막대 · 색조 · 아이콘 집합 · 보다 큼 · 상위 10% · 서식 지우기	텍스트 포함 · 중복 값 · 고유 값 · 같음 · 서식 지우기	지난 달 · 지난 주 · 보다 큼 · 보다 작음 · 같음 · 서식 지우기
조건부 서식은 규칙을 사용해 원하는 데이터를 강조합니다.	조건부 서식은 규칙을 사용해 원하는 데이터를 강조합니다.	조건부 서식은 규칙을 사용해 원하는 데이터를 강조합니다.
• **데이터 막대** : 단색 파랑 데이터 막대 • **색조** : 녹색–흰색–빨강 색조 • **아이콘 집합** : 3방향 화살표(컬러) • **보다 큼** : 대화상자 실행 • **상위10%** : 진한 빨강 텍스트, 연한 빨강 채우기 • **서식 지우기** : 조건부 서식 삭제	• **텍스트 포함** : 대화상자 실행 • **중복 값** : 진한 빨강 텍스트, 연한 빨강 채우기 • **고유 값** : 진한 빨강 텍스트, 연한 빨강 채우기 • **같음** : 대화상자 실행 • **서식 지우기** : 조건부 서식 삭제	• **지난 달** : 진한 빨강 텍스트, 연한 빨강 채우기 • **지난 주** : 진한 빨강 텍스트, 연한 빨강 채우기 • **보다 큼** : 대화상자 실행 • **보다 작음** : 대화상자 실행 • **같음** : 대화상자 실행 • **서식 지우기** : 조건부 서식 삭제

• **실습 파일** Chapter05\Section08\조건부서식–빠른분석.xlsx • **완성 파일** Chapter05\Section08\조건부서식–빠른분석완성.xlsx

고객ID, 날짜, 거래금액 등의 데이터가 입력되어 있는 준비 파일을 불러옵니다. 데이터 범위를 지정했을 때 자동으로 표시되는 빠른 분석 도구의 조건부 서식 항목을 사용하여 원하는 규칙의 데이터 항목에 바로 서식을 지정하고 강조해보겠습니다.

01 중복 ID 표시하기

① [A3:A25] 셀 드래그

② [빠른 분석 📊] 클릭

③ [중복 값]을 선택합니다.

중복 값에 진한 빨강 텍스트에 연한 빨강 채우기 서식이 적용됩니다.

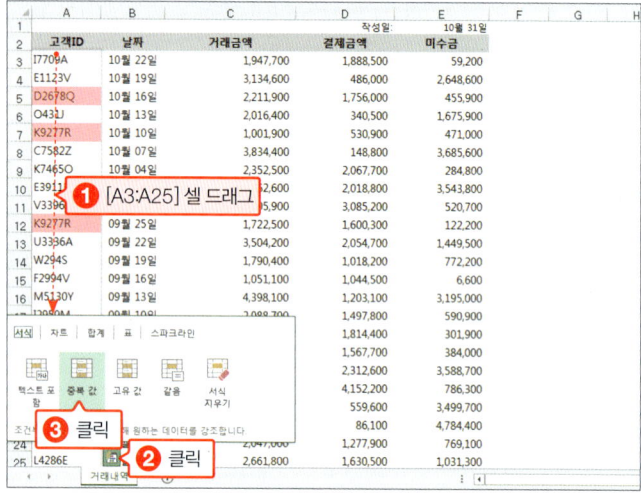

02 지난 달 날짜 표시하기

① [B3:B25] 셀 드래그

② [빠른 분석 📊] 클릭

③ [지난 달]을 선택합니다.

지난 달 날짜에 진한 빨강 텍스트에 연한 빨강 채우기 서식이 적용됩니다.

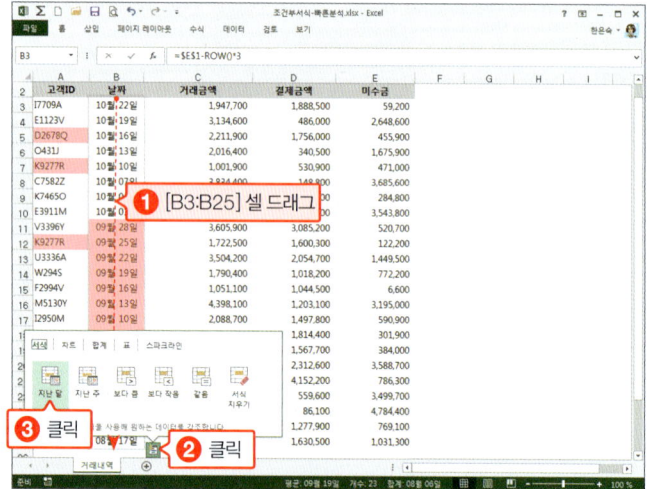

바로 통하는 TIP 실습 편의를 위해 [E1] 셀의 날짜에는 TODAY 함수가 입력되어 있고 날짜 셀 범위에는 현재 날짜를 기준으로 이전 날짜들이 구해지도록 수식이 입력되어 있습니다. 따라서 그림의 날짜와 여러분의 실습 화면 날짜가 다를 수 있습니다.

03 거래금액에 데이터 막대 표시하기

① [C3:C25] 셀 드래그

② [빠른 분석 📊] 클릭

③ [데이터 막대]를 선택합니다.

단색의 파란색 데이터 막대가 표시됩니다.

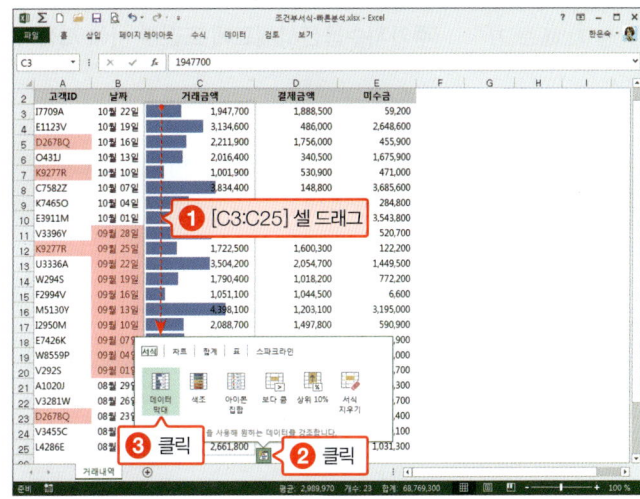

04 결제금액에 색조와 아이콘 집합 표시하기

① [D3:D25] 셀 드래그

② [빠른 분석 📊] 클릭

③ [색조] 선택

④ [빠른 분석 📊] 클릭

⑤ [아이콘 집합]을 선택합니다.

[녹색–흰색–빨강] 색조와 [3방향 화살표(컬러)] 아이콘 집합으로 표시됩니다.

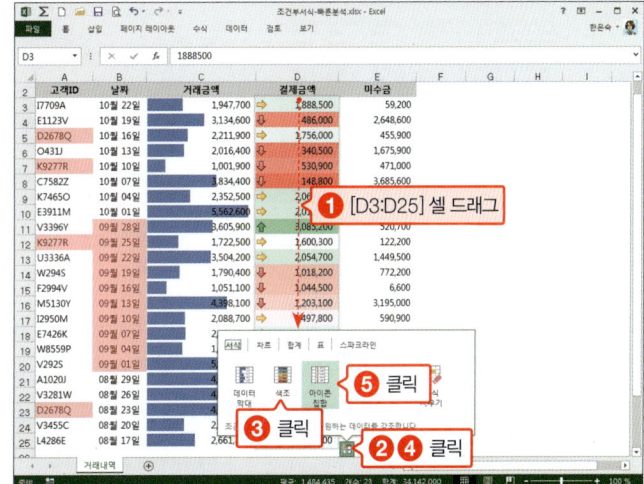

05 미수금이 350만 원보다 큰 값에 표시하기

① [E3:E25] 셀 드래그

② [빠른 분석 📊] 클릭

③ [보다 큼] 선택

④ [보다 큼] 대화상자 입력란에 3500000 입력

⑤ [확인]을 클릭합니다.

350만 원보다 큰 값에 진한 빨강 텍스트에 연한 빨강 채우기 서식이 적용됩니다.

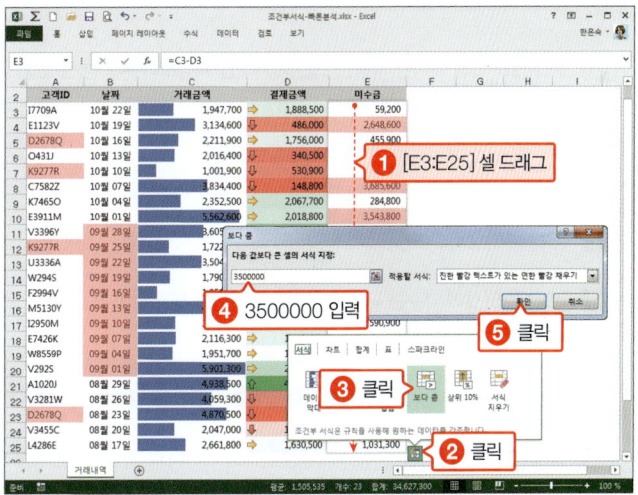

• 실습 파일 Chapter05 \Section08\주가지수옵션시세표.xlsx　• 완성 파일 Chapter05 \Section08\주가지수옵션시세표완성.xlsx

다음은 코스피200 옵션의 종목별 시세 데이터가 입력된 주가지수옵션시세표입니다. 실습 파일을 불러온 후 다음 지시 사항에 따라 조건부 서식을 지정하여 데이터를 시각화해봅니다.

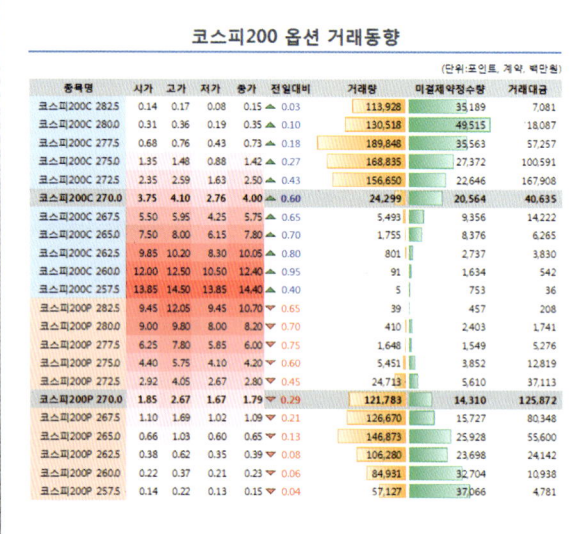

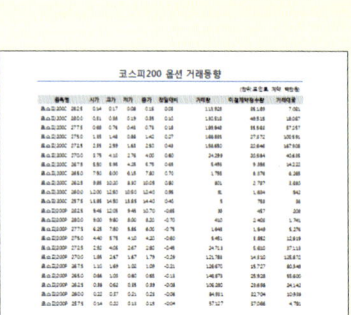

▲ 실습 파일　　　　　　　　　　　▲ 완성 파일

1 [A5:B26] 셀에 수식을 사용한 조건부 서식을 지정하여 종목명이 '코스피200C'이면 [채우기 색]을 [파랑, 강조1, 80% 더 밝게]로 채우고, '코스피200P'이면 [주황, 강조2, 80% 더 밝게]로 채웁니다.

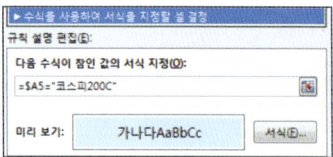　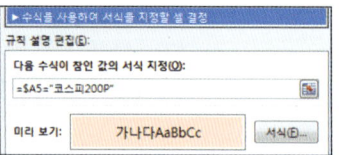

2 [A5:J26] 셀에 수식을 사용한 조건부 서식을 지정하여 종목명 중 값이 270인 행의 [채우기 색]을 [흰색, 배경 1, 15% 더 어둡게]로 채우고, [글꼴 스타일]을 [굵게]로 지정합니다(종목명은 문자 부분은 A열에 숫자 부분은 B열에 따로 입력되어 있음).

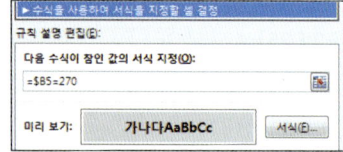

3 [C5:C26], [D5:D26], [E5:E26], [F5:F26] 셀에 각각 [빨강–흰색 색조]를 지정합니다.

4 [G5:G26] 셀에 양수는 파란색, 음수는 마이너스 부호 없이 빨간색으로 소수 두 자리를 표시하도록 사용자 지정 표시 형식을 지정합니다([파랑]0.00;[빨강]0.00).

5 [G5:G26] 셀에 아이콘 집합 [삼각형 3개]를 지정한 후 양수는 녹색, 음수는 빨간색 삼각형이 표시되도록 규칙을 편집합니다.

6 [H5:H26] 셀에 [그라데이션 채우기]의 [주황 데이터 막대]를 지정한 후 [막대 방향]을 [오른쪽에서 왼쪽]으로 규칙을 편집합니다.

7 [I5:I26] 셀에 [그라데이션 채우기]의 [녹색 데이터 막대]를 지정합니다.

창 관리와 인쇄하기

엑셀 문서는 여러 워크시트로 구성되어 있고 워크시트 또한 작업 영역이 넓습니다. 따라서 여러 문서를 한 화면에 표시하거나 긴 데이터 목록을 분할하여 표시할 수 있는 창 관리 기능에 대해서 알아두면 문서 작업하기가 훨씬 편해집니다. 엑셀 작업 공간은 A4 용지가 아닌 넓은 워크시트이므로 인쇄하기 전에 문서 크기에 맞게 용지 방향, 여백, 인쇄 배율 등을 지정하는 것이 좋습니다. 인쇄를 위해 꼭 확인하고 설정해야 하는 페이지 레이아웃 설정과 인쇄 옵션에 대해서 알아보겠습니다.

01 틀 고정과 창 정렬하기

긴 데이터 목록을 확인할 때 화면을 스크롤하면 제목 행이나 제목 열이 화면 밖으로 벗어나 보이지 않게 됩니다. 워크시트에서 원하는 행과 열을 고정시켜 화면을 스크롤했을 때 행과 열이 항상 표시되도록 해보겠습니다. 하나의 워크시트 화면에서 창을 나누거나 새 창을 열어 여러 창을 한 화면에 모두 표시할 수도 있습니다.

핵심기능실습 | **틀 고정하기 및 두 개의 시트 한 화면에 표시하기**

▪ **실습 파일** Chapter06 \ Section01 \ 틀고정및창정렬.xlsx ▪ **완성 파일** 없음

실습 파일 두 개의 시트에는 중량별, 지역별 택배요금 목록이 길게 작성되어 있습니다. 화면을 스크롤했을 때도 중량과 지역 이름이 한 화면에 표시되도록 틀 고정을 해보겠습니다. 또한 긴 목록의 앞과 끝 부분을 동시에 볼 수 있도록 하나의 워크시트 화면 창을 나누어 별도로 화면을 스크롤해보고 하나의 파일에 있는 두 시트를 한 화면에서 동시에 볼 수 있도록 창 정렬을 해보겠습니다.

01 틀 고정하기

수직 이동 바를 드래그하면 풍선 도움말에 행 번호가 나타납니다.

① **수직 이동 바**를 아래로 드래그. 13행이 화면의 첫 번째 줄이 되도록 합니다.

② **[B16]** 셀 클릭

③ [보기] 탭-[창] 그룹-[틀 고정]-**[틀 고정]**을 선택합니다.

선택된 [B16] 셀 위쪽과 왼쪽이 화면에 고정됩니다.

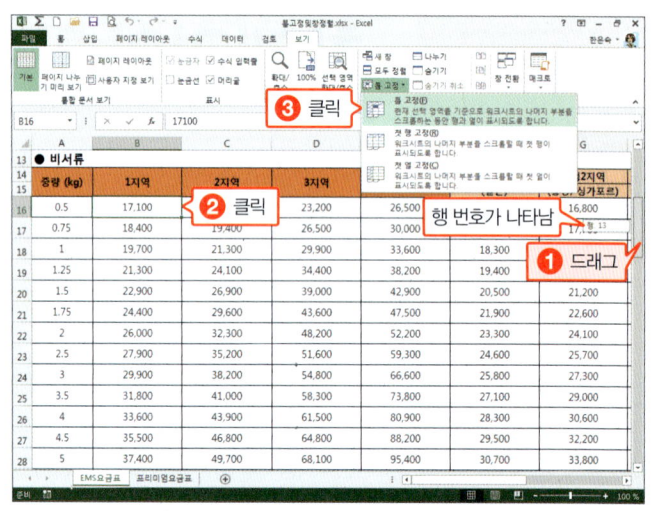

바로 통하는TIP 첫 행 고정, 첫 열 고정

틀 고정을 하면 선택된 셀의 위쪽과 왼쪽이 모두 고정되지만 [첫 행 고정]이나 [첫 열 고정]은 선택된 셀과 관계없이 표시된 화면의 첫 번째 행, 첫 번째 열만 고정됩니다. 즉, 예제 화면에서 [첫 행 고정]을 선택하면 13행 하나만 고정되며, [첫 열 고정]을 선택하면 A열 하나만 고정됩니다.

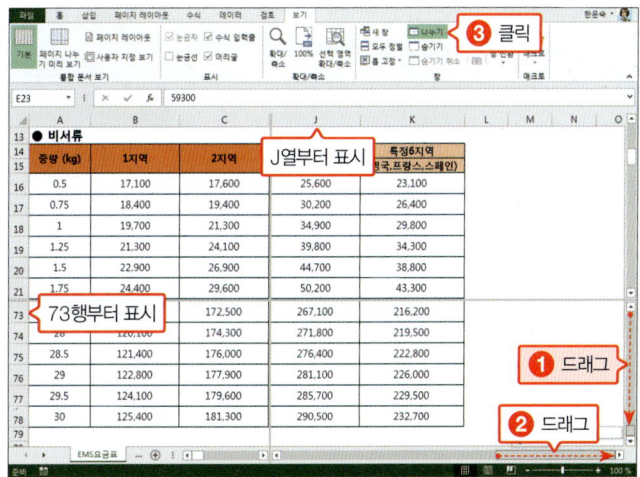

02 틀 고정 취소하기

① 수직 이동 바 위쪽으로 끝까지 드래그. **13행** 위로 화면이 나타나지 않습니다.

② 수직 이동 바 아래쪽으로 드래그. **13~15행**이 고정된 상태로 화면이 이동합니다.

③ 수평 이동 바 오른쪽으로 드래그. **A열**이 고정된 상태로 화면이 이동합니다.

④ 틀 고정을 해제하려면 [보기] 탭-[창] 그룹-[틀 고정]-[**틀 고정 취소**]를 선택합니다.

03 창 나누기

긴 데이터 목록의 앞과 끝이 동시에 보이게 하려면 창을 분할해 화면을 따로 스크롤합니다. 틀 고정과 같이 선택한 셀을 기준으로 왼쪽과 위쪽이 분할되므로 원하는 위치의 셀을 선택한 후 창을 나눕니다.

① [**E23**] 셀 클릭

② [보기] 탭-[창] 그룹-[**나누기**] 클릭. 분할선을 드래그해 분할된 창 영역 크기를 조절할 수 있습니다.

③ 분할선의 가운데 부분을 왼쪽으로 드래그해 **C열**과 **D열** 사이로 이동

④ 다시 분할선을 위쪽으로 드래그해 **21행**과 **22행** 사이로 옮깁니다.

> **바로 통하는 TIP** 틀 고정과 창 나누기는 동시에 적용되지 않습니다.

04 창 나누기 해제하기

① 아래 창의 수직 이동 바를 아래쪽으로 드래그. 아래 창에서는 **73행**부터 표시되도록 화면을 맞춥니다.

② 오른쪽 창의 수평 이동 바를 오른쪽으로 드래그. 오른쪽 창에서는 **J열**부터 표시되도록 화면을 맞춥니다.

③ [보기] 탭-[창] 그룹-[**나누기**]를 클릭해 창 나누기를 해제합니다.

> **바로 통하는 TIP** 창 분할선을 더블클릭해도 창 나누기가 해제됩니다.

05 새 창 열기 및 창 전환

한 파일에 있는 다른 워크시트를 한 화면에
표시하려면 엑셀 창을 추가로 열고 원하는
시트를 선택한 후 창을 모두 정렬합니다.

① [보기] 탭—[창] 그룹—[새 창] 클릭
② [프리미엄요금표] 시트를 클릭합니다.

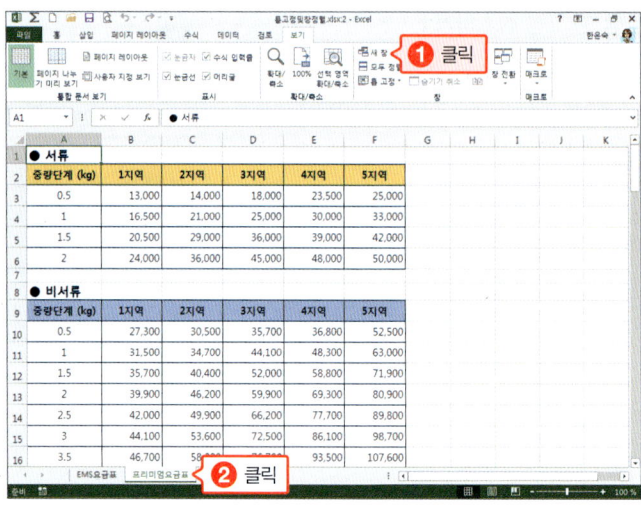

06

① 다른 창으로 화면을 전환하려면 [보기]
　 탭—[창] 그룹—[창전환] 클릭
② 창 목록에서 창 이름을 선택합니다. 또는
　 작업 표시줄의 엑셀 작업 버튼을 클릭했
　 을 때 나타나는 미리 보기 창 중에서 선택
　 합니다.

바로 통하는 TIP 창 전환 단축키

엑셀뿐 아니라 컴퓨터에서 현재 실행 중인 프로그램 창 사
이를 전환할 때는 Alt + Tab 을 누릅니다. 엑셀 창 중에
서만 창 전환을 할 때는 Ctrl + Tab 을 누릅니다.

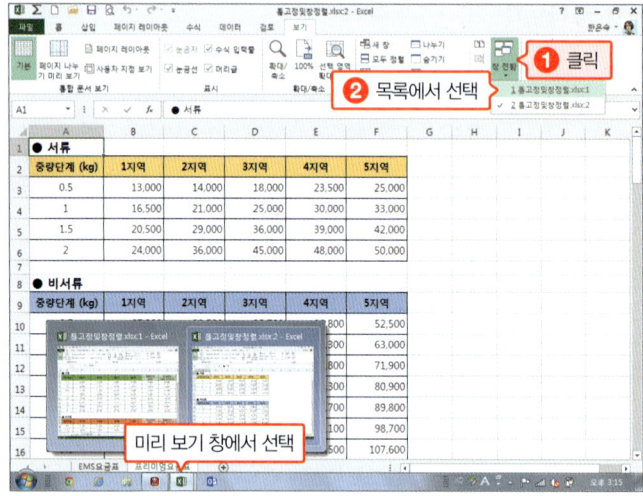

07 창 정렬하기

열려 있는 두 개의 창을 바둑판식으로 정렬
해보겠습니다.

① [보기] 탭—[창] 그룹—[모두 정렬] 클릭
② [창 정렬] 대화상자의 [바둑판식] 선택
③ [확인]을 클릭합니다.

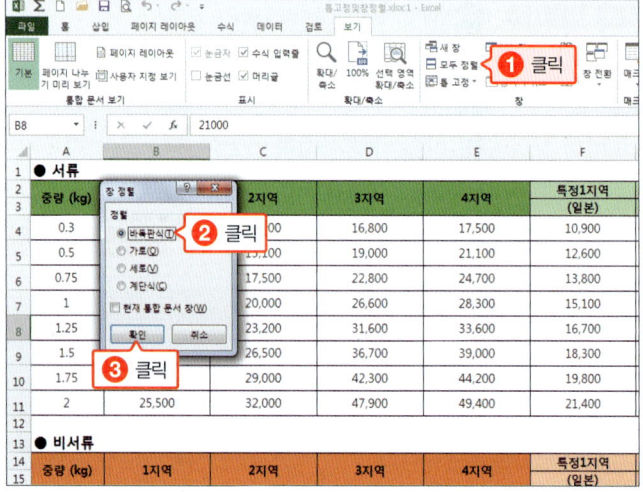

08 왼쪽에는 [EMS요금표] 시트, 오른쪽에는 [프리미엄요금표] 시트가 표시됩니다.

① 각 창의 리본 메뉴를 최소화하기 위해 왼쪽 창 클릭 후 Ctrl + F1

② 오른쪽 창 클릭 후 Ctrl + F1

③ 빠른 실행 도구 모음의 [새로 만들기 🗋]를 클릭합니다.

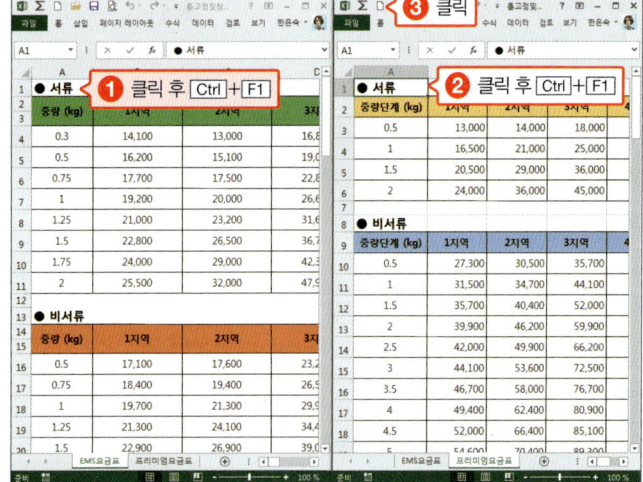

창 정렬 옵션

통합 문서1 파일 창을 추가로 열어 창이 세 개일 때 각 정렬 옵션에 따라 표시할 수 있는 창 정렬 방식은 다음과 같습니다. 또한 [정렬] 대화상자의 [현재 통합 문서 창] 옵션을 선택하면 현재 선택된 파일 창만 정렬되고 다른 파일 창은 숨겨집니다. 실습 파일인 '틀고정및창정렬' 파일의 여러 시트 창들과 통합 문서 1 창이 열려 있을 때 '틀고정및창정렬' 파일 창에서 창 정렬 명령을 선택하고 [현재 통합 문서 창] 옵션을 선택하여 정렬하면 통합 문서1 파일은 제외한 채 창이 정렬됩니다.

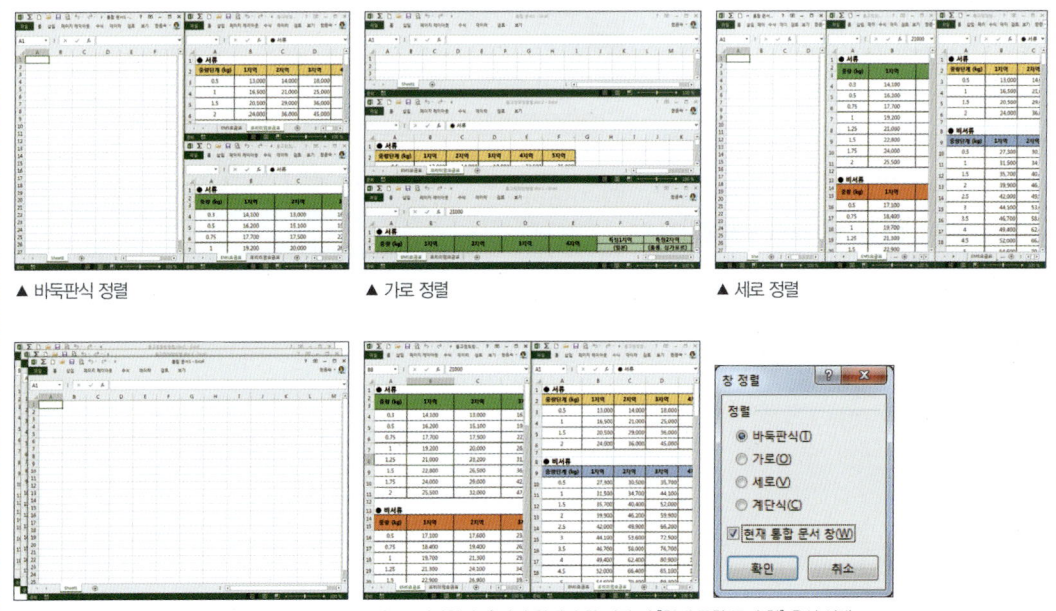

▲ 바둑판식 정렬   ▲ 가로 정렬   ▲ 세로 정렬

▲ 계단식 정렬   ▲ '틀고정및창정렬' 파일 창에서 창 정렬 시 [현재 통합 문서 창] 옵션 선택

09 나란히 보기

나란히 보기는 세 개 이상의 창이 열려 있을 때도 두 개 창만 표시합니다. 창이 두 개만 열려 있을 때는 별도의 대화상자 없이 바로 정렬되며 창이 세 개 이상 열려 있을 때는 대화상자에서 나란히 비교할 문서를 선택합니다.

① [보기] 탭–[창] 그룹–[나란히 보기 📖] 선택

② [나란히 비교] 대화상자의 문서 목록에서 [틀고정및창정렬.xlsx:1] 선택

③ [확인]을 클릭합니다.

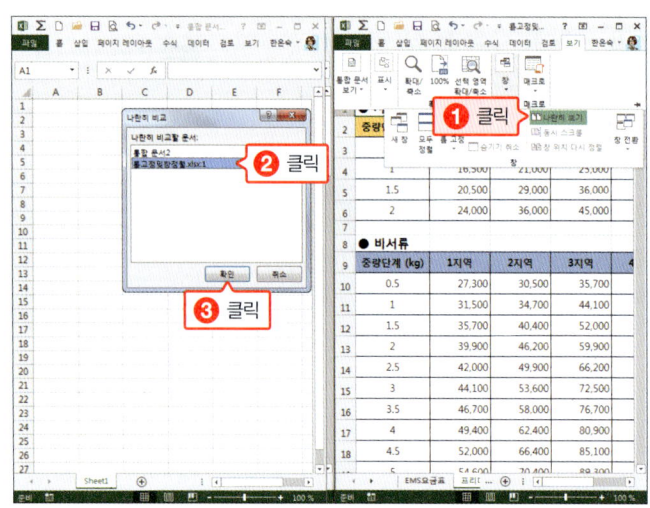

10 동시 스크롤 및 창 위치 다시 정렬

나란히 보기 상태에서는 [동시 스크롤]이 설정되어 있어 화면을 스크롤하면 두 개 창에서 동시에 화면이 스크롤됩니다.

① 위쪽 창의 **수직 이동 바**를 아래쪽으로 드래그하면 아래쪽 창 화면도 같이 이동

② 동시 스크롤을 해제하려면 [보기]탭–[창] 그룹–[동시 스크롤 📖] 클릭

③ 창 크기가 불균형해 보이거나 아래쪽 창을 위에 표시하려면 아래쪽 창의 [보기] 탭–[창] 그룹–[창 위치 다시 정렬 📖]을 클릭합니다.

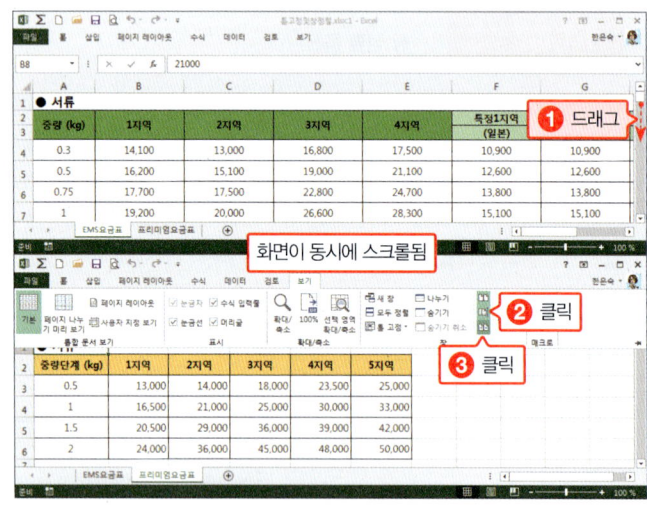

02 머리글/바닥글 지정하기

페이지마다 회사 로고, 페이지 번호, 출력 날짜/시간 등을 인쇄할 때는 머리글이나 바닥글 영역을 활용합니다. 머리글/바닥글 영역을 선택하려면 [보기] 탭–[통합 문서 보기]–[페이지 레이아웃 ▦]을 클릭하거나 상태 표시줄의 [페이지 레이아웃 ▦]을 클릭합니다. 또한 페이지 레이아웃 보기 화면으로 전환하거나 [삽입] 탭–[텍스트] 그룹 –[머리글/바닥글]에서 선택할 수 있습니다.

머리글/바닥글 도구

머리글이나 바닥글 영역을 선택하면 리본 메뉴에 [머리글/바닥글 도구]–[디자인] 탭이 나타납니다. 머리글/바닥글 도구의 각 항목은 다음과 같습니다.

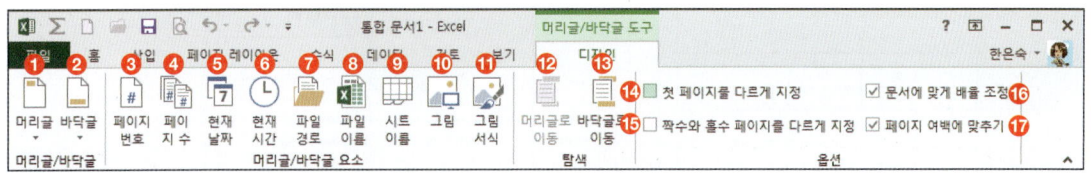

① **머리글** : 기본적으로 제공되는 머리글 목록이 표시되며, 선택하면 머리글 영역에 항목이 삽입됩니다.

② **바닥글** : 기본적으로 제공되는 바닥글 목록이 표시되며, 선택하면 바닥글 영역에 항목이 삽입됩니다.

③ **페이지 번호** : 현재 페이지 번호를 삽입합니다.

④ **페이지 수** : 문서 전체 페이지 수를 삽입합니다.

⑤ **현재 날짜** : 인쇄하는 날짜를 삽입합니다. 컴퓨터에 설정된 현재 날짜가 삽입됩니다.

⑥ **현재 시간** : 인쇄하는 시간을 삽입합니다. 컴퓨터에 설정된 현재 시간이 삽입됩니다.

⑦ **파일 경로** : 인쇄할 문서의 파일 경로를 삽입합니다.

⑧ **파일 이름** : 인쇄할 문서의 파일 이름을 삽입합니다.

⑨ **시트 이름** : 인쇄할 시트의 이름을 삽입합니다.

⑩ **그림** : 그림 파일을 삽입합니다. 그림 파일을 삽입하기 위한 대화상자가 표시됩니다.

⑪ **그림 서식** : 삽입한 그림의 크기와 이미지를 조절할 대화상자가 표시됩니다.

⑫ **머리글로 이동** : 머리글 영역으로 이동합니다.

⑬ **바닥글로 이동** : 바닥글 영역으로 이동합니다.

⑭ **첫 페이지를 다르게 지정** : 첫 페이지의 머리글/바닥글을 별도로 지정합니다.

⑮ **짝수와 홀수 페이지를 다르게 지정** : 짝수와 홀수 페이지의 머리글/바닥글을 별도로 지정합니다.

⑯ **문서에 맞게 배율 조정** : 셀 서식 중 [셀에 맞춤]이 설정된 경우에는 머리글/바닥글 배율도 그것에 맞게 조정됩니다.

⑰ **페이지 여백에 맞추기** : 머리글/바닥글의 왼쪽과 오른쪽 영역을 페이지 여백에 맞춰 확장합니다.

실무활용

14

회사 로고 및 배경 그림, 페이지 번호 삽입하기

▪ **실습 파일** Chapter06 \ Section02 \ 근무평가서.xlsx ▪ **완성 파일** Chapter06 \ Section02 \ 근무평가서완성.xlsx

다음은 하나의 시트에 세 개의 양식으로 구성된 근무평가서입니다. 첫 페이지의 왼쪽 상단에는 작은 로고와 회사 이름을 삽입하고 두 번째 페이지부터는 큰 로고가 배경으로 희미하게 삽입되도록 머리글을 설정하겠습니다. 또한 바닥글에는 현재 페이지 번호/전체 페이지 수가 표시되도록 설정하겠습니다.

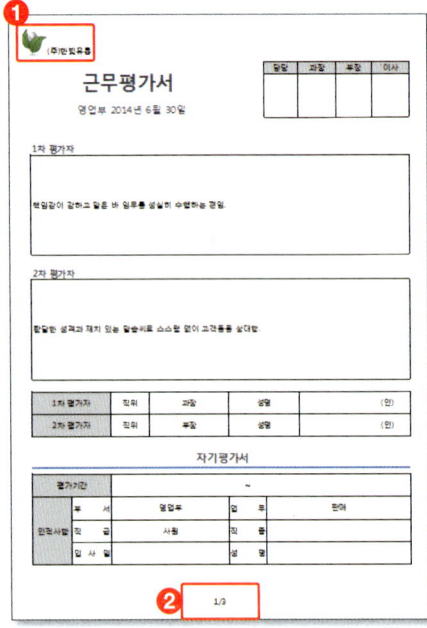

❶ 첫 페이지에만 회사 로고 삽입

❷ 페이지 번호 삽입

❸ 두 번째 페이지부터 배경 그림 삽입

❹ 두 번째 페이지부터 페이지 번호 삽입

240 ● PART 01 엑셀 기본 문서 작성

01 첫 페이지에만 회사 로고 삽입하기

① 상태 표시줄의 [페이지 레이아웃 ▣] 클릭

② 머리글의 왼쪽 영역 클릭

③ [디자인] 탭–[옵션] 그룹–[첫 페이지를 다르게 지정]에 체크 표시

④ [머리글/바닥글 도구]–[디자인] 탭–[머리글/바닥글 요소] 그룹–[그림] 클릭

⑤ [그림 삽입] 대화상자의 [파일에서]에서 [찾아보기]를 클릭합니다.

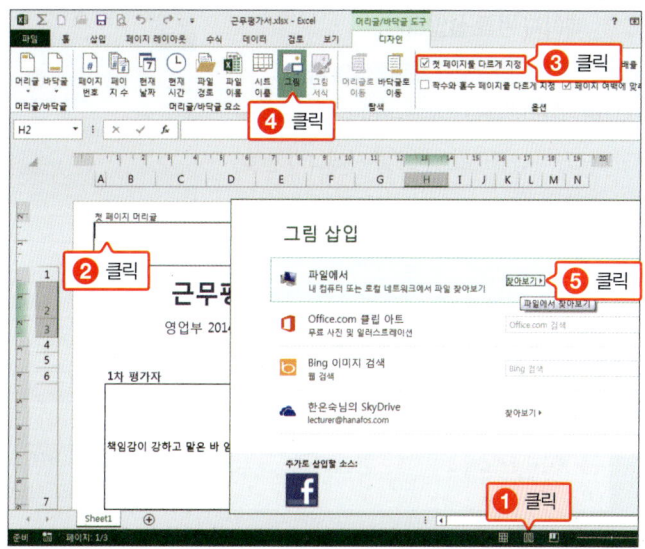

02

① 예제 폴더에서 logo-s.png 파일 선택

② [삽입] 클릭

③ 삽입된 &[그림] 바로 오른쪽 옆으로 ㈜한빛유통 입력

④ [머리글/바닥글 도구]–[디자인] 탭–[탐색] 그룹–[바닥글로 이동]을 클릭합니다.

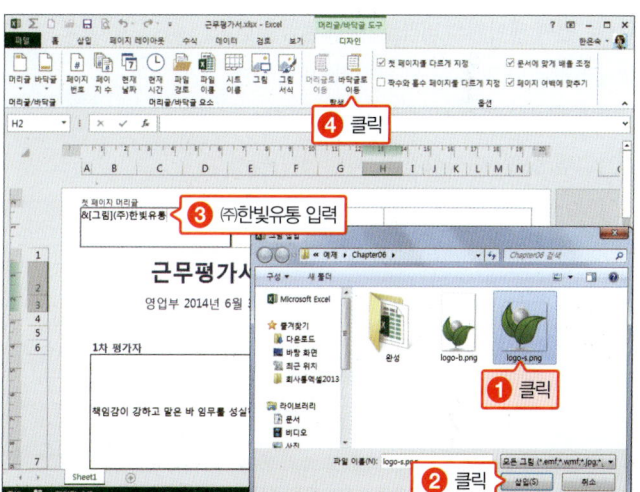

실무활용노트 EXCEL 오프라인 그림 삽입 대화상자 바로 열기

첫 번째 표시되는 [그림 삽입] 대화상자가 열리기 전에 [그림을 로드하는 동안 잠시 기다려 주세요]라는 메시지의 대화상자가 표시되는데, 이 창에서 [오프라인으로 작업]을 클릭하면 바로 오프라인의 [그림 삽입] 대화상자가 표시됩니다.

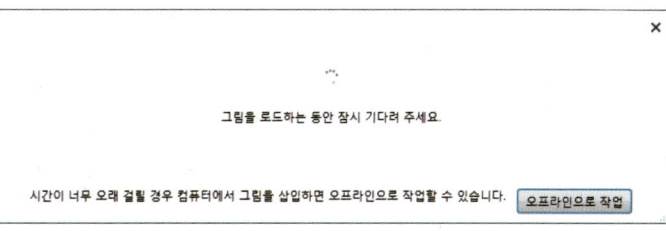

03 페이지 번호 삽입하기

① 첫 페이지 바닥글의 가운데 영역 클릭

② [머리글/바닥글 도구]–[디자인] 탭–[머리글/바닥글 요소] 그룹–[페이지 번호] 클릭

③ / 입력

④ [머리글/바닥글 도구]–[디자인] 탭–[머리글/바닥글 요소] 그룹–[페이지 수]를 클릭합니다.

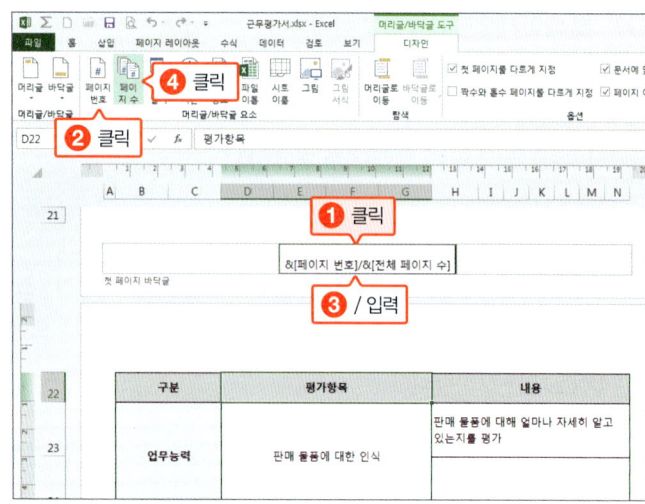

04 두 번째 페이지부터 배경 그림 삽입하기

① 두 번째 페이지의 머리글 가운데 영역 클릭

② [머리글/바닥글 도구]–[디자인] 탭–[머리글/바닥글 요소] 그룹–[그림] 클릭

③ [그림 삽입] 대화상자의 [파일에서]에서 [찾아보기]를 클릭합니다.

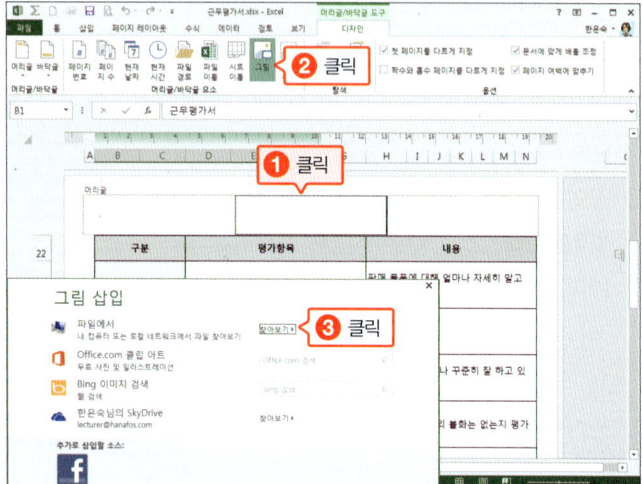

05

① [그림 삽입] 대화상자의 예제 폴더에서 logo-b.png 파일 선택

② [삽입]을 클릭합니다.

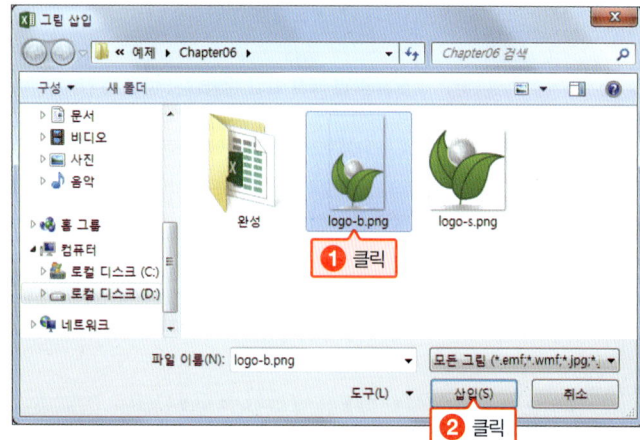

06 배경 그림 크기 조절하기

① [머리글/바닥글 도구]−[디자인] 탭−[머리글/바닥글 요소] 그룹−[그림 서식] 클릭

② [그림 서식] 대화상자의 [크기] 탭에서 [배율]의 [높이]와 [너비]를 모두 **115%**로 설정합니다.

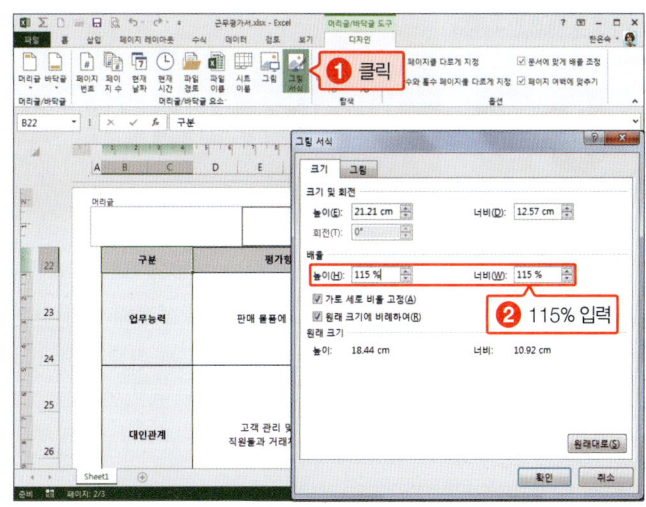

07 배경 그림 색 조절하기

① [그림 서식] 대화상자의 [그림] 탭 클릭

② [이미지 조절]의 [색] 목록에서 [희미하게] 선택

③ [밝기]를 **75%**, [대비]를 **15%**로 설정

④ [확인]을 클릭합니다.

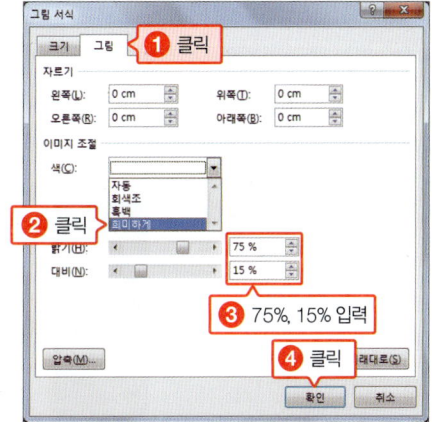

08 두 번째 페이지부터 페이지 번호 삽입하기

① [머리글/바닥글 도구]−[디자인] 탭−[탐색] 그룹−[바닥글로 이동] 클릭

② 두 번째 페이지 **바닥글 가운데 영역** 클릭

③ [머리글/바닥글 요소] 그룹−[페이지 번호] 클릭

④ **/** 입력

⑤ [머리글/바닥글 요소] 그룹−[페이지 수] 클릭

⑥ [B35] 셀을 클릭하여 바닥글 편집을 해제합니다.

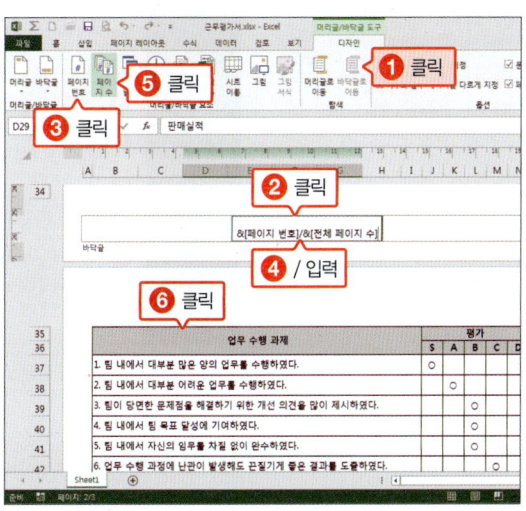

빠른 실행 도구 모음의 [인쇄 미리 보기 및 인쇄 🔍]를 클릭하면 머리글과 바닥글이 지정된 상태를 확인할 수 있습니다.

03 페이지 레이아웃 설정 및 인쇄하기

워크시트는 인쇄할 페이지에 맞게 구분되어 있지 않으므로 엑셀 문서는 인쇄 전에 인쇄 용지에 맞게 여백, 용지 방향, 인쇄 배율 등을 반드시 확인하고 적절하게 설정해야 합니다. 인쇄 미리 보기 영역에서 인쇄 전 상태를 확인할 수 있으며 [페이지 레이아웃] 탭에서 용지와 시트 인쇄 옵션, 인쇄 배율 등을 설정할 수 있습니다.

인쇄 미리 보기 및 인쇄 백스테이지

[파일] 탭 – [인쇄]를 클릭하거나 빠른 실행 도구 모음의 [인쇄 미리 보기 및 인쇄 🔍]를 클릭합니다. 단축키 Ctrl + P 또는 Ctrl + F2를 누르면 인쇄 백스테이지 화면이 표시됩니다. 인쇄 백스테이지 화면은 인쇄, 페이지 설정, 인쇄 미리 보기 영역으로 구성되어 인쇄 매수, 프린터, 인쇄 범위, 인쇄 방향, 인쇄 용지, 여백, 인쇄 배율 등 대부분의 인쇄와 페이지 설정을 선택하고 설정 상황을 미리 볼 수 있습니다.

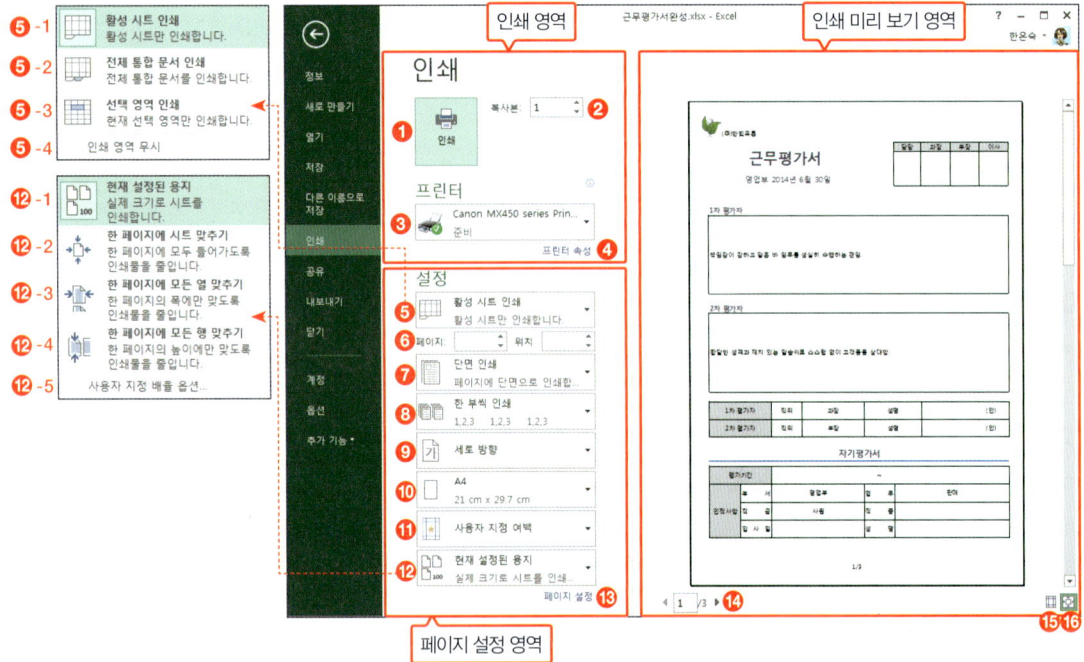

① **인쇄** : 문서를 프린터로 바로 인쇄합니다.

② **복사본** : 인쇄 매수를 지정합니다.

③ **프린터** : 인쇄할 프린터를 선택합니다.

④ **프린터 속성** : 선택한 프린터에 대한 속성 창을 엽니다.

⑤ **인쇄 대상** : 인쇄할 대상을 선택합니다.

　　1. **활성 시트 인쇄** : 선택된 시트만 인쇄합니다.

　　2. **전체 통합 문서 인쇄** : 파일의 모든 시트를 인쇄합니다.

　　3. **선택 영역 인쇄** : 워크시트에서 범위를 지정한 부분만 인쇄합니다.

　　4. **인쇄 영역 무시** : 설정된 인쇄 영역을 무시하고 인쇄합니다.

⑥ **페이지, 위치** : 일부 페이지만 인쇄할 경우 [페이지]에는 시작 페이지 번호를, [위치]에는 끝 페이지 번호를 입력합니다.

⑦ **인쇄 방식** : 단면, 양면 인쇄 중에서 선택합니다.

⑧ **인쇄 순서** : 여러 페이지를 여러 장 인쇄할 때 한 부씩 인쇄할 것인지 여부를 선택합니다.

⑨ **용지 방향** : 용지 방향을 가로, 세로 중에서 선택합니다.

⑩ **용지 크기** : 용지 크기를 선택합니다.

⑪ **용지 여백** : 용지 여백을 선택합니다. [사용자 지정 여백]을 선택하면 여백을 직접 지정할 수 있습니다.

⑫ **인쇄 배율** : 인쇄 배율을 선택합니다.

　　1. **현재 설정된 용지** : 100% 배율로 인쇄합니다.

　　2. **한 페이지에 시트 맞추기** : 여러 페이지를 무조건 한 페이지에 인쇄하도록 축소합니다.

　　3. **한 페이지에 모든 열 맞추기** : 문서의 너비가 한 페이지에 들어올 수 있도록 축소합니다.

　　4. **한 페이지에 모든 행 맞추기** : 문서의 높이가 한 페이지에 들어올 수 있도록 축소합니다.

　　5. **사용자 지정 배율 옵션** : [페이지 설정] 대화상자를 열어 인쇄 배율을 직접 입력합니다.

⑬ **페이지 설정** : [페이지 설정] 대화상자를 열어 더 자세한 페이지 설정 옵션을 지정합니다.

⑭ **페이지 보기** ◀ 1 / 3 ▶ : 화살표를 클릭하여 이전, 다음 페이지를 표시하거나 상자 안에 페이지 번호를 입력하여 해당 페이지를 표시합니다.

⑮ **여백 표시** ▦ : 미리 보기 화면에 여백 구분선을 표시하고 여백 구분선을 마우스로 드래그하여 직접 조절할 수 있습니다.

⑯ **페이지 확대/축소** ▦ : 미리 보기 화면을 확대/축소합니다.

인쇄 백스테이지 화면에서는 인쇄 미리 보기가 화면 오른쪽에만 표시됩니다. 가로 방향 문서인 경우에는 너무 작게 표시되어 보기에 불편합니다. 미리 보기 화면을 전체 화면으로 보고 싶다면 다음과 같이 설정합니다.

① [Excel 옵션] 대화상자에서 [빠른 실행 도구 모음] 메뉴를 선택하고 ② [리본 메뉴에 없는 명령] 중 [전체 화면 인쇄 미리 보기]를 선택한 후 ③ [추가]를 클릭합니다. ④ 빠른 실행 도구 모음에서 [전체 화면 인쇄 미리 보기]를 클릭하면 전체 화면에 인쇄 미리 보기가 표시됩니다.

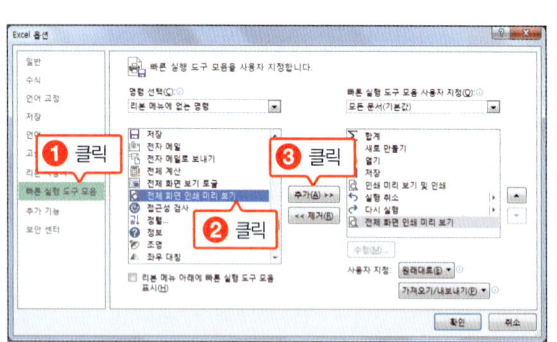

▲ 빠른 실행 도구 모음에 [전체 화면 인쇄 미리 보기] 버튼 추가

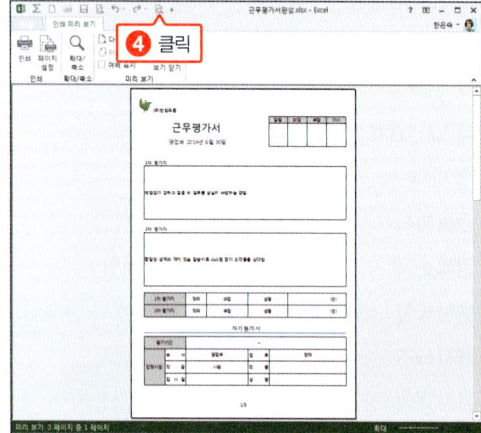

▲ 전체 화면 인쇄 미리 보기 화면

[페이지 레이아웃] 탭

인쇄 미리 보기를 하기 전에 [페이지 레이아웃] 탭의 [페이지 설정] 그룹에서 여백, 용지 방향, 인쇄 제목 등의 페이지를 설정할 수 있습니다. [크기 조정] 그룹에서 인쇄 배율, [시트 옵션] 그룹에서 시트 인쇄 옵션 등을 설정할 수 있습니다. 각 그룹의 [대화상자 표시 ⬏] 아이콘을 클릭하면 [페이지 설정] 대화상자가 표시되며 더 많은 인쇄 관련 설정을 할 수 있습니다.

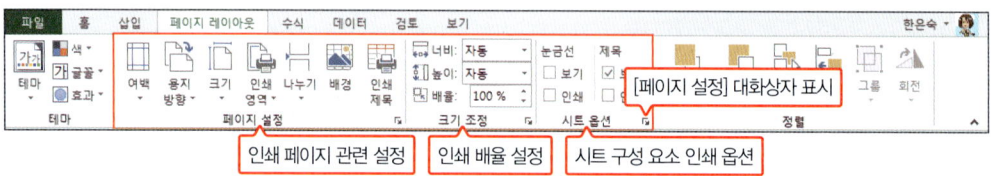

페이지 레이아웃 설정 및 인쇄하기

2007 | 2010 | 2013

- **실습 파일** Chapter06 \ Section03 \ 판매실적표.xlsx **완성 파일** Chapter06 \ Section03 \ 판매실적표완성.xlsx

연간 판매 실적표 문서에 용지 여백, 방향, 인쇄 배율, 페이지 나누기 등의 페이지 레이아웃을 설정합니다. 셀에 있는 오류 표시는 인쇄되지 않도록 하고 [A4] 셀에 삽입된 메모는 화면에 표시된 대로 인쇄되도록 시트 옵션을 설정합니다. 전체 통합 문서를 인쇄 대상으로 하여 두 개의 시트를 모두 인쇄합니다.

❶ 인쇄 백스테이지에서 방향, 여백, 인쇄 배율 지정하기

❷ 원하는 위치에서 페이지 나누기

❸ 인쇄 제목 설정

❹ 메모 표시 옵션 설정

❺ 셀 오류 표시 옵션 설정

❻ 한 페이지에 시트 맞추기

01 용지 방향, 여백, 인쇄 배율 지정하기

인쇄 백스테이지 화면을 표시하기 위해 단
축키 Ctrl + P 를 누릅니다.

① 용지 방향을 클릭해 [가로 방향] 선택

② 여백을 클릭해 [좁은 여백] 선택

③ 인쇄 배율을 클릭해 [한 페이지에 모든 열
맞추기] 선택

④ 페이지 보기의 오른쪽 화살표를 클릭해
2페이지 표시

⑤ [페이지 확대/축소🔳]를 클릭합니다.

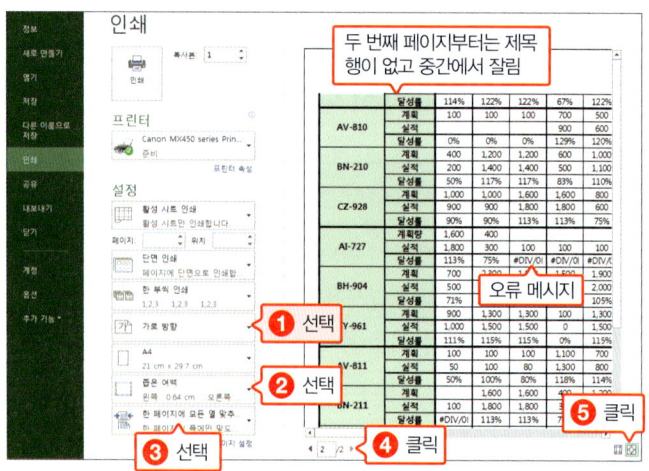

바로 통하는 TIP 두 번째 페이지부터는 제목 행이 인쇄되지 않았습니다. 또한 품명별 계획, 실적, 달성률이 한 세트로 구성된 내용인데 두 번째 페이지 위쪽에 달성률만 하나 표시되었습니다. 오류 메시지가 입력된 셀도 보입니다.

02 원하는 위치에서 페이지 나누기

기본 보기 화면으로 돌아와 계획, 실적, 달
성률이 한 페이지에 모두 인쇄되도록 페이
지를 나눠보겠습니다. ESC 를 누릅니다.

① 페이지 구분을 확인하기 위해 상태 표시
줄의 [페이지 레이아웃🔳] 클릭

② [A28] 셀 클릭

③ [페이지 레이아웃] 탭-[페이지 설정] 그
룹-[나누기]-[페이지 나누기 삽입]을 선
택합니다.

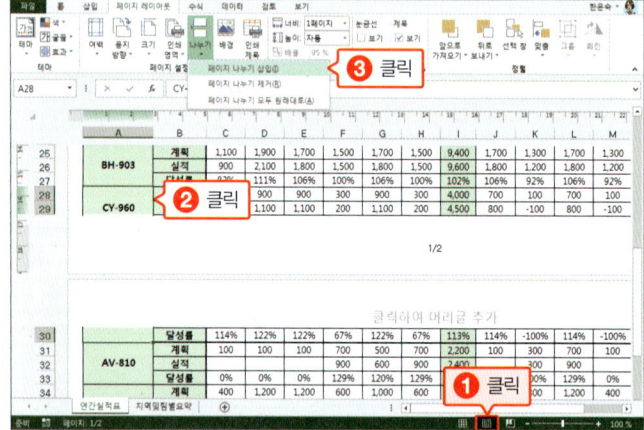

03 인쇄 제목 설정 및 인쇄 옵션 지정하기

제목 행을 모든 페이지에 인쇄되도록 하고
메모는 시트에 표시된 대로, 오류 메시지가
입력된 셀은 공백으로 처리하도록 인쇄 설
정을 해보겠습니다.

① [페이지 레이아웃] 탭-[페이지 설정] 그
룹-[인쇄 제목] 클릭

② 대화상자의 [반복할 행] 입력란 클릭

③ 3행 머리글 클릭

④ [인쇄] 옵션 중 [메모] 목록에서 [시트에
표시된 대로] 선택

⑤ [셀 오류 표시] 목록에서 [〈공백〉] 선택

⑥ [확인]을 클릭합니다.

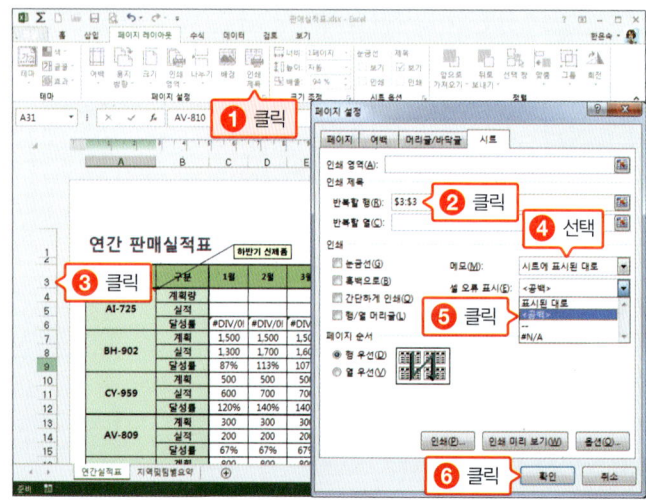

04 여백 직접 지정하기

두 번째 페이지에 제목 행이 추가 인쇄되면서 마지막 한 행이 세 번째 페이지로 넘어가 페이지가 늘어났습니다. 위아래 여백을 줄여서 페이지를 정리해보겠습니다.

① [페이지 레이아웃] 탭-[페이지 설정] 그룹-[여백]-[사용자 지정 여백] 선택

② [페이지 설정] 대화상자의 [위쪽] 여백 입력란에 **1.5** 입력

③ [아래쪽] 여백 입력란에 **1.5** 입력

④ [페이지 가운데 맞춤]에서 [가로]에 체크 표시

⑤ [확인] 클릭

⑥ [지역및팀별요약] 시트를 클릭합니다.

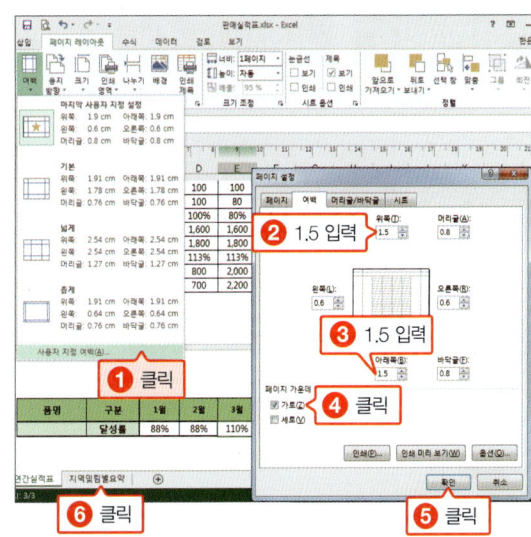

바로 통하는TIP 여백을 줄이지 않고 두 페이지로 인쇄하려면 인쇄 배율을 축소합니다. [페이지 레이아웃] 탭-[크기 조정] 그룹에서 [높이]를 [2페이지]로 설정하면 그에 맞춰 배율이 자동으로 지정됩니다.

05 한 페이지에 시트 맞추기

인쇄 백스테이지 화면을 표시하기 위해 단축키 Ctrl + P 를 누릅니다. 인쇄 배율로 [한 페이지에 시트 맞추기]를 선택합니다.

네 페이지로 나눠졌던 문서가 한 페이지에 맞춰집니다.

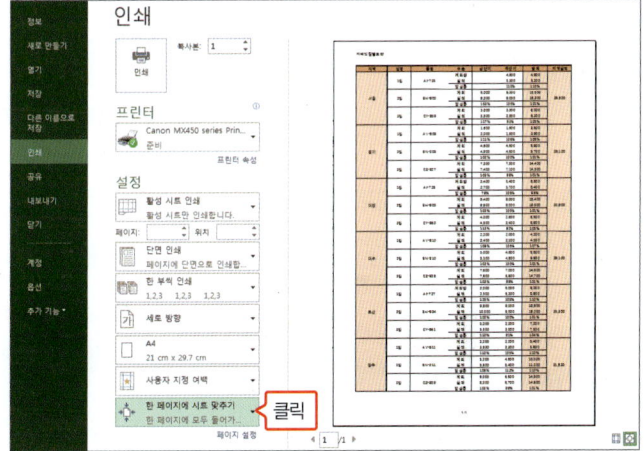

06 전체 시트 인쇄하기

[연간실적표] 시트와 [지역및팀별요약] 시트의 내용을 모두 인쇄해보겠습니다.

① **인쇄 대상** 선택

② [전체 통합 문서 인쇄] 선택

③ 페이지 보기의 **오른쪽 화살표**를 눌러서 다음 페이지들을 확인합니다. 두 개의 시트가 모두 인쇄된다는 것을 알 수 있습니다.

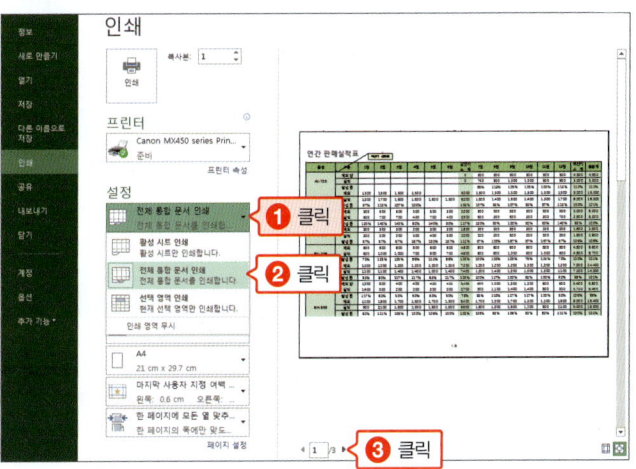

• 실습 파일 Chapter06\Section03\인쇄영역.xlsx   • 완성 파일 Chapter06\Section03\인쇄영역완성.xlsx

[페이지 나누기 미리 보기]로 살펴보면 인쇄 영역만 하얗게 표시되고 나머지 부분은 회색으로 표시됩니다. 페이지 구분선은 파란색 점선으로 표시되는데, 이 점선을 드래그하여 페이지를 나눌 위치를 조정하면 그에 따라 인쇄 배율이 자동으로 조정됩니다. 또한 인쇄 영역을 설정하여 원하는 범위만 인쇄하도록 고정시켜놓을 수도 있습니다.

01 페이지 나누기 미리 보기에서 페이지 나누기

① 상태 표시줄의 [페이지 나누기 미리 보기 ▣] 클릭

② H열과 I열 사이의 **파란색 점선**을 G열과 H열 사이로 드래그

③ 두 번째 **파란색 점선**을 N열과 O열 사이로 드래그합니다.

6월, 7월, 8월 거래 내역표를 각각 한 장으로 인쇄할 수 있습니다.

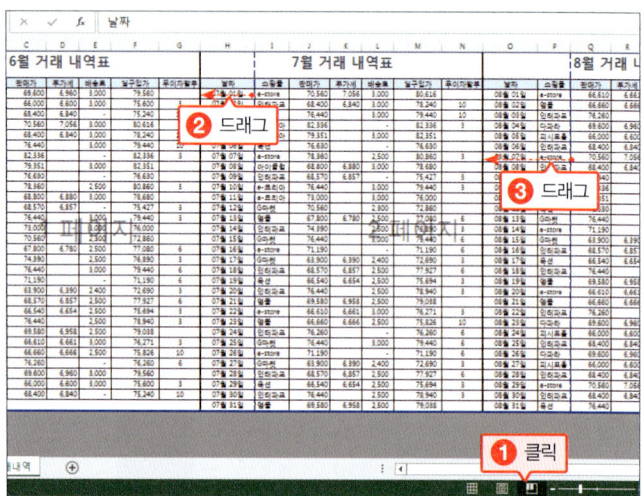

02 6월, 7월 표를 한 페이지로 설정하기

① [페이지 레이아웃] 탭-[페이지 설정] 그룹-[용지 방향]-[가로] 선택

② G열과 H열 사이의 파란색 실선을 N열과 O열 사이로 드래그

③ 아래쪽의 **파란색 점선**을 34행과 35행 사이로 드래그합니다.

[페이지 레이아웃] 탭-[크기 조정] 그룹의 배율이 자동으로 축소됩니다.

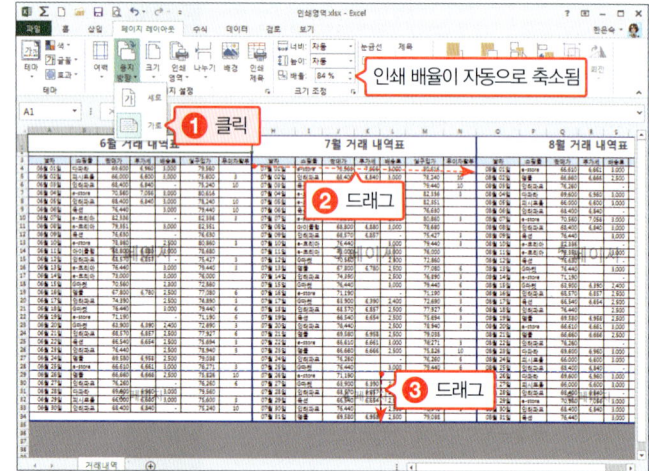

바로 통하는 TIP 파란색 점선은 자동으로 나누어진 페이지 구분선이고, 파란색 실선은 사용자가 지정한 페이지 구분선입니다.

03 페이지 나누기 모두 원래대로

① [페이지 레이아웃] 탭-[페이지 설정] 그
   룹-[나누기]-[**페이지 나누기 모두 원래대**
   로] 선택

② [페이지 레이아웃] 탭-[페이지 설정] 그
   룹-[**용지 방향**]-[**세로**]를 선택합니다.

바로 통하는 TIP [페이지 나누기 모두 원래대로]를 선택
하면 인쇄 배율도 100%로 돌아갑니다.

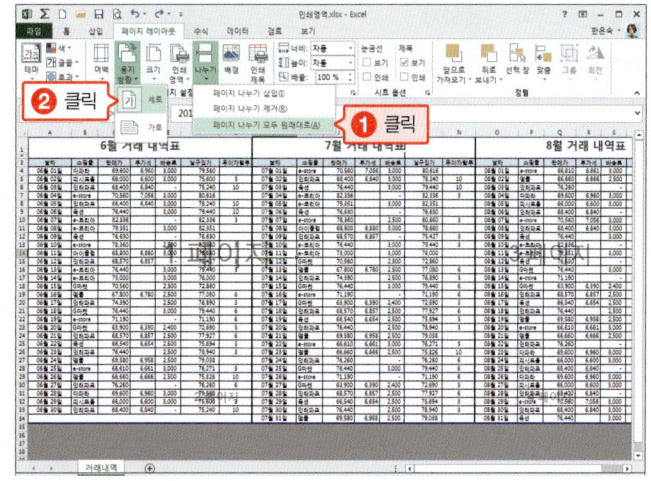

04 인쇄 영역 설정하기

문서에서 원하는 범위만 지정해 인쇄할 수
있습니다.

① [**A1:G34**] 셀 드래그

② 추가로 범위 지정하기 위해 [**O1:U34**] 셀
   Ctrl +드래그

③ [페이지 레이아웃] 탭-[페이지 설정] 그
   룹-[인쇄 영역]-[**인쇄 영역 설정**]을 선택
   합니다.

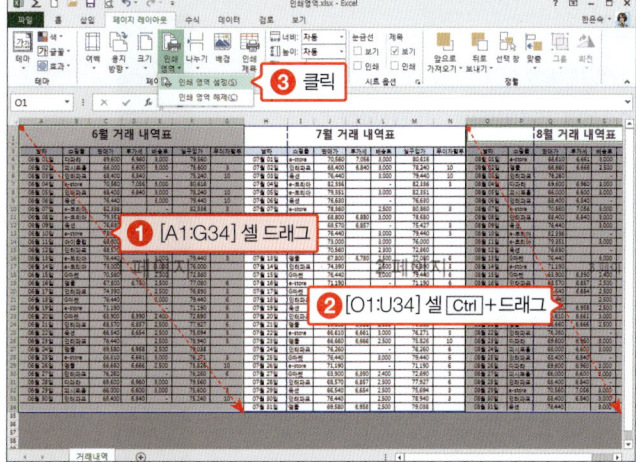

05 인쇄 미리 보기를 실행하기 위해 Ctrl
   +P를 누릅니다. 확인 후 ESC를 눌러 편
   집 화면으로 돌아갑니다.

단축키 Ctrl +P를 누르면 설정된 범위만 인쇄되는
것을 확인할 수 있습니다.

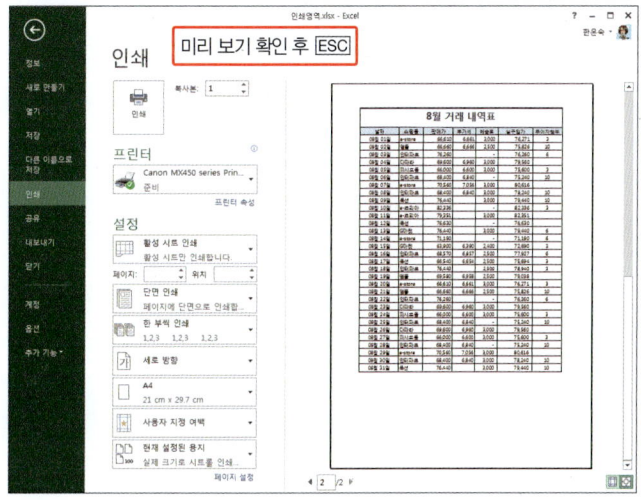

06 선택 영역 인쇄하기

인쇄 영역이 설정되었더라도 특정 범위만 별도로 인쇄하고 싶다면 인쇄 백스테이지에서 인쇄 대상을 선택해주면 됩니다. 인쇄 영역에서 제외된 7월 거래 내역표 범위만 인쇄해보겠습니다.

① **[H1:N34]** 셀 드래그

② Ctrl + P 를 눌러 인쇄 미리 보기를 실행합니다.

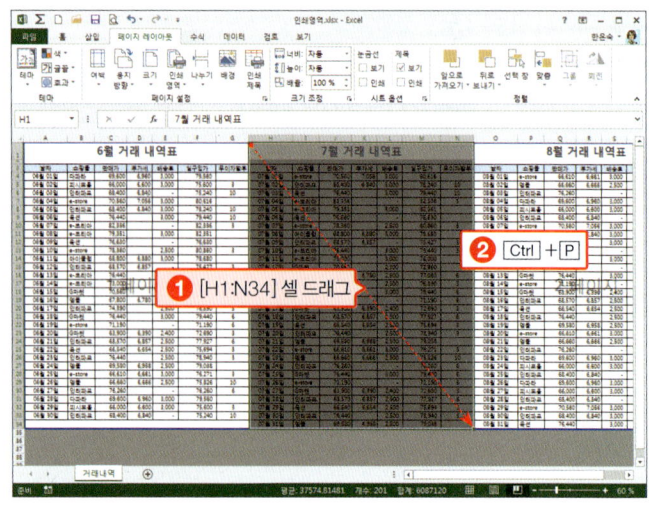

07

① **인쇄 대상** 선택

② **[선택 영역 인쇄]**를 선택합니다.

범위로 지정했던 7월 거래 내역표만 인쇄됩니다.

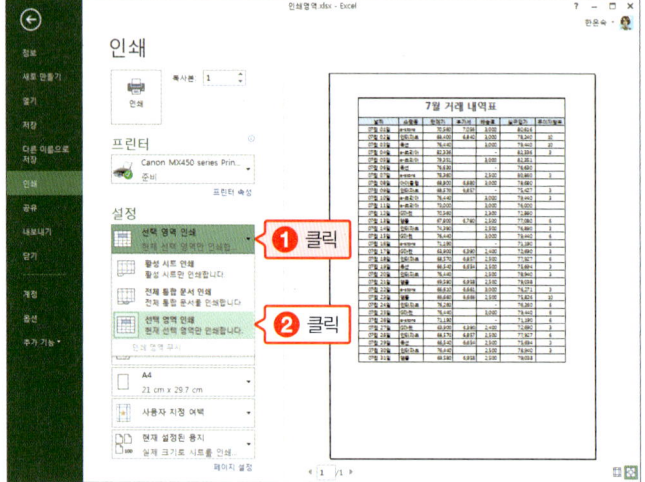

• 실습 파일 Chapter06\Section03\손익계산서.xlsx   • 완성 파일 Chapter06\Section03\손익계산서완성.xlsx

다음의 손익계산서 문서는 오른쪽으로 긴 문서입니다. 지시 사항에 따라 페이지 설정과 머리글/바닥글 설정을 하고 인쇄 미리 보기로 확인합니다.

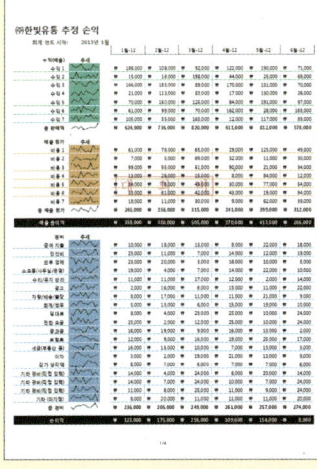
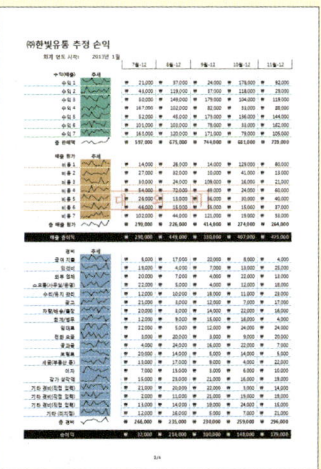
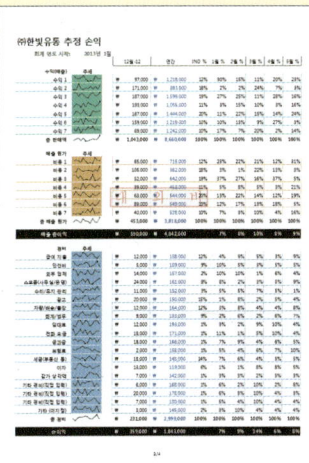
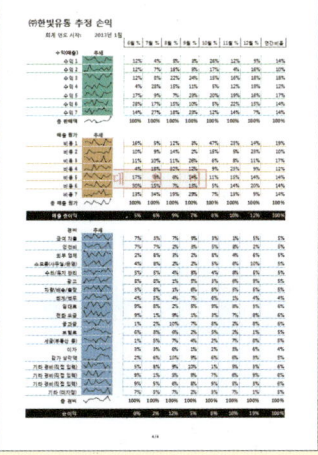

1 [페이지 레이아웃] 탭-[페이지 설정]-[여백]을 [좁게]로 지정합니다.

2 [페이지 레이아웃] 탭-[크기 조정] 그룹에서 [높이]를 [1페이지]로 지정합니다.

3 [페이지 레이아웃] 탭-[페이지 설정]-[인쇄 제목]을 선택하고 [반복할 열]에 $A:$C를 지정합니다.

4 바닥글 가운데 영역에 [페이지 번호/페이지 수]를 삽입합니다.

5 머리글 가운데 영역을 클릭하고 Enter를 30회 눌러 줄을 바꾼 후 그림 '파일 대외비.jpg'를 삽입합니다.

6 삽입한 그림의 크기 [배율]을 [높이] 150%, [너비] 150%로 조정하고 [이미지 조절] 옵션을 [희미하게]로 설정합니다.

엑셀
핵심 기능
다루기

엑셀에서
꼭 알아야 할 함수

엑셀 함수를 이용하면 복잡한 계산이나 반복 작업을 쉽게 해결
할 수 있습니다. 회사의 업무에 따라 사용할 수 있는 함수의 종
류는 매우 다양하며 사용 범위도 넓습니다. 이번 장에서는 실무
에서 가장 많이 사용하는 함수를 살펴봅니다.

함수를 사용하면 복잡한 계산이나 반복되는 작업을 간편하게 처리할 수 있습니다. 실무에서 사용하는 엑셀 함수의 종류와 사용법은 매우 다양합니다. 엑셀 함수의 개념과 형식, 종류에 대해서 살펴보겠습니다.

엑셀 함수란?

엑셀에서 약속되고 통용되는 계산식입니다. 계산에 필요한 값을 입력받아 반복적이고 복잡한 계산 과정을 미리 정해놓은 계산식에 의해 연산하여 결과를 반환합니다. 예를 들어 연속된 범위의 합계나 평균을 구하는 작업에 함수를 사용하지 않는다면 일일이 각 셀을 더하고 셀의 개수로 나누는 수식을 입력해야 하지만 지정된 범위의 합계를 계산하는 SUM 함수, 평균을 계산하는 AVERAGE 함수를 사용하면 간단히 결과를 확인할 수 있습니다.

	A	B	C	D	E
1	A	B	C	합계	평균
2	51	95	83	=A2+B2+C2	=(A2+B2+C2)/3
3	58		54	=A3+B3+C3	=(A3+B3+C3)/2

▲ 셀을 일일이 연산하는 수식

	A	B	C	D	E
1	A	B	C	합계	평균
2	51	95	83	=SUM(A2:C2)	=AVERAGE(A2:C2)
3	58		54	=SUM(A3:C3)	=AVERAGE(A3:C3)

▲ 함수식

함수의 기본 형식

일반 수식과 마찬가지로 함수식도 등호(=)로 시작하며 세부 형식은 다음과 같습니다.

$$= \quad \text{함수 이름} (\text{인수1} , \text{인수2} , \text{인수3} , \cdots , \text{인수 n})$$
①　　　②　　③　④　⑤　　　　　　　③

① **등호(=)** : 수식을 선언하는 표시입니다.
② **함수 이름** : 일련의 계산식이 약속되어 있는 함수 이름입니다.
③ **괄호** : 인수를 묶어주는 역할을 합니다. 즉, 인수가 들어가는 공간입니다.
④ **인수** : 함수로 계산할 때 필요한 데이터들입니다.
⑤ **쉼표(,)** : 인수와 인수를 구분합니다.

인수로 사용되는 데이터 종류

함수에서 인수로 사용할 수 있는 데이터에는 숫자, 문자, TRUE/FALSE와 같은 논리 값, 셀 주소, 오류 값, 수식 또는 함수식 등이 있습니다. 종류별 특징은 다음과 같습니다.

데이터 종류	특징
숫자	0, 1, 2, 3, …. 모든 숫자를 인수로 사용할 수 있음
문자	**문자열을 인수로 사용할 때는 큰따옴표(" ") 안에 입력**
논리 값	TRUE나 FALSE로 선택할 사항을 표시하는 함수에서 사용 **TRUE 대신 1, FALSE 대신 0으로 입력 가능**
셀 주소	숫자나 문자를 직접 입력하는 대신에 데이터가 입력된 셀 주소를 인수로 사용할 수 있음. 여러 셀의 범위를 인수로 사용할 때는 첫 번째 셀과 마지막 셀 주소 사이를 콜론(:) 기호로 구분하여 입력
수식 또는 함수식	숫자를 직접 인수로 사용하는 대신에 수식을 입력하여 수식에 대한 결과가 인수가 되도록 할 수 있음. 또 다른 함수식을 인수로 사용할 수도 있는데, **함수 안에서 또 다른 함수가 인수로 사용될 때 이를 중첩 함수라고 함**

실무활용노트 EXCEL | 엑셀 2013에서 추가된 함수 목록

다른 버전에 비해 엑셀 2013에서는 함수 범주별로 새롭게 추가된 함수가 많습니다.

분류	함수명	분류	함수명
공학	BITAND	수학/삼각	ACOT
	BITLSHIFT		ACOTH
	BITOR		ARABIC
	BITRSHIFT		BASE
	BITXOR		CEILING.MATH
	IMCOSH		COMBINA
	IMCOT		COT
	IMCSC		COTH
	IMCSCH		CSC
	IMSEC		CSCH
	IMSECH		DECIMAL
	IMSINH		FLOOR.MATH
	IMTAN		MUNIT
날짜 및 시간	DAYS		SEC
	ISOWEEKNUM		SECH
논리	IFNA	찾기 및 참조 영역	FORMULATEXT
	XOR		NUMBERVALUE
웹	ENCODEURL	텍스트	UNICHAR
	FILTERXML		UNICODE
	WEBSERVICE	통계	BINOM.DIST.RANGE
재무	PDURATION		GAMMA
	RRI		GAUSS
정보	ISFORMULA		PERMUTATIONA
	SHEET		PHI
	SHEETS		SKEW.P

함수의 종류

엑셀 함수는 엑셀 2013에서 추가된 웹 함수까지 총 12가지 범주로 분류됩니다. 기능별로 분류된 엑셀 함수 범주는 다음과 같습니다.

범주	용도	참고
재무	재무 관련 계산에 사용	514쪽
논리	조건이 참인지 거짓인지 알아보거나 여러 조건을 검색할 때 사용	265쪽
텍스트	수식에서 문자열을 조작할 때 사용	455쪽
날짜/시간	수식에 날짜와 시간이 필요할 때 사용	470쪽
찾기/참조 영역	목록에 있는 특정 값이나 셀의 참조 영역 등을 찾을 때 사용	485쪽
수학/삼각	범위의 합계, 나머지, 반올림 등의 수학적인 계산을 할 때 사용	283쪽, 288쪽, 501쪽
통계	일정 범위의 데이터를 통계적으로 분석할 때 사용	265쪽, 288쪽
공학	공학용 계산에 사용	
큐브	SQL 서버의 데이터를 다루기 위해 사용	
정보	셀에 저장될 데이터 종류를 결정할 때 사용	
호환성	엑셀 2010 이전 버전과의 호환성을 위해 제공되는 함수	
데이터베이스	데이터베이스 형태의 목록 값이 특정 조건이나 찾을 조건을 만족하는지 분석할 때 사용. 함수 마법사에서 선택하거나 직접 입력	
웹	웹 URL이나 웹 서비스와 관련된 함수	

실무활용노트 EXCEL | **호환성 함수**

엑셀 2010 이후 버전부터는 알고리즘이 변경되어 함수의 정확도와 성능이 향상된 함수들이 있습니다. 그 기능을 좀더 정확하게 설명하기 위해 함수 이름이 변경되었으며 이전 버전과의 호환성을 위해 이전에 사용하던 함수명도 계속 사용할 수 있습니다. 변경되기 전의 함수명은 호환성 함수 범주에서 제공됩니다. 예를 들어 엑셀 2007 버전까지 순위를 구할 때 사용하는 함수로는 RANK 함수 한 가지만 제공되었지만, 엑셀 2010 버전부터는 RANK.EQ와 RANK.AVG 두 개의 함수로 제공됩니다. RANK.EQ 함수는 함수의 개념을 명확히 하기 위해 이름만 변경되었을 뿐 기존 RANK 함수와 같습니다. RANK.AVG 함수는 통계학자들이 기대하는 방식에 더 적합하게 계산할 수 있도록 새로 추가된 함수입니다. 이처럼 함수 이름에 마침표(.)가 붙어 있는 함수는 엑셀 2010 버전 이후부터 이름이 변경되었거나 새로 추가된 함수입니다. 이전 버전과의 호환이 필요한 문서인 경우에는 호환성 함수 범주에 있는 함수를 사용하면 되지만, 호환성이 필요하지 않은 경우에는 이름이 바뀐 함수를 사용하는 것이 좋습니다.

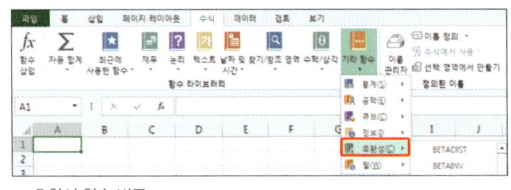

▲ 호환성 함수 범주

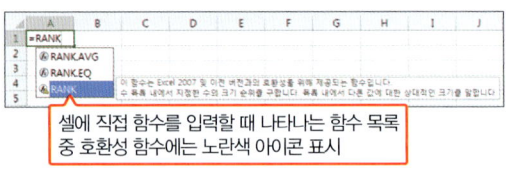

셀에 직접 함수를 입력할 때 나타나는 함수 목록 중 호환성 함수에는 노란색 아이콘 표시

▲ 호환성 함수 표시

다음은 엑셀 2010 버전부터 정확도와 속도 향상을 위해 알고리즘이 변경되고 이름이 변경된 함수 목록입니다. 통계 함수에만 호환성 함수가 제공됩니다. 나머지 범주의 함수들은 알고리즘 및 정확도가 향상된 함수들입니다. 이 책에서는 사용 빈도가 높은 몇 가지 함수 위주로 다루었습니다.

함수 범주	향상 및 이름 변경 함수	호환성 함수	향상 및 이름 변경 함수	호환성 함수
통계	BETA.DIST	BETADIST	MODE.SNGL	MODE
	BETA.INV	BETAINV	MODE.MULT	
	BINOM.DIST	BINOMDIST	NEGBINOM.DIST	NEGBINOMDIST
	BINOM.INV	CRITBINOM	NORM.DIST	NORMDIST
	CHISQ.DIST.RT	CHIDIST	NORM.INV	NORMINV
	CHISQ.DIST		NORM.S.DIST	NORMSDIST
	CHISQ.INV.RT	CHIINV	NORM.S.INV	NORMSINV
	CHISQ.INV		PERCENTILE.EXC	PERCENTILE
	CHISQ.TEST	CHITEST	PERCENTILE.INC	
	CONFIDENCE.NORM	CONFIDENCE	PERCENTRANK.EXC	PERCENTRANK
	CONFIDENCE.T		PERCENTRANK.INC	
	COVARIANCE.P	COVAR	POISSON.DIST	POISSON
	COVARIANCE.S		QUARTILE.EXC	QUARTILE
	EXPON.DIST	EXPONDIST	QUARTILE.INC	
	F.DIST.RT	FDIST	RANK.EQ(265쪽)	RANK
	F.DIST		RANK.AVG(272쪽)	
	F.INV.RT	FINV	STDEV.P	STDEVP
	F.INV		STDEV.S	STDEV
	F.TEST	FTEST	T.DIST	
	GAMMA.DIST	GAMMADIST	T.DIST.RT	TDIST
	GAMMA.INV	GAMMAINV	T.DIST.2T	
	GAMMALN		T.INV.2T	TINV
	GAMMALN.PRECISE		T.INV	
	GEOMEAN		T.TEST	TTEST
	HYPGEOM.DIST	HYPGEOMDIST	VAR.P	VARP
	LINEST		VAR.S	VAR
	LOGNORM.DIST	LOGNORMDIST	WEIBULL.DIST	WEIBULL
	LOGNORM.INV	LOGINV	Z.TEST	ZTEST

함수 범주	향상 및 이름 변경 함수
공학	CONVERT, ERF, ERF.PRECISE, ERFC, ERFC.PRECISE, IMLOG2, IMPOWER
날짜 및 시간	NETWORKDAYS.INTL, WORKDAY.INTL
수학 및 삼각	AGGREGATE, ASINH, CEILING, CEILING.PRECISE, FACTDOUBLE, FLOOR FLOOR.PRECISE, MOD, RAND(503쪽)
재무	CUMIPMT, CUMPRINC, IPMT, IRR, PMT, PPMT, XIRR(514쪽)

함수를 작성하는 방법은 크게 두 가지입니다. 간단한 함수나 자주 입력하는 함수는 셀에 직접 입력하고 복잡하거나 어떤 인수를 써야 하는지 잘 모르는 함수의 경우에는 [수식] 탭-[함수 라이브러리] 그룹이나 [함수 마법사] 대화상자에서 찾아 사용할 수 있습니다.

핵심기능실습 | **함수식 작성 방법 알아보기**

• 실습 파일 Chapter07\Section02\매출집계.xlsx • 완성 파일 Chapter07\Section02\매출집계완성.xlsx

합계, 평균, 최댓값 관련 함수는 자동 합계 도구를 사용하면 자동으로 입력할 수 있지만, 이번 실습에서는 다양한 방법으로 함수를 선택하고 작성, 수정하는 방법에 대해서 알아보겠습니다. 매출 집계표에서 합계, 누계, 평균매출, 최대매출을 구해보겠습니다.

01 함수식 직접 입력하기

TODAY 함수를 직접 입력하여 문서를 열 때마다 그 시점의 날짜를 표시해보겠습니다.

① [H2] 셀에 **=to** 입력

t로 시작하는 함수 목록이 표시되다가 o까지 입력하면 TODAY 함수 한 개만 목록에 표시됩니다.

② Tab 을 눌러 **=TODAY(** 입력

③ 닫는 괄호 **)** 입력

④ Enter 를 누릅니다.

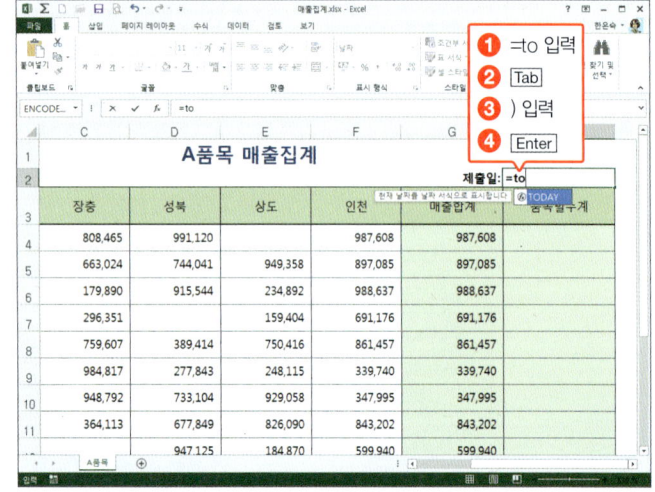

바로 통하는TIP TODAY 함수는 문서를 열 때마다 현재의 날짜를 표시하는 함수입니다.

02 함수 마법사에서 검색어로 찾기

함수 마법사의 [함수 검색] 입력란에 작업
에 대한 간단한 설명을 입력하여 함수를 찾
을 수 있습니다. AVERAGE 함수를 찾아
평균 매출을 구해보겠습니다.

① [B14] 셀 클릭

② [수식] 탭–[함수 라이브러리] 그룹–[함
   수 삽입 *f*x] 클릭

③ [함수 검색] 입력란에 **평균** 입력

④ [**검색**] 클릭

⑤ 검색된 [함수 선택] 목록에서 [**AVER-
   AGE**] 선택

⑥ [**확인**]을 클릭합니다.

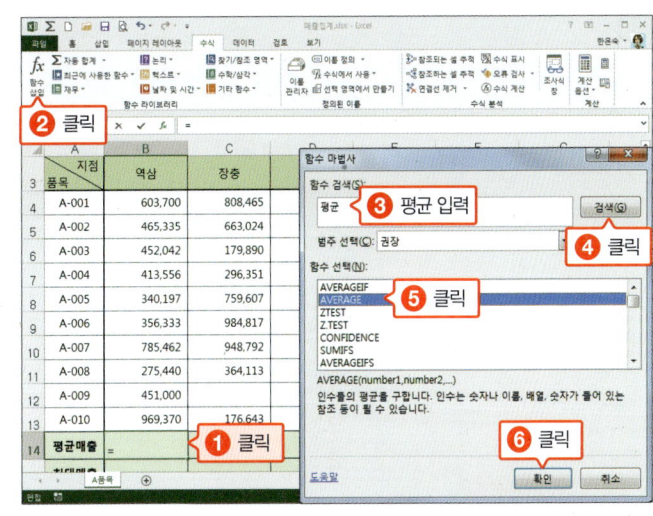

03 [함수 인수] 대화상자에서 평균을 구할 범위로
[B4:B13] 셀이 지정되어 있으므로 바로 [**확인**]을 클릭
합니다.

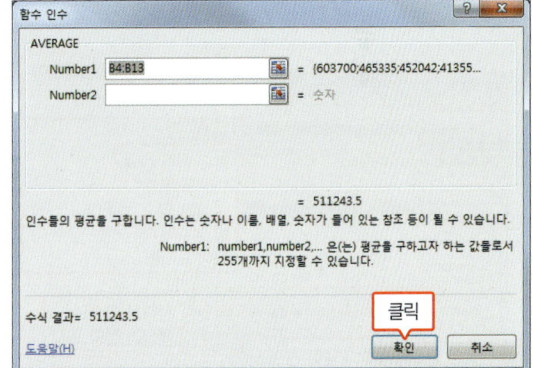

04 함수 마법사에서 함수 첫 글자로 찾기

함수 마법사에서 함수 알파벳 첫 글자를 입
력하여 함수를 찾을 수도 있습니다. MAX
함수를 찾아 최대매출을 구해보겠습니다.

① [B15] 셀 클릭

② [수식] 탭–[함수 라이브러리] 그룹–[함
   수 삽입 *f*x] 클릭

③ [범주 선택] 목록에서 [**모두**] 선택

④ **M** 입력

⑤ [**MAX**] 선택

⑥ [**확인**]을 클릭합니다.

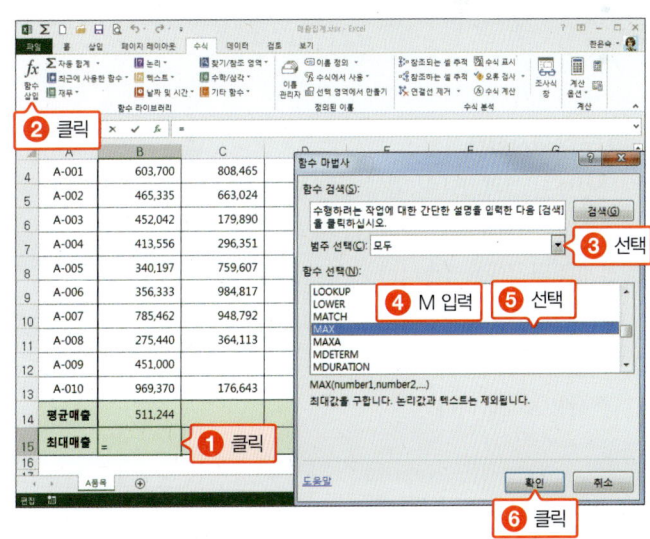

05

① [함수 인수] 대화상자의 [Number1]란에 **B4:B13** 입력

② [확인]을 클릭합니다.

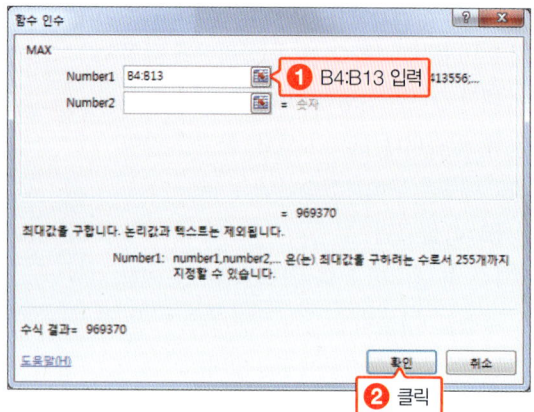

함수 마법사와 함수 인수 대화상자

함수 마법사 대화상자에서 함수를 검색할 수 있으며 함수를 선택한 후 [확인]을 누르면 해당 함수의 [함수 인수] 대화상자가 표시됩니다. [함수 인수] 대화상자의 인수 입력란은 선택한 함수에 따라 다르게 나타나며 숫자, 수식, 텍스트, 논리 값, 배열, 셀 참조 등을 사용할 수 있습니다. 인수로 텍스트를 입력하면 자동으로 큰따옴표("")가 생깁니다. 인수는 최대 255개까지 지정할 수 있습니다.

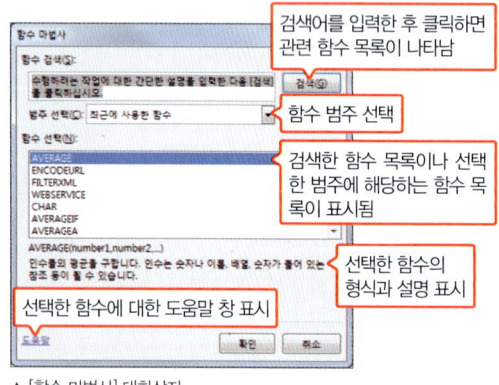

▲ [함수 마법사] 대화상자

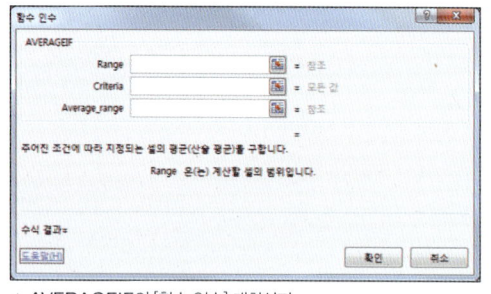

▲ AVERAGEIF의 [함수 인수] 대화상자

---

06 수식 복사하기

앞서 [B14] 셀과 [B15] 셀에 구해놓은 평균매출과 최대매출을 복사하여 지역별 매출집계를 완성해보겠습니다.

① [B14:B15]셀 드래그

② 채우기 핸들을 [G15] 셀까지 드래그해 수식을 복사합니다.

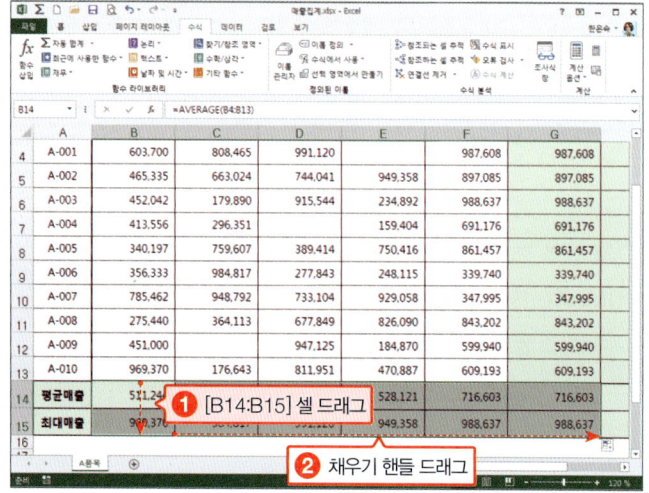

07 함수식 수정하기

매출합계 범위의 SUM 함수식에는 합계 범위가 잘못 지정되어 있습니다. [함수 인수] 대화상자를 열어 수정해보겠습니다.

① [G4] 셀 클릭

② 수식 입력줄의 [함수 삽입 ƒx] 클릭

③ [B4:F4] 셀 드래그

④ [확인] 클릭

⑤ 수식을 복사하기 위해 [G4] 셀의 채우기 핸들을 [G13] 셀까지 드래그

⑥ [자동 채우기 옵션 🖫] 클릭

⑦ [서식 없이 채우기]를 선택합니다.

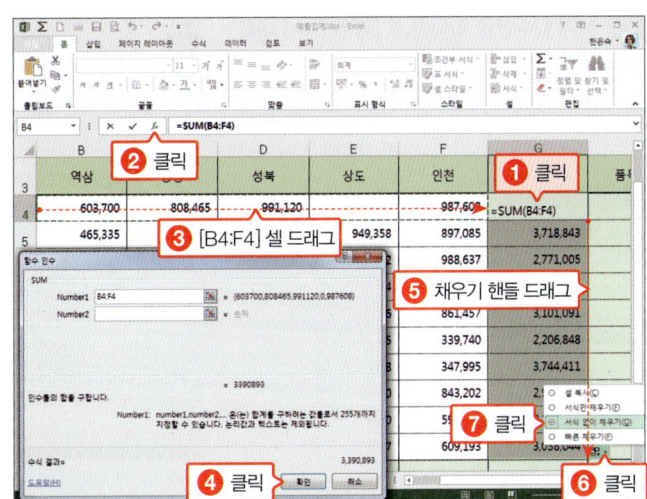

바로 통하는 TIP [함수 삽입]은 수식 입력줄과 [수식] 탭-[함수 라이브러리] 그룹에서 선택할 수 있으며 Shift + F3 을 눌러도 사용할 수 있습니다.

08 함수 라이브러리에서 함수 선택하기

함수 라이브러리에서 함수를 선택해보겠습니다. 품목별 누계를 구하기 위해 SUM 함수를 선택합니다.

① [H4] 셀 클릭

② [수식] 탭-[함수 라이브러리] 그룹-[수학/삼각]-[SUM] 선택

③ [Number1]란에 $G$4:G4 입력

④ [확인]을 클릭합니다.

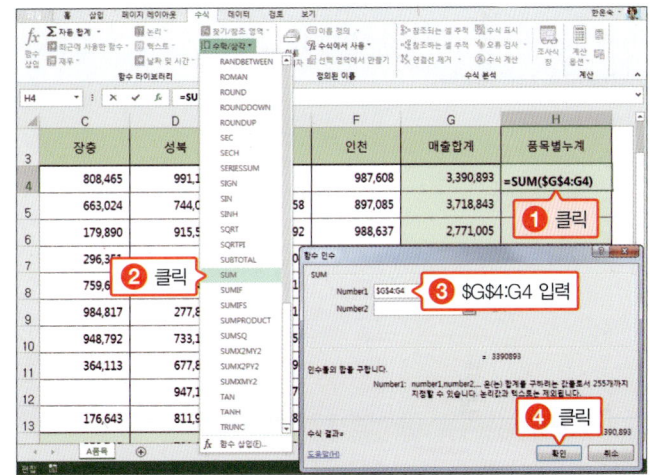

09 수식 복사하기

① 수식을 복사하기 위해 [H4] 셀의 채우기 핸들을 [H13] 셀까지 드래그

② [자동 채우기 옵션 🖫] 클릭

③ [서식 없이 채우기]를 선택합니다.

바로 통하는 TIP 합계 범위 $G$4:G4

첫 번째 셀은 절대 참조($G$4), 마지막 셀은 상대 참조(G4) 형태이므로 아래쪽으로 수식을 복사하면 첫 번째 셀 주소는 변하지 않고 마지막 셀 주소만 G5, G6, … G13으로 범위가 확장되면서 누계가 구해집니다.

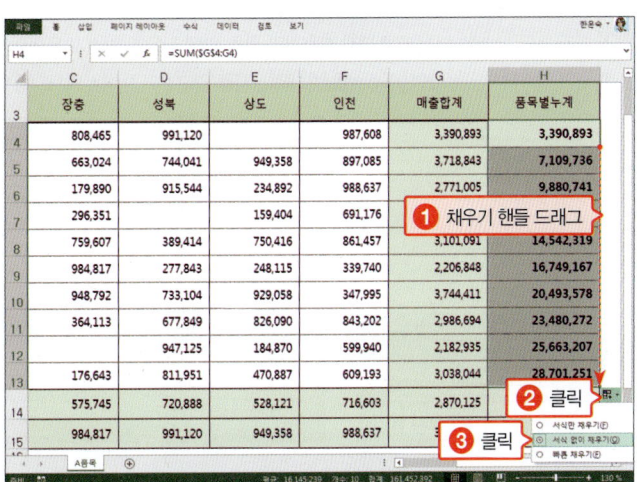

10 셀에 함수명을 입력한 후 [함수 인수] 대화
상자 열기

함수명을 알고 있다면 셀에 등호(=)를 입력
하고 함수명을 직접 입력하여 [함수 인수]
대화상자를 열 수도 있습니다. COUNT
함수를 이용하여 매출건수를 구해보겠습
니다.

① [H14] 셀에 **매출건수** 입력

② [H15] 셀에 **=cou** 입력

③ [Tab] 눌러 **=COUNT(** 입력

④ [Ctrl] + [A]를 누릅니다.

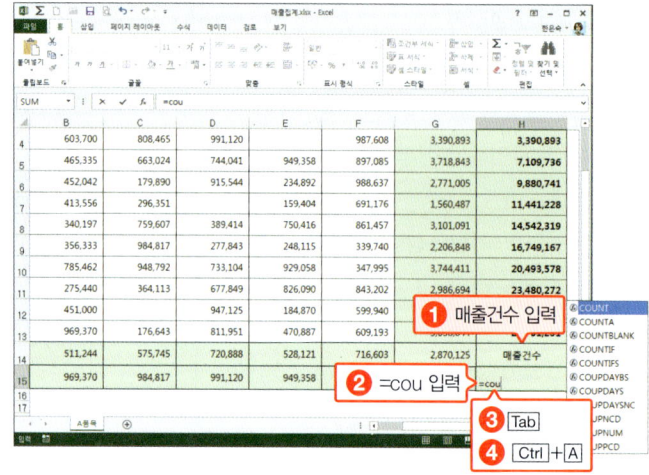

바로 통하는 TIP 등호와 함수명을 입력했을 때 나타나는 함수 목록에서 함수명을 더블클릭해도 됩니다. 또한 [Ctrl]+[A]를 누르는 대신 수식 입력줄의
[함수 삽입 ⨍]을 클릭해도 [함수 인수] 대화상자가 표시됩니다.

11

① [Value1]란에 입력되도록 **B4:F13** 입력

② [확인]을 클릭합니다.

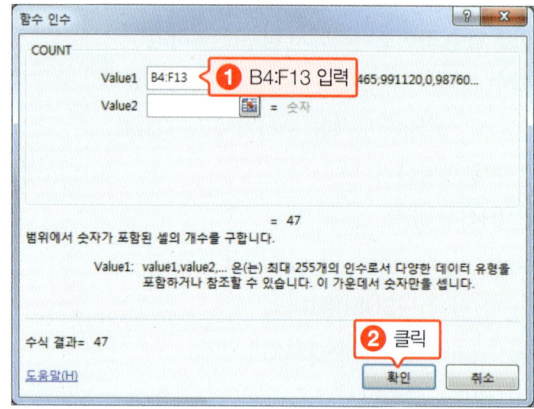

실무활용노트
E X C E L | **함수 화면 설명 표시**

셀에 등호와 함수명, 여는 괄호까지 입력하면 괄호 안에 필요한 인수가 무엇인지에 대한 설명이 표시되어 편리합니다. 만약 화면에 이
표시가 나타나지 않는다면 [Excel 옵션] 대화상자를 열고 [고급] 메뉴의 [표시] 항목 중 [함수 화면 설명 표시]에 체크 표시합니다.

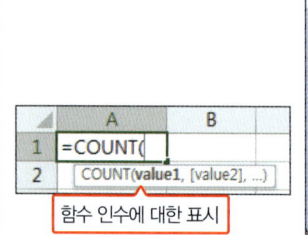

함수 인수에 대한 표시

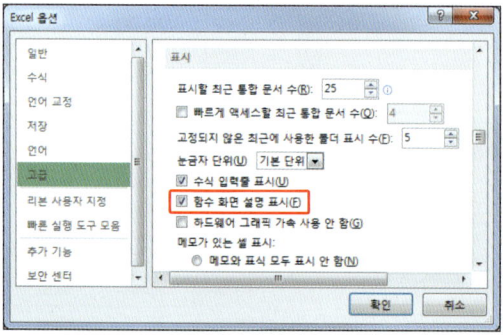

순위와 조건에 관한 함수

앞에서 사용한 함수들은 계산할 인수로 셀 범위만 지정했습니다. 그러나 대부분의 함수는 인수로 지정할 항목이 다양합니다. 특정한 조건에 따라 결과를 구할 때 사용하는 함수와 순위를 구할 때 사용하는 함수를 알아보고 중첩 함수의 작성 방법에 대해서도 알아보겠습니다.

조건에 따라 다른 결과를 반영하는 함수 IF

IF 함수는 조건에 따라 작업하고 싶을 때 사용하는 함수입니다. 특정 조건이 참 또는 거짓일 때 결과 값을 따로 지정할 수 있습니다. 단독으로 쓰는 경우도 있지만 다른 함수와 함께 중첩하여 작성하는 경우가 많습니다.

함수 범주	논리
함수 형식	=IF(Logical_test, Value_if_true, Value_if_false)
인수	**Logical_test(조건)** : 참(TRUE)이나 거짓(FALSE)으로 판정될 값이나 식 **Value_if_true(참일 때의 값)** : 위 조건이 참(TRUE)으로 판정되었을 때 지정할 값 **Value_if_false(거짓일 때의 값)** : 위 조건이 거짓(FALSE)으로 판정되었을 때 지정할 값

순위를 구하는 함수 RANK.EQ, RANK.AVG

RANK.EQ와 **RANK.AVG** 함수는 수치 데이터 목록에서 선택한 숫자가 몇 번째로 큰 숫자인지 또는 몇 번째로 작은 숫자인지 등의 크기 순위를 구합니다. 동일 값이 있는 경우 RANK.EQ 함수는 공동 순위를 매기고 다음 순위는 생략하며, RANK.AVG 함수는 순위의 평균을 매기고 전과 후 순위는 생략합니다. 예를 들어 5위인 동일 값이 세 개인 경우 RANK.EQ 함수로 구하면 동일 값 세 개에 모두 5위를 매기고 6, 7위를 생략합니다. RANK.AVG 함수로 구하면 순위 평균으로 5, 6, 7위의 평균((5+6+7)/3)인 6위를 동일 값 세 개에 매기고 전과 후 순위 5위와 7위를 생략합니다.

함수 범주	통계
함수 형식	=RANK.EQ(Number, Ref, [Order]) =RANK.AVG(Number, Ref, [Order])
인수	**Number(순위를 구할 숫자)** : 순위를 구할 기준이 되는 숫자 **Ref(숫자 목록 범위)** : 위 Number에서 지정한 숫자가 포함된 숫자 목록 범위로, 주로 절대 참조로 지정하는 경우가 많음 **Order(순위를 구할 방식)** : 순위를 매길 방식에 대한 옵션 선택 사항으로, 0을 입력하거나 생략하면 가장 큰 숫자가 1위, 1을 입력하면 가장 작은 숫자가 1위

중첩 함수

작업 성격에 따라 함수 안에 함수를 중첩하여 사용할 수 있습니다. B라는 함수가 A라는 함수의 인수로 사용되면 함수 B는 2수준 함수가 됩니다. 함수 중첩은 64수준까지 지정 가능합니다.

다음 수식은 [E5:E9] 셀의 평균이 95% 이상이면 [G5:G9] 셀의 합계를 구하고 그렇지 않으면 0을 입력하는 함수 식입니다. IF 함수의 인수로 사용된 AVERAGE와 SUM 함수는 2수준 함수입니다. 만약 AVERAGE나 SUM 함수 안에 또 다른 함수를 사용했다면 그 함수는 3수준 함수가 됩니다.

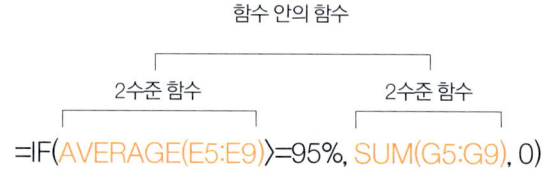

중첩 함수 작성 순서

중첩 함수를 작성하는 순서는 다음과 같습니다. ① [수식] 탭–[함수 라이브러리] 그룹에서 1수준 함수를 선택합니다. [함수 인수] 대화상자가 열려 있는 상태에서 2수준 함수를 선택해야 할 때는 ② 이름 상자의 목록 버튼을 클릭합니다. 함수를 작성 중일 때는 최근 사용한 이름 상자에 함수 목록이 표시됩니다. ③ 이름 상자의 함수 목록에서 2수준 함수를 선택합니다. ④ 2수준 [함수 인수] 대화상자가 열린 상태에서 1수준 [함수 인수] 대화상자가 표시되게 하려면 수식 입력줄에 입력된 함수명을 클릭합니다.

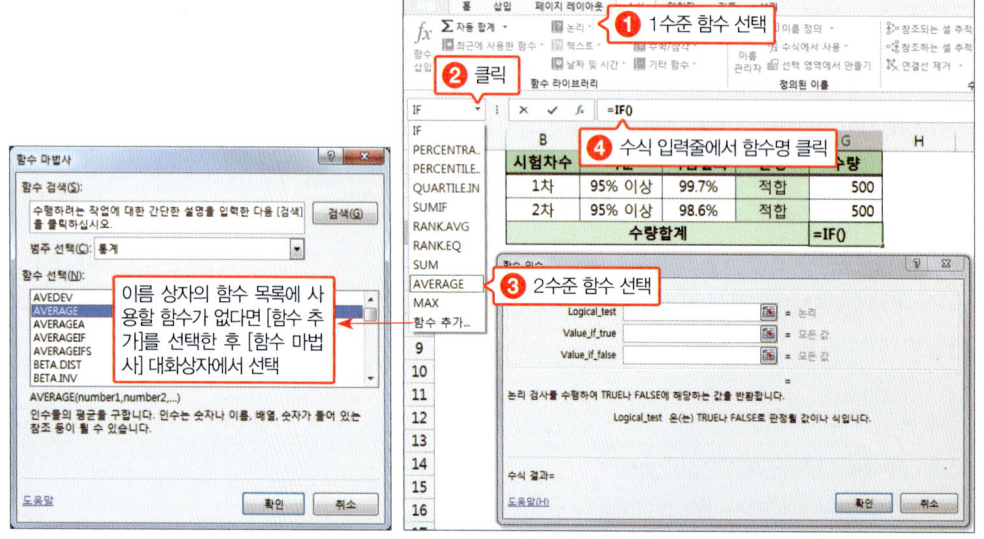

회사통
실무활용
16

품질 시험 결과표에 판정 결과 및 순위 구하기

2007 | 2010 | 2013

• 실습 파일 Chapter07 \ Section03 \ 품질시험결과표.xlsx   • 완성 파일 Chapter07 \ Section03 \ 품질시험결과표완성.xlsx

품질 시험 결과표 조건에 따라 판정란에 '적합', '부적합'을 입력하고 수량합계란의 합계는 IF 함수 안에 AVER-AGE와 SUM 함수를 중첩하여 구합니다. 또한 순위를 구하는 RANK.EQ 함수와 RANK.AVG 함수의 결과 차이를 알아보기 위해 두 함수를 사용하여 각각 순위를 구해보겠습니다.

• 현장밀도 판정 : 시험결과가 95% 이상이면 '적합', 아니면 '부적합'
• 염화물 판정 : 시험결과가 0.3 이하이면 '적합', 아니면 '부적합'
• 수량합계 : 시험결과 평균이 기준에 맞으면 합계를 구하고 그렇지 않으면 0
• 사용 함수 : IF, AVERAGE, SUM, RANK.EQ, RANK.AVG

품질 시험 결과표

항목	시험차수	기준	시험결과	판정	수량	순위1 (RANK.EQ)	순위2 (RANK.AVG)	검사자 성명	검사자 서명
현장밀도	1차	95% 이상	99.7%	적합	500	1	1	홍길동	
	2차	95% 이상	98.6%	적합	500	2	2	홍길동	
	3차	95% 이상	96.7%	적합	500	3	3.5	홍길동	
	4차	95% 이상	96.7%	적합	500	3	3.5	홍길동	
	5차	95% 이상	94.3%	부적합	500	5	5	홍길동	
수량합계					2,500				
염화물	1차	0.3 kg/m³이하	0.299	적합	500	1	2	이순신	
	2차	0.3 kg/m³이하	0.488	부적합	500	5	5	이순신	
	3차	0.3 kg/m³이하	0.377	부적합	500	4	4	이순신	
	4차	0.3 kg/m³이하	0.299	적합	500	1	2	이순신	
	5차	0.3 kg/m³이하	0.299	적합	500	1	2	이순신	
수량합계					0				

❶ 현장밀도 판정 결과 구하기(IF 함수 사용)

❷ 염화물 판정 결과 구하기(IF 함수 사용)

❸ 수량 합계 구하기(IF, AVERAGE, SUM 함수 중첩 사용)

❹ 클수록 높은 순위 구하기(RANK.EQ 함수 사용)

❺ 작을수록 높은 순위 구하기(RANK.EQ 함수 사용)

❻ 클수록 높은 순위 구하기(RANK.AVG 함수 사용)

❼ 작을수록 높은 순위 구하기(RANK.AVG 함수 사용)

01 판정 결과 입력하기

현장밀도와 염화물 항목의 시험결과가 기준 이상인 경우 '적합', 기준에 미달할 경우 '부적합' 판정을 입력해보겠습니다.

① [F5:F9] 셀 드래그

② [수식] 탭-[함수 라이브러리] 그룹-[논리]-[IF]를 선택합니다.

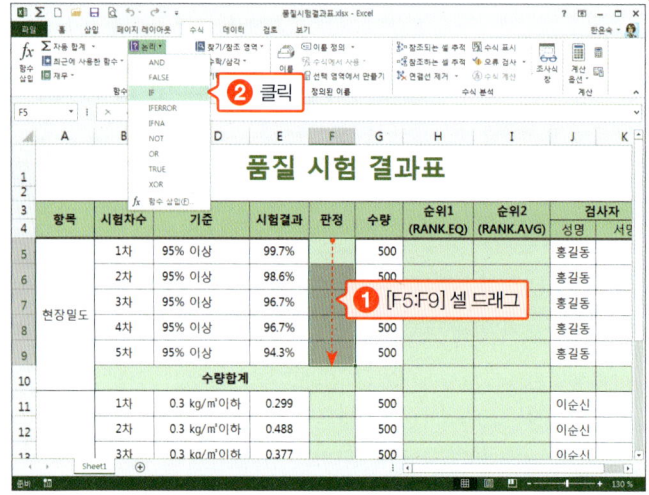

02

① [Logical_test]란에 **E5>=C5** 입력

② [Value_if_true]란에 **적합** 입력

③ [Value_if_false]란에 **부적합** 입력

④ 지정된 범위의 값을 한꺼번에 구하기 위해 Ctrl 을 누른 상태에서 [확인]을 클릭합니다.

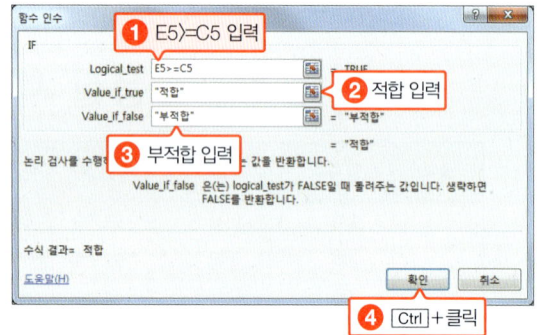

- Logical_test(조건) : 시험결과(E5) 값이 기준(C5) 값 이상인지 판단
- Value_if_true(참일 때 값) : 조건 판단 결과가 참일 때 '적합' 입력(큰따옴표("")는 입력하지 않아도 자동으로 입력됨)
- Value_if_false(거짓일 때 값) : 조건 판단 결과가 거짓일 때 '부적합' 입력

03

① [F11:F15] 셀 드래그

② [수식] 탭-[함수 라이브러리] 그룹-[논리]-[IF] 선택

③ [Logical_test]란에 **E11<=C11** 입력

④ [Value_if_true]란에 **적합** 입력

⑤ [Value_if_false]란에 **부적합** 입력

⑥ Ctrl 을 누른 상태에서 [확인]을 클릭합니다.

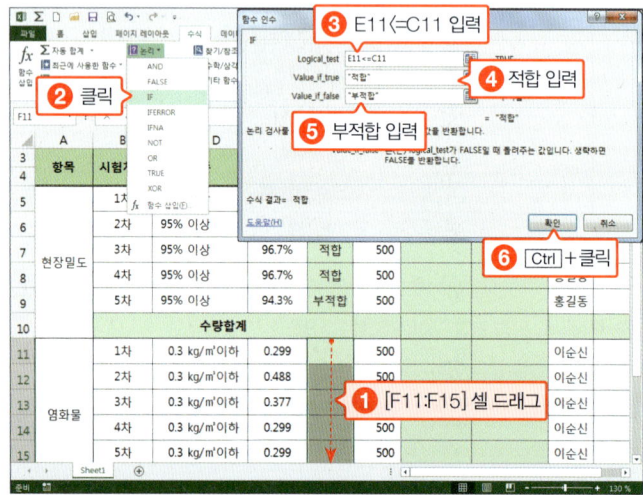

- Logical_test(조건) : 시험결과(E11) 값이 기준(C11) 값 이하인지 판단
- Value_if_true(참일 때 값) : 조건 판단 결과가 참일 때 '적합' 입력
- Value_if_false(거짓일 때 값) : 조건 판단 결과가 거짓일 때 '부적합' 입력

04 중첩 함수 작성하기

IF, AVERAGE 함수를 중첩해 수량합계를 구해보겠습니다.

① **[G10]** 셀 클릭

② [수식] 탭-[함수 라이브러리] 그룹-[논리]-**[IF]** 선택

③ 이름 상자의 **목록 버튼** 클릭

④ **[AVERAGE]**를 선택합니다.

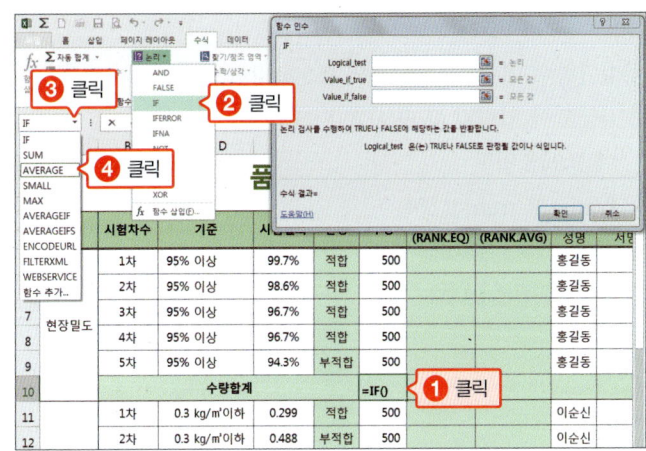

[함수 인수] 대화상자가 열려 있는 상태에서 이름 상자의 목록 버튼을 클릭하면 최근 사용한 함수 목록이 표시됩니다. 함수 목록에 AVERAGE 함수가 없다면 [함수 추가]를 선택한 후 [함수 마법사] 대화상자에서 선택합니다.

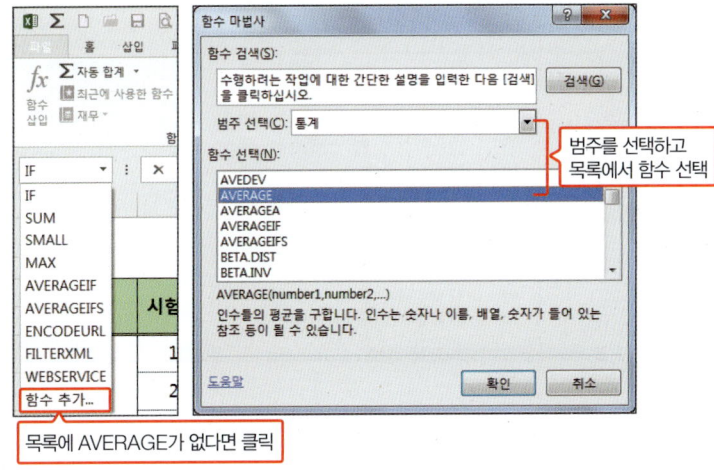

목록에 AVERAGE가 없다면 클릭

05

① AVERAGE [함수 인수] 대화상자의 [Number1]란에 **E5:E9** 입력

② 수식 입력줄의 **IF**를 클릭합니다.

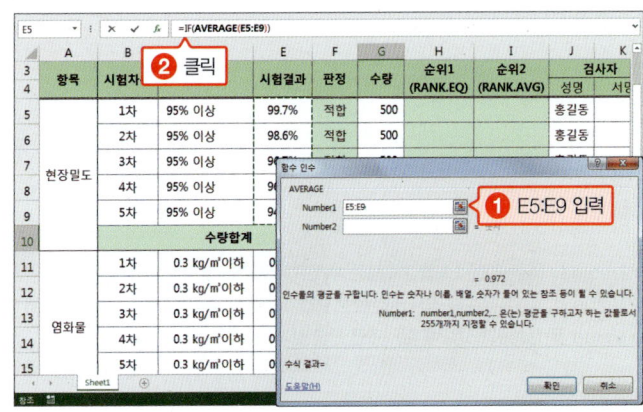

① E5:E9 입력

06

① IF [함수 인수] 대화상자의 [Logical_test]란에 입력된 AVERAGE(E5:E9) 뒤에 〉=95% 입력

② [Value_if_true]란 클릭

③ 이름 상자의 **목록 버튼** 클릭

④ **SUM**을 선택합니다.

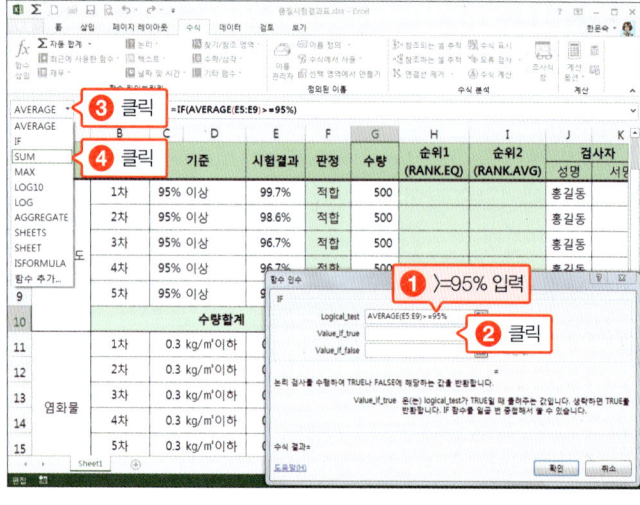

07

SUM [함수 인수] 대화상자의 [Number1]란에는 [G5:G9] 셀이 입력되어 있습니다. 수식 입력줄의 **IF**를 클릭합니다.

[E5:E9] 셀의 평균이 95 이상인 경우 [G5:G9] 셀의 합계를 구합니다.

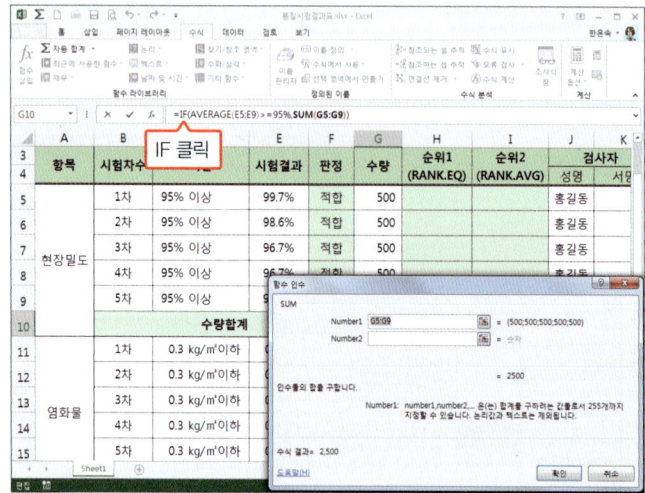

08

① IF [함수 인수] 대화상자의 [Value_if_false]란에 0 입력

② [확인]을 클릭합니다.

[E5:E9] 셀의 평균이 95 미만인 경우 0을 입력합니다.

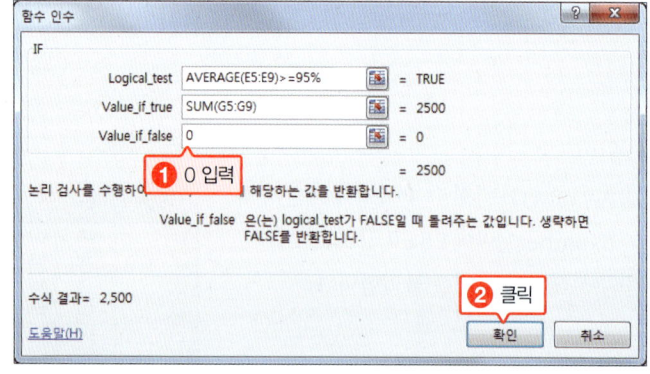

- Logical_test(조건) : 시험결과 평균(AVERAGE(E5:E9))이 95% 이상인지 판단
- Value_if_true(참일 때 값) : 조건 판단 결과가 참일 때 수량 합계(SUM(G5:G9)) 입력
- Value_if_false(거짓일 때 값) : 조건 판단 결과가 거짓일 때 0 입력

09 함수식 수정하기

현장밀도 항목의 수량합계에서 작성한 함
수식을 복사해 염화물 항목에 사용할 수 있
는 수식으로 수정해보겠습니다.

① [G10] 셀 클릭 후 셀을 복사하기 위해
Ctrl + C

② [G16] 셀 클릭 후 수식을 붙여넣기 위해
Ctrl + V

③ 수식 입력줄에서 [함수 삽입 f_x]을 클릭합
니다.

수식 입력줄의 [함수 삽입]을 누르는 대신 Shift +
F3을 눌러도 됩니다.

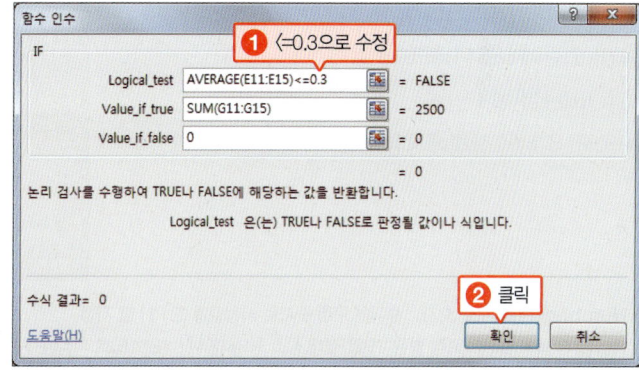

10

① IF [함수 인수] 대화상자의 [Logical_
test]란에 >=95%를 <=0.3으로 수정

② [확인]을 클릭합니다.

[E11:E15] 셀의 평균이 0.3 이하인 경우 [G11:G15]
셀의 합계를 구하고 그렇지 않은 경우 0을 입력합니
다.

11 RANK.EQ 함수로 클수록 높은 순위
구하기

시험결과가 높은 순서로 순위를 표시해보
겠습니다.

① [H5:H9] 셀 드래그

② [수식] 탭–[함수 라이브러리] 그룹–[기
타 함수]–[통계]–[RANK.EQ] 선택

③ [Number]란에 E5 입력

④ [Ref]란에 $E$5:$E$9 입력

⑤ Ctrl을 누른 상태에서 [확인]을 클릭합
니다.

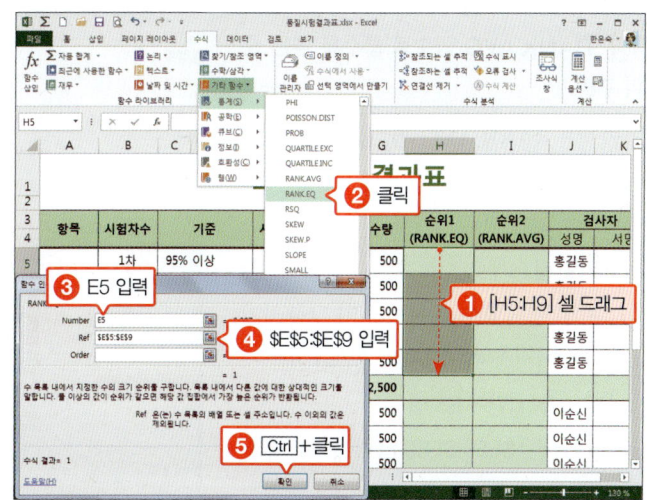

- Number(순위를 구할 숫자) : 순위를 구할 숫자로 시험결과(E5) 값 지정
- Ref(숫자 목록 범위) : 고정 범위이므로 절대 참조 형태($E$5:$E$9)로 지정([E5:E9] 셀 지정 후 F4 누름)
- Order(순위를 구할 방식) : 가장 큰 수가 1위인 경우이므로 생략

12 RANK.EQ 함수로 작을수록 높은 순위 구하기

시험결과가 낮은 순서로 순위를 표시해보 겠습니다.

① [H11:H15] 셀 드래그

② [수식] 탭-[함수 라이브러리] 그룹-[기타 함수]-[통계]-**[RANK.EQ]**를 선택합니다.

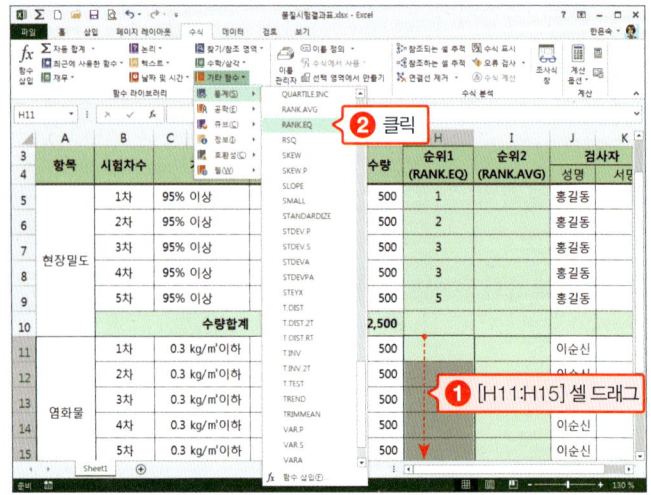

13

① [Number]란에 **E11** 입력

② [Ref]란에 **$E$11:$E$15** 입력

③ [Order]란에 **1** 입력

④ Ctrl 을 누른 상태에서 [확인]을 클릭합니다.

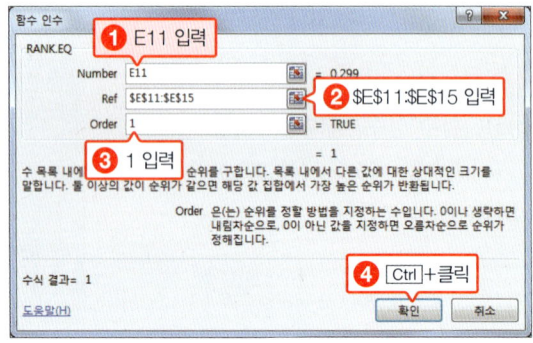

· Number(순위를 구할 숫자) : 순위를 구할 숫자로 시험결과 (E11) 값 지정
· Ref(숫자 목록 범위) : 고정 범위이므로 절대 참조 형태($E$11:$E$15)로 지정([E11:E15] 셀 범위 지정 후 F4 를 누름)
· Order(순위를 구할 방식) : 가장 작은 수가 1위인 경우이므로 1 입력

14 RANK.AVG 함수로 클수록 높은 순위 구하기

이번에는 RANK.AVG 함수를 사용해 시험결과가 높은 순서로 순위를 표시해보겠습니다.

① [I5:I9] 셀 드래그

② [수식] 탭-[함수 라이브러리] 그룹-[기타 함수]-[통계]-**[RANK.AVG]** 선택

③ [Number]란에 **E5** 입력

④ [Ref]란에 **$E$5:$E$9** 입력

⑤ Ctrl 을 누른 상태에서 [확인]을 클릭합니다.

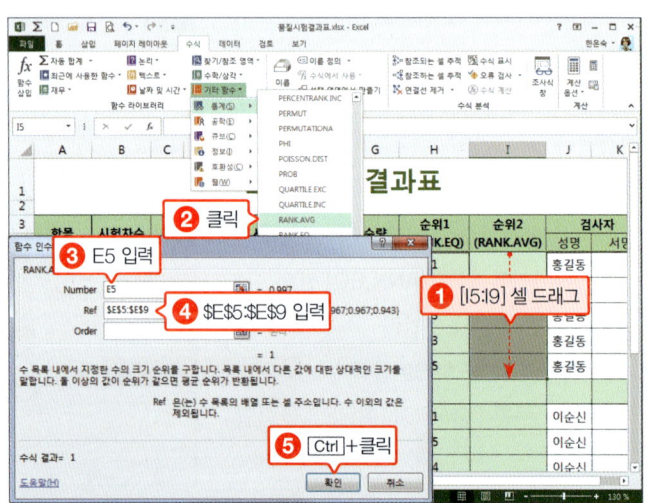

RANK.AVG 함수의 인수 사용은 RANK.EQ 함수와 같습니다. 다만 두 함수의 차이점은 순위를 구할 숫자에 동일 값이 있는 경우 순위 결과가 다르게 구해진다는 것입니다. 시험결과가 96.7%인 두 항목에서 RANK.EQ 함수로 구한 순위는 동일 값 두 개의 항목에 공동 3위가 매겨지고 다음 순위 4위가 생략됩니다. RANK.AVG 함수로 구한 순위를 보면 3.5위가 매겨져 있고, 이전 순위 3위와 다음 순위 4위가 생략되었습니다. RANK.AVG 함수를 사용하면 동일 값 순위의 평균이 매겨지기 때문입니다. 동일 값 두 개의 항목이 3위, 4위에 해당하므로 (3+4)/2로 계산되어 3.5위가 됩니다.

3 4	E 시험결과	F 판정	G 수량	H 순위1 (RANK.EQ)	I 순위2 (RANK.AVG)
5	99.7%	적합	500	1	1
6	98.6%	적합	500	2	2
7	96.7%	적합	500	3	3.5
8	96.7%	적합	500	3	3.5
9	94.3%	부적합	500	5	5

RANK.EQ 함수 결과는 동일 값 두 개에 공동 3위를 매기고 다음 순위인 4위 생략

RANK.AVG 함수 결과는 동일 값 두 개에 동일 값 순위 평균((3+4)/2)인 3.5위를 매기고 이전 순위 3위, 다음 순위인 4위 생략

15 RANK.AVG 함수로 작을수록 높은 순위 구하기

이번에는 RANK.AVG 함수를 사용해 시험결과가 낮은 순서로 순위를 표시해보겠습니다.

① [I11:I15] 셀 드래그

② [수식] 탭–[함수 라이브러리] 그룹–[기타 함수]–[통계]–[RANK.AVG] 선택

③ [Number]란에 E11 입력

④ [Ref]란에 $E$11:$E$15 입력

⑤ [Order]란에 1 입력

⑥ Ctrl 을 누른 상태에서 [확인]을 클릭합니다.

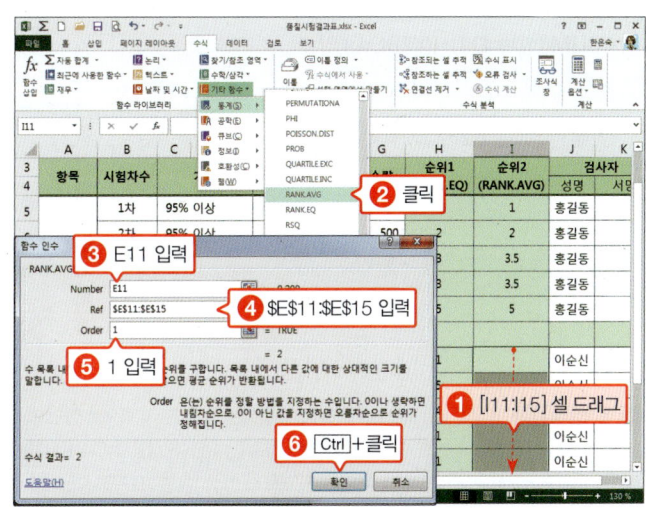

시험결과가 0.299인 세 항목이 있습니다. RANK.EQ 함수로 구한 순위는 동일 값 세 개 항목에 공동 1위가 매겨지고, 다음 순위인 2, 3위가 생략됩니다. RANK.AVG 함수로 구한 순위는 동일 값 세 개 항목에 2위가 매겨지고, 이전 순위 1위, 다음 순위 3위가 생략됩니다. 동일 값 세 개 항목이 1, 2, 3위에 해당하므로 (1+2+3)/3을 계산하여 순위 평균이 2위가 된 것입니다.

3 4	E 시험결과	F 판정	G 수량	H 순위1 (RANK.EQ)	I 순위2 (RANK.AVG)
11	0.299	적합	500	1	2
12	0.488	부적합	500	5	5
13	0.377	부적합	500	4	4
14	0.299	적합	500	1	2
15	0.299	적합	500	1	2

RANK.EQ 함수 결과는 동일 값 세 개에 공동 1위를 매기고 다음 순위인 2, 3위 생략

RANK.AVG 함수 결과는 동일 값 세 개에 동일 값 순위 평균((1+2+3)/3)인 2위를 매기고 이전 순위 1위, 다음 순위인 3위 생략

• 실습 파일 Chapter07 \ Section03 \ 직무교육평가결과.xlsx • 완성 파일 Chapter07 \ Section03 \ 직무교육평가결과완성.xlsx

값이 같은 경우 공동순위를 매기지 않고 다른 값을 비교하여 순위를 매기는 경우가 많습니다. 합계 점수에 따라 순위가 매겨져 있는 직무교육 평가 결과표에서 합계 점수가 같은 경우 실기 점수가 높은 사람이 더 상위가 되도록 함수식을 수정해보겠습니다. 이때 RANK.EQ 함수 결과에 SUM 함수를 사용한 배열 수식을 더하여 순위를 매깁니다.

01 함수식 수정하기

작성된 함수식을 배열 수식으로 수정해보
겠습니다.

① [E4]셀 클릭 후 [F2]

② +SUM((합계=D4)*(실기)C4)) 입력

③ 배열 수식으로 작성하기 위해 [Ctrl]+
[Shift]+[Enter]를 누릅니다.

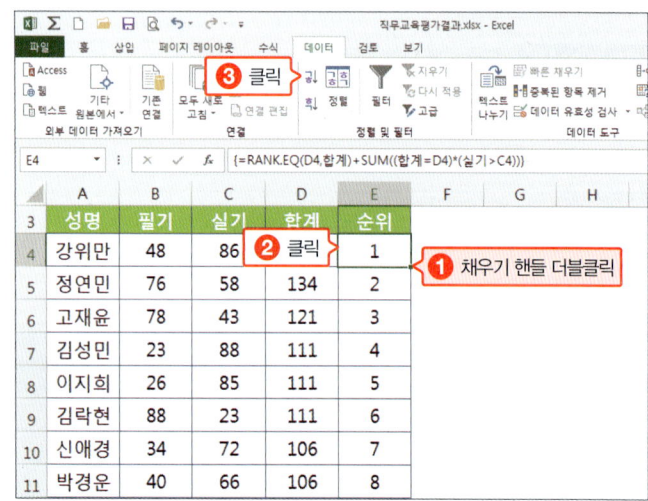

바로 통하는 TIP [C4:C15] 셀은 실기, [D4:D15] 셀은 합계라는 이름으로 정의되어 있습니다. 범위를 사용해도 되지만 수식을 더 간단하게 만들기 위해 이름을 사용했습니다. 배열 수식에서는 SUM 함수 안에 입력한 (합계=D4)*(실기)C4)가 조건식이 됩니다. 합계가 같고 실기(C4)가 작으면 TRUE 값 1이 반환되어 RANK.EQ 함수식 결과에 1이 더해지면서 다음 순위가 됩니다. 배열 수식의 조건식에서 * 기호는 AND 조건, + 기호는 OR 조건으로 인식됩니다.

02 함수식 복사 및 오름차순 정렬

① 수식을 복사하기 위해 [E4] 셀의 **채우기
핸들 더블클릭**

② [E4] 셀 클릭

③ [데이터] 탭-[정렬 및 필터] 그룹-[**숫자
오름차순 정렬**]을 클릭하여 순위별로 정
렬합니다.

합계 점수가 같은 경우 실기 점수에 따라 순위가 매겨
지므로 공동 순위가 나오지 않습니다.

제품 품질 평가 결과표 다중 범위의 순위 구하기

2007 | 2010 | 2013

• 실습 파일 Chapter07\Section03\제품품질평가표.xlsx • 완성 파일 Chapter07\Section03\제품품질평가표완성.xlsx

제품 품질 평가 결과표는 순위를 구할 평가점수 목록이 네 개의 범위로 작성되어 있습니다. RANK.EQ, RANK. AVG 함수에서 Ref 인수에는 하나의 범위만 지정할 수 있습니다. 순위를 구할 범위가 여러 군데 떨어져 있는 다중 범위일 때 어떻게 인수를 지정해야 하는지 살펴보겠습니다.

제품 품질 평가 결과표

품번	평가점수	순위	품번	평가점수	순위	품번	평가점수	순위	품번	평가점수	순위
A-1211	92	6	B-2171	18	53	C-6035	71	21	D-1036	70	22
A-6036	21	50	B-6037	94	4	C-6233	76	17	D-1270	64	26
A-6241	67	24	B-6456	43	38	C-6457	78	15	D-2241	13	56
A-6458	60	27	B-6459	77	16	C-6460	93	5	D-3211	24	48
A-6468	65	25	B-6469	25	47	C-6470	68	23	D-3468	91	7
A-6480	26	46	B-7027	30	43	C-7133	95	3	D-4658	54	30
A-7264	57	28	B-7265	96	2	C-7266	51	32	D-5267	75	18
A-7267	17	54	B-7268	23	49	C-7269	44	37	D-5480	20	51
A-7270	56	29	B-7271	80	13	C-7272	97	1	D-7193	39	40
A-7273	16	55	B-7274	85	11	C-7275	34	42	D-7576	51	32
A-7276	79	14	B-7291	19	52	C-7292	74	19	D-7773	90	8
A-7293	40	39	B-7294	46	36	C-7320	29	44	D-8264	48	35
A-8037	72	20	B-9066	52	31	C-9067	36	41	D-8637	50	34
A-9070	87	10	B-9076	84	12	C-9520	28	45	D-9370	88	9

❶ 다중 범위 이름 정의하기

❷ 빈 셀 선택 및 다중 범위에 대한 순위 구하기(RANK.EQ 함수 사용)

01 RANK.EQ 함수에 다중 범위 지정하기

순위를 구할 범위가 여러 군데 떨어져 있을 때 다중 범위를 지정해 순위를 구해보겠습니다.

① [C4] 셀에 **=RANK.EQ** 입력 후 Ctrl + A

② [Number]란에 **B4** 입력

③ [Ref]란을 클릭합니다.

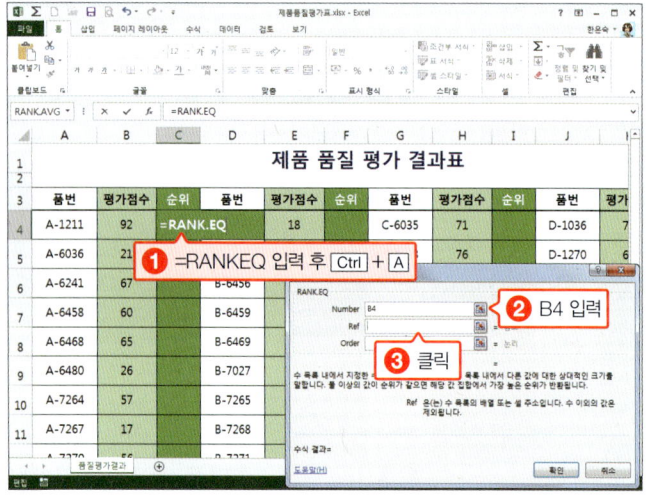

02

① [B4:B17] 셀 드래그

② [E4:E17] 셀 Ctrl +드래그

③ [H4:H17] 셀 Ctrl +드래그

④ [K4:K17] 셀을 Ctrl +드래그합니다.

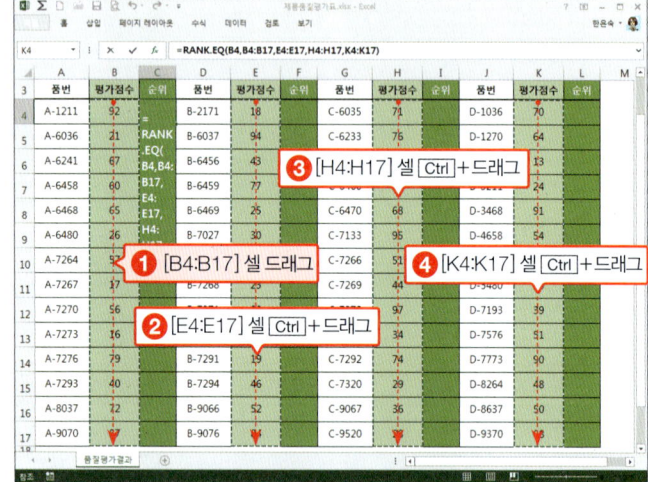

03

① [확인] 클릭

　　각 범위가 별도의 인수로 인식되어 오류 메시지의 대화상자가 표시됩니다.

② [확인]을 클릭한 후 ESC 를 누릅니다.

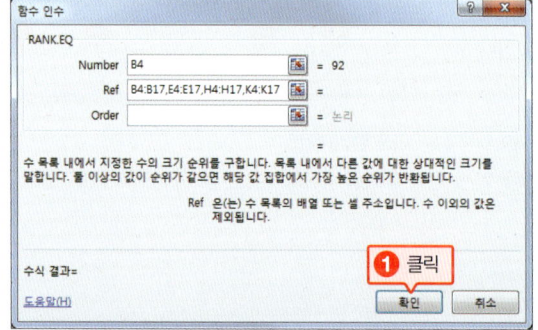

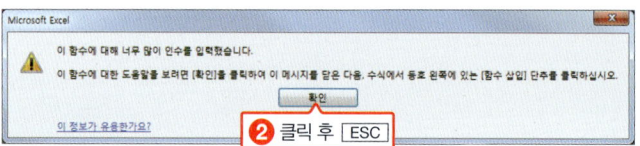

04 평가점수 범위에 이름 정의하기

앞서와 같이 RANK.EQ 함수의 [Ref] 인수 입력란에는 복수 범위를 직접 지정할 수 없으므로 이름 정의를 사용해 범위를 지정해 보겠습니다.

① [B4:B17] 셀 드래그

② [E4:E17] 셀 Ctrl+드래그

③ [H4:H17] 셀 Ctrl+드래그

④ [K4:K17] 셀 Ctrl+드래그

⑤ 이름 상자에 **평가점수** 입력 후 Enter를 누릅니다.

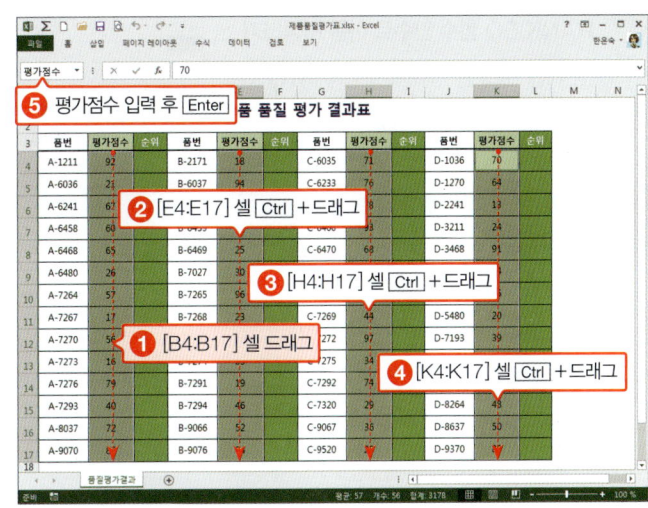

05 순위 입력할 빈 셀 범위 선택하기

순위를 입력할 빈 셀을 선택한 후 순위를 입력해보겠습니다.

① [C4:L17] 셀 드래그

② [홈] 탭-[편집] 그룹-[찾기 및 선택]-[이동 옵션]을 선택합니다.

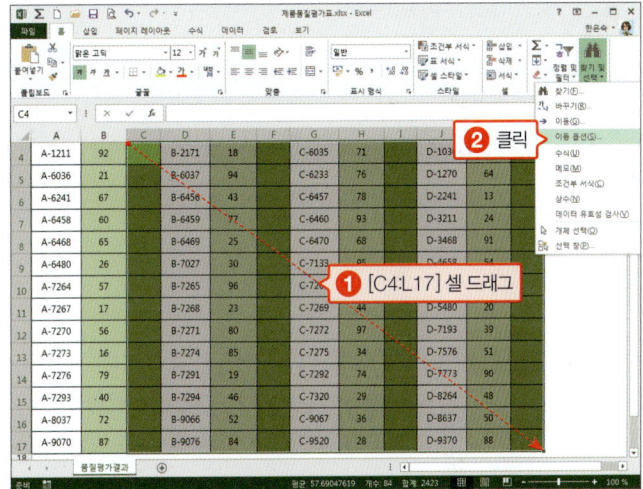

06

① [이동 옵션] 대화상자에서 [빈 셀] 선택

② [확인]을 클릭합니다.

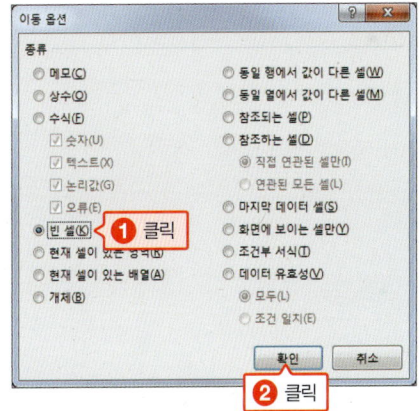

07 RANK.EQ 함수 인수로 이름 지정하기

빈 셀 범위만 지정된 상태에서 **=RANK.EQ**
를 입력하고 Ctrl + A 를 누릅니다.

함수를 입력한 후 Ctrl + A 를 누르면 함수 인수 대화 상자가 나타납니다.

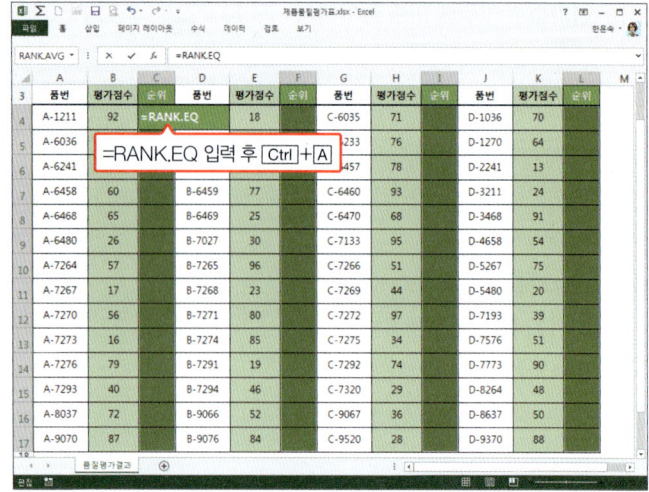

08

① [Number]란에 **B4** 입력

② [Ref]란에 **평가점수** 입력

③ 지정된 범위에 한꺼번에 수식을 입력하기 위해
　Ctrl 을 누른 상태에서 **[확인]**을 클릭합니다.

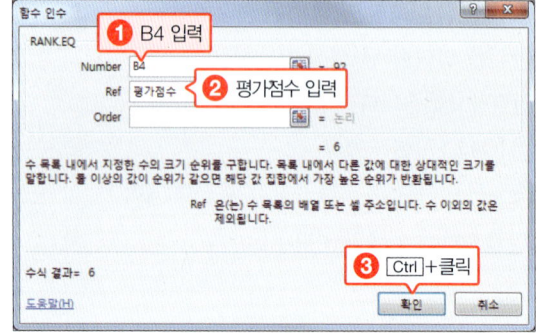

· **Number(순위를 구할 숫자)** : 순위를 구할 숫자로 평가점수(B4)를 지정
· **Ref(숫자 목록 범위)** : 평가점수 [B4:B17] 셀, [E4:E17] 셀, [H4:H17] 셀, [K4:K17] 셀 범위의 이름으로 정의한 '평가점수' 입력
· **Order(순위를 구할 방식)** : 가장 큰 수가 1위인 경우이므로 생략

여러 시트 범위에서 순위 구하기

• 실습 파일 Chapter07 \ Section03 \ 지점매출순위.xlsx   • 완성 파일 Chapter07 \ Section03 \ 지점매출순위완성.xlsx

지점별로 각각 다른 시트에 월별 매출실적이 작성된 문서입니다. 각 지점 순위와 전체 지점을 범위로 하는 전국
순위를 구해보겠습니다. 여러 시트에서 위치가 같은 셀에 작성된 표인 경우에는 같은 셀들을 계산 범위로 지정
하는 3차원 참조 형태로 순위를 계산할 수 있습니다.

서울 지점

월	매출실적	서울 순위	전국 순위
1월	2,779,000	11	40
2월	7,562,600	2	9
3월	4,831,700	8	29
4월	4,377,600	9	31
5월	2,917,200	10	38
6월	1,767,200	12	44
7월	9,740,100	1	1
8월	5,438,800	7	23
9월	6,082,600	5	20
10월	6,433,900	4	17
11월	7,437,600	3	11
12월	6,029,200	6	21

대전 지점

제품명	매출실적	대전 순위	전국 순위
1월	6,976,800	4	15
2월	8,886,600	1	2
3월	3,102,900	11	37
4월	5,004,600	9	27
5월	5,233,900	8	24
6월	5,745,900	7	22
7월	7,901,800	2	5
8월	3,950,400	10	35
9월	7,283,700	3	12
10월	6,907,000	5	16
11월	2,308,300	12	43
12월	6,373,000	6	19

광주 지점

월	매출실적	광주 순위	전국 순위
1월	5,052,500	3	26
2월	8,788,100	1	4
3월	1,206,000	11	47
4월	4,363,300	6	32
5월	4,747,400	5	30
6월	3,994,600	8	34
7월	4,856,000	4	28
8월	1,026,400	12	48
9월	5,232,800	2	25
10월	4,187,400	7	33
11월	2,862,600	9	39
12월	2,381,200	10	41

부산 지점

월	매출실적	부산 순위	전국 순위
1월	8,789,900	1	3
2월	6,417,400	8	18
3월	7,185,500	6	13
4월	7,880,900	2	6
5월	7,150,100	7	14
6월	1,394,200	11	45
7월	7,481,100	5	10
8월	2,319,900	10	42
9월	1,329,700	12	46
10월	3,208,500	9	36
11월	7,734,200	3	7
12월	7,664,600	4	8

❶ 지점별 순위 구하기(시트 그룹 지정, RANK.EQ 함수 사용)

❷ 전국 순위 구하기(RANK.EQ 함수 사용, 3차원 참조 사용)

01 지점별 순위 구하기

모든 시트의 같은 위치에 같은 함수식을 작
성할 것이므로 시트 그룹을 지정한 후 각
지점별로 월별 매출실적 순위를 구해보겠
습니다.

① [서울] 시트 클릭

② [부산] 시트 Shift +클릭

③ [C4:C15] 셀 드래그

④ =RANK.EQ를 입력한 후 Ctrl + A 를
  누릅니다.

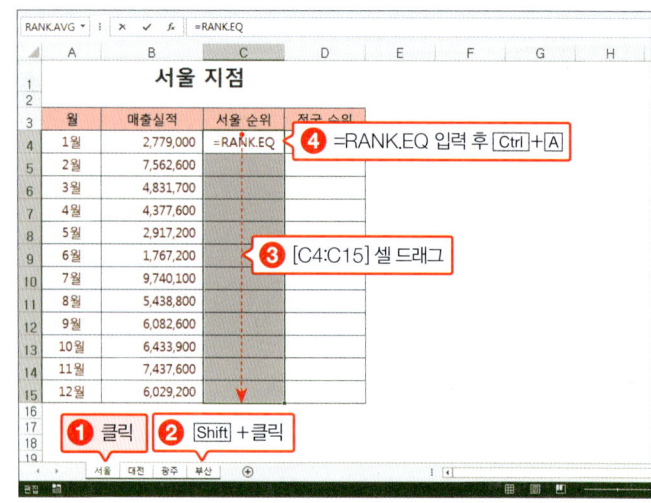

02

① [Number]란에 B4 입력

② [Ref]란 클릭

③ [B4:B15] 셀 드래그

④ 절대 참조로 변환하기 위해 F4

⑤ Ctrl 을 누른 상태에서 [확인]을 클릭합
  니다.

・Number(순위를 구할 숫자) : 순위를 구할 숫자로 매
  출실적(B4) 지정

・Ref(숫자 목록 범위) : 매출실적 목록 [B4:B15] 셀을
  절대 참조로 지정

・Order(순위를 구할 방식) : 가장 큰 수가 1위인 경우
  이므로 생략

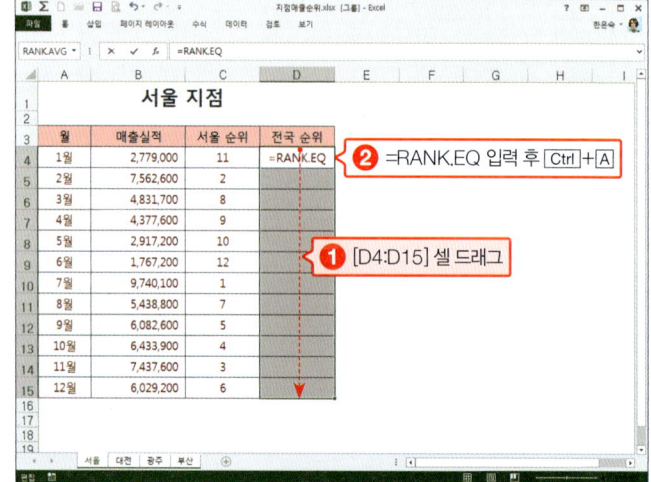

03 전국 순위 구하기

전국 지점을 대상으로 월별 매출실적 순
위를 구해보겠습니다.

① [D4:D15] 셀 드래그

② =RANK.EQ를 입력한 후 Ctrl + A 를
  누릅니다.

04

① [Number]란에 **B4** 입력

② [Ref]란 클릭

③ [서울] 시트 클릭

④ [부산] 시트를 [Shift]+클릭합니다.

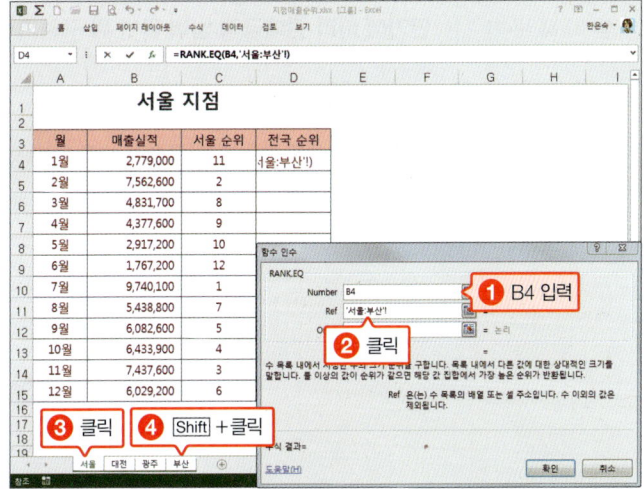

05

① [B4:B15] 셀 드래그

② [F4]를 눌러 절대 참조로 변환

③ [Ctrl]을 누른 상태에서 [확인]을 클릭합니다. 각 시트별 매출실적을 참조한 지점별 전국 순위가 구해집니다. 다른 시트들을 각각 클릭하여 결과를 확인합니다.

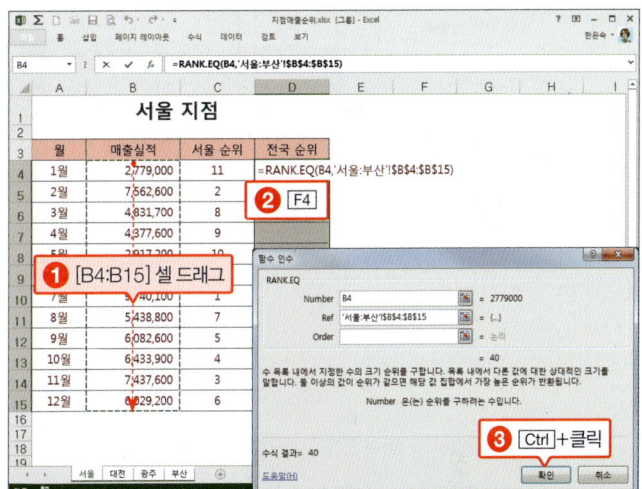

- **Number(순위를 구할 숫자)** : 순위를 구할 숫자로 매출실적(B4) 지정
- **Ref(숫자 목록 범위)** : [서울]에서 [부산] 시트까지의 매출실적 목록 범위 [서울:부산!B4:B15]를 절대 참조로 지정
- **Order(순위를 구할 방식)** : 가장 큰 수가 1 위인 경우이므로 생략

• 실습 파일 Chapter07\Section03\판매예약현황표.xlsx • 완성 파일 Chapter07\Section03\판매예약현황표완성.xlsx

다음의 판매 예약 현황표에서 단가가 평균 이상인 제품은 매장에서 판매하고 나머지는 온라인으로 판매합니다. 지시 사항에 따라 매장판매 금액, 온라인판매 금액, 배송순서, 판매순위를 입력하도록 합니다.

판매 예약 현황표

	담당	팀장	부장

주문일	품명	단가	수량	배송예약	매장판매	온라인판매	배송순서	판매순위
04월 03일	D-4W003	4,600	350	05월 02일		1,610,000	1	9
04월 14일	B-7S002	5,100	150	05월 14일		765,000	9	14
04월 17일	A-3E002	3,100	730	05월 12일		2,263,000	6	2
04월 18일	A-3E003	7,400	110	05월 07일	814,000		3	16
04월 19일	A-8U001	4,200	310	05월 03일		1,302,000	2	13
04월 23일	B-6G002	7,000	430	05월 21일	3,010,000		11	7
04월 24일	C-5E002	6,800	650	05월 18일	4,420,000		10	3
04월 25일	C-5E001	6,300	560	05월 09일	3,528,000		4	5
04월 25일	D-4W002	9,100	340	05월 11일	3,094,000		5	11
04월 26일	B-7S001	5,700	390	05월 24일		2,223,000	12	8
04월 28일	B-7S003	5,900	330	05월 12일		1,947,000	6	12
04월 30일	C-5E001	4,200	350	05월 13일		1,470,000	8	9
05월 01일	A-3E001	5,500	450	05월 25일		2,475,000	14	6
05월 08일	A-8U002	12,000	630	05월 24일	7,560,000		12	4
05월 08일	B-6G001	3,400	840	05월 29일		2,856,000	15	1
05월 21일	D-4W001	8,700	150	05월 31일	1,305,000		16	14

▲ 실습 파일　　　　　　　　　▲ 완성 파일

1️⃣ [매장판매] 금액은 IF 함수 안에 AVERAGE 함수를 중첩하여 구합니다. 단가가 평균 이상이면 단가*수량을 입력하고 아니면 빈 셀("")로 표시합니다. AVERAGE 함수에서 단가 범위는 절대 참조를 사용해야 합니다.

2️⃣ [온라인판매] 금액은 IF 함수를 사용합니다.

　　[매장판매]란이 빈 셀("")이 아니면(F5〈〉"") 단가*수량을 입력하고 아니면 빈 셀("")로 표시합니다.

3️⃣ [배송순서]는 RANK.EQ 함수를 사용합니다. 배송예약 날짜가 빠른 순서대로 순위를 매깁니다.

4️⃣ [판매순위]도 RANK.EQ 함수를 사용합니다. 수량이 큰 순서대로 순위를 매깁니다.

수식이나 함수식의 결과 값이 소수 이하까지 나오는 경우가 많습니다. ROUND, ROUNDUP, ROUNDDOWN 등은 원하는 소수 자리에서 반올림, 올림, 내림을 해야 하거나 값이 정수일 때 1원 단위나 10원 단위 숫자를 0으로 만들어야 한다면 꼭 알아두어야 할 함수입니다.

반올림, 올림, 내림 함수 ROUND, ROUNDUP, ROUNDDOWN

ROUND 함수는 지정한 자릿수 다음 숫자가 5 이상일 때, ROUNDUP 함수는 지정한 자릿수 다음 숫자가 1 이상일 때 지정한 자릿수를 1 올리고, 미만이면 0으로 내립니다. ROUNDDOWN 함수는 지정한 자릿수 다음 숫자를 무조건 0으로 만드는 함수입니다.

함수 범주	수학/삼각
함수 형식	=ROUND(Number, Num_digits) =ROUNDUP(Number, Num_digits) =ROUNDDOWN(Number, Num_digits)
인수	**Number(숫자)** : 반올림, 올림, 내림할 숫자 **Num_digits(자릿수)** : 반올림, 올림, 내림할 자릿수로 소수점 오른쪽 자리는 양수로 지정하고 정수, 즉 소수점 왼쪽 자리는 음수로 지정 예 시 숫 자 : 1 5 3 . 3 3 3 자 릿 수 : −3 −2 −1 0 1 2 3

• **실습 파일** Chapter07 \ Section04 \ 결제금액계산표.xlsx • **완성 파일** Chapter07 \ Section04 \ 결제금액계산표완성.xlsx

결제금액 계산표에서 할부수수료를 계산하면 금액이 소수로 나오는데, 할부수수료의 소수는 절삭하고 할부 2개월까지의 결제금액은 현금결제이므로 1회 차는 1원 단위를, 2회 차는 10원 단위를 없애보겠습니다. 또한 일시불 결제의 경우 천 원 단위 이상은 현금 결제하고 백 원 단위 이하는 포인트로 결제할 수 있도록 금액을 나눠보겠습니다.

01 할부수수료의 소수 이하 값 절삭하기

결제금액에 합산할 할부수수료의 소수 이하 값을 버려보겠습니다.

① [D6:D10] 셀 드래그

② [수식] 탭–[함수 라이브러리] 그룹–[수학/삼각]–[**ROUNDDOWN**] 선택

③ [Number]란에 **C6** 입력

④ [Num_digits]란에 **0** 입력

⑤ 지정 범위에 값을 한꺼번에 입력하기 위해 [Ctrl]을 누른 상태에서 [**확인**]을 클릭합니다.

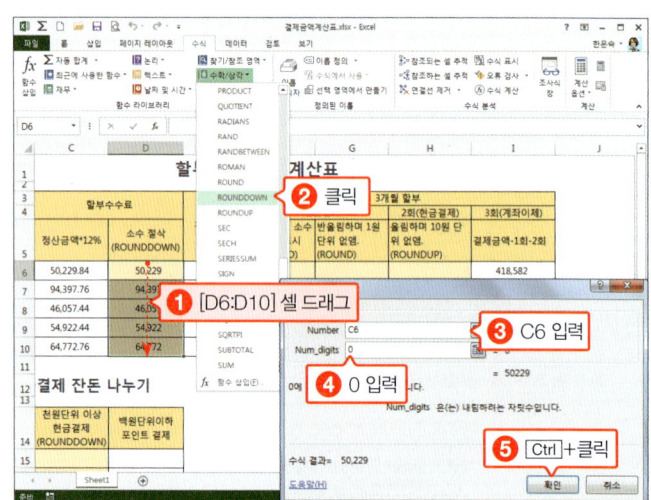

• Number(숫자) : 내림할 숫자로, 계산된 할부 수수료 [C6] 셀 지정. 할부수수료 계산식 B6*12%를 지정해도 됨
• Num_digits(자릿수) : 소수 이하를 없앨 것이므로 자릿수를 0으로 지정

02 할부금액 반올림하며 소수 둘째 자리까지 계산하기

결제금액의 3개월 할부금액을 구하려고 합니다. 결제금액을 3으로 나눈 값을 소수 둘째 자리까지 표시해보겠습니다.

① [F6:F10] 셀 드래그

② [수식] 탭–[함수 라이브러리] 그룹–[수학/삼각]–[**ROUND**] 선택

③ [Number]란에 **E6/3** 입력

④ [Num_digits]란에 **2** 입력

⑤ [Ctrl]을 누른 상태에서 [**확인**]을 클릭합니다.

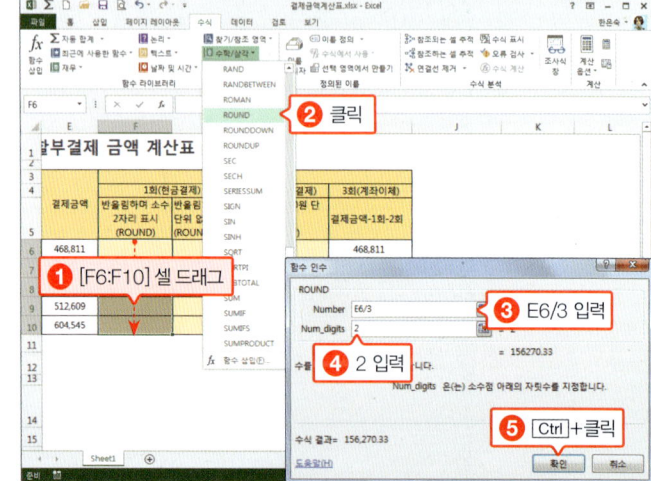

• Number(숫자) : 반올림할 숫자로, 결제금액의 3개월 할부 계산식 E6/3 지정
• Num_digits(자릿수) : 소수 둘째 자리까지 계산할 것이므로 2 지정

03 반올림하여 1원 단위 없애기

현금결제 시 1원 단위까지는 결제할 수 없으므로 1원 단위에서 반올림하여 1원 단위를 0으로 만들어보겠습니다.

① [G6:G10] 셀 드래그

② =ROUND 입력 후 Ctrl + A

③ [Number]란에 F6 입력

④ [Num_digits]란에 −1 입력

⑤ Ctrl 을 누른 상태에서 [확인]을 클릭합니다.

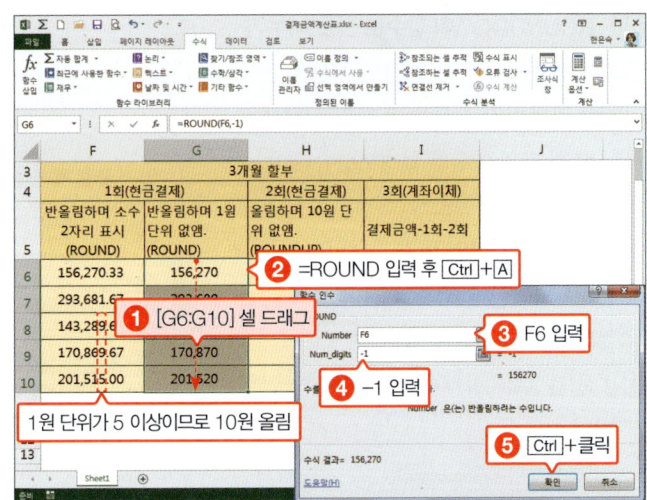

• Number(숫자) : 반올림할 숫자로, 3개월 할부금액이 계산된 [F6] 셀 지정. 계산식 E6/3을 지정해도 됨
• Num_digits(자릿수) : 1원 단위, 즉 소수점 왼쪽 첫째 자리를 없앨 것이므로 −1 지정. [F8], [F9], [F10] 셀은 각각 1원 단위 숫자가 5 이상이므로 10원씩 올림

04 올림하여 10원 단위 없애기

2회 차는 10원 단위에서 올림하여 10원 단위를 없애보겠습니다.

① [H6:H10] 셀 드래그

② =ROUNDUP을 입력한 후 Ctrl + A 를 누릅니다.

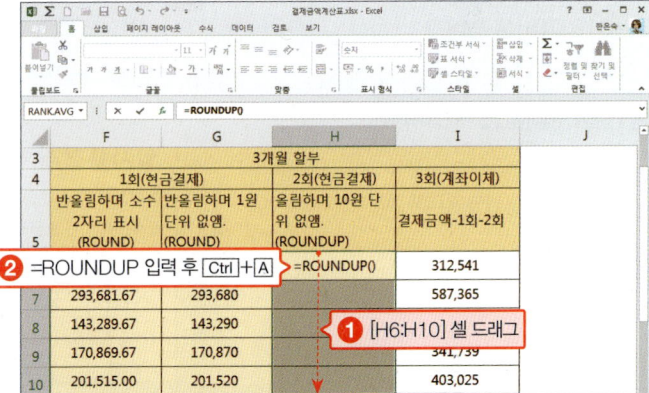

05

① [Number]란에 F6 입력

② [Num_digits]란에 −2 입력

③ Ctrl 을 누른 상태에서 [확인]을 클릭합니다.

• Number(숫자) : 올림할 숫자로, 3개월 할부금액이 계산된 [F6] 셀 지정. 계산식 E6/3을 지정해도 됨
• Num_digits(자릿수) : 10원 단위, 즉 소수점 왼쪽 두 번째 자리부터 없앨 것이므로 −2 지정. [F6:F10] 셀의 값 모두 10원 단위 숫자가 1 이상이므로 100원씩 올림

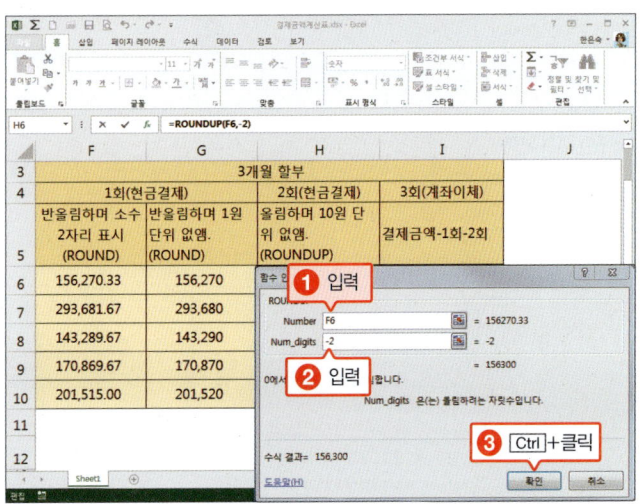

06 ROUNDDOWN 함수로 잔돈 나누기

일시불 결제에서는 천 원 단위 이상은 현금 결제하고 나머지 잔돈은 포인트로 결제하도록 백 원 단위 이하를 없애보겠습니다.

① [C15:C19] 셀 드래그

② =ROUNDDOWN 입력 후 Ctrl + A

③ [Number]란에 **B15** 입력

④ [Num_digits]란에 **−3** 입력

⑤ Ctrl 을 누른 상태에서 [확인]을 클릭합니다.

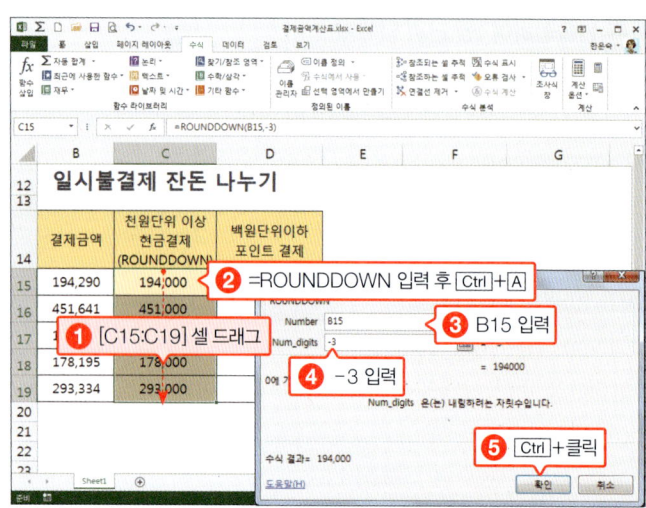

- Number(숫자) : 내림할 숫자로, 결제금액 [B15] 셀 지정
- Num_digits(자릿수) : 100원 단위, 즉 소수 왼쪽 세 번째 자리부터 없앨 것이므로 자릿수로 −3 지정

07

① [D15:D19] 셀 드래그

② =**B15−C15** 입력

③ Ctrl + Enter 를 누릅니다.

포인트로 결제할 백 원 단위 이하 값이 계산되었습니다.

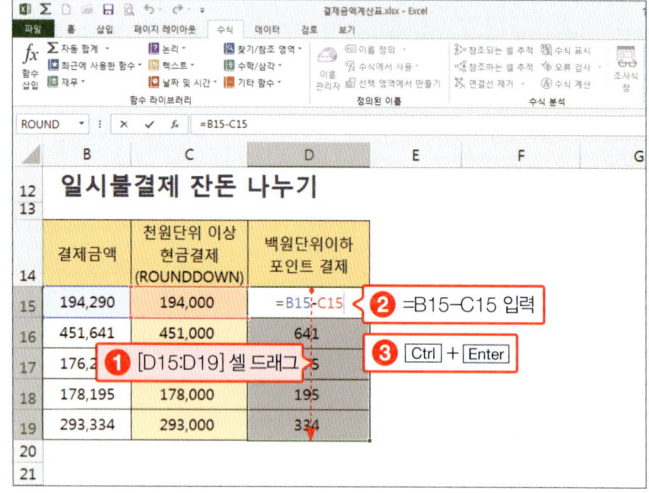

- 실습 파일 Chapter07\Section04\할부결제현황표.xlsx • 완성 파일 Chapter07\Section04\할부결제현황표완성.xlsx

월별 거래 금액에 대한 부가세, 할부수수료, 3개월 할부금액을 계산하면 소수 이하까지의 금액이 나옵니다. 다음 지시 사항에 따라 반올림, 올림, 내림하여 계산합니다.

할부 결제 현황표

거래월	거래금액	부가세	결제금액	할부수수료 (7.5%)	1회차(현금) (천원단위)	2회차(현금) (만원단위)	3회차 (계좌이체)
1월	826,200	82,620	908,820	68,161	326,000	330,000	320,981
2월	149,740	14,974	164,710	12,353	60,000	60,000	57,063
3월	753,050	75,305	828,360	62,127	297,000	300,000	293,487
4월	622,400	62,240	684,640	51,348	246,000	250,000	239,988
5월	801,110	80,111	881,220	66,091	316,000	320,000	311,311
6월	255,310	25,531	280,840	21,063	101,000	100,000	100,903
7월	379,630	37,963	417,590	31,319	150,000	150,000	148,909
8월	728,580	72,858	801,440	60,108	288,000	290,000	283,548
9월	369,930	36,993	406,920	30,519	146,000	150,000	141,439
10월	297,890	29,789	327,680	24,576	118,000	120,000	114,256
11월	625,150	62,515	687,670	51,575	247,000	250,000	242,245
12월	919,450	91,945	1,011,400	75,855	363,000	360,000	364,255

▲ 실습 파일

▲ 완성 파일

1 [부가세]는 '거래금액*10%'로 계산하되, ROUND 함수를 사용하여 반올림하고 소수를 없앱니다.

2 [결제금액]은 '거래금액+부가세'로 계산하되, ROUND 함수를 사용하여 반올림하며 1원 단위를 없앱니다.

3 [할부수수료]는 '결제금액*7.5%'로 계산하되, ROUNDDOWN 함수를 사용하여 소수를 없앱니다.

4 [1회차]는 '(결제금액+할부수수료)/3'으로 계산하되, ROUNDUP 함수를 사용하여 올림하며 백 원 단위 이하를 없앱니다.

5 [2회차]도 '(결제금액+할부수수료)/3'으로 계산하되, ROUND 함수를 사용하여 반올림하며 천 원 단위 이하를 없앱니다.

6 [3회차]는 '결제금액+할부수수료-1회차-2회차'로 계산합니다.

조건에 따라 개수를 세거나 합계와 평균을 구하는 등의 작업은 실무에서 많이 사용되는 것으로, 엑셀에서는 이러한 조건부 계산 함수들을 제공합니다. 조건부 계산 함수들 역시 실무자가 꼭 알아야 할 기본 함수에 속하므로 잘 알아보도록 합니다.

조건별로 합계, 평균을 구하는 함수 SUMIF, AVERAGEIF

지정된 범위의 모든 숫자를 더할 때는 SUM 함수를 사용하지만 특정 조건에 해당하는 숫자만 더할 때는 SUMIF 함수를 사용합니다. AVERAGEIF 함수를 사용하면 특정 조건에 해당하는 숫자들의 평균을 구할 수 있습니다.

함수 범주	수학/삼각, 통계
함수 형식	=SUMIF(Range, Criteria, [Sum_range]) =AVERAGEIF(Range, Criteria, [Average_range])
인수	Range(범위) : 조건에 맞는지 검사할 셀 범위 Criteria(조건) : 계산할 조건으로 숫자, 문자, 조건식 등 입력 Sum_range(합계 범위) : 합계를 구할 셀 범위로, 생략하면 Range(범위) 인수에서 지정한 범위의 합계를 구함 Average_range(평균 범위) : 평균을 구할 셀 범위로, 생략하면 Range(범위) 인수에서 지정한 범위의 평균을 구함

개수를 구하는 함수 COUNT, COUNTA, COUNTBLANK, COUNTIF

개수를 구할 때는 개수를 구할 데이터 유형에 따라 함수를 잘 선택해서 사용해야 합니다. 지정된 범위 중 숫자가 입력된 셀의 개수를 구하려면 COUNT 함수를, 숫자와 문자를 가리지 않고 데이터가 입력된 셀의 개수를 구하려면 COUNTA 함수를, 빈 셀의 개수를 구하려면 COUNTBLANK 함수를 사용합니다. 특정 조건에 해당하는 셀의 개수를 구할 때는 COUNTIF 함수를 사용하면 됩니다.

함수 범주	통계
함수 형식	=COUNT(Value1, Value2,…,Value255) → 숫자 개수 =COUNTA(Value1, Value2,…,Value255) → 빈 셀을 제외한 데이터 개수 =COUNTBLANK(Range) → 빈 셀의 개수 =COUNTIF(Range, Criteria) → 조건에 맞는 개수
인수	Value(값) : 개수를 구할 값으로 255개까지 지정할 수 있으며 값을 직접 입력하거나 수식이나 셀 주소, 셀 범위 등 다양한 유형을 인수로 지정할 수 있습니다. 주로 [Value1]란에 하나의 셀 범위를 지정하는 경우가 많음 Range(범위) : 개수를 구할 셀 범위 Criteria(조건) : 개수를 구할 조건으로 숫자, 문자, 조건식 등 입력

거래 데이터로부터 조건별 거래 통계 구하기

2007 | 2010 | 2013

• 실습 파일 Chapter07 \ Section05 \ 지점별매출집계.xlsx • 완성 파일 Chapter07 \ Section05 \ 지점별매출집계완성.xlsx

날짜별로 수집된 한 달간의 거래 데이터로부터 지점별 매출합계, 평균단가, 매출건수, 수금여부별 건수와 매출합계, 할인율별 건수와 수량합계를 구해보겠습니다.

12월 지점별 거래 통계

지점별 매출집계

지점	매출합계	평균단가	매출건수
강남	3,615,350	22,625	8
종로	8,048,400	27,929	14
신사	10,368,000	24,600	10
분당	15,695,680	50,333	9
합정	18,866,150	24,818	22
명동	5,357,500	24,900	10
여의도	8,524,700	18,647	17

수금 현황

수금여부	건수	금액
수금	58	47,577,480
미수금	32	22,898,300

할인 현황

할인율	건수	수량
5% 이하	14	549
20% 이상	8	247

12월 거래 데이터

주문일	제품명	지점	단가	수량	할인율	매출	비고
12/03	파스 페이스 티	분당	33,000	3		99,000	
12/03	태양 100% 레몬 주스	합정	19,000	21	25%	299,250	
12/03	삼화 콜라	합정	5,000	6	25%	22,500	
12/03	태평양 포장 파래	여의도	26,000	40	25%	780,000	미수금
12/04	신성 쌀 튀김 과자	강남	9,000	50		450,000	
12/04	태일 적포도주	합정	18,000	3		54,000	
12/04	태일 적포도주	합정	18,000	30		540,000	미수금
12/04	미왕 계피 캔디	종로	20,000	42	10%	756,000	
12/04	우미 코코넛 쿠키	종로	31,000	20		620,000	
12/04	현진 커피 밀크	신사	21,000	10		210,000	
12/04	미미 스카치 캔디	종로	13,000	20		260,000	
12/04	태양 100% 오렌지 주스	신사	18,000	40		720,000	미수금
12/05	앨리스 포장육	분당	39,000	16	3%	605,280	
12/05	알파 콘 플레이크	강남	33,000	15	3%	480,150	
12/05	대양 특선 블루베리 잼	명동	25,000	50	3%	1,212,500	미수금
12/05	한림 특선 양념 칠면조	분당	24,000	10		240,000	
12/05	루이지애나 특산 후추	명동	21,000	21		441,000	
12/05	사계절 커스터드 파이	종로	49,000	20		980,000	

❶ 지점별 매출 합계 구하기
(SUMIF 함수 사용)

❷ 선택 영역에서 이름 만들기

❸ 지점별 평균단가 구하기
(AVERAGEIF 함수 사용)

❹ 지점별 매출 건수 구하기
(COUNTIF 함수 사용)

❺ 수금 건수 구하기
(COUNTBLANK 함수 사용)

❻ 미수금 건수 구하기
(COUNTA 함수 사용)

❼ 수금, 미수금 금액 구하기
(SUMIF 함수 사용)

❽ 할인율 건수 구하기
(COUNTIF 함수 사용)

❾ 할인율 조건별 수량 합계
구하기(SUMIF 함수 사용)

01 SUMIF로 지점별 매출합계 구하기

12월 거래 데이터에서 각 지점별 매출합계를 구해보겠습니다. 같은 지점명의 매출만 찾아 더해야 하므로 SUMIF 함수를 사용합니다.

① [B5:B11] 셀 드래그

② [수식] 탭-[함수 라이브러리] 그룹-[수학/삼각]-[SUMIF]를 선택합니다.

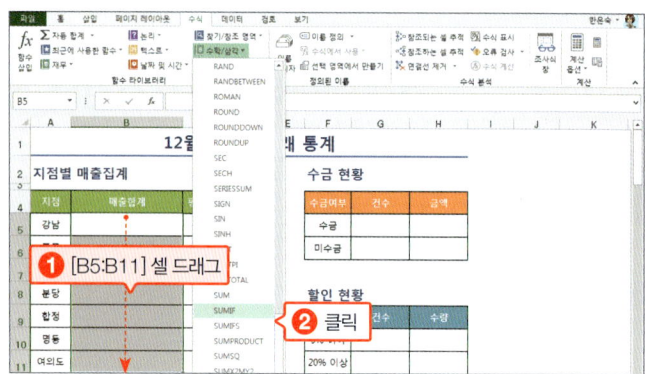

02

① [Range]란 클릭

② [C16:C105] 셀 드래그 후 절대 참조로 변환하기 위해 F4

③ [Criteria]란 클릭

④ [A5] 셀 클릭

⑤ [Sum_range]란 클릭

⑥ [G16:G105] 셀 드래그 후 절대 참조로 변환하기 위해 F4

⑦ Ctrl 을 누른 상태에서 [확인]을 클릭합니다.

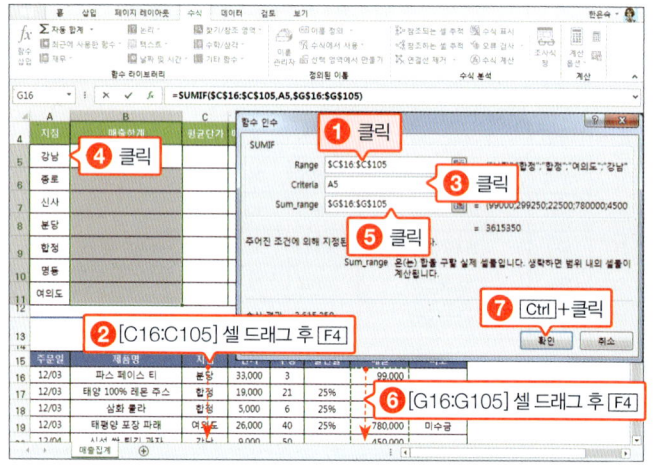

• Range(범위) : 조건을 확인하기 위한 조건 범위로, 거래 데이터의 지점 범위인 [C16:C105] 셀 지정. 범위가 길기 때문에 [C16] 셀 클릭 후 Ctrl + Shift + ↓ 를 누르면 편리합니다. 수식 복사 시 범위가 변하지 않도록 F4 를 눌러 절대 참조 형태로 변환

• Criteria(조건) : 매출합계를 구할 지점명이 입력된 [A5] 셀 지정. 다른 지점이 입력된 셀로 변해야 하므로 상대 참조 사용

• Sum_range(합계 범위) : 합계를 구할 범위로 거래 데이터의 매출합계 [G16:G105] 셀 지정. 범위가 길기 때문에 [G16] 셀 클릭 후 Ctrl + Shift + ↓ 를 누르면 편리합니다. 수식 복사 시 범위가 변하지 않도록 F4 를 눌러 절대 참조 형태로 변환

03 데이터 목록 범위의 이름 정의하기

절대 참조 범위가 자주 사용되므로 좀더 편하게 함수식을 작성할 수 있도록 데이터 목록 범위에 이름을 정의해보겠습니다.

① [C16] 셀 클릭

② 데이터 목록 전체를 범위 지정하기 위해 Ctrl + A

③ [수식] 탭-[정의된 이름] 그룹-[선택 영역에서 만들기] 클릭

④ 대화상자의 [왼쪽 열] 옵션 체크 표시 해제

⑤ [확인]을 클릭합니다.

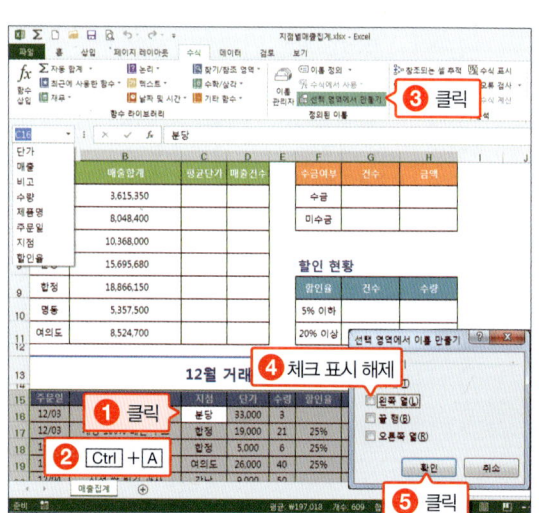

이름 상자의 목록 버튼을 클릭해보면 범위 첫 행의 이름들이 해당 범위의 이름으로 등록된 것을 확인할 수 있습니다.

04 AVERAGEIF로 지점별 평균단가 구하기

12월 거래 데이터에서 각 지점별 평균단가를 구해보겠습니다. 같은 지점명의 단가만 찾아 평균을 구해야 하므로 AVERAGEIF 함수를 사용합니다.

① [C5:C11] 셀 드래그
② =AVERAGEIF 입력 후 Ctrl + A
③ [Range]란에 [C16:C105] 셀 범위 이름인 **지점** 입력
④ [Criteria]란 클릭
⑤ [A5] 셀 클릭
⑥ [Average_range]란에 [D16:D105] 셀의 이름인 **단가** 입력
⑦ Ctrl 을 누른 상태에서 [확인]을 클릭합니다.

• Range(범위) : 조건을 확인하기 위한 조건 범위로, 거래 데이터의 지점 범위인 [C16:C105] 셀 이름 '지점' 입력
• Criteria(조건) : 평균단가를 구할 지점명이 입력된 [A5] 셀 지정
• Average_range(평균 범위) : 평균을 구할 범위이며, 거래 데이터 단가 범위인 [D16:D105] 셀 이름 '단가' 입력

05 COUNTIF로 지점별 매출건수 구하기

12월 거래 데이터에서 각 지점별 매출건수를 구해보겠습니다. 같은 지점명이 입력된 셀의 개수를 세어야 하므로 COUNTIF 함수를 사용합니다.

① [D5:D11] 셀 드래그
② =COUNTIF 입력 후 Ctrl + A
③ [Range]란에 [C16:C105] 셀 범위 이름인 **지점** 입력
④ [Criteria]란 클릭
⑤ [A5] 셀 클릭
⑥ Ctrl 을 누른 상태에서 [확인]을 클릭합니다.

• Range(범위) : 개수를 셀 조건 범위이며, 거래 데이터의 지점 범위인 [C16:C105] 셀 이름인 '지점' 입력
• Criteria(조건) : 개수를 셀 조건인 지점명이 입력된 [A5] 셀 지정

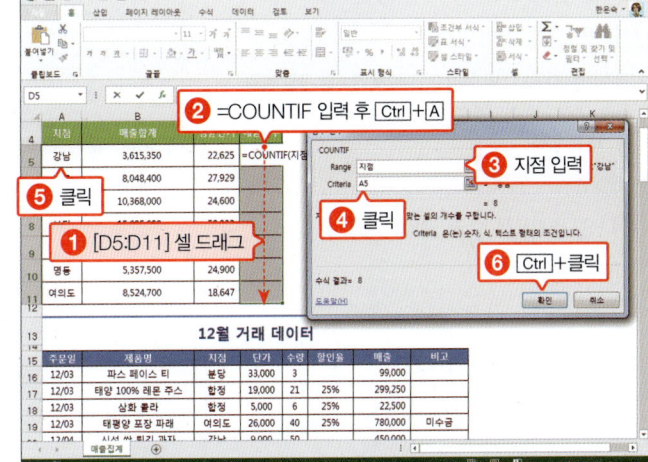

06 COUNTBLANK로 수금 건수 구하기

비고 범위 중 빈 셀이 수금이므로 COUNT
-BLANK 함수를 이용해 빈 셀의 개수를
구해보겠습니다.

① [G5] 셀 클릭

② =COUNTBLANK 입력 후 Ctrl + A

③ [Range]란에 [H16:H105] 셀 범위 이
   름인 비고 입력

④ [확인]을 클릭합니다.

• Range(범위) : 빈 셀 개수를 구할 범위이며 거래 데이
  터의 비고 범위인 [H16:H105] 셀 이름 '비고' 입력

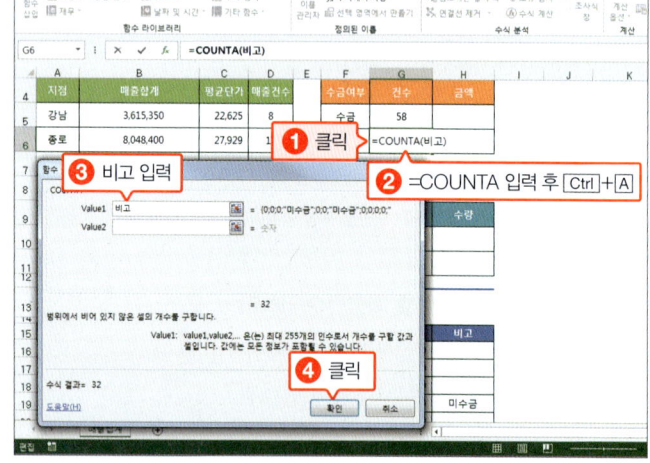

07 COUNTA로 미수금 건수 구하기

비고 범위 중 미수금 셀의 개수를 구해보겠
습니다. 빈 셀이 아닌 셀의 개수를 구해야
하므로 COUNTA 함수를 사용합니다.

① [G6] 셀 클릭

② =COUNTA 입력 후 Ctrl + A

③ [Value1]란에 [H16:H105] 셀의 범위
   이름인 비고 입력

④ [확인]을 클릭합니다.

• Value1(범위1) : 빈 셀이 아닌 셀의 개수를 구할 범위
  이며, 거래 데이터의 비고 범위인 [H16:H105] 셀 이
  름 '비고' 입력

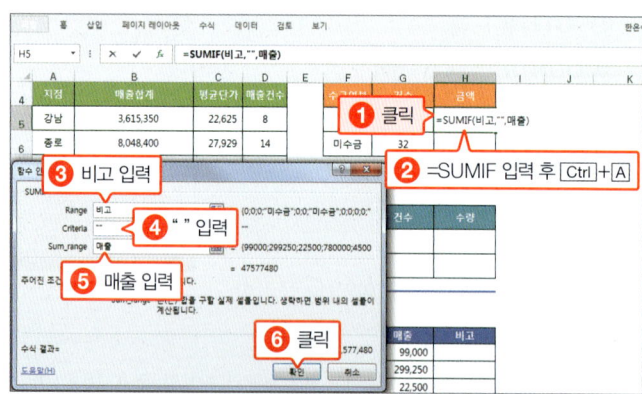

08 SUMIF로 수금 금액 구하기

① [H5] 셀 클릭

② =SUMIF 입력 후 Ctrl + A

③ [Range]란에 [H16:H105] 셀 범위 이
   름인 비고 입력

④ [Criteria]란에 " " 입력

⑤ [Sum_range]란에 [G16:G105] 셀의
   이름인 매출 입력

⑥ [확인]을 클릭합니다.

• Range(범위) : 조건을 확인하기 위한 조건 범위로, 거래 데이터의 비고 범위인 [H16:H105] 셀 이름 '비고' 입력
• Criteria(조건) : 비고 목록 중 빈 셀의 매출합계만 구할 것이므로 조건으로 빈 셀을 의미하는 " " 입력
• Sum_range(합계 범위) : 합계를 구할 범위이며, 거래 데이터의 매출합계 범위인 [G16:G105] 셀 이름 '매출' 입력

09 SUMIF로 미수금 금액 구하기

① [H6] 셀 클릭

② =SUMIF 입력 후 Ctrl + A

③ [Range]란에 [H16:H105] 셀 범위 이름인 비고 입력

④ [Criteria]란에 미수금 입력

⑤ [Sum_range]란에 [G16:G105] 셀 범위 이름인 매출 입력

⑥ [확인]을 클릭합니다.

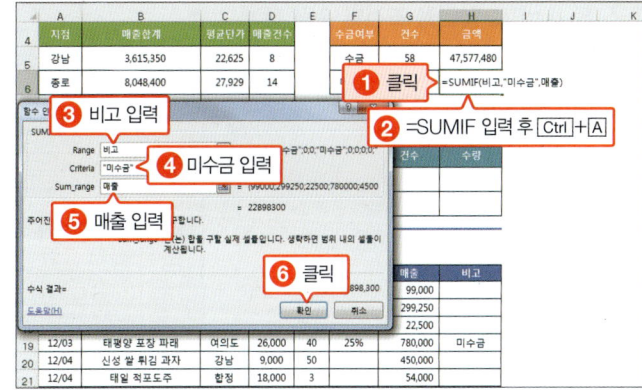

- Range(범위) : 조건을 확인하기 위한 조건 범위로, 거래 데이터의 비고 범위인 [H16:H105] 셀 이름 '비고' 입력
- Criteria(조건) : 비고 목록 중 미수금 입력 셀의 매출합계만 구할 것이므로 조건으로 '미수금' 입력. 큰따옴표는 자동 입력됨
- Sum_range(합계 범위) : 합계를 구할 범위이며, 거래 데이터의 매출합계 범위인 [G16:G105] 셀 이름 '매출' 입력

10 COUNTIF로 할인율 건수 구하기

할인율이 5% 이하인 제품의 판매 건수를 구해보겠습니다.

① [G10] 셀 클릭

② =COUNTIF 입력 후 Ctrl + A

③ [Range]란에 [F16:F105] 셀 범위 이름인 할인율 입력

④ [Criteria]란에 <=5% 입력

⑤ [확인]을 클릭합니다.

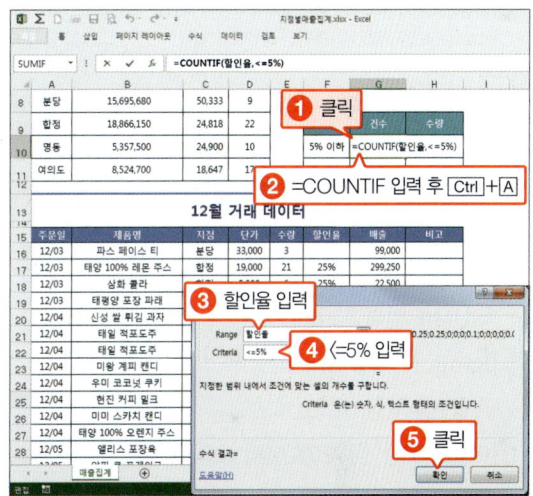

- Range(범위) : 할인율이 5% 이하인 개수를 셀 조건 범위이며, 거래 데이터의 할인율 범위인 [F16:F105] 셀 이름 '할인율' 입력
- Criteria(조건) : 개수를 셀 조건인 <=5%를 입력. [확인]을 클릭하고 나면 큰따옴표가 자동 입력됨. 빈 셀은 조건에서 제외되어 5% 이하에 포함되지 않음

11 할인율이 20% 이상인 제품의 판매 건수를 구해보겠습니다.

① [G11] 셀 클릭

② =COUNTIF 입력 후 Ctrl + A

③ [Range]란에 [F16:F105] 셀 범위 이름인 할인율 입력

④ [Criteria]란에 >=20% 입력

⑤ [확인]을 클릭합니다.

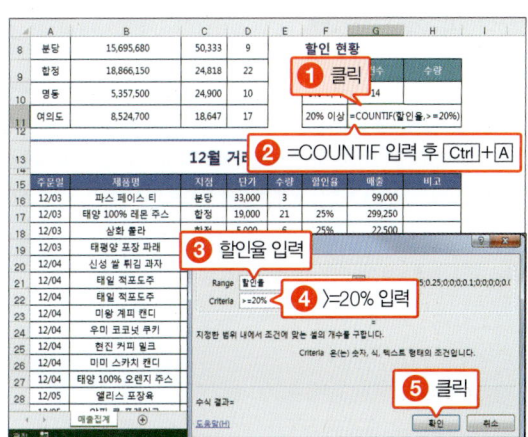

- Range(범위) : 할인율이 20% 이상인 개수를 셀 조건 범위이며, 거래 데이터의 할인율 범위인 [F16: F105] 셀 이름 '할인율' 지정
- Criteria(조건) : 개수를 셀 조건인 >=20%를 입력. [확인]을 클릭하고 나면 큰따옴표가 자동 입력됨

12 SUMIF로 할인율 조건별 수량 합계 구하기

할인율이 5% 이하인 제품의 판매 수량을 구해보겠습니다.

① [H10] 셀 선택

② =SUMIF 입력 후 Ctrl + A

③ [Range]란에 [F16:F105] 셀 범위 이름인 **할인율** 입력

④ [Criteria]란에 **<=5%** 입력

⑤ [Sum_range]란에 [E16:E105] 셀 범위 이름인 **수량** 입력

⑥ [확인]을 클릭합니다.

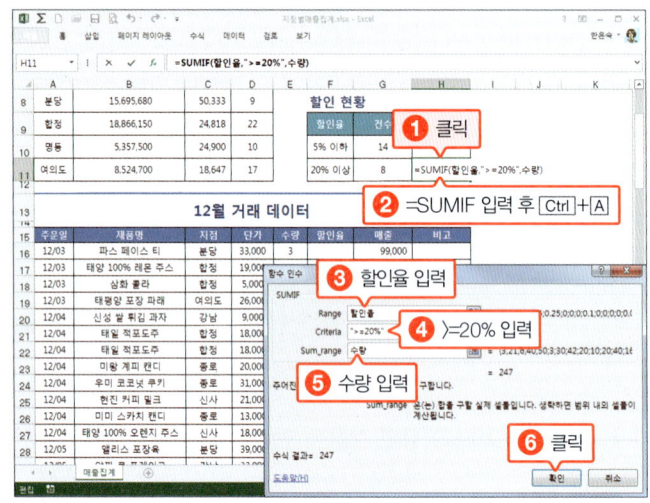

- Range(범위) : 조건 범위로 거래 데이터의 할인율 범위인 [F16:F105] 셀 이름 '할인율' 입력
- Criteria(조건) : 할인율 조건인 <=5%를 입력. 다음 입력란을 클릭하면 큰따옴표는 자동 입력됨. 빈 셀은 조건에서 제외되어 5% 이하에 포함되지 않음
- Sum_range(합계 범위) : 합계를 구할 범위인 [E16:E105] 셀 이름 '수량' 입력

13 할인율이 20% 이상인 제품의 판매 건수를 구해보겠습니다.

① [H11] 셀 선택

② =SUMIF 입력 후 Ctrl + A

③ [Range]란에 [F16:F105] 셀 범위 이름인 **할인율** 입력

④ [Criteria]란에 **>=20%** 입력

⑤ [Sum_range]란에 [E16:E105] 셀 범위 이름인 **수량** 입력

⑥ [확인]을 클릭합니다.

- Range(범위) : 조건 범위로 거래 데이터의 할인율 범위인 [F16:F105] 셀 이름 '할인율' 입력
- Criteria(조건) : 할인율 조건인 >=20%를 입력. 다음 입력란을 클릭하면 큰따옴표는 자동 입력됨
- Sum_range(합계 범위) : 합계를 구할 범위인 [E16:E105] 셀 이름 '수량' 입력

제품 목록 확인하여 표시하기

2007 | 2010 | 2013

- 실습 파일 Chapter07 \ Section05 \ 제품목록확인.xlsx - 완성 파일 Chapter07 \ Section05 \ 제품목록확인완성.xlsx

엑셀에서는 워낙 많은 데이터를 다루기 때문에 작업을 하다 보면 이 데이터가 다른 목록에도 있는 것인지 확인해야 하는 경우가 있습니다. 다음 문서의 [12월매출] 시트의 제품명 목록에서 [제품명목록] 시트의 제품 목록에 없는 제품 행은 조건부 서식으로 셀 색을 채우고 비고란에 '신상품'이라고 표시해보겠습니다.

날짜	제품명	서울	대전	광주	부산	매출계	비고
2014-12-02	신성 시리얼	-	-	379	-	379	신상품
2014-12-03	초콜릿 비스킷	44	-	489	-	533	
2014-12-04	까망베르 치즈	-	-	-	571	571	
2014-12-05	에일 맥주	-	-	-	253	253	
2014-12-06	스틸 흑맥주	-	-	759	-	759	
2014-12-07	케이준 조미료	-	-	1,077	-	1,07	
2014-12-08	아니스 시럽	675	-	-	-	6	
2014-12-09	태양 체리 시럽	-	-	-	326	326	신상품
2014-12-10	보스톤산 게살 통조림	-	-	-	68	68	
2014-12-11	특선 건과(배)	-	-	-	5,023	5,023	
2014-12-12	훈제 대합조개 통조림	-	128	-	-	128	
2014-12-12	크랜베리 소스	-	1,757	-	-	1,757	
2014-12-13	앨리스 포장육	2,211	-	-	4,897	7,108	
2014-12-14	대륙 냉동 참치	-	60	-	-	60	신상품
2014-12-15	앨리스 포장육	-	1,862	1,121	-	2,983	
2014-12-16	대양 특선 딸기 소스	-	156	-	-	156	신상품
2014-12-17	필로 믹스	180	-	-	-	180	
2014-12-18	이포 커피	216	-	-	-	216	
2014-12-19	앨리스 포장육	-	-	6,125	1,472	7,597	
2014-12-20	까망베르 치즈	-	392	-	-	392	
2014-12-21	훈제 대합조개 통조림	-	-	1,861	664	2,525	
2014-12-22	아니스 시럽	-	-	-	78	78	
2014-12-23	대일 포장 치즈	750	-	-	-	750	신상품
2014-12-24	고르곤졸라 치즈	-	-	236	-	236	
2014-12-25	크랜베리 소스	-	563	-	-	563	
2014-12-26	훈제 대합조개 통조림	-	131	-	-	131	
2014-12-27	고르곤졸라 치즈	-	-	-	1,628	1,628	
2014-12-28	이포 커피	-	3,067	-	-	3,067	
2014-12-29	모짜렐라 치즈	-	58	-	-	58	
2014-12-30	필로 믹스	113	-	-	-	113	
2014-12-31	신성 시리얼	-	2,104	-	-	2,104	신상품

[제품명목록] 시트의 제품 목록에 없는 제품명에는 셀 색을 채우고 비고란에는 '신상품'이라고 표시

제품목록

제품목록
고르곤졸라 치즈
까망베르 치즈
모짜렐라 치즈
보스톤산 게살 통조림
스틸 흑맥주
아니스 시럽
앨리스 포장육
에일 맥주
이포 커피
초콜릿 비스킷
케이준 조미료
크랜베리 소스
특선 건과(배)
필로 믹스
훈제 대합조개 통조림

‹ › | 12월매출 | 제품명목록 | ⊕

제품명목록 ⊕

❶ 제품목록 이름 정의

❷ 조건부 서식 지정(COUNTIF 함수 사용)

❸ 비고에 '신상품' 표시(IF, COUNTIF 함수 사용)

01 기존 제품목록에 이름 정의하기

① [제품명목록] 시트에서 [A2:A16] 셀 드래그

② 이름 상자에 **제품목록** 입력 후 Enter

③ [12월매출] 시트를 클릭합니다.

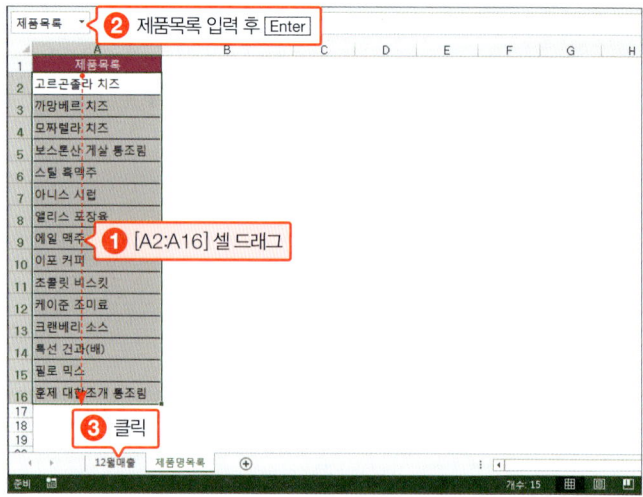

02 COUNTIF로 조건부 서식 지정하기

기존 제품목록에 없는 제품의 행을 찾아 강조해보겠습니다.

① [A2:H2] 셀 드래그 후 Ctrl + Shift + ↓ 를 눌러 범위 지정

② [홈] 탭-[스타일] 그룹-[조건부 서식]- [새 규칙]을 선택합니다.

[A2:H32] 셀까지 표 전체가 범위로 지정됩니다.

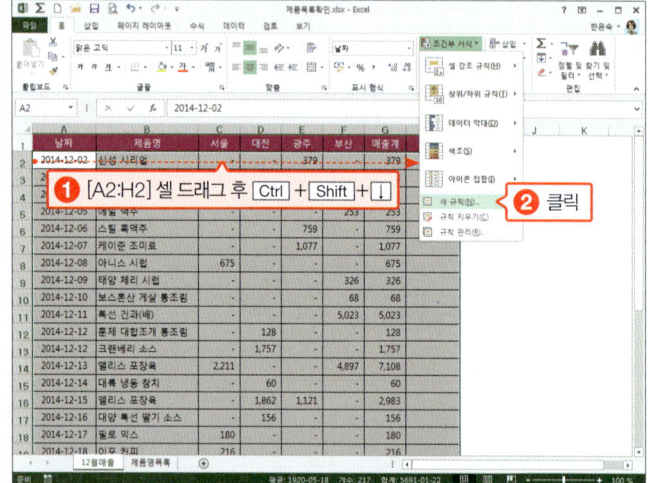

03

① [규칙 유형 선택] 목록에서 [수식을 사용 하여 서식을 지정할 셀 결정] 선택

② [다음 수식이 참인 값의 서식 지정]란에 **=COUNTIF(제품목록,$B2)<1** 입력

③ [서식]을 클릭합니다.

· COUNTIF(제품목록,$B2)<1 : 제품목록([제품명목록] 시트의 [A2: A16] 셀)에 제품명($B2)의 개수가 1 보다 작으면 서식 지정. 조건부 서식에서 조건 셀 주소 는 $B2 형태와 같이 열 이름을 고정시켜야 합니다.

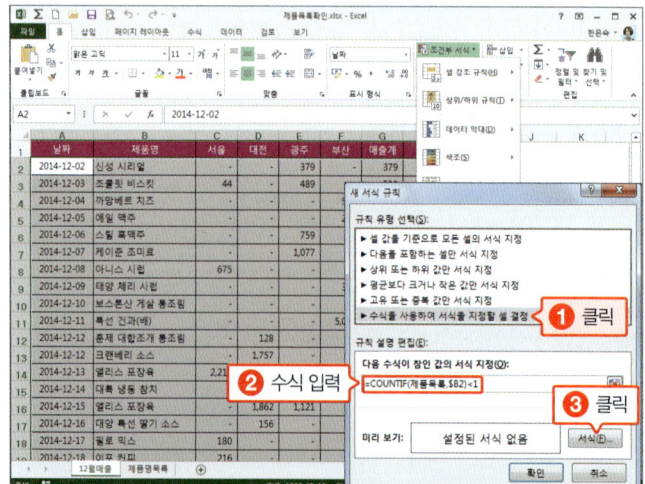

04

① [셀 서식] 대화상자의 [채우기] 탭−[배경색]에서 **[자주, 강조 6, 80% 더 밝게]** 선택

② **[확인]**을 클릭합니다.

[새 서식 규칙] 대화상자의 [확인]을 클릭합니다.

05 IF, COUNTIF로 비고에 신상품 표시하기

앞서 찾은 제품 행의 비고란에 '신상품'이라고 표시해보겠습니다.

① [H2] 셀에 **=IF** 입력 후 Ctrl + A

② [Logical_test]란에 **COUNTIF(제품목록,B2)<1** 입력

③ [Value_if_true]란에 **신상품** 입력

④ [Value_if_false]란에 **" "** 입력

⑤ **[확인]** 클릭

⑥ [H2] 셀의 **채우기 핸들**을 더블클릭하여 함수식을 복사합니다.

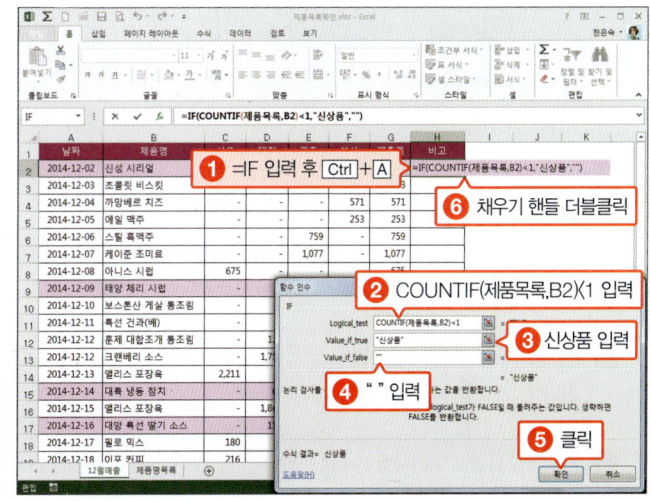

• Logical_test(조건) : 제품목록([제품명목록] 시트의 [A2:A16] 셀에 제품명(B2)의 개수가 1보다 작은지 확인

• Value_if_true(참일 때의 값) : 위 조건이 참일 때, 즉 제품목록에 없는 제품명이면 '신상품' 입력

• Value_if_false(거짓일 때의 값): 위 조건이 거짓일 때, 즉 제품목록에 있는 제품명이면 빈 셀(" ")로 표시

• 실습 파일 Chapter07 \ Section05 \ 제품주문현황.xlsx　• 완성 파일 Chapter07 \ Section05 \ 제품주문현황완성.xlsx

주 단위로 모바일, 인터넷 부분에 대한 주문 수량이 입력된 제품 주문현황표입니다. 다음 지시 사항에 따라 모바일, 인터넷의 주문수량 합계를 구하고 택배사별, 지점별 건수, 합계, 평균을 구합니다.

제품명	지점	택배사	1주 모바일	1주 인터넷	2주 모바일	2주 인터넷	3주 모바일	3주 인터넷	4주 모바일	4주 인터넷	합계 모바일	합계 인터넷
Caplio GX	서울	현대	12	10	12	10	14	11	16		54	31
CX-7300	부산	CJ	12		11	9	18	14	42	34	83	57
CPS-3200	경기	대한	72	58	52	42	41		29	23	194	123
DSC-W1	부산	현대	55	44	41	33	32	26	18		146	103
DMC-FX1	서울	현대	34	27	15	12	12	10	12	10	73	59
S7000	서울	CJ	18	14	19		27		12	33	76	47
OM410	경기	대한	15	12	17	14	19	15	16	13	67	54
QX-350	서울	대한	12		18	58	15	12	20	16	65	86
CN-A95	부산	대한	13	10	12	10	26	21	34	27	85	68
S-T1	서울	CJ	15	12	19	15	18	14	16	13	68	54
IXY-L	부산	대한	40			7	9	23	39	15	88	45
IXUS-500	경기	현대	36	33	32	19	28	5	20	8	116	65
CNS-UX4	부산	대한	21	37	35	25	35	22	47	17	138	101

미입력 건수: 9

택배사별 통계

택배사	건수	모바일 합계	모바일 평균	인터넷 합계	인터넷 평균
현대	4	389	97	258	65
대한	6	637	106	477	80
CJ	3	227	76	158	53

지점별 통계

지점	건수	모바일 합계	모바일 평균	인터넷 합계	인터넷 평균
서울	5	336	67	277	55
경기	3	377	126	242	81
부산	5	540	108	374	75

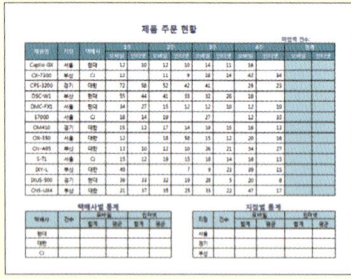

▲ 실습 파일　　　　　　　　　　▲ 완성 파일

1 [M2] 셀에 미입력 건수를 구합니다(COUNTBLANK 함수로 [D5:K17] 셀 중 빈 셀의 개수를 구함).

2 [L5:L17] 셀에 주별 모바일 주문수량 합계, [M5:M17] 셀에 인터넷 주문수량 합계를 구합니다(SUMIF 함수 사용. 조건 범위는 [$D$4:$K$4], 조건은 '모바일', '인터넷', 합계 범위는 [D5:K5]).

3 [B5:B17] 셀 이름을 '지점', [C5:C17] 셀 이름을 '택배사', [L5:L17] 셀 이름을 '모바일', [M5:M17] 셀 이름을 '인터넷'으로 지정합니다.

4 [B22:B24] 셀에 택배사별 건수를 구합니다(COUNTIF 함수 사용. 조건 범위 '택배사', 조건은 A22).

5 [C22:C24] 셀에 택배사별 모바일 합계, [E22:E24] 셀에 택배사별 인터넷 합계를 구합니다(SUMIF 함수 사용. 조건 범위 '택배사', 조건 A22, 합계범위 '모바일', '인터넷').

6 [D22:D24] 셀에 택배사별 모바일 평균, [F22:F24] 셀에 택배사별 인터넷 평균을 구합니다(AVERAGEIF 함수 사용. 조건 범위 '택배사', 조건 A22, 평균 범위 '모바일', '인터넷').

7 [I22:I24] 셀에 지점별 건수를 구합니다(COUNTIF 함수 사용. 조건 범위 '지점', 조건은 H22).

8 [J22:J24] 셀에 지점별 모바일 합계, [L22:L24] 셀에 지점별 인터넷 합계를 구합니다(SUMIF 함수 사용. 조건 범위 '지점', 조건 H22, 합계 범위 '모바일', '인터넷').

9 [K22:K24] 셀에 지점별 모바일 평균, [M22:M24] 셀에 지점별 인터넷 평균을 구합니다(AVERAGEIF 함수 사용. 조건 범위 '지점', 조건 H22, 평균 범위 '모바일', '인터넷').

워크시트에
일러스트레이션
넣기

데이터를 워크시트의 셀 안에 입력하는 것 외에도 데이터의 의미를 효과적으로 나타내기 위해 도형이나 그림을 사용할 수 있습니다. 이때 도형을 직접 그리지 않아도 엑셀에서 제공하는 다양한 스마트아트 그래픽을 삽입하여 데이터를 시각적으로 표현할 수 있습니다. 엑셀 문서에 스마트아트 그래픽, 그림 등을 활용하는 방법을 알아보겠습니다.

01 스마트아트 삽입하기

어떤 정보를 시각적으로 표현할 때는 도형을 작성하고 그 안에 텍스트를 입력합니다. 이때 일일이 적절한 모양의 도형을 찾고 변환해 서식을 지정할 수도 있지만 엑셀에서 제공하는 스마트아트 그래픽을 사용하면 훨씬 간편하게 다이어그램이나 조직도 등의 그래픽을 작성할 수 있습니다.

스마트아트란?

스마트아트(SmartArt)는 서식이 미리 지정된 여러 도형의 구성으로 정보를 시각적으로 표현할 수 있도록 제공되는 그래픽 개체입니다. 도형이나 클립 아트 등으로 레이아웃과 디자인 서식이 미리 지정되어 있으므로 전문가가 아니더라도 수준 높은 일러스트레이션을 쉽게 작성할 수 있습니다.

 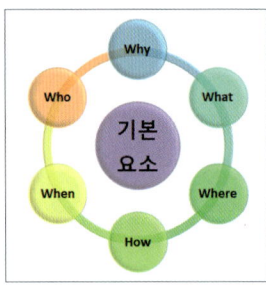 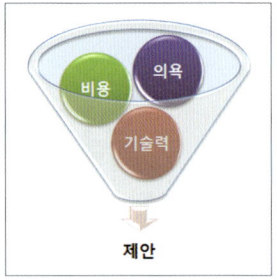

▲ 스마트아트 작성 예

스마트아트 그래픽 유형

[삽입] 탭-[일러스트레이션] 그룹-[SmartArt]를 클릭하면 [SmartArt 그래픽 선택] 대화상자가 나타납니다. 표현하려는 정보의 용도별로 그래픽 유형 범주를 선택하면 하위 목록이 가운데에 표시됩니다. 하위 목록에서 그래픽 유형 그림을 선택하면 오른쪽에 해당 그래픽에 대한 설명과 함께 미리 보기가 나타납니다.

① **목록형(▥)**: 비순차적 정보를 표시할 때

② **프로세스형(⋯)**: 프로세스 또는 시간 표시 막대에서 단계를 표시할 때

③ **주기형(✿)**: 연속된 프로세스를 표시할 때

④ **계층 구조형(⬚)**: 의사 결정 트리나 조직도를 만들 때

⑤ **관계형(▦)**: 연결을 일러스트레이션으로 표시할 때

⑥ **행렬형(⊕):** 전체에 대한 각 부분의 관계를 표시할 때

⑦ **피라미드형(▲):** 가장 큰 구성 요소가 맨 위 또는 맨 아래에 있는 비례 관계를 표시할 때

⑧ **그림(▣):** 목록 또는 프로세스를 보완하는 데 그림을 사용할 때

SMARTART 도구

스마트아트 그래픽은 일반 도형과 달리 스마트아트 영역 내에서 도형을 추가하거나 위치를 이동하고 순서를 바꾸는 등의 작업을 해야 합니다. 스마트아트를 삽입한 후에는 리본 메뉴 [SMARTART 도구]의 [디자인] 탭과 [서식] 탭이 표시됩니다. [디자인] 탭에서는 스마트아트의 전체적인 레이아웃이나 스타일 등을 지정할 수 있습니다.

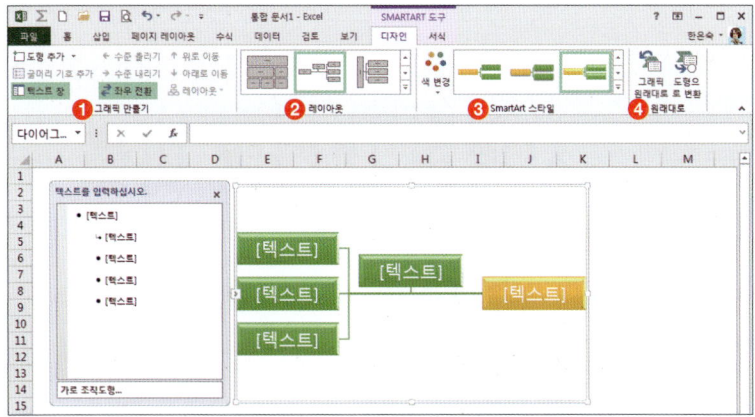

▲ [가로 조직도형] 스마트아트 삽입, [색상형 범위–강조색 5]로 색 변경 및 SmartArt 스타일 [광택 처리], 그래픽 [좌우 전환]을 적용한 예

① **[그래픽 만들기] 그룹 :** 스마트아트 영역 내에서 도형 추가, 순서 조정, 위치 조정 등을 할 수 있습니다.

② **[레이아웃] 그룹 :** 처음 삽입한 그래픽 유형이 마음에 들지 않는다면 다른 유형을 선택합니다.

③ **[SmartArt 스타일] 그룹 :** 색상과 디자인 서식을 변경합니다.

④ **[원래대로] 그룹 :** 그래픽을 처음 상태로 되돌리거나 일반 도형으로 변환합니다.

[서식] 탭은 일반 도형에서 지정하는 방식과 같습니다. 스마트아트 개체 안의 일부 도형을 선택한 후 도형 모양을 변경하거나 도형 스타일, 텍스트 스타일 등을 지정할 수 있습니다.

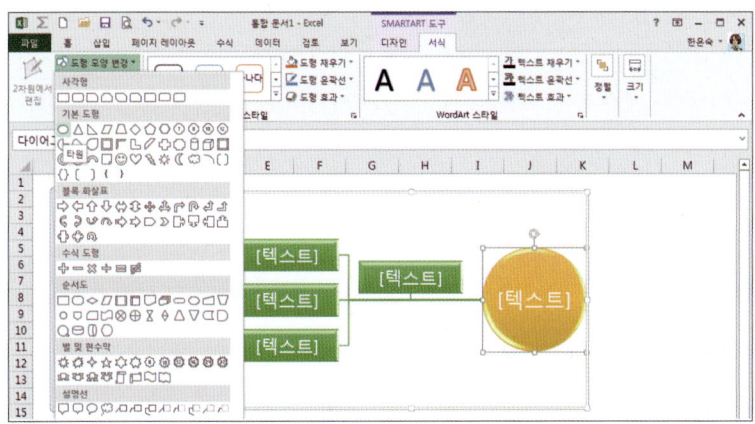

▲ 첫 번째 도형 모양을 타원으로 변경하고 크기를 크게 변경함

밸런스형 다이어그램으로 지역별 비중 표시하기

2007 | 2010 | 2013

• **실습 파일** Chapter08 \ Section01 \ 대리점현황.xlsx • **완성 파일** Chapter08 \ Section01 \ 대리점현황완성.xlsx

대리점 현황 표에서 확인할 수 있는 서울 지역과 지방 대리점의 비중을 표현하기 위해 밸런스형 다이어그램을 작성해보겠습니다. 엑셀에서 제공하는 밸런스형 다이그램을 삽입한 후 도형 추가, 색상 변경 등 서식을 지정하여 다음과 같이 꾸며보겠습니다.

대리점 현황

서울		지방	
지역	대리점명	지역	대리점명
강남	개포점	대전	대덕점
	논현점		
	삼성점		유성점
	역삼점		
	청담점		태평점
	압구정점		
	도곡점	부산	금정점
	서초점		
	강남점		동래점
	반포		
강북	삼각산점		수영점
	우이동점		
	성북점		해운대점
	동대문점		
강동	상일동점		영도점
	성내점		
	천호점		
강서	가양점	제주	서귀포점
	공항점		
	동촌점		
	개화점		

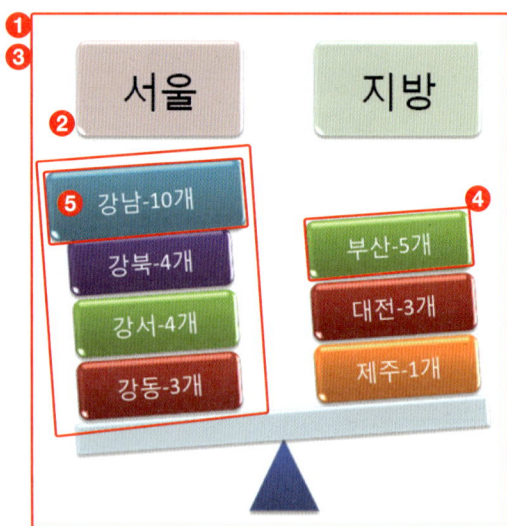

❶ 밸런스형 스마트아트 삽입

❷ 도형 추가

❸ 스타일 지정

❹ 도형 이동

❺ 도형 스타일 및 크기 조절

01 스마트아트 삽입하기

지역별 대리점 비중을 스마트아트로 표시
해보겠습니다.

① [삽입] 탭-[일러스트레이션] 그룹-
　[SmartArt] 선택

② [SmartArt 그래픽 선택] 대화상자에서
　[관계형] 선택

③ [밸런스형] 선택

④ [확인]을 클릭합니다.

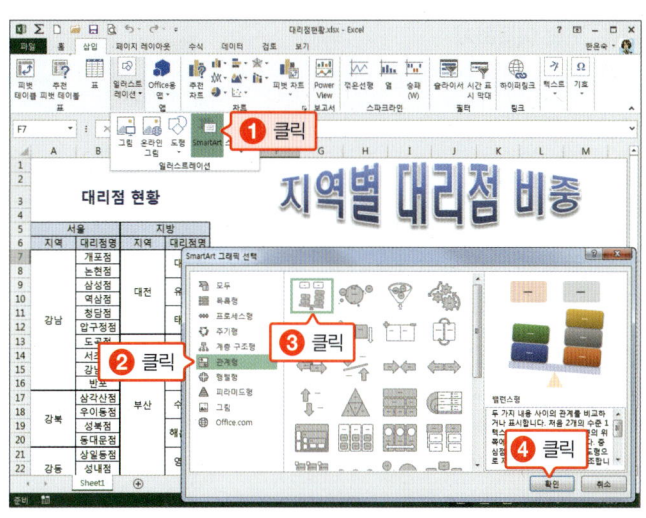

02 위치, 크기 조절 및 도형 추가하기

① 스마트아트 개체의 외곽 테두리 부분을 드
　래그해 위치 이동

② 아래 크기 조절점을 드래그해 크기 조절

③ 왼쪽 첫 번째 도형 클릭

④ 도형을 두 개 추가하기 위해 [SMART-
　ART 도구]-[디자인] 탭-[그래픽 만들
　기] 그룹-[도형 추가] 두 번 클릭

⑤ 각 도형을 클릭하고 그림과 같이 텍스트
　를 입력합니다.

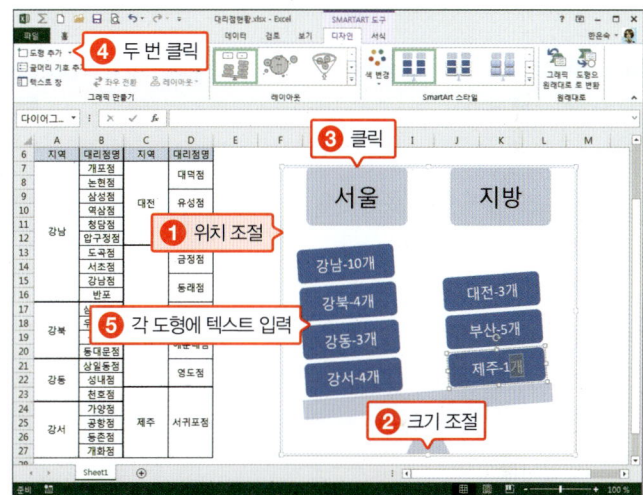

03 스마트아트 스타일 지정하기

스마트아트의 색과 스타일을 변경해보겠
습니다.

① [SMARTART 도구]-[디자인] 탭-
　[SmartArt 스타일] 그룹-[색 변경] 클릭

② [색상형-강조색] 선택

③ 같은 그룹의 빠른 스타일 갤러리에서 아
　래 화살표 버튼 클릭

④ [광택 처리]를 선택합니다.

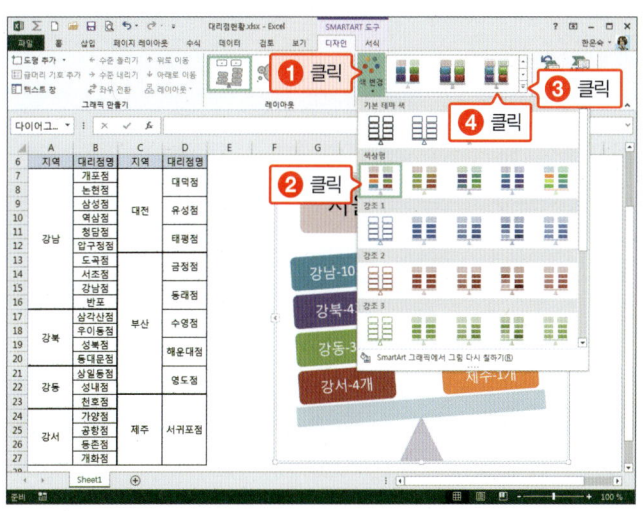

04 도형 이동하기

스마트아트 내에서 도형의 위치를 변경해 보겠습니다.

① **강서-4개 도형** 선택

② [SMARTART 도구]–[디자인] 탭–[그래픽 만들기] 그룹–[**아래로 이동**] 클릭

③ **부산-5개 도형** 선택

④ [**아래로 이동**]을 클릭합니다.

⊟를 클릭하면 텍스트 목록을 통해서도 도형 내 텍스트를 입력, 편집할 수 있습니다. [아래로 이동]을 클릭하면 ⊟ 클릭 후 나타나는 텍스트 목록에서의 위치를 기준으로 도형이 아래로 이동됩니다.

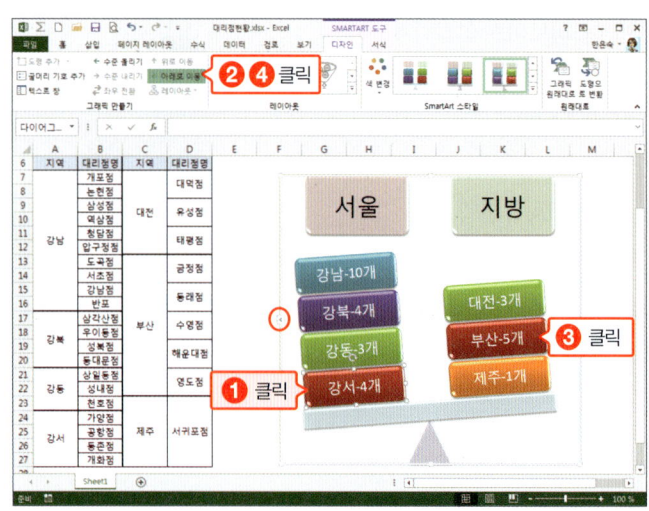

05 도형 스타일 및 도형 크기 조절하기

① **삼각형 도형** 클릭

② [SMARTART 도구]–[서식] 탭–[도형 스타일] 그룹에서 빠른 스타일 갤러리의 **아래 화살표**를 여러 번 클릭

③ [**보통 효과–파랑, 강조 1**] 선택

④ **강남-10개 도형** 클릭

⑤ [SMARTART 도구]–[서식] 탭–[도형] 그룹–[**크게**]를 두 번 클릭하여 크기를 크게 합니다.

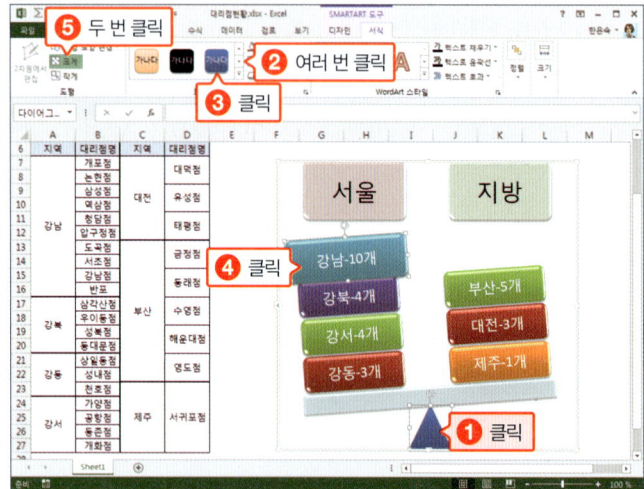

• **실습 파일** Chapter08\Section01\Agenda.xlsx • **완성 파일** Chapter08\Section01\Agenda완성.xlsx

발표 목록을 표시하기 위해 스마트아트로 세로 곡선 목록형 다이어그램을 삽입합니다. 그림과 같이 텍스트를 입력하고 다음 지시 사항에 따라 꾸며봅니다.

▲ 실습 파일

▲ 완성 파일

1 [삽입] 탭−[일러스트레이션] 그룹−[SmarArt]를 선택하고 [목록형]에서 세로 곡선 목록형을 선택합니다.

2 삽입된 스마트아트 개체의 외곽 테두리 부분을 드래그하여 크기와 위치를 적절히 조절합니다.

3 [디자인] 탭−[그래픽 만들기] 그룹−[도형 추가]를 세 번 클릭하여 도형을 세 개 더 추가합니다. 각 도형을 선택한 후 그림과 같이 텍스트를 입력합니다.

4 [디자인] 탭−[SmartArt 스타일] 그룹−[색 변경]−[색상형 범위−강조색 2 또는 3]을 선택하고, 빠른 스타일 갤러리에서 [강한 효과]를 선택합니다.

5 성과물 이미지 도형의 원을 선택하고 [서식] 탭−[도형] 그룹−[도형 모양 변경]−[포인트가 5개인 별]을 선택한 후 [서식] 탭−[도형 스타일] 그룹의 빠른 스타일 갤러리에서 [강한 효과−주황, 강조 6]을 선택합니다.

02 그림 삽입하기

문서 내용과 연관된 그림을 삽입하면 정보를 좀더 효과적으로 전달할 수 있습니다. 사용자가 저장해놓은 그림 파일이나 온라인에 있는 그림을 삽입할 수 있으며 '스크린샷'이라는 화면 캡처 기능으로 엑셀 외의 다른 프로그램 창을 그림으로 캡처하여 사용할 수도 있습니다.

그림 파일 삽입하기

미리 저장해둔 그림 파일을 삽입하려면 [삽입] 탭-[일러스트레이션] 그룹-[그림]을 클릭한 후 [그림 삽입] 대화상자에서 그림 파일을 찾아 선택한 후 삽입합니다.

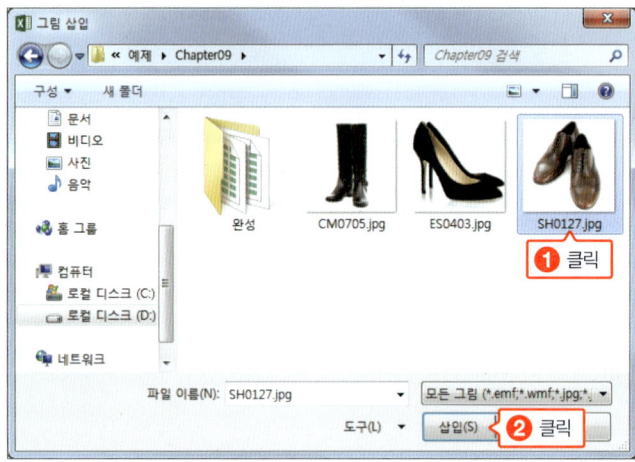

그림 도구 사용하기

그림 파일이나 클립 아트, 스크린샷을 삽입하면 워크시트 가운데로 개체가 삽입되며 개체가 선택된 동안에는 리본 메뉴에 [그림 도구]-[서식] 탭이 추가됩니다. 선택한 그림의 배경을 제거하거나 색조, 밝기, 스타일, 정렬, 크기 등을 지정할 수 있습니다.

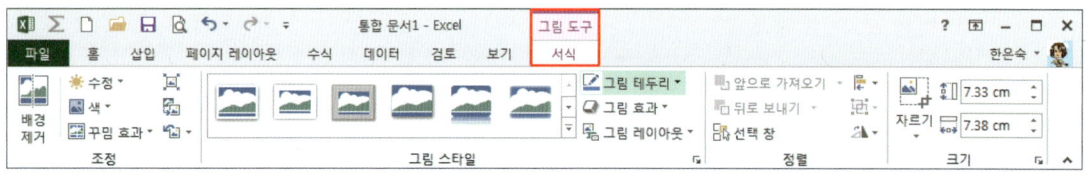

온라인 그림 삽입하기

문서 내용에 맞는 그림 파일을 가지고 있지 않다면 다양한 온라인 소스에서 그림을 검색하여 삽입할 수 있습니다. [삽입] 탭-[일러스트레이션] 그룹-[온라인 그림]을 클릭하면 [그림 삽입] 창이 표시됩니다. [Office.com 클립 아트]에 검색어를 입력하면 마이크로소프트의 Office.com 사이트에서 무료 사진 및 일러스트레이션을 검색하여 삽입할 수 있습니다. [Bing 이미지 검색]을 이용하면 Bing 검색 엔진으로 웹에서 이미지를 검색할 수 있습니다. 그 외에도 OneDrive에 저장되어 있는 이미지를 삽입할 수 있습니다.

Office.com 클립 아트 삽입

Office.com 클립 아트에 검색어 '비즈니스'를 입력한 후 Enter를 눌러 검색한 결과 화면입니다. 검색 결과 화면에서 Ctrl이나 Shift와 함께 그림을 클릭하면 여러 개의 그림을 한번에 선택할 수 있습니다. 그림을 선택하고 [삽입]을 클릭하면 워크시트에 선택한 그림이 삽입됩니다.

제품 목록에서 제품 사진과 정보 가져오기

2007 | 2010 | 2013

- 실습 파일 Chapter08\Section02\제품소개서.xlsx   - 완성 파일 Chapter08\Section02\제품소개서완성.xlsx

제품소개서 파일에는 [제품목록] 시트로부터 제품 코드를 찾아 해당 제품의 종류, 가격, 소재, 사이즈, 색상, 설명을 [제품소개서] 시트에 가져오는 VLOOKUP 함수식이 작성되어 있습니다. [제품소개서] 시트에서 제품 코드를 선택하면 [제품목록] 시트의 사진 목록에서도 사진을 가져올 수 있도록 [제품목록] 시트에 그림을 삽입한 후 [제품소개서] 시트에 INDEX 함수를 사용하여 그림을 연결해보겠습니다.

제품코드	사진	종류	가격	소재	사이즈	색상	설명
ES0403	❷	펌프스	120,000	소가죽	225~250	BLACK	심플하면서 고급스러운 느낌을 강조. 7cm 굽 사용.(굽 조절 주문 가능)
❶ SH0127		신사화	250,000	카프 브러시	250~275	BROWN	정장에 소화할 수 있는 드레스화 본점에서만 주문 가능
CM0705		부츠	450,000	소가죽	230~250	BLACK BROWN	2cm 높이로 편안한 라이더 스타일.

❶ 그림 삽입

❷ 그림 배경 투명하게 설정

❸ 그림 개체에 INDEX 함수식 연결

❹ 제품코드를 변경하면 그림과 제품 정보 변경

01 이름 정의하기

사진이 들어갈 셀에 이름을 정의해보겠습니다.

① [제품목록] 시트의 **[B3:B5]** 셀 드래그

② 이름 상자에 **사진목록** 입력 후 Enter 를 누릅니다.

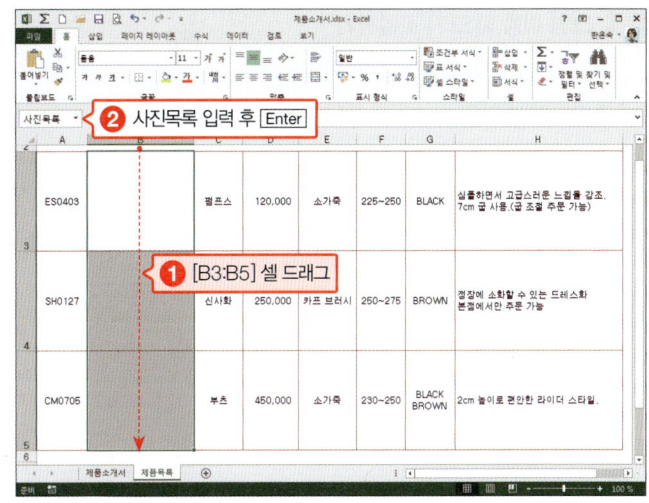

02 그림 삽입하기

① [삽입] 탭-[일러스트레이션] 그룹-[그림] 선택

② [그림 삽입] 대화상자에서 **ES0403.jpg** 파일 선택

③ **[삽입]**을 클릭합니다.

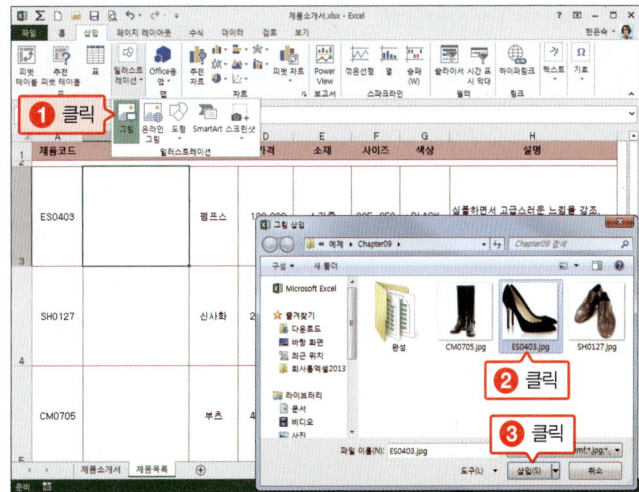

03 그림 배경 투명하게 하기

① [그림 도구]-[서식] 탭-[조정] 그룹-[색] -**[투명한 색 설정]** 선택

② 그림에서 투명하게 할 **흰색 배경** 부분을 선택합니다.

04 그림 이동 및 크기 조절하기

① Alt 를 누른 상태에서 그림을 [B3] 셀로
드래그하여 이동

② 다시 Alt 를 누른 상태에서 **크기 조절점**
을 드래그하여 [B3] 셀에 맞게 그림 크
기를 조절합니다.

바로 통하는 TIP Alt 를 누른 상태에서 드래그하면 셀
눈금선에 맞춰 이동 및 크기 조절을 할 수 있습니다.

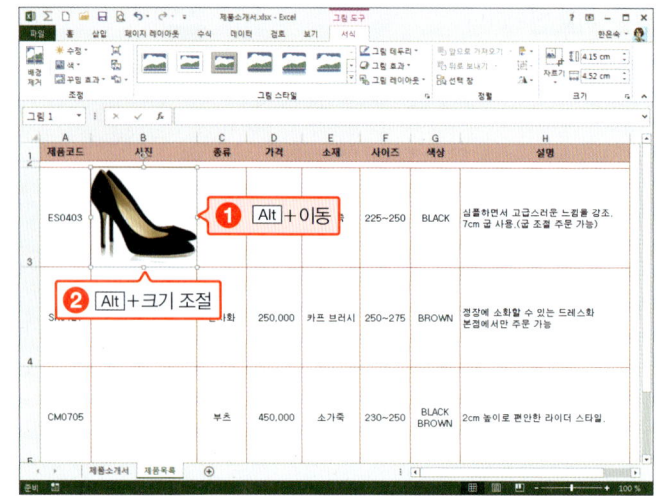

05 나머지 그림 삽입하기

① **02~04**를 반복하여 [B4] 셀에 SH0127.
jpg, [B5] 셀에 CM0705.jpg 파일 삽입

② **첫 번째 그림**에서 마우스 오른쪽 버튼 클릭

③ 단축 메뉴에서 [**복사**]를 선택합니다.

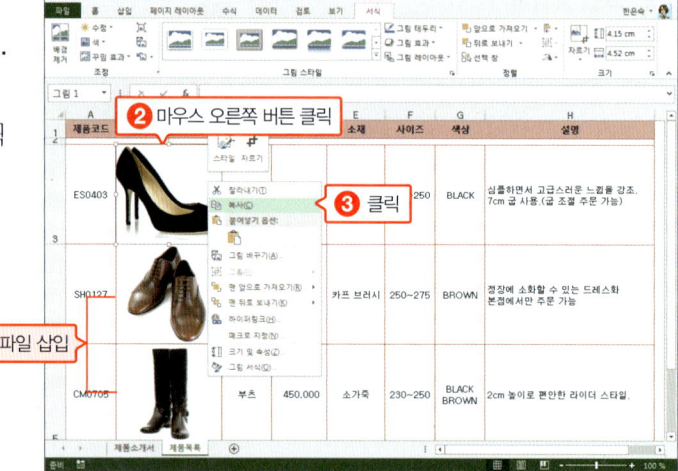

06 그림 붙여넣기

① [제품소개서] 시트 클릭

② [B6] 셀에서 마우스 오른쪽 버튼 클릭

③ 단축 메뉴의 [붙여넣기 옵션] 중 [**대상 테
마 사용**]을 선택합니다.

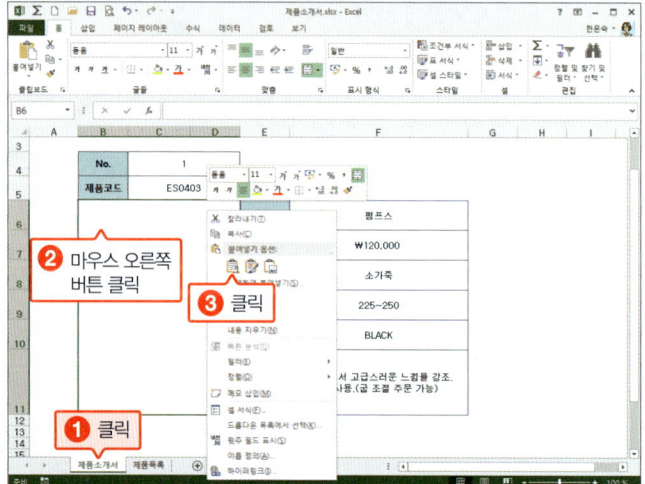

07 [Alt]를 누른 상태에서 **크기 조절점**을 드래그하여 셀 크기에 맞춰 그림 크기를 조절합니다.

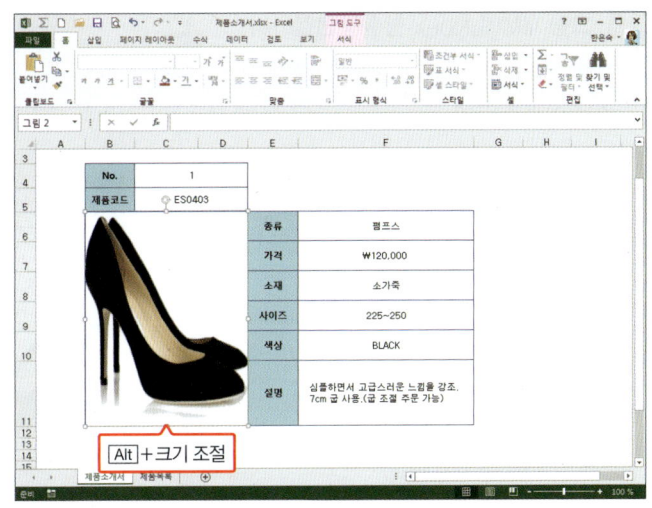

08 제품 소개서 함수식 이해하기

① [Ctrl]+[~] 눌러 수식 확인

② [Ctrl]+[~]을 눌러 화면을 원상 복구합니다.

[Ctrl]+[~]을 누르면 워크시트에 입력된 수식이 셀에 나타납니다. 각각의 셀에는 [제품목록] 시트에서 각 범위에 대해 정의한 이름을 사용하여 함수식이 작성되어 있습니다. [C5] 셀에는 [데이터] 탭-[데이터 도구] 그룹-[데이터 유효성 검사]를 사용하여 선택한 데이터 목록으로 [제품목록] 시트의 제품코드 범위가 목록으로 지정되어 있습니다.

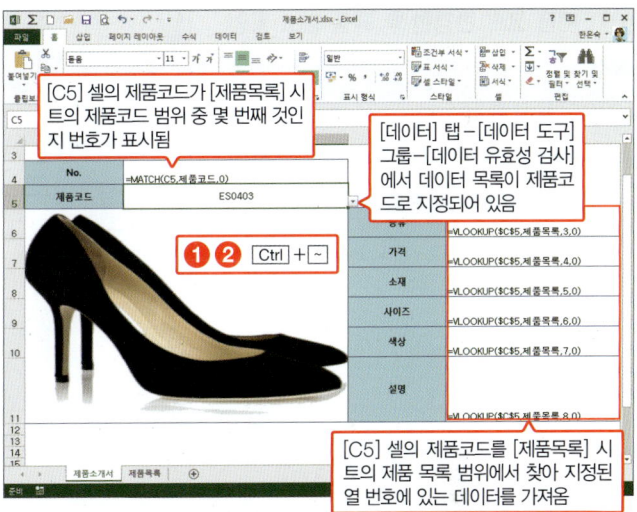

09 INDEX 함수식의 이름 정의하기

① [수식] 탭-[정의된 이름] 그룹-[이름 정의] 클릭

② [새 이름] 대화상자의 [이름]에 **사진** 입력

③ [참조 대상]에 **=INDEX(사진목록,제품소개서!$C$4)** 입력

④ [확인]을 클릭합니다.

[제품목록] 시트의 사진 목록에서 [제품소개서] 시트의 [C4] 셀에 들어 있는 숫자 순서에 해당하는 그림을 가져옵니다. 예를 들어 [C4] 셀에 1이 입력되어 있으면 사진 목록에서 첫 번째 사진을 가져옵니다.

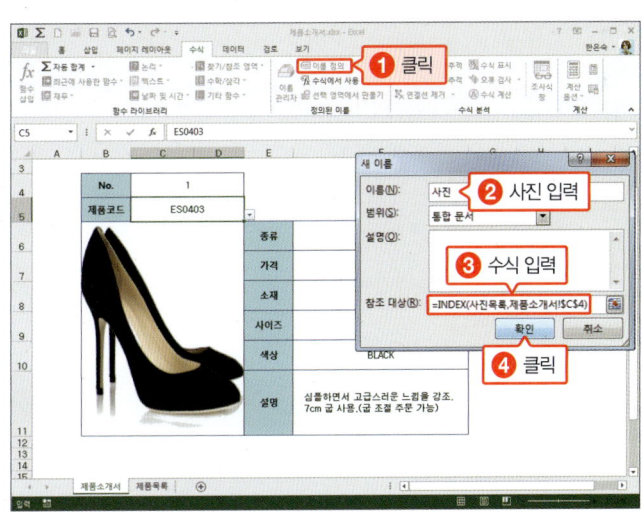

10 그림 개체에 INDEX 함수식 연결하기

① 그림 클릭

② 수식 입력줄 클릭

③ =사진을 입력한 후 Enter 를 누릅니다.

11 제품 코드 변경한 후 제품 정보 확인하기

① [C5]셀 클릭

② 목록 버튼 클릭 후 다른 제품 코드를 선택해봅니다. 해당 사진과 제품 정보가 각각 표시됩니다.

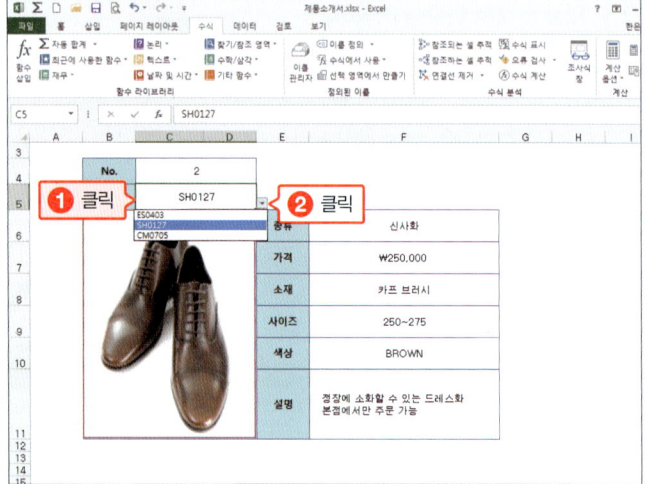

데이터가 한눈에
들어오는
차트 만들기

차트는 수치 데이터를 한눈에 파악하고 비교, 분석할 수 있도록 시각화하는 도구입니다. 정보 전달력이 뛰어난 보고서를 작성하려면 수치와 텍스트만으로 작성된 것보다는 수치의 많고 적음, 기간별 변화 등을 바로 확인해볼 수 있도록 차트를 활용하는 것이 좋습니다. 이번 장에서는 데이터 종류별로 적합한 차트를 삽입하여 활용하는 방법에 대해서 알아보겠습니다.

01

차트 작성하기

엑셀 워크시트에 입력된 수치 데이터는 모두 차트로 작성할 수 있습니다. 차트 기능은 수치 데이터를 자주 다루는 엑셀에서 중요한 기능 중 하나입니다. 차트에 대한 정의 및 엑셀에서 다루는 차트의 기본 구성과 디자인 작성 방법에 대해서 알아보겠습니다.

엑셀 차트 종류와 용도

기본적인 차트 종류는 세로 막대형, 가로 막대형, 꺾은선형, 원형, 분산형으로 분류할 수 있습니다. 또한 이 5가지 기본 차트에서 변형된 비슷한 유형의 차트로는 방사형, 영역형, 도넛형, 거품형 등이 있습니다. 데이터 내용과 전달하려는 의미에 따라 적절한 종류의 차트를 선택할 수 있어야 합니다. 엑셀에서 제공하는 차트의 종류와 용도는 다음과 같습니다.

차트 종류	용도 및 설명	작성 예
세로 막대형	세로 막대형 차트는 데이터의 많고 적음을 비교할 때, 시간 경과에 따른 데이터 변동 추이를 표시하거나 항목별 비교를 나타내는 데 유용합니다. 일반적으로 항목이 가로축에, 값은 세로축에 표시됩니다. 계열을 수평으로 구성하고 값을 수직으로 구성하면 시간에 따른 변화를 강조할 수 있습니다.	
가로 막대형	항목의 값을 비교할 때 자주 사용합니다. 계열을 수직으로 구성하고 값을 수평으로 구성하면 비교 값을 강조할 수 있습니다. 가로 막대형과 비슷한 용도로 변형된 유형의 차트로는 방사형 차트가 있습니다.	
꺾은선형	일정 간격에 따라 데이터 추세를 표시하는 데 유용하며 특정 데이터를 바탕으로 데이터가 변하는 추이를 한눈에 알아볼 수 있습니다. 항목 데이터는 가로축을 따라 일정한 간격으로 표시되고 모든 값 데이터는 세로축을 따라 일정한 간격으로 표시됩니다. 꺾은선형과 비슷한 용도로 변형된 유형의 차트로는 영역형과 분산형 차트가 있습니다.	
원형	하나의 데이터 계열을 구성하는 각각의 항목을 합계에 대한 크기 비율로 나타냅니다. 이 중 원형 대 가로 막대형 차트를 이용하면 중요 요소를 확연히 표현할 수 있습니다. 원형 차트는 데이터 계열이 하나일 때만 사용할 수 있으며 비슷한 용도로 변형된 도넛형 차트를 사용하면 두 개 이상의 데이터 계열을 표현할 수 있습니다.	

분산형	데이터의 불규칙한 간격이나 묶음을 보여주고 데이터의 관계를 표현할 때 많이 쓰이는 차트입니다. 주로 과학 데이터를 분석할 때 사용하며 여러 데이터 계열의 변화 추이를 비교하기도 합니다. 분산형 차트와 비슷한 용도로 변형된 차트에는 거품형 차트가 있습니다.	
영역형	시간 경과에 따른 변화량을 강조할 때 사용합니다. 특히 전체 영역과 특정 값 영역을 비교해 전체와 부분 간의 관계도를 확인할 때 좋습니다.	
주식형	고가, 저가, 종가 등의 주식 거래 가격을 바탕으로 차트를 작성하며 온도 변화와 같은 과학 데이터를 표현할 때도 사용합니다. 주식형 차트를 만들려면 데이터를 올바른 순서로 구성해야 합니다. 주식형 차트로 만들 데이터는 워크시트에서의 구성 방식이 매우 중요합니다. 예를 들어 간단한 고가−저가−종가의 주식형 차트를 만들려면 열 머리글이 고가, 저가, 종가인 데이터를 해당 순서대로 정렬해야 합니다.	
표면형	두 데이터 계열에서 최적의 조합을 찾을 때 유용하며 색이나 무늬를 다르게 해서 지형 지도를 그릴 때 효과적입니다. 표면형 차트는 항목과 데이터 계열이 모두 숫자 값인 경우에 사용할 수 있습니다.	
방사형	각 계열 가운데 지점에서 뻗어나가는 값을 하나의 축으로 나타내고 각각의 축에 해당 데이터 값을 표시합니다. 많은 데이터 계열을 쉽게 표시할 수 있어 집계 값을 비교할 때 자주 사용합니다.	
콤보(혼합형)	비교 데이터 값 범위의 편차가 크거나 여러 종류의 데이터가 혼합된 경우 데이터 계열에 대해 다른 종류의 차트를 혼합하여 표시합니다.	

▪ **실습 파일** Chapter09\Section01\차트작성.xlsx ▪ **완성 파일** Chapter09\Section01\차트작성완성.xlsx

차트를 삽입하려면 우선 워크시트에 수치 데이터가 입력되어 있어야 합니다. 차트로 표현할 수치 데이터를 선택한 후 단축키를 누르거나 빠른 분석 도구에서 추천하는 차트를 선택합니다. 리본 메뉴 [삽입] 탭-[차트] 그룹에서 원하는 차트 종류를 선택해도 됩니다. 엑셀에서 차트를 삽입하는 다양한 방법에 대해서 알아보겠습니다.

01 Alt + F1 로 차트 삽입하기

단축키를 사용해 워크시트 화면에 차트를 삽입해보겠습니다.

① [A3:B7] 셀 드래그

② [D3:D7] 셀을 Ctrl +드래그

③ Alt + F1

워크시트 화면 가운데에 기본 차트인 묶은 세로 막대형 차트가 삽입됩니다.

④ **차트 영역을 오른쪽 위로** 드래그해 이동

⑤ [A11:E15] 셀을 드래그합니다.

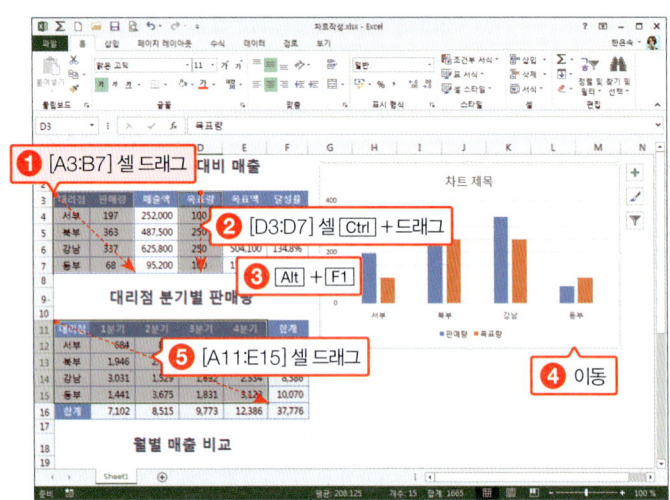

02 F11 로 차트 시트에 차트 삽입하기

데이터 범위가 지정된 상태에서 F11 을 누르면 시트 탭에 별도의 차트 시트를 삽입할 수 있습니다.

① F11

시트 탭에 차트 시트인 [Chart1] 시트가 삽입되면서 기본 차트인 묶은 세로 막대형 차트가 나타납니다.

② 다시 [Sheet1] 시트를 클릭합니다.

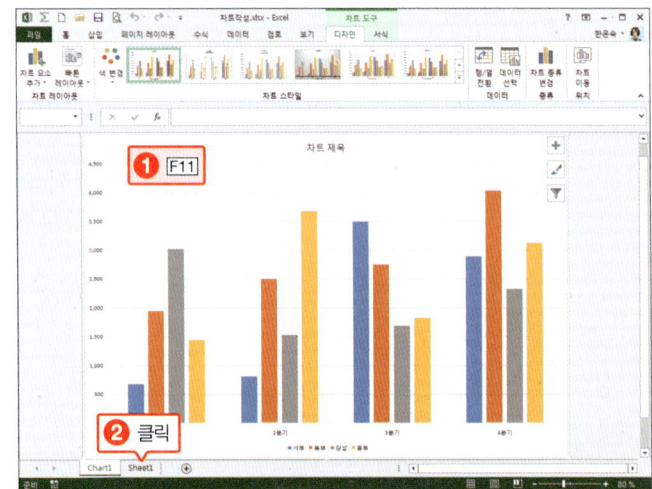

03 빠른 분석 도구의 추천 차트 삽입하기

빠른 분석 도구에서는 선택한 데이터 특징에 맞는 차트 종류를 추천합니다.

① [A11:E15] 셀 드래그

② 범위 오른쪽 아래에 표시된 [빠른 분석 📊] 클릭

③ [차트] 클릭

④ [누적 세로 막대형] 그래프 중 **두 번째 그래프** 선택

⑤ 화면 가운데에 삽입된 차트를 이동하기 위해 **차트 영역**을 드래그합니다.

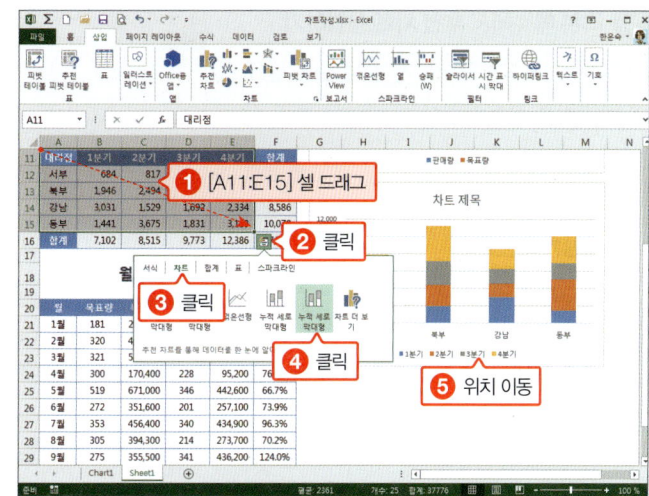

바로 통하는 TIP 데이터 특징에 따라 추천되는 차트 목록이 다르게 나타납니다. 또한 Ctrl을 사용하여 다중 범위를 지정한 상태에서는 [빠른 분석 📊]이 표시되지 않습니다.

실무활용노트 EXCEL | **기본 차트 종류 변경하기**

엑셀에서 기본 차트로 설정된 차트가 묶은 세로 막대형이므로 단축키를 누르면 묶은 세로 막대형 차트가 삽입됩니다. 단축키를 누를 때 삽입될 기본 차트를 변경하고 싶다면 다음과 같이 설정합니다.

① 데이터 셀 선택

② [삽입] 탭-[차트] 그룹의 [대화상자 표시 📊] 아이콘 클릭

③ [차트 삽입] 대화상자의 [모든 차트] 탭 클릭

④ 차트 종류 목록에서 기본 차트로 선택하고자 하는 차트 종류 선택

⑤ 대화상자 오른쪽 위에 표시된 하위 차트 중 원하는 모양에서 마우스 오른쪽 버튼 클릭

⑥ [기본 차트로 설정] 메뉴 선택

⑦ [확인]을 클릭합니다.

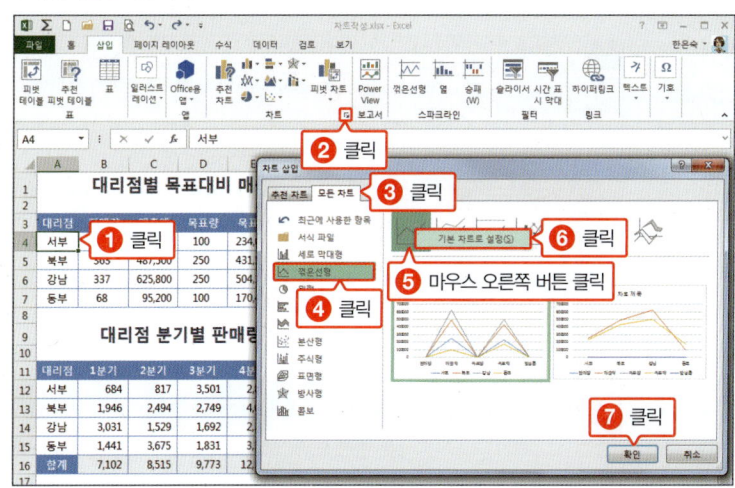

04 리본 메뉴에서 추천 차트 삽입하기

빠른 분석 도구가 표시되지 않는 다중 범위
의 데이터를 사용하거나 더 다양한 추천 차
트를 활용하려면 [차트 삽입] 대화상자를
사용합니다.

① [A3:B7] 셀 드래그

② [D3:D7] 셀 Ctrl+드래그

③ [F3:F7] 셀 Ctrl+드래그

④ [삽입] 탭-[차트] 그룹-[**추천 차트**]를 클
릭합니다.

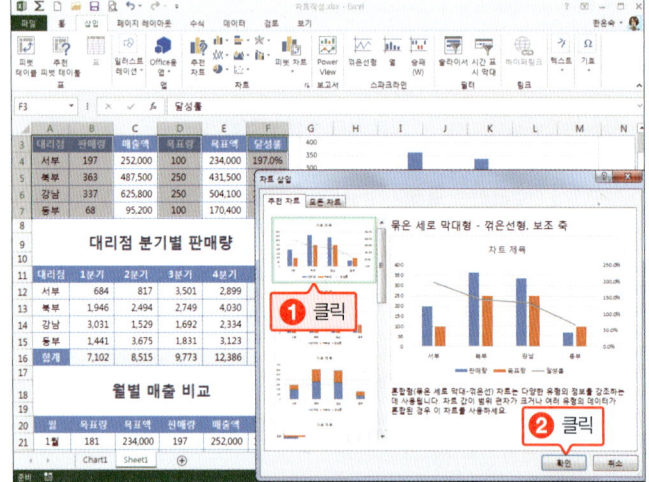

05

① 추천 차트 목록에서 [**묶은 세로 막대형 –
꺾은선형, 보조 축**] 차트 선택

② [**확인**]을 클릭합니다.

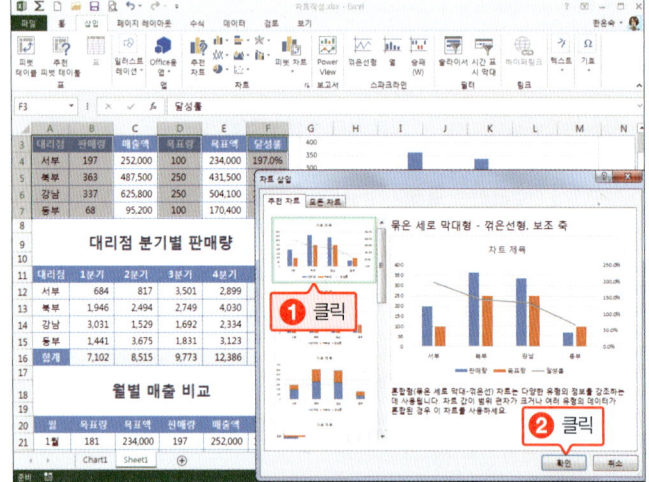

06 차트 종류 직접 선택하여 삽입하기

추천 차트에도 원하는 차트 종류가 없다면
차트 종류를 직접 선택해 삽입합니다.

① [A20:B32] 셀 드래그

② [D20:D32] 셀 Ctrl+드래그

③ [삽입] 탭-[차트] 그룹-[**콤보 차트 삽입**]
클릭

④ [**누적 영역형 – 묶은 세로 막대형**] 차트 선택

⑤ **차트 영역**을 드래그해 적당한 곳으로 이
동합니다.

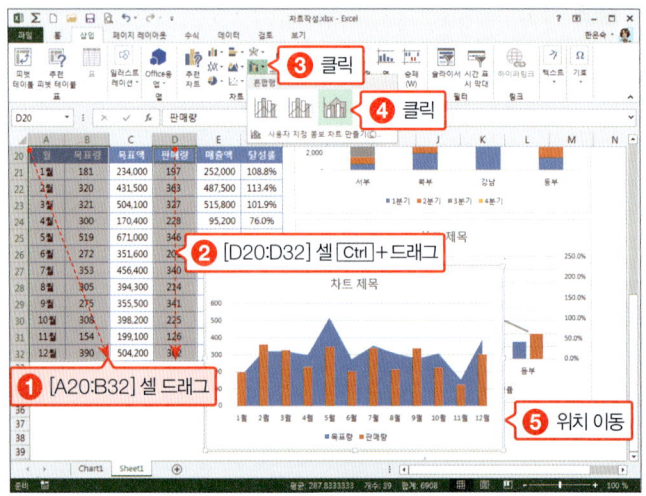

차트를 삽입한 후 차트 종류, 차트 요소, 원본 데이터 범위, 차트 위치 등을 변경할 수 있습니다. 엑셀에서 제공하는 기본적인 차트 스타일 구성을 선택하여 손쉽게 차트 디자인을 설정할 수 있습니다.

빠른 디자인 도구

엑셀 2013부터는 차트를 선택하면 차트 영역 오른쪽에 차트 요소 ⊞, 차트 스타일 ✐, 차트 필터 ▽ 버튼이 표시됩니다. 더욱 빠르고 간편하게 차트 요소를 추가/제거하거나 차트 스타일을 선택하고 차트 데이터를 선택/해제할 수 있는 도구입니다. [차트 도구]-[디자인] 탭-[차트 레이아웃] 그룹-[차트 요소 추가], [차트 스타일] 그룹, [데이터 선택]과 같은 기능을 하는 빠른 선택 도구라고 할 수 있습니다.

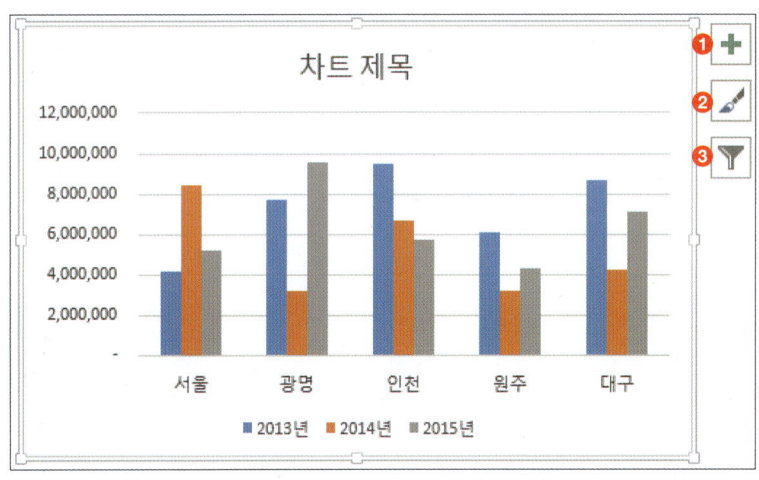

① **차트 요소** : 차트 요소 추가/제거 및 위치 설정. [차트 도구]-[디자인] 탭-[차트 레이아웃] 그룹-[차트 요소 추가]와 같음

② **차트 스타일** : 차트 스타일과 색 구성표 선택. [차트 도구]-[차트 스타일] 그룹과 같음

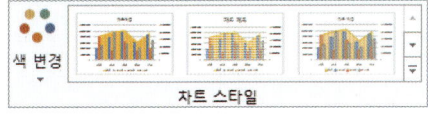

③ **차트 필터** : 차트 데이터 계열 및 범주 선택/해제. [차트 도구]-[데이터] 그룹-[데이터 선택]과 같음

[차트 도구]-[디자인] 탭

차트가 선택된 상태에서는 리본 메뉴에 차트 도구가 표시됩니다. [차트 도구]-[디자인] 탭은 차트의 종류, 위치, 데이터 범위, 레이아웃, 스타일 등을 수정하는 작업에 사용하는 탭입니다.

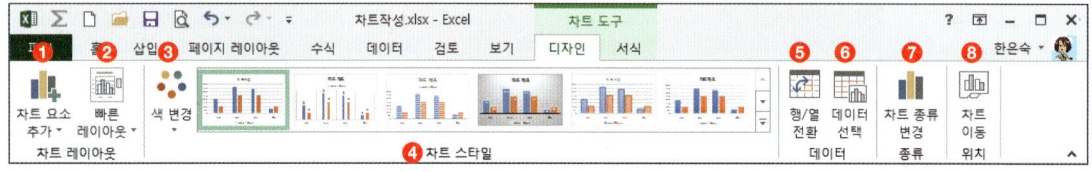

① **차트 요소 추가** : 차트의 구성 요소를 추가/제거하거나 위치 설정

② **빠른 레이아웃** : 미리 구성된 차트의 전체 레이아웃 구성 및 선택. 차트의 종류마다 다른 레이아웃이 추천됩니다.

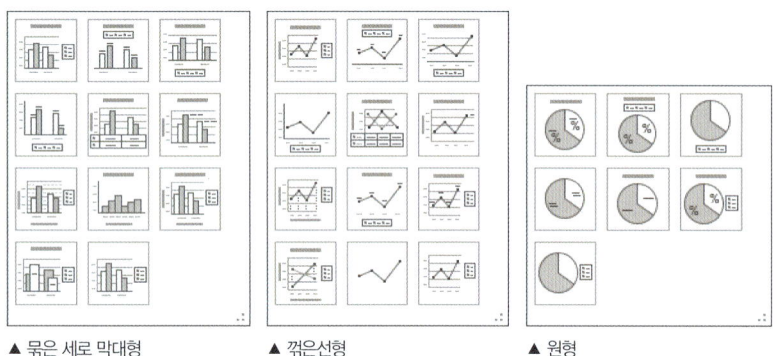

▲ 묶은 세로 막대형   ▲ 꺾은선형   ▲ 원형

③ **색 변경** : 미리 구성된 차트의 색상 배합 선택

④ **차트 스타일** : 미리 구성된 차트 구성 요소의 스타일 서식 선택

⑤ **행/열 전환** : 가로축과 범례 항목을 바꿉니다.

⑥ **데이터 선택** : 데이터 원본 선택 대화상자에서 차트에 사용되는 데이터 범위를 변경하거나 가로축과 범례 항목을 개별적으로 편집할 수 있습니다. 숨겨진 셀이나 빈 셀을 처리할 수 있습니다.

⑦ **차트 종류 변경** : [차트 종류 변경] 대화상자가 열립니다. 다른 종류의 차트를 선택할 수 있으며 기본 차트 설정, 서식 파일 관리 등을 할 수 있습니다.

⑧ **차트 이동** : 새로운 차트 시트나 다른 워크시트로 차트를 이동할 수 있습니다.

차트 종류 변경 및 차트 구성 요소 설정하기

2007 | 2010 | 2013

• **실습 파일** Chapter09\Section02\지역별실적.xlsx • **완성 파일** Chapter09\Section02\지역별실적완성.xlsx

지역별 10년간 실적 수치 범위에 대해 Alt + F1 을 눌러 묶은 세로 막대형 차트로 작성한 문서입니다. 묶은 세로 막대 차트를 꺾은선형 차트로 수정하고 누적 가로 막대형 차트를 추가로 작성해봅니다. 누적 가로 막대형 차트에서는 지역별 전체 실적을 표시하고 막대 안에서 연도별 실적을 색상으로 표시한 후 비교해볼 수 있습니다. 꺾은선형 차트에서는 10년간 실적 변화와 추세를 확인할 수 있습니다.

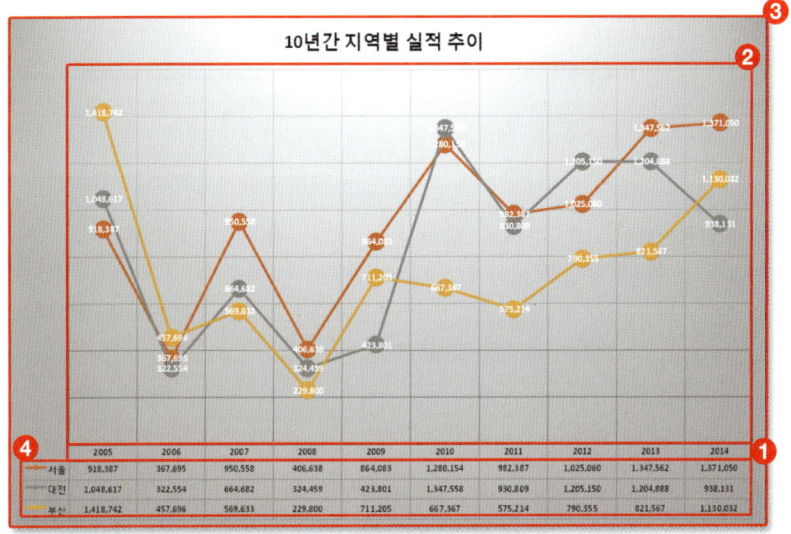

지역별 10년간 실적

연도	서울	대전	부산	합계
2005	918,387	1,048,617	1,418,742	3,385,746
2006	367,695	322,554	457,696	1,147,945
2007	950,558	664,682	569,633	2,184,873
2008	406,638	324,459	229,800	960,897
2009	864,083	423,801	711,205	1,999,089
2010	1,280,154	1,347,558	667,367	3,295,079
2011	982,387	930,809	575,214	2,488,410
2012	1,025,060	1,205,150	790,355	3,020,565
2013	1,347,562	1,204,888	821,567	3,374,017
2014	1,371,050	938,131	1,130,032	3,439,213
합계	9,513,574	8,410,649	7,371,611	25,295,834

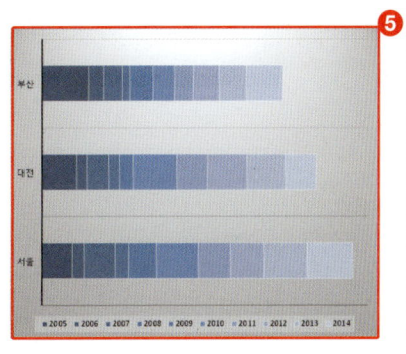

❶ 가로축, 범례 항목 수정

❷ 꺾은선형 차트로 종류 변경

❸ 차트 시트로 이동

❹ 차트 요소 추가/제거

❺ 누적 가로 막대형 차트 작성

01 가로축, 범례 항목 수정하기

데이터 범위 첫 번째 열의 연도가 문자가
아닌 숫자로 입력되어 있기 때문에 가로축
레이블이 아닌 범례 항목 계열로 들어가 있
고, 가로축 레이블에는 단순한 순번을 나타
내는 번호가 입력되어 있습니다. 이를 수정
해보겠습니다.

① 작성된 **차트** 클릭

② [차트 도구]-[디자인] 탭-[데이터] 그
   룹-[**데이터 선택**] 클릭

③ [데이터 원본 선택] 대화상자의 [가로(항
   목) 축 레이블]에서 [**편집**]을 클릭합니다.

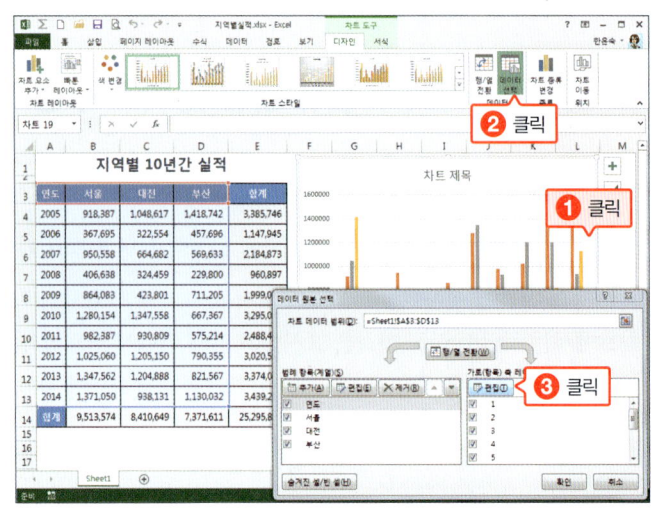

02

① [축 레이블] 대화상자의 [**축 레이블 범위**]
   란 클릭

② [**A4:A13**] 셀 드래그

③ [**확인**]을 클릭합니다.

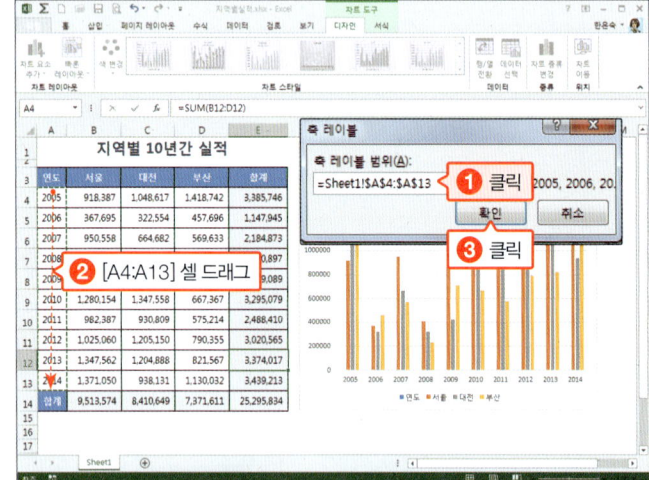

03

① [범례 항목(계열)] 목록에서 [**연도**] 선택

② [**제거**] 클릭

③ [**확인**]을 클릭합니다.

바로 통하는 TIP 축 레이블로 사용할 데이터가 문자가
아닌 숫자인 경우 제목을 지우고 차트를 작성하면 숫자라
도 축 레이블로 들어갑니다. 즉, [A3] 셀의 [연도]라는 제
목을 지운 후 차트를 작성하면 됩니다.

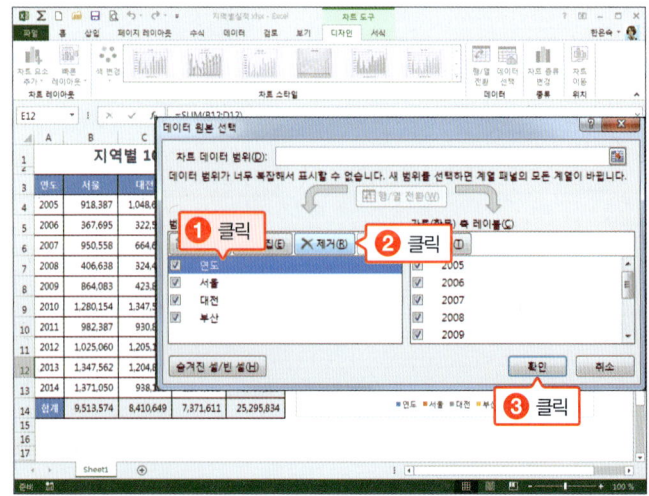

04 꺾은선형 차트로 변경하기

삽입된 차트의 종류를 변경해보겠습니다.

① [차트 도구]–[디자인] 탭–[종류] 그룹
  –[차트 종류 변경] 클릭

② [차트 종류 변경] 대화상자의 [모든 차
  트] 목록에서 [꺾은선형] 선택

③ 대화상자 오른쪽 위 하위 종류 중 [표식
  이 있는 꺾은선형] 선택

④ [확인]을 클릭합니다.

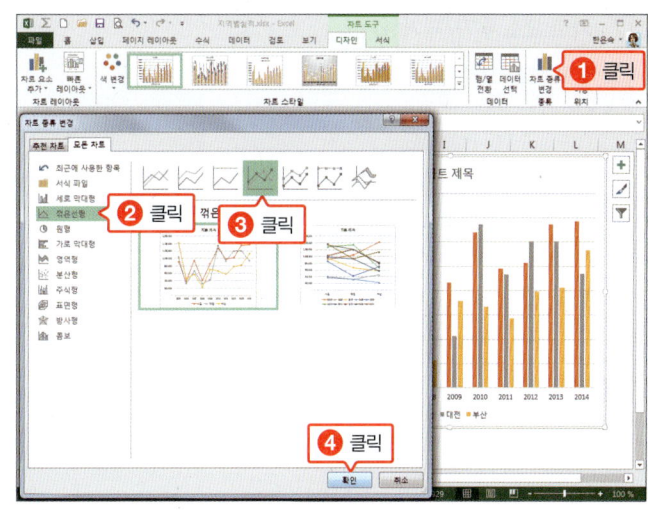

05 차트 시트로 이동하기

새 시트를 만들어 현재 삽입되어 있는 차트
를 이동해보겠습니다.

① [차트 도구]–[디자인] 탭–[위치] 그룹
  –[차트 이동] 클릭

② [차트 이동] 대화상자의 [새 시트] 입력
  란에 실적추이차트 입력

③ [확인]을 클릭합니다.

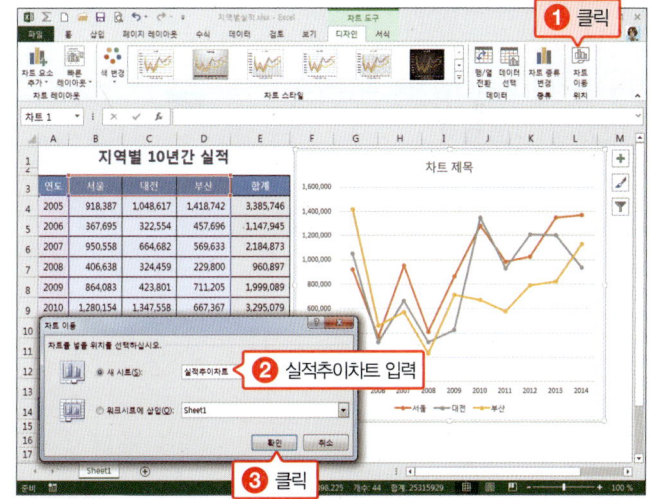

06 빠른 레이아웃 및 스타일 선택하기

① [차트 도구]–[디자인] 탭–[차트 레이아
  웃] 그룹 – [빠른 레이아웃] 클릭

② 목록에서 [레이아웃 8] 선택

③ 차트 영역의 [차트 스타일 🖉] 클릭

④ [스타일 2]를 선택합니다.

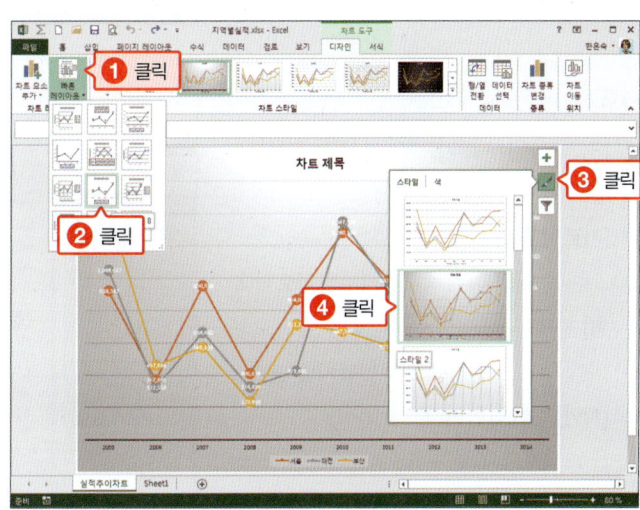

07 차트 요소 추가/제거하기

차트에 표시할 요소를 추가하거나 제거해 보겠습니다.

① 차트 제목 입력란에 **10년간 지역별 실적 추이** 입력

② 차트 영역의 [**차트 요소** +]클릭

③ [**데이터 표**]에 체크 표시

④ [**눈금선**]의 **오른쪽 화살표 ▶** 클릭

⑤ [**기본 주 세로**]에 체크 표시

⑥ [**범례**]의 체크 표시를 해제합니다.

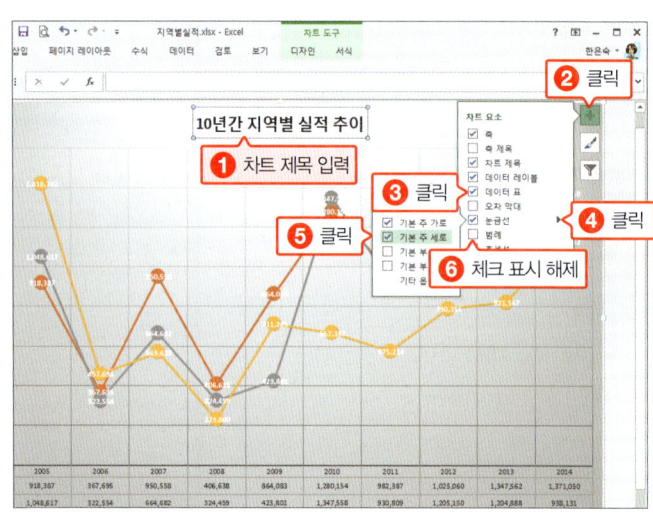

데이터 표가 차트 하단에 삽입되고 세로 눈금선이 표시됩니다. 범례 표시는 삭제됩니다.

08 누적 가로 막대형 차트 작성하기

① [Sheet1] 시트 클릭

② [A3:D13] 셀 드래그

③ [삽입] 탭–[차트] 그룹–[**추천 차트**]를 클릭합니다.

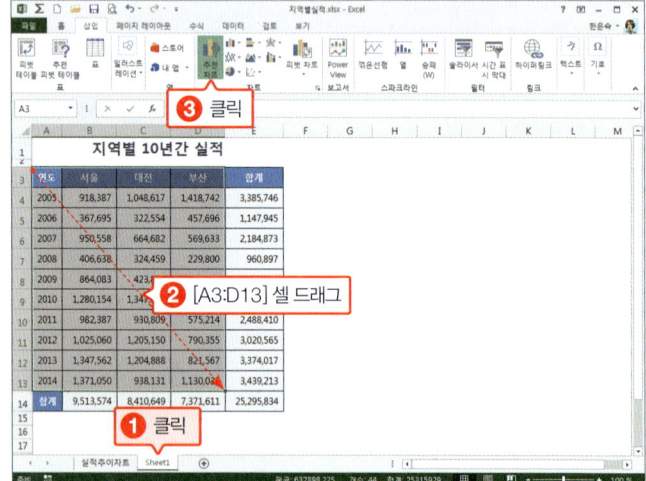

09

① [차트 삽입] 대화상자에서 [**모든 차트**] 탭 클릭

② [**가로 막대형**] 선택

③ 오른쪽 위의 하위 종류 중 [**누적 가로 막대형**] 선택

④ 아래쪽 차트 유형에서 **두 번째 차트** 선택

⑤ [**확인**]을 클릭합니다.

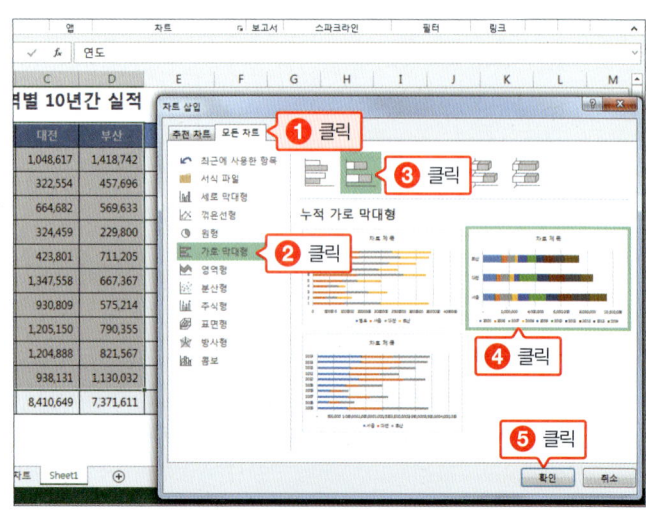

10 차트 스타일 및 색 변경하기

① 삽입된 차트의 **차트 영역** 및 **크기 조절점**을 드래그해 위치와 크기 조절

② [차트 도구]–[디자인] 탭–[차트 스타일] 그룹의 스타일 갤러리에서 [**스타일 4**] 선택

③ [**색 변경**] 클릭

④ [**색5**]를 선택합니다.

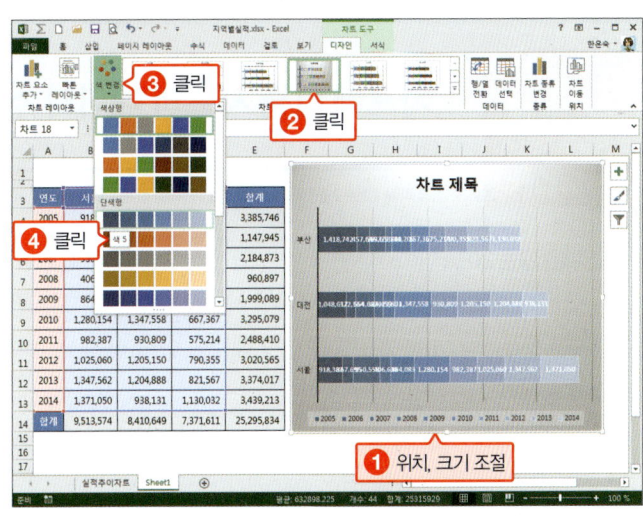

11 차트 요소 추가/제거하기

① 차트 영역의 [**차트 요소**➕] 클릭

② [**차트 제목**], [**데이터 레이블**] 체크 표시 해제

③ [**눈금선**]의 **오른쪽 화살표** ▶ 클릭

④ [**기본 주 세로**]의 체크 표시 해제

⑤ [**기본 주 가로**]에 체크 표시합니다.

차트 제목과 데이터 레이블, 세로 눈금선은 삭제되고 가로 눈금선이 표시됩니다.

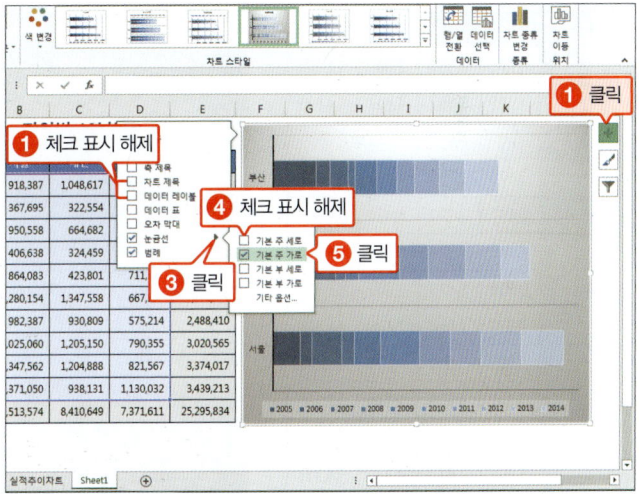

차트에 다른 시트의 데이터 추가하기

2007 | 2010 | 2013

• 실습 파일 Chapter09\Section02\연매출집계.xlsx • 완성 파일 Chapter09\Section02\연매출집계완성.xlsx

실습 파일에는 2014년, 2015년도 매출 집계가 각각 다른 시트에 작성되어 있습니다. 2015년 시트에 작성되어 있는 합계까지 포함된 묶은 세로 막대형 차트를 혼합형 차트로 변경하고 2014년 매출 합계 데이터를 추가하여 표시해보겠습니다. 또한 2015년 3월에 매출이 없어 빈 셀로 표시되고 차트 중간에서 선이 끊어진 부분을 자연스럽게 연결하도록 설정하겠습니다.

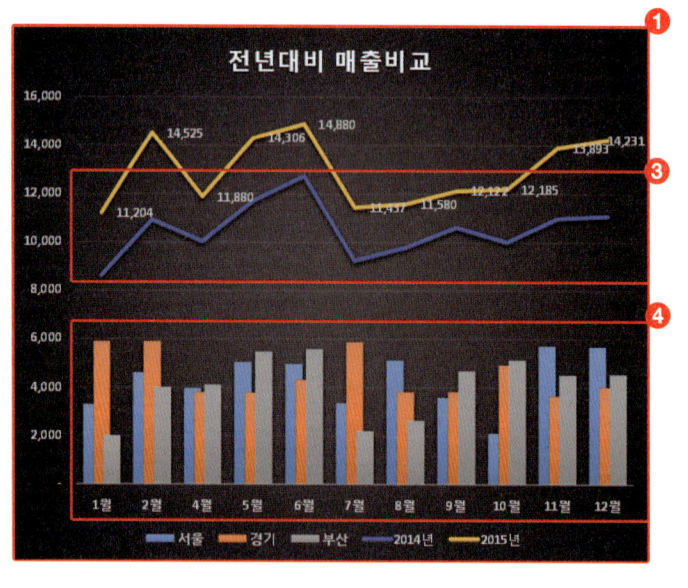

❶ 혼합 차트로 변경

❷ 빈 셀 표시 형식 지정

❸ 데이터 추가 및 편집

❹ 차트 스타일 지정 및 차트 필터

01 혼합 차트로 변경하기

기본적으로 묶은 세로 막대형 차트에서 합계와 같이 값 차이가 많이 나는 데이터를 표시할 때는 꺾은선형 차트가 추천됩니다.

① **차트** 클릭
② [차트 도구]-[디자인] 탭-[종류] 그룹-[**차트 종류 변경**] 클릭
③ 대화상자의 [**추천 차트**] 탭 클릭
④ [**묶은 세로 막대형 - 꺾은선형**] 선택
⑤ [**확인**]을 클릭합니다.

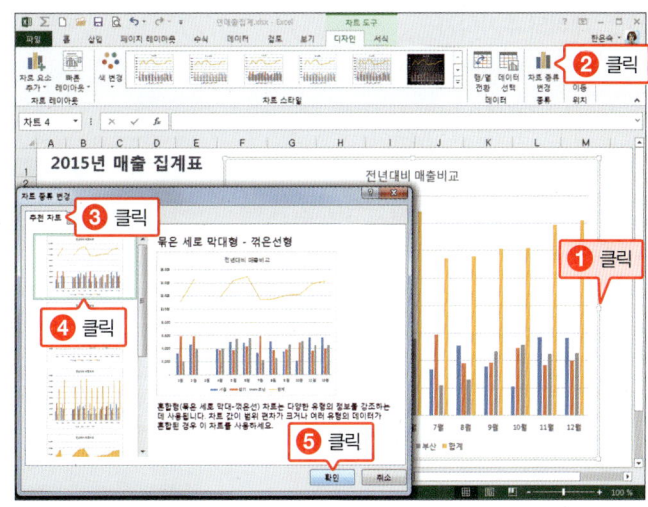

02 빈 셀 표시 형식 지정하기

① [차트 도구]-[디자인] 탭-[데이터] 그룹-[**데이터 선택**] 클릭
② 대화상자의 [**숨겨진 셀/빈 셀**] 클릭
③ [빈 셀 표시 형식] 옵션 중 [**선으로 데이터 요소 연결**] 선택
④ [**확인**] 클릭
⑤ 2014년도 데이터를 추가하기 위해서 [**추가**]를 클릭합니다.

3월에 데이터가 없어도 2월, 4월 차트가 선으로 이어집니다.

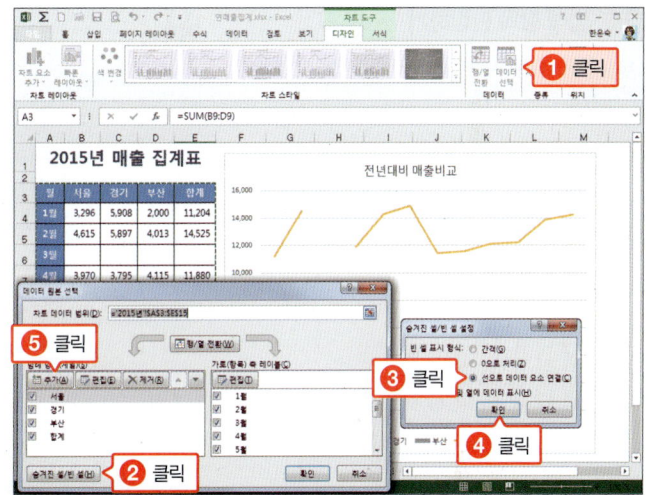

[숨겨진 셀/빈 셀 설정] 대화상자의 [빈 셀 표시 형식]에서 [0으로 처리]를 선택하면 다음과 같이 빈 셀의 값을 0으로 간주하여 선이 0 값에 이어져서 표시됩니다.

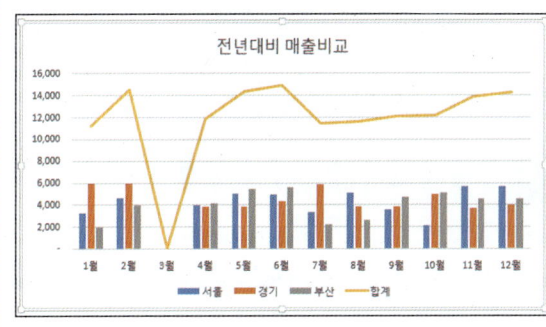

03 데이터 추가하기

① [계열 이름]란에 **2014년** 입력

② [계열 값]란에 입력된 값 삭제

③ [2014년] 시트 클릭

④ [E4:E15] 셀을 드래그한 후 Enter 를 누릅니다.

기존의 차트 하단에 새 차트가 추가됩니다.

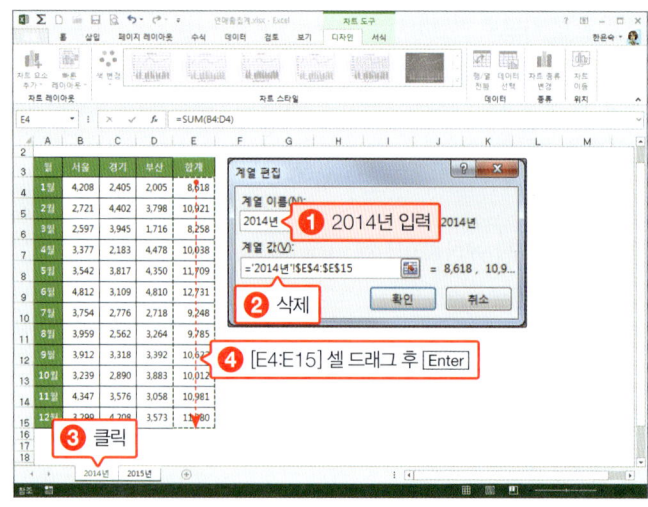

04 범례 항목 편집하기

① [데이터 원본 선택] 대화상자에서 [합계] 선택

② [편집] 클릭

③ [계열 이름]란에 **2015년** 입력 후 Enter

④ [범례 항목]에서 [2014년] 선택

⑤ 위로 이동 🔼 클릭

⑥ [확인]을 클릭합니다.

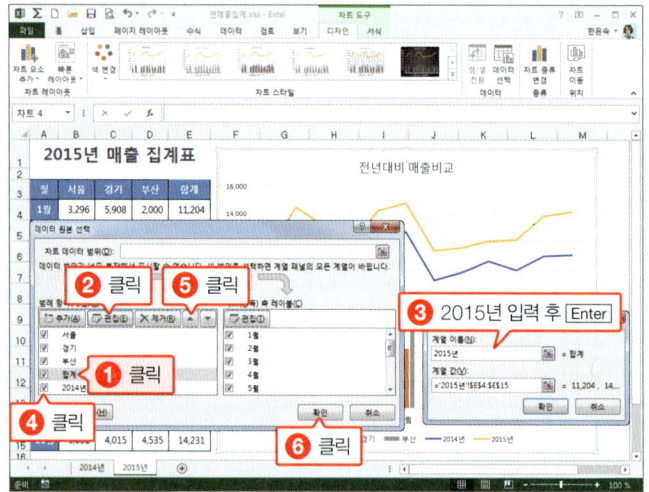

05 차트 스타일 지정 및 차트 필터하기

① [차트 도구]-[디자인] 탭-[차트 레이아웃] 그룹-[빠른 레이아웃]-[레이아웃 10] 선택

② [차트 스타일] 그룹의 스타일 갤러리에서 [스타일6] 선택

③ 차트 영역의 [차트 필터 🔽] 클릭

④ [범주] 목록에서 [3월]의 체크 표시 해제

⑤ [적용]을 클릭합니다.

[3월]이 범주에서 삭제되어 2월 다음에 4월이 표시됩니다.

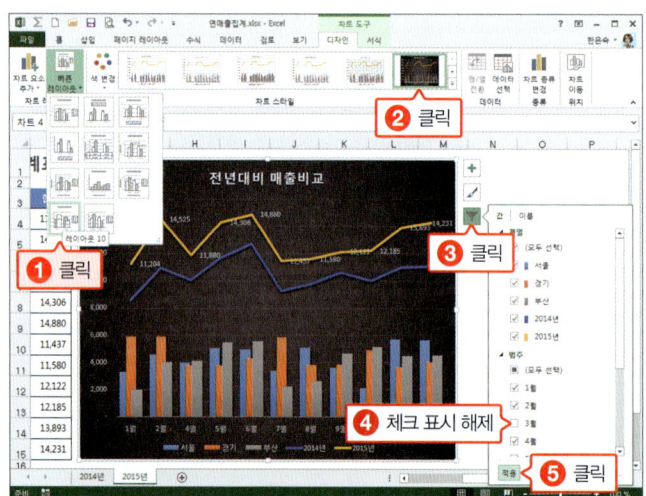

• **실습 파일** Chapter09 \ Section02 \ 목표달성현황.xlsx   • **완성 파일** Chapter09 \ Section02 \ 목표달성현황완성.xlsx

지역별 목표 대비 온·오프라인 매출 실적을 달성률과 함께 표시한 차트입니다. 다음 지시 사항에 따라 목표 수치를 영역형으로, 온·오프라인 매출 실적을 누적 세로 막대형으로, 달성률을 꺾은선형으로 표시하는 혼합 차트를 작성해보겠습니다.

▲ 실습 파일

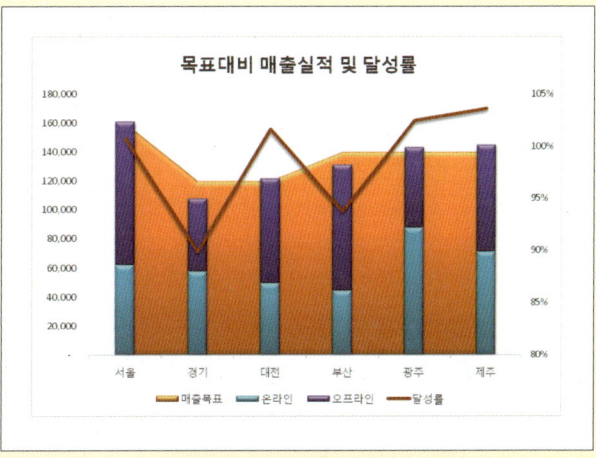

▲ 완성 파일

1 [차트 종류 변경] 대화상자에서 차트 종류로 [콤보]를 선택하고 데이터 계열에 대한 차트 종류와 축을 다음과 같이 선택합니다.

• 매출목표 : 영역형

• 온라인 : 누적 세로 막대형

• 오프라인 : 누적 세로 막대형

• 달성률 : 꺾은선형, 보조축 선택

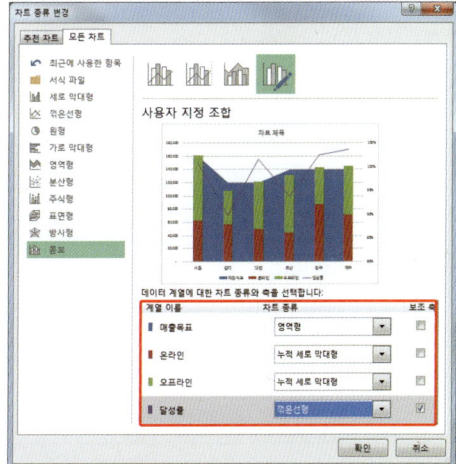

2 차트 제목은 '목표대비 매출실적 및 달성률'로 입력합니다.

3 차트 스타일은 [스타일 8] 선택, 색은 [색4]를 선택합니다.

4 차트 요소 중 [눈금선]의 체크 표시를 해제합니다.

5 차트를 새 차트 시트로 이동하고 차트 시트의 이름은 '목표대비실적'으로 합니다.

03 차트 요소 서식 지정하기

앞에서는 [차트 도구]-[디자인] 탭에서 빠른 레이아웃과 차트 스타일 등을 선택하여 엑셀에 미리 구성되어 있는 차트 요소들의 서식을 그대로 사용했습니다. 선택한 차트 스타일에서 일부 차트 요소 서식을 수정하고 싶다면 [차트 도구]-[서식] 탭이나 서식 작업 창을 사용하여 수정할 수 있습니다.

차트의 구성 요소

차트의 각 구성 요소들은 차트 안에서 각각 분리되어 일반적인 도형 개체를 다루듯이 차트 안에서 위치를 이동하거나 크기 조절, 또는 삭제할 수 있습니다. 특정 차트 구성 요소에 대한 옵션을 설정하거나 서식을 지정하려면 해당 구성 요소를 선택한 후 작업해야 합니다. 각 구성 요소의 명칭과 의미는 다음과 같습니다.

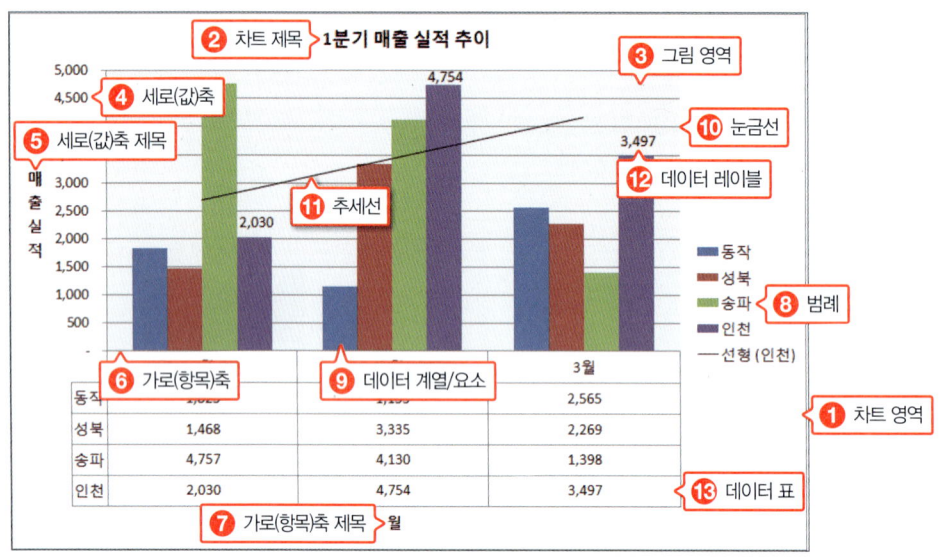

① **차트 영역**: 차트의 전체 영역. 차트의 위치와 크기 조절 및 글꼴 조절
② **차트 제목**: 차트의 내용을 대표하는 제목. 텍스트 상자에 입력됨
③ **그림 영역**: 실제 그래프가 표시되는 영역
④ **세로(값)축**: 그래프의 높낮이를 결정하는 데 기준이 되는 수치 자료를 나타내는 선
⑤ **세로(값)축 제목**: 세로축 수치가 무엇을 의미하는지 알려주는 문자열
⑥ **가로(항목)축**: 그래프가 표시될 각 문자 자료의 자리
⑦ **가로(항목)축 제목**: 가로축 문자열이 무엇을 의미하는지 알려주는 문자열
⑧ **범례**: 그래프의 각 색이나 모양이 어떤 데이터 계열인지 알려주는 표식

⑨ **데이터 계열/요소** : 수치 자료를 막대나 선의 도형으로 표현한 것으로 범례에 있는 한 가지 종류를 데이터 계열이라고 하며, 데이터 계열 중 한 가지를 데이터 요소라고 함

⑩ **눈금선** : 값 축이나 항목 축의 눈금을 그림 영역 안에 선으로 그어 표시한 것

⑪ **추세선** : 일정 기간 동안 늘어나거나 줄어든 데이터 계열을 경사진 선으로 나타낸 것

⑫ **데이터 레이블** : 한 개의 데이터 요소 또는 값을 나타내는 데이터 표식

⑬ **데이터 표** : 차트로 표현된 수치 데이터를 표로 나타낸 것

[차트 도구]-[서식] 탭

차트 구성 요소 하나하나에 대한 서식을 지정할 수 있는 탭입니다. 각 그룹별 설명은 다음과 같습니다.

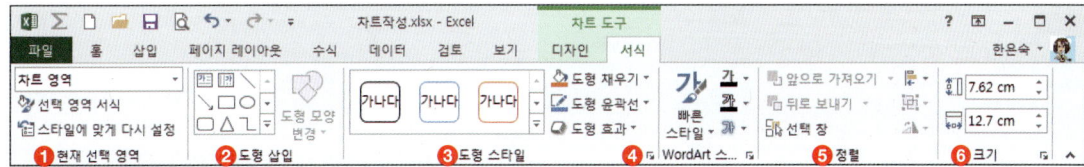

① **[현재 선택 영역] 그룹** : 차트 요소 목록에서 차트 구성 요소를 선택하고 서식 작업 창 표시

② **[도형 삽입] 그룹** : 선택한 차트 안에 도형 삽입. 삽입한 도형은 차트의 일부로 처리

③ **[도형 스타일] 그룹** : 선택한 차트 요소의 도형 채우기, 윤곽선, 효과 등의 서식 지정

④ **[WordArt 스타일] 그룹** : 차트 내의 텍스트 서식을 지정. 단, 글꼴이나 글꼴 크기 설정은 [홈] 탭-[글꼴] 그룹에서 선택

⑤ **[정렬] 그룹** : 선택한 도형의 정렬, 맞춤, 회전 선택

⑥ **[크기] 그룹** : 차트 영역의 높이와 너비를 수치로 지정

차트 요소 선택하기

차트 요소를 선택할 때는 **[방법①]** 일반적인 경우 차트 안 요소를 직접 클릭하여 선택합니다. **[방법②]** 선택할 차트 요소가 너무 작아 직접 클릭이 어려울 때는 [차트 도구]-[서식] 탭-[현재 선택 영역] 그룹의 차트 요소 목록에서 선택합니다.

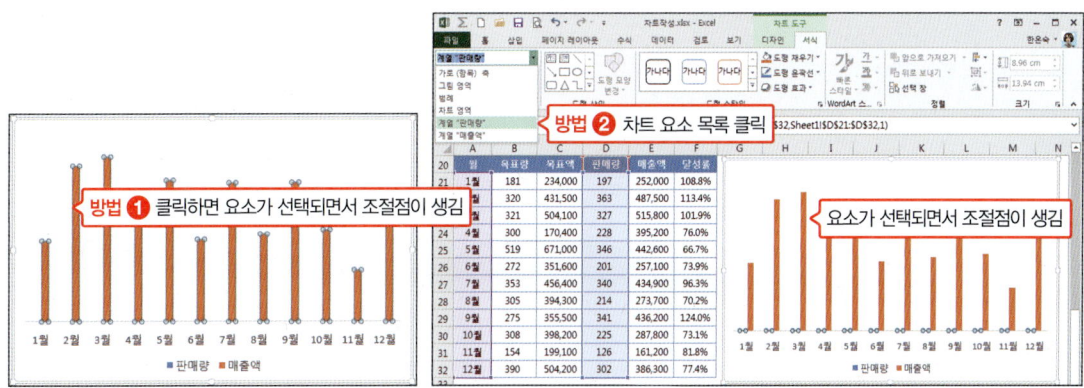

▲ 차트 요소를 직접 클릭하여 선택   ▲ [차트 도구]-[서식] 탭-[현재 선택 영역] 그룹의 차트 요소 목록에서 선택

차트 요소 서식 작업 창

선택한 차트 요소에 도형 스타일, 텍스트 스타일 등을 지정할 때는 [서식] 탭의 해당 항목을 사용합니다. 더 구체적인 요소의 옵션 등을 설정하려면 서식 작업 창을 열어야 합니다.

[**방법** ①] 차트 요소를 더블클릭하거나 [**방법** ②] [차트 도구]-[서식] 탭-[현재 선택 영역] 그룹-[선택 영역 서식]을 클릭하면 워크시트 오른쪽에 차트 요소 서식 작업 창이 표시됩니다. 다른 차트 요소를 선택하면 바로 해당 요소의 작업 창으로 바뀝니다. 서식 작업 창에도 차트 요소 목록 버튼이 있어서 작업 창에서 차트 요소를 선택할 수 있습니다. [채우기 및 선 ◇] , [효과 ◌] , [옵션 ⬛] 등의 서식 종류 선택 버튼은 선택한 차트 요소에 따라 다양하게 나타납니다.

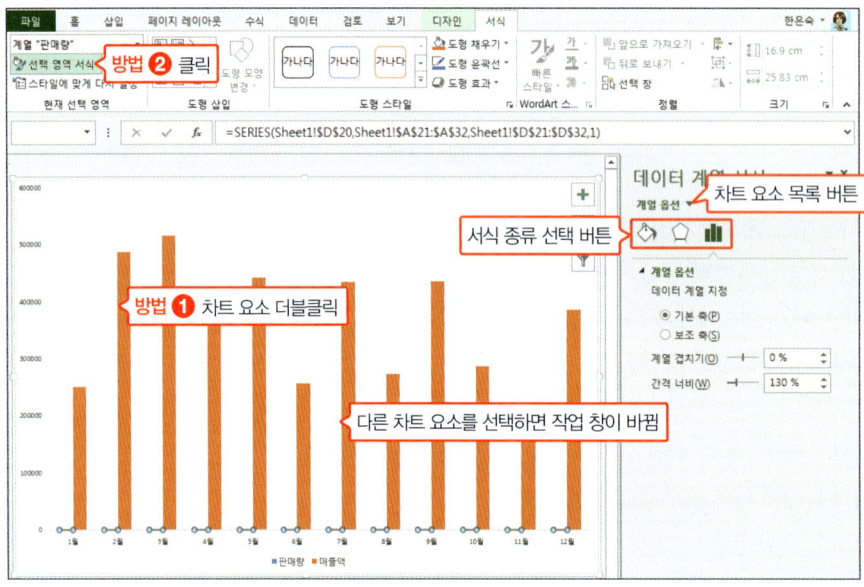

3차원 원형 차트 서식 지정하기

2007 | 2010 | 2013

• 실습 파일 Chapter09\Section03\v대중교통이용률.xlsx   • 완성 파일 Chapter09\Section03\대중교통이용률완성.xlsx

실습 파일은 대중교통수단별 이용객 수가 입력된 표를 이용하여 3차원 원형 차트를 작성하고 빠른 레이아웃의 [레이아웃1], 차트 스타일에서 [스타일8]을 선택한 상태입니다. 작성된 차트에 도형을 삽입하고 차트 영역, 차트 제목, 데이터 레이블 서식을 지정해보겠습니다.

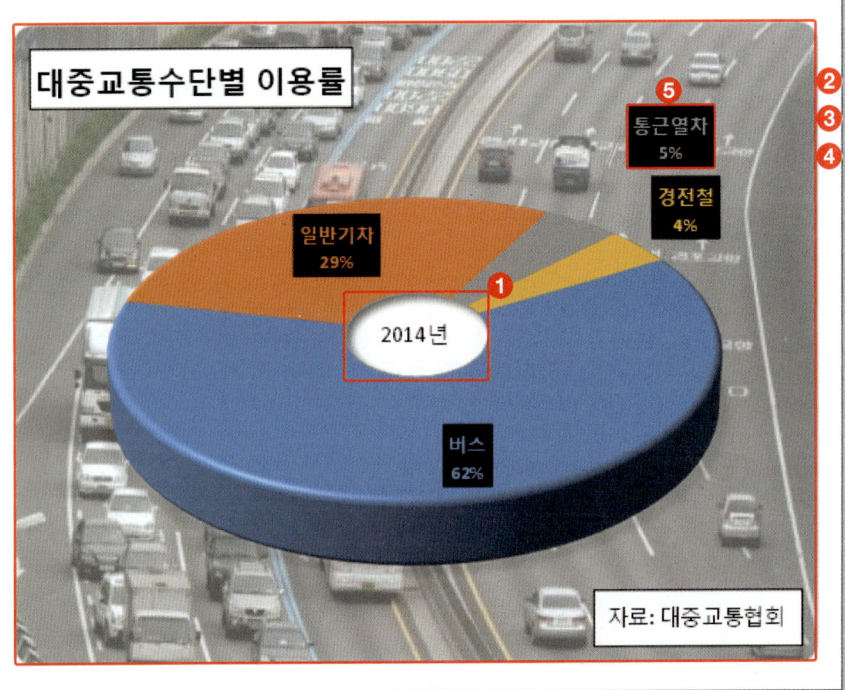

❶ 차트에 도형 삽입 및 스타일 지정

❷ 차트 영역에 배경 그림 채우기

❸ 3차원 회전 설정

❹ 둥근 모서리 설정

❺ 데이터 레이블 서식 지정

01 차트에 도형 삽입하기

3차원 원형 차트에 도형을 삽입해보겠습니다.

① 차트 영역 클릭하여 **차트** 선택

② [차트 도구]–[서식] 탭–[도형 삽입] 그룹의 **[타원]** 선택

③ 3차원 원형 차트 가운데 부분을 드래그해 적당한 크기의 타원을 만듭니다.

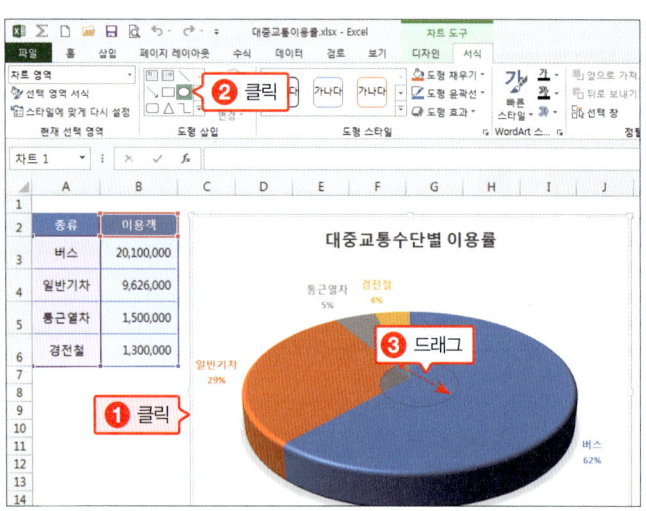

02 도형 스타일 지정하기

① [그리기 도구]–[서식] 탭–[도형 스타일] 그룹의 스타일 갤러리에서 **[색 윤곽선–회색–50%, 강조 3]** 선택

② [도형 효과]–[그림자]–**[안쪽 대각선 왼쪽 위]**를 선택합니다.

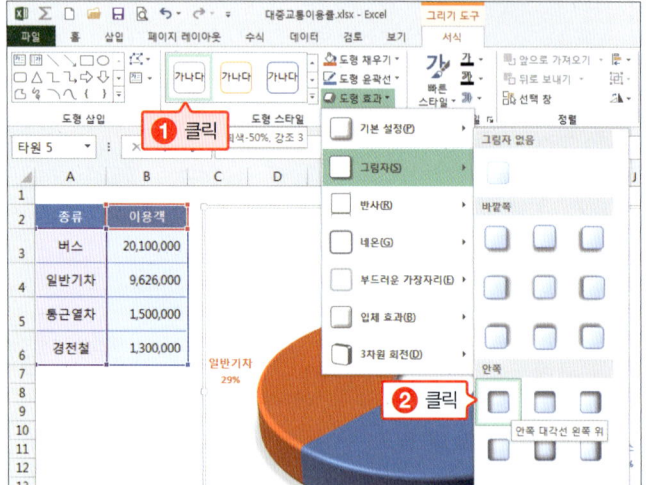

03 도형에 텍스트 입력하기

① 타원이 선택된 상태에서 **2014년** 입력

② [그리기 도구]–[서식] 탭–[도형 삽입] 그룹의 **[가로 텍스트 상자]** 선택

③ 텍스트 상자를 그리기 위해 **차트 영역 오른쪽 하단** 드래그

④ **자료:대중교통협회** 입력

⑤ [그리기 도구]–[서식] 탭–[도형 스타일] 그룹의 스타일 갤러리에서 **[색 윤곽선–검정,어둡게1]**을 선택합니다.

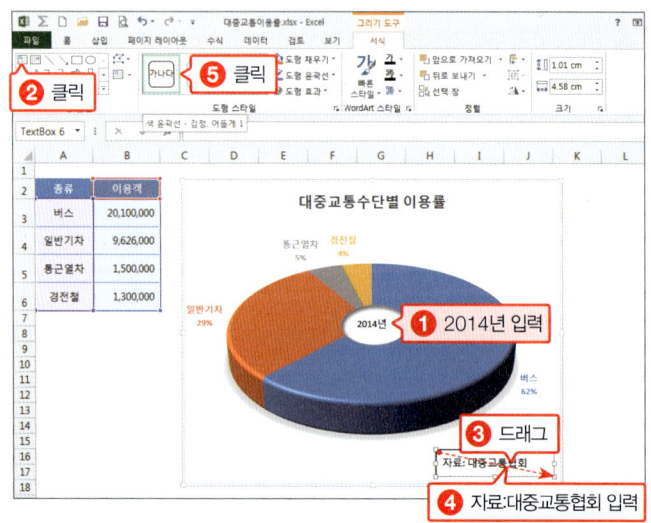

04 차트 영역에 배경 그림 채우기

그림으로 차트 배경을 채워보겠습니다.

① 차트 영역을 더블클릭하여 [차트 영역 서식] 작업 창 표시

② 작업 창의 [채우기 및 선]에서 옵션 목록을 확장하기 위해 **[채우기]** 항목 클릭

③ **[그림 또는 질감 채우기]** 선택

④ **[파일]** 클릭

⑤ [그림 삽입] 대화상자에서 **도로.jpg** 파일 선택

⑥ **[삽입]** 클릭

⑦ 배경 이미지를 좀더 희미하게 표시하기 위해 [투명도] 값을 **45**로 입력합니다.

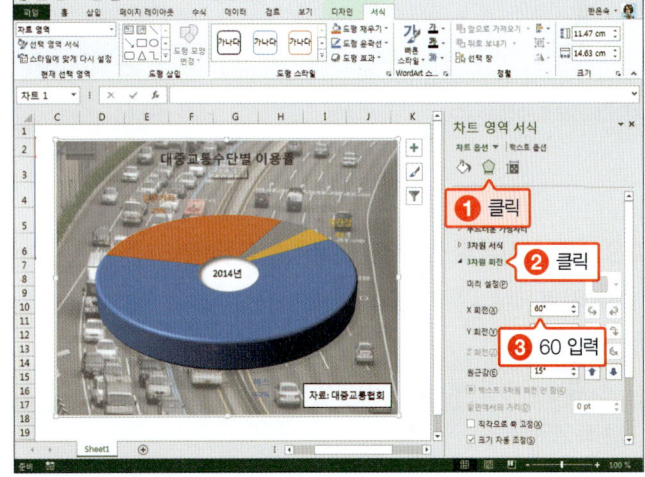

05 3차원 회전 설정

3차원 원형 차트를 오른쪽으로 60° 정도 회전시켜보겠습니다.

① **[효과]** 클릭

② **[3차원 회전]** 항목 선택

③ [X 회전] 값을 **60**으로 입력합니다.

06 둥근 모서리 설정

차트 영역 테두리에 둥근 모서리를 적용하고 차트 제목에 서식을 지정해보겠습니다.

① **[채우기 및 선]** 클릭

② **[테두리]** 항목 선택

③ **[둥근 모서리]** 옵션에 체크 표시

④ **차트 제목을 왼쪽으로 드래그**해 이동

⑤ **[차트 도구]-[서식]** 탭-[도형 스타일] 그룹의 스타일 갤러리에서 **[색 윤곽선-검정, 어둡게 1]**을 선택합니다.

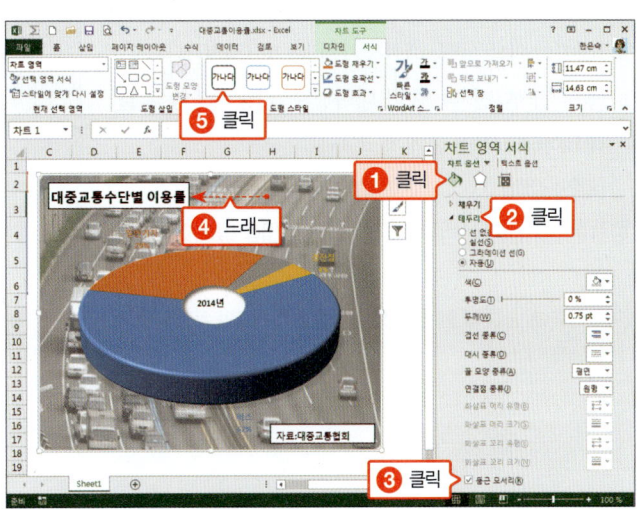

07 데이터 레이블 서식 지정하기

데이터 레이블이 눈에 잘 띄도록 서식을 지정해보겠습니다.

① [데이터 레이블 서식] 작업 창에서 [레이블 옵션] 목록 버튼 클릭

② [계열 "이용객" 데이터 레이블] 선택

③ [채우기] 항목의 [단색 채우기] 클릭

④ [색] 목록 버튼 클릭

⑤ [검정]을 선택합니다.

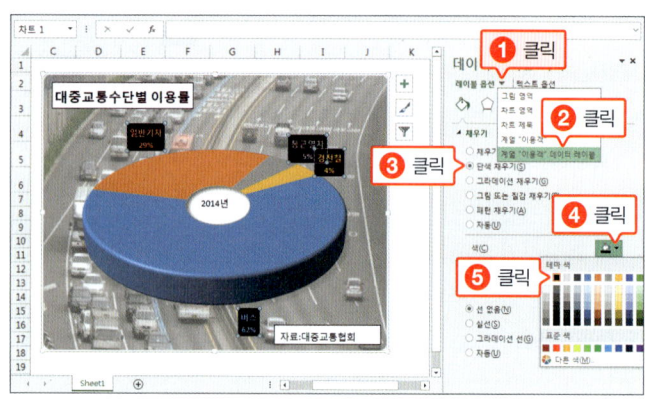

08 레이블의 위치를 수정해보겠습니다.

① [레이블 옵션 ﹎] 클릭

② [레이블 옵션] 항목 선택

③ [레이블 위치] 옵션에서 [자동 맞춤]을 선택합니다.

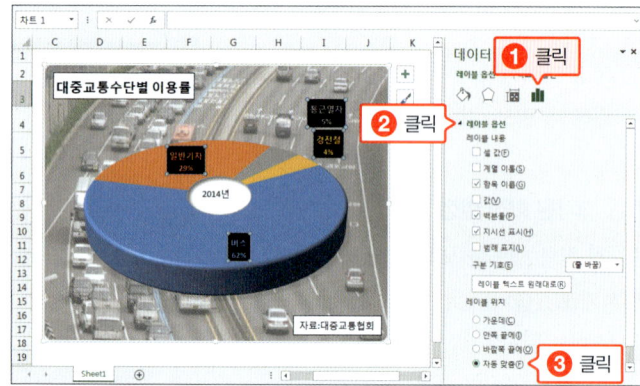

3차원 원형 차트의 데이터 모양을 기준으로 레이블 위치가 자동으로 수정됩니다.

09 원본 데이터 숨기고 숨겨진 셀 옵션 설정하기

① [A:B] 열 드래그 후 마우스 오른쪽 버튼 클릭

② [숨기기] 선택

　삽입한 도형을 제외하고 차트도 숨겨집니다.

③ 차트 영역 클릭

④ [차트 도구]–[디자인] 탭–[데이터] 그룹–[데이터 선택] 클릭

⑤ [데이터 원본 선택] 대화상자의 [숨겨진 셀/빈 셀] 클릭

⑥ [숨겨진 셀/빈 셀 설정] 대화상자의 [숨겨진 행 및 열에 데이터 표시] 옵션에 체크 표시

⑦ [확인] 클릭

⑧ [데이터 원본 선택] 대화상자의 [확인]을 클릭합니다.

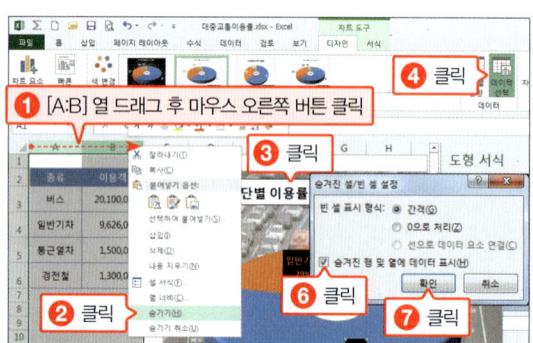

원본 데이터를 숨길 때 함께 숨겨진 3차원 원형 차트가 차트 영역에 다시 표시됩니다.

그림 막대 및 꺾은선 콤보 차트 꾸미기

2007 | 2010 | 2013

▪ 실습 파일 Chapter09 \ Section03 \ 매매율변화추이.xlsx ▪ 완성 파일 Chapter09 \ Section03 \ 매매율변화추이완성.xlsx

실습 파일에서 연도별 주택 매매율은 묶은 세로 막대형으로, 전년대비 증가율은 꺾은선형 차트로 나타내면서 보조축을 사용하는 콤보 차트가 작성되어 있습니다. 막대 대신 그림 쌓기로 차트를 표시하고 꺾은선 두께를 수정한 후 차트의 선을 완만한 선으로 설정해보겠습니다.

❶ 막대에 온라인 그림 채우기

❷ 막대 사이 간격 좁히기

❸ 꺾은선형 차트의 선 및 표식 서식 지정하기

❹ 축 값 수정하기

01 막대에 온라인 그림 채우기

차트 막대에 온라인에서 검색한 클립 아트를 채워보겠습니다.

① 차트의 **세로 막대** 더블클릭

② [데이터 계열 서식] 작업 창의 [채우기 및 선 🕸] 선택

③ 옵션 목록을 확장하기 위해 작업 창의 [채우기] 항목 선택

④ [그림 또는 질감 채우기] 선택

⑤ [온라인] 클릭

⑥ [그림 삽입] 창의 [Office.com 클립 아트]에서 **비즈니스**를 입력한 후 Enter 를 누릅니다.

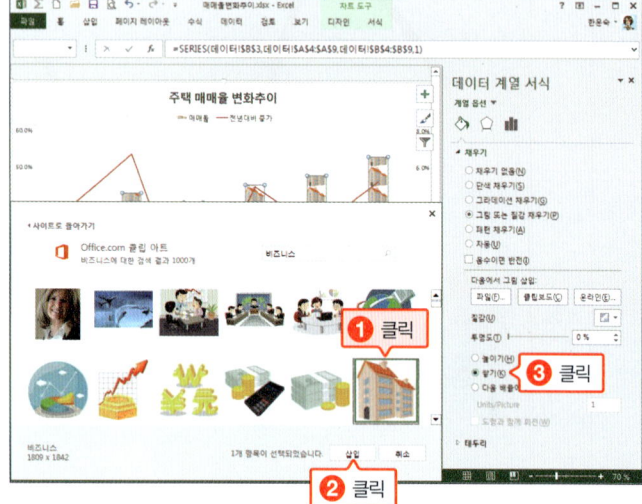

02

① 검색된 그림 중 **적합한 그림** 선택

② [삽입] 클릭

③ 그림을 여러 개로 쌓아서 표시하기 위해 [쌓기]를 선택합니다.

막대가 선택한 그림으로 채워집니다.

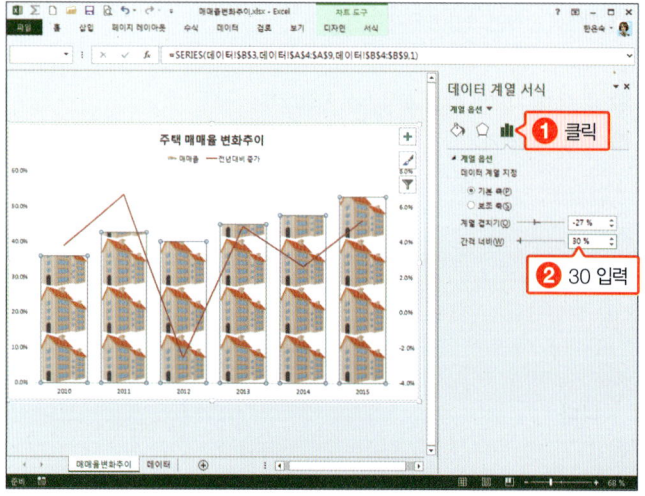

03 막대 사이 간격 좁히기

그림의 너비를 넓히기 위해 막대 사이의 간격을 줄여보겠습니다.

① [계열 옵션 📊] 클릭

② [간격 너비]에 **30%**를 입력합니다.

04 꺾은선 차트의 선 서식 지정하기

① 차트의 **꺾은선** 클릭
② [데이터 계열 서식] 작업 창의 [**채우기 및 선 ◇**] 클릭
③ [선 ～선] 선택
④ [두께]에 **8** 입력
⑤ [**완만한 선**]에 체크 표시합니다.

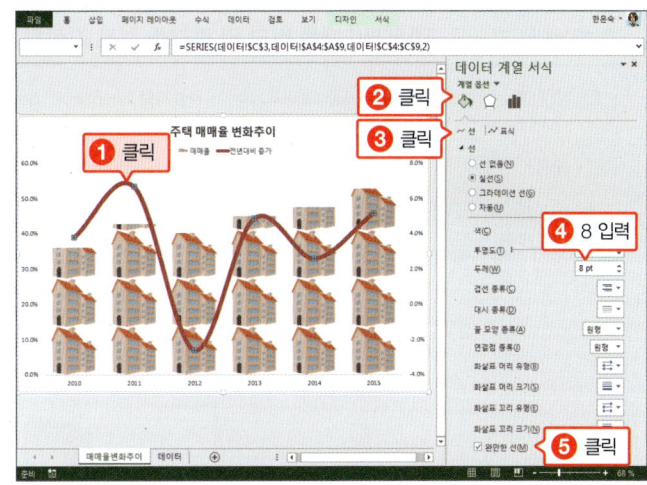

05 표식 서식 지정하기

꺾은선 차트의 표식 옵션을 지정해보겠습니다.

① [표식 ～표식] 선택
② 옵션 목록을 확장하기 위해 [**표식 옵션**] 선택
③ [**기본 제공**] 선택
④ [형식]에서 [**원형**], [**크기**]를 **16**으로 설정
⑤ [**채우기**] 선택
⑥ [**단색 채우기**] 선택
⑦ [**색**] 목록 버튼 클릭
⑧ [**흰색, 배경1**] 선택

06 축 값 수정하기

실제 원본 데이터의 값 차이가 크게 나지 않기 때문에 막대 높이가 비슷비슷하게 보입니다. 막대 높이가 차이 나도록 수정하려면 축의 최솟값을 0이 아니라 원본 데이터의 최솟값에 가깝게 지정합니다.

① **왼쪽 세로(값)축** 클릭
② [축 서식] 작업 창의 [**축 옵션 ▥**] 클릭
③ [**축 옵션**] 선택
④ [**최소값**]에 **0.3**을 입력 후 [Enter]를 누릅니다.

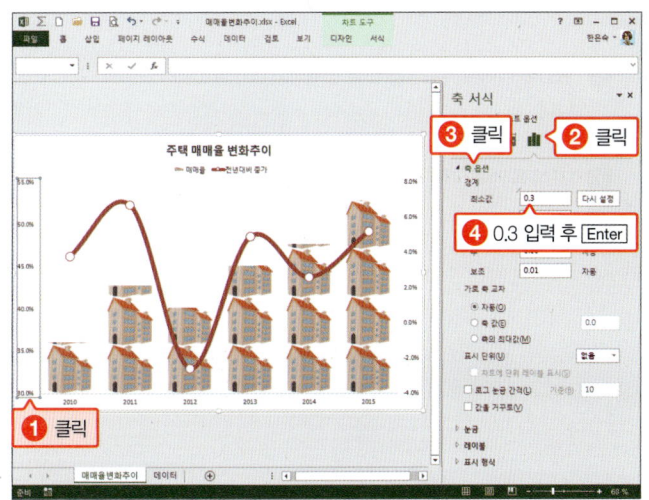

• 실습 파일 Chapter09\Section03\제품매출비교.xlsx • 완성 파일 Chapter09\Section03\제품매출비교완성.xlsx

실습 파일에는 [Sheet1] 시트의 표를 사용해 추천 차트에서 [묶은 세로 막대형−꺾은선형, 보조축] 차트를 삽입하고 빠른 레이아웃에서 [레이아웃 10], 차트 스타일 중 [스타일 7]을 선택한 후 [색 변경] 목록에서 [색 4]를 선택한 상태의 차트입니다. 지시 사항에 따라 차트 요소의 서식을 지정합니다.

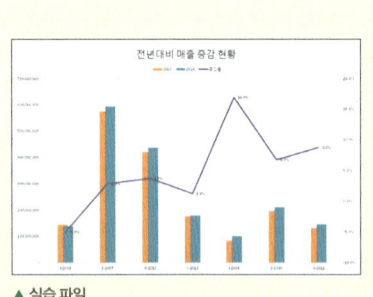
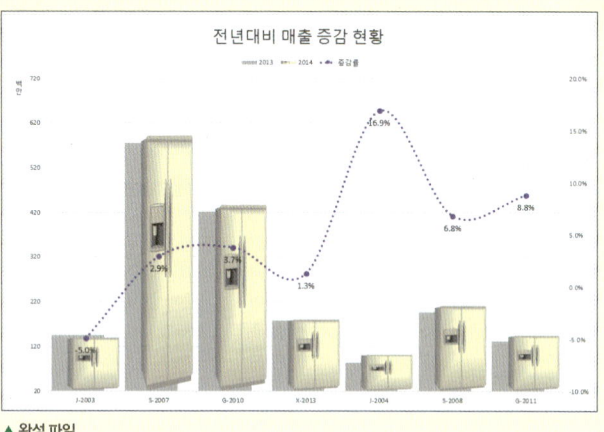

▲ 실습 파일   ▲ 완성 파일

1 세로(값)축의 [축 옵션]에서 [최소값]을 '20,000,000'으로 지정하고 [표시 단위]를 [백만]으로 선택합니다.

2 축 옆에 '백만'이라고 표시된 글자를 선택하고 [표시 단위 레이블 서식]−[맞춤]의 [텍스트 방향] 목록에서 [세로]를 선택합니다.

3 2014 데이터 계열 막대를 선택하고 [채우기] 옵션으로 [그림 또는 질감 채우기]를 선택한 후 [온라인 그림]에서 '냉장고' 그림을 검색하여 채웁니다.

4 [계열 옵션]에서 [계열 겹치기] 값을 '70%', [간격 너비]를 '10%'로 지정합니다.

5 2013 데이터 계열 막대를 선택하고 [채우기 옵션]으로 [단색 채우기]를 선택합니다. [색] 목록에서 [흰색, 배경1, 25% 더 어둡게]를 선택합니다.

6 증감률 데이터 계열 꺾은선을 선택하고 [선] 옵션에서 두께를 '3pt'로 지정합니다. [대시 종류] 목록에서 [둥근 점선]을 선택합니다.

7 [표식 옵션]의 [기본 제공] 목록에서 [둥근 원형]을 선택하고 크기를 '7'로 지정합니다.

• 실습 파일 Chapter09\Section03\대리점현황.xlsx   • 완성 파일 Chapter09\Section03\대리점현황완성.xlsx

실습 파일에는 지역별 대리점 수가 입력된 표를 사용하여 원형 차트를 삽입하고 빠른 레이아웃으로 [레이아웃 1], 차트 스타일로 [스타일 11]을 선택한 후 범례를 제거한 상태의 차트를 입력해두었습니다. 원형 내의 조각으로 표현된 데이터 계열이 많을 때는 원형 대 원형이나 원형 대 막대형 차트를 사용하는 것이 더 좋습니다. 차트 종류를 변경하고 지시 사항에 따라 차트 요소 서식을 지정합니다.

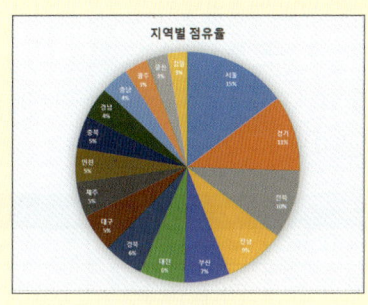

▲ 실습 파일

▲ 완성 파일

1 [원형 대 가로 막대형 차트]로 차트 종류를 변경합니다.

2 데이터 계열 서식의 [계열 옵션]에서 둘째 영역 값을 '8'로 지정합니다.

3 원형 차트에서 '기타' 조각 부분을 한 번 더 클릭한 후 오른쪽으로 드래그하여 조각을 분리합니다.

4 데이터 레이블을 선택하고 [레이블 옵션]의 [구분 기호] 목록에서 [쉼표]를 선택합니다.

5 [차트 영역 서식]의 [테두리] 옵션으로 [둥근 모서리]를 선택합니다.

04 셀 안의 차트! 스파크라인 삽입하기

셀 안에도 꺾은선형, 막대형 차트를 삽입할 수 있습니다. 데이터 종류에 따라 적합한 스파크라인을 선택해야 데이터를 효과적으로 시각화할 수 있습니다. 스파크라인을 삽입하고 서식을 지정하는 방법에 대해서 알아보겠습니다.

스파크라인이란?

스파크라인은 셀 안에 삽입하는 작은 차트입니다. 스파크라인을 사용하면 월별 매출의 증감과 같은 데이터 값의 추세를 워크시트 셀 안에서 시각적으로 표시할 수 있으며 최댓값이나 최솟값 등을 강조하여 표시할 수 있습니다. 스파크라인 셀은 원본 데이터 바로 옆에 표시하는 것으로 둘 간의 관계를 쉽게 파악하기에 가장 유용합니다. 데이터가 변경될 경우에는 스파크라인에서 변경된 내용을 즉시 확인할 수도 있습니다.

대리점	1월	2월	3월	4월	5월	6월	추세
서부	190	176	194	-5	372	138	
북부	297	289	227	243	311	242	
강남	381	-81	126	453	240	395	
동부	222	191	345	113	228	369	

대리점	1월	2월	3월	4월	5월	6월	추세
서부	190	176	194	500	372	138	
북부	297	289	227	243	311	242	
강남	381	481	126	453	240	395	
동부	222	191	345	113	228	369	

▲ 추세선에 최댓값은 빨간색, 최솟값은 파란색 표식으로 강조   ▲ 데이터를 수정하면 스파크라인도 바로 변경됨

스파크라인 도구

스파크라인이 삽입된 셀을 선택하면 리본 메뉴에 [스파크라인 도구]가 생깁니다. [스파크라인 도구]–[디자인] 탭의 각 도구로 스파크라인에 적용된 데이터를 수정하거나 스파크라인의 종류를 변경할 수 있습니다. 또한 표식이나 축 등 스파크라인에 요소를 추가하거나 라인이나 표식의 색, 두께 등의 서식을 지정할 수 있으며 스파크라인을 삭제할 수도 있습니다. [스파크라인 도구]–[디자인] 탭의 각 도구에 대한 설명은 다음과 같습니다.

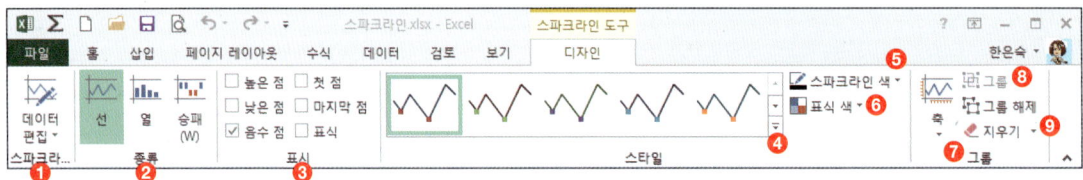

① 데이터 편집 :

①-1 그룹 위치 및 데이터 편집(E)...
①-2 단일 스파크라인의 데이터 편집(S)...
①-3 숨겨진 셀/빈 셀(H)...
①-4 행/열 전환(W)

1. **그룹 위치 및 데이터 편집** : 선택한 스파크라인 범위에 적용된 데이터 범위를 편집합니다.
2. **단일 스파크라인의 데이터 편집** : 선택한 스파크라인 단일 셀에 적용된 데이터 범위를 편집합니다.

3. **숨겨진 셀/빈 셀** : 숨겨진 셀이나 빈 셀이 있는 경우 표시 옵션을 지정합니다.

4. **행/열 전환** : 데이터의 행/열 적용 방향을 바꿉니다(데이터 원본이 동일한 행, 열 수로 된 경우).

② **종류** : 선택된 스파크라인 셀의 스파크라인 종류를 변경합니다.

③ **표시** : 스파크라인에서 강조할 항목을 선택합니다.

④ **스타일 갤러리** : 미리 지정된 스파크라인 색, 표식 색 서식을 선택할 수 있습니다.

⑤ **스파크라인 색** : 라인의 색상과 두께를 선택할 수 있습니다.

⑥ **표식 색** : [표시] 그룹에서 선택한 강조 항목의 색을 선택할 수 있습니다.

⑦ **축** :

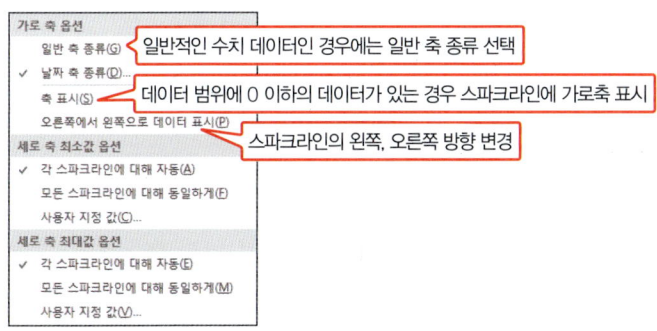

⑧ **[그룹], [그룹 해제]** : 스파크라인 셀 범위의 그룹을 해제하거나 다시 그룹을 지정합니다.

⑨ **[지우기]** : 선택한 스파크라인만 지우거나 스파크라인 그룹을 모두 지울 수 있습니다.

> 🖊 선택한 스파크라인 지우기(C)
> 🖊 선택한 스파크라인 그룹 지우기(L)

핵심기능실습 | **다양한 스파크라인 작성 방법 알아보기**

- **실습 파일** Chapter09\Section04\스파크라인.xlsx ▪ **완성 파일** Chapter09\Section04\스파크라인완성.xlsx

데이터 유형별로 꺾은선형, 열, 승패 세 가지 종류의 스파크라인을 삽입한 후 수정해보겠습니다.

01 꺾은선형 스파크라인 삽입하기

꺾은선형 스파크라인은 기간별 데이터의 변화 추세를 나타낼 때 적합합니다. 각 대리점의 월별 매출을 꺾은선형 스파크라인으로 표시해보겠습니다.

① 스파크라인이 들어갈 **[H2:H6]** 셀 드래그

② [삽입] 탭-[스파크라인] 그룹-**[꺾은선형]** 클릭. 대화상자 [위치 범위]에 지정한 범위가 입력되어 있습니다.

③ **[데이터 범위]**란 클릭

④ **[B2:G6]** 셀 드래그

⑤ **[확인]**을 클릭합니다.

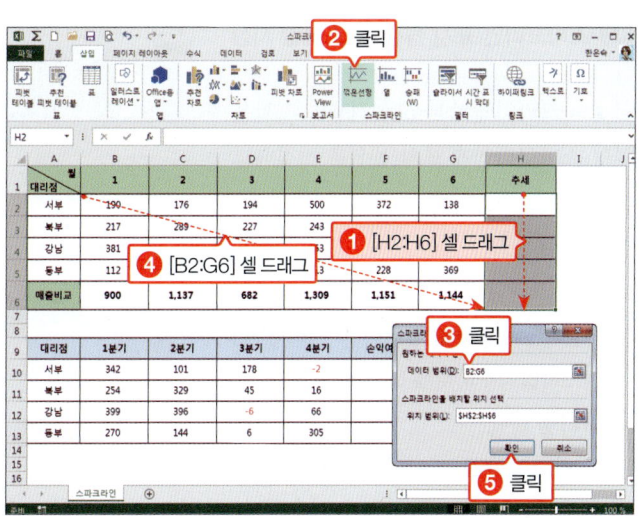

02 열 스파크라인 삽입하기

열 스파크라인은 막대 차트 형태로 데이터 값의 크기를
비교할 때 적합합니다. 각 월의 대리점별 매출을 막대
형 스파크라인으로 표시해보겠습니다. 데이터 범위를
먼저 지정하고 삽입해도 됩니다.

① [B2:G5] 셀 드래그
② [삽입] 탭-[스파크라인] 그룹-[열] 클릭. 대화상자의
   [데이터 범위]에 지정한 범위가 입력되어 있습니다.
③ [위치 범위]란 클릭
④ [B6:G6] 셀 드래그
⑤ [확인]을 클릭합니다.

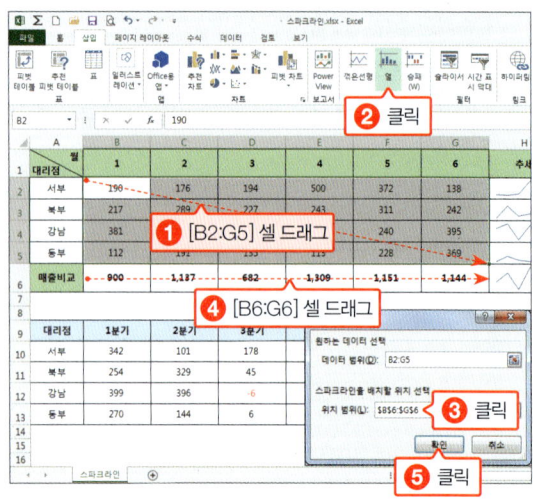

03 승패 스파크라인 삽입하기

승패 스파크라인은 데이터 범위에 음수가 포함되어 이
익과 손해를 시각적으로 표현할 때 적합합니다.

① [F10] 셀 클릭
② [삽입] 탭-[스파크라인] 그룹 - [승패] 클릭
③ [데이터 범위]란 클릭
④ [B10:E10] 셀 드래그
⑤ [확인] 클릭
⑥ [F10] 셀의 채우기 핸들을 [F13] 셀까지 드래그합니다.

승패 스파크라인의 형태는 막대 차트와 같지만 막대 높낮이는 모두
같게 표시되며 데이터 범위의 음수는 아래 방향 막대, 양수는 위쪽 방
향 막대로 표시합니다.

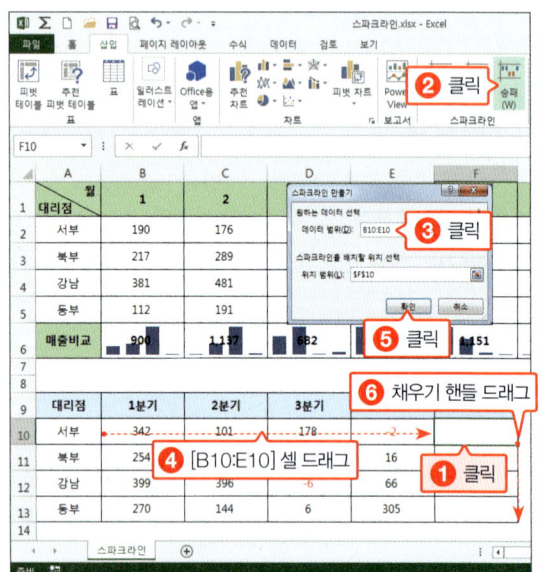

04 스파크라인 표시 옵션 및 스타일 지정
하기

열 스파크라인에 스타일을 적용하고 꺾은
선형 스파크라인에 표시 옵션을 지정해보
겠습니다.

① [B6] 셀 클릭
② [스파크라인 도구]-[디자인] 탭-[스타
   일] 그룹의 스타일 갤러리에서 [스파크라
   인 스타일 강조 6, 40% 더 밝게] 선택
③ [H2] 셀 클릭
④ [스파크라인 도구]-[디자인] 탭-[표시]
   그룹의 [표식] 옵션을 선택합니다.

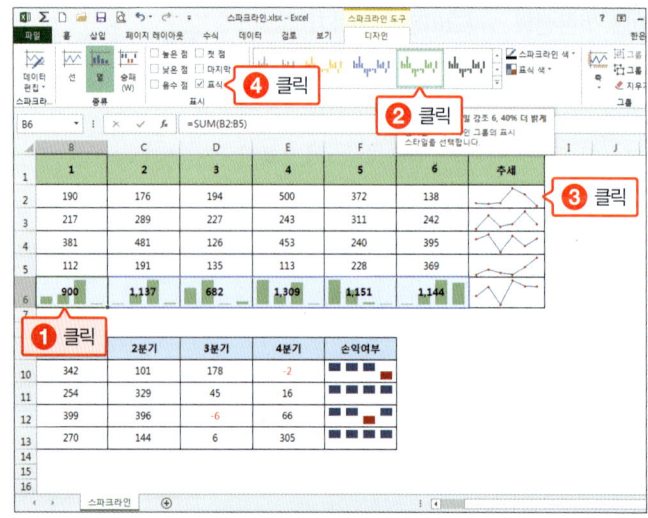

05 날짜 축 종류 지정하기

날짜 축의 경우 기간이 불규칙한 경우 불규칙한 기간을 반영하도록 설정할 수 있습니다.

① [G1] 셀에 **9** 입력 후 Enter

② [H2] 셀 클릭

③ [스파크라인 도구]–[디자인] 탭–[그룹] 그룹–[축]–[날짜 축 종류] 선택

④ 대화상자에 [B1:G1] 셀 드래그

⑤ [확인]을 클릭합니다.

5월까지 간격에 비해 9월까지의 간격을 나타내는 요소가 더 길게 표시됩니다.

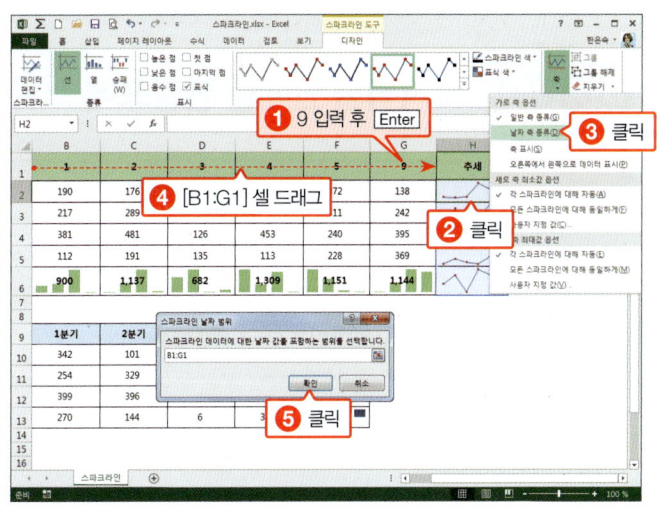

06 그룹 해제하기

스파크라인 범위 중 한 셀에만 서식을 별도로 지정하기 위해 그룹을 해제하고 [H6] 셀의 꺾은선 색을 다르게 지정하겠습니다.

① [H6] 셀 클릭

② [스파크라인 도구]–[디자인] 탭–[그룹] 그룹–[그룹 해제] 클릭

③ [디자인] 탭–[스타일] 그룹의 스타일 갤러리에서 [스파크라인 스타일 색상형 #4]를 선택합니다.

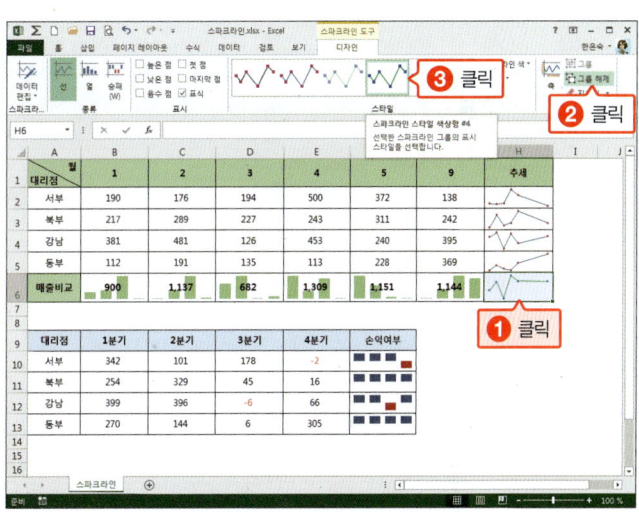

07 세로축 최댓값 지정하기

축의 최댓값을 더 높게 하여 꺾은선 높이를 조금 낮추겠습니다.

① [디자인] 탭–[그룹] 그룹–[축]–[세로축 최대값 옵션]–[사용자 지정 값] 선택

② 대화상자에 **1500** 입력

③ [확인]을 클릭합니다.

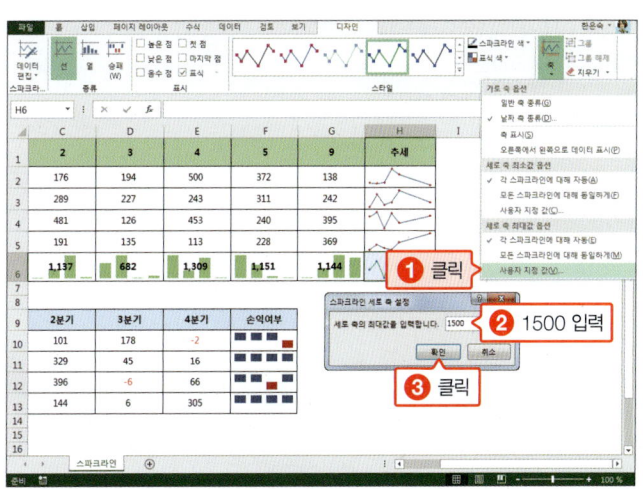

지역별 연매출 현황표에 스파크라인 삽입하기

2007 | 2010 | 2013

• 실습 파일 Chapter09\Section04\연매출현황표.xlsx   • 완성 파일 Chapter09\Section04\연매출현황표완성.xlsx

전년 매출합계와 금년 매출합계를 열 스파크라인으로 표시하여 증감 여부를 시각적으로 나타내고 증감 값이 입력된 셀에 승패 스파크라인을 표시해 증감 값들을 강조해보겠습니다. 또한 매출추세란에는 1월에서 12월까지의 매출 값을 꺾은선형 스파크라인으로 표시하겠습니다.

지역별 연매출 현황표

지역	전년매출 (단위:만)	금년매출 (단위:만)	증감		매출 집계												매출추세
					1월	2월	3월	4월	5월	6월	7월	8월	9월	10월	11월	12월	
서울	9,064	8,785	-279		576	578	911	652	964	752	692	788	798	723	748	603	
부산	7,565	10,260	2,695		833	886	838	803	879	835	944	941	835	614	879	973	
인천	6,023	9,087	3,064		713	565	966	762	793	827	679	903	792	860	513	714	
대구	7,239	8,192	953		646	708	649	626	525	935	932	551	662	729	692	537	
광주	9,343	9,407	64		775	657	754	648	628	840	832	685	914	972	836	866	
대전	9,200	8,888	-312		833	575	706	676	755	959	613	947	757	638	919	510	
울산	5,575	8,921	3,346		582	517	844	940	899	869	582	767	877	717	723	604	
강원	6,264	8,355	2,091		506	581	785	542	1,000	583	633	577	574	716	866	992	
경기	5,534	9,744	4,210		559	843	982	930	841	864	796	750	857	519	841	962	
충북	8,465	8,904	439		821	529	847	783	542	969	795	734	523	897	514	950	
충남	7,675	8,273	598		797	620	771	538	800	735	721	717	518	779	572	705	
경북	9,578	9,300	-278		870	976	613	599	508	900	771	886	925	794	548	910	
경남	8,036	8,801	765		557	566	874	826	938	749	822	531	939	576	609	814	
전북	7,527	8,985	1,458		986	678	928	511	821	606	930	884	824	745	572	500	
전남	6,083	9,426	3,343		736	764	598	616	813	992	619	784	934	735	906	929	
제주	5,330	8,611	3,281		655	876	746	512	592	826	702	936	504	816	569	877	

❶ 열 스파크라인 작성

❷ 승패 스파크라인 작성

❸ 꺾은선형 스파크라인 작성

01 열 스파크라인 작성하기

전년매출 대비 금년매출의 증감을 열 스파크라인으로 표시해보겠습니다.

① [E5:E20] 셀 드래그

② [삽입] 탭-[스파크라인] 그룹-[열] 클릭

③ [스파크라인 만들기] 대화상자의 [데이터 범위]란에 [B5:C20] 셀 드래그

④ [확인]을 클릭합니다.

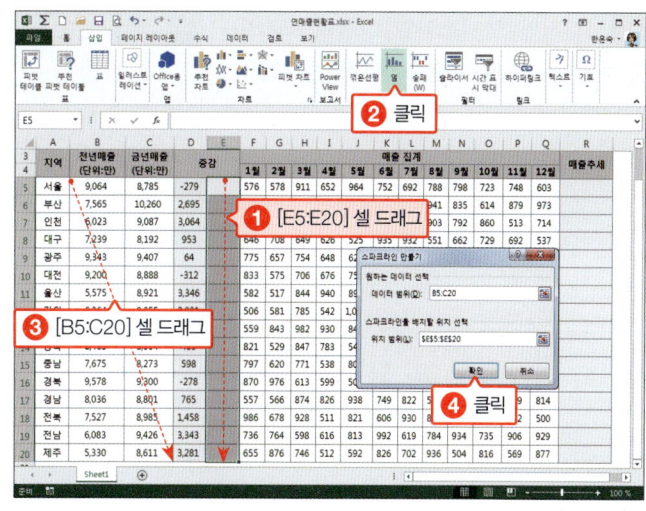

02

전년매출이 높은 경우를 강조하기 위해 첫 점이 강조되도록 스타일을 지정하겠습니다.

① [스파크라인 도구]-[디자인] 탭-[표시] 그룹의 [첫 점] 클릭

② [스타일] 그룹-[표식 색]-[첫 점]에서 [주황, 강조 2]를 선택합니다.

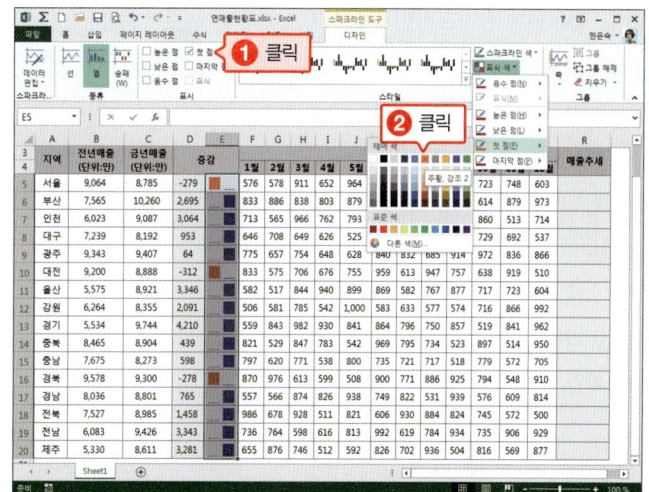

03 승패 스파크라인 작성하기

증감 값에 음수, 양수 값을 강조하기 위해 승패 스파크라인을 작성하겠습니다.

① [D5:D20] 셀 드래그

② [삽입] 탭-[스파크라인] 그룹-[승패] 클릭

③ [스파크라인 만들기] 대화상자의 [위치 범위]란 클릭

④ [D5:D20] 셀 드래그

⑤ [확인]을 클릭합니다.

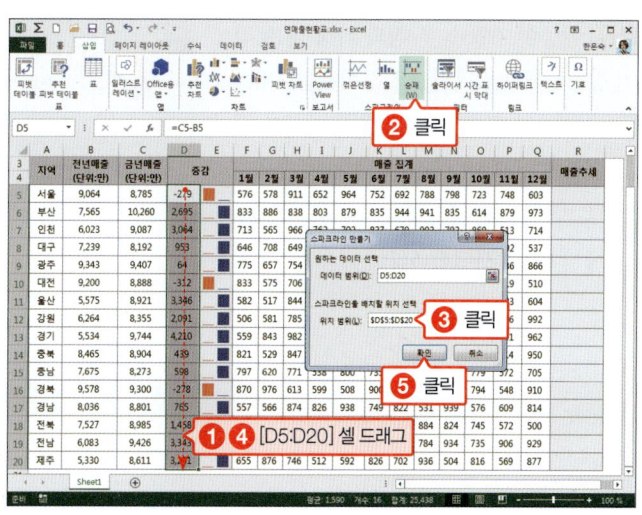

04 [디자인] 탭-[스타일] 그룹의 스타일
갤러리에서 [스파크라인 스타일 색상형 #3]을
선택합니다.

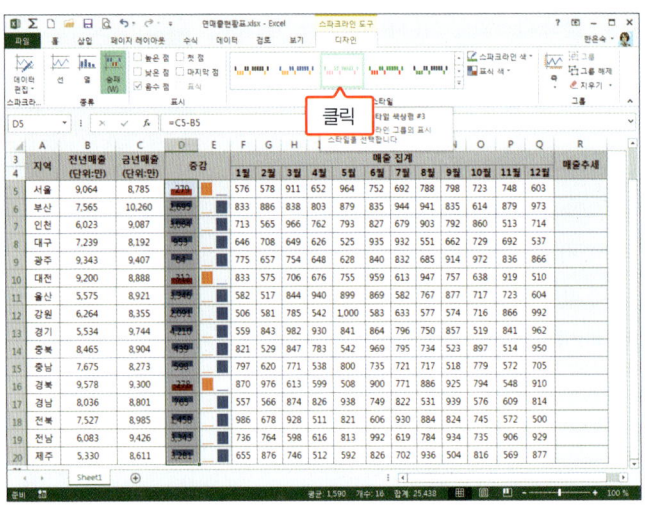

05 꺾은선형 스파크라인 작성하기

1월에서 12월까지의 매출추세를 꺾은선형
스파크라인으로 표시해보겠습니다.

① [F5:Q20] 셀 드래그

② [삽입] 탭-[스파크라인] 그룹-[꺾은선
형] 클릭

③ 대화상자의 [위치 범위]란 클릭

④ [R5:R20] 셀 드래그

⑤ [확인]을 클릭합니다.

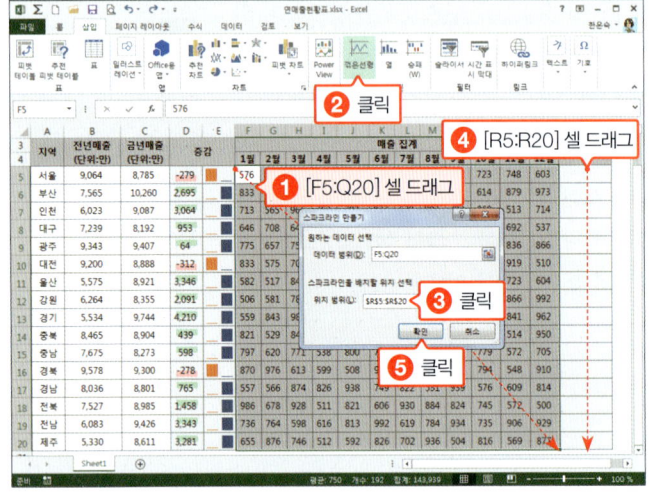

06 매출이 가장 높은 점과 가장 낮은 점
이 강조되도록 스타일을 지정하겠습니다.

① [스파크라인 도구]-[디자인] 탭-[표시]
그룹의 [높은 점], [낮은 점]에 체크 표시

② [스타일] 그룹-[스파크라인 색]-[두께]
에서 **1pt**를 선택합니다.

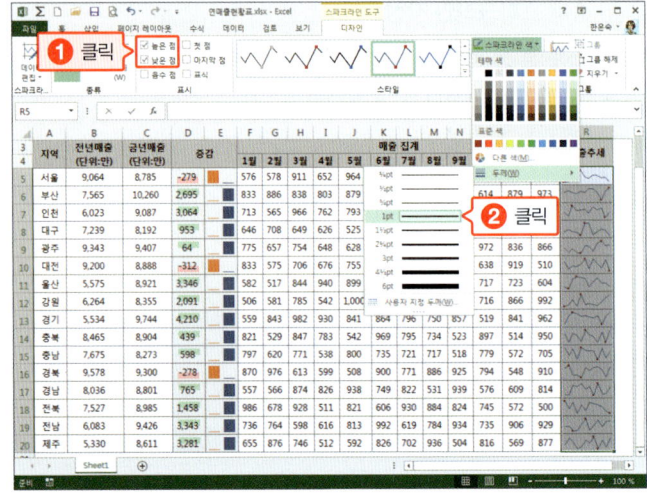

SECTION 05 Office용 앱 Bing Maps로 지도 차트 작성하기

엑셀 2013에서 새로 추가된 Office용 앱은 엑셀에서 사용할 수 있는 유용한 앱을 온라인 Office 스토어에서 다운로드하여 사용할 수 있는 기능입니다. 다양한 앱 중 Bing Maps 앱을 이용해 데이터 목록의 지역과 수치를 지도에 표시하는 지도 차트를 작성해보겠습니다.

핵심기능실습 | **Office용 앱 Bing Maps 설치하기**

▪ 실습 파일 없음 ▪ 완성 파일 없음

Office용 앱 중 지도에 수치 데이터를 자동으로 표시해주는 Bing Maps를 Office 스토어에서 다운로드하여 설치해보겠습니다. Office 스토어에는 한글로 제공되는 앱이 아직 없으며 앱을 다운로드하려면 마이크로소프트 계정이 있어야 합니다.

01 Office 스토어에서 Bing Maps 검색하기
① [삽입] 탭−[앱] 그룹−[**스토어**] 클릭
② [Office용 앱] 창의 [**앱 더 보기**]를 클릭합니다.

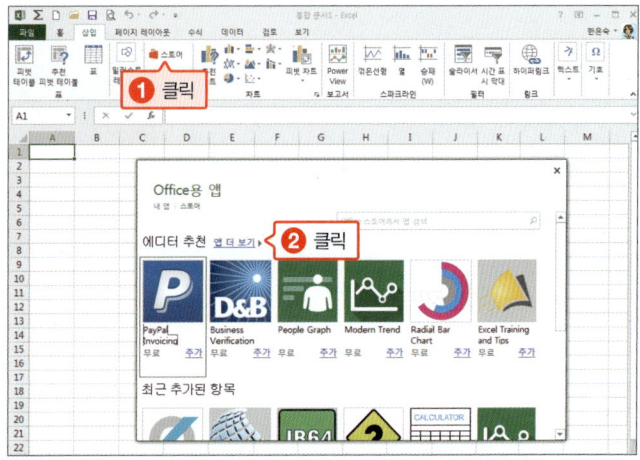

02 한국어로 제공되는 앱이 아직 없으므로 미국 Office 스토어를 방문하라는 메시지가 표시됩니다.
① **미국** 클릭
② 미국 Office 스토어 화면이 표시되면 검색란에 **Bing Maps**를 입력하고 Enter를 누릅니다.

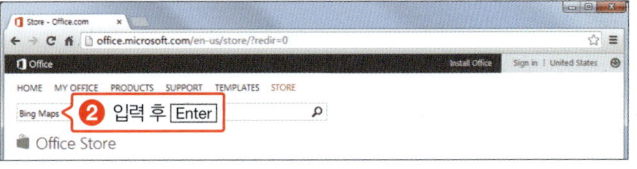

03 Bing Maps 다운로드하기

① 검색 결과 화면에서 **[Bing Maps]** 클릭

② Bing Maps 소개 화면에서 **[Add]**를 클릭합니다.

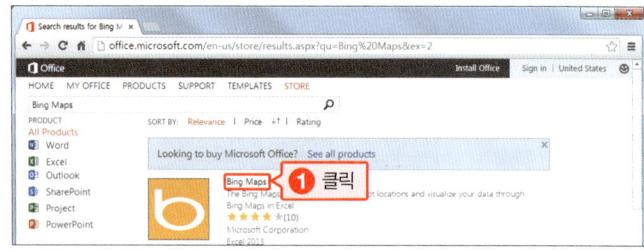

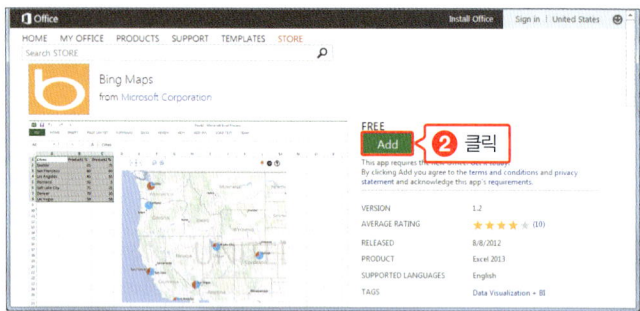

04 로그인하기

① 마이크로소프트 계정 로그인 화면이 나타나면 **이메일 주소**와 **비밀번호** 입력

② **[Sign in]**을 클릭합니다.

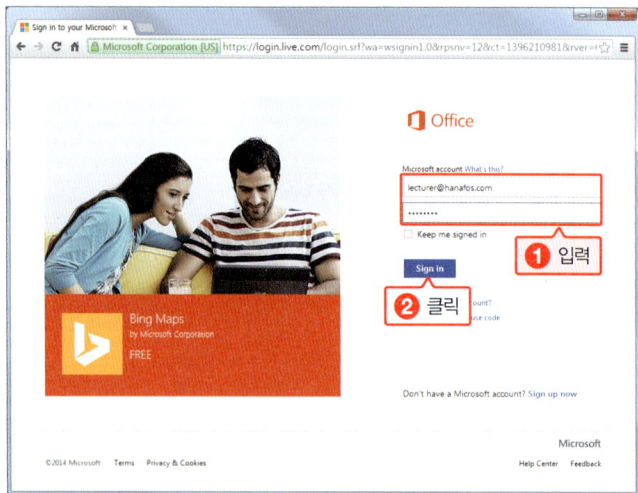

05 앱 삽입 방법을 설명하는 화면이 표시됩니다. **[닫기]**를 클릭합니다.

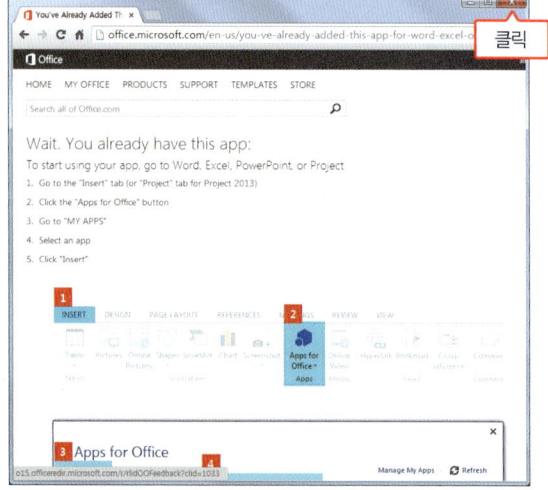

지역별 만족도 지도 차트 작성하기

2007 | 2010 | **2013**

- 실습 파일 Chapter09 \ Section05 \ 지역만족도.xlsx ・ 완성 파일 Chapter09 \ Section05 \ 지역만족도완성.xlsx

[한국] 시트의 국내 지역별 만족도를 Office용 앱 Bing Maps에 서클로 표시하고 [해외] 시트의 상반기, 하반기 만족도를 파이로 표시해보겠습니다.

지역별 만족도 조사

지역	만족도
Seoul	83.8
Inchon	68.8
Kyungki	97.5
Kangwon	76.9
Chungnam	85.7
Chungbuk	67.7
Daejeon	94.3
Kyungbuk	71.2
Kyungnam	85.1
Daegu	62.0
Jeonbuk	69.1
Jeonnam	47.4
Kwangju	66.4
Busan	67.8
Ulsan	90.9
Jeju	81.8

❶

지역별 만족도 조사

지역	상반기	하반기
Bangkok	63.6	87.5
Brazil	64.5	58.6
Cebu	46.5	85.7
Hainan	45.9	85.1
Jeju	77.2	91.2
LA	30.3	62.0
Paris	57.9	69.1
Roma	74.7	87.4
Sydney	69.1	71.2
Taiwan	90.5	68.8
Tokyo	67.8	83.8
Turkey	78.0	55.9

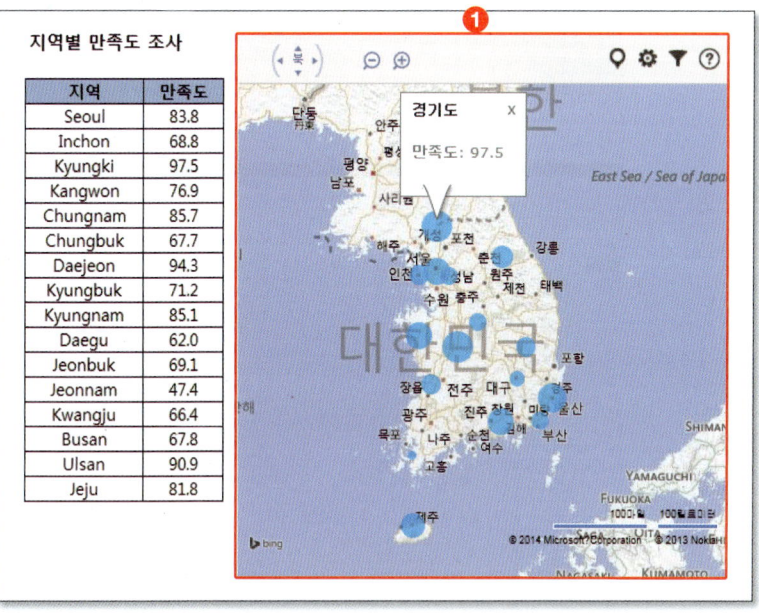

❶ 국내 지역별 만족도 표시
❷ 해외 국가별 만족도 표시

01 국내 지역별 만족도 표시하기

지역별 만족도를 지도 위에 표시해보겠습니다.

① [한국] 시트의 **[A3:B19]** 셀 드래그

② **[삽입]** 탭-**[앱]** 그룹-**[내 앱]** 클릭

③ Office용 앱 창에 추가된 **[Bing Maps]** 클릭

④ **[삽입]**을 클릭합니다.

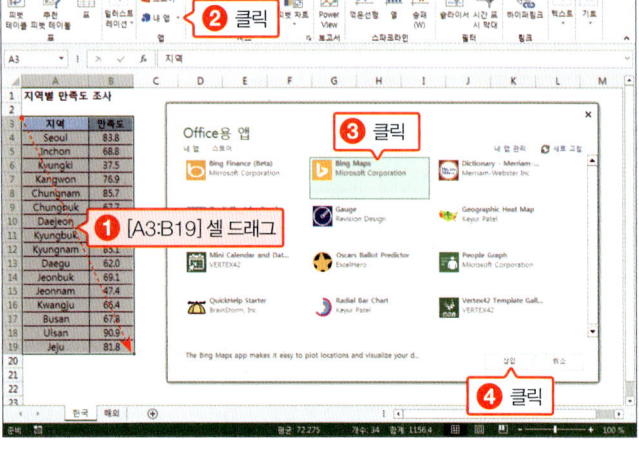

02 [Welcome to Bing Maps] 메시지 창의 [닫기] 버튼을 클릭합니다.

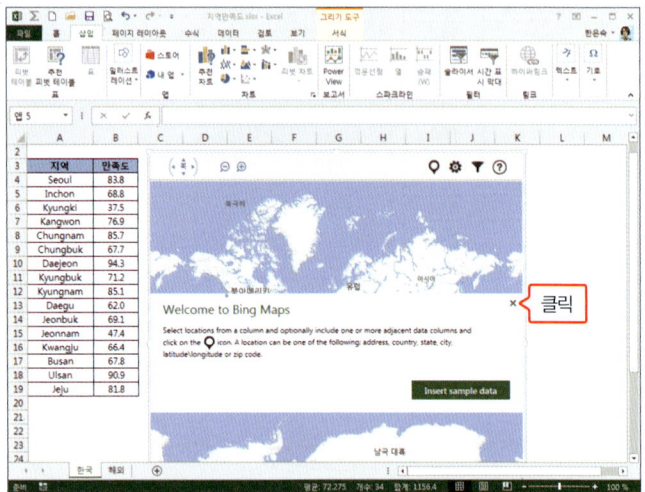

03

① 지도 영역의 **테두리** 부분을 클릭하고 드래그하여 이동한 후 아래쪽 **크기 조절점**을 위로 드래그하여 크기 조절

② Bing Maps 도구 중 **[Show locations]** 클릭

③ **[B6]** 셀 값에 **97.5**를 입력하고 Enter 를 누릅니다.

지도에서도 경기도를 나타내는 원이 더 커집니다. 경기도를 나타내는 원을 클릭하면 설명 상자가 표시됩니다.

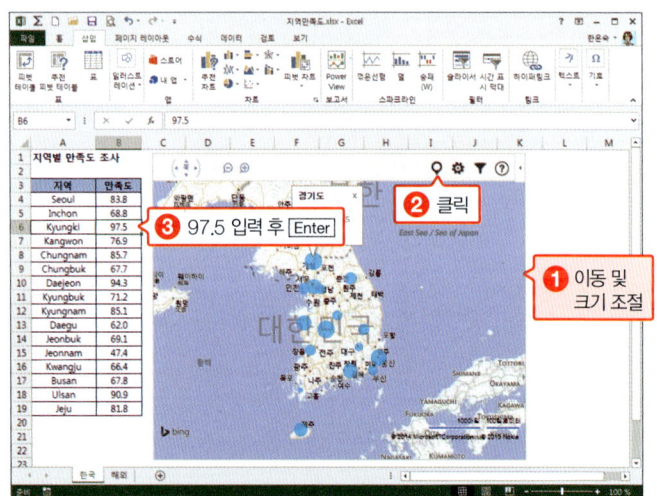

04 해외 국가별 만족도 표시하기

해외 국가별 상반기와 하반기 만족도를 지도 위에 파이로 표시해보겠습니다.

① [해외] 시트 클릭

② [A3:C15] 셀 드래그

③ [삽입] 탭-[앱] 그룹-[내 앱] 클릭

④ 대화상자에 추가된 [Bing Maps] 클릭

⑤ [삽입]을 클릭합니다.

니다.

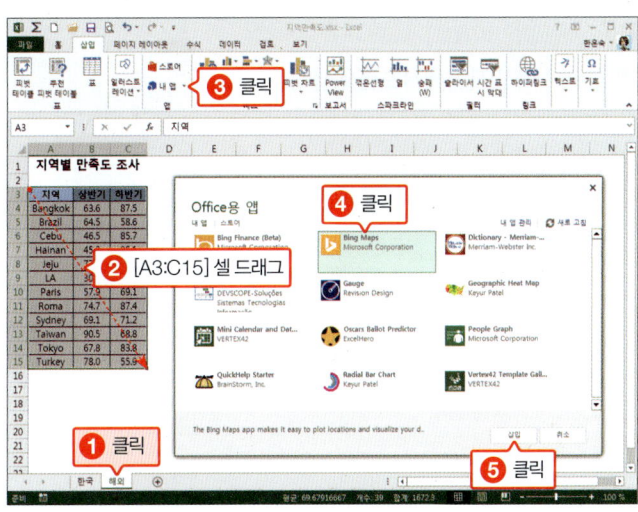

05 [Welcome to Bing Maps] 메시지 창의 [닫기] 버튼을 클릭합니다.

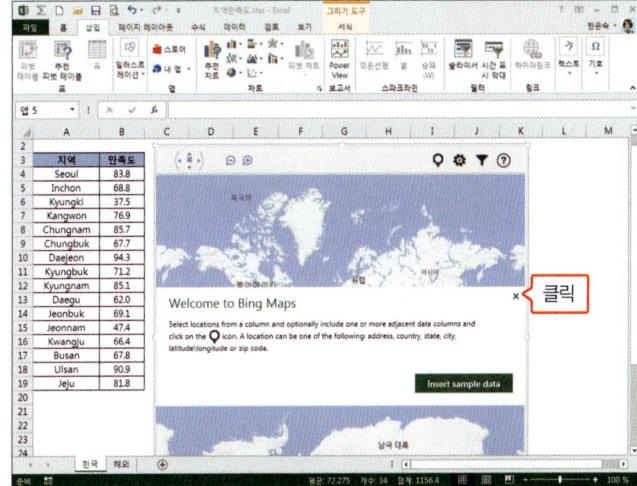

06

① 지도 영역의 테두리 부분 클릭 후 드래그해 이동

② 삽입된 Bing Maps 도구에서 [Show locations 📍] 클릭

③ 아래쪽 크기 조절점을 위로 드래그해 크기 조절

④ [Settings ⚙]를 클릭합니다.

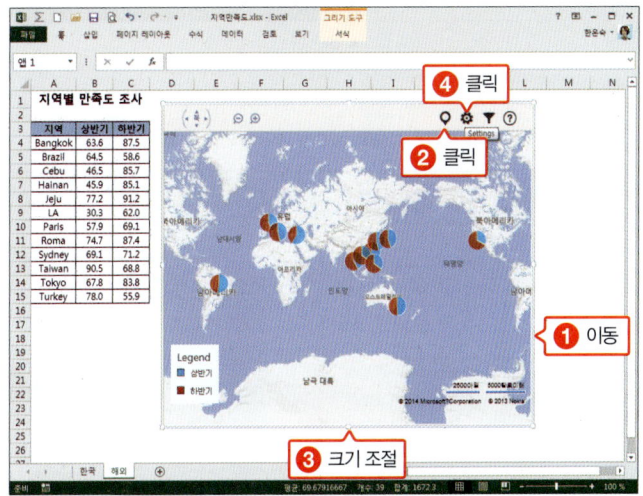

07

① 상반기 색상 목록에서 **노란색** 선택

② [돌아가기 ⊖] 클릭

③ **제주도를 나타내는 파이를 클릭**하면 설명 상자가 표시됩니다.

상반기를 나타내는 파이 부분이 노란색으로 바뀝니다.

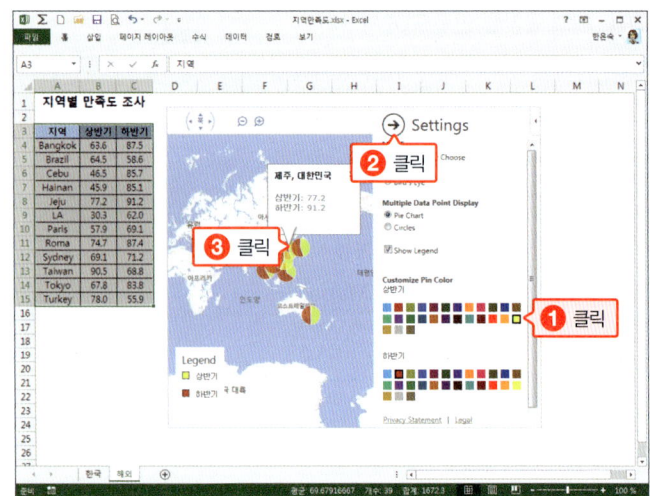

[SmartCharts for Excel]로 Bubble Chart, Tree Map 작성하기

Office용 앱 스토어에서 [SmartCharts for Excel]을 추가하면 엑셀 작업 창에서 다음과 같이 선택한 데이터에 대한 Bubble Chart나 Tree Map을 작성해 보여줄 수 있습니다. ① 첫 화면에서 [Select Table]을 클릭한 후 차트로 작성할 데이터 범위를 지정하면 Bubble Chart가 나타나며 ② 상단 부분에서 다른 차트 종류를 선택할 수 있습니다.

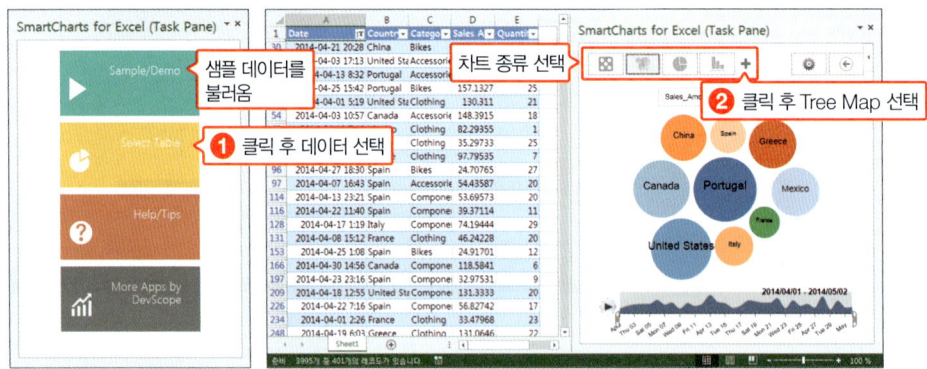

▲ Bubble Chart

데이터에 날짜나 시간이 있는 경우 차트 아래쪽에 시간 표시 막대가 나타납니다. ③ 시간 표시 막대의 [실행] 버튼을 클릭하면 날짜, 시간에 따른 차트 개체의 크기가 달라지면서 데이터 변화를 보여줍니다.

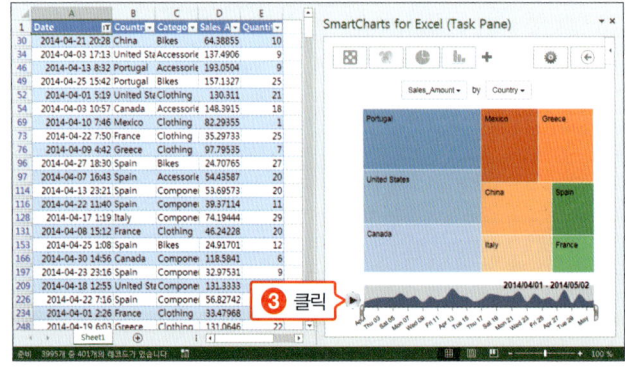

▲ Tree Map

데이터를 골라 쓰자! 데이터 관리와 분석

엑셀의 데이터 관리 도구를 사용하면 수만 개의 데이터 중 특정 조건을 만족하는 데이터만 추출하거나 원하는 여러 조건에 맞는 데이터별로 요약한 보고서를 작성할 수 있습니다. 이번 장에서는 입력한 데이터를 정렬, 필터, 요약, 분석하는 등의 데이터 관리, 분석 기능에 대해서 알아보겠습니다.

엑셀의 데이터 관리, 분석 기능을 제대로 사용하려면 데이터 목록이 데이터베이스 규칙에 맞게 작성되어 있어야 합니다. 엑셀의 데이터 목록을 데이터베이스 규칙에 맞게 작성하도록 도와주는 엑셀의 표 삽입 및 표 도구에 대해 알아보겠습니다.

데이터베이스의 구성

데이터베이스란 많은 양의 데이터를 특정한 용도에 맞게 체계적으로 정리해놓은 것을 말합니다. 엑셀의 데이터 관리 기능을 제대로 사용하려면 데이터 목록은 일정한 형식에 맞춰 분류, 구분할 수 있는 데이터베이스로 구성되어 있어야 합니다.

데이터베이스는 다음과 같이 **필드(Field)**, **필드명(Field Name)**, **레코드(Record)**로 구성됩니다.

• **참고 파일** Chapter10\Section01\데이터구성.xlsx

품명	대리점	1월	2월	3월	4월	5월	6월	7월	8월	9월	10월	11월	12월
AI-725	서울	1100	1900	1700	1500	1700	1700	800	800	800	800	800	800
AI-725	대전	900	2100	1800	1500	1800	1800	700	900	1000	1000	800	900
AI-725	부산	1007	1314	936	1426	869	610	679	513	1872	1103	1684	518
BH-902	서울	1500	1500	1500	1500	1450	1300	1500	1500	1500	1500	1500	1500
BH-902	대전	1300	1700	1600	1500	1600	1500	1600	1400	1600	1400	1300	1700
BH-902	부산	709	1928	1568	650	1018	536	686	1980	1733	1520	551	1504
CY-959	서울	500	500	500	500	500	500	500	500	500	500	500	500
CY-959	대전	600	700	700	400	700	400	600	300	600	300	300	700
CY-959	부산	1108	701	524	584	1700	1762	1947	862	816	664	1940	971
AV-809	서울	300	300	300	300	300	300	300	300	300	300	300	300
AV-809	대전	200	200	200	500	400	500	200	300	500	200	500	200
AV-809	부산	892	886	1482	1208	519	1840	1763	1042	1722	1842	1750	1033

제목: **연간 매출 집계**

필드명 : 각 필드를 구분할 수 있는 필드의 이름으로 '열 이름표'

레코드 : 하나 이상의 필드로 구성되며 데이터베이스의 '행' 의미

필드 : 같은 종류의 데이터 모임으로 데이터베이스의 '열' 의미

데이터베이스 작성 시 지켜야 할 규칙

엑셀의 데이터베이스 관리 기능을 사용하기에는 부적합한 데이터베이스 형태입니다. 다음과 같이 작성된 데이터 목록으로는 엑셀의 데이터베이스 관리 기능을 제대로 사용할 수 없습니다.

❶ 데이터베이스 제목과 데이터베이스가 붙어 있으면 안 됨 :
'연간 매출 집계'라는 제목 다음에 바로 데이터 목록이 있기 때문에 제목까지 데이터베이스로 간주하여 1행 제목이 필드명이 되어버림

❷ 필드명은 병합하면 안 됨 :
필드명은 한 줄로 되어 있어야 하고 두 줄 이상이 병합되어 있으면 어느 것이 필드명인지 불분명해짐

❸ 목록 중간에 빈 행, 빈 열이 있으면 안 됨 :
목록 중간에 빈 행이나 빈 열이 있으면 빈 행, 빈 열을 기준으로 각각 별도의 데이터베이스로 간주함

❹ 하나의 필드에는 한 가지 정보만 있어야 함 :
하나의 필드에 이름과 직급이 함께 입력되어 있으면 이름별, 직급별로 정렬, 필터 등 관리하기가 어려움

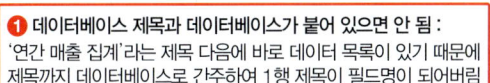

표의 구성 요소

[삽입] 탭-[표] 그룹-[표]를 클릭하거나 [홈] 탭-[스타일] 그룹-[표 서식]에서 표 스타일을 선택하면 선택한 데이터 범위가 표 범위로 변환됩니다. 표는 데이터베이스 규칙에 맞게 데이터 목록을 작성하고 관리할 수 있는 데이터베이스 형태의 범위입니다. 표 범위의 구성 요소는 다음과 같습니다.

• **참고 파일** Chapter10\Section01\표구성.xlsx

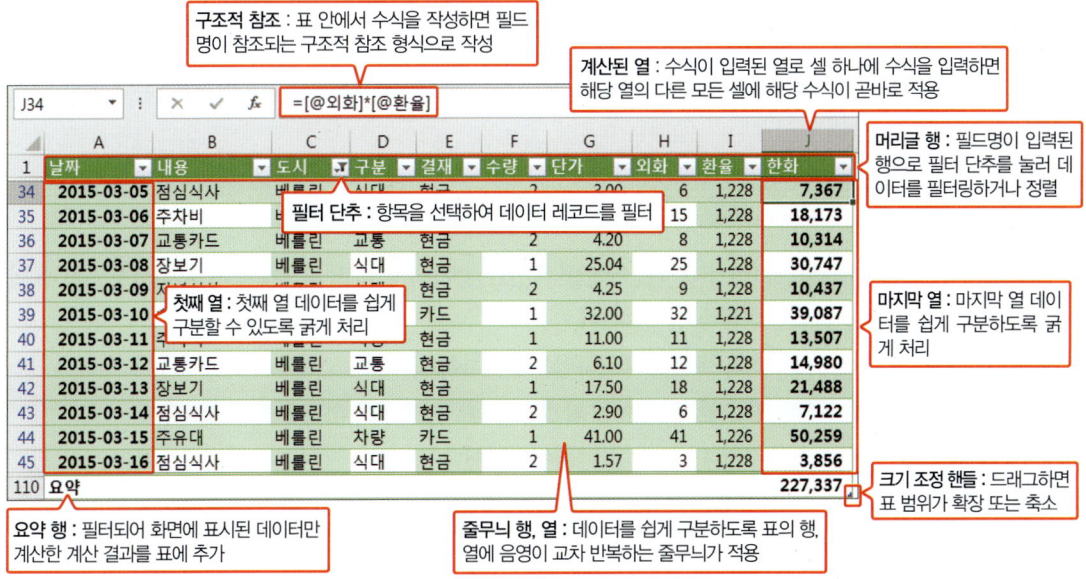

구조적 참조 : 표 안에서 수식을 작성하면 필드명이 참조되는 구조적 참조 형식으로 작성

계산된 열 : 수식이 입력된 열로 셀 하나에 수식을 입력하면 해당 열의 다른 모든 셀에 해당 수식이 곧바로 적용

머리글 행 : 필드명이 입력된 행으로 필터 단추를 눌러 데이터를 필터링하거나 정렬

필터 단추 : 항목을 선택하여 데이터 레코드를 필터

마지막 열 : 마지막 열 데이터를 쉽게 구분하도록 굵게 처리

첫째 열 : 첫째 열 데이터를 쉽게 구분할 수 있도록 굵게 처리

크기 조정 핸들 : 드래그하면 표 범위가 확장 또는 축소

요약 행 : 필터되어 화면에 표시된 데이터만 계산한 계산 결과를 표에 추가

줄무늬 행, 열 : 데이터를 쉽게 구분하도록 표의 행, 열에 음영이 교차 반복하는 줄무늬가 적용

표 도구

표 범위가 선택되면 리본 메뉴 [표 도구]–[디자인] 탭이 표시됩니다. 이 표 도구를 통해 표 구성 요소 선택 및 해제, 표 스타일, 표 크기 등을 변경할 수 있으며 표를 일반 범위로 변환할 수 있습니다. 각 그룹에 있는 표 도구의 기능은 다음과 같습니다.

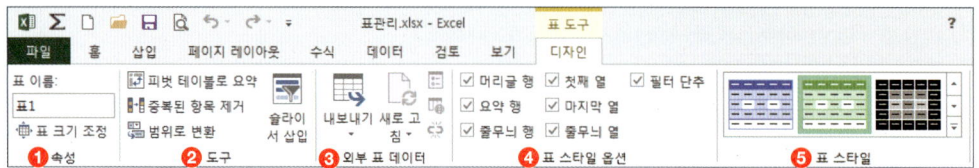

① **속성** : [표 이름]에서는 표 범위에 대한 이름을 지정할 수 있습니다. [표 크기 조정]을 클릭하면 대화상자가 표시되어 표 범위를 다시 지정할 수 있습니다. 표 크기는 크기 조정 핸들을 드래그하여 조정할 수도 있습니다.

② **도구** : 표 목록을 피벗 테이블로 만들거나 중복된 항목 제거, 일반 범위로 변환, 슬라이서 삽입 등을 할 수 있습니다.

③ **외부 표 데이터** : 웹 사이트의 다른 사용자가 표 목록을 사용하도록 할 수 있으며 회사 인트라넷 사이트를 만들 때 사용하는 프로그램인 Microsoft Windows SharePoint Services로 구축한 사이트에 저장된 사용자 지정 목록으로 표 목록을 내보낼 수 있습니다. Windows SharePoint Services 사이트의 목록으로 표 데이터를 내보낼 때는 해당 사이트와 연결되어 있어야 하고 목록을 만드는 데 필요한 사용 권한이 있어야 합니다.

④ **표 스타일 옵션** : 표의 구성 요소들을 표시하거나 숨길 수 있습니다.

⑤ **표 스타일** : 표의 채우기 색, 테두리 색, 글꼴 색 등이 미리 정의된 표 서식을 지정합니다.

슬라이서 삽입

표 범위에서는 필드명에 필터 단추가 생기면 항목을 선택하여 데이터를 필터할 수 있습니다. 슬라이서에서는 필터링을 좀더 쉽고 빠르게 할 수 있으며 다중 항목을 선택했을 때 어떤 항목들을 선택하여 필터했는지 한눈에 알아볼 수 있습니다. [표 도구]–[디자인] 탭–[도구] 그룹–[슬라이서 삽입]을 클릭하고 필터할 필드를 선택하면 슬라이서가 삽입되고 리본 메뉴에 [슬라이서 도구]가 표시됩니다.

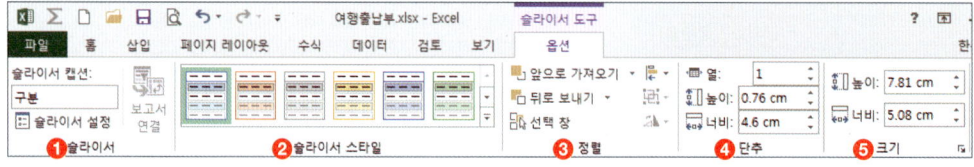

① **슬라이서** : 필드명 대신 다른 슬라이서 캡션을 지정할 수 있고 [슬라이서 설정] 버튼을 눌러 표시 설정을 할 수 있습니다. 다른 피벗 테이블과도 연결할 수 있습니다.

② **슬라이서 스타일** : 슬라이서 테두리나 색상 등의 스타일을 선택합니다.

③ **정렬** : 여러 슬라이서를 삽입한 경우 앞, 뒤로 이동 및 맞춤, 그룹, 회전 등을 선택할 수 있습니다.

④ **단추** : 슬라이서 안에 있는 항목의 열 수, 높이, 너비를 지정합니다.

⑤ **크기** : 슬라이서의 높이, 너비를 지정합니다.

• **실습 파일** Chapter10\Section01\표관리.xlsx • **완성 파일** Chapter10\Section01\표관리완성.xlsx

표 범위는 엑셀에서 데이터베이스로 인식되기 때문에 데이터를 관리할 때 편리합니다. 표 범위의 특성을 알아보기 위해 다양한 방법으로 표를 삽입하여 데이터를 작성해보고 이미 작성된 데이터 범위를 표 범위로 변환해보겠습니다.

01 빈 셀에서 표 만들기

빈 셀에서 표를 먼저 만든 후 데이터를 입력하면 데이터베이스 작성 규칙에 맞게 입력할 수 있습니다. 수식이나 서식이 자동으로 복사되어 보다 쉽고 빠르게 데이터 목록을 작성할 수 있습니다.

① 빈 셀인 **[A1]** 셀이 선택된 상태에서 [삽입] 탭-[표] 그룹-**[표]** 클릭

② [표 만들기] 대화상자에서 **[확인]**을 클릭합니다.

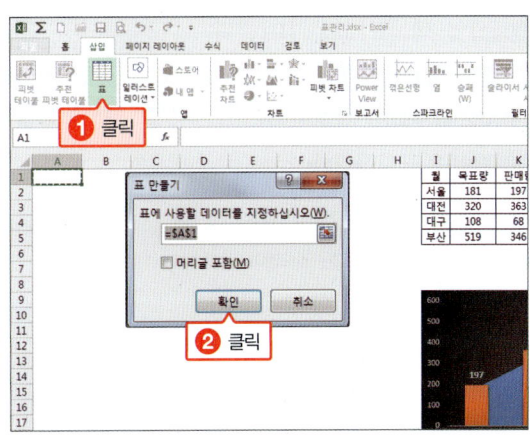

필드명에 '열1'이라고 입력된 표가 삽입됩니다.

02 데이터 입력하기

① 그림과 같이 **[A1]~[E4]** 셀까지 데이터 입력

② **[F2]** 셀 금액에 **등호(=)** 입력

③ **[D2]** 셀 클릭

④ 곱하기 **기호(*)** 입력

⑤ **[E2]** 셀을 클릭한 후 Enter 를 누릅니다.

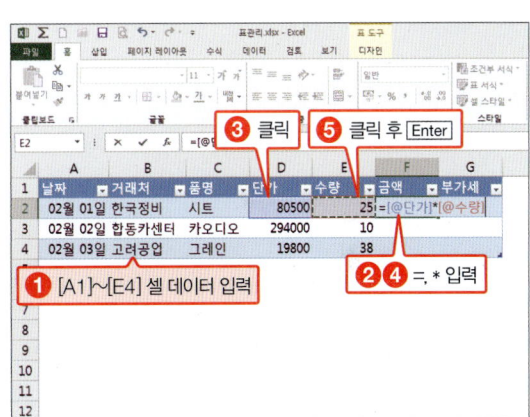

데이터를 추가할 때마다 표 서식은 자동으로 확장됩니다. 수식에서는 셀 주소가 아닌 필드명이 입력되고 Enter 를 누르면 나머지 셀에 수식이 자동으로 복사됩니다.

03

① 부가세인 **[G2]** 셀에는 **등호(=)** 입력

② **[F2]** 셀 클릭

③ ***10%** 입력 후 Enter

④ **[D2:G4]** 셀 드래그

⑤ [홈] 탭-[표시 형식] 그룹-**[쉼표 스타일]**을 클릭합니다.

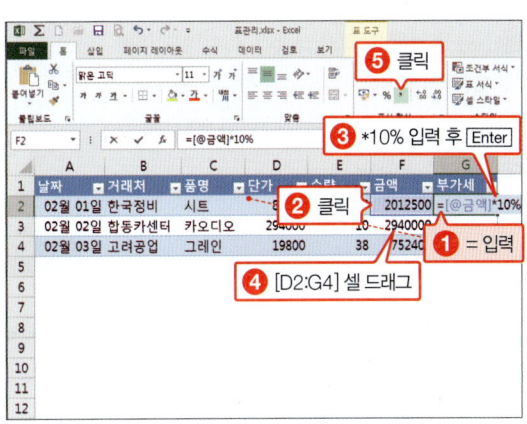

표 범위에서 [셀 병합]은 데이터베이스 작성 규칙에 맞게 사용하지 못하도록 비활성화되어 있습니다.

04 기존 데이터 범위를 표로 만들기

실무에서는 데이터베이스 작성 규칙에 맞지 않게 일부가 셀 병합된 데이터 범위도 많습니다. 데이터 정렬, 필터 사용 등으로 데이터 관리를 원활하게 할 수 있도록 만들어보겠습니다.

① [P1]셀 선택

② [삽입] 탭-[표] 그룹-[표] 클릭

③ [P1:Z20] 셀 드래그

④ [머리글 포함]에 체크 표시

⑤ [확인]을 클릭합니다.

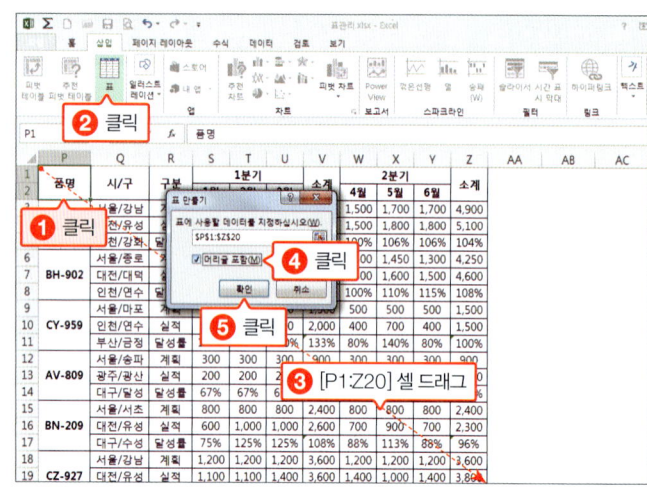

바로 통하는 TIP 병합된 셀이 해제되면서 필드명이 공백이 되어버린 빈 셀에는 열1, 열2,…와 같은 필드명이 입력됩니다.

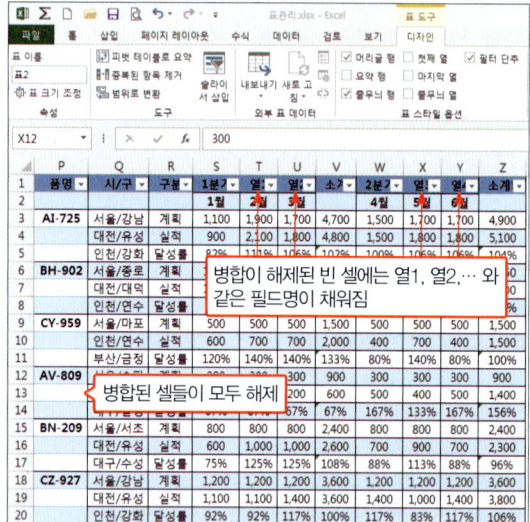

05 데이터베이스 규칙에 맞게 수정하기

① [S1]~[Z1] 셀까지 필드명으로 1월, 2월, 3월, 1분기, 4월, 5월, 6월, 2분기 입력

② [P3:P20] 셀 드래그

③ [홈] 탭-[편집] 그룹-[찾기 및 선택]-[이동 옵션] 선택

④ [이동 옵션] 대화상자에서 [빈 셀] 선택

⑤ [확인]을 클릭합니다.

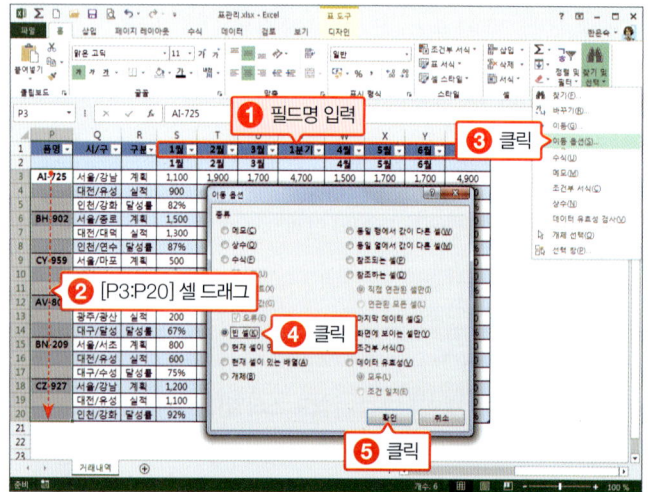

06

① 빈 셀만 범위 지정된 상태에서 **등호(=)** 입력

② **[P3]** 셀을 클릭한 후 Ctrl + Enter 를 누릅니다.

P열의 빈 셀에 품명이 입력됩니다.

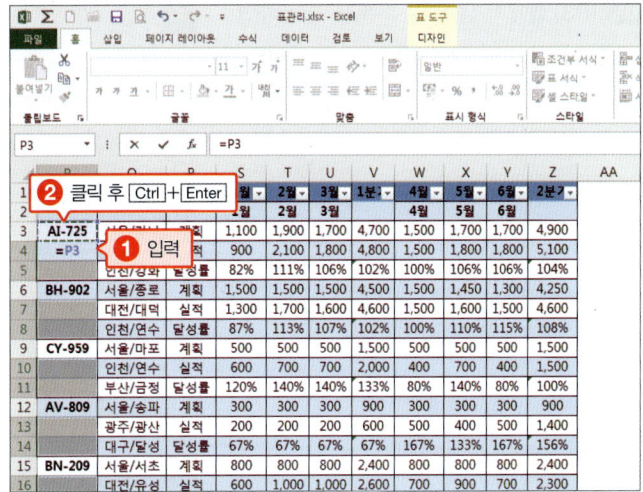

07

① **[P3:P20]** 셀 드래그

② **[홈]** 탭–**[클립보드]** 그룹–**[복사]** 클릭

③ **[붙여넣기]**–**[값]** 선택

④ **[P2:Z2]** 셀 드래그

⑤ **[홈]** 탭–**[셀]** 그룹–**[삭제]**를 클릭합니다.

[P3:P20] 셀에서 수식으로 입력되었던 내용은 값으로 변경되고 [P2:Z2] 셀은 삭제됩니다.

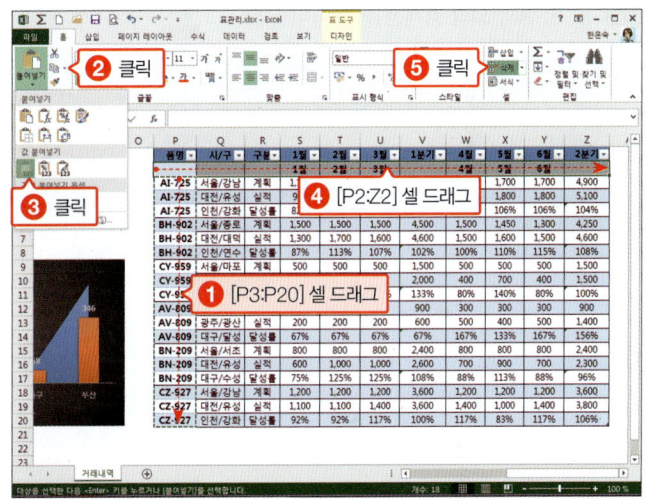

08 표 데이터 선택하기

표 범위를 선택하는 다양한 방법에 대해서 알아보겠습니다.

① 표 범위에서 임의의 셀을 선택하고 마우스 오른쪽 버튼 클릭

② **[선택]**–**[표 열 데이터]**를 선택합니다. 해당 셀이 포함된 열 데이터가 선택됩니다.

바로 통하는 TIP

• 표 열 데이터 : 필드명을 제외한 열 데이터 범위 선택

• 전체 표 열 : 필드명을 포함한 열 데이터 범위 선택

• 표 행 : 행 데이터 범위 선택

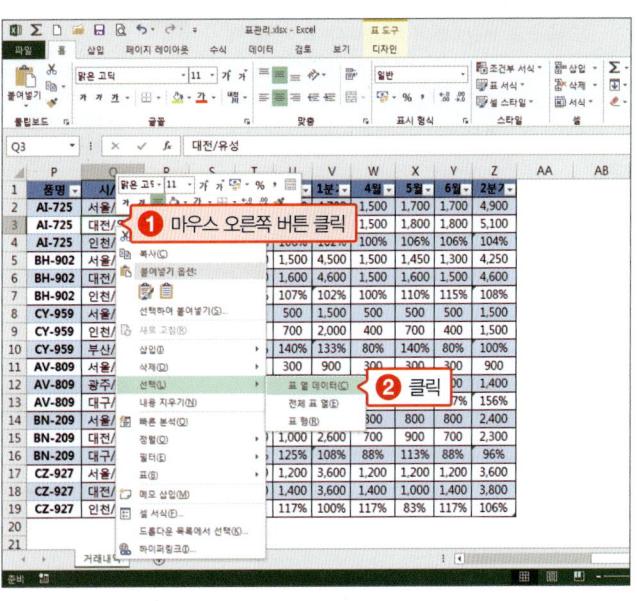

09 [P3] 셀에서 왼쪽 끝 부분을 클릭하면 3행의 데이터만 선택됩니다.

열 머리글이나 행 머리글의 경계선을 클릭하면 표 안의 열이나 행만 선택됩니다.

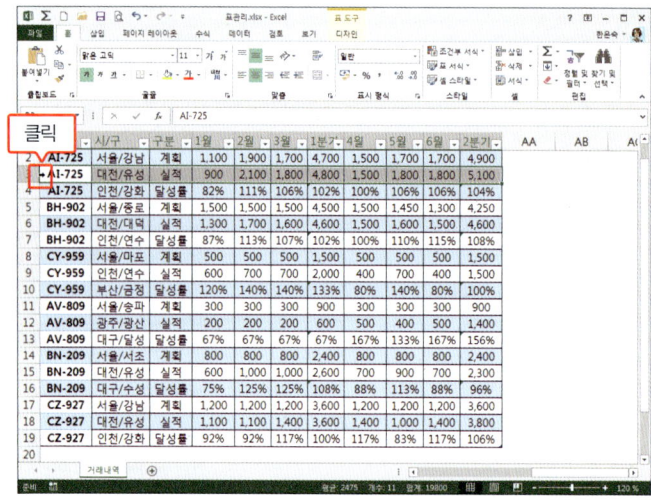

10 표 범위의 **외곽 경계선**을 클릭하면 표 전체가 선택됩니다.

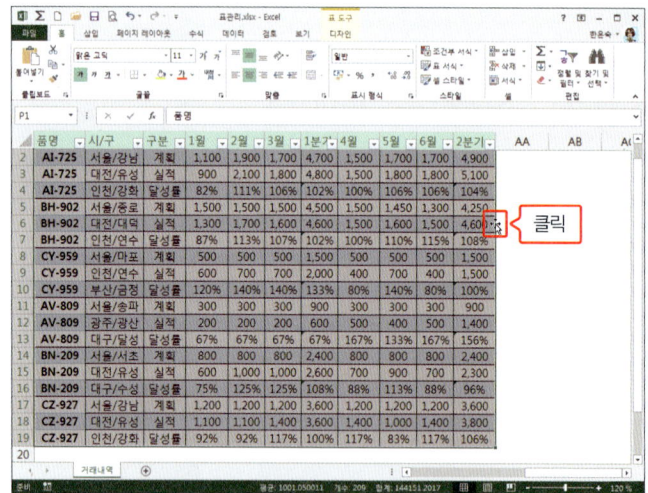

바로 통하는TIP 표 범위를 만들면 자동으로 표1, 표2,··· 형식으로 표 범위 이름이 정의됩니다. 표 이름을 데이터 내용에 맞게 변경하려면 [표 도구]–[디자인] 탭–[속성] 그룹의 [표 이름]에 입력합니다. 이름 상자 목록 버튼을 클릭하고 표 이름을 클릭하면 표를 선택할 수도 있습니다.

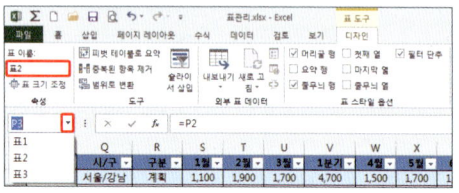

11 화면 스크롤 및 표 스타일 옵션 선택

① 수직 이동 줄 아래에 있는 **이동 화살표** 클릭. 표 범위에서 화면을 스크롤하면 [틀 고정]을 사용하지 않아도 알파벳으로 되어 있는 워크시트 열 머리글 위치에 표의 필드명이 표시되어 틀 고정 효과를 볼 수 있습니다.

② [표 도구]-[디자인] 탭-[표 스타일 옵션]에서 [줄무늬 행]의 체크 표시를 해제하고 [줄무늬 열], [요약 행]에 체크 표시합니다.

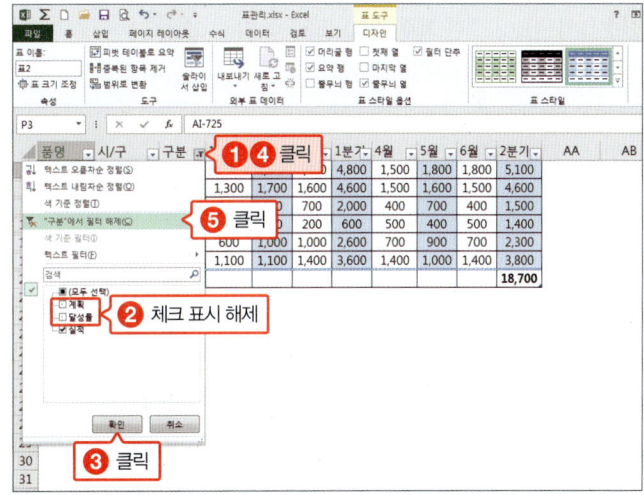

12 데이터 필터 및 필터 해제하기

구분 필드에서 [실적] 항목만 보여지도록 필터해보고 다시 필터를 해제해보겠습니다.

① 구분 필드의 [필터 단추] 클릭

② [계획], [달성률] 항목의 체크 표시 해제

③ [확인] 클릭. 요약 행의 계산 결과는 필터된 데이터만의 계산 결과를 표시합니다.

④ 다시 구분 필드의 [필터 단추] 클릭

⑤ ["구분"에서 필터 해제]를 선택합니다.

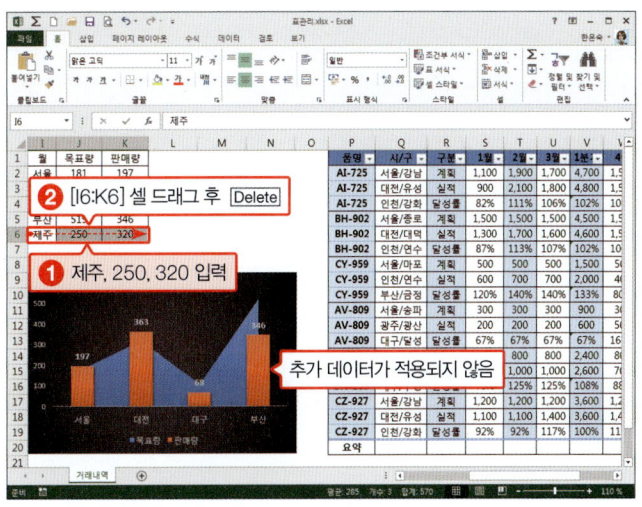

13 추가 데이터 자동 업데이트 확인하기

일반 데이터 범위를 이용해 작성된 차트나 피벗 테이블에는 데이터 범위 마지막 행 이후에 데이터를 추가 입력했을 때 차트나 피벗 테이블에 추가한 데이터가 적용되지 않습니다. 일반 범위를 표 범위로 만든 후 데이터 행을 추가하면 자동으로 차트나 피벗 테이블에 추가 데이터가 적용됩니다.

① [I6]~[K6] 셀에 **제주, 250, 320** 입력

② 추가한 데이터가 적용되지 않습니다. 다시 [I6:K6] 셀을 드래그한 후 Delete를 눌러 데이터를 지웁니다.

14 [I1:K5] 셀을 표로 변환해보겠습니다.

① [I1] 셀 클릭

② [삽입] 탭-[표] 그룹-[표] 클릭

③ [표 만들기] 대화상자에서 [확인]을 클릭
합니다.

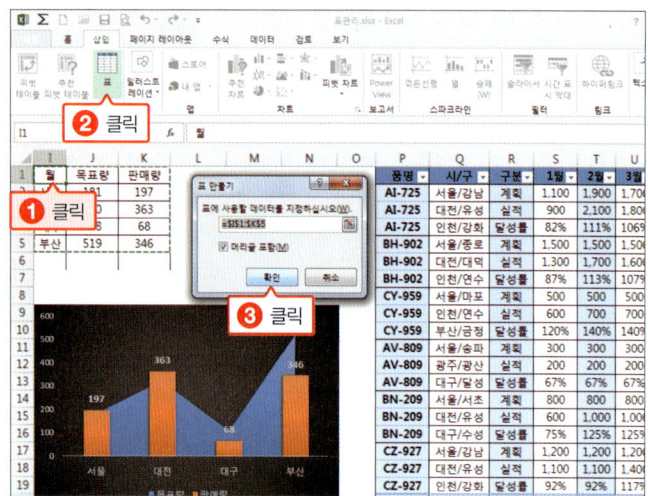

15 [I6]~[K6] 셀에 **제주, 250, 320**을 입
력합니다. 차트에 추가한 데이터가 자동으
로 적용됩니다.

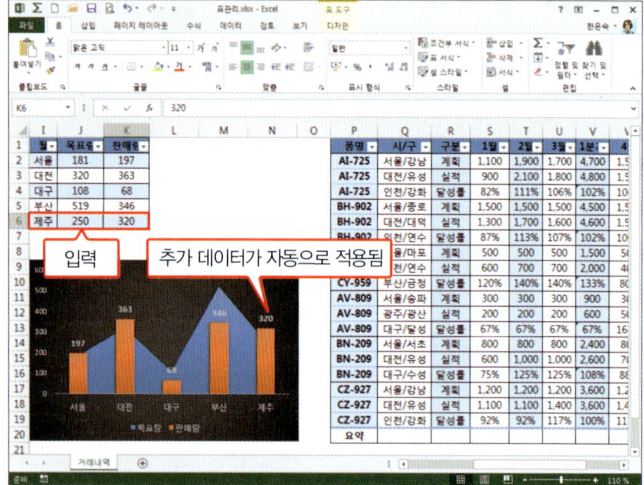

여행출납부에 표 범위 설정 및 슬라이서 삽입하기

2007 | 2010 | **2013**

- **실습 파일** Chapter10 \ Section01 \ 여행출납부.xlsx   ▪ **완성 파일** Chapter10 \ Section01 \ 여행출납부완성.xlsx

별도의 서식 지정 없이 데이터만 입력된 여행출납부 목록에 표 서식을 지정해 표 범위로 만든 후 요약 행을 추가합니다. 또한 슬라이서를 삽입해 데이터를 필터해보겠습니다.

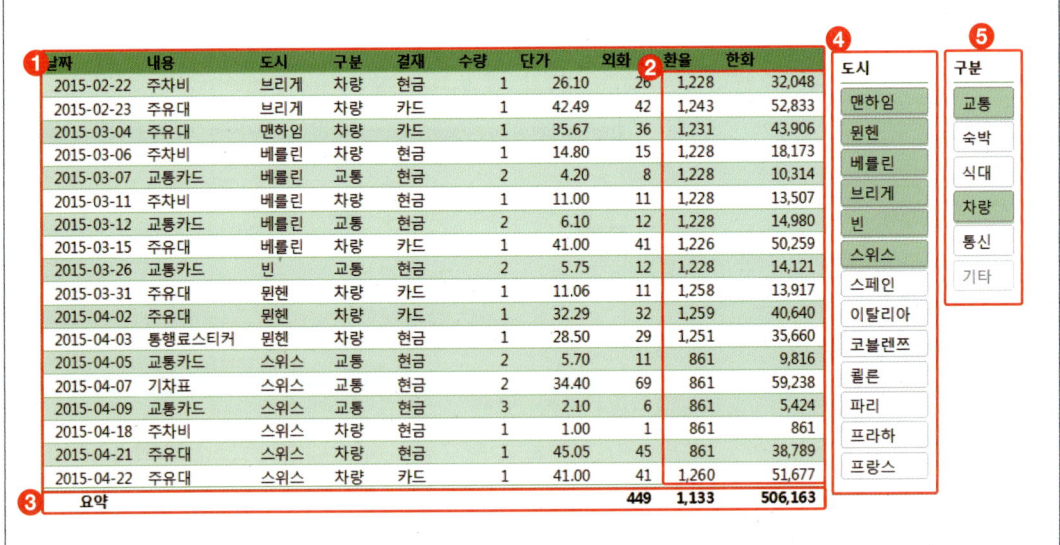

❶ 표 서식 지정으로 표 만들기

❷ 수식 작성하기

❸ 요약 행 설정

❹ 슬라이서 삽입

❺ 슬라이서 다중 항목 필터

01 표 서식 지정으로 표 만들기

표 스타일을 선택하면 표 범위로 만들 수 있습니다.

① [홈] 탭-[스타일] 그룹-[표 서식]-[**표 스타일 보통 7**] 선택

② [표 서식] 대화상자에서 [**확인**]을 클릭합니다.

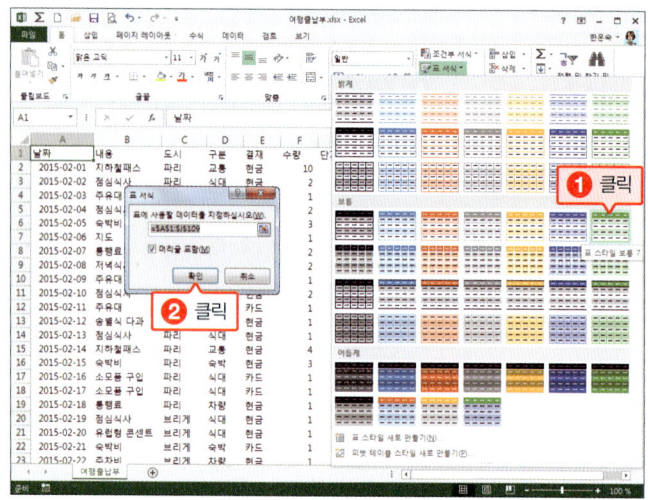

02 수식 작성하기

'수량×단가'의 수식으로 외화 사용 금액을 구해보겠습니다.

① [H2] 셀에 **등호(=)** 입력

② [F2] 셀 클릭

③ **곱하기 기호(*)** 입력

④ [G2] 셀을 클릭한 후 Enter 를 누릅니다.

H열 전체에 수식이 입력됩니다. [H2] 셀이 아닌 H열의 중간 셀에 수식을 입력해도 열 전체에 수식이 입력됩니다.

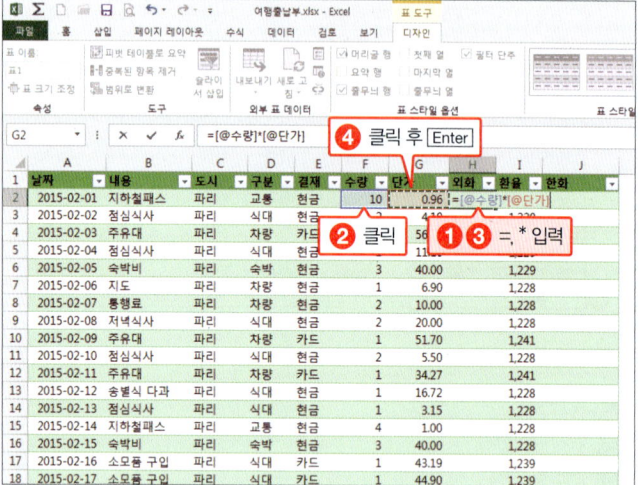

03 '외화×환율'의 수식으로 한화로 변환했을 때의 금액을 구해보겠습니다.

① [J2] 셀에 **등호(=)** 입력

② [H2] 셀 클릭

③ **곱하기 기호(*)** 입력

④ [I2] 셀을 클릭한 후 Enter 를 누릅니다.

바로 통하는 TIP 표 범위에서 수식을 입력한 열은 계산된 열로 인식되어 자동으로 해당 열에 수식이 모두 채워집니다. 수식에서는 셀 주소 대신 현재 행의 필드 항목이라는 의미로 [@수량], [@단가], [@외화], [@한화] 형식으로 입력됩니다.

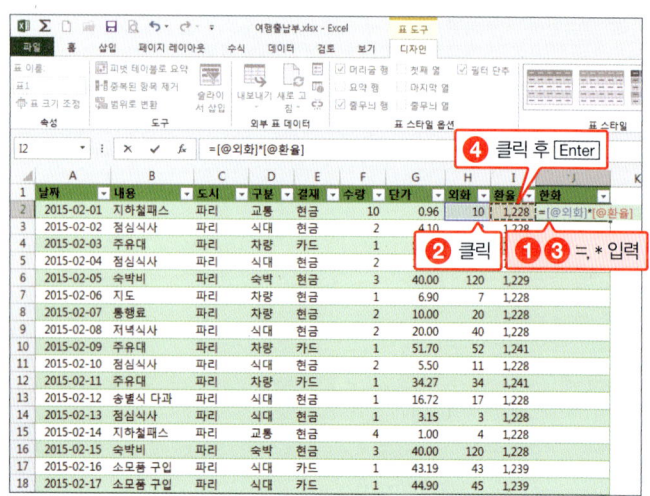

04 요약 행 설정하기

① [표 도구]-[디자인] 탭-[표 스타일 옵션] 그룹-[요약 행]에 체크 표시

② 외화 필드의 요약 셀 클릭 후 목록 버튼을 눌러 [합계] 선택

③ 환율 필드의 요약 셀 클릭 후 목록 버튼을 눌러 [평균] 선택

④ 한화 필드의 요약 셀을 클릭하고 목록 버튼을 누른 후 [합계]를 선택합니다.

표의 마지막 행에 요약 행이 삽입되어 열의 합계, 평균 등을 간단히 구할 수 있습니다.

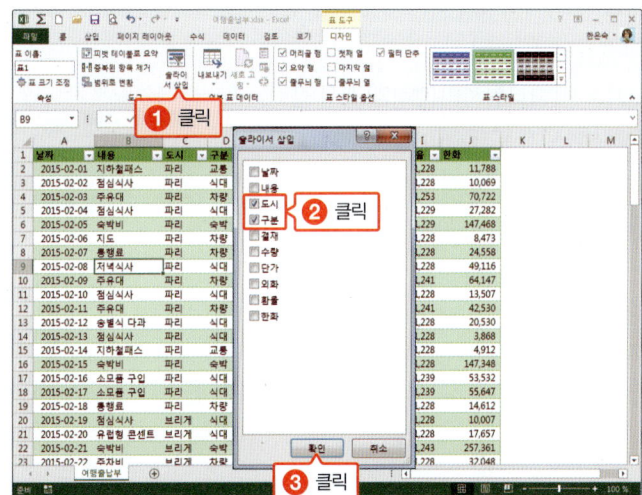

05 슬라이서 삽입하기

① [표 도구]-[디자인] 탭-[도구] 그룹-[슬라이서 삽입] 클릭

② [슬라이서 삽입] 대화상자에서 [도시], [구분] 필드에 체크 표시

③ [확인]을 클릭합니다.

[도시]와 [구분] 필드에 입력된 데이터가 슬라이서의 항목으로 표시됩니다.

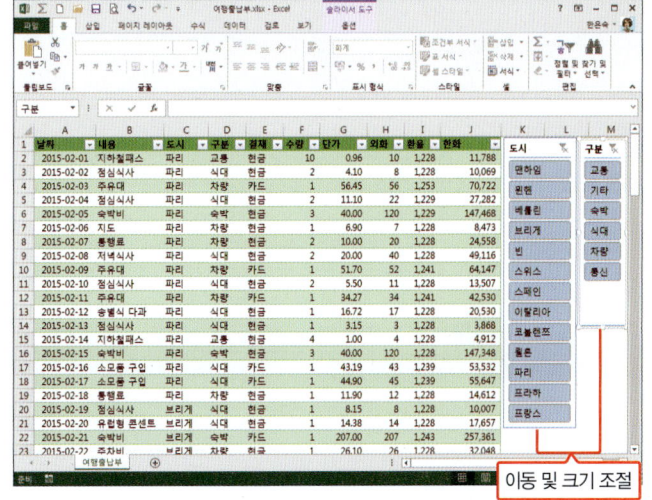

06 슬라이서로 다중 항목 필터하기

삽입된 슬라이서 개체들을 오른쪽으로 드래그해 이동합니다. 크기 조절점을 드래그하여 크기를 적당히 조절합니다.

07 슬라이서 개체에 스타일을 지정해보 겠습니다.

① [도시] 슬라이서 클릭

② [구분] 슬라이서 Shift +클릭

③ [슬라이서 도구]-[옵션] 탭-[슬라이서 스타일] 그룹-[슬라이서 스타일 밝게 6]을 선택합니다.

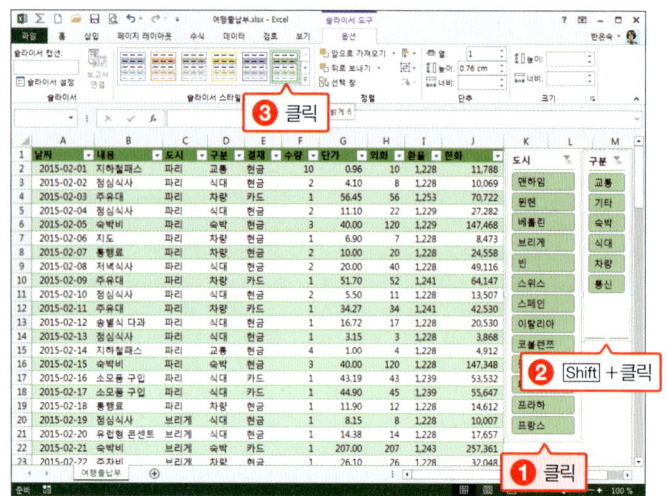

08 슬라이서에서 필터할 항목만 선택해 보겠습니다.

① [도시] 슬라이서의 [맨하임] 항목 클릭

② [스위스] 항목 Shift +클릭

③ [구분] 슬라이서의 [교통] 항목 클릭

④ [차량] 항목을 Ctrl +클릭합니다.

선택한 도시와 구분에 대한 데이터만 필터되며 요약 행의 계산 결과도 해당 데이터의 합계와 평균으로 바 뀝니다.

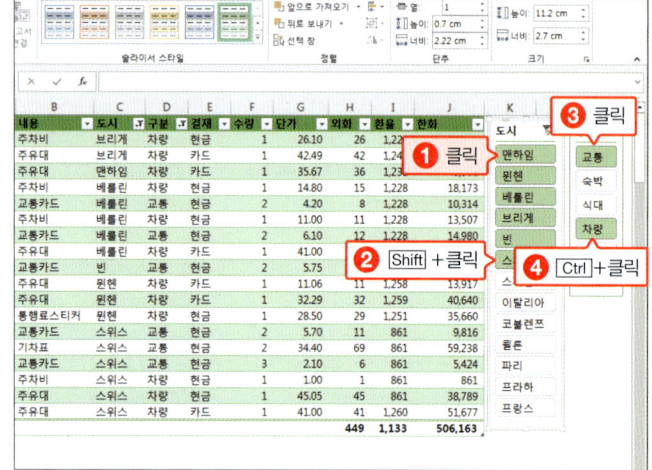

바로 통하는 TIP 슬라이서에서 필터를 해제하고 싶다면 슬라이서 캡션 옆에 있는 [필터 지우기 🔻]를 클릭합니다.

데이터 목록을 일정한 순서로 재배열하는 정렬 기능은 데이터 관리 및 분석에서 필수적인 요소입니다. 정렬을 통하여 원하는 순서에 맞게 데이터를 구성하고 시각화하면 데이터와 관련된 업무에서 보다 효과적인 결정을 내리는 데 도움이 됩니다.

정렬 순서

오름차순은 숫자〉문자〉논리 값〉오류 값〉빈 셀순이고, 내림차순은 오류 값〉논리 값〉문자〉숫자〉빈 셀순으로 정렬되며 빈 셀은 항상 마지막에 정렬됩니다. 문자의 경우 오름차순으로 정렬하면 소문자가 우선순위를 갖습니다. 데이터 종류에 따른 정렬 순서는 다음과 같습니다.

데이터 종류	정렬 순서
숫자	가장 작은 음수에서 가장 큰 양수로 정렬
텍스트와 숫자 데이터가 섞인 경우	0 1 2 3 4 5 6 7 8 9 (공백) ! " # $ % & ( ) * , . / : ; ? @ [₩] ^ _ ' { | } ~ + 〈 = 〉 A B C D E F G H I J K L M N O P Q R S T U V W X Y Z
논리 값/오류 값	논리 값은 TRUE보다 FALSE가 앞에 정렬되며 오류 값의 순서는 모두 같음

정렬 단축 메뉴

하나의 열을 기준으로 정렬할 때는 해당 열의 셀을 선택하고 [데이터] 탭-[정렬 및 필터] 그룹에서 [오름차순], [내림차순]을 클릭하거나 마우스 오른쪽 버튼을 클릭한 후 단축 메뉴를 사용합니다.

단축 메뉴의 [정렬]에서는 데이터 순서별 정렬뿐 아니라 셀 색, 글꼴 색, 셀 아이콘, 사용자 지정 정렬 등의 메뉴를 선택할 수 있습니다.

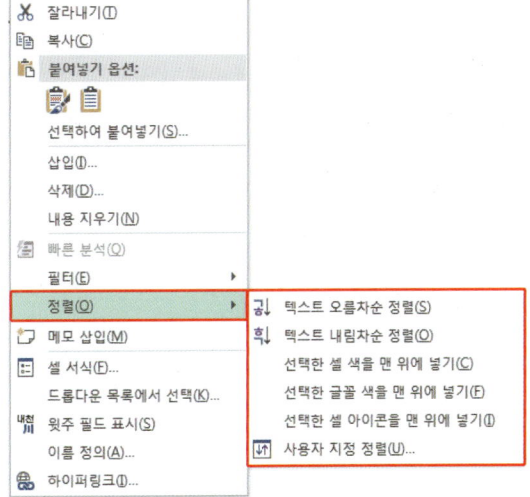

[정렬] 대화상자

여러 열을 기준으로 정렬할 때는 [데이터] 탭-[정렬 및 필터] 그룹-[정렬]을 클릭하여 [정렬] 대화상자를 사용합니다. 정렬 기준은 최대 64개까지 지정할 수 있습니다. 기본적으로 행 단위이며 열 단위로 정렬하려면 정렬 옵션을 선택합니다. [정렬] 대화상자의 구성 요소는 다음과 같습니다.

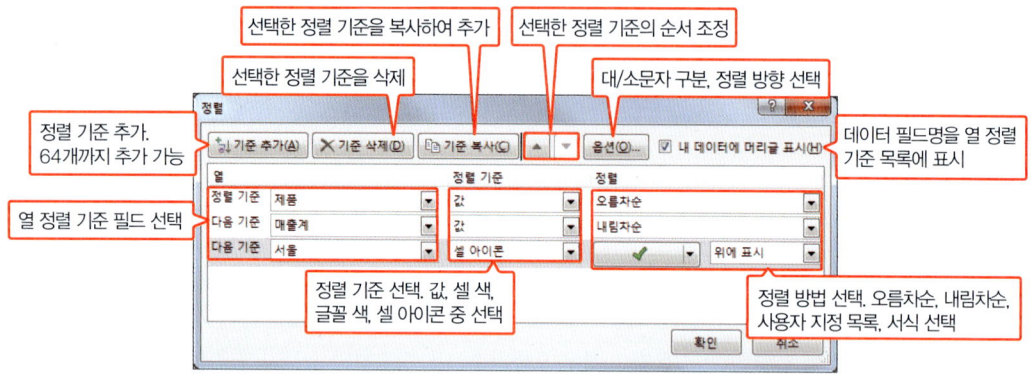

핵심기능실습 | **다양한 정렬 방식 알아보기**

- **실습 파일** Chapter10\Section02\데이터정렬.xlsx   • **완성 파일** Chapte10\Section02\데이터정렬완성.xlsx

날짜, 숫자, 문자, 서식 등 다양한 데이터 목록에 대해 각 데이터를 기준으로 삼아 다양한 방식으로 데이터의 순서를 정렬해보겠습니다.

01 하나의 열을 기준으로 정렬하기
제품명 순서대로 정렬해보겠습니다.
① [B2] 셀 클릭
② [데이터] 탭-[정렬 및 필터] 그룹-[**텍스트 오름차순 정렬**⬆️]을 클릭합니다.

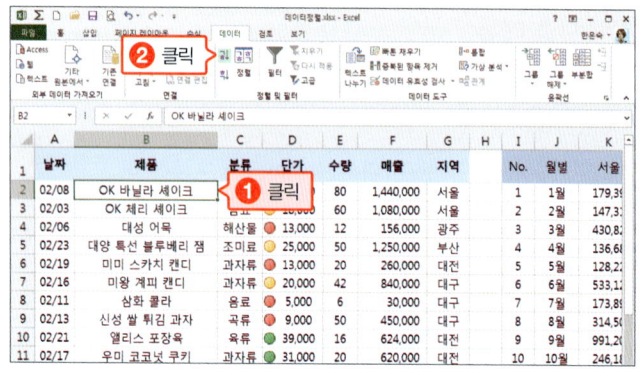

02 매출이 높은 순서대로 제품을 정렬해보겠습니다.
① [F2] 셀 클릭
② [데이터] 탭-[정렬 및 필터] 그룹-[**숫자 내림차순 정렬**⬇️]을 클릭합니다.

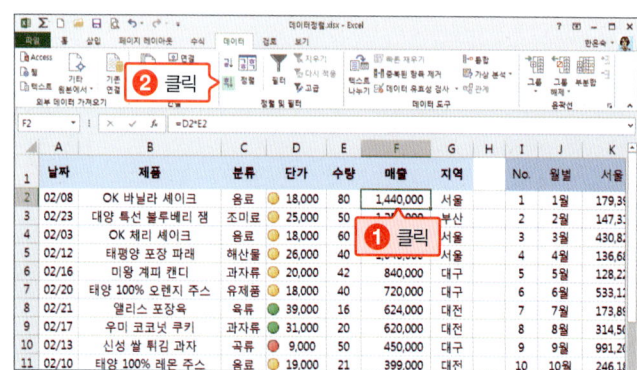

03 선택한 셀 서식을 맨 위에 넣기

단가에는 조건부 서식으로 셀 아이콘이 적용되어 있습니다. 이 중 중간 그룹에 해당하는 아이콘들을 맨 위로 정렬해보겠습니다.

① **노란색 아이콘이 있는 셀**에서 마우스 오른쪽 버튼 클릭

② 단축 메뉴에서 [정렬]–[선택한 셀 아이콘을 맨 위에 넣기]를 선택합니다.

바로 통하는 TIP 중간 그룹에 해당하는 노란색 아이콘 셀들이 위로 이동되었습니다.

04 여러 열을 기준으로 정렬하기

다양한 열을 기준으로 정렬해보겠습니다.

① [데이터] 탭–[정렬 및 필터] 그룹–[정렬] 클릭

② [기준 추가]를 세 번 클릭

③ [열 정렬 기준]의 [단가] 선택

④ 아래로 이동 버튼을 클릭합니다.

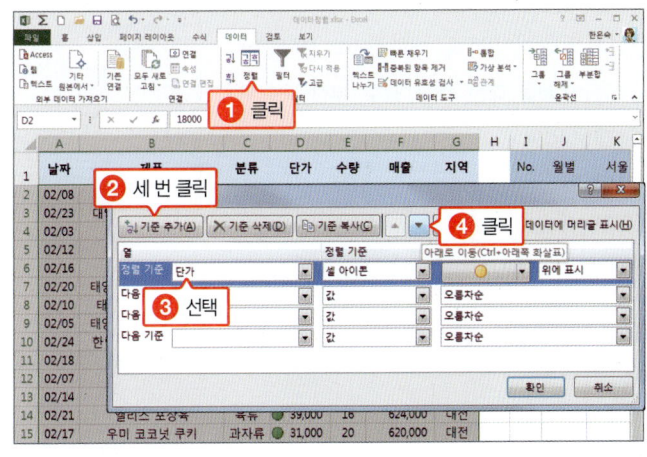

05

① 첫 번째 [열 정렬 기준]으로 [지역] 선택

② 세 번째 [다음 기준]으로 [수량] 선택

③ 정렬 방식으로 [내림차순] 선택

④ 네 번째 [다음 기준]으로 [매출] 선택

⑤ 정렬 방식으로 [내림차순] 선택

⑥ [확인]을 클릭합니다.

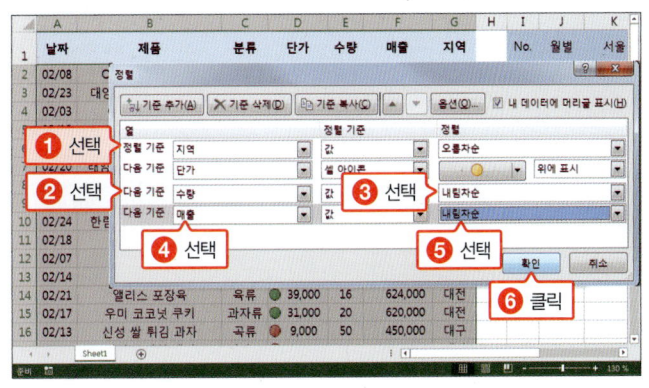

바로 통하는TIP 데이터 정렬 시 첫 번째 기준인 지역별로 정렬된 후에 지역이 같으면 노란 아이콘이 위에 표시됩니다. 아이콘이 같은 경우에는 수량이 큰 순서대로 정렬되고 수량까지 같은 경우에는 매출이 큰 항목순으로 정렬되었습니다.

② 지역이 같은 경우 노란 아이콘이 위에 표시

④ 수량까지 같은 경우 매출이 큰 항목순으로 정렬

① 지역순 정렬

③ 아이콘이 같은 경우 수량이 큰 순서대로 정렬

06 사용자 지정 순서로 정렬하기

지역 순서를 등록한 후 순서대로 정렬해보겠습니다.

① [데이터] 탭-[정렬 및 필터] 그룹-[정렬] 클릭

② [열 정렬 기준]의 [지역]에서 [정렬] 목록을 [사용자 지정 목록]으로 선택

③ [사용자 지정 목록] 대화상자의 [목록 항목]에 서울, 대전, 대구, 광주, 부산을 순서대로 입력

④ [추가] 클릭

⑤ [확인] 클릭

⑥ [정렬] 대화상자의 [확인]을 클릭합니다.

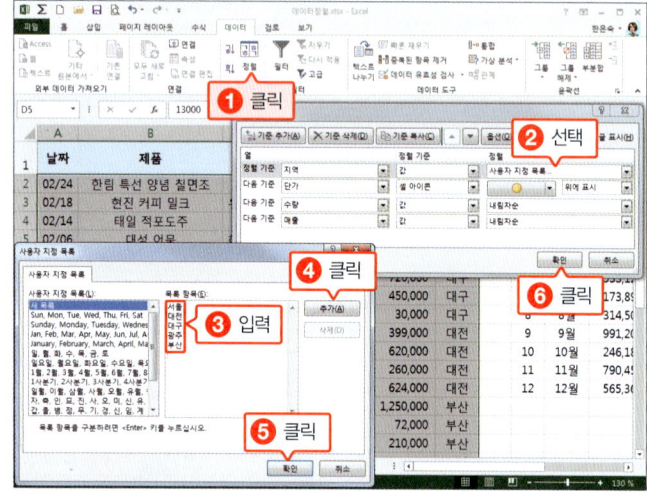

① 클릭

② 선택

③ 입력

④ 클릭

⑤ 클릭

⑥ 클릭

바로 통하는TIP [사용자 지정 목록]에서 지정한 지역 순서대로 정렬됩니다.

	A	B	C	D	E	F	G
1	날짜	제품	분류	단가	수량	매출	지역
2	02/08	OK 바닐라 셰이크	음료	18,000	80	1,440,000	서울
3	02/03	OK 체리 셰이크	음료	18,000	60	1,080,000	서울
4	02/12	태평양 포장 파래	해산물	26,000	40	1,040,000	서울
5	02/05	태양 100% 오렌지 주스	유제품	18,000	20	360,000	서울
6	02/10	태양 100% 레몬 주스	음료	19,000	21	399,000	대전
7	02/17	우미 코코넛 쿠키	과자류	31,000	20	620,000	대전
8	02/19	미미 스카치 캔디	과자류	13,000	20	260,000	대전
9	02/21	엘리스 포장육	육류	39,000	16	624,000	대전
10	02/16	미왕 계피 캔디	과자류	20,000	42	840,000	대구
11	02/20	태양 100% 오렌지 주스	유제품	18,000	40	720,000	대구
12	02/13	신성 쌀 튀김 과자	곡류	9,000	50	450,000	대구
13	02/11	삼화 콜라	음료	5,000	6	30,000	대구
14	02/24	한림 특선 양념 칠면조	육류	24,000	10	240,000	광주
15	02/18	현진 커피 밀크	유제품	21,000	10	210,000	광주
16	02/14	태일 적포도주	음료	18,000	3	54,000	광주
17	02/06	대성 어묵	해산물	13,000	12	156,000	광주
18	02/23	대양 특선 블루베리 잼	조미료	25,000	50	1,250,000	부산
19	02/07	태일 적포도주	음료	18,000	4	72,000	부산
20	02/04	태일 브랜디	음료	14,000	15	210,000	부산
21	02/09	파스 페이스 티	육류	33,000	3	99,000	부산

사용자 지정 순서별로 정렬

07 합계 열을 기준으로 정렬하기

월별 지역별 집계표에서 합계가 많은 순으로 정렬해보겠습니다.

① [P2] 셀 클릭

② [데이터] 탭-[정렬 및 필터] 그룹-[숫자 내림차순 정렬[힉]]을 클릭합니다.

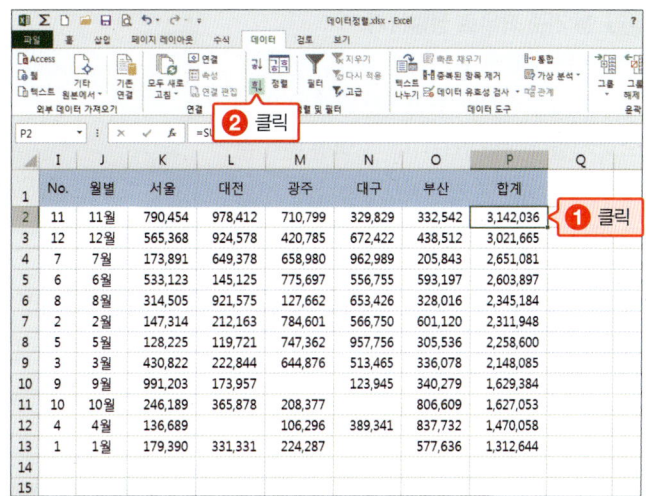

08 일부 범위만 정렬하기

앞서 합계를 기준으로 정렬하면서 일련번호가 뒤섞였습니다. 일련번호 범위만 따로 정렬하겠습니다.

① [I1:I13] 셀 드래그

② [데이터] 탭-[정렬 및 필터] 그룹-[숫자 오름차순 정렬[힉]] 클릭

③ [정렬 경고] 대화상자가 표시되면 [현재 선택 영역으로 정렬] 선택

④ [정렬]을 클릭합니다.

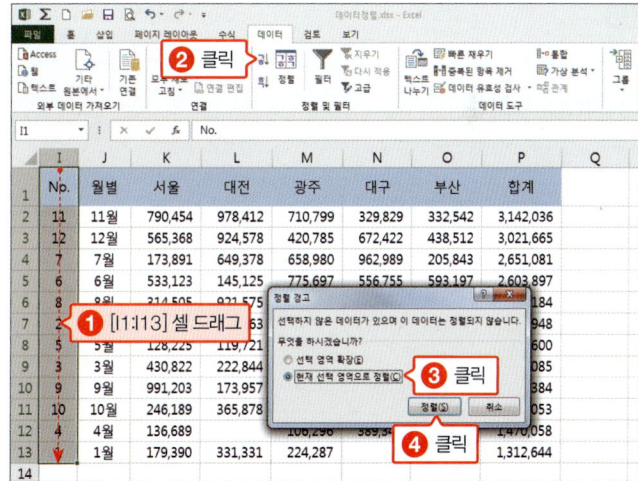

바로 통하는 TIP 다른 열의 데이터 순서는 변경되지 않고 선택한 [I1:I13] 셀만 오름차순으로 정렬됩니다.

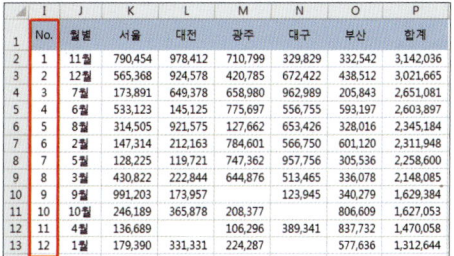

09 행 기준 좌우로 정렬하기

대부분의 정렬 작업은 위쪽에서 아래쪽 방향으로 정렬되지만 왼쪽에서 오른쪽 방향으로 정렬할 수도 있습니다. 지역명 문자 순서에 맞춰 좌우로 정렬해보겠습니다. 정렬할 범위를 지정합니다.

① **[K1:O13]** 셀 드래그

② **[데이터]** 탭-**[정렬 및 필터]** 그룹-**[정렬]** 클릭

③ **[정렬]** 대화상자의 **[옵션]**을 클릭합니다.

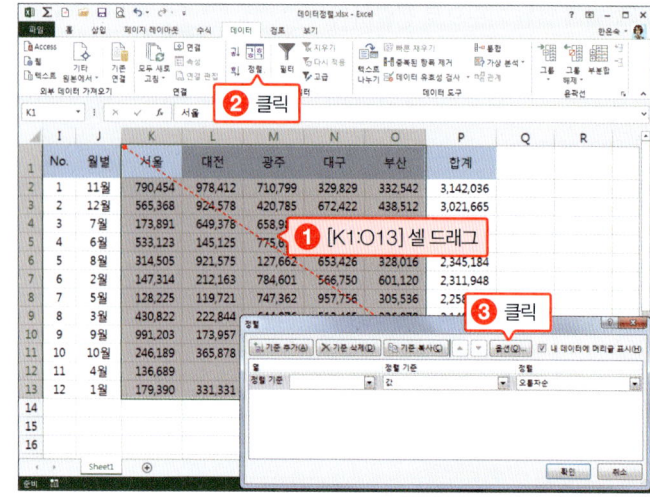

10

① **[정렬 옵션]** 대화상자의 **[방향]** 옵션에서 **[왼쪽에서 오른쪽]** 클릭

② **[확인]**을 클릭합니다.

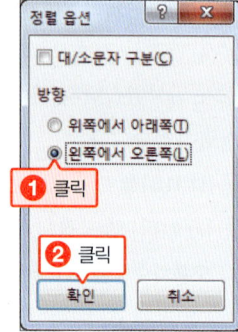

11

① **[정렬]** 대화상자의 **[행 정렬 기준]** 목록에서 **[행 1]** 선택

② **[확인]**을 클릭합니다.

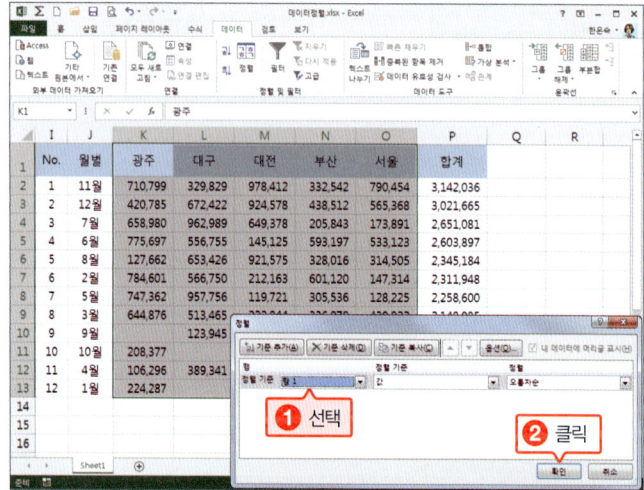

회사통
실무활용
30

일련번호 정렬로 중간 행 한번에 삽입하고 달성률 작성하기

2007 | 2010 | 2013

- 실습 파일 Chapter10\Section02\생산목표달성률.xlsx - 완성 파일 Chapter10\Section02\생산목표달성률완성.xlsx

정렬 기능을 응용하면 긴 데이터 목록에서 중간의 원하는 위치에 원하는 개수만큼 행을 간편하게 삽입할 수 있습니다. 월별 생산 계획과 실적만 입력된 데이터 목록에서 최근 항목인 12월부터 표시되도록 좌우로 정렬한 후 2행마다 행을 삽입해 달성률을 작성해보겠습니다.

생산목표 달성률표

품명	구분	12월	11월	10월	9월	8월	7월	6월	5월	4월	3월	2월	1월	합계
AI-725	계획	80	80	80	80	80	80	80	80	80	80	80	80	960
AI-725	실적	70	80	100	100	90	70	60	60	60	60	70	100	920
달성률		88%	100%	125%	125%	113%	88%	75%	75%	75%	75%	88%	125%	96%
AV-809	계획	30	30	30	30	30	30	30	30	30	30	30	30	360
AV-809	실적	20	50	20	50	30	20	50	40	50	20	20	20	390
달성률		67%	167%	67%	167%	100%	67%	167%	133%	167%	67%	67%	67%	108%
BH-902	계획	150	150	150	150	150	150	150	150	150	150	150	150	1,800
BH-902	실적	170	130	140	160	140	160	150	160	150	160	170	130	1,820
달성률		113%	87%	93%	107%	93%	107%	100%	107%	100%	107%	113%	87%	101%
BN-209	계획	80	80	80	80	80	80	80	80	80	80	80	80	960
BN-209	실적	60	100	60	100	80	80	70	90	70	100	100	60	970
달성률		75%	125%	75%	125%	100%	100%	88%	113%	88%	125%	125%	75%	101%
CY-959	계획	50	50	50	50	50	50	50	50	50	50	50	50	600
CY-959	실적	70	30	30	60	30	60	40	70	40	70	70	60	630
달성률		140%	60%	60%	120%	60%	120%	80%	140%	80%	140%	140%	120%	105%
CZ-927	계획	120	120	120	120	120	120	120	120	120	120	120	120	1,440
CZ-927	실적	110	120	100	120	140	120	140	100	140	140	110	110	1,450
달성률		92%	100%	83%	100%	117%	100%	117%	83%	117%	117%	92%	92%	101%

❶ 좌우 정렬 및 사용자 지정 내림차순 정렬

❷ 일련번호 정렬로 2행마다 달성률 행 삽입

❸ 달성률 수식 입력

01 좌우로 정렬하기

최근 항목부터 나타내기 위해 좌우 순서를
바꿔 12월부터 표시해보겠습니다.

① [D3:O15] 셀 드래그
② [데이터] 탭-[정렬 및 필터] 그룹-[정렬]
 클릭
③ [정렬] 대화상자의 [옵션] 클릭
④ [정렬 옵션] 대화상자의 [방향]에서 [왼
 쪽에서 오른쪽] 클릭
⑤ [확인]을 클릭합니다.

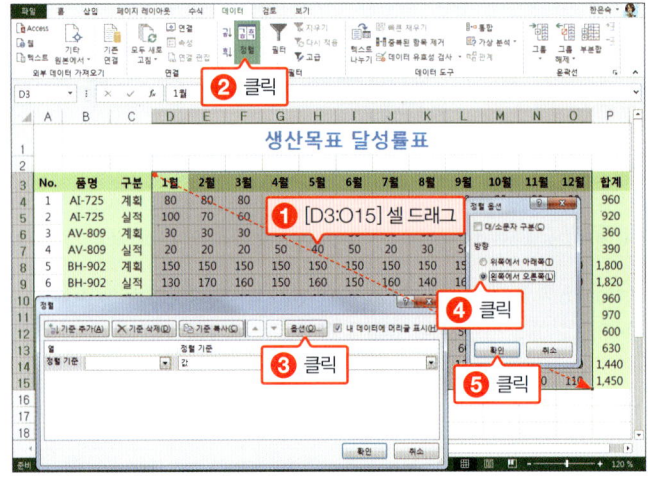

02 사용자 지정 내림차순 정렬하기

① [정렬] 대화상자의 [행 정렬 기준] 목록
 에서 [행 3] 선택
② [정렬] 목록에서 [사용자 지정 목록] 선택
③ [사용자 지정 목록] 대화상자에서 [1월, 2
 월, 3월,…] 선택
④ [확인]을 클릭합니다.

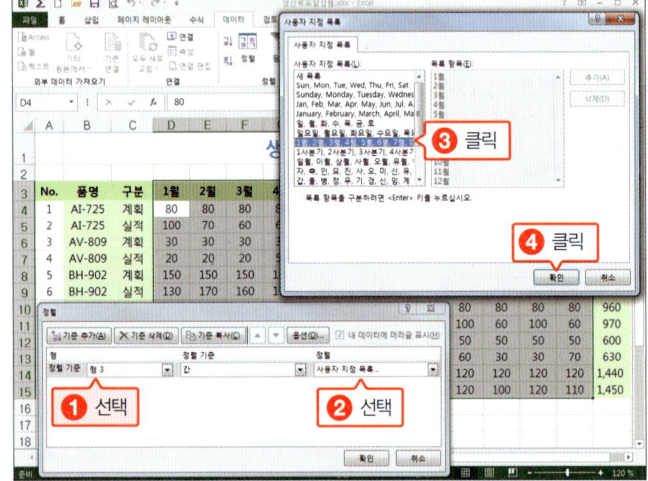

03

① [정렬] 대화상자의 [정렬] 목록에서 [12
 월, 11월, …, 1월] 선택
② [확인]을 클릭합니다.

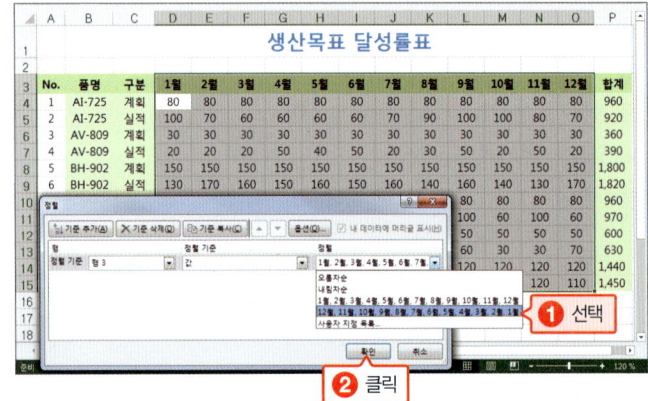

바로 통하는 TIP **월 목록을 사용자 지정 목록으로 지정하지 않고 정렬하면**

월 목록은 문자 형태로 되어 있어 월 문자 맨 앞의 숫자 한 글자를 우선순위로 정렬합니다. 즉 12월, 11월, 10월 등을 숫자 크기로 정렬하지 않고 첫 글
자 '1'을 기준으로만 삼아 정렬합니다. 따라서 사용자 지정 목록으로 지정하지 않고 바로 내림차순으로 정렬하면 다음 그림과 같이 정렬됩니다.

No.	품명	구분	9월	8월	7월	6월	5월	4월	3월	2월	1월	12월	11월	10월	합계

04 일련번호 정렬로 1행마다 한 행씩 빈 행 삽입하기

[정렬] 기능을 활용하면 데이터 목록 중간 중간에 한 행씩 빈 행을 간편하게 삽입할 수 있습니다.

① [A4:A15] 셀 드래그 후 `Ctrl`+`C`

② [A16] 셀을 클릭하고 `Ctrl`+`V`를 눌러 붙여넣기합니다.

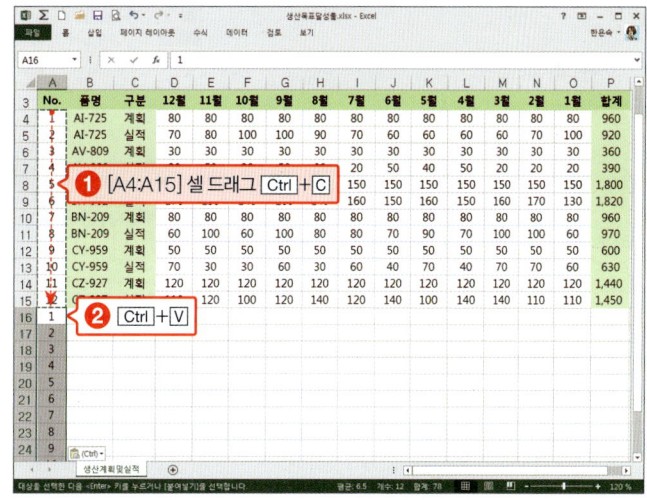

05

① [A4] 셀 클릭

② [데이터] 탭-[정렬 및 필터] 그룹-[숫자 오름차순 정렬 `힣`] 클릭

③ `Ctrl`+`Z`를 두 번 눌러 실행을 취소합니다.

1행마다 한 행씩 빈 행을 삽입할 때는 일련번호를 한 번 복사한 후 [숫자 오름차순 정렬] 기능을 이용해 정렬하면 됩니다.

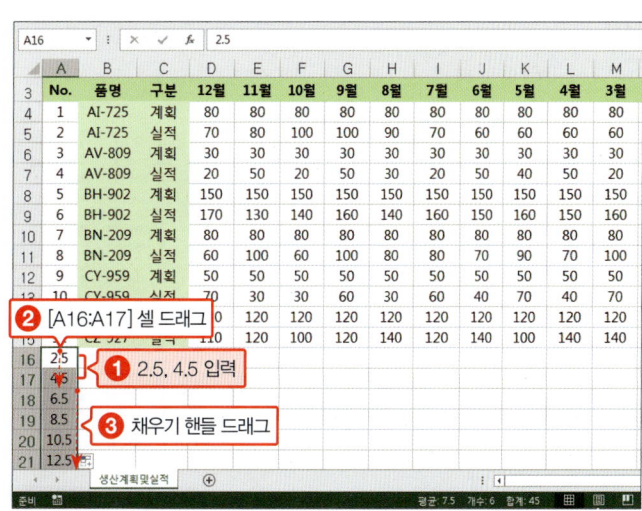

06 일련번호 정렬로 2행마다 한 행씩 빈 행 삽입하기

이번에는 2행마다 한 행씩 빈 행을 삽입해 보겠습니다.

① [A16] 셀에 **2.5**, [A17] 셀에 **4.5** 입력

② [A16:A17] 셀 드래그

③ **채우기 핸들**을 [A21] 셀까지 드래그합니다. 12.5까지 2단위로 숫자가 입력됩니다.

07

① [A4] 셀 클릭

② [데이터] 탭-[정렬 및 필터] 그룹-[숫자 오름차순 정렬 ⬆️]을 클릭합니다.

2행마다 한 행씩 빈 행을 삽입하기 위해 2.5부터 시작해 2씩 더한 값을 임의로 만들어 정렬했습니다.

08 달성률 입력하기

달성률은 '실적×계획'의 수식을 작성한 후 백분율 스타일을 지정하여 구합니다.

① [B6] 셀에 **달성률** 입력

② **[B6:C6]** 셀 드래그

③ [홈] 탭-[맞춤] 그룹-**[병합하고 가운데 맞춤]** 클릭

④ [D6] 셀에 **=D5/D4**를 입력한 후 Enter 를 누릅니다.

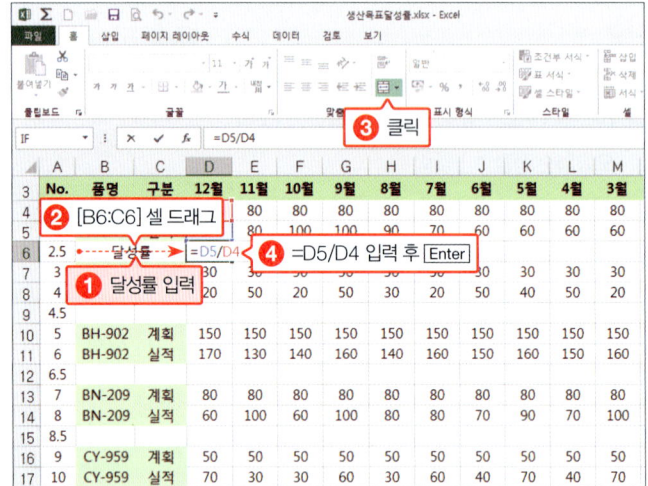

09

① 다시 [D6] 셀 클릭

② **채우기 핸들을 [P6] 셀까지** 드래그하여 수식 복사

③ [홈] 탭-[표시 형식] 그룹-**[백분율 스타일 %]**을 클릭합니다.

수식에 직접 100을 곱하지 않고 [백분율 스타일]을 적용해 %로 나타냈습니다.

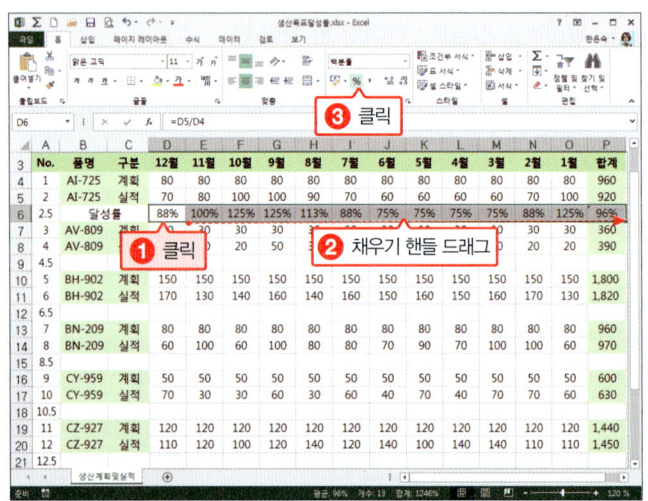

10

① [B6:P6] 셀 드래그

② [홈] 탭–[글꼴] 그룹–[굵게] 클릭

③ Ctrl + C 를 눌러 복사합니다.

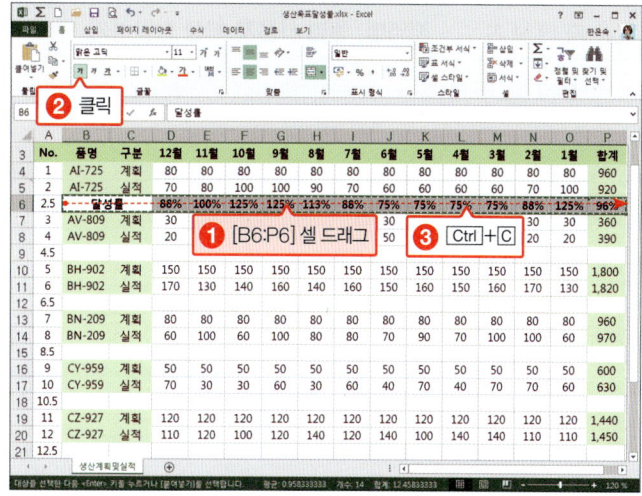

11

① [B9] 셀 클릭

② [B12] 셀 Ctrl +클릭

③ [B15] 셀 Ctrl +클릭

④ [B18] 셀 Ctrl +클릭

⑤ [B21] 셀 Ctrl +클릭 후 Ctrl + V

⑥ A열 머리글 클릭

⑦ [홈] 탭–[셀] 그룹–[삭제]를 클릭합니다.

각 품명별 달성률이 구해집니다. 더 이상 필요 없게
된 A열의 일련번호는 삭제합니다.

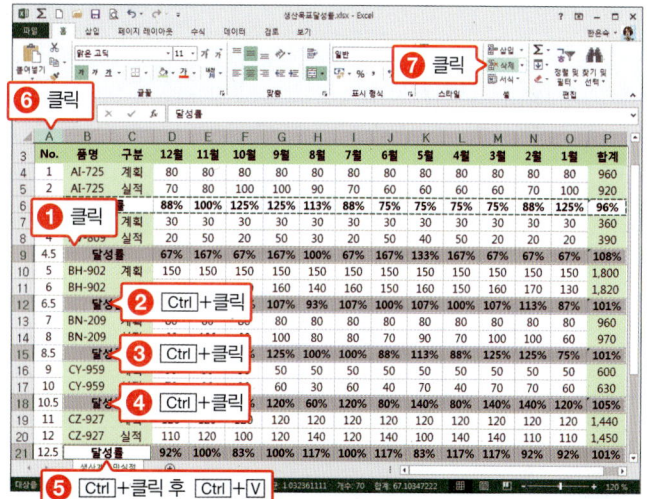

지역별, 월별 사용자 지정 정렬하기

• **실습 파일** Chapter10\Section02\하반기매출집계.xlsx • **완성 파일** Chapter10\Section02\하반기매출집계완성.xlsx

품목명순으로 정렬된 하반기 월별 매출 집계표입니다. 지시 사항에 따라 지역명별, 매출 월별로 정렬한 후 월계를 구합니다.

하반기 월별 매출 집계표

품목	매출월	서울	인천	경기	대전	대구	광주	부산	합계
Avalon mixed	7월	1,837	2,458	2,617	1,462	1,813	611	984	11,782
Café crème	7월	2,087	2,878	1,153	2,792	2,801	1,202	849	13,762
Compliment mixed	7월	2,741	551	1,352	1,448	842	876	1,328	9,138
월계		**6,665**	**5,887**	**5,122**	**5,702**	**5,456**	**2,689**	**3,161**	**34,682**
Bowles black	8월	2,229	1,546	2,594	2,725	2,787	2,328	2,104	16,313
Mrs jaqui jones	8월	2,700	2,452	739	1,543	2,884	2,828	1,123	14,269
Pastiche	8월	2,333	1,152	1,946	2,024	2,468	1,200	1,298	12,421
월계		**7,262**	**5,150**	**5,279**	**6,292**	**8,139**	**6,356**	**4,525**	**43,003**
Banana custard	9월	2,146	2,848	614	2,613	2,272	2,173	2,560	15,226
Miniola heart mixed	9월	2,015	1,190	2,895	2,389	2,507	2,754	1,263	15,013
Pastel pink	9월	2,113	1,197	656	983	1,031	544	1,959	8,483
월계		**6,274**	**5,235**	**4,165**	**5,985**	**5,810**	**5,471**	**5,782**	**38,722**
Pink buttercups	10월	1,749	1,665	1,075	861	522	2,718	881	9,471
Pink fairy	10월	1,689	2,914	2,322	537	1,031	1,212	2,405	12,110
wittrockiana Ocean Mixed	10월	1,576	1,803	2,520	1,357	1,730	2,697	2,921	14,604
월계		**5,014**	**6,382**	**5,917**	**2,755**	**3,283**	**6,627**	**6,207**	**36,185**
Blue ripple	11월	740	1,766	2,093	2,528	1,509	2,458	2,430	13,524
Lilac ripple	11월	1,304	861	1,505	1,441	2,472	2,890	1,286	11,759
Named beauties	11월	2,753	2,081	2,092	1,556	2,111	567	2,855	14,015
월계		**4,797**	**4,708**	**5,690**	**5,525**	**6,092**	**5,915**	**6,571**	**39,298**
Crimson ripple	12월	854	1,705	552	753	594	2,824	1,572	8,854
Dusty pink	12월	1,640	973	812	2,865	1,015	701	1,512	9,518
Sunset Boulevard	12월	1,125	1,718	1,026	2,892	767	1,950	2,654	12,132
월계		**3,619**	**4,396**	**2,390**	**6,510**	**2,376**	**5,475**	**5,738**	**30,504**

▲ 실습 파일   ▲ 완성 파일

1 매출 월별로 7~12월순으로 정렬합니다([정렬] 대화상자에서 사용자 지정 목록 선택).

2 [D3:J21] 셀을 드래그해 서울, 인천, 경기, 대전, 대구, 광주, 부산순으로 왼쪽에서 오른쪽으로 정렬합니다([정렬] 대화상자에서 옵션 및 사용자 지정 목록 선택).

3 월마다 세 개의 품목이 있으므로 3행마다 한 행씩 빈 행을 삽입합니다([A4:A21] 셀에 일련번호 1~18까지 입력하고 [A22:A27] 셀에 3.5~18.5까지 3단위로 숫자를 입력한 후 오름차순 정렬).

4 삽입한 행에 자동 합계 도구를 사용하여 월계를 작성하고 채우기 색을 지정합니다.

자동 필터로 데이터 추출하기

여러 가지 데이터 목록에서 원하는 조건에 맞는 데이터 목록만 화면에 표시하려면 필터 기능을 사용합니다. 자동 필터 기능으로 추출된 데이터는 기존 데이터와 같이 복사, 삭제, 편집, 인쇄할 수 있으며 서식을 지정하거나 필터된 데이터만으로 차트를 만들 수도 있습니다.

자동 필터의 특징

표 범위에서는 필터 단추가 자동으로 생깁니다. 일반 범위인 경우에는 **[방법①]** [데이터] 탭-[정렬 및 필터] 그룹-[필터 ▼]를 클릭하거나 **[방법②]** 원하는 필터 조건이 있는 셀에서 마우스 오른쪽 버튼을 클릭하여 조건 메뉴를 선택하면 필터 단추가 나타납니다.

자동 필터를 열에 적용할 때는 한번에 한 가지 유형의 필터만 사용할 수 있습니다. 예를 들어 셀 아이콘을 기준으로 필터링하거나 숫자에 대한 조건으로 필터링할 수 있지만 두 조건을 모두 사용해 필터링할 수는 없습니다. 또한 필터 목록 상자에 필터 목록은 10,000개까지 표시할 수 있습니다.

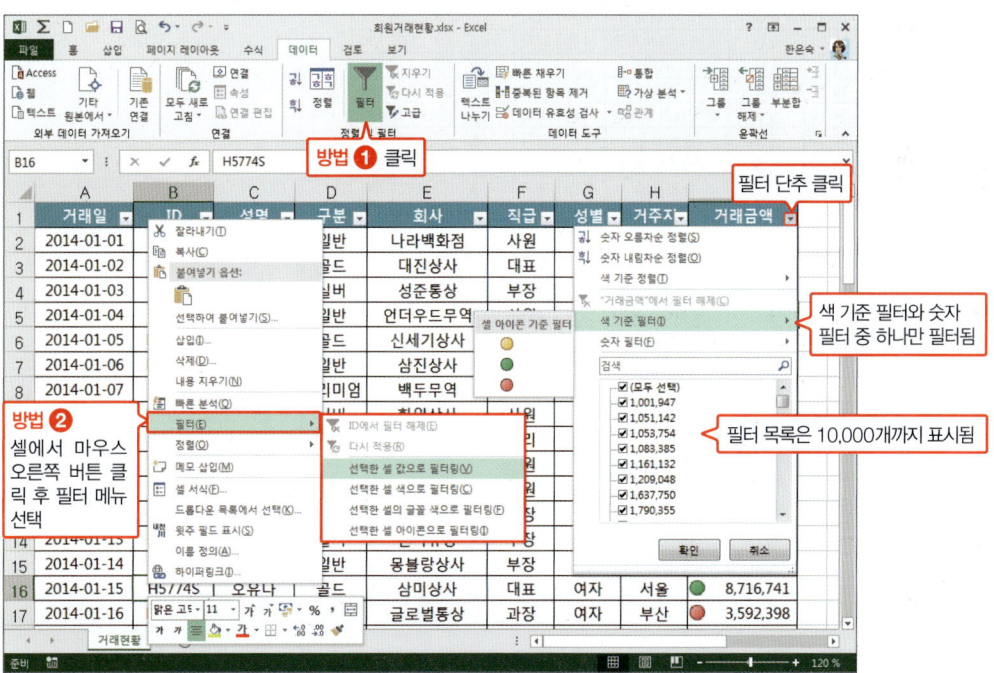

회원 거래 목록에서 원하는 조건으로 필터하기

2007 | 2010 | 2013

- 실습 파일 Chapter10\Section03\회원거래현황.xlsx • 완성 파일 Chapter10\Section03\회원거래현황완성.xlsx

3개월간의 회원 거래현황이 입력된 데이터 목록으로부터 등급, 회사명, 가입일, 거래금액 등을 조건으로 자동 필터한 후 필터 결과를 별도의 시트에 복사해보겠습니다.

등급 조정 대상 회원

ID	성명	가입일	구분	회사	직급	성별	거주지
H9007N	천송이	2008-01-17	일반	글로벌통상	과장	여자	부산
K7558F	김선주	2006-11-18	일반	신세기상사	대표	여자	부산
H5774S	오유나	2008-04-22	골드	삼미상사	대표	여자	서울
I7709A	이남주	2007-05-13	골드	아틀란티스통상	과장	남자	서울
S2802F	김성준	2008-03-28	일반	한라상사	대표	남자	서울
X8890R	김우빈	2007-05-07	일반	서희무역	사원	남자	서울
Y8008W	김동현	2009-01-16	실버	ABC백화점	사원	남자	서울
I2950M	김영훈	2007-01-06	일반	상도무역	과장	남자	수원
P8093Z	윤다인	2009-06-22	골드	남해유통	대리	여자	수원
L4286E	김성주	2007-09-12	골드	서해무역	대리	여자	인천
Y3727C	오지나	2007-06-04	실버	한라교역	대리	여자	천안

백화점 및 유통 회사 회원 거래내역

ID	성명	가입일	구분	회사	직급	성별	거주지	거래금액
K5102F	권우진	2007-04-25	골드	나라백화점	사원	남자	부산	🟡 3,298,243
K7465O	윤영자	2007-12-11	실버	백진주백화점	사원	여자	천안	🔴 2,796,345
P5861X	안요한	2007-01-11	일반	해바라기백화점	사원	남자	서울	🔴 1,637,750
Y8008W	김동현	2009-01-16	실버	ABC백화점	사원	남자	서울	🟢 7,275,424
V1265R	김현필	2009-03-30	골드	태평유통	대리	남자	부산	🔴 1,053,754
V3396Y	이성은	2009-04-10	실버	해바라기백화점	사원	여자	서울	🟢 6,372,491
V3455C	유준상	2007-10-22	골드	관악유통	대표	남자	서울	🟡 2,987,214
P8093Z	윤다인	2009-06-22	골드	남해유통	대리	여자	수원	🟢 7,822,501
Y9226H	백승현	2007-10-14	골드	한빛유통	부장	남자	서울	🟡 5,561,365

5월 가입 회원

ID	성명	가입일	구분	회사	직급	성별	거주지
I7709A	이남주	2007-05-13	골드	아틀란티스통상	과장	남자	서울
X8890R	김우빈	2007-05-07	일반	서희무역	사원	남자	서울
U387H	천진희	2009-05-27	골드	상도무역	대리	여자	인천

거래금액 상위 5명

ID	성명	가입일	구분	회사	직급	성별	거주지	거래금액
K7558F	김선주	2006-11-18	일반	신세기상사	대표	여자	부산	🟢 9,077,016
C3868S	한영우	2007-07-07	골드	대진상사	대표	남자	대전	🟢 9,026,457
H5774S	오유나	2008-04-22	골드	삼미상사	대표	여자	서울	🟡 8,934,862
F2589D	김탁구	2008-09-08	실버	정금상사	사원	남자	대전	🔴 8,769,798
Y8008W	김동현	2009-01-16	실버	ABC백화점	사원	남자	서울	🔴 8,747,613

❶ 선택한 아이콘으로 필터

❷ 프리미엄 회원 제외, 3월 자료만 필터

❸ 거주지별 오름차순 정렬

❹ 백화점이나 유통 회사 필터

❺ 가입월이 5월인 회원 필터

❻ 거래금액 상위 5 항목 필터

01 선택한 아이콘으로 필터링하기

거래금액 중 녹색 아이콘이 표시된 데이터만 필터하겠습니다.

① [J3] 셀에서 마우스 오른쪽 버튼 클릭

② [필터]–[선택한 셀 아이콘으로 필터링]을 선택합니다.

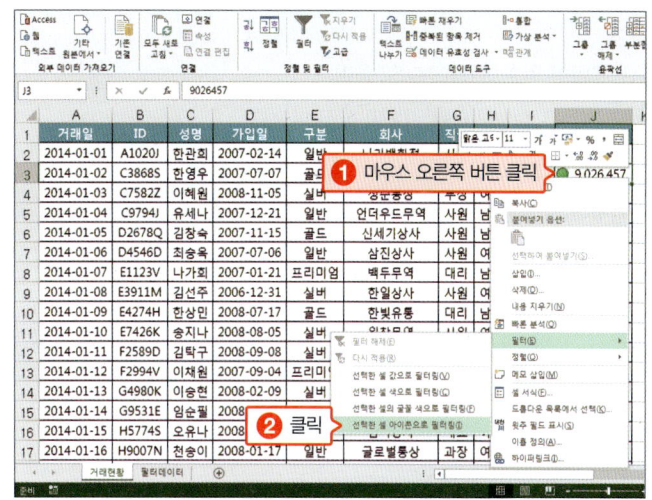

[필터 단추]에서 서식으로 필터하기

단축 메뉴를 선택하지 않고 [데이터] 탭–[정렬 및 필터] 그룹–[필터]를 클릭합니다. 또는 거래금액 필드의 [필터 단추]를 클릭한 후 [색 기준 필터]에서 셀 아이콘을 선택해도 됩니다.

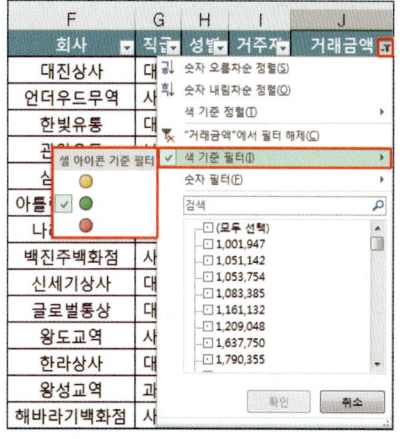

02 프리미엄 회원을 제외하고 3월 자료만 필터하기

① 구분 필드의 [필터 단추] 클릭

② 필터 목록 중 [프리미엄] 체크 표시 해제

③ [확인]을 클릭합니다.

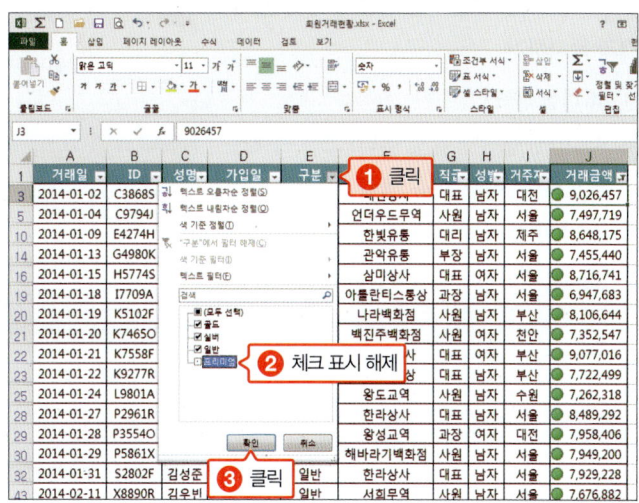

03

① 거래일 필드의 [필터 단추] 클릭

② 필터 목록에서 [1월], [2월] 항목의 체크
표시 해제

③ [확인]을 클릭합니다.

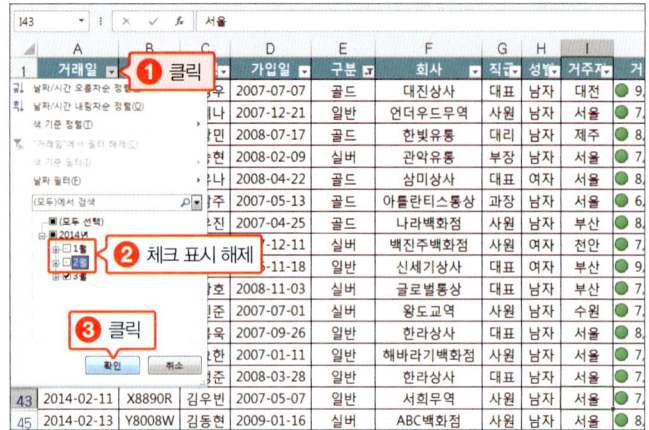

날짜 계층 그룹 해제

날짜 데이터의 필터 목록 상자에는 날짜가 연도, 월, 일 순서대로 계층적으로 그룹화되어 표시됩니다. 이 목록을 모든 날짜가 표시되는
비계층적 목록으로 변경할 수 있습니다. [파일] 탭 – [옵션]을 클릭하고 [Excel 옵션] 대화상자에서 [고급] 탭을 선택합니다. [이 통합 문
서의 표시 옵션] 그룹에서 [자동 필터 메뉴에서 날짜 그룹화] 옵션의 체크 표시를 해제합니다.

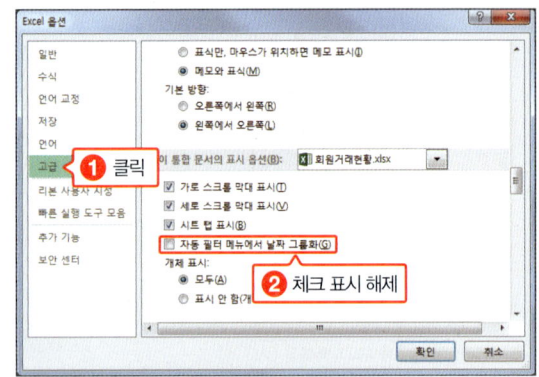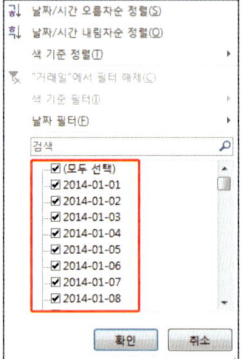

---

04 거주지별 오름차순 정렬하기 및 필터 결과 복사하기

① [I61] 셀 선택

② [데이터] 탭–[정렬 및 필터] 그룹–[텍스
트 오름차순 정렬]을 클릭

③ [B1:I90] 셀 드래그 후 Ctrl + C

④ [필터데이터] 시트를 클릭합니다.

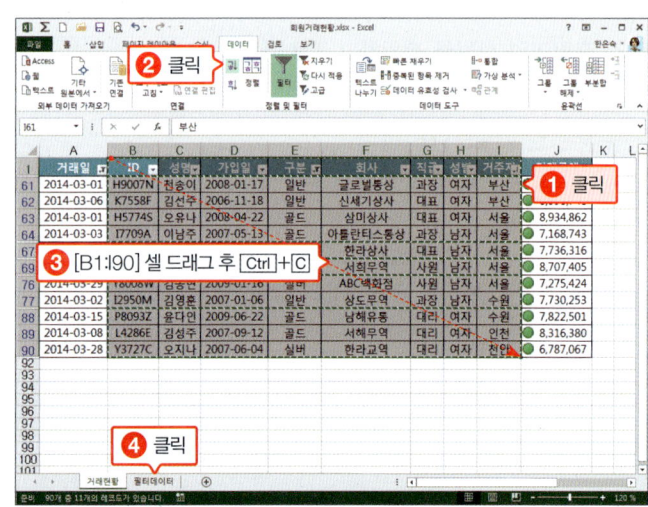

05

① [A3] 셀 클릭 후 Ctrl + V
② [붙여넣기 🔒(Ctrl)▾] 옵션 클릭
③ [원본 열 너비 유지 📋]를 선택합니다.

원본의 열 너비가 유지된 채 붙여 넣어집니다.

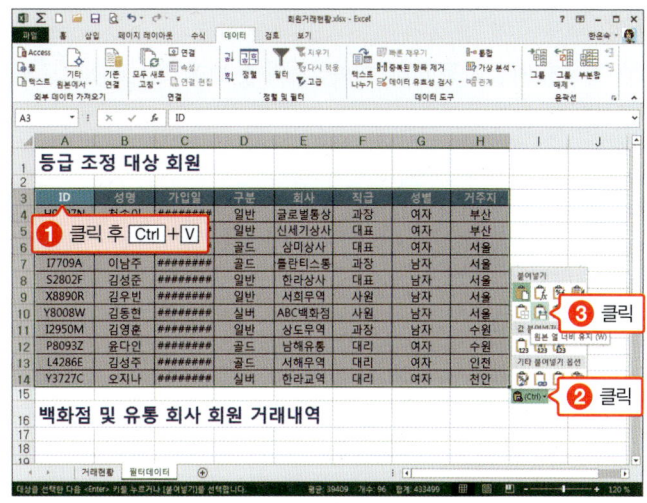

06 구분, 거래금액 필드 필터 해제하기

① [거래현황] 시트 클릭 후 앞서 지정한 범위를 해제하기 위해 ESC
② 구분 필드의 [필터 단추] 클릭
③ ["구분"에서 필터 해제] 선택
④ 거래금액 필드의 [필터 단추] 클릭
⑤ ["거래금액"에서 필터 해제]를 선택합니다.

앞서 지정한 [색 기준 필터]와 [프리미엄] 회원 항목의 필터가 해제됩니다.

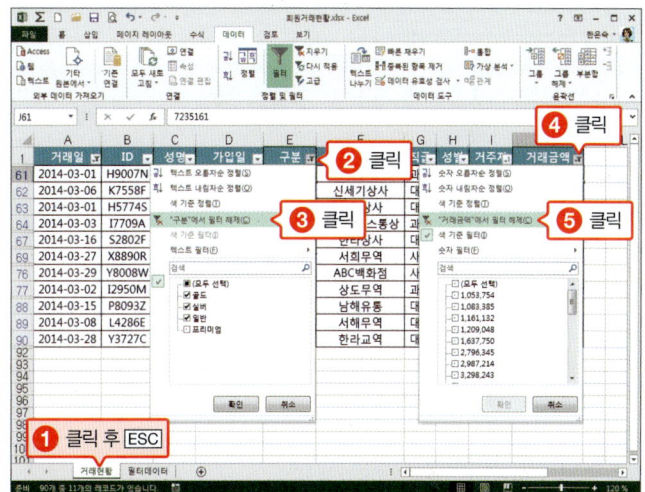

07 백화점이나 유통 회사 필터하기

회사명에 '백화점'이나 '유통'이라는 문자가 포함된 목록을 필터하겠습니다.
① 회사 필드의 [필터 단추] 클릭
② [텍스트 필터]-[포함]을 선택합니다.

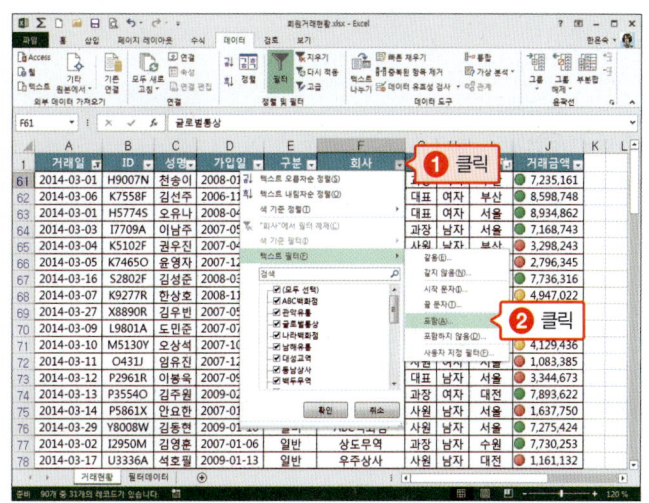

08

① [사용자 지정 자동 필터] 대화상자의 첫 번째 찾을 조건으로 **백화점** 입력

② [또는] 클릭

③ 두 번째 조건 목록에서 [포함] 선택

④ 검색란에 **유통** 입력

⑤ [확인]을 클릭합니다.

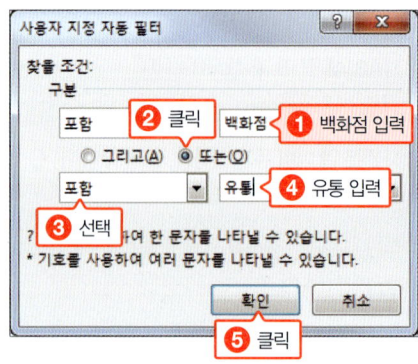

실무활용노트 EXCEL | **텍스트 필터 검색어**

한 가지 조건으로 필터할 때는 필터 목록 검색에서 직접 검색어를 입력하여 필터하는 것이 더 간편합니다. 검색어에는 대표 문자(*, ?)를 사용할 수 있습니다. 별표(*)는 모든 문자를 대표하며, 물음표(?)는 한 문자를 대표합니다. 다음은 검색어를 입력하는 예입니다.

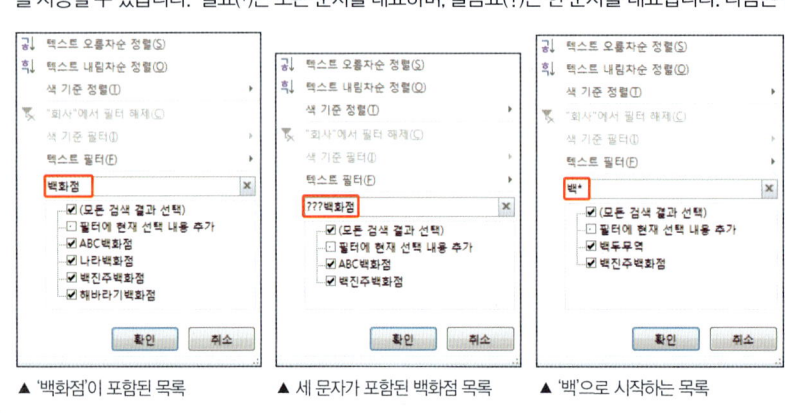

▲ '백화점'이 포함된 목록 　　　▲ 세 문자가 포함된 백화점 목록 　　　▲ '백'으로 시작하는 목록

09 필터 결과 복사하기

회사명에 백화점이나 유통이 포함된 경우만 필터되었습니다. 필터 결과를 다른 시트에 복사해보겠습니다.

① [B1:J91] 셀 드래그 후 Ctrl + C

② [필터데이터] 시트를 클릭합니다.

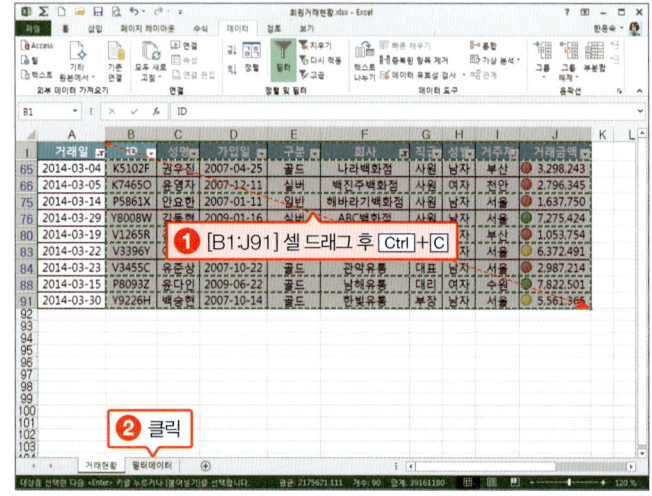

10

① [A18] 셀 클릭 후 Ctrl + V

② [붙여넣기 📋 (Ctrl) ▾] 옵션 클릭

③ [원본 열 너비 유지 📋]를 선택합니다.

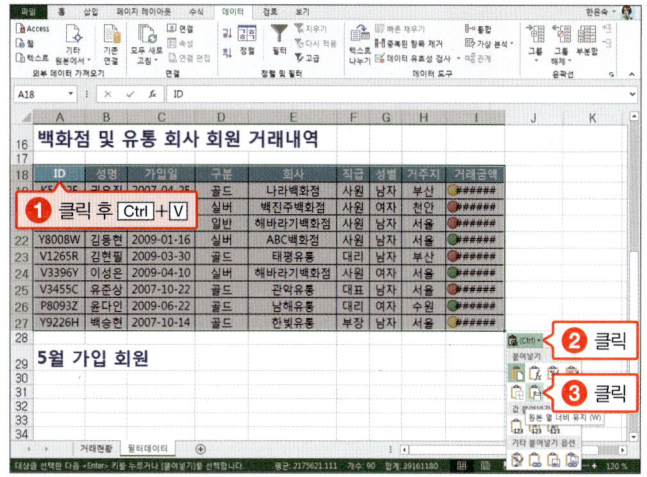

11

① [거래현황] 시트 클릭 후 앞서 지정한 범위
　를 해제하기 위해 ESC

② 회사 필드의 [필터 단추] 클릭

③ ["회사"에서 필터 해제]를 선택합니다.

앞서 지정한 회사명 필터가 해제됩니다.

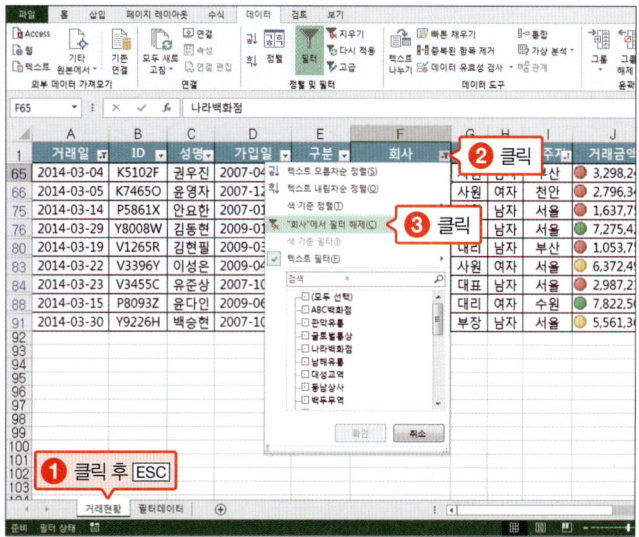

12　가입월이 5월인 회원만 필터하기

① 가입일 필드의 [필터 단추] 클릭

② [날짜 필터]-[해당 기간의 모든 날짜]-
　[5월]을 선택합니다.

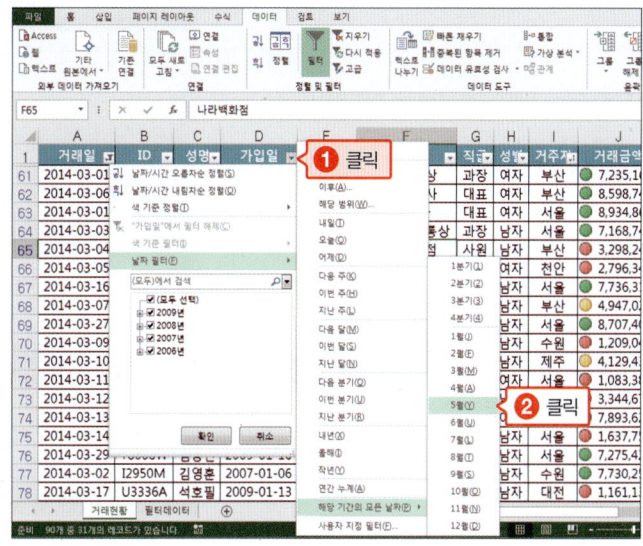

실무활용노트 EXCEL — 날짜 필터 메뉴 구성 요소

필드의 데이터가 날짜인 경우 해당 필드의 필터 단추를 클릭하면 날짜 필터 메뉴가 나타납니다. 날짜 필터 메뉴에서는 다음과 같은 필터 조건을 선택할 수 있습니다.

① **일반 필터** : 비교 연산 명령인 [같음], [이전], [이후], [해당 범위] 중에서 하나를 선택하거나 [사용자 지정 필터]를 선택하면 대화상자에서 원하는 날짜 범위를 지정할 수 있습니다.

② **동적 필터** : 필터를 다시 적용할 때 조건이 바뀌게 됩니다. 즉, 컴퓨터의 날짜 설정에 따라 필터 결과가 달라집니다.

③ **기간 필터** : 분기별, 월별 그룹으로 필터할 수 있습니다.

13 필터 결과 복사하기

가입한 월이 5월인 경우만 필터되었습니다. 필터 결과를 다른 시트에 복사해보겠습니다.

① [B1:I79] 셀 드래그 후 Ctrl + C
② [필터데이터] 시트를 클릭합니다.

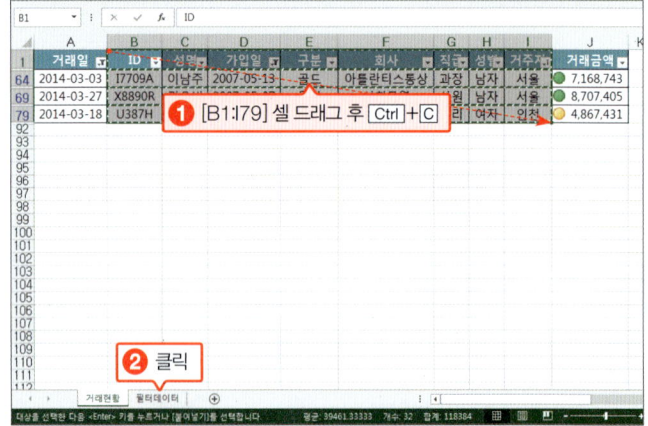

14 [A31] 셀을 클릭한 후 Ctrl + V 를 눌러 붙여넣기합니다.

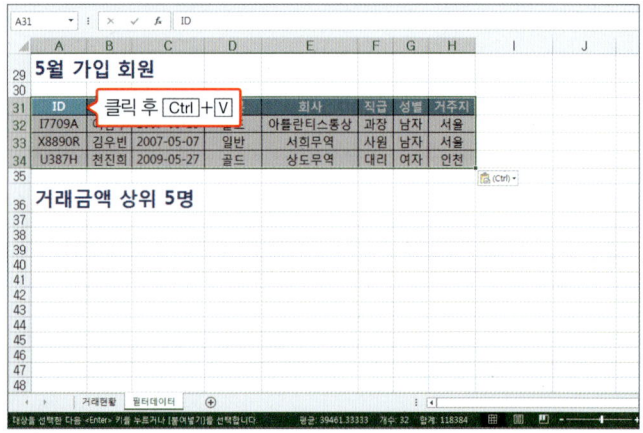

15 전체 필터 해제 및 거래금액 상위 5 항목 필터하기

① [거래현황] 시트 클릭 후 앞서 지정한 범위를 해제하기 위해 [ESC]

② [데이터] 탭-[정렬 및 필터] 그룹-[지우기 ▼] 클릭

③ 거래금액 필드의 [필터 단추] 클릭

④ [숫자 필터]-[상위 10] 선택

⑤ [상위 10 자동] 대화상자의 항목 수에 5 입력

⑥ [확인]을 클릭합니다.

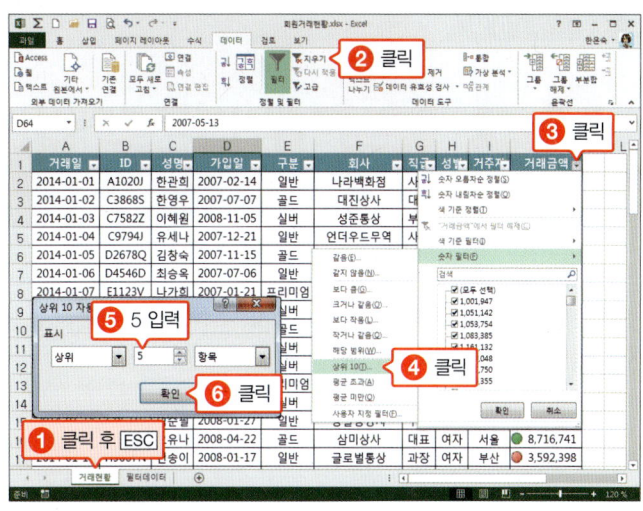

16 거래금액 내림차순 정렬 및 필터 결과 복사하기

거래금액이 큰 상위 5개 항목만 필터되었습니다. 필터 결과를 다른 시트에 복사해보겠습니다.

① 거래금액 필드의 [필터 단추] 클릭

② [숫자 내림차순 정렬] 선택

③ [B1:J63] 셀을 드래그한 후 [Ctrl]+[C]를 눌러 복사합니다.

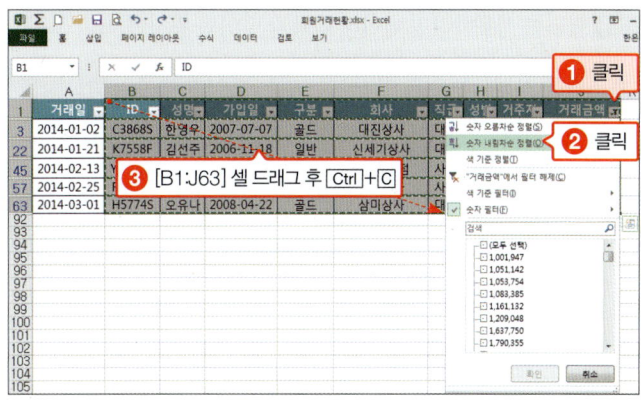

17

① [필터데이터] 시트 클릭

② [A38] 셀을 클릭한 후 [Ctrl]+[V]를 눌러 붙여넣기합니다.

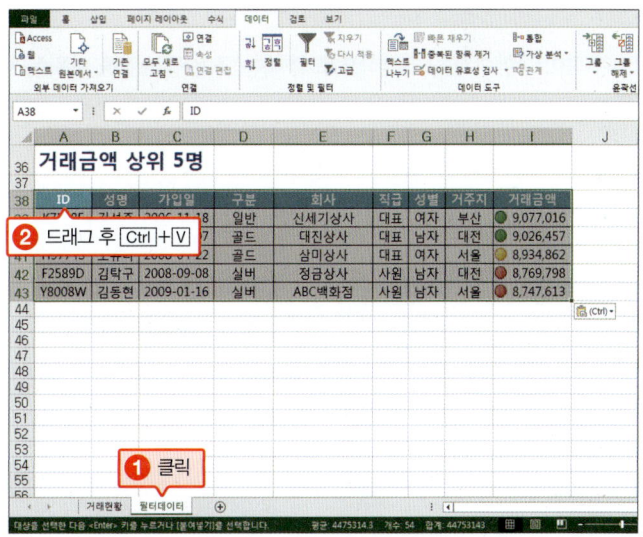

고급 필터로 데이터 추출하기

자동 필터로 여러 필드에 필터 조건을 지정하면 AND 조건으로 결합되므로 필터되는 데이터 목록이 점점 적어집니다. 조건이 복잡하거나 여러 필드를 OR 조건으로 결합해서 필터링할 때, 혹은 결과를 다른 위치에 추출할 때는 고급 필터를 사용하여 필터링할 수 있습니다.

고급 필터의 조건 지정 규칙

고급 필터를 사용하려면 데이터 목록과 떨어진 위치에 미리 조건을 입력해놓아야 합니다.

① 조건을 지정할 범위의 첫 행에는 원본 데이터 목록의 필드명을 입력하고 그 아래 행에 조건을 입력합니다.

② 조건을 서로 같은 행에 입력하면 AND 조건으로 추출합니다.

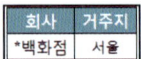

회사	거주지
*백화점	서울

▲ 회사가 '백화점'으로 끝나고 거주지가 '서울'인 경우 추출

③ 조건을 입력할 때 다른 행에 입력하면 OR 조건으로 추출합니다.

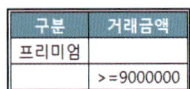

구분	거래금액
프리미엄	
	>=9000000

▲ 구분이 '프리미엄'이거나 거래금액이 '9백만' 이상인 경우 추출

④ 수식이나 함수식을 조건식으로 할 때는 조건 필드명을 비워둔 채로 빈 셀과 함께 범위를 지정합니다.

[고급 필터] 대화상자

[고급 필터] 대화상자의 각 범위와 옵션은 다음과 같습니다.

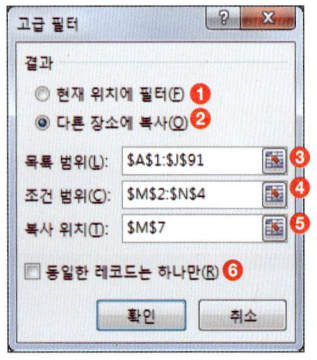

① **현재 위치에 필터** : 추출 결과를 원본 데이터 목록이 위치한 곳에 표시

② **다른 장소에 복사** : 추출 결과를 다른 위치에 표시

③ **목록 범위** : 추출할 원본 데이터 목록의 셀 범위 지정

④ **조건 범위** : 찾을 조건이 입력된 셀 범위 지정

⑤ **복사 위치** : [다른 장소에 복사]를 선택한 경우 데이터가 추출될 위치 지정

⑥ **동일한 레코드는 하나만** : 체크 표시를 하면 동일한 레코드가 있을 때 하나만 표시

• **실습 파일** Chapter10\Section04\고급필터.xlsx   • **완성 파일** Chapter10\Section04\고급필터완성.xlsx

고급 필터는 필터하면서 결과를 다른 장소에 복사하도록 지정할 수 있으며 자동 필터에서는 지정할 수 없는 조건
으로 데이터를 추출할 수도 있습니다. 다양한 조건을 지정한 고급 필터 방법에 대해서 알아보겠습니다.

01 구분이 프리미엄이거나 거래금액이 9백만 원 이상인 조건 입력하기

① [D1] 셀 클릭

② [G1] 셀 Ctrl +클릭 후 Ctrl + C

③ [I1] 셀 클릭 후 Ctrl + V

④ [I2] 셀 **프리미엄** 입력

⑤ [J3] 셀에 **>=9000000**을 입력합니다.

조건을 다른 행에 입력했으므로 OR 조건으로 필터됩니다.

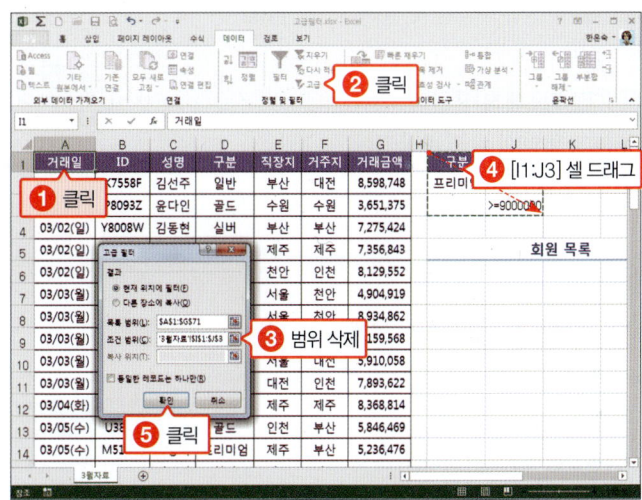

02 현재 위치에 필터하기

① [A1] 셀 클릭

② [데이터] 탭-[정렬 및 필터] 그룹-[**고급**]
클릭
　[고급 필터] 대화상자의 [목록 범위]는
현재 선택된 셀을 기준으로 전체 표 범
위가 지정되어 있습니다.

③ [**조건 범위**] 클릭 후 기존 범위 삭제

④ [**I1:J3**] 셀 드래그

⑤ [**확인**]을 클릭합니다.

03 구분이 '프리미엄'이거나 거래금액이 '9백만 원' 이상인 데이터만 추출되고 다른 행은 숨겨집니다. 추출된 데이터의 행 번호는 파란색으로 표시됩니다. 다시 필터를 해제하기 위해 [데이터] 탭-[정렬 및 필터] 그룹-[지우기 ▼지우기]를 클릭합니다.

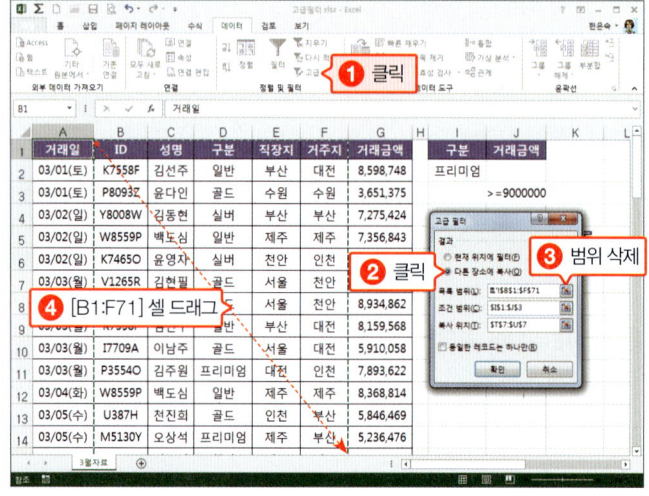

04 중복 데이터 제외한 회원 목록 추출하기

현재 데이터 목록에는 같은 회원이 여러 거래일에 거래한 자료가 들어 있기 때문에 회원 정보가 중복되어 있습니다. '거래일'과 '거래금액'을 제외한 범위에서 중복되는 회원 정보를 제외한 회원 목록을 추출해보겠습니다.

① [데이터] 탭-[정렬 및 필터] 그룹-[고급] 클릭
② [다른 장소에 복사] 클릭
③ [목록 범위]의 기존 범위 삭제
④ [B1:F71] 셀을 드래그합니다.

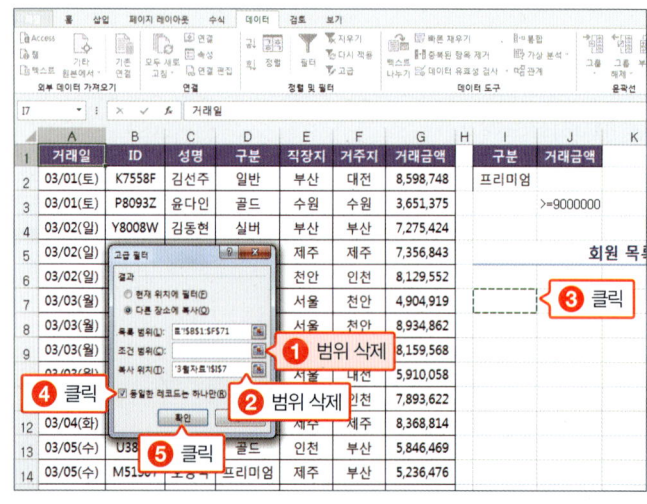

05

① [조건 범위]의 기존 범위 삭제
② [복사 위치] 클릭 후 기존 범위 삭제
③ [I7] 셀 클릭
④ [동일한 레코드는 하나만]에 체크 표시
⑤ [확인]을 클릭합니다.

[I7] 셀에 중복되는 회원 정보를 제외한 목록이 추출됩니다.

**06 직장지가 서울이거나 거주지가 서울인
조건 입력하기**

'직장지'가 서울이거나 '거주지'가 서울인
회원의 성명, 구분, 직장지, 거주지만 추출
하기 위한 조건을 입력하고 추출될 위치에
필드명을 입력하겠습니다.

① [L7:M7] 셀 드래그 후 Ctrl + C

② [I1] 셀 클릭 후 Ctrl + V

③ [I2] 셀 **서울** 입력

④ [J3] 셀에 **서울**을 입력합니다.

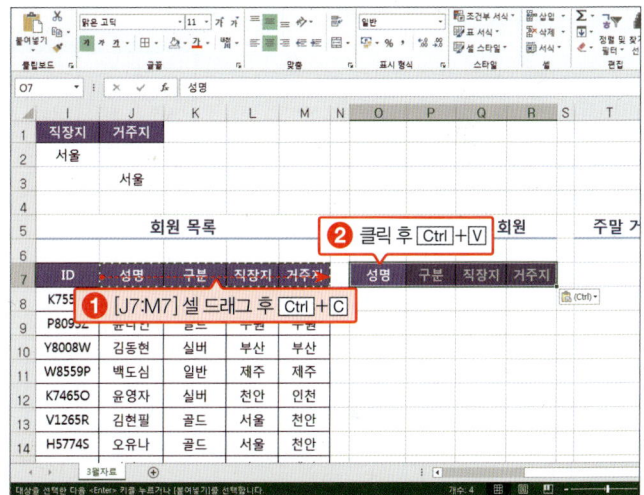

07 추출할 필드 입력하기

① [J7:M7] 셀 드래그 후 Ctrl + C

② [O7] 셀을 클릭한 후 Ctrl + V를 눌러
붙여넣기합니다.

08 서울이 연고지인 회원 목록 필터하기

① ESC 누름

② [I7] 셀 클릭

③ [데이터] 탭-[정렬 및 필터] 그룹-[고급]
클릭

④ [다른 장소에 복사] 클릭

⑤ 추출한 회원 목록에서 데이터를 추출할
것이므로 [목록 범위]의 기존 범위 삭제

⑥ [I7:M38] 셀 드래그

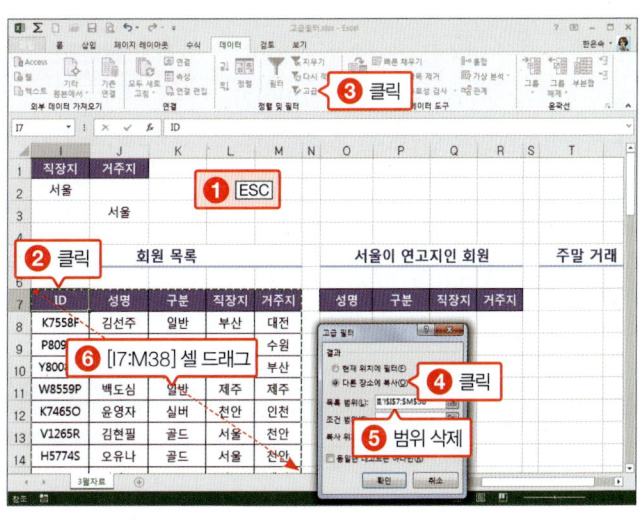

① [조건 범위] 클릭

② [I1:J3] 셀 드래그

③ [복사 위치] 클릭 후 기존 범위 삭제

④ [O7:R7] 셀 드래그

⑤ [확인]을 클릭합니다.

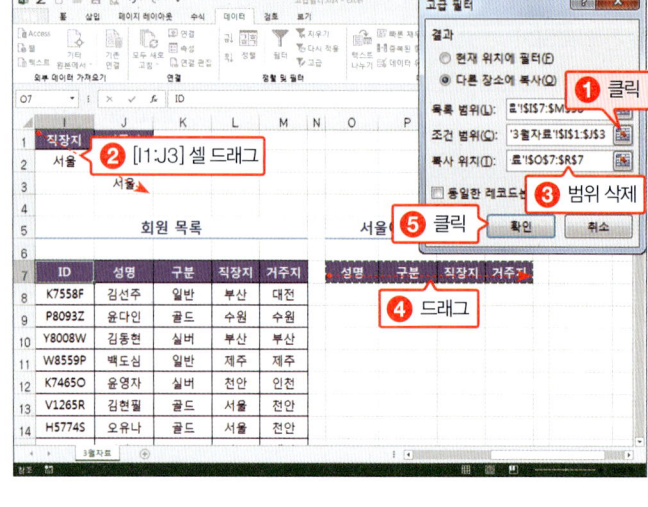

바로 통하는 TIP 직장지가 서울이거나 거주지가 서울인 회원 목록만 추출됩니다.

성명	구분	직장지	거주지
		서울이 연고지인 회원	
김현필	골드	서울	천안
오유나	골드	서울	천안
이남주	골드	서울	대전
임유진	실버	서울	서울
김성주	골드	인천	서울
천송이	일반	수원	서울
김성준	일반	서울	대전
이봉욱	일반	서울	서울
이현우	일반	서울	서울
안요한	일반	서울	부산
나가희	프리미엄	서울	천안
김우빈	일반	서울	부산
석호필	일반	대전	서울
권우진	골드	부산	서울
백승현	골드	서울	서울
이성은	실버	서울	서울

10 주말 거래 자료 추출을 위한 조건 입력 및 추출할 필드 입력하기

날짜에서 요일 번호를 가져오는 WEEK-DAY 함수를 사용해 거래일이 일요일이거나 토요일인 조건을 입력하고 추출할 필드로 거래일, 거래금액 필드를 입력해보겠습니다.

① [T2] 셀에 **=WEEKDAY(A2)=1** 입력

② [T3] 셀에 **=WEEKDAY(A2)=7** 입력

③ [A1] 셀 클릭

④ [G1] 셀 Ctrl +클릭 후 Ctrl + C

⑤ [T7] 셀을 클릭하고 Ctrl + V 를 눌러 붙여넣기합니다.

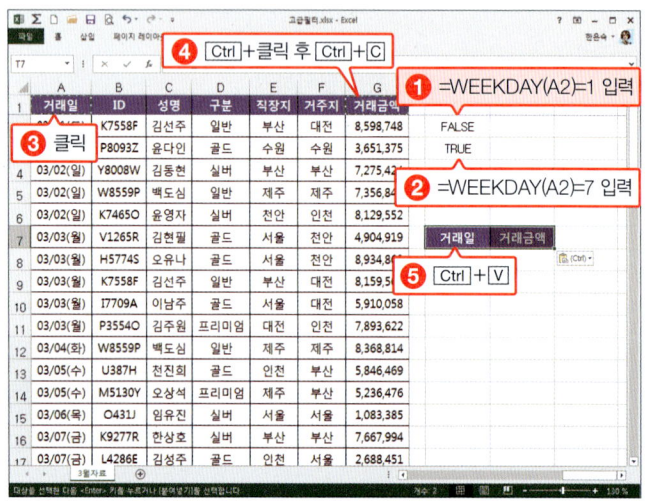

11 주말 거래 자료 추출하기

토요일과 일요일에 거래한 내역만 추출해
보겠습니다.

① ESC

② [A1] 셀 클릭

③ [데이터] 탭–[정렬 및 필터] 그룹–[고급]
클릭

④ [다른 장소에 복사] 선택

⑤ [목록 범위]의 기존 범위 삭제

⑥ [A1:G71] 셀을 드래그합니다.

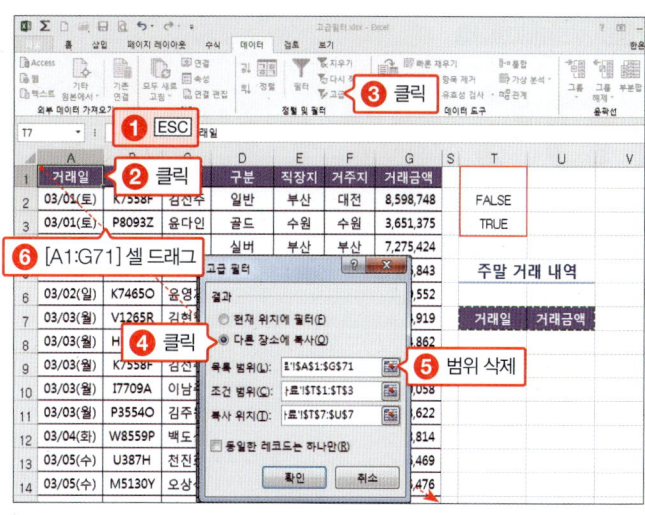

12

① [조건 범위]의 기존 범위 삭제

② [T1:T3] 셀 드래그

③ [복사 위치]의 기존 범위 삭제

④ [T7:U7] 셀 드래그

⑤ [확인]을 클릭합니다.

바로 통하는 TIP 수식을 조건으로 입력할 때는 조건
범위의 필드명은 비워두고 입력해야 합니다. 조건 범위를
지정할 때는 비워둔 필드명 셀을 포함해서 범위를 지정해
야 합니다.

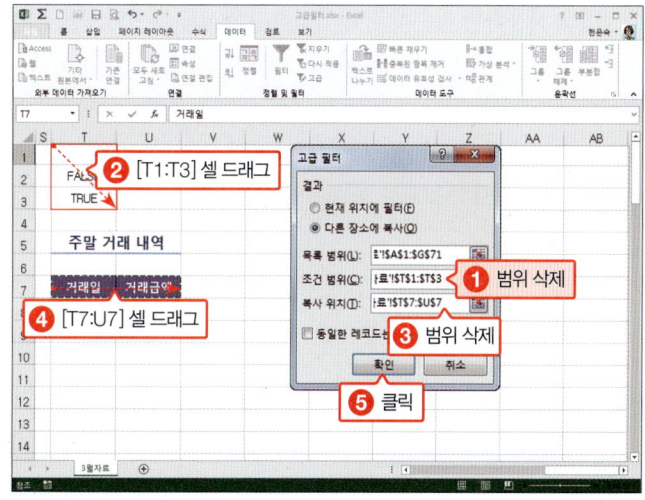

바로 통하는 TIP 거래일이 토요일이거나 일요일인 거
래 목록만 추출됩니다.

주말 거래 내역	
거래일	거래금액
03/01(토)	8,598,748
03/01(토)	3,651,375
03/02(일)	7,275,424
03/02(일)	7,356,843
03/02(일)	8,129,552
03/09(일)	6,252,902
03/15(토)	3,662,142
03/15(토)	3,344,673
03/22(토)	7,736,316
03/23(일)	4,838,155
03/23(일)	1,637,750
03/29(토)	9,323,364
03/29(토)	6,372,491
03/29(토)	3,298,243
03/30(일)	9,250,541
03/30(일)	4,947,022
03/30(일)	8,016,684

05 부분합 및 그룹 윤곽선

부분합은 데이터 목록에서 특정 필드를 기준으로 정렬하여 같은 그룹별로 소계를 구하는 기능입니다. 부분합의 삽입 방법을 알아보고 부분합과 함께 삽입되는 그룹 윤곽선을 사용하여 부분합뿐만 아니라 일반 표 범위에서도 그룹 윤곽선을 만드는 방법에 대해서 알아보겠습니다.

부분합 작성 순서 및 [부분합] 대화상자

부분합을 사용하면 함수를 직접 입력하지 않고도 데이터 목록 사이에 소계를 삽입할 수 있습니다. 부분합을 작성하려면 ① 먼저 부분합의 기준이 되는 필드를 기준으로 정렬한 후 ② [데이터] 탭-[윤곽선] 그룹-[부분합]을 클릭합니다. [부분합] 대화상자에서 각 구성 요소를 선택한 후 [확인]을 누르면 됩니다. ③ 부분합을 추가 삽입하려면 다시 [데이터] 탭-[윤곽선] 그룹-[부분합]을 클릭하고 대화상자에서 각 구성 요소를 선택합니다. [새로운 값으로 대치]에 체크 표시를 해제한 후 [확인]을 클릭합니다.

부분합에서 사용할 수 있는 함수는 합계, 개수, 평균, 최댓값, 최솟값, 곱, 숫자 개수, 표본 표준 편차, 표준 편차, 표본 분산, 분산이 있으며, [부분합] 대화상자의 각 구성 요소 역할은 다음과 같습니다.

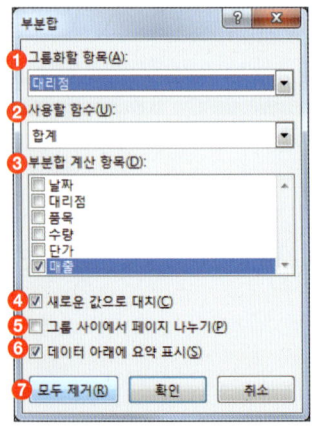

① **그룹화할 항목** : 값을 구하는 기준이 되는 정렬된 필드

② **사용할 함수** : 그룹화할 필드에 적용할 함수 선택

③ **부분합 계산 항목** : 함수를 적용해서 계산할 필드

④ **새로운 값으로 대치** : 기존 부분합 결과를 없애고 현재의 결과로 대치

⑤ **그룹 사이에서 페이지 나누기** : 각 그룹 다음에 페이지가 나눠짐

⑥ **데이터 아래에 요약 표시** : 부분합 결과를 표시할 위치 선택

⑦ **모두 제거** : 부분합을 해제하고 원본 데이터 목록 표시

부분합 윤곽 기호

부분합을 삽입하면 워크시트 행 머리글 왼쪽 부분에 부분합 소계별로 윤곽 기호가 표시됩니다. 윤곽 기호를 사용하여 워크시트에서 하위 수준(그룹)을 숨기거나 다시 나타낼 수 있습니다.

윤곽 그룹 설정 및 해제

부분합을 사용하지 않고도 수식을 사용하여 소계가 작성된 표 범위에 대해서는 [데이터] 탭-[윤곽선] 그룹의 [그룹], [그룹 해제] 메뉴를 사용합니다. 직접 윤곽 그룹을 설정하여 워크시트에 윤곽 기호를 삽입하고 해제할 수 있습니다.

① **그룹**: 지정한 행이나 열 범위 그룹 설정

② **자동 윤곽**: 선택한 범위의 수식 셀이 참조하는 셀 범위를 자동으로 그룹 설정

③ **그룹 해제**: 지정한 행이나 열의 그룹화된 셀 범위 그룹 해제

④ **윤곽 지우기**: 모든 윤곽 그룹 설정 해제

부분합으로 매출 집계 요약하기

2007 | 2010 | 2013

• 실습 파일 Chapter10 \ Section05 \ 매출요약보고.xlsx   • 완성 파일 Chapter10 \ Section05 \ 매출요약보고완성.xlsx

한 달간 대리점, 품목, 수량, 단가, 매출이 집계된 데이터 목록에서 대리점별, 품목별 부분합을 삽입한 후 결과를 [요약보고서] 시트에 복사하고 서식을 지정한 요약 보고서를 완성해보겠습니다.

	담당	팀장

대리점, 품목별 매출 보고서

❸ 대리점	품목	수량	매출	비고
서울	가전	36	14,985,700	❷
	건강	26	11,418,200	
	컴퓨터	26	21,597,100	
	패션	25	23,669,500	
	소계	113	71,670,500	❶
수원	가전	33	11,544,200	
	건강	28	13,906,200	
	컴퓨터	21	8,016,400	
	패션	32	15,114,000	
	소계	114	48,580,800	
대전	가전	29	11,631,600	
	건강	27	5,921,700	
	컴퓨터	25	16,065,800	
	패션	17	16,032,900	
	소계	98	49,652,000	
부산	가전	23	9,969,600	
	건강	24	12,112,000	
	컴퓨터	11	5,892,900	
	패션	17	6,447,900	
	소계	75	34,422,400	
총합계		400	204,325,700	

❶ 대리점별 수량과 매출 합계 삽입

❷ 품목별 수량과 매출 합계 삽입

❸ 서식 지정

01 부분합 그룹 필드 정렬하기

대리점별, 품목별로 소계를 구하는 부분합을 삽입할 것이므로 먼저 데이터를 대리점, 품목별로 정렬해야 합니다.

① [데이터] 탭−[정렬 및 필터] 그룹−**[정렬]** 클릭

② [열 정렬 기준] 목록에서 **[대리점]** 선택

③ [정렬] 목록에서 **[사용자 지정 목록]**을 선택합니다.

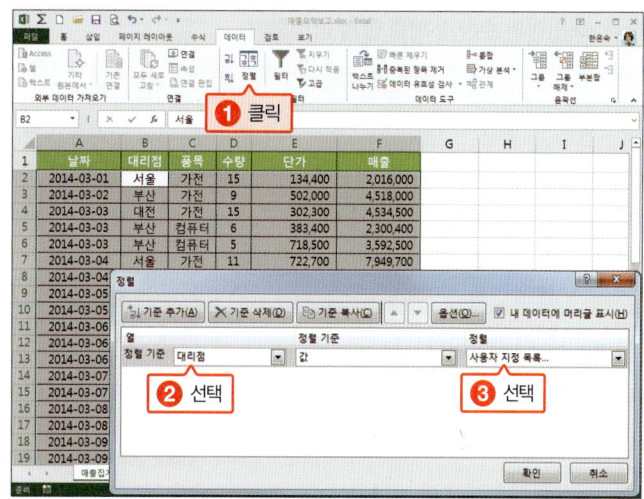

02

① [사용자 지정 목록] 대화상자의 [목록 항목]에 **서울, 수원, 대전, 부산** 입력

② **[추가]** 클릭

③ **[확인]**을 클릭합니다.

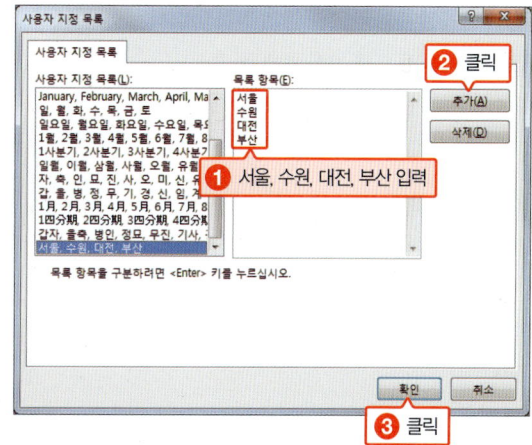

03

① **[기준 추가]** 클릭

② [다음 기준] 목록에서 **[품목]** 선택

③ **[확인]**을 클릭합니다.

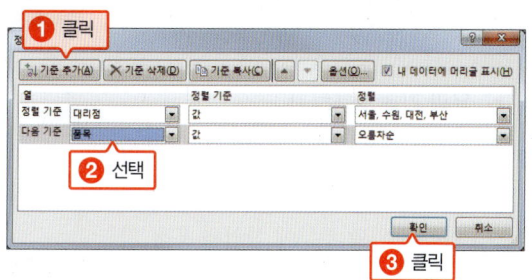

서울, 수원, 대전, 부산 대리점 순서로 정렬되고 같은 지역 내에서는 품목명으로 오름차순 정렬됩니다.

04 대리점별 수량과 매출 합계 삽입하기

대리점별로 부분합을 작성해보겠습니다.

① [데이터] 탭-[윤곽선] 그룹-**[부분합]** 클릭

② [그룹화할 항목]에서 **[대리점]** 선택

③ [부분합 계산 항목] 목록에서 **[수량]**, **[매출]**에 체크 표시

④ **[확인]**을 클릭합니다.

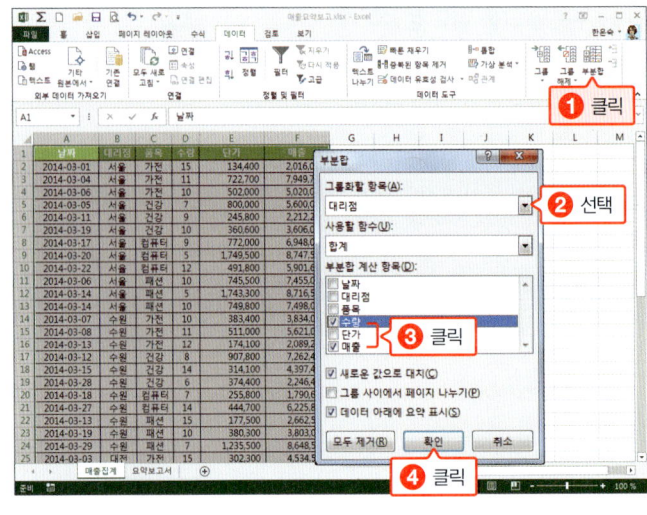

05 품목별 수량과 매출 합계 추가 삽입하기

품목별 부분합을 추가해보겠습니다.

① [데이터] 탭-[윤곽선] 그룹-**[부분합]** 클릭

② [그룹화할 항목]으로 **[품목]** 선택

③ **[새로운 값으로 대치]**의 체크 표시 해제

④ **[확인]**을 클릭합니다.

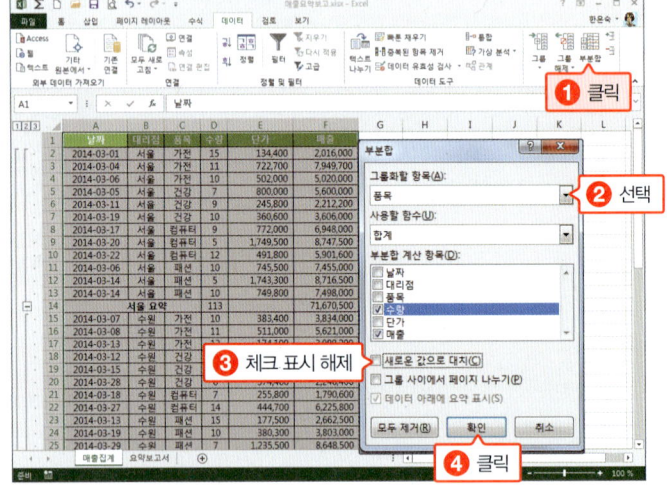

06 윤곽 기호 사용하기

윤곽 기호를 사용하여 부분합 내용을 표시해보겠습니다.

① 행 머리글 왼쪽 부분에 삽입된 윤곽 기호 중 ③ 클릭

대리점, 품목별 소계만 표시합니다.

② 서울 대리점의 패션 요약 행(17행) 옆의 확장 ⊞ 클릭

서울 대리점의 패션 매출 목록이 표시됩니다.

③ 다시 축소 ⊟를 클릭하면 목록이 숨겨집니다.

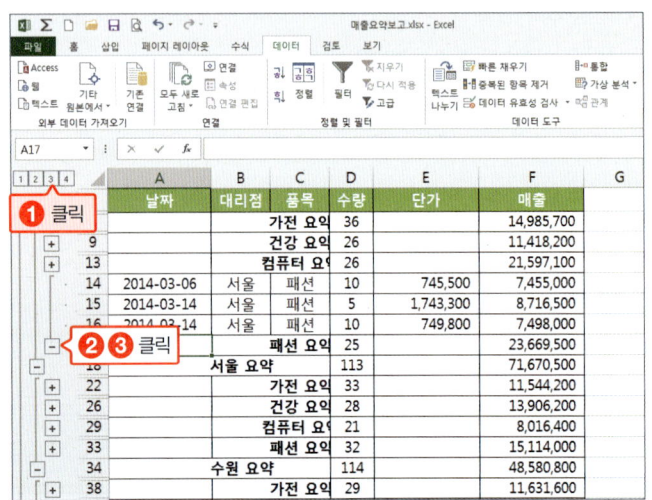

07 윤곽 기호 지우기

소계들은 그대로 두고 윤곽 기호만 없애보겠습니다. [데이터] 탭-[윤곽선] 그룹-[그룹 해제]-**[윤곽 지우기]**를 선택합니다.

윤곽 기호들이 없어지면서 모든 데이터가 표시됩니다.

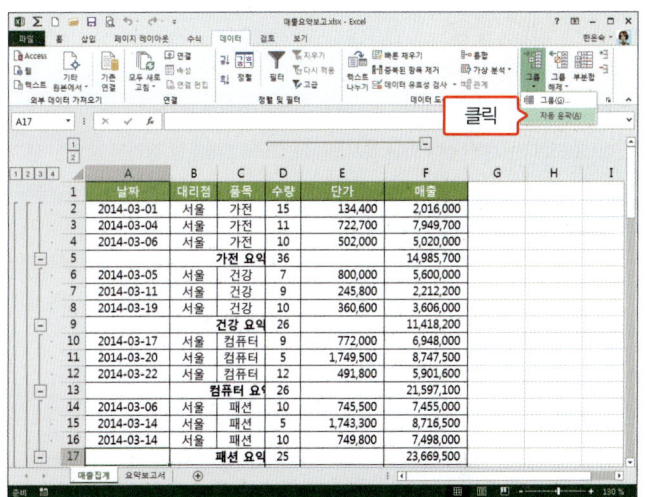

08 자동 윤곽 삽입하기

다시 윤곽 기호를 삽입해보겠습니다. [데이터] 탭-[윤곽선] 그룹-[그룹]-**[자동 윤곽]**을 클릭합니다.

수식이 있는 셀들을 기준으로 수식에서 참조된 셀 범위들이 각각 그룹으로 설정되며 윤곽 기호가 생깁니다. F열의 매출에는 '수량(D열)*단가(E열)'의 수식이 작성되어 있어 D, E, F열이 그룹으로 설정되었습니다.

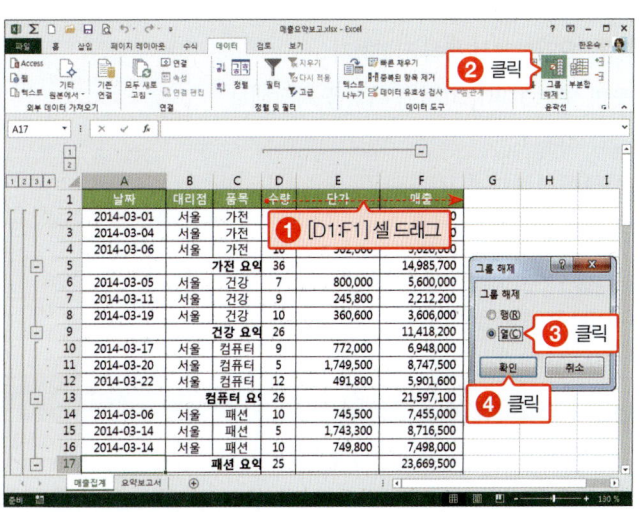

09 열 그룹 해제하기

D, E, F열 그룹을 해제하겠습니다.

① **[D1:F1]** 셀 드래그
② [데이터] 탭-[윤곽선] 그룹-**[그룹 해제]** 클릭
③ [그룹 해제] 대화상자에서 **[열]** 클릭
④ **[확인]**을 클릭합니다.

[D:F] 열 머리글 위에 표시되었던 자동 윤곽이 사라집니다.

10 요약 결과 복사하기

① 행 머리글 왼쪽 부분에 삽입된 윤곽 기
호 중 ③ 클릭. 대리점, 품목별 소계만
표시합니다.

② [B1:D63] 셀 드래그

③ [F1:F63] 셀 Ctrl +드래그

④ 숨겨진 행을 제외하고 복사하기 위해서
Alt + ; 을 눌러 화면에 보이는 셀만
선택한 후 Ctrl + C

⑤ [요약보고서] 시트를 클릭합니다.

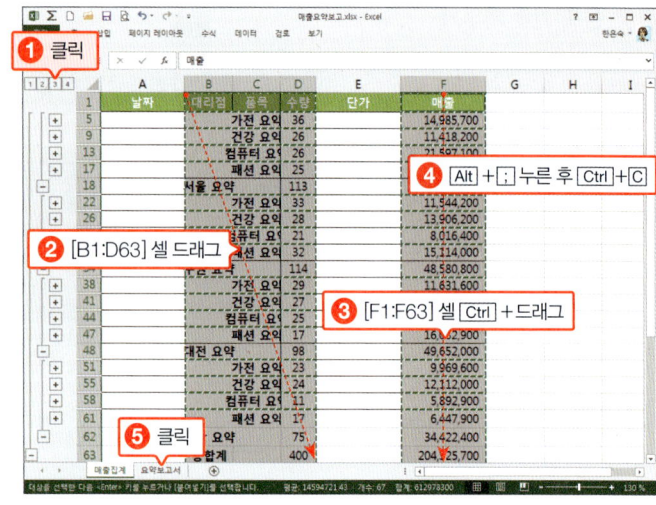

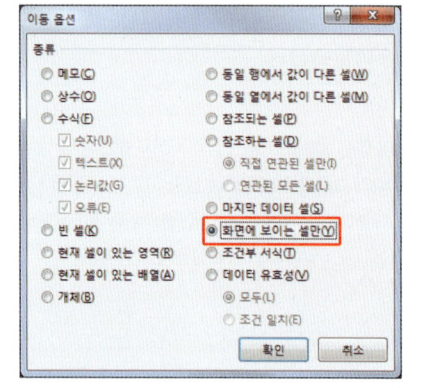

화면에 보이는 셀만 선택

자동 필터를 사용하면 필터된 결과를 범위로 지정하여 복사했을 때 기본적으로
화면에 보이는 셀만 선택되어 복사됩니다. 그러나 부분합 결과는 숨겨진 행까
지 복사됩니다. 따라서 부분합 요약 결과를 범위로 지정한 후에는 [화면에 보이
는 셀만]을 꼭 선택해야 합니다.

Alt + ; 대신 [홈] 탭-[편집] 그룹-[찾기 및 선택]-[이동 옵션]을 클릭하고
[이동 옵션] 대화상자에서 [화면에 보이는 셀만]을 클릭한 후 [확인]을 클릭해도
됩니다.

11 요약보고서 서식 지정하기

붙여 넣은 요약보고서에 서식을 지정해보
겠습니다.

① [A4] 셀 클릭 후 Ctrl + V

② [A5:A9] 셀 드래그

③ [A10:A14] 셀 Ctrl +드래그

④ [A15:A19] 셀 Ctrl +드래그

⑤ [A20:A24] 셀 Ctrl +드래그

⑥ [A25:B25] 셀 Ctrl +드래그

⑦ [홈] 탭-[맞춤] 그룹-[**병합하고 가운데 맞
춤**]을 클릭합니다.

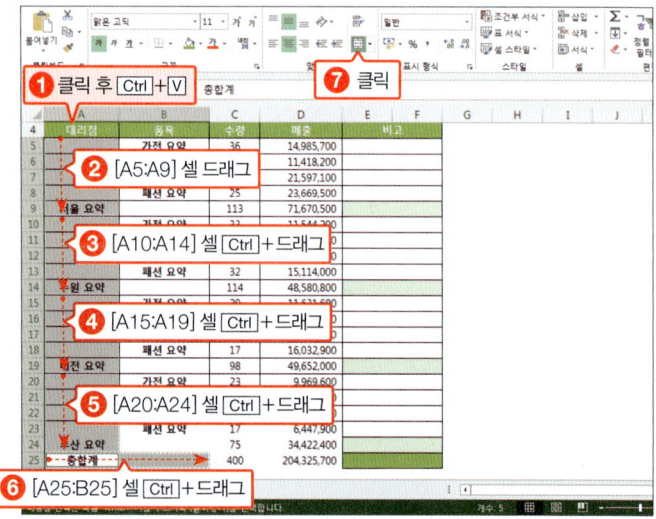

12

① **[A20:D25]** 셀 드래그

② **[홈]** 탭-**[글꼴]** 그룹-**[테두리]**-**[모든 테두리]** 클릭

③ **[B9]**, **[B14]**, **[B19]**, **[B24]** 셀에 **소계** 입력

④ **[B9:D9]** 셀 드래그, **[B14:D14]**, **[B19:D19]**, **[B24:D24]** 셀 Ctrl +드래그

⑤ **[글꼴]** 그룹-**[채우기 색]**-**[황록색, 강조 3, 80% 더 밝게]** 선택

⑥ **[A25:D25]** 셀 드래그

⑦ **[글꼴]** 그룹-**[채우기 색]**-**[황록색, 강조 3]**을 선택합니다.

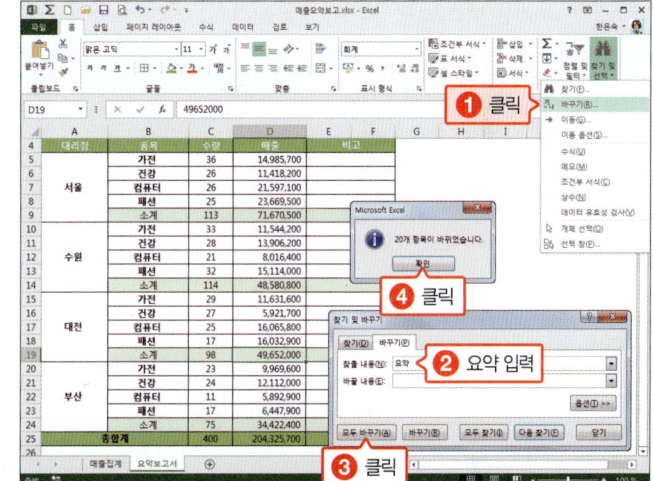

13 셀의 일부 문자 한꺼번에 지우기

셀에 '요약'이라고 입력된 부분을 찾아 지워보겠습니다.

① **[홈]** 탭-**[편집]** 그룹-**[찾기 및 선택]**-**[바꾸기]** 선택

② **[찾기 및 바꾸기]** 대화상자의 **[찾을 내용]**에 **요약** 입력

③ **[바꿀 내용]**은 비워둔 상태에서 **[모두 바꾸기]** 클릭

④ 결과를 표시한 메시지의 대화상자에서 **[확인]**을 클릭합니다.

[찾기 및 바꾸기] 대화상자에서 [닫기]를 클릭합니다.

14 부분합 제거하기

매출집계에서는 부분합을 제거하겠습니다.

① **[매출집계]** 시트 클릭

② **[데이터]** 탭-**[윤곽선]** 그룹에서 **[부분합]** 클릭

③ **[부분합]** 대화상자에서 **[모두 제거]**를 클릭합니다.

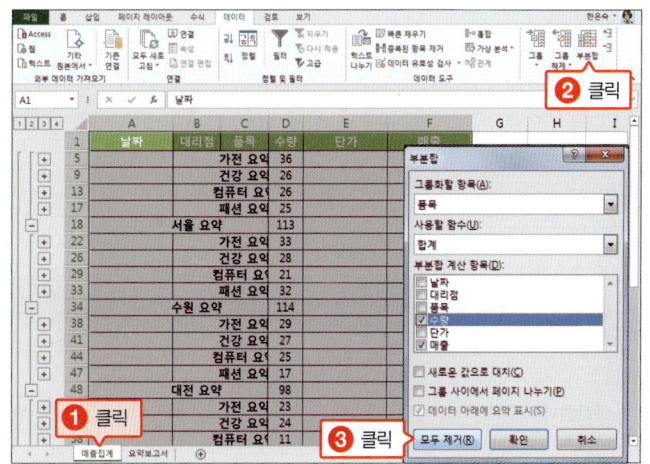

06 데이터 가공 도구 사용하기

다른 데이터베이스 시스템이나 프로그램으로부터 가져온 데이터를 업무에 적합하게 가공하는 작업이 필요한 경우가 있습니다. 텍스트 나누기, 중복된 항목 제거, 데이터 유효성 검사 기능 등을 사용하면 데이터 입력 시 오류를 방지하고, 데이터를 재입력하는 수고를 덜 수 있습니다.

텍스트 나누기

텍스트 나누기는 텍스트 형식의 파일을 워크시트로 가져올 때, 또는 워크시트 한 열에 입력된 데이터를 구분 기호나 일정한 너비로 분리하여 각 셀에 입력할 때 사용하는 도구입니다. 텍스트 파일(*.prn, *.txt, *.csv)을 불러오거나 [데이터] 탭-[데이터 도구] 그룹-[텍스트 나누기]를 클릭하면 [텍스트 마법사] 대화상자가 실행됩니다. 다음과 같이 데이터에 따라 단계별로 옵션을 선택할 수 있습니다.

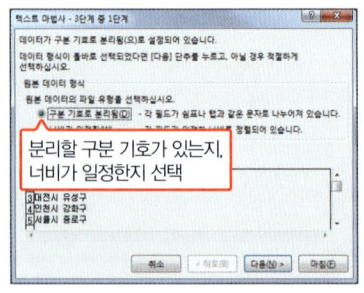

▲ 1단계-텍스트 유형 선택

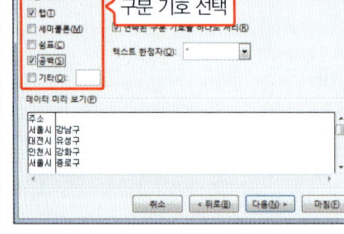

▲ 2단계-구분 위치 선택

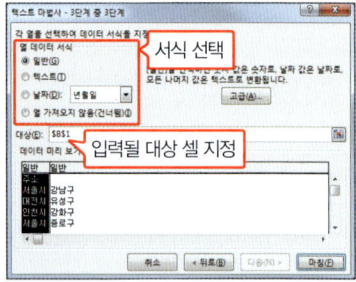

▲ 3단계-데이터 서식 및 입력될 셀 지정

중복된 항목 제거

여러 곳에서 엑셀 워크시트로 데이터 목록을 가져오다 보면 중복된 항목이 생길 수 있습니다. 중복된 항목 제거 도구는 데이터 목록 중 특정 열의 값이 중복되는 데이터 행들을 삭제해줍니다. 중복된 항목 제거는 데이터 목록의 값만 제거되며, 데이터 목록 밖의 다른 값은 변경되거나 이동되지 않습니다.

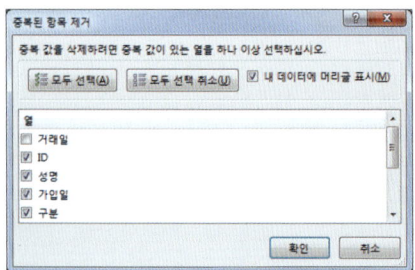

데이터 유효성 검사

데이터 유효성 검사는 특정 셀 범위에 숫자만 입력되게 한다거나 특정 문자 길이만큼, 혹은 특정 데이터 목록만 입력되게 하는 등 입력 데이터를 제한하는 기능입니다. 입력 제한 대상은 정수, 소수점, 목록, 날짜, 시간, 텍스트 길이, 수식 등으로 지정할 수 있습니다. 또한 이미 입력된 데이터에서 잘못된 사항이 없는지 찾아내 표시해줍니다. [데이터 유효성] 대화상자에서 각 탭의 선택 옵션은 다음과 같습니다.

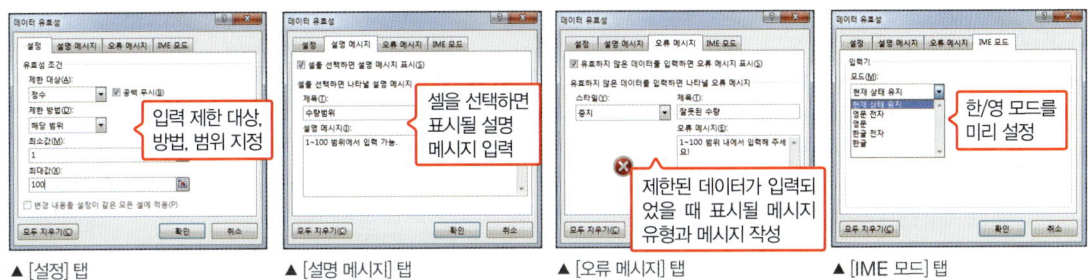

▲ [설정] 탭   ▲ [설명 메시지] 탭   ▲ [오류 메시지] 탭   ▲ [IME 모드] 탭

핵심기능실습 | **텍스트 나누기, 중복된 항목 제거, 데이터 유효성 검사로 수집된 데이터 정리하기**

• **실습 파일** Chapter10 \ Section06 \ 건물임대목록.xlsx   • **완성 파일** Chapter10 \ Section06 \ 건물임대목록완성.xlsx

실습 파일은 다른 데이터베이스로부터 수집한 건물 임대 데이터 목록입니다. 데이터에는 중복된 데이터와 필요치 않은 데이터도 포함되어 있습니다. 날짜의 경우에는 하이픈 없이 숫자만 나열되어 있어 엑셀에서 날짜 데이터로 사용할 수 없습니다. 텍스트 나누기, 중복된 항목 제거, 데이터 유효성 검사 기능 등을 사용하여 중복된 데이터 행과 필요치 않은 데이터를 찾아 삭제한 후 지역을 시와 구로 나누고 숫자로 나열된 날짜를 날짜 데이터로 변환해보겠습니다.

01 전체 필드가 중복되는 항목 제거하기

① [데이터] 탭-[데이터 도구] 그룹-[중복된 항목 제거] 클릭

② [중복된 항목 제거] 대화상자의 모든 열이 선택된 상태에서 [확인] 클릭
5개의 중복된 값이 제거되었다는 메시지의 대화상자가 표시됩니다.

③ [확인]을 클릭합니다.

중복으로 입력된 5개 행의 데이터가 삭제됩니다.

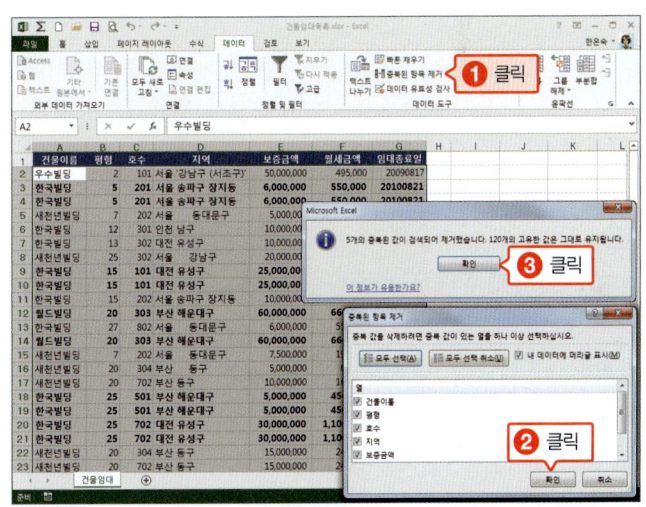

02 일부 필드가 중복되는 항목 제거하기

임대종료일별로 최근 자료순으로 정렬하기 위해 내림차순으로 정렬한 후 보증금액, 월세금액, 임대종료일을 제외한 건물이름, 평형, 호수, 지역이 같은 건물의 목록을 제거해 보겠습니다.

① **[G2] 셀** 클릭

② **[데이터] 탭-[정렬 및 필터] 그룹-[숫자 내림차순 정렬]** 클릭

③ **[중복된 항목 제거]** 클릭

④ **[열]** 목록에서 **[보증금액], [월세금액], [임대종료일]**의 체크 표시 해제

⑤ **[확인]** 클릭. 55개의 중복된 값이 제거되었다는 메시지가 표시됩니다.

⑥ **[확인]**을 클릭합니다.

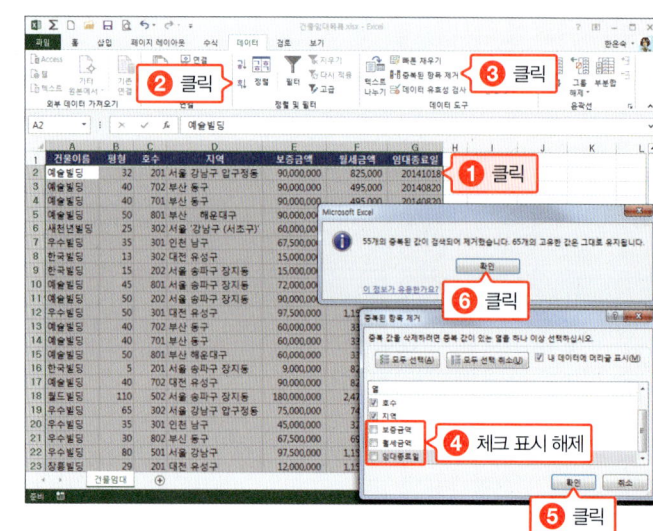

바로 통하는 TIP 데이터 목록에서는 중복된 항목 중 아래쪽 항목이 제거되므로 최근 자료를 위로 올린 후 작업했습니다.

03 텍스트 나누기로 지역을 시, 구로 나누기

지역이 입력되어 있는 D열에서 시와 구로 텍스트를 분리해보겠습니다.

① **E열 머리글**을 마우스 오른쪽 버튼 클릭

② **[삽입]**을 선택합니다.

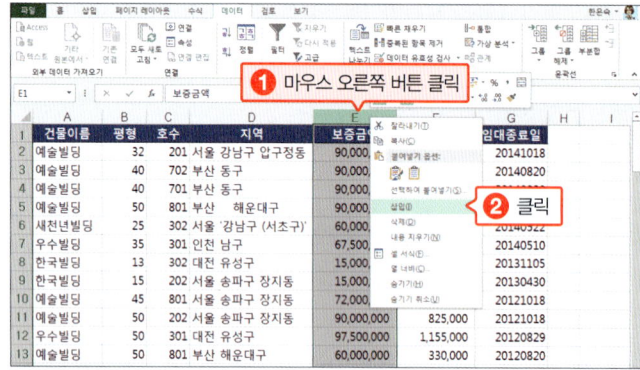

04

① **[D2] 셀** 클릭 후 Ctrl + Shift + ↓를 눌러 [D2:D66] 셀 범위 지정

② **[데이터] 탭-[데이터 도구] 그룹-[텍스트 나누기]** 클릭

③ **[텍스트 마법사 1단계]** 대화상자의 **[구분 기호로 분리됨]**이 선택된 상태에서 **[다음]**을 클릭합니다.

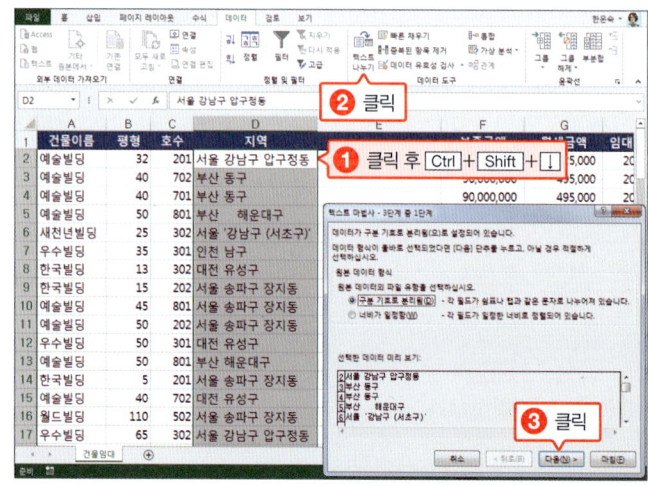

05

① [텍스트 마법사 2단계] 대화상자에서 [구분 기호]의 [공백]에 체크 표시

② [텍스트 한정자] 목록에서 **홑 따옴표(')** 선택

③ [다음]을 클릭합니다.

[D5] 셀은 공백이 여러 개지만 [연속된 구분 기호를 하나로 처리] 옵션을 선택했으므로 하나로 처리합니다. [D6] 셀의 홑따옴표 안에 있는 문자의 경우에는 텍스트 한정자로 홑따옴표를 선택했으므로 나누지 않습니다.

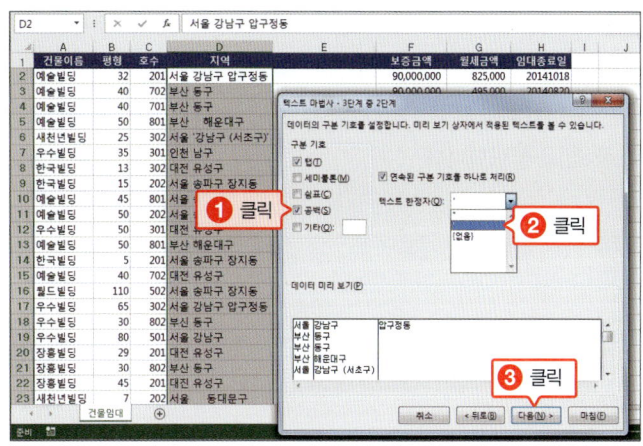

06

① [텍스트 마법사 3단계] 대화상자의 [데이터 미리 보기]에서 **3번째 열** 부분 클릭

② [열 데이터 서식]에서 **[열 가져오지 않음]** 클릭

③ **[마침]** 클릭

④ [D1] 셀에 **시** 입력

⑤ [E1] 셀에 **구**를 입력합니다.

D열에는 시가, E열에는 구가 입력되고 지역의 나머지 부분은 삭제됩니다.

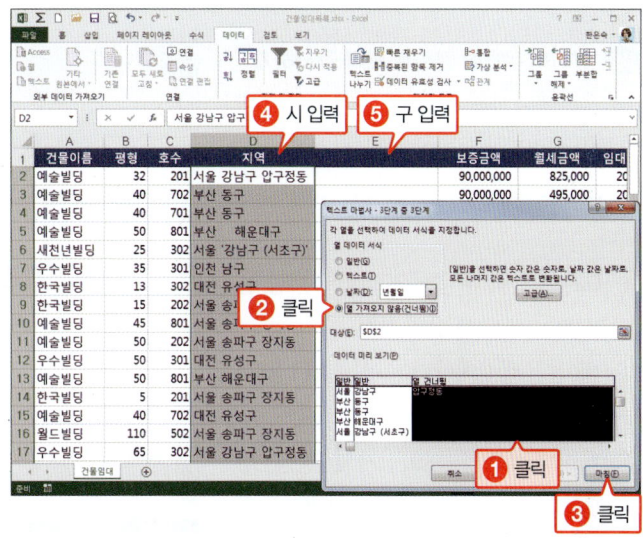

07 임대종료를 날짜 데이터로 변환하기

임대종료 숫자들은 연월일을 나타내지만 하이픈 없이 입력되어 있어 엑셀의 날짜 데이터로 사용할 수 없습니다. 텍스트 나누기를 이용해 날짜 데이터로 변환해보겠습니다.

① **[H2] 셀** 클릭 후 Ctrl + Shift + ↓를 눌러 [H2:H66] 셀 범위 지정

② [데이터] 탭-[데이터 도구] 그룹-**[텍스트 나누기]** 클릭

③ [텍스트 마법사 1단계] 대화상자에서 **[다음]** 클릭

④ [텍스트 마법사 2단계] 대화상자에서 **[다음]**을 클릭합니다.

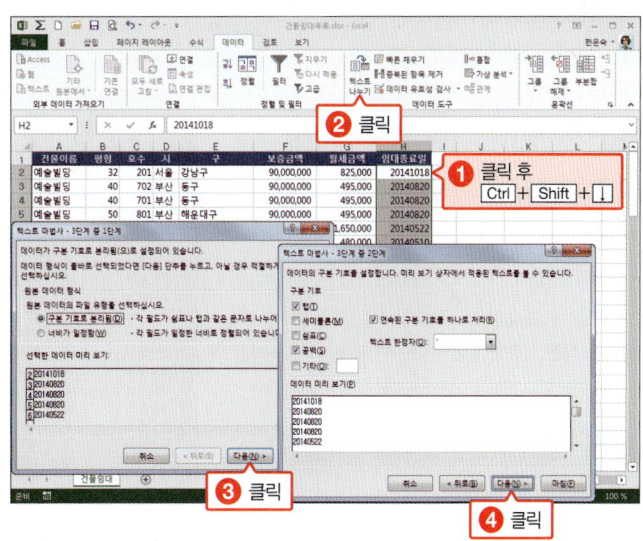

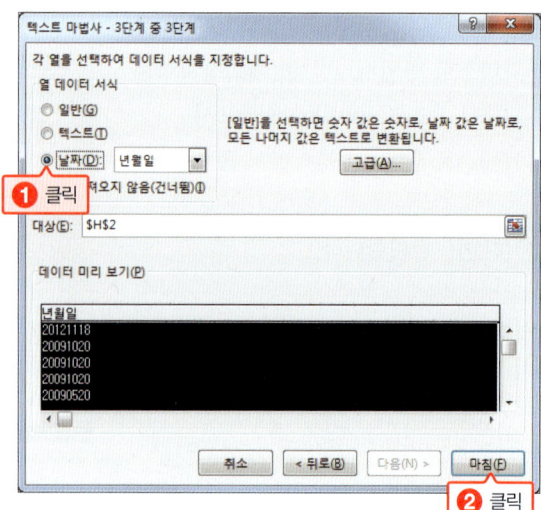

08

① [텍스트 마법사 3단계] 대화상자의 [열 데이터 서식]에서 **[날짜]** 클릭

② **[마침]**을 클릭합니다.

H열의 서식이 날짜로 변경되었습니다.

09 데이터 유효성 검사로 오타 검사하기

'시' 목록에는 서울, 인천, 대전, 부산의 네 개 도시만 입력되어 있어야 합니다. 목록에 다른 도시명이나 오타가 있는지 확인해보겠습니다.

① **[D2]** 셀 클릭 후 Ctrl + Shift + ↓ 를 눌러 [D2:D66] 셀 범위 지정

② [데이터] 탭-[데이터 도구] 그룹-**[데이터 유효성 검사]** 클릭

③ [데이터 유효성] 대화상자의 [설정] 탭에서 [제한 대상]으로 **[목록]** 선택

④ [원본]에 **서울, 인천, 대전, 부산** 입력

⑤ **[확인]**을 클릭합니다.

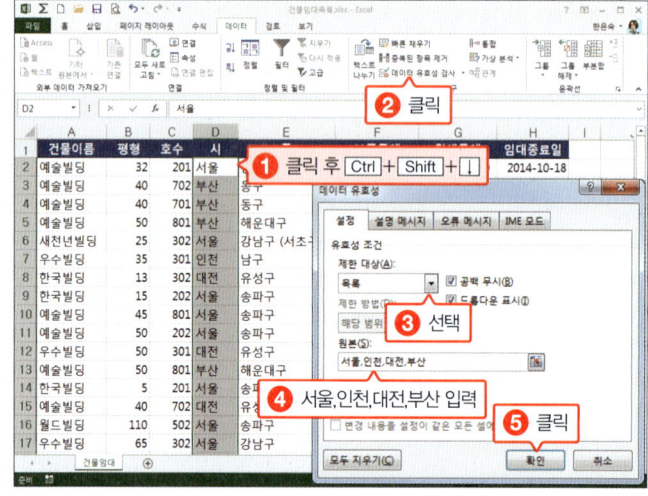

10 [데이터] 탭-[데이터 도구] 그룹-[데이터 유효성 검사]-**[잘못된 데이터]**를 선택합니다.

오타가 있는 셀에 타원이 표시됩니다. [제한 대상]으로 목록 설정한 범위의 셀을 선택하면 목록 버튼이 생깁니다.

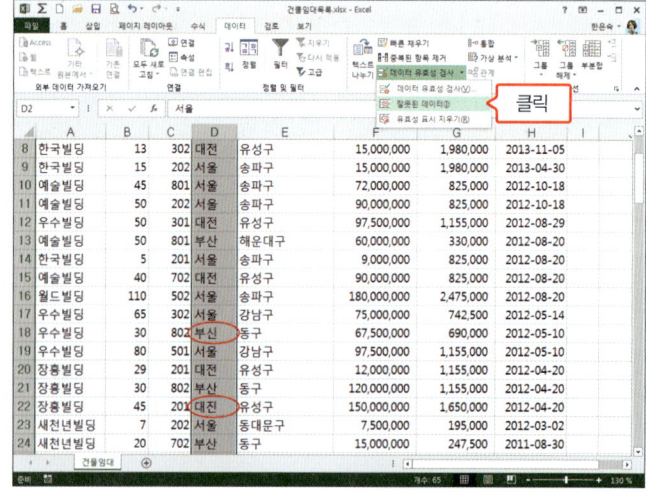

11 잘못 입력된 데이터를 수정해보겠습니다.

① [D18] 셀 클릭 후 **목록 버튼** 클릭

② [**부산**] 선택

③ [D22] 셀 클릭 후 **목록 버튼** 클릭

④ [**대전**]을 선택합니다.

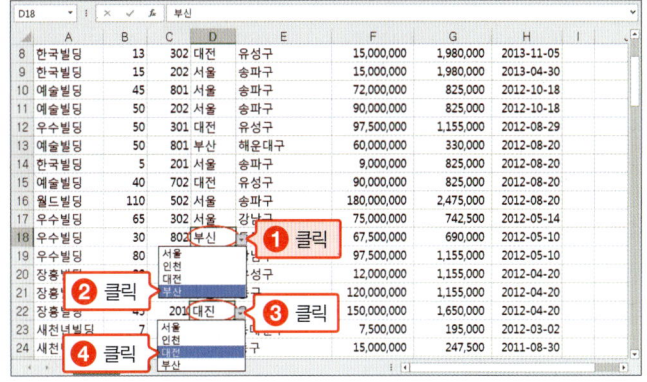

실무활용노트
EXCEL

워크시트의 셀 범위를 목록으로 지정하려면

몇 개 안되는 목록은 [원본]에 직접 입력하면 되지만 목록이 긴 경우에는 워크시트에 해당 목록을 입력해놓고 목록 범위에 이름을 정의한 후 유효성 검사를 설정합니다. 정의한 이름을 등호(=)와 함께 [원본]에 입력합니다.

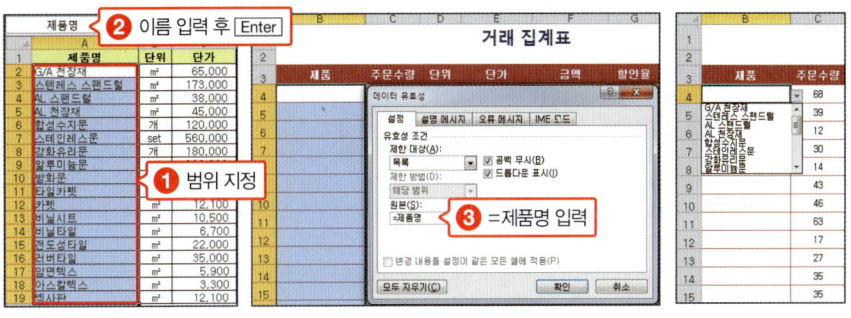

---

12 오류 메시지 지정하기

잘못된 데이터를 입력했을 때 표시될 오류 메시지를 지정해보겠습니다.

① [D2] 셀 클릭 후 Ctrl + Shift + ↓를 눌러 [D2:D66] 셀 범위 지정

② [데이터] 탭-[데이터 도구] 그룹-[**데이터 유효성 검사**] 클릭

③ [데이터 유효성] 대화상자의 [**오류 메시지**] 탭 클릭

④ [제목]에 **입력오류** 입력

⑤ [오류 메시지]에 **서울, 인천, 대전, 부산 목록 중 하나를 입력하세요.** 입력

⑥ [**확인**]을 클릭합니다.

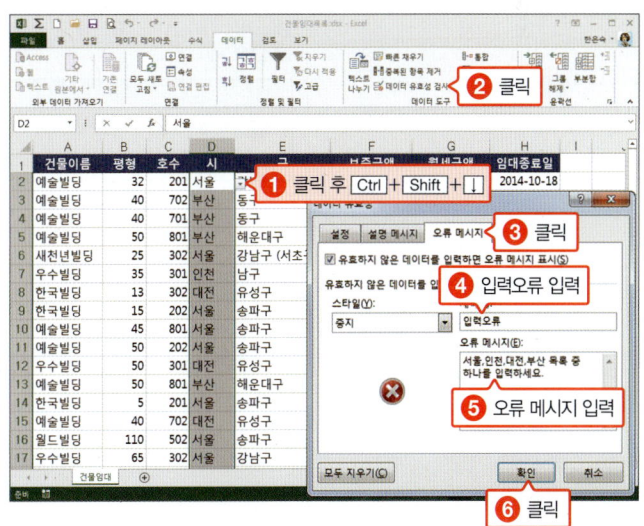

13

① [D2] 셀에 **대구** 입력 후 Enter

② 오류 메시지가 나타나면 [**취소**]를 클릭
합니다.

데이터 유효성 설정을 지정한 셀에는 지정된 데이터 외
의 데이터를 입력하면 오류 메시지가 표시되어 잘못된
데이터를 입력할 수 없게 합니다.

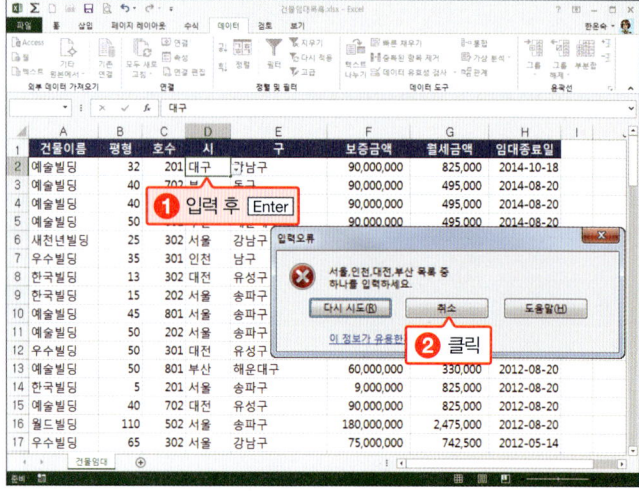

바로통하는TIP 오류 메시지 유형

데이터 종류	유형	용도
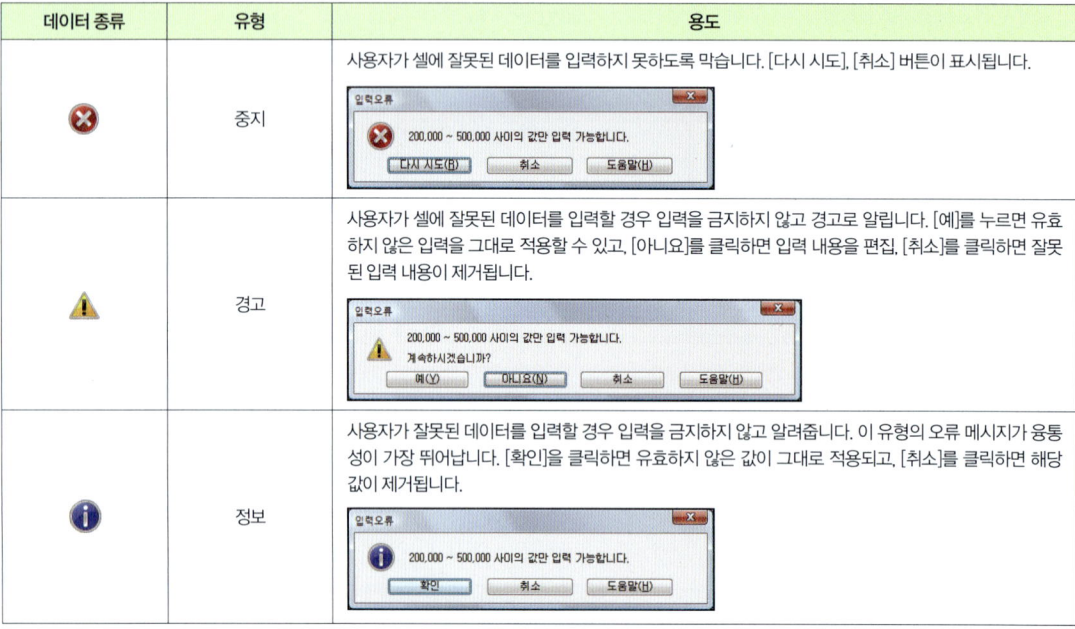	중지	사용자가 셀에 잘못된 데이터를 입력하지 못하도록 막습니다. [다시 시도], [취소] 버튼이 표시됩니다.
	경고	사용자가 셀에 잘못된 데이터를 입력할 경우 입력을 금지하지 않고 경고로 알립니다. [예]를 누르면 유효하지 않은 입력을 그대로 적용할 수 있고, [아니요]를 클릭하면 입력 내용을 편집, [취소]를 클릭하면 잘못된 입력 내용이 제거됩니다.
	정보	사용자가 잘못된 데이터를 입력할 경우 입력을 금지하지 않고 알려줍니다. 이 유형의 오류 메시지가 융통성이 가장 뛰어납니다. [확인]을 클릭하면 유효하지 않은 값이 그대로 적용되고, [취소]를 클릭하면 해당 값이 제거됩니다.

SECTION 07 데이터 통합

통합 기능을 사용하면 비슷한 형식의 여러 데이터 범위를 하나의 표로 통합할 수 있습니다. 수식이나 함수를 사용하지 않고도 여러 데이터 목록을 하나의 표로 통합하는 방법에 대해서 알아보겠습니다.

[통합] 대화상자

통합 기능으로 데이터 목록의 첫 행과 왼쪽 열의 항목별로 계산된 결과를 얻을 수 있습니다. 하나의 데이터 목록에 대한 통합도 가능하지만, 주로 여러 데이터 목록에 대한 통합 결과를 얻을 때 사용합니다. [통합] 대화상자의 각 구성 요소는 다음과 같습니다.

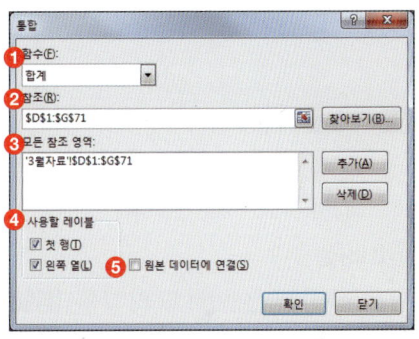

① **함수** : 합계, 개수, 평균, 최댓값, 최솟값, 곱, 수치 개수, 표본 표준 편차, 표준 편차, 표본 분산, 분산 등 계산

② **참조** : 통합할 데이터 범위를 지정하고 [추가]를 클릭하면 [모든 참조 영역]에 추가

③ **모든 참조 영역** : 추가된 데이터 범위 목록으로 255개까지 추가 가능

④ **사용할 레이블** : 지정한 범위 중 첫 행, 왼쪽 열은 계산되지 않고 머리글로 사용할지 선택

⑤ **원본 데이터에 연결** : 통합된 결과에 원본 데이터 목록 연결

핵심기능실습 | **다양한 방법으로 데이터 통합하기**

• 실습 파일 Chapter10 \ Section07 \ 1분기거래현황.xlsx • 완성 파일 Chapte10 \ Section07 \ 1분기거래현황완성.xlsx

다른 데이터 관리 기능과 달리 통합 기능을 쓸 때는 데이터가 추출될 위치를 먼저 선택한 후 시작해야 합니다. 하나의 데이터 범위나 여러 범위를 지정하여 통합할 수 있으며 통합할 목록을 미리 지정하여 구할 수도 있습니다. 데이터를 통합하는 다양한 방법에 대해서 알아보겠습니다.

01 하나의 데이터 범위에서 통합하기

1월 자료에서는 먼저 구분별 거래금액 합계를 구해보겠습니다.

① [H3] 셀 클릭

② [데이터] 탭-[데이터 도구] 그룹-**[통합]**을 클릭합니다.

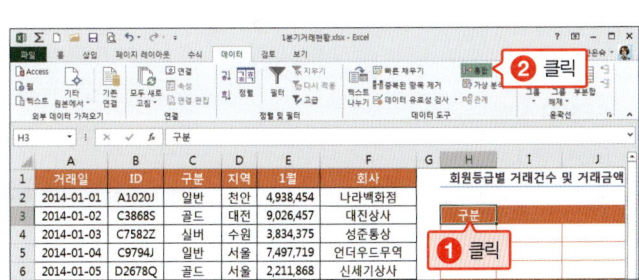

02

① [통합] 대화상자의 [참조] 클릭
② [C1:E32] 셀 드래그
③ [추가] 클릭
④ [사용할 레이블]의 [첫 행], [왼쪽 열]에 체
　크 표시
⑤ [확인]을 클릭합니다.

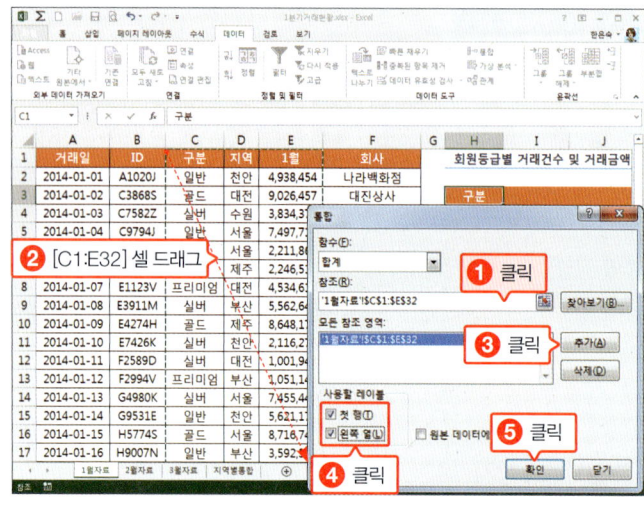

바로 통하는 TIP [첫 행]에 체크 표시했으므로 첫 행의 데이터는 계산되지 않고 분류 항목으로 인식합니다. 구분
목록이 한 개씩 추출되며 각 구분별 1월 필드의 금액 합계가 구해집니다. 지역 필드는 합계를 구할 수 없는 문자이
므로 빈칸으로 표시됩니다.

회원등급별 거래건수 및 거래금액		
구분	지역	1월
일반		59,429,721
골드		50,122,629
실버		44,324,455
프리미엄		17,942,245

03 구분별 개수 구하기

1월 자료에서 구분별로 데이터의 개수를 구
해 거래건수를 표시해보겠습니다.

① [H3] 셀 클릭
② [데이터] 탭-[데이터 도구] 그룹-[통합]
　을 클릭합니다.

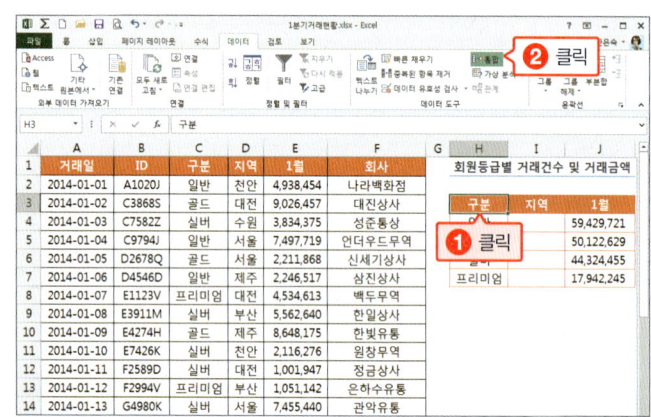

04

① [함수] 목록에서 [개수] 선택
② [참조] 클릭
③ [C1:D32] 셀 드래그
④ [추가] 클릭
⑤ [모든 참조 영역]에서 1월자료'!$C$1:
　$E$32 선택
⑥ [삭제] 클릭
⑦ [확인]을 클릭합니다.

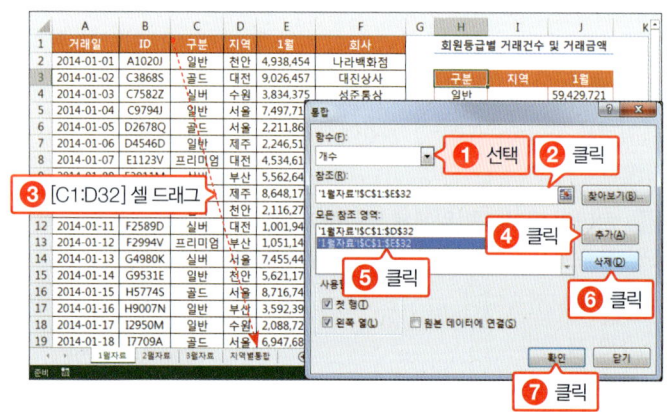

05

① [I3] 셀에 **거래건수** 입력

② [J3] 셀에 **거래금액**을 입력합니다.

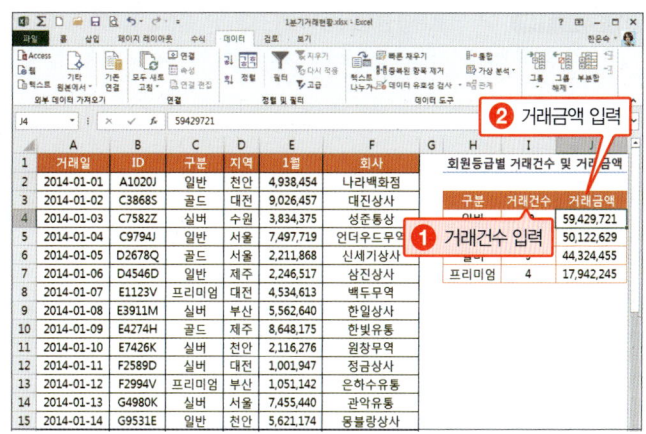

---

06 여러 데이터 범위 통합하기

2월 자료에서는 회사별로 거래금액 합계를
구해보겠습니다.

① [2월자료] 시트 클릭

② [H2:I2] 셀 드래그

③ [데이터] 탭–[데이터 도구] 그룹–**통합**
클릭

④ [D2:F5] 셀 드래그

⑤ [추가] 클릭

⑥ [D8:F16] 셀 드래그

⑦ [추가]를 클릭합니다.

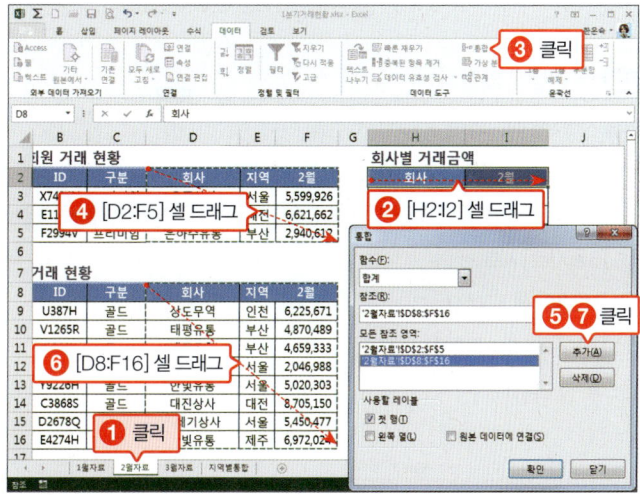

지정한 범위 중에 지역 필드는 계산하지 않을 것이므로
통합할 필드명으로 '회사', '2월'을 미리 입력하고 필드
명 범위를 지정한 후 시작합니다.

07

① [D19:F27] 셀 드래그

② [추가] 클릭

③ [D30:F39] 셀 드래그

④ [추가] 클릭

⑤ [사용할 레이블]에서 [첫 행], [왼쪽 열]에
체크 표시

⑥ [확인]을 클릭합니다.

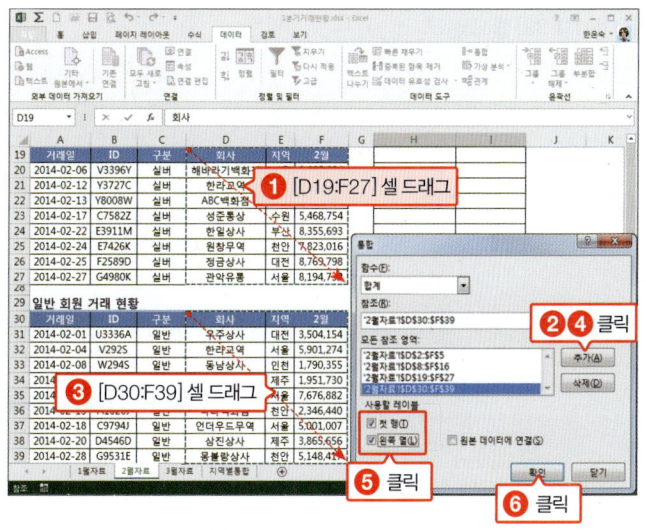

H	I
회사별 거래금액	
회사	2월
우주상사	9,104,080
상도무역	6,225,671
태평유통	4,870,489
백두무역	11,280,995
은하수유통	2,940,612
해바라기백화점	3,605,894
한라교역	9,192,532
ABC백화점	8,747,613
성준통상	5,468,754
한일상사	8,355,693
원창무역	7,823,016
정금상사	8,769,798
관악유통	10,241,720
한빛유통	11,992,327
대진상사	8,705,150
신세기상사	5,450,477
동남상사	1,790,355
서진상사	1,951,730
서회무역	7,676,882
나라백화점	2,346,440
언더우드무역	5,001,007
삼진상사	3,865,656
몽블랑상사	5,148,417

08 조건별로 통합하기

3월 자료에서는 회사 분류별 조건을 미리 작성해놓고 조건 범위와 필드명 범위를 지정한 후 분류별 거래금액 합계를 구해보겠습니다.

① [3월자료] 시트 클릭

② [H2:I8] 셀 드래그

③ [데이터] 탭-[데이터 도구] 그룹-[통합]을 클릭합니다.

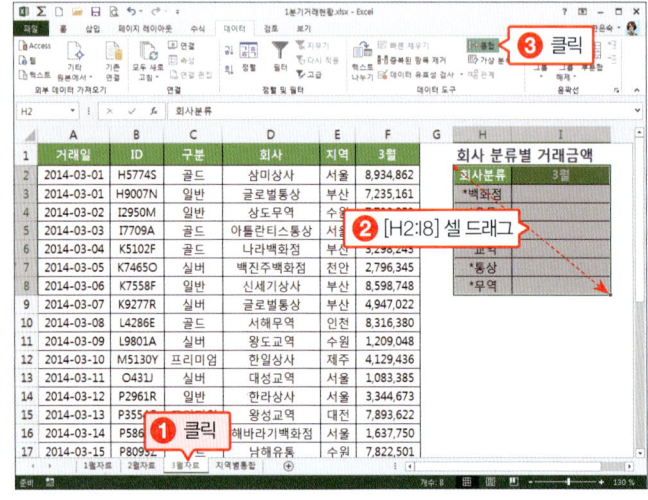

09

① [참조] 클릭

② [D1:F32] 셀 드래그

③ [추가] 클릭

④ [사용할 레이블]에서 [첫 행], [왼쪽 열] 체크 표시

⑤ [확인]을 클릭합니다.

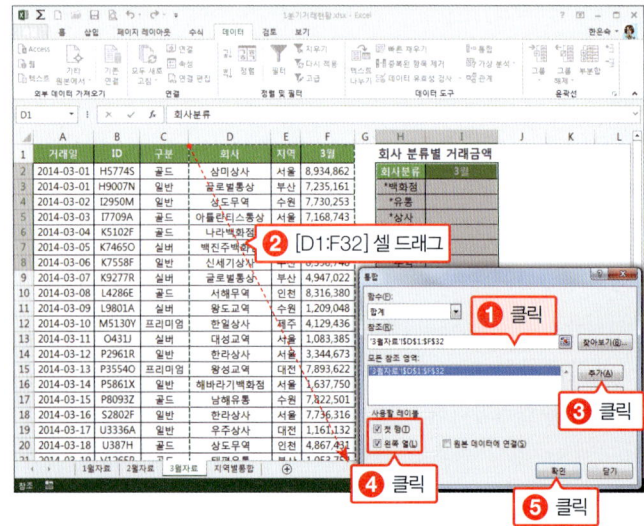

회사 분류별 거래금액	
회사분류	3월
*백화점	21,380,253
*유통	17,424,834
*상사	49,073,504
*교역	20,759,100
*통상	19,350,926
*무역	33,829,980

10 여러 시트의 데이터 통합하기

[지역별통합] 시트에 미리 입력된 지역명
별로 1월, 2월, 3월 거래금액 합계를 구해
보겠습니다.

① [지역별통합] 시트 클릭

② [A3:A10] 셀 드래그

③ [데이터] 탭-[데이터 도구] 그룹-**통합**
을 클릭합니다.

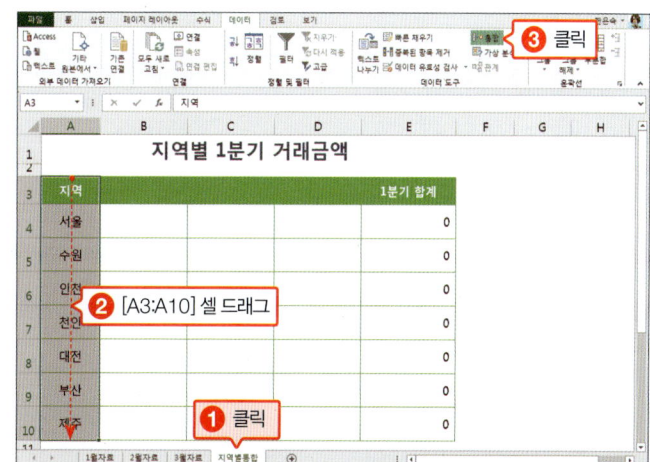

11 1월 자료의 참고 범위를 지정합니다.

① [1월자료] 시트 클릭

② [D1:E32] 셀 드래그

③ [추가]를 클릭합니다.

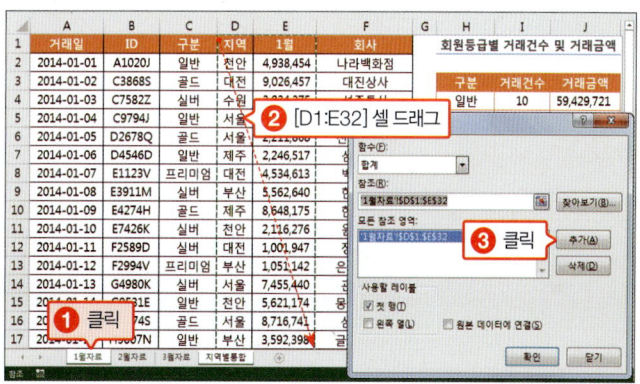

12 2월 자료의 참고 범위를 지정합니다.

① [2월자료] 시트 클릭

② [E2:F39] 셀 드래그

③ [추가]를 클릭합니다.

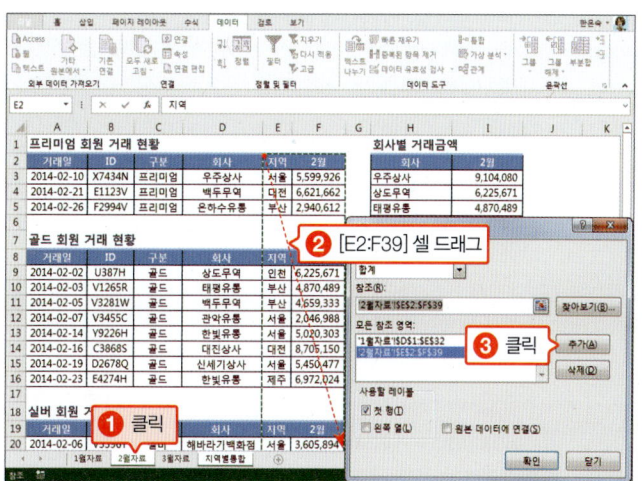

13 3월 자료의 참고 범위를 지정하고 전체 자료의 거래금액 합계를 구해보겠습니다.

① [3월자료] 시트 클릭

② [E1:F32] 셀 드래그

③ [추가] 클릭

④ [사용할 레이블]에서 [첫 행], [왼쪽 열]에 체크 표시

⑤ [확인]을 클릭합니다.

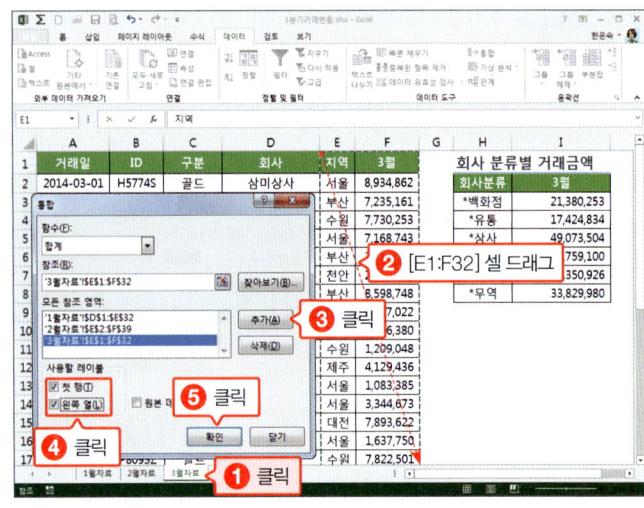

바로 통하는 TIP 각 시트의 통합 범위 필드명이 1월, 2월, 3월로 모두 다르므로 지역별로 합계를 내면서 1월, 2월, 3월 필드의 통합 결과가 나타납니다.

지역	1월	2월	3월	1분기 합계
서울	59,213,584	57,245,096	67,584,641	184,043,321
수원	16,988,634	5,468,754	16,761,802	39,219,190
인천	2,661,843	8,016,026	19,555,193	30,233,062
천안	20,028,451	18,609,131	9,583,412	48,220,994
대전	22,521,423	27,600,764	9,054,754	59,176,941
부산	35,112,339	20,826,127	29,341,439	85,279,905
제주	15,292,776	12,789,410	9,937,356	38,019,542

지역별 1분기 거래금액

08 피벗 테이블과 피벗 차트

피벗 테이블(Pivot Table)은 엑셀의 가장 중요한 기능으로 데이터베이스 기능인 정렬, 필터, 부분합, 통합 등이 모두 포함된 기능이라고 볼 수 있습니다. 피벗 테이블로 데이터베이스의 목록을 요약 분석할 수 있습니다. 또한 피벗 테이블을 범위로 피벗 차트를 작성하여 요약된 데이터를 시각화하고 데이터의 패턴과 추세를 확인할 수 있습니다.

피벗 테이블(Pivot Table)이란?

회전축 또는 중심점이라는 의미가 있는 피벗(Pivot)이라는 단어에서도 알 수 있듯이 피벗 테이블은 축을 중심으로 회전하듯이 특정 데이터를 중심으로 행과 열의 위치를 변경하여 다양한 형태로 통합, 요약한 표입니다. 데이터를 사용자가 원하는 형태로 가공하여 작성할 수 있기 때문에 피벗 테이블은 역동적인 요약보고서라고 할 수 있습니다.

거래일	ID	구분	회사	지역	3월
2014-03-01	H5774S	골드	삼미상사	서울	8,934,862
2014-03-01	H9007N	일반	글로벌통상	부산	7,235,161
2014-03-02	I2950M	일반	상도무역	수원	7,730,253
2014-03-03	I7709A	골드	아틀란티스통상	서울	7,168,743
2014-03-04	K5102F	골드	나라백화점	부산	3,298,243
2014-03-05	K7465O	실버	백진주백화점	천안	2,796,345
2014-03-06	K7558F	일반	신세기상사	부산	8,598,748
2014-03-07	K9277R	실버	글로벌통상	부산	4,947,022
2014-03-08	L4286E	골드	서해무역	인천	8,316,380
2014-03-09	L9801A	실버	왕도교역	수원	1,209,048
2014-03-10	M5130Y	프리미엄	한일상사	제주	4,129,436
2014-03-11	O431J	실버	대성교역	서울	1,083,385
2014-03-12	P2961R	일반	한라상사	서울	3,344,673
2014-03-13	P3554O	프리미엄	왕성교역	대전	7,893,622
2014-03-14	P5861X	일반	해바라기백화점	서울	1,637,750
2014-03-15	P8093Z	골드	남해유통	수원	7,822,501
2014-03-16	S2802F	일반	한라상사	서울	7,736,316
2014-03-17	U3336A	일반	우주상사	대전	1,161,132
2014-03-18	U387H	골드	상도무역	인천	4,867,431
2014-03-19	V1265R	골드	태평유통	부산	1,053,754
2014-03-20	V292S	일반	한라교역	서울	3,785,978
2014-03-21	V3281W	골드	백두무역	부산	4,208,511

행 레이블	합계 : 3월
⊟ 골드	54,219,004
서울	24,652,184
수원	7,822,501
부산	8,560,508
인천	13,183,811
⊟ 실버	30,470,782
서울	14,731,300
수원	1,209,048
부산	4,947,022
천안	9,583,412
⊟ 일반	62,116,718
서울	25,212,122
수원	7,730,253
대전	1,161,132
부산	15,833,909
인천	6,371,382
제주	5,807,920
⊟ 프리미엄	15,012,093
서울	2,989,035
대전	7,893,622
제주	4,129,436
총합계	161,818,597

합계 : 3월	열 레이블				
행 레이블	골드	실버	일반	프리미엄	총합계
서울	24,652,184	14,731,300	25,212,122	2,989,035	67,584,641
수원	7,822,501	1,209,048	7,730,253		16,761,802
대전			1,161,132	7,893,622	9,054,754
부산	8,560,508	4,947,022	15,833,909		29,341,439
인천	13,183,811		6,371,382		19,555,193
제주			5,807,920	4,129,436	9,937,356
천안		9,583,412			9,583,412
총합계	54,219,004	30,470,782	62,116,718	15,012,093	161,818,597

피벗 테이블 구성 요소

피벗 테이블은 보고서 필터, 행 레이블, 열 레이블, 값 영역으로 구성되어 있으며, 이 구성 요소에는 필터 단추가 표시되어 값을 정렬하거나 필터할 수 있습니다.

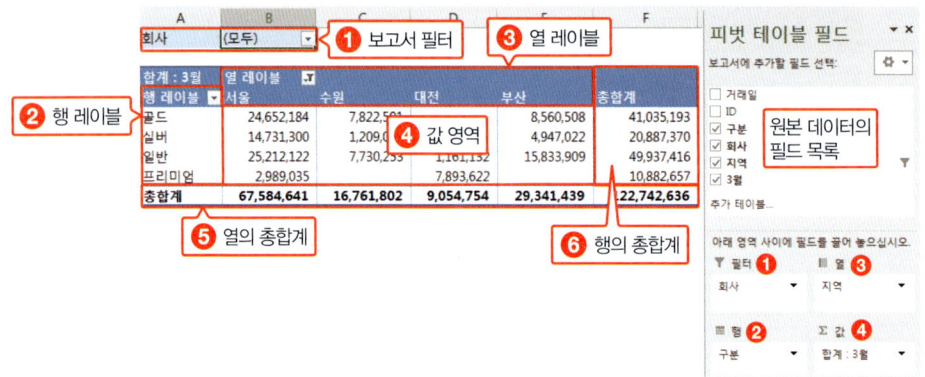

① **보고서 필터** : 피벗 테이블 바깥에 따로 위치합니다. 보고서 필터 단추를 클릭한 후 목록에서 항목을 선택하면 피벗 테이블이 해당 항목의 요약 내용으로 표시됩니다.

② **행 레이블** : 위에서 아래로 항목이 나열되는 부분입니다. 필터 단추를 클릭하여 일부 항목을 선택, 해제할 수 있습니다.

③ **열 레이블** : 왼쪽에서 오른쪽으로 항목이 나열되는 부분입니다. 필터 단추를 클릭하여 일부 항목을 선택, 해제할 수 있습니다.

④ **값 영역** : 데이터가 계산되는 부분으로 기본적으로 합계가 계산됩니다. 마우스 오른쪽 버튼을 누르고 단축 메뉴의 [값 요약 기준]에서 다른 계산 함수를 선택할 수 있습니다.

⑤⑥ **열의 총합계, 행의 총합계** : 열 방향, 행 방향으로 데이터의 합계를 표시합니다. [피벗 테이블 도구]─[디자인] 탭─[레이아웃] 그룹─[총합계]에서 해제할 수 있습니다.

피벗 차트

피벗 차트는 피벗 테이블과 연동되는 차트입니다. 피벗 차트를 삽입하려면 **[방법①]** 데이터 목록을 선택한 상태에서 [삽입] 탭─[차트] 그룹─[피벗 차트]를 클릭하면 피벗 테이블과 피벗 차트가 함께 삽입되며, **[방법②]** 피벗 테이블을 먼저 삽입한 경우에는 피벗 테이블을 선택한 상태에서 [분석] 탭─[도구] 그룹─[피벗 차트]를 클릭합니다.

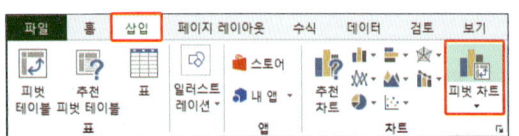

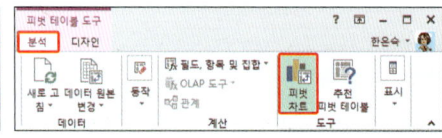

▲ 피벗 테이블과 피벗 차트를 동시에 삽입　　　　▲ 피벗 테이블 작성 후 피벗 차트 삽입

피벗 차트에서는 축 필드에 이중으로 항목이 들어갈 수 있습니다. 피벗 차트를 선택하면 피벗 테이블 필드 목록 창의 열 레이블은 범례 필드로, 행 레이블은 축 필드로 바뀌어 표시됩니다. 피벗 차트와 피벗 테이블은 서로 연결되어 각 필드의 항목 위치를 바꾸면 피벗 테이블도 함께 바뀝니다. 피벗 테이블의 각 필드 항목 위치를 바꾸면 피벗 차트도 바뀝니다.

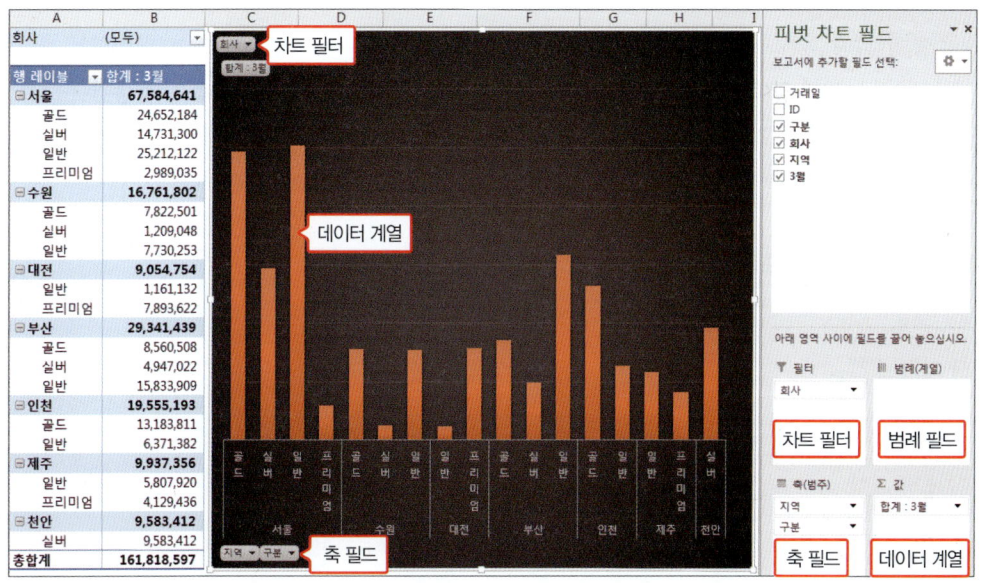

실무활용노트 EXCEL │ 보고서 레이아웃

[피벗 테이블 도구]-[디자인] 탭-[레이아웃] 그룹-[보고서 레이아웃]에서 선택한 형식에 따른 피벗 테이블의 모양은 다음과 같습니다.

▲ 압축 형식　　　　▲ 개요 형식　　　　▲ 테이블 형식　　　　▲ 모든 항목 레이블 반복

- **압축 형식 :** 여러 필드가 하나의 열에 표시됨
- **개요 형식 :** 하나의 열에 하나의 필드로 표시되며, 부분합은 위에 표시됨
- **테이블 형식 :** 하나의 열에 하나의 필드로 표시되며, 부분합이 아래에 표시됨
- **모든 항목 레이블 반복 :** 여러 필드 중 그룹이 되는 필드명이 반복되어 표시됨

2년간 판매데이터를 피벗 테이블로 요약 분석하기

2007 | 2010 | 2013

- 실습 파일 Chapter10\Section08\판매데이터.xlsx • 완성 파일 Chapter10\Section08\판매데이터완성.xlsx

'판매데이터' 파일의 [판매수량] 시트에는 2년간의 날짜별 판매데이터 목록이 들어 있습니다. 이 데이터를 피벗 테이블로 만들어 다음 그림과 같이 판매유형, 제품유형, 지역, 연도별 합계와 평균, 전년대비 합계 증감률을 표시하고 조건부 서식을 지정하여 강조해보겠습니다. 또한 피벗 테이블을 삽입하고 필드 배치, 정렬, 필터, 필드 그룹화, 값 요약 기준, 값 표시 형식 설정 등 피벗 테이블의 구성 방법에 대해서 알아보겠습니다.

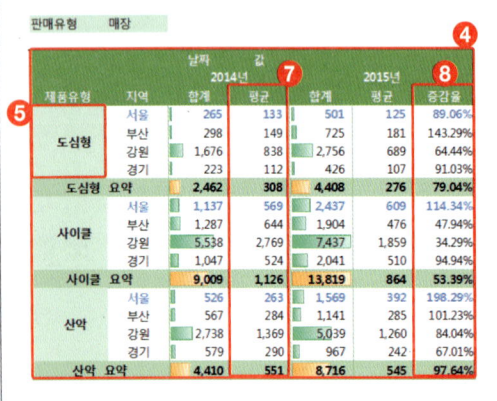

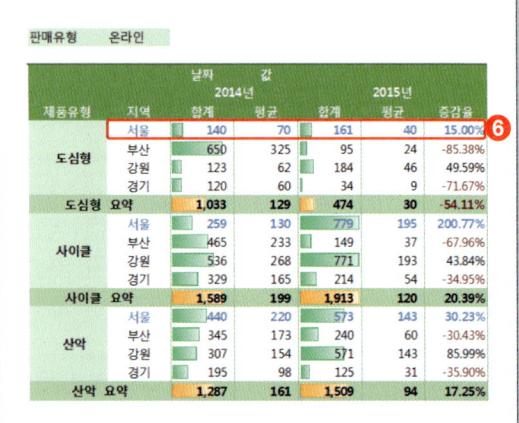

① 추천 피벗 테이블 삽입
② 피벗 테이블 필드 배치
③ 날짜 그룹화
④ 피벗 테이블 레이아웃 및 스타일 지정
⑤ 레이블 셀 병합
⑥ 항목 선택 및 강조
⑦ 평균 추가
⑧ 증감율 추가

01 추천 피벗 테이블 삽입하기

엑셀 2013에서 제공하는 추천 피벗 테이블로 피벗 테이블을 삽입해보겠습니다.

① 요약할 원본 데이터 목록 내의 셀이 선택되어야 하므로 [A2] 셀 클릭

② [삽입] 탭-[표] 그룹-[추천 피벗 테이블] 클릭

③ [권장 피벗 테이블] 대화상자의 첫 번째 추천 피벗 테이블이 선택된 상태에서 [확인]을 클릭합니다.

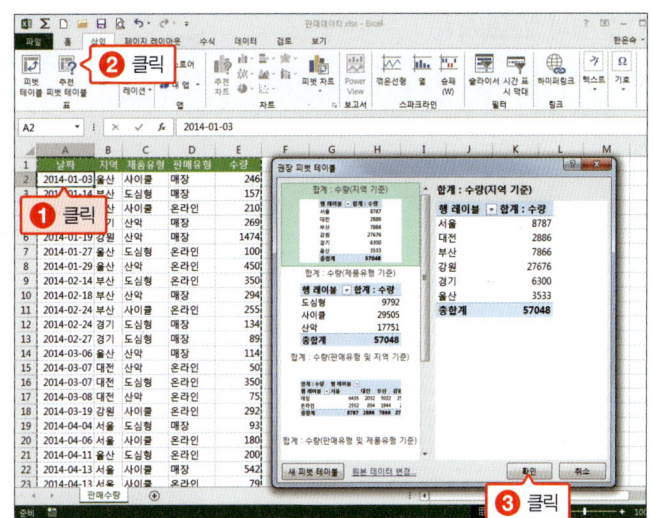

바로 통하는 TIP 원본 데이터 목록 끝에 더 추가할 데이터가 있다면 피벗 테이블을 삽입하기 전에 [삽입] 탭-[표] 그룹-[표]를 클릭합니다. 범위를 표 범위로 만든 후 피벗 테이블을 삽입해야 추가 데이터 목록이 피벗 테이블로 자동 추가 적용됩니다.

02 피벗 테이블 필드 배치하기

새로운 시트가 삽입되면서 피벗 테이블이 작성되고 [피벗 테이블 필드] 목록 창이 표시됩니다. 피벗 테이블에 표시할 필드 항목을 필드 영역에 추가 배치해보겠습니다.

① [피벗 테이블 필드] 목록 창에서 [제품유형]에 체크 표시

② [날짜]를 [열] 필드 영역으로 드래그

③ [판매유형]을 [필터] 영역으로 드래그

④ 행 필드 영역의 두 번째 항목으로 들어간 [제품유형]을 [지역] 항목 위로 드래그하여 이동합니다.

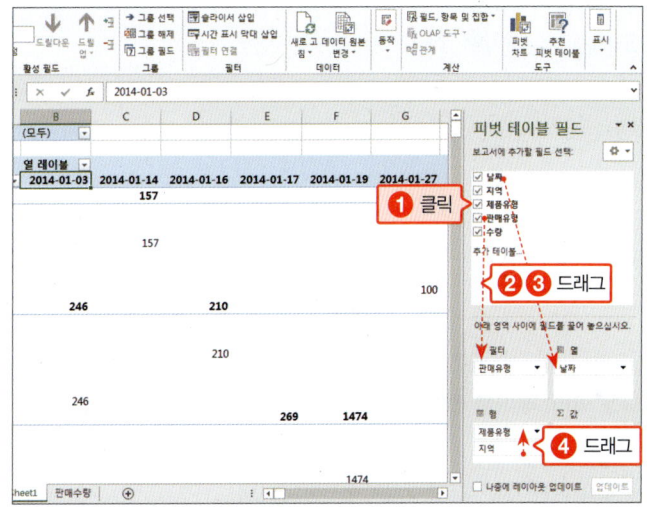

바로 통하는 TIP 필드 목록에서 숫자 데이터 필드를 선택하면 값 영역으로 들어가고 날짜, 문자 데이터 필드를 선택하면 행 영역으로 들어갑니다. 필터 영역과 열 영역에 필드를 넣으려면 필드명을 직접 영역으로 드래그해서 넣습니다.

03 날짜 그룹화하기

① 열 레이블로 들어간 날짜 셀 중 하나인
   [B4] 셀을 마우스 오른쪽 버튼 클릭

② [그룹]을 선택합니다.

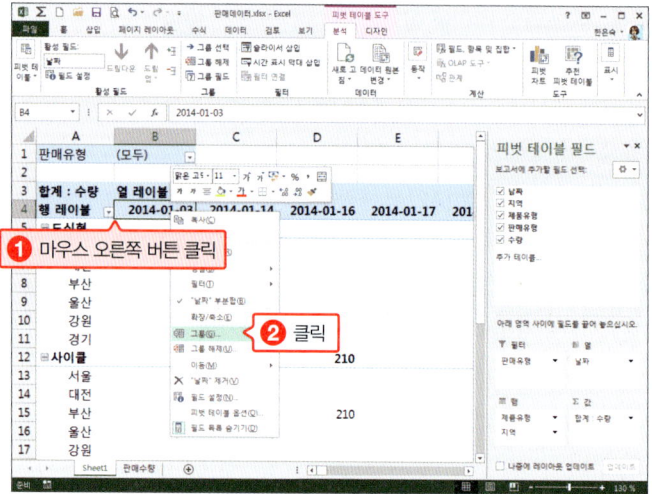

04

① [그룹화] 대화상자의 [단위] 목록에서 [연] 선택

② [월] 클릭해 선택 해제

③ [확인]을 클릭합니다.

개별 일자로 입력되어 있던 데이터가 [2014년], [2015년] 항목으로 그룹화되었습니다.

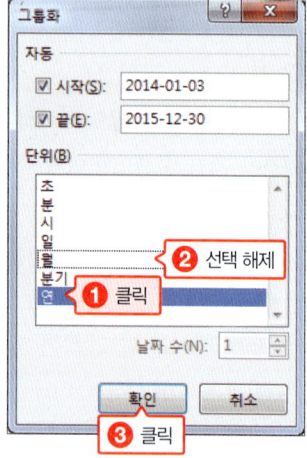

05 피벗 테이블 레이아웃 및 스타일 지정하기

① [피벗 테이블 도구]-[디자인] 탭-[피벗
   테이블 스타일] 그룹의 스타일 갤러리
   에서 [피벗 스타일 보통 14] 선택

② [피벗 테이블 스타일 옵션] 그룹의 [줄무
   늬 열]에 체크 표시

③ [레이아웃] 그룹-[보고서 레이아웃]-
   [테이블 형식으로 표시]를 선택합니다.

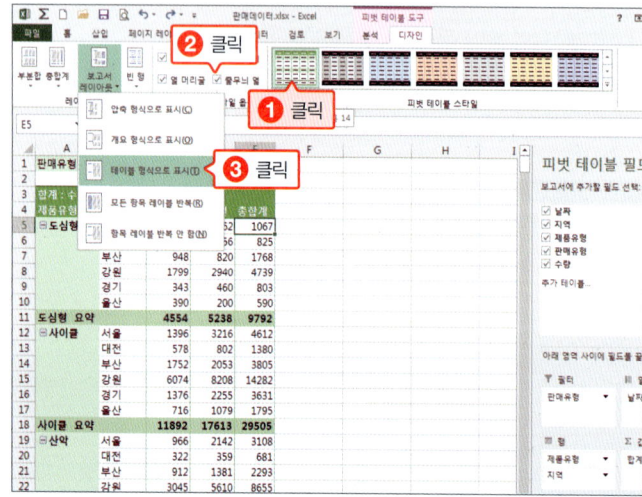

06 [피벗 테이블 도구]-[디자인] 탭-[레이아웃] 그룹에서 [총합계]-**[행 및 열의 총합계 해제]**를 선택합니다.

총합계 행과 열이 사라집니다.

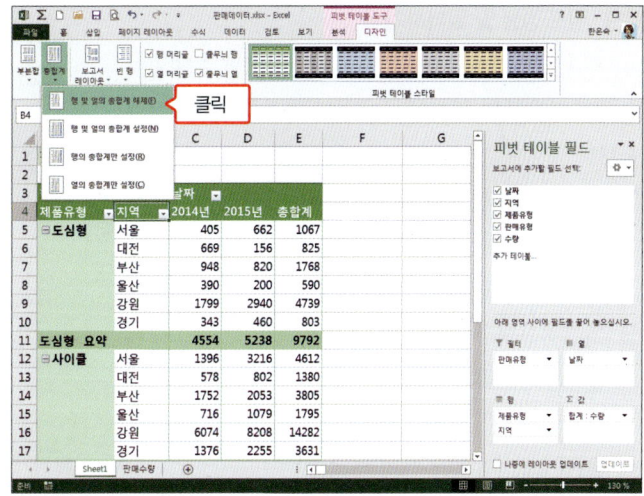

07 레이블 셀 병합하기

피벗 테이블 안에서는 일반적인 셀 병합, 행 삽입, 삭제 등의 작업을 할 수 없습니다. 레이블 셀을 병합하려면 피벗 테이블 옵션을 지정해야 합니다.

① [피벗 테이블 도구]-[분석] 탭-[피벗 테이블] 그룹 - **[옵션]** 선택

② [피벗 테이블 옵션] 대화상자의 [레이아웃 및 서식] 탭에서 **[레이블이 있는 셀 병합 및 가운데 맞춤]** 클릭

③ **[확인]**을 클릭합니다.

레이블이 포함된 [A:B] 열의 셀이 병합되고 텍스트도 가운데로 정렬되었습니다.

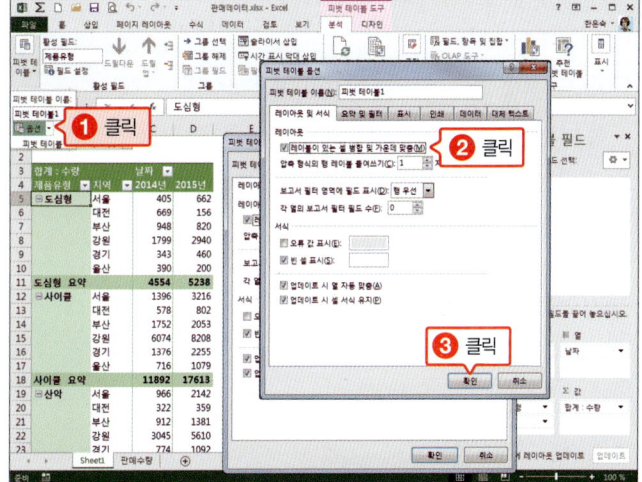

08

① **[A11] 셀** 클릭 후 F2

② 요약을 **합계**로 수정하고 Enter를 누릅니다.

다른 항목의 이름도 모두 바뀝니다.

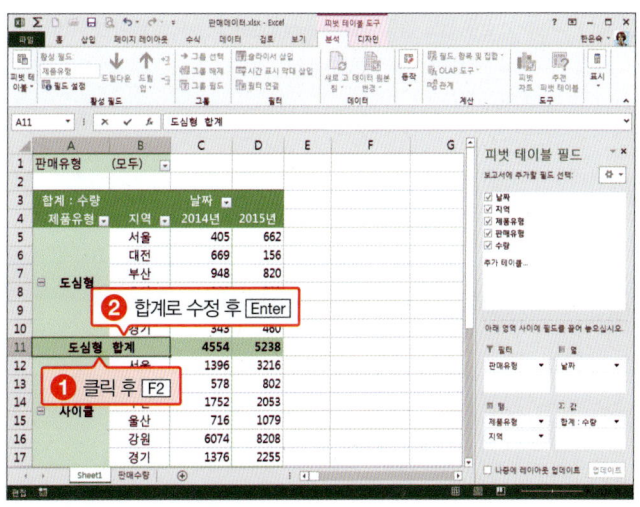

09 필드 정렬 및 필터하기

2015년 지역 판매수량별, 제품유형 합계별로 내림차순 정렬하고 지역 필드에서 울산과 대전을 제외해보겠습니다.

① 2015년 지역별 수량 셀 중 하나인 **[D5] 셀**을 마우스 오른쪽 버튼 클릭

② **[정렬]−[숫자 내림차순 정렬]** 선택

　각 제품유형별 그룹 안에서 지역 판매수량별로 내림차순 정렬됩니다.

③ 지역 필드의 **[필터 단추]** 클릭

④ **[울산], [대전]**의 체크 표시 해제

⑤ **[확인]**을 클릭합니다.

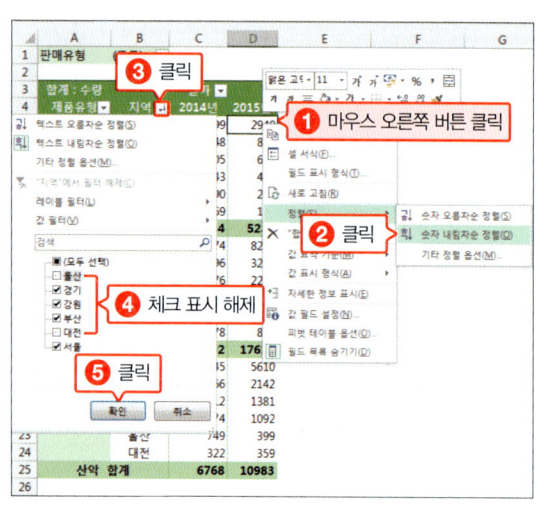

10

① 제품유형별 합계 중 하나인 **[D9] 셀**을 마우스 오른쪽 버튼 클릭

② **[정렬]−[숫자 내림차순 정렬]**을 선택합니다.

제품유형 그룹들이 내림차순으로 정렬되어 사이클, 산악, 도심형순으로 순서가 이동됩니다.

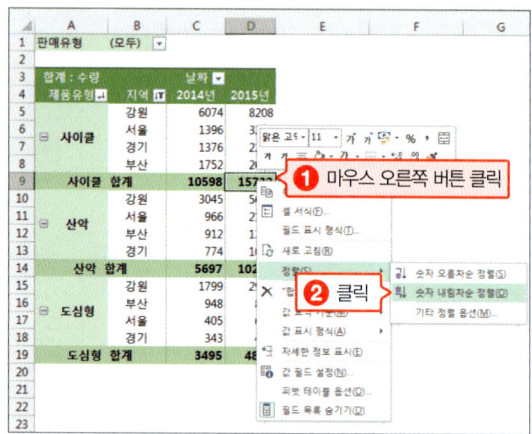

실무활용노트 EXCEL │ 항목 이동

[정렬] 기능을 사용하지 않고 원하는 특정 항목만 선택하여 이동할 수 있습니다. 이동하고 싶은 필드 항목 셀을 마우스 오른쪽 버튼으로 클릭한 후 [이동]을 선택하고 원하는 위치로 이동합니다.

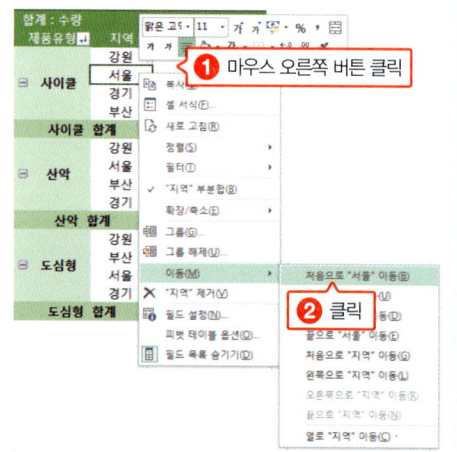

11 항목 선택하고 강조하기

피벗 테이블에서는 그룹 안의 항목을 다중 선택하는 것이 편리합니다. 서울 지역만 선택하여 강조해보겠습니다.

① 서울이 입력된 셀 중 하나인 [B6] 셀의 안쪽 앞부분에 마우스 포인터를 위치시켜 마우스 포인터가 **검정화살표** → 모양으로 변경되면 클릭

다른 그룹에서도 서울이 선택됩니다.

② [홈] 탭-[글꼴] 그룹-[**글꼴 색** 가▾]의 목록 버튼 클릭

③ [**파랑, 강조 1**] 선택

④ [글꼴] 그룹-[**굵게** 가] 클릭

⑤ [**C5:D19**] 셀 드래그

⑥ [표시 형식] 그룹-[**쉼표 스타일** ,]을 클릭합니다.

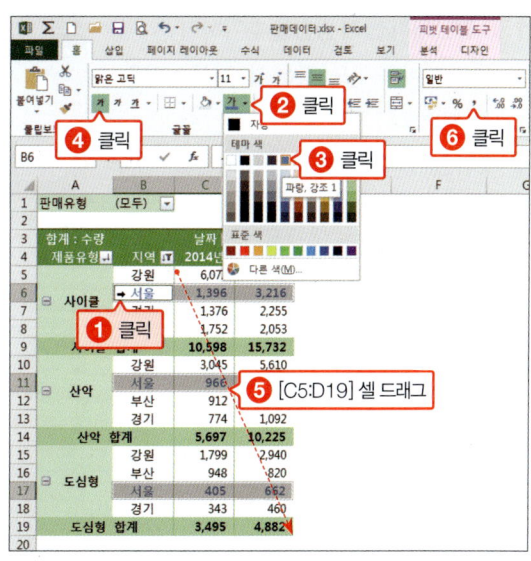

서울 지역의 글꼴 색과 굵기가 변경됩니다. 숫자 셀에는 세 자리마다 쉼표(,)가 적용됩니다.

데이터 셀 안에서 앞부분에 마우스 포인터를 가져갔을 때 마우스 포인터가 검정 화살표 → 모양으로 바뀌지 않고, 다중 선택도 되지 않는다면 [분석] 탭-[동작] 그룹-[선택]-[선택 가능]이 선택되었는지 확인합니다. [선택 가능]의 아이콘에 녹색 테두리가 표시되어 있으면 선택이 가능한 상태입니다. 뿐만 아니라 [레이블 및 값], [값], [레이블], [전체 피벗 테이블]을 피벗 테이블 요소로 선택할 수도 있습니다.

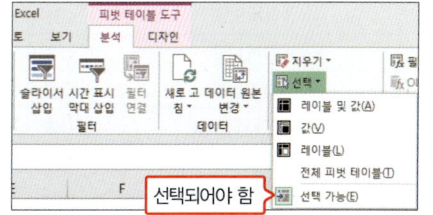

12 평균 추가하기

① [피벗 테이블 필드] 목록 창에서 [**수량**]을 [값] 영역으로 드래그

② 추가된 [합계:수량2] 셀 중 하나인 [**D9**] 셀을 마우스 오른쪽 버튼 클릭

③ [값 요약 기준]-[**평균**] 선택

④ [C5] 셀에 **합계** 입력 후 Enter

⑤ [D5] 셀에 **평균**이라고 입력하고 Enter 를 누릅니다.

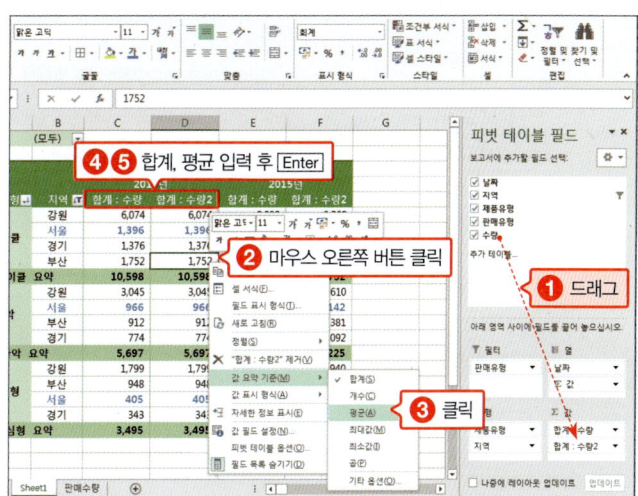

지역별 수량 합계와 평균이 표시됩니다.

13 전년대비 합계 증감율 추가하기

① [피벗 테이블 필드] 목록 창에서 [수량]을 [값] 영역으로 드래그

② 추가된 [합계:수량] 셀 중 [E5] 셀을 마우스 오른쪽 버튼 클릭

③ [값 표시 형식]–[[기준값]에 대한 비율의 차이] 선택

④ [값 표시 형식] 대화상자의 [기준 필드]에서 [날짜] 선택

⑤ [확인] 클릭

⑥ 정렬 설정을 해제해야 한다는 메시지가 표시됩니다. [예]를 클릭합니다.

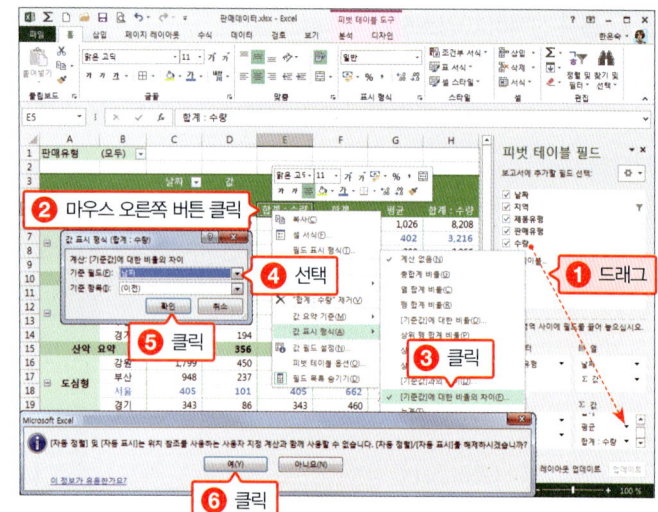

실무활용노트 EXCEL | **값 표시 형식이란?**

값 요약 기준으로 계산된 값을 선택한 기준 필드와 항목으로 다시 계산하여 표시하는 기능입니다. 선택할 수 있는 계산 옵션과 결과는 다음과 같습니다.

계산 옵션	결과
계산 없음	필드에 입력된 대로 값 표시
총합계 비율	값을 피벗 테이블의 모든 값이나 데이터 요소의 총합계에 대한 백분율로 표시
열 합계 비율	각 열 또는 계열에 있는 모든 값을 해당 열 또는 계열의 합계에 대한 백분율로 표시
행 합계 비율	각 행 또는 범주에 있는 값을 해당 행 또는 범주의 합계에 대한 백분율로 표시
[기준값]에 대한 비율	값을 기준 필드에 있는 기준 항목 값에 대한 백분율로 표시
상위 행 합계 비율	값을 다음과 같이 계산 (항목에 대한 값)/(행의 상위 항목에 대한 값)
상위 열 합계 비율	값을 다음과 같이 계산 (항목에 대한 값)/(열의 상위 항목에 대한 값)
상위 합계 비율	값을 다음과 같이 계산 (항목에 대한 값)/(선택한 기준 필드의 상위 항목에 대한 값)
[기준값]과의 차이	값을 기준 필드에 있는 기준 항목 값과의 차이로 표시
[기준값]에 대한 비율의 차이	값을 기준 필드에 있는 기준 항목 값과의 백분율 차이로 표시
누계	기준 필드에 있는 연속 항목에 대한 값을 누계로 표시
누계 비율	기준 필드에 있는 누계로 표시된 연속 항목에 대한 값을 백분율로 계산
오름차순 순위 지정	특정 필드에 있는 선택한 값의 순위를 오름차순으로 표시. 예를 들어 필드의 가장 작은 항목을 1로 표시하고 그보다 큰 값은 각각 더 높은 순위 값을 사용하여 표시
내림차순 순위 지정	특정 필드에 있는 선택한 값의 순위를 내림차순으로 표시. 예를 들어 필드의 가장 큰 항목을 1로 표시하고 그보다 작은 값은 각각 더 높은 순위 값을 사용하여 표시
인덱스	값을 다음과 같이 계산 ((셀에 있는 값) x (총합계의 총합)) / ((행 총합계) x (열 총합계))

14 2014년도 이전 데이터는 없으므로 E열에는 증감율이 표시되지 않습니다.

① **E열 머리글**을 마우스 오른쪽 버튼 클릭

② **[숨기기]** 선택

③ **[H5]** 셀에 **증감율**을 입력하고 [Enter]를 누릅니다.

H열에는 2014년 대비 2015년의 증감율이 표시되었습니다.

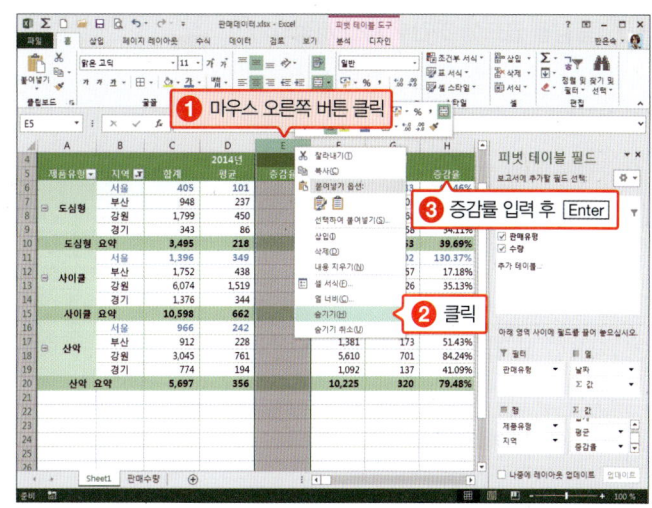

15 합계 필드에 조건부 서식 지정하기

증감율을 표시하면서 자동 정렬이 해제되었습니다. 합계에 데이터 막대를 표시하여 큰 값을 눈에 띄게 표시하겠습니다.

① **[C6]** 셀 클릭

② **[홈]** 탭-**[스타일]** 그룹-**[조건부 서식]**-**[데이터 막대]**-**[그라데이션 채우기]**-**[녹색 데이터 막대]** 선택

③ 셀에 표시된 **[서식 옵션]** 클릭

④ **["지역" 및 "날짜"에 대해 "합계" 값을 표시하는 모든 셀]**을 클릭합니다.

합계를 나타내는 셀에 데이터 막대가 모두 표시됩니다.

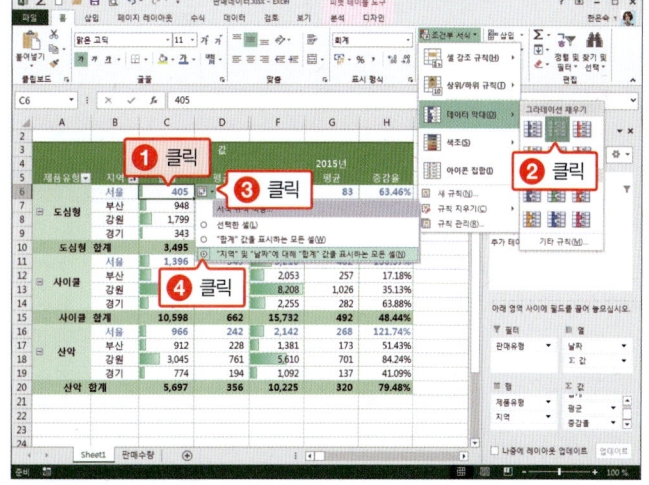

16

① **[C15]** 셀 클릭

② **[홈]** 탭-**[스타일]** 그룹-**[조건부 서식]**-**[데이터 막대]**-**[그라데이션 채우기]**-**[주황 데이터 막대]** 선택

③ 셀에 표시된 **[서식 옵션]**을 클릭

④ **["제품유형" 및 "날짜"에 대해 "합계" 값을 표시하는 모든 셀]**을 클릭합니다.

합계를 나타내는 요약 행 셀에 데이터 막대가 모두 표시됩니다.

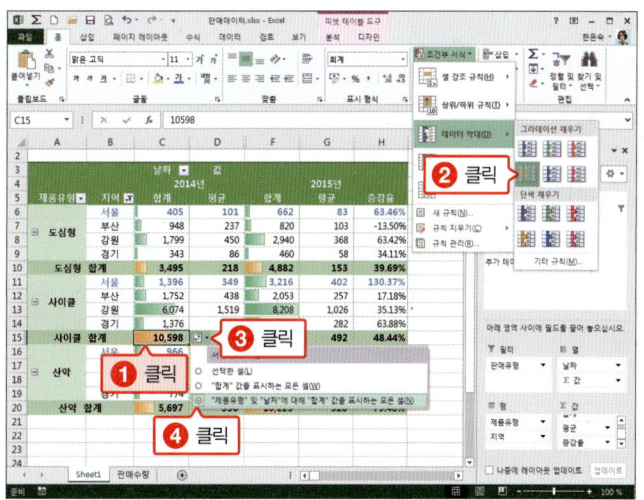

17 증감률 필드에 조건부 서식 지정하기

증감율이 마이너스인 셀은 빨강 텍스트로
표시하겠습니다.

① 증감율의 셀 중 하나인 [H15] 셀 클릭

② [홈] 탭-[스타일] 그룹-[조건부 서식]-
[셀 강조 규칙]-[보다 작음] 선택

③ 값 입력란에 0 입력

④ [적용할 서식] 목록에서 [빨강 텍스트] 선
택

⑤ [확인]을 클릭합니다.

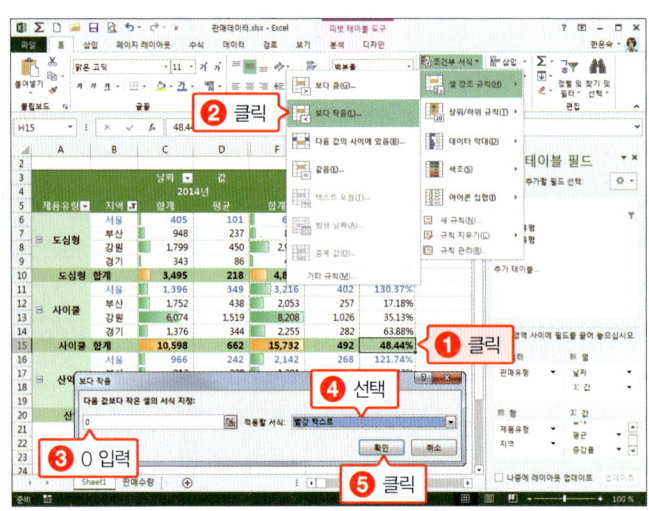

18

① 셀에 표시된 [서식 옵션] 클릭

② ["증감율" 값을 표시하는 모든 셀]을 클릭합
니다.

[B1] 셀의 보고서 [필터 단추]를 클릭하고 온라인을 선
택합니다. 피벗 테이블이 온라인 판매에 대한 결과로 바
뀝니다.

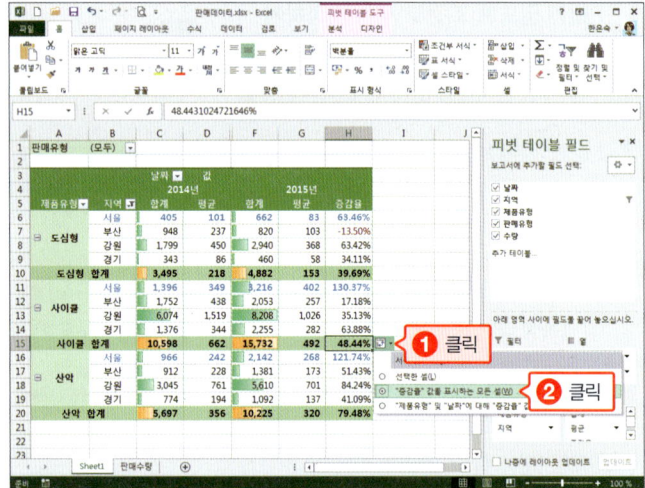

- **실습 파일** Chapter10 \ Section08 \ 1분기자료.xlsx   **완성 파일** Chapter10 \ Section08 \ 1분기자료완성.xlsx

3개월간의 거래 자료를 사용하여 다음의 지시 사항에 따라 [피벗] 시트에 두 가지 피벗 테이블을 작성합니다.

▲ 실습 파일

합계 : 거래금액	열 레이블				
행 레이블	골드	실버	일반	프리미엄	총합계
드라이버	28,047,198	10,958,441	33,428,601	6,823,410	79,257,650
아이언	34,943,333	22,598,636	11,353,805	4,534,613	73,430,387
웨이우드	15,054,327	27,430,005	21,785,500	17,177,127	81,446,959
웨지	19,315,462	34,662,703	27,999,744	5,599,926	87,577,835
유틸리티	23,193,675	10,980,793	37,242,030	10,899,018	82,315,516
치퍼	25,076,230	18,587,042	24,833,951	11,667,385	80,164,608
총합계	145,630,225	125,217,620	156,643,631	56,701,479	484,192,955

회원수	열 레이블				
행 레이블	골드	실버	일반	프리미엄	총합계
드라이버	5	2	6	2	15
아이언	7	4	3	1	15
웨이우드	2	6	4	3	15
웨지	4	5	5	1	15
유틸리티	3	3	7	2	15
치퍼	4	3	4	4	15
총합계	25	23	29	13	90

▲ 완성 파일

1 [거래현황] 시트의 [A1] 셀을 선택한 상태에서 [삽입] 탭-[표] 그룹-[피벗 테이블]을 클릭합니다. [피벗 테이블 만들기] 대화상자에서 피벗 테이블 보고서를 넣을 위치로 [기존 워크시트]를 선택합니다. [피벗] 시트의 [A9] 셀을 클릭하고 [확인]을 클릭합니다.

2 [피벗 테이블 필드] 목록 창에서 [구분] 필드를 [열] 영역에 드래그합니다. [거래금액], [분류]를 선택하여 체크 표시합니다.

3 [B11:F17] 셀에 쉼표 스타일을 지정한 후 피벗 테이블 스타일은 [피벗 스타일 밝게 17]을 선택하고 [줄무늬 열]을 선택합니다.

4 [거래현황] 시트의 [A1] 셀을 선택한 상태에서 [삽입] 탭-[표] 그룹-[피벗 테이블]을 클릭합니다. [피벗 테이블 만들기] 대화상자에서 피벗 테이블 보고서를 넣을 위치로 [기존 워크시트]를 선택합니다. [피벗] 시트의 [H9] 셀을 클릭하고 [확인]을 클릭합니다.

5 [피벗 테이블 필드] 목록 창에서 [분류]를 선택하여 체크 표시하고 [구분] 필드를 [열] 영역에 드래그해 넣습니다. [ID] 필드를 값 영역에 드래그하여 넣습니다.

6 [H9] 셀에 '회원수'라고 입력하고, 피벗 테이블 스타일은 [피벗 스타일 밝게 17]을 선택한 후 [줄무늬 열]을 선택합니다.

시간 표시 막대, 슬라이서, 피벗 차트 삽입하기

2007 | 2010 | **2013**

- 실습 파일 Chapter10 \ Section08 \ 1분기자료_피벗 차트.xlsx
- 완성 파일 Chapter10 \ Section08 \ 1분기자료_피벗 차트완성.xlsx

시간이나 날짜 필드의 경우 시간 표시 막대를 사용하면 날짜 범위를 시각적으로 확인하면서 선택하고 피벗 테이블을 필터할 수 있습니다. 피벗 테이블 필터 도구인 슬라이서와 시간 표시 막대로 대화형 피벗 테이블 효과를 낼 수 있습니다. 앞의 혼자하기 실습에서 작성한 두 개의 피벗 테이블에 시간 표시 막대와 슬라이서, 피벗 차트를 삽입한 후 피벗 테이블을 컨트롤해보겠습니다.

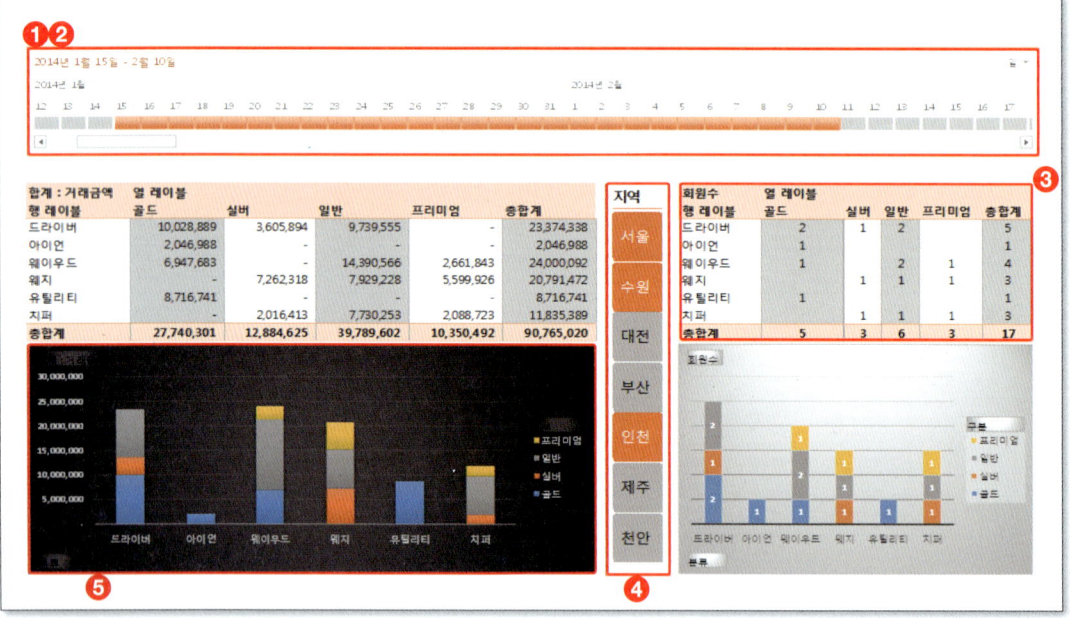

❶ 시간 표시 막대 삽입

❷ 시간 범위 지정

❸ 보고서 연결

❹ 슬라이서 삽입

❺ 피벗 차트 삽입

01 시간 표시 막대 삽입하기

필드 목록에서 날짜 필드인 [거래일]을 시간 표시 막대로 삽입해보겠습니다.

① [B11] 셀 선택

② [피벗 테이블 도구]-[분석] 탭-[필터] 그룹-[시간 표시 막대 삽입] 클릭

③ 대화상자에서 [거래일]에 체크 표시

④ [확인]을 클릭합니다.

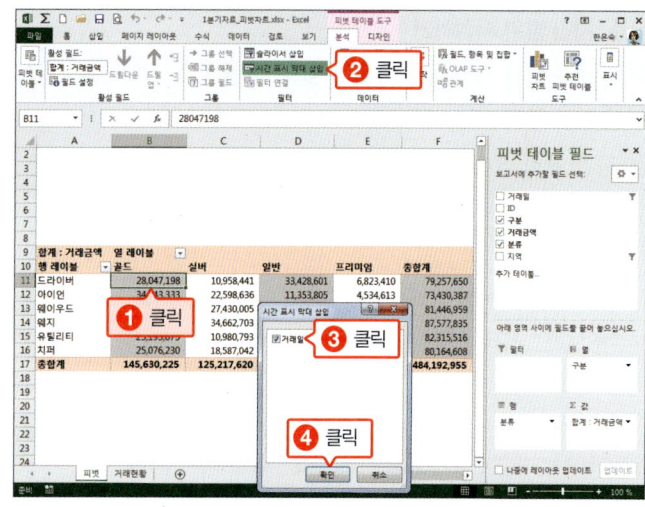

02 시간 표시 막대 옵션 지정하기

① 삽입된 **시간 표시 막대**를 [A1] 셀 위치로 드래그하여 이동

② [시간 표시 막대 도구]-[옵션] 탭-[크기] 그룹에서 [높이]에 **3.6**, [너비]에 **32** 입력

③ [표시] 그룹에서 [머리글]의 체크 표시 해제

④ [시간 표시 막대 스타일] 그룹에서 [시간 표시 막대 스타일 밝게 2]를 선택합니다.

2014년 1~4분기가 표시된 시간 표시 막대의 크기가 조정되고 새 스타일이 적용되었습니다.

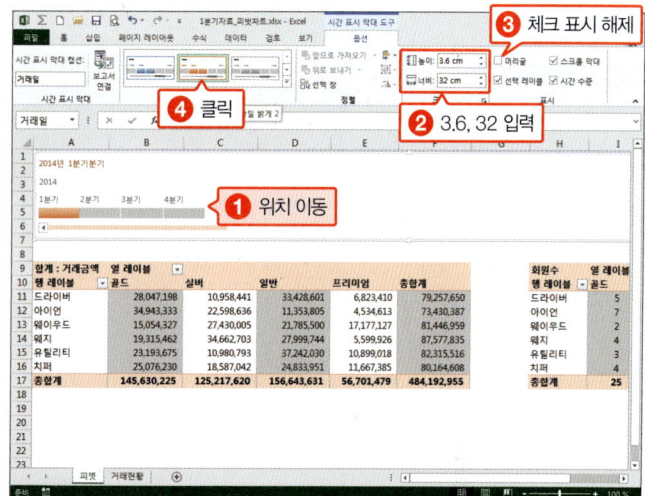

03

① [크기] 그룹의 [대화상자 표시 🖾] 아이콘 클릭

② [시간 표시 막대 형식] 작업 창의 [속성] 클릭

③ [위치와 크기 변함] 클릭

④ [닫기]를 클릭합니다.

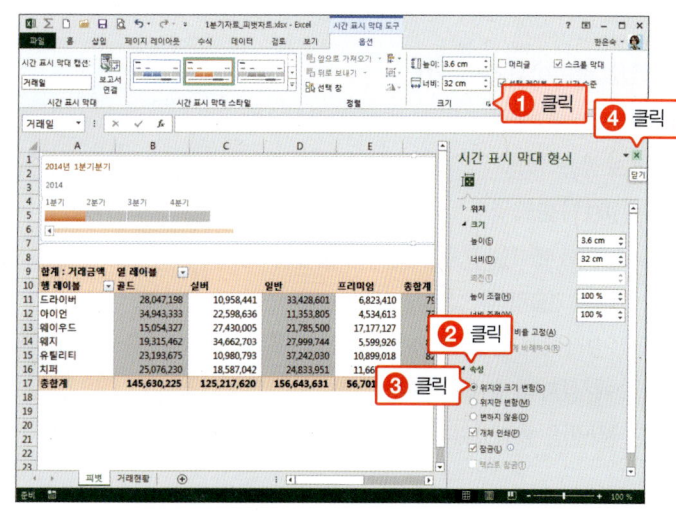

바로 통하는 TIP 시간 선택에 따라 피벗 테이블 목록이 바뀌면서 워크시트 열 너비나 행 높이가 달라집니다. 이때 시간 표시 막대도 위치나 크기가 함께 변하도록 하기 위해 [속성] 옵션 중 [위치와 크기 변함]을 선택합니다.

04 시간 범위 지정하기

'분기'로 표시된 시간 수준 항목을 '일'로 변경하고 날짜 범위를 지정해보겠습니다.

① 시간 표시 막대의 [분기]라고 표시된 **시간 수준 항목** 클릭

② [일] 선택

③ 일자별로 표시된 막대의 **1월 15일에서 2월 10일까지**를 드래그하여 날짜 범위를 지정합니다.

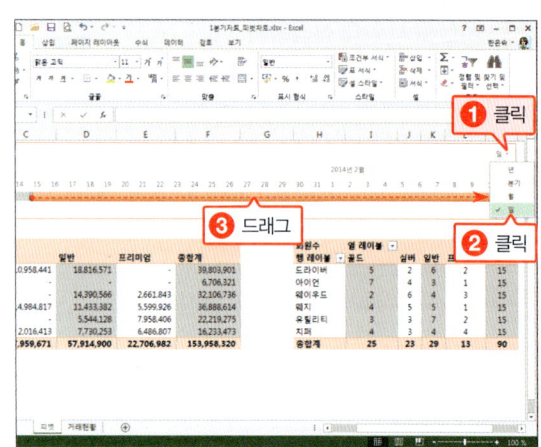

시간 표시 막대에서 첫 번째 일자를 클릭하고 마지막 일자를 Shift +클릭하여 범위를 지정할 수 있습니다. 또한 첫 번째 일자에서 마지막 일자까지 드래그로 선택해도 됩니다. 연속된 일자만 선택할 수 있으며 떨어져 있는 일자는 다중 선택할 수 없습니다.

05 보고서 연결하기

왼쪽 피벗 테이블은 날짜 범위 지정에 따라 데이터가 바뀌지만 오른쪽 피벗 테이블은 날짜 범위를 지정해도 데이터가 바뀌지 않습니다. 오른쪽 피벗 테이블에도 시간 표시 막대를 연결하겠습니다.

① [시간 표시 막대 도구]-[옵션] 탭-[시간 표시 막대] 그룹-[보고서 연결] 클릭

② 대화상자에서 [피벗 테이블2]에 체크 표시

③ [확인]을 클릭합니다.

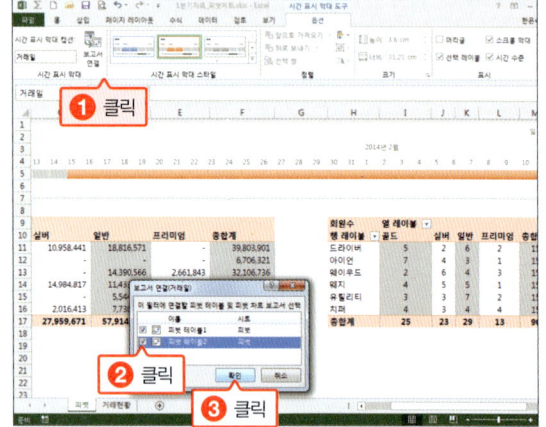

시간 표시 막대의 날짜 범위가 바뀌면 오른쪽 피벗 테이블의 데이터도 변경됩니다.

06 슬라이서 삽입하기

지역을 필터할 수 있도록 슬라이서를 삽입해보겠습니다.

① [B11] 셀 클릭

② [피벗 테이블 도구]-[분석] 탭-[필터] 그룹-[슬라이서 삽입] 클릭

③ [슬라이서 삽입] 대화상자의 필드 목록에서 [지역]에 체크 표시

④ [확인]을 클릭합니다.

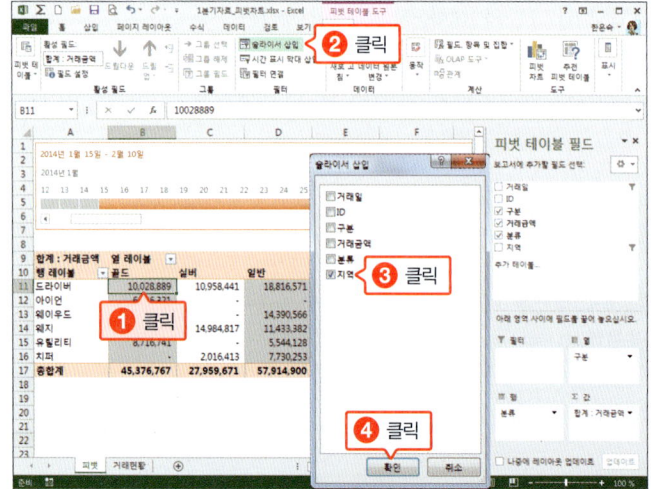

07 슬라이서 옵션 지정 및 보고서 연결하기

① 삽입된 **슬라이서**를 **[G9]** 셀 위치로 드래그해 이동

② [슬라이서 도구]–[옵션] 탭–[크기] 그룹에서 [높이]
   에 **13**, [너비]에 **2** 입력

③ [단추] 그룹에서 [높이]에 **1.6**, [너비]에 **1.5**로 입력

④ [슬라이서 스타일] 그룹에서 **[슬라이서 스타일 어둡게
   2]** 선택

⑤ [슬라이서] 그룹 – **[보고서 연결]** 클릭

⑥ 대화상자에서 **[피벗 테이블2]**에 체크 표시

⑦ **[확인]**을 클릭합니다.

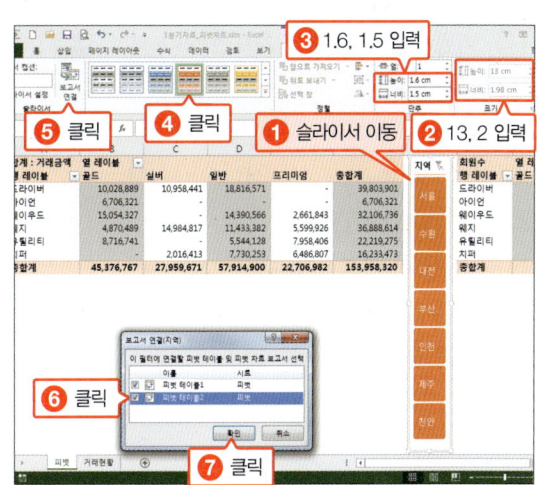

슬라이서에서 선택한 지역 항목에 따라 두 피벗 테이블의 데이터가 변
경됩니다.

08 피벗 차트 삽입하기

① **[B11]** 셀 클릭

② [피벗 테이블 도구]–[분석] 탭–[도구]
   그룹–**[피벗 차트]** 클릭

③ [차트 삽입] 대화상자의 [세로 막대형]
   에서 **[누적 세로 막대형]** 선택

④ **[확인]**을 클릭합니다.

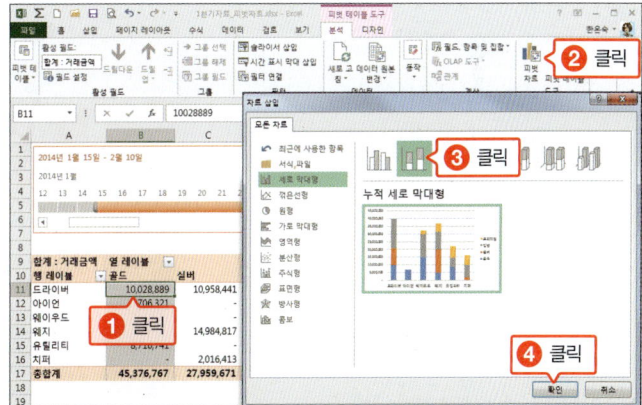

09 피벗 차트의 크기와 스타일을 수정해
보겠습니다.

① 삽입된 **피벗 차트**를 **[A18]** 셀로 이동

② [피벗 차트 도구]–[서식] 탭–[크기] 그
   룹에서 [너비]에 **17.8** 입력

③ 차트 영역의 **[차트 스타일 🖉]** 클릭

④ **[스타일 8]**을 선택합니다.

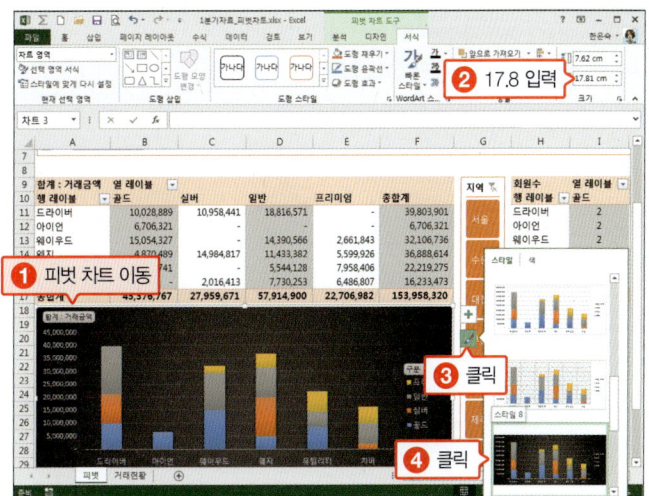

10 회원 수에 대한 피벗 차트를 하나 더
삽입하겠습니다.

① [K11] 셀 클릭

② [피벗 테이블 도구]–[분석] 탭–[도구]
   그룹–[피벗 차트] 클릭

③ [차트 삽입] 대화상자의 [세로 막대형]
   에서 [누적 세로 막대형] 선택

④ [확인]을 클릭합니다.

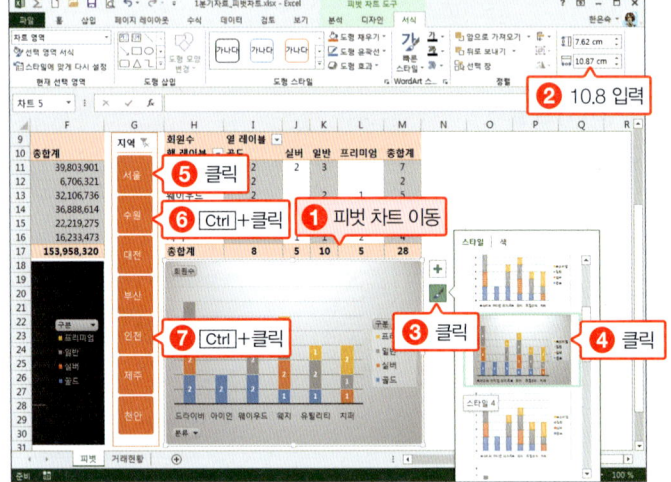

11 피벗 차트의 크기와 스타일을 수정해
보고 슬라이서에서 피벗 차트에 표시할 지
역을 선택해보겠습니다.

① 삽입된 피벗 차트를 [H18] 셀로 이동

② [피벗 차트 도구]–[서식] 탭–[크기] 그
   룹에서 [너비]에 10.8 입력

③ 차트 영역의 [차트 스타일 🖌] 클릭

④ [스타일 4] 선택

⑤ 슬라이서에서 [서울] 클릭

⑥ [수원] Ctrl +클릭

⑦ [인천]을 Ctrl +클릭합니다.

슬라이서에서 선택한 지역에 따라 피벗 테이블과 피벗
차트가 바뀝니다. 시간 표시 막대에서 날짜 범위를, 슬
라이서에서 지역을 다양하게 선택해봅니다.

두 개의 표를 관계 설정한 후 피벗 테이블 만들기

2007 | 2010 | **2013**

- **실습 파일** Chapter10 \ Section08 \ 상반기거래현황.xlsx
- **완성 파일** Chapter10 \ Section08 \ 상반기거래현황완성.xlsx

엑셀 2013은 관련된 여러 표를 관계 설정해 하나의 표처럼 인식하게 할 수 있습니다. 관계 설정 기능은 여러 표의 데이터를 연결해 하나의 피벗 테이블로 만들기 위해 주로 사용합니다. '상반기거래현황' 파일에는 [거래내역] 시트에 날짜별 회원들의 6개월간의 거래자료가 집계되어 있으며, [회원정보] 시트에는 ID별 회원들의 성명, 회원등급, 회사, 직급, 거주지 등의 회원정보가 있습니다. 두 개의 표는 ID 필드가 공통으로 서로 연관된 필드입니다. 두 표 간의 관계를 먼저 설정한 후 피벗 테이블을 만들어보겠습니다.

①

②
③
④

① 두 표의 관계 설정하기

② 피벗 테이블 삽입

③ 시간 표시 막대 삽입

④ 슬라이서 삽입

01 관계 설정하기

거래내역 표와 회원정보 표의 관계를 설정
해보겠습니다.

① [데이터] 탭–[데이터 도구] 그룹–[관계]
클릭

② [관계 관리] 대화상자의 [새로 만들기]를
클릭합니다.

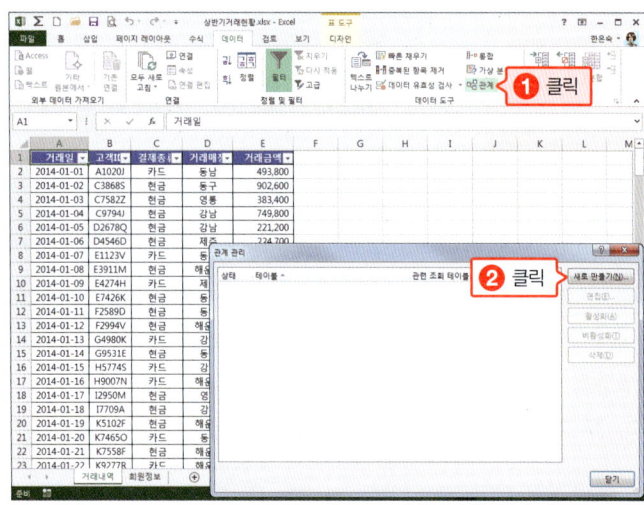

02 두 표에 공통으로 포함된 [고객ID] 열
을 기준으로 연결해보겠습니다.

① [관계 만들기] 대화상자의 [테이블] 목
록에서 [거래내역] 선택

② [열(외래)] 목록에서 [고객ID] 선택

③ [관련 표] 목록에서 [회원정보] 선택

④ [관련 열(기본)] 목록에서 [ID] 선택

⑤ [확인]을 클릭합니다.

[관계 관리] 대화상자의 [닫기]를 클릭합니다.

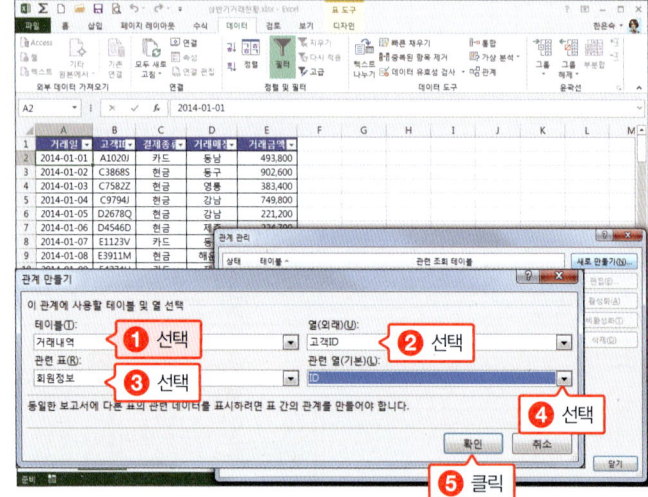

실무활용노트 EXCEL | 관계 설정 규칙

관계는 각 표에서 같은 데이터를 포함한 열을 기준으로 형성할 수 있습니다. 예를 들어 거래내역 표와 회원정보 표에는 모두 고객 ID 열
이 있으므로 서로 연결할 수 있습니다. 관계를 설정하려면 다음과 같은 사항이 요구됩니다.

① 통합 문서에 두 개 이상의 표 범위가 있어야만 [데이터] 탭–[데이터 도구] 그룹–[관계] 항목이 활성화됩니다. 따라서 [거래내역] 시트
와 [회원정보] 시트의 두 표 범위는 [삽입] 탭–[표] 그룹–[표]를 사용하여 표 범위로 변환했습니다. [표 도구]–[디자인] 탭–[속성] 그
룹의 [표 이름]에 각각 '거래내역', '회원정보'라는 표 이름도 미리 지정해두었습니다.

② 표마다 표의 각 행을 고유하게 식별하는 열이 하나씩 있어야 합니다. 데이터베이스에서는 이런 열을 기본 키라고 합니다.

③ 관련 열의 데이터 값(예를 들어 회원정보 표의 ID)에는 중복되는 데이터가 없어야 합니다.

　'거래내역'과 '회원정보' 둘 사이에 연관 열 ID가 중복되지 않는 표는 회원정보 표입니다. 이러한 표가 '관련 표'이며 하나의 ID로 여러
번 거래할 수 있으므로 거래내역 표에서는 ID가 여러 개일 수 있습니다. 이러한 표는 '테이블'에 지정합니다.

03 피벗 테이블 삽입하기

① [거래내역] 시트 [A2] 셀 클릭

② [삽입] 탭-[표] 그룹-[피벗 테이블] 클릭

③ [데이터 모델에 이 데이터 추가]에 체크 표시

④ [확인]을 클릭합니다.

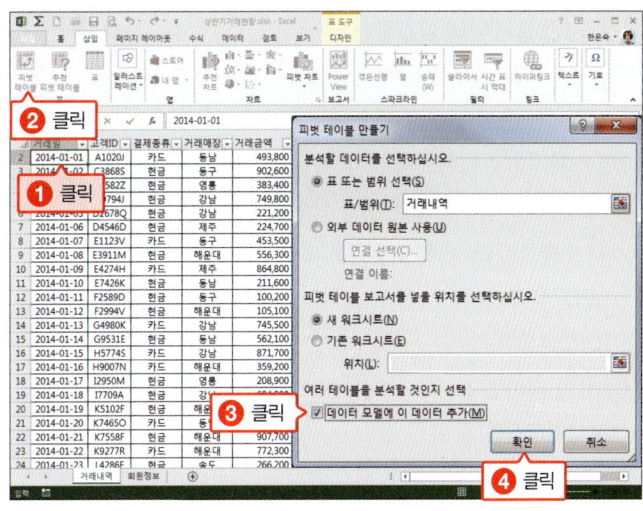

04 피벗 테이블 필드 배치하기

① [피벗 테이블 필드] 목록 창에서 [결제종류]를 [열] 영역으로 드래그

② [거래매장], [거래금액]에 체크 표시합니다.

[결제종류]가 열로 표시된 새 시트에 피벗 테이블이 배치됩니다.

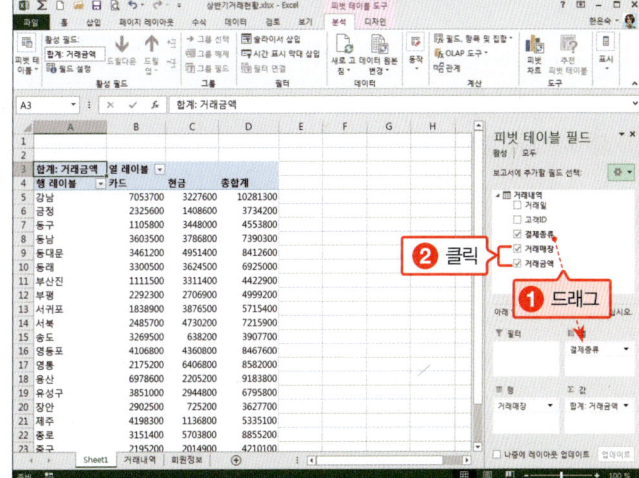

05

거래매장이 속한 지역을 상위 그룹으로 넣으려고 합니다. 각 회원들의 거주지명은 회원정보에 있습니다.

① [피벗 테이블 필드] 창에서 [모두] 클릭

② [회원정보] 표 클릭

③ [거주지]를 [행] 영역의 [거래매장] 위로 드래그합니다.

거래매장이 속한 지역(거주지)이 상위 그룹으로 표시됩니다.

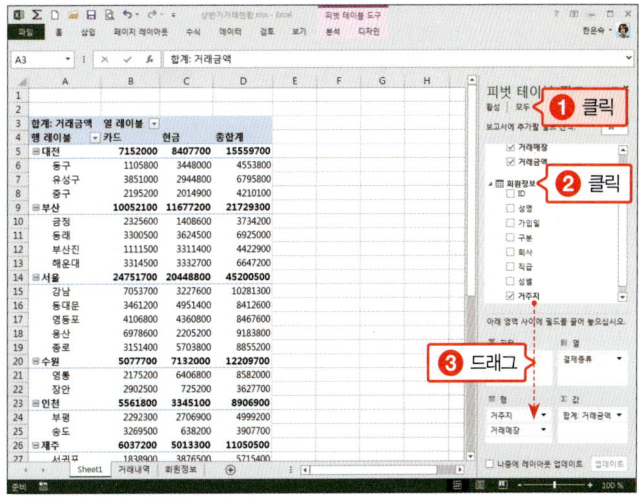

06 시간 표시 막대 삽입하기

관계 설정된 두 표로 만든 피벗 테이블에서는 날짜 그룹화를 할 수 없으므로 대신 시간 표시 막대를 사용하여 거래일을 분기별로 그룹화해 표시하겠습니다.

① 시간 표시 막대를 넣을 행을 삽입하기 위해 **1~4행**을 드래그한 후 마우스 오른쪽 버튼 클릭
② **[삽입]** 선택
③ **[C9]** 셀 클릭
④ [피벗 테이블 도구]-[분석] 탭-[필터] 그룹-**[시간 표시 막대 삽입]** 클릭
⑤ 대화상자에서 **[거래일]**에 체크 표시
⑥ **[확인]**을 클릭합니다.

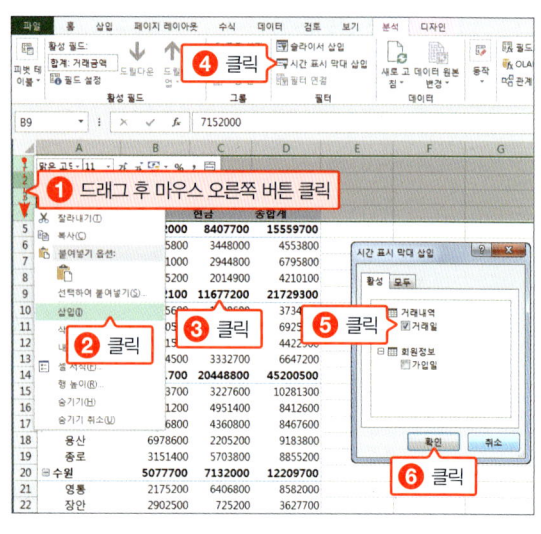

07 삽입된 시간 표시 막대를 이동한 후 크기를 조정해보겠습니다.

① 삽입된 **시간 표시 막대**를 [A1] 셀 위치로 드래그
② [시간 표시 막대 도구]-[옵션] 탭-[크기] 그룹에서 [너비]에 **8.6** 입력
③ [표시] 그룹에서 [머리글], [스크롤 막대] 항목의 체크 표시 해제

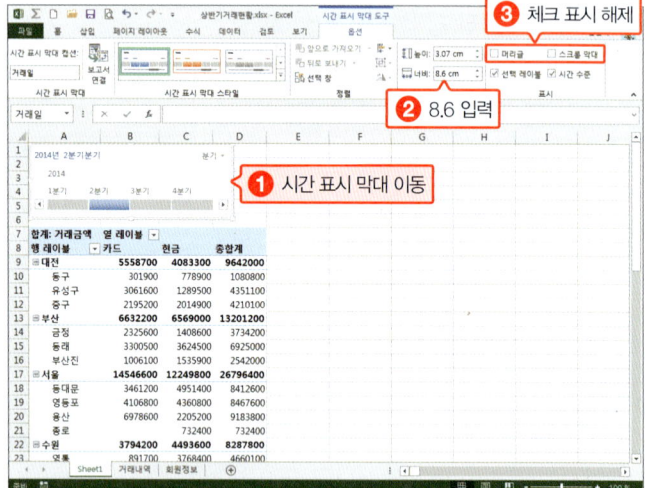

08 피벗 테이블 스타일 및 레이아웃 지정하기

① [C9] 셀 클릭
② [피벗 테이블 도구]-[디자인] 탭-[피벗 테이블 스타일] 그룹-**[피벗 스타일 보통 9]** 선택
③ [피벗 테이블 스타일 옵션] 그룹-**[줄무늬 열]**에 체크 표시
④ [레이아웃] 그룹-[보고서 레이아웃]-**[테이블 형식으로 표시]**를 선택합니다.

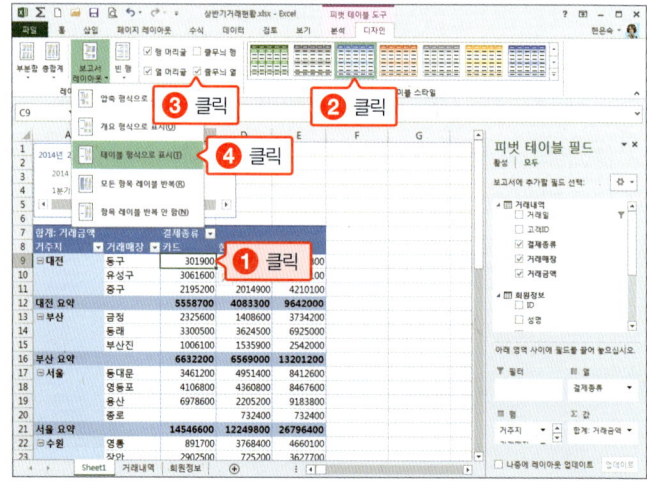

09

① [피벗 테이블 도구]-[분석] 탭-[피벗 테이블] 그룹-[옵션] 선택

② [피벗 테이블 옵션] 대화상자에서 [레이아웃 및 서식] 탭의 [레이블이 있는 셀 병합 및 가운데 맞춤]에 체크 표시

③ [빈 셀 표시]에 0 입력

④ [확인]을 클릭합니다.

레이블이 들어 있는 셀을 병합한 후 가운데 정렬합니다. 빈 셀에는 0이 표시됩니다.

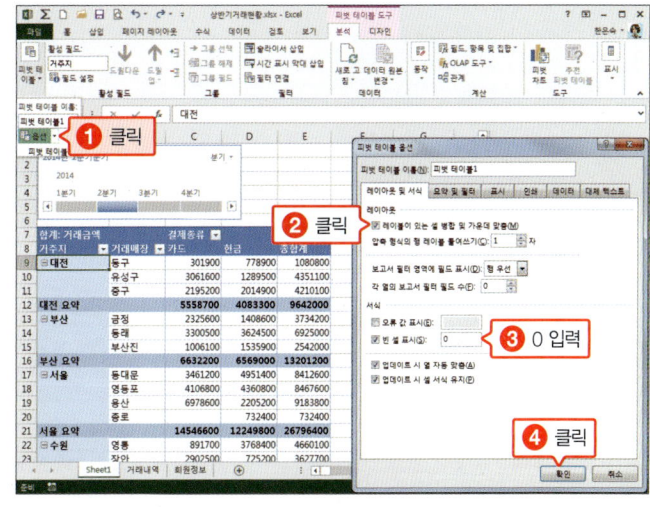

10 슬라이서 삽입하기

회원 등급을 슬라이서로 삽입해보겠습니다.

① [C20] 셀 클릭

② [피벗 테이블 도구]-[분석] 탭-[필터] 그룹-[슬라이서 삽입] 클릭

③ [슬라이서 삽입] 대화상자에서 [회원 정보]의 표 필드 목록 중 [구분]에 체크 표시

④ [확인]을 클릭합니다.

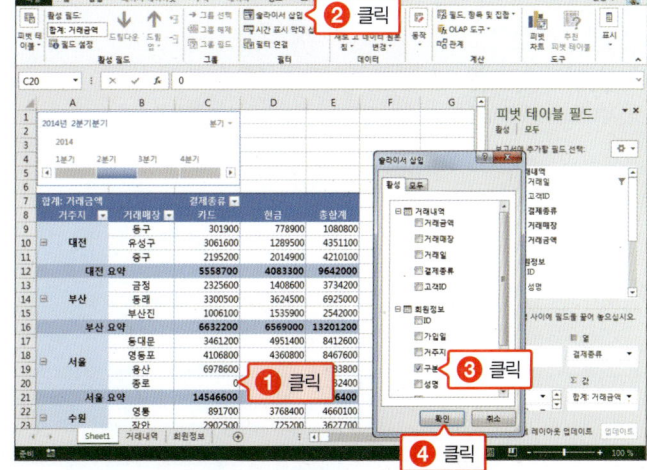

11 삽입된 슬라이서를 이동한 후 크기를 조정해보겠습니다.

① 삽입된 슬라이서를 [D1] 셀로 드래그

② [슬라이서 도구]-[옵션] 탭-[크기] 그룹에서 [높이]에 3 입력

③ [단추] 그룹의 [열]에 2 입력

④ [골드] 클릭

⑤ [프리미엄]을 Ctrl+클릭하면 피벗 테이블의 값이 바뀝니다.

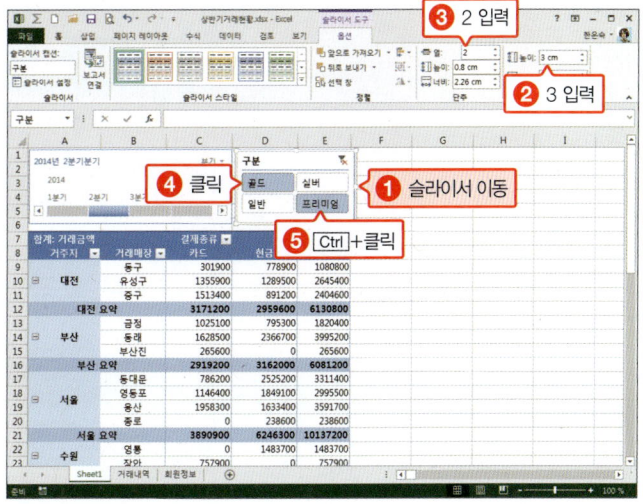

엑셀 실무 함수와 매크로

함수 범주별
실무 함수 알아보기

회사 업무는 범위가 넓기 때문에 부서별, 업무 종류별로 사용하는 함수도 매우 다양합니다. 엑셀에서 제공하는 함수 범주별로 회사 실무에서 사용 빈도가 높은 함수 위주로 대표적인 함수 활용 사례들을 살펴보겠습니다.

01 논리 함수

논리 함수는 조건에 대해 논리적인 검사를 수행하여 결과가 참이면 TRUE, 거짓이면 FALSE를 돌려줍니다. 주로 논리적인 조건을 처리할 때 사용하는 함수 범주입니다. 여러 조건이 있을 때는 AND, OR 함수 등을 중첩하여 사용하기도 하고 조건이나 결과가 여러 가지일 때는 IF 함수를 중첩해서 사용합니다.

조건과 결과가 여러 가지인 경우에 중첩 IF 함수 사용

IF 함수는 논리 함수 중 실무에서 가장 많이 사용되는 함수입니다. 다음 수식과 같이 조건이 여러 개일 때는 IF 함수를 최대 64개까지 여러 번 중첩하여 사용할 수 있습니다. 다음은 두 개의 조건에 대해 결과가 세 가지인 경우의 중첩 IF 함수식 예입니다.

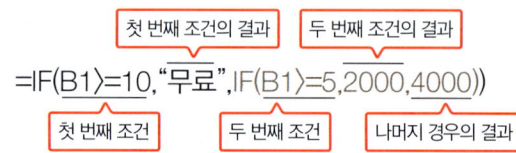

▲ 주문수량 10 이상은 무료, 5 이상은 2,000원, 나머지는 4,000원인 경우의 배송료를 구하는 함수식

여러 항목에 대한 조건을 판단해야 할 때는 AND, OR, XOR 2013 함수

여러 항목의 조건이 모두 참일 때 TRUE 값을 돌려주는 경우에는 AND 함수 안에서 조건을 지정합니다. 또한 여러 항목의 조건 중 한 가지만 참이어도 TRUE 값을 돌려주어야 하는 경우에는 OR 함수 안에서 조건을 지정합니다. XOR 함수는 엑셀 2013 버전에서 새로 추가된 함수로, 배타적 OR 값을 구합니다. 지정한 조건들 중 참 (TRUE)에 해당하는 개수가 홀수면 TRUE 값을 반환하고 짝수면 FALSE 값을 반환합니다.

함수 범주	논리
함수 형식	=AND(Logical1, Logical2, …, Logical255) → 모든 조건이 참인 경우 TRUE 값 반환 =OR(Logical1, Logical2, …, Logical255) → 한 가지 조건만 참이어도 TRUE 값 반환 =XOR(Logical1, Logical2, …, Logical254) → Exclusive OR, 즉 배타적 논리합을 구합니다. 배타적 논리합은 조건들 중 참의 개수가 홀수면 TRUE 값을, 짝수면 FALSE 값을 반환
인수	Logical1~Logical255(조건1~조건255) : 참(TRUE)이나 거짓(FALSE)으로 판정될 값이나 식. AND, OR 함수는 255개까지, XOR 함수는 254개까지 지정할 수 있음

오류인 경우에 대해 값을 지정하는 IFNA **2013** , IFERROR 함수

숫자, 문자, 공백 등 여러 가지 형태의 데이터가 섞여 있는 표에 수식을 입력하다 보면 어쩔 수 없이 오류가 생기는 경우가 있습니다. 셀 값이나 계산식 결과에 오류가 생겼을 때 오류 표시 대신 다른 값을 지정하려면 IFNA 또는 IFERROR 함수를 사용합니다. IFNA 함수는 엑셀 2013 버전에서 새로 추가된 함수입니다. 값이 #N/A(사용할 수 없는 값) 오류를 참조하는 경우에 결과 값을 지정할 수 있으며, IFERROR 함수는 값이 #N/A, #VALUE!, #REF!, #DIV/0!, #NUM!, #NAME?, #NULL!등의 오류를 참조하는 경우에 결과 값을 지정할 수 있습니다.

함수 범주	논리
함수 형식	=IFNA(Value,Value_if_na) =IFERROR(Value,Value_if_error)
인수	Value(값) : 오류를 검사할 값으로 식이나 셀 참조를 지정할 수 있습니다. Value_if_na(오류일 때 지정할 값) : 값이 #N/A(사용할 수 없는 값) 오류일 때 표시할 값 Value_if_error(오류일 때 지정할 값) : 값이 오류(#N/A, #VALUE!, #REF!, #DIV/0!, #NUM!, #NAME?, #NULL!)일 때, 오류 표시 대신 표시할 값

핵심기능실습 **IF, AND, OR, XOR 함수로 여러 조건에 대한 결과 구하기**

▪ **실습 파일** Chapter11 \Section01 \다중조건.xlsx ▪ **완성 파일** Chapter11 \Section01 \다중조건완성.xlsx

제품별 품질 테스트 결과 표에 주어진 여러 조건에 대한 결과를 입력해보겠습니다. IF, AND, OR, XOR 함수의 사용 방법에 대해서 알아봅니다.

01 **IF로 한 가지 조건에 대한 결과 입력하기**

평균이 6 이상인 경우 '통과', 아닌 경우 빈 셀로 표시하겠습니다.

① [E4:E8] 셀 드래그

② =IF 입력 후 Ctrl + A

③ [Logical_test]란에 D4>=6 입력

④ [Value_if_true]란에 통과 입력

⑤ [Value_if_false]란에 "" 입력

⑥ Ctrl 을 누른 상태에서 [확인]을 클릭합니다.

• Logical_test(조건) : 평균(D4)이 6 이상인지 확인

• Value_if_true(참일 때의 값) : 조건 확인 결과 참일 때 '통과' 입력

• Value_if_false(거짓일 때의 값) : 조건 확인 결과 거짓일 때 빈 셀("")로 표시

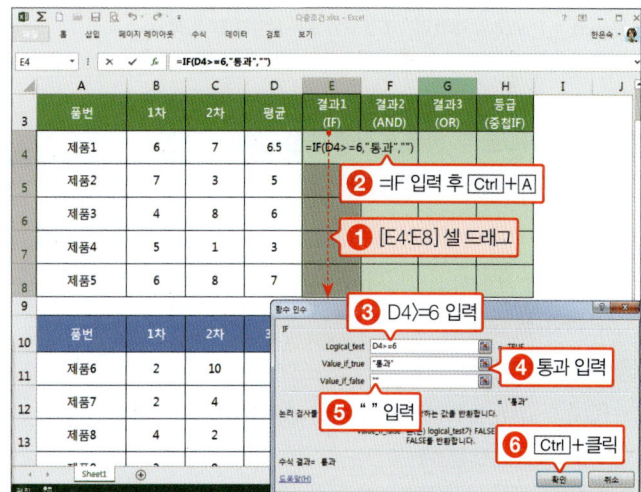

02 중첩 IF로 등급 구하기

평균이 7 이상은 'A', 5 이상은 'B', 나머지는 'C'로 표시하겠습니다.

① [H4:H8] 셀 드래그

② =IF 입력 후 [Ctrl] + [A]

③ [Logical_test]란에 D4>=7 입력

④ [Value_if_true]란에 A 입력

⑤ [Value_if_false] 클릭

⑥ 두 번째 조건의 입력을 위해 이름 상자 목록 버튼을 클릭하고 IF를 선택합니다.

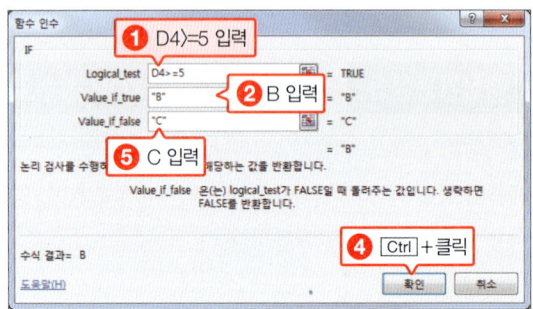

- Logical_test(조건) : 평균(D4)이 7 이상인지 확인
- Value_if_true(참일 때의 값) : 조건 확인 결과 참이면 'A' 입력
- Value_if_false(거짓일 때의 값) : 조건 확인 결과 거짓이면 두 번째 IF 함수 실행

03

① 새로 열린 [함수 인수] 대화상자의 [Logical_test]란에 두 번째 조건 D4>=5 입력

② [Value_if_true]란에 B 입력

③ [Value_if_false]란에 C 입력

④ [Ctrl]을 누른 상태에서 [확인]을 클릭합니다.

- Logical_test(조건) : 평균(D4)이 5 이상인지 확인
- Value_if_true(참일 때의 값) : 조건 확인 결과 참이면 'B' 입력
- Value_if_false(거짓일 때의 값) : 조건 확인 결과 거짓이면 'C' 입력

04 IF, AND로 두 항목 조건에 대한 결과 구하기

1차, 2차가 모두 6 이상인 경우 '통과', 아닌 경우 빈 셀로 표시하겠습니다.

① [F4:F8] 셀 드래그

② =IF 입력 후 [Ctrl] + [A]

③ [Logical_test]란에 AND(B4>=6,C4>=6) 입력

④ [Value_if_true]란에 통과 입력

⑤ [Value_if_false]란에 "" 입력

⑥ [Ctrl]을 누른 상태에서 [확인]을 클릭합니다.

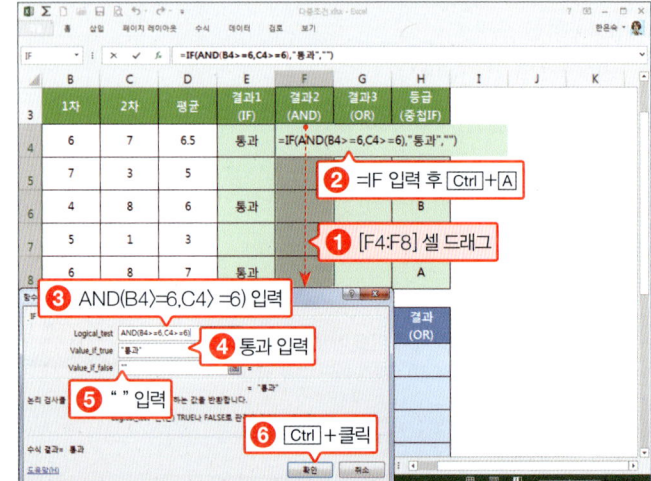

- Logical_test(조건) : 1차(B4) 값이 6 이상이고, 2차(C4) 값이 6 이상인지 확인
- Value_if_true(참일 때의 값) : 조건 확인 결과 참일 때 '통과' 입력
- Value_if_false(거짓일 때의 값) : 조건 확인 결과 거짓일 때 빈 셀(" ")로 표시

05 IF, OR로 두 항목의 조건에 대한 결과 구하기

1차, 2차 중 하나만 6 이상이어도 '통과', 아닌 경우에는 빈 셀로 표시하겠습니다.

① [G4:G8] 셀 드래그

② **=IF** 입력 후 `Ctrl`+`A`

③ [Logical_test]란에 **OR(B4>=6,C4>=6)** 입력

④ [Value_if_true]란에 **통과** 입력

⑤ [Value_if_false]란에 **" "** 입력

⑥ `Ctrl`을 누른 상태에서 [확인]을 클릭합니다.

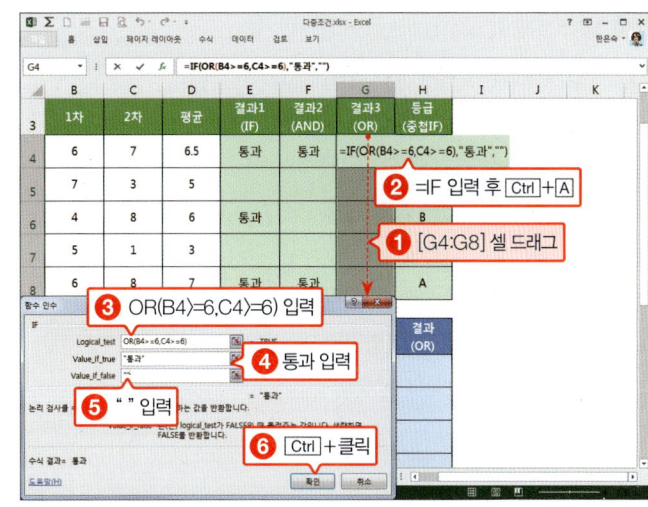

- Logical_test(조건) : 1차(B4) 값이 6 이상이거나 2차(C4) 값이 6 이상인지 확인
- Value_if_true(참일 때의 값) : 조건 확인 결과 참일 때 '통과' 입력
- Value_if_false(거짓일 때의 값) : 조건 확인 결과 거짓일 때 빈 셀(" ")로 표시

06 조건 항목 셀이 많은 경우 배열 수식으로 작성하기

조건 항목 셀이 많은 경우 각 셀의 조건을 일일이 입력하지 않고 범위에 대한 조건식을 지정해 배열 수식으로 작성할 수 있습니다. 1차~5차 값이 모두 6 이상이면 '통과', 아닌 경우 빈 셀로 표시하겠습니다.

① [G11] 셀 선택

② **=IF** 입력 후 `Ctrl`+`A`

③ [Logical_test]란에 **AND(B11:F11>=6)** 입력

④ [Value_if_true]란에 **통과** 입력

⑤ [Value_if_false]란에 **" "** 입력

⑥ 배열 수식으로 작성하기 위해 `Ctrl`+`Shift`를 누른 상태에서 [확인]을 클릭합니다. 수식이 { } 안에 입력됩니다.

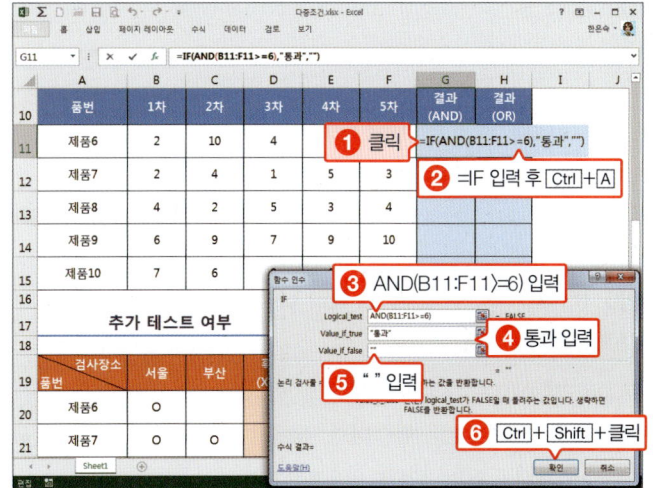

07 1차~5차 값 중 하나만 6 이상이면 '통과', 아닌 경우 빈 셀로 표시하겠습니다.

① [H11] 셀에 **=IF** 입력 후 Ctrl + A

② [Logical_test]란에 **OR(B11:F11)>=6)** 입력

③ [Value_if_true]란에 **통과** 입력

④ [Value_if_false]란에 **" "** 입력

⑤ 배열 수식으로 작성하기 위해 Ctrl + Shift 를 누른 상태에서 [**확인**]을 클릭합니다.

08 수식을 복사해보겠습니다.

① [G11:H11] 셀 드래그

② 채우기 핸들을 더블클릭하여 아래쪽으로 수식을 복사합니다.

09 IF, XOR로 두 셀 중 한 셀만 입력된 것 확인하기

제품6~제품10은 서울이나 부산 중 한 곳에서만 추가 테스트를 했습니다. 두 군데 모두 'O' 표시가 입력되었거나 입력이 되어 있지 않다면 '확인요망'이라고 표시하겠습니다.

① [D20:D24] 셀 드래그

② **=IF** 입력 후 Ctrl + A

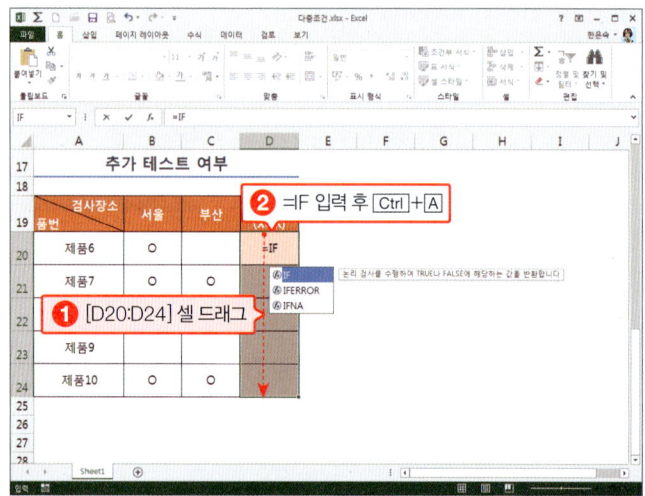

10

① [Logical_test]란에 **XOR(B20="O", C20="O")** 입력

② [Value_if_true]란에 **" "** 입력

③ [Value_if_false]란에 **확인요망** 입력

④ Ctrl 을 누른 상태에서 [확인]을 클릭합니다.

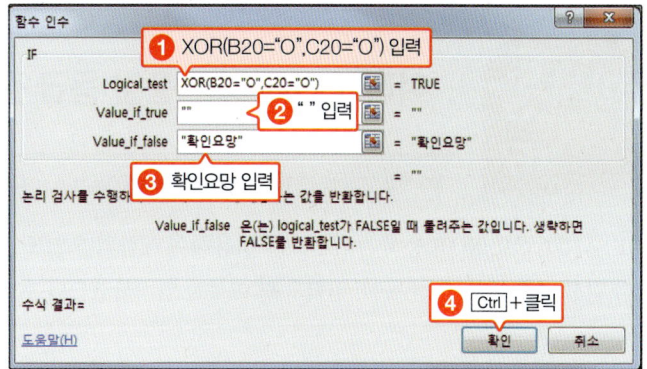

실무활용노트 E X C E L   **OR와 XOR의 결과 차이**

XOR 함수는 OR 함수와 마찬가지로 두 조건 중 하나라도 참이면 TRUE 값을 반환하는데, 조건들 중 참의 개수가 짝수면 FALSE 값을 반환합니다. 따라서 두 셀에 모두 'O'가 입력된 경우에는 TRUE 값이 짝수이므로 FALSE 값을 반환합니다. 같은 표에서 XOR 함수 대신 OR 함수를 사용했다면 제품9에만 '확인요망'이라고 표시됩니다.

▲ XOR 함수 사용 결과

▲ OR 함수 사용 결과

여러 조건에 따른 품질 등급 결과표 완성하기

2007 | 2010 | 2013

- 실습 파일 Chapter11 \ Section01 \ 품질등급결과표.xlsx • 완성 파일 Chapter11 \ Section01 \ 품질등급결과표완성.xlsx

IF, AND, OR, XOR 등의 논리 함수를 사용하여 제품의 오염도 검사 및 품질 등급 측정 값에 대한 각 조건에 따라 검사 여부 표시, 등급 표시, 입력 누락 여부를 입력하겠습니다.

제품 오염도 검사 및 품질 등급 결과표

판매처	오염도 검사결과			품질 등급					비고
	오염율	이물질 출현율	검사여부 ❶	파각 출현율	파각 등급 ❷	신선도	신선도 등급 ❸	우수등급 ❹	❺
그랜드(본점)	3.3%		O	5.0%	1등급	62.5	양호		
한빛(본점)		0.0%	O	13.3%	3등급	56.8	불량		
한빛(강남)	0.0%	0.0%	확인요망	3.3%	1등급	83.5	우수	★	
정의(압구정)	0.0%		O	5.0%	1등급	82.4	우수	★	
그랜드(서울역)		5.3%	O	8.3%	2등급	71.0	우수		
유마트(관악)	4.8%		O		1등급	69.0	양호		입력누락
코코(잠실)	1.1%		O	11.1%	3등급	68.8	양호		
경동시장			확인요망	28.9%	3등급	67.4	양호		
망원시장	43.3%		O		1등급	38.9	매우불량		입력누락
남대문	30.0%		O	17.8%	3등급	58.7	불량		

* 검사결과: 오염율과 이물질 출현율 두 가지중 한 가지만 입력되어야 함. 둘 다 입력되어 있거나 둘 다 비어 있으면 "확인요망"
* 파각등급 기준: 7%이하 1등급, 10% 이하 2등급, 10% 초과 3등급
* 신선도등급 기준: 72이상 우수, 60이상 양호, 40이상 불량, 40미만 매우불량
* 파각등급이 1등급이고, 신선도등급이 우수이면 우수등급에 ★ 표시
* 검사여부~신선도등급 셀 중 빈 셀이 있는지 확인하여 비고란에 "입력누락" 표시

❶ 검사 여부 확인하기(IF, XOR 함수 사용)

❷ 파각 등급 입력하기(IF 함수 중첩)

❸ 신선도 등급 입력하기(IF 함수 중첩)

❹ 우수 등급 표시하기(IF, AND 함수 사용)

❺ 입력 누락 확인하기(IF, OR 배열 수식 사용)

01 IF, XOR로 검사여부 확인하기

검사여부에는 오염율과 이물질 출현율 두 가지 중 한 가지만 입력되어 있으면 'O'를 입력하고 둘 다 입력되었거나 둘 다 비어 있으면 '확인요망'을 입력하겠습니다.

① [D5:D14] 셀 드래그

② =IF 입력 후 Ctrl + A

③ [Logical_test]란에 XOR(B5⟨ ⟩" ",C5⟨ ⟩ " ") 입력

④ [Value_if_true]란에 O 입력

⑤ [Value_if_false]란에 확인요망 입력

⑥ Ctrl 을 누른 상태에서 [확인]을 클릭합니다.

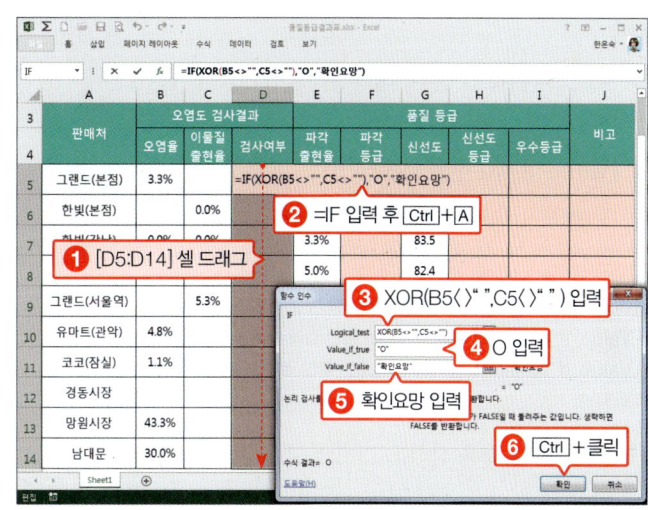

- Logical_test(조건) : 오염율(B5)란이 빈 셀이 아니거나(⟨ ⟩" ") 이물질 출현율(C5)란이 빈 셀이 아닌지(⟨ ⟩" ") 확인(XOR 함수를 사용하여 확인하므로 두 조건 중 하나라도 만족하면 TRUE 값을 돌려주고 두 조건 모두를 만족하면 참의 개수가 짝수이므로 FALSE 값을 돌려줌)
- Value_if_true(참일 때의 값) : 조건 확인 결과 참일 때 'O' 입력
- Value_if_false(거짓일 때의 값) : 조건 확인 결과 거짓일 때 '확인요망' 입력

02 중첩 IF로 등급 입력하기

파각 등급은 파각 출현율 7% 이하 '1등급', 10% 이하 '2등급', 나머지 '3등급'으로 표시하겠습니다.

① [F5:F14] 셀 드래그

② =IF 입력 후 Ctrl + A

③ [Logical_test]란에 E5⟨=7% 입력

④ [Value_if_true]란에 1등급 입력

⑤ [Value_if_false]란 클릭

⑥ 두 번째 조건을 입력하기 위해 이름 상자 목록 버튼을 클릭하고 IF를 선택합니다.

- Logical_test(조건) : 파각 출현율(E5)이 7% 이하인지 확인
- Value_if_true(참일 때의 값) : 조건 확인 결과 참이면 '1등급' 입력
- Value_if_false(거짓일 때의 값) : 조건 확인 결과 거짓이면 두 번째 IF 함수 실행

03

① 새로 열린 [함수 인수] 대화상자의 [Logical_test] 란에 두 번째 조건인 **E5<=10%** 입력

② [Value_if_true]란에 **2등급** 입력

③ [Value_if_false]란에 **3등급** 입력

④ Ctrl 을 누른 상태에서 [확인]을 클릭합니다.

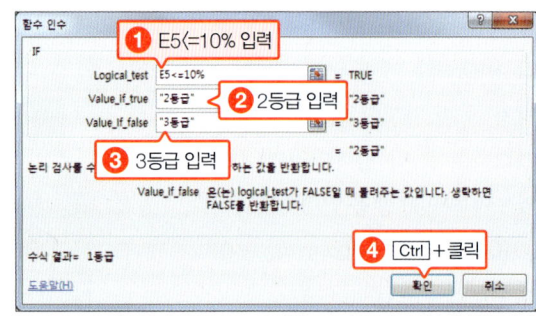

- Logical_test(조건) : 파각 출현율(E5)이 10% 이하인지 확인
- Value_if_true(참일 때의 값) : 조건 확인 결과 참이면 '2등급' 입력
- Value_if_false(거짓일 때의 값) : 조건 확인 결과 거짓이면 '3등급' 입력

04

신선도 등급은 신선도 72 이상 '우수', 60 이상 '양호', 40 이상 '불량', 나머지 '매우불량'으로 표시하겠습니다.

① **[H5:H14]** 셀 드래그

② **=IF** 입력 후 Ctrl + A

③ [Logical_test]란에 **G5>=70** 입력

④ [Value_if_true]란에 **우수** 입력

⑤ **[Value_if_false]**란 클릭

⑥ 두 번째 조건의 입력을 위해 이름 상자 목록 버튼을 클릭하고 **IF**를 선택합니다.

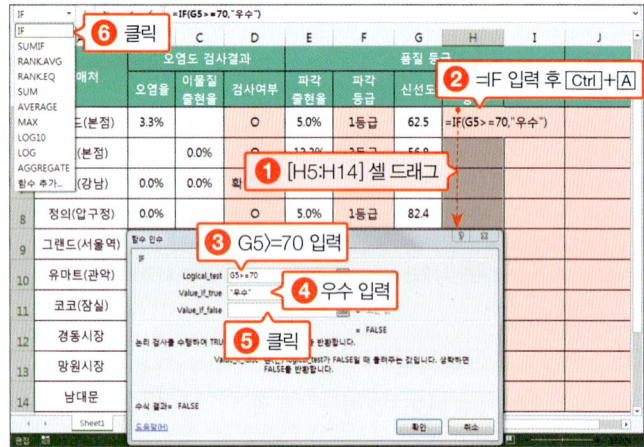

- Logical_test(조건) : 신선도(G5)가 70 이상인지 확인
- Value_if_true(참일 때의 값) : 조건 확인 결과 참이면 '우수' 입력
- Value_if_false(거짓일 때의 값) : 조건 확인 결과 거짓이면 두 번째 IF 함수 실행

05

① 새로 열린 [함수 인수] 대화상자의 [Logical_test]란에 두 번째 조건인 **G5>=60** 입력

② [Value_if_true]란에 **양호** 입력

③ **[Value_if_false]**란 클릭

④ 세 번째 조건의 입력을 위해 이름 상자 목록 버튼을 클릭하고 **IF**를 선택합니다.

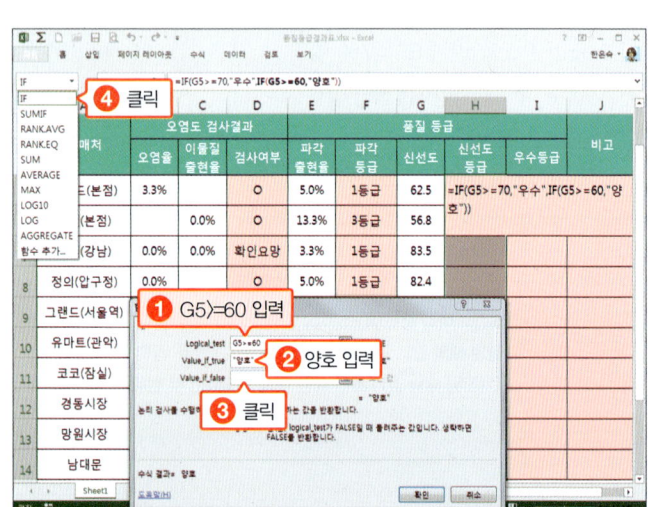

- Logical_test(조건) : 신선도(G5)가 60 이상인지 확인
- Value_if_true(참일 때의 값) : 조건 확인 결과 참이면 '양호' 입력
- Value_if_false(거짓일 때의 값) : 조건 확인 결과 거짓이면 세 번째 IF 함수 실행

06

① 새로 열린 [함수 인수] 대화상자의 [Logical_test] 란에 세 번째 조건인 **G5)=40** 입력

② [Value_if_true]란에 **불량** 입력

③ [Value_if_false]란에 **매우불량** 입력

④ Ctrl 을 누른 상태에서 [확인]을 클릭합니다.

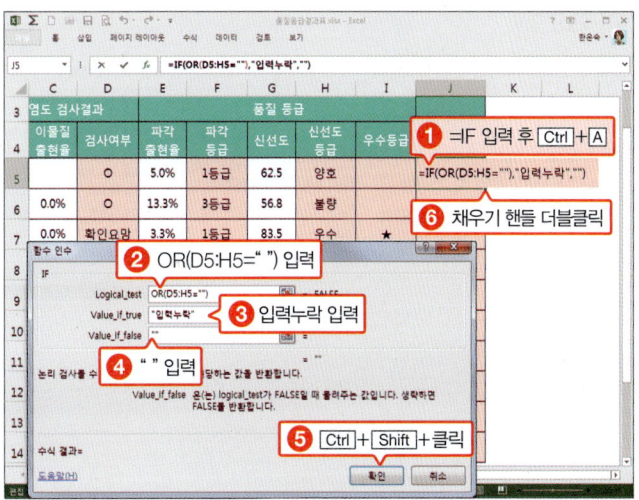

· **Logical_test(조건)** : 신선도(G5)가 40 이상인지 확인
· **Value_if_true(참일 때의 값)** : 조건 확인 결과 참이면 '불량' 입력
· **Value_if_false(거짓일 때의 값)** : 조건 확인 결과 거짓이면 '매우불량' 입력

07 IF, AND로 두 항목 조건 확인하기

우수등급란에는 파각 등급이 1등급이고 신 선도 등급이 우수면 ★을 표시하겠습니다.

① [I5:I14] 셀 드래그

② **=IF** 입력 후 Ctrl + A

③ [Logical_test]란에 **AND(F5="1등 급",H5="우수")** 입력

④ [Value_if_true]란에 □ 입력 후 한자

⑤ 기호 목록에서 ★ 선택

⑥ [Value_if_false]란에 **" "** 입력

⑦ Ctrl 을 누른 상태에서 [확인]을 클릭합 니다.

· **Logical_test(조건)** : 파각 등급(F5)란이 '1등급'이고 신선도 등급(H5)란이 '우수'인지 확인
· **Value_if_true(참일 때의 값)** : 조건 확인 결과 참일 때 '★' 입력
· **Value_if_false(거짓일 때의 값)** : 조건 확인 결과 거짓일 때 빈 셀(" ")로 표시

08 IF, OR 배열 수식으로 입력누락 확인 하기

검사 여부부터 신선도 등급까지 입력누락 된 셀이 있는지 확인하여 해당 셀 중 빈 셀 이 하나라도 있는 경우 '입력누락'이라고 표 시하겠습니다.

① [J5] 셀에 **=IF** 입력 후 Ctrl + A

② [Logical_test]란에 **OR(D5:H5=" ")** 입력

③ [Value_if_true]란에 **입력누락** 입력

④ [Value_if_false]란에 **" "** 입력

⑤ Ctrl + Shift 를 누른 상태에서 [확인]

⑥ [J5] 셀의 채우기 핸들을 더블클릭하여 아래쪽에 수식을 복사합니다.

• **실습 파일** Chapter11 \Section01 \제품구입내역표.xlsx   • **완성 파일** Chapter11 \Section01 \제품구입내역표완성.xlsx

수식에 참조된 셀 값이 수식에 적합하지 않은 데이터인 경우에는 함수 결과로 오류 표시가 입력됩니다. 수식의 결과가 적용되어 몇 가지 오류 표시가 입력된 제품 구입 내역표에 오류 표시 대신 다른 값을 지정할 수 있는 IFNA, IFERROR 함수를 사용해보겠습니다.

01 IFNA로 #N/A 오류 대신 0 입력하기

구입 내역표의 배송료는 [배송료] 시트에 쇼핑몰별로 정해진 배송료를 찾아 입력하는 함수식이 작성되어 있습니다. #N/A 오류가 입력된 셀은 [배송료] 시트에 없는 쇼핑몰입니다. #N/A 오류는 주로 찾기/참조 함수에서 찾을 수 없는 값을 참조했을 때 계산을 시도하지 못하여 반환되는 오류입니다. 함수식의 결과가 #N/A 오류일 때는 배송료를 '0'으로 입력해보겠습니다.

① [E5] 셀 클릭

② 수식 입력줄의 =과 **VLOOKUP** 사이 클릭 후 **IFNA(** 를 입력하고 왼쪽 화살표를 눌러 커서가 다시 IFNA 함수 부분에 놓이도록 이동

③ 수식 입력줄의 [함수 삽입 f_x]을 클릭하거나 Shift + F3을 누릅니다.

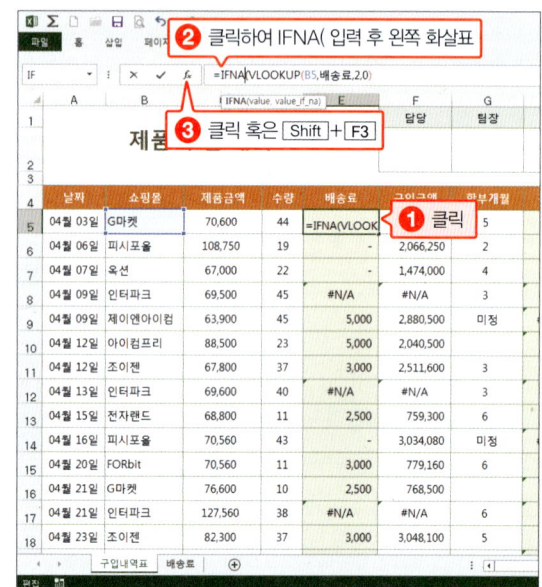

02 IFNA [함수 인수] 대화상자가 나타납니다.

① [Value_if_na]란에 0 입력

② [확인] 클릭

③ [E5] 셀의 채우기 핸들을 더블클릭하여 수식을 복사합니다.

• Value(값) : 기존에 입력된 VLOOKUP 함수식의 결과
• Value_if_na(오류일 때 지정할 값) : 위의 VLOOKUP 함수식 결과가 #N/A면 '0'을 입력

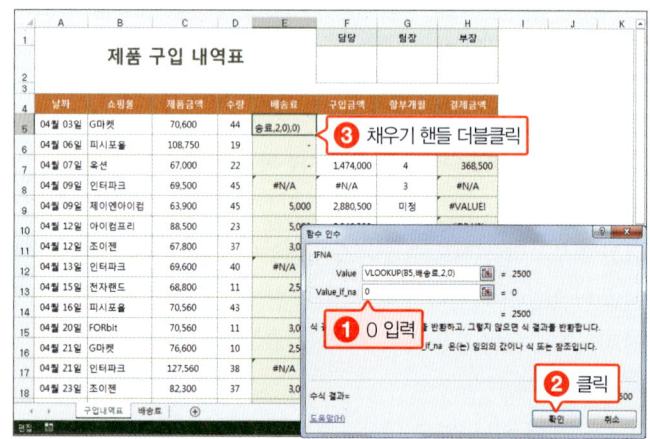

03 IFERROR로 오류 대신 구입금액 입력하기

결제금액은 구입금액/할부금액의 수식이 작성되어 있습니다. 할부금액이 빈 셀인 경우에는 0으로 나누게 되어 #DIV/0! 오류가 생깁니다. 문자가 입력된 경우에는 계산할 수 없는 값이므로 #VALUE! 오류가 생깁니다. 계산 결과가 오류일 때 할부금액으로 나누지 않고바로 구입금액이 입력되도록 수정하겠습니다.

① [H5] 셀 클릭

② 수식 입력줄의 =과 F5 사이 클릭 후 **IFERROR(**를 입력하고 왼쪽 화살표를 눌러 커서가 다시 IFERROR 함수 부분에 놓이도록 이동

③ 수식 입력줄의 [**함수 삽입** ⨍]을 클릭하거나 [Shift] + [F3] 을 누릅니다.

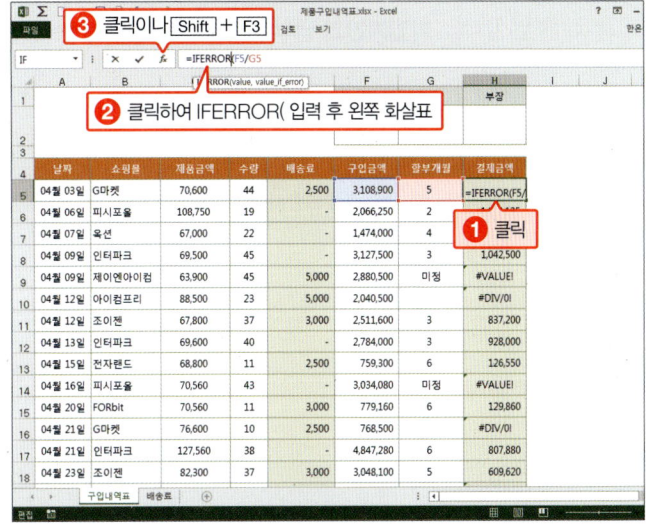

04 IFERROR [함수 인수] 대화상자가 나타납니다.

① [Value_if_error]란에 **F5** 입력

② [**확인**] 클릭

③ [H5] 셀의 채우기 핸들을 더블클릭하여 수식을 복사합니다.

· **Value(값)** : 기존에 입력된 F5/G5 수식의 결과
· **Value_if_na(오류일 때 지정할 값)** : 위의 수식의 결과가 오류이면 [F5] 셀의 구입금액을 입력

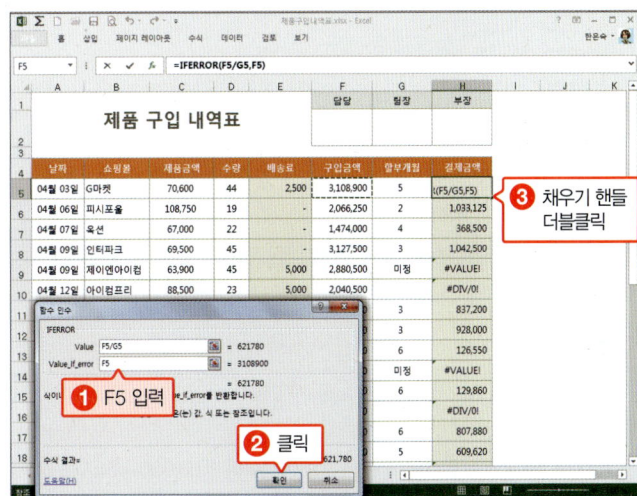

• 실습 파일 Chapter11\Section01\고객멤버십관리표.xlsx   • 완성 파일 Chapter11\Section01\고객멤버십관리표완성.xlsx

고객 멤버십 관리 표의 지시 사항에 나와 있는 조건에 따라 정해진 등급, 포인트 한도, 쿠폰 혜택 등을 구하고 잔여쿠폰 포인트 전환과 잔여포인트 결과에 생기는 오류 표시 대신 지시 사항에 있는 값이 입력되도록 수식을 수정합니다.

고객 멤버십 관리표

								팀장	부장

ID	가입기간(년)	납부누계	등급	포인트 한도	사용 포인트	쿠폰 혜택	사용 쿠폰	잔여쿠폰 포인트전환	잔여포인트
SXM7798	0	45,680	일반	30,000	9,950				20,050
NCZ4913	0	31,670	일반	30,000	20,880				9,120
DIK8342	6	615,590	골드	70,000	52,100	5	0	5,000	22,900
WAG9854	7	500,500	골드	70,000	6,950	5	3	2,000	65,050
JXP5806	5	757,340	골드	70,000	30,210	5	4	1,000	40,790
JYZ9256	10	1,282,080	골드	70,000	9,350	5	1	4,000	64,650
VCJ9198	1	572,300	일반	30,000	14,110	2	1	1,000	16,890
XKW8278	10	917,260	골드	70,000	56,240	5	0	5,000	18,760
XFV1545	5	616,310	골드	70,000	15,750	5	3	2,000	56,250
CZY9546	1	188,460	일반	30,000	1,620				28,380
VWL1505	8	815,620	골드	70,000	45,070	5	1	4,000	28,930
BVL9335	1	178,830	일반	30,000	18,410				11,590
ZNK9571	4	860,990	실버	50,000	37,510	5	1	4,000	16,490
YII6299	3	392,910	실버	50,000	32,020	2	2	-	17,980
TJO7289	3	434,300	실버	50,000	3,360	2	2		46,640
ZLK900	8	794,580	골드	70,000	10,690	5	4	1,000	60,310
LKJ1441	3	437,680	실버	50,000	27,720	2	2	-	22,280
BEZ216	3	376,470	실버	50,000	32,180	2	2		17,820
TJA5174	7	535,930	골드	70,000	30,970	5	1	4,000	43,030
GTA7994	2	417,330	실버	50,000	5,140				44,860

▲ 실습 파일   ▲ 완성 파일

1 등급은 가입기간이 5년 이상이고 납부누계가 50만 원 이상이면 '골드', 가입기간이 2년 이상이고 납부누계가 30만 원 이상이면 '실버', 나머지는 '일반'으로 입력합니다(중첩 IF, AND 함수 사용).

2 포인트 한도는 등급이 '골드'면 70,000, '실버'면 50,000, 나머지는 30,000으로 입력합니다(중첩 IF 함수 사용).

3 쿠폰 혜택은 가입기간이 4년 이상이거나 납부누계가 100만 원 이상이면 5, 가입기간이 3년 이상이거나 납부누계가 50만 원 이상이면 2, 나머지는 빈 셀로 표시합니다(중첩 IF, OR 함수 사용).

4 잔여쿠폰 포인트 전환은 수식 결과가 오류인 경우 빈 셀로 표시하도록 수식을 수정합니다(IFERROR 함수 사용).

5 잔여포인트는 수식 결과가 오류인 경우 포인트한도-사용포인트의 수식을 구하도록 수식을 수정합니다(IFERROR 함수 사용).

02 텍스트 함수

앞에서 다루었던 수식들은 대부분 셀 전체의 데이터를 가지고 계산했습니다. 상황에 따라 셀 데이터 중 일부 문자에 대한 값을 가지고 계산해야 하는 경우가 있는데, 이때는 텍스트 함수를 사용하여 원하는 일부 문자를 추출한 후 계산합니다. 문자를 다루는 데 필요한 여러 가지 텍스트 함수들을 살펴보겠습니다.

원하는 위치의 문자를 가져오는 함수 LEFT, RIGHT, MID

문자의 일부를 추출하는 함수입니다. 왼쪽에서 몇 글자 추출할 때는 LEFT 함수, 오른쪽에서 몇 글자를 추출할 때는 RIGHT 함수, 가운데에서 원하는 위치에서 몇 글자를 추출해야 할 때는 MID 함수를 사용합니다. 이 함수들은 단순히 데이터를 추출하기 위해 단독으로 사용되는 경우도 있지만 일부 문자에 대한 판단을 위해 IF 함수 안에서 사용되는 경우가 많습니다.

함수 형식	=LEFT(Text,Num_chars) → 문자 왼쪽에서 지정한 문자 개수만큼 추출 =RIGHT(Text,Num_chars) → 문자의 오른쪽에서 지정한 문자 개수만큼 추출 =MID(Text,Start_num,Num_chars) → 지정한 시작 위치부터 지정한 문자 개수만큼 추출
인수	Text(문자) : 가져올 문자가 포함된 문자열 또는 문자가 들어 있는 셀 주소 Num_chars(문자 개수) : 가져올 문자 개수 Start_num(시작 위치) : MID 함수에서 문자를 가져오기 시작할 위치 번호

문자열 개수를 구하는 함수 LEN

LEN 함수는 문자열의 개수를 구하는 함수입니다. LEFT, RIGHT, MID 함수로 문자열을 추출할 때 불규칙한 길이의 문자열인 경우 LEN 함수를 사용하여 추출할 문자의 길이나 위치를 지정합니다.

함수 형식	=LEN(Text)
인수	Text(문자) : 개수를 구할 문자, 함수식 또는 해당 문자가 있는 셀 주소

문자열 위치를 찾는 함수 FIND

FIND 함수는 전체 문자열 중 특정 문자를 찾아 그 문자가 몇 번째에 있는지 위치 번호를 돌려주는 함수입니다. 주로 불규칙한 길이의 문자열에서 특정 문자열의 위치를 기준으로 문자열을 추출하도록 설정할 때 사용합니다.

함수 형식	=FIND(Find_text, Within_text, [Start_num])
인수	Find_text(찾는 문자) : 찾을 문자로 큰따옴표("") 안에 입력 Within_text(찾는 문자가 포함된 문자) : 찾는 문자가 포함된 문자나 해당 문자가 있는 셀 주소 Start_num(시작 위치) : 찾는 문자가 포함된 문자열 내에서 찾는 문자를 찾기 시작할 위치 번호. 보통 생략하는 경우가 많으며, 생략하면 1로 지정됨

표시 형식을 지정하는 함수 TEXT

TEXT 함수는 함수식 안에서 사용자 지정 표시 형식 코드를 지정하여 결과 값을 지정한 표시 형식으로 돌려주는 함수입니다. [셀 서식] 대화상자에서 지정한 표시 형식은 숫자 값 자체 속성은 변하지 않지만 TEXT 함수로 지정된 결과는 셀 값 자체가 지정한 형태의 문자 값으로 변경됩니다.

함수 형식	=TEXT(Value, Format_text)
인수	Value(값) : 숫자, 숫자가 산출되는 식이나 숫자가 입력되어 있는 셀 주소 Format_text(표시 형식 코드) : 표시할 사용자 지정 표시 형식 코드. 큰따옴표("") 안에 입력

텍스트 속성의 숫자를 값으로 바꾸는 함수 VALUE, NUMBERVALUE `2013`

VALUE와 NUMBERVALUE 함수는 다른 스프레드시트 프로그램과의 호환성을 위해 제공된 함수입니다. 다른 시스템에서 가져온 데이터의 숫자가 문자 속성으로 되어 있는 경우 계산할 수 없습니다. 또한 텍스트 함수를 사용하여 추출한 숫자는 그 속성이 문자로 변해 계산할 수 없으므로 VALUE 함수 안에 텍스트 함수를 넣어서 사용합니다.

NUMBERVALUE 함수는 엑셀 2013에서 새로 추가된 함수입니다. VALUE 함수보다 더 강력하게 작용하여 숫자 사이 공백 등의 문자를 무시하고 숫자 값으로 변환합니다. 또한 나라별로 다른 단위 구분 기호와 소수 기호 때문에 문자 속성으로 되어 있는 숫자를 값으로 변환하는 데 유용합니다.

함수 형식	=VALUE(Text) =NUMBERVALUE(Text, Decimal_separator, Group_separator)
인수	Text(문자) : 값으로 변환할 문자 속성의 숫자, 함수식 또는 해당 문자가 있는 셀 주소 Decimal_separator(소수 구분 기호) : 정수와 소수 부분을 구분하는 데 사용되는 문자. 생략하면 컴퓨터에 설정된 기본 구분 기호를 인식 Group_separator(단위 구분 기호) : 천 단위와 백 단위, 백만 단위와 천만 단위 등 숫자 그룹을 구분하는 데 사용되는 문자. 생략하면 컴퓨터에 설정된 기본 구분 기호를 인식

여러 문자를 합치는 함수 CONCATENATE

CONCATENATE 함수는 여러 문자열을 한 문자열로 만들 때 사용합니다. 문자열을 합칠 때는 & 연산자를 사용할 수 있지만 합칠 문자열이 많은 경우에는 일일이 입력하는 작업이 번거롭기 때문에 CONCATENATE 함수를 사용합니다.

함수 형식	=CONCATENATE(Text1,Text2⋯Text255)
인수	Text1~Text255(문자1~문자255) : 하나로 합칠 문자들로 255개까지 지정할 수 있음

문자열 일부를 다른 문자열로 바꾸는 함수 REPLACE

REPLACE 함수는 지정한 문자 개수에 따라 문자열 일부를 다른 문자열로 바꾸는 함수입니다. 문자들을 일률적으로 바꿀 때 사용하면 편리합니다.

함수 형식	=REPLACE(Old_text, Start_num, Num_chars, New_text)
인수	Old_text(기존 문자) : 바꾸려는 기존 문자 또는 문자가 있는 셀 주소
	Start_num(바꿀 문자열 위치) : 바꿀 문자열의 시작 위치
	Num_chars(바꿀 문자 수) : 바꿀 문자열의 개수
	New_text(새 문자) : 바꿔 넣을 새 문자열

핵심기능실습　**텍스트 함수로 문자 추출 및 문자 속성 숫자 값 변환하기**

- **실습 파일** Chapter11\Section02\텍스트함수_문자추출.xlsx　• **완성 파일** Chapter11\Section02\텍스트함수_문자추출완성.xlsx

신체사이즈, 포인트점수, 이메일 주소가 입력된 셀들로부터 원하는 문자만 추출하기 위해 LEFT, MID, RIGHT, LEN, FIND 함수를 사용해보면서 각 함수의 용도를 알아보겠습니다. 또한 텍스트 함수로 추출한 숫자는 문자 속성을 가지기 때문에 함수의 인수로 사용되면 계산이 되지 않는데, 문자 속성의 숫자를 값으로 변환할 수 있는 다양한 방법에 대해서 알아보겠습니다.

01 **문자의 왼쪽에서 추출하기**

신체사이즈의 문자 중 왼쪽에서 세 개를 추출하여 신장에 입력하겠습니다.

① [B2:B6] 셀 드래그

② =LEFT 입력 후 Ctrl + A 를 누릅니다.

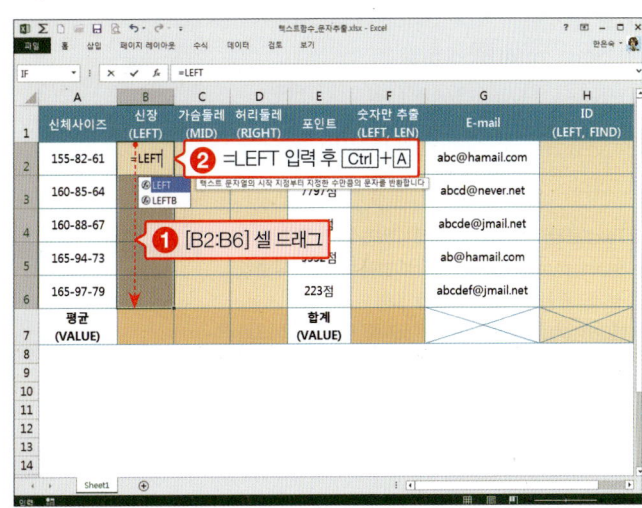

02 LEFT [함수 인수] 대화상자가 나타납니다.

① [Text]란에 **A2** 입력

② [Num_chars]란에 **3** 입력

③ **Ctrl** 을 누른 상태에서 [**확인**]을 클릭합니다.

• Text(문자) : 추출할 신장이 있는 [A2] 셀 지정
• Num_chars(문자 수) : 왼쪽에서 세 글자를 추출할 것이므로 '3' 입력

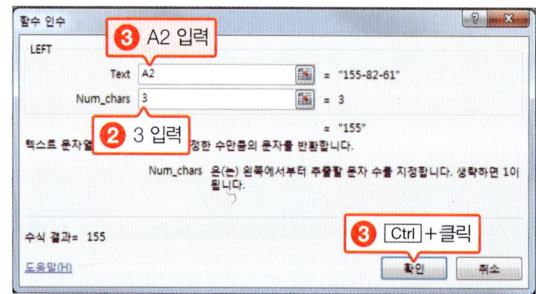

---

03 문자의 오른쪽에서 추출하기

신체사이즈의 문자 중 오른쪽에서 두 개를 추출하여 허리둘레에 입력하겠습니다.

① [D2:D6] 셀 드래그

② **=RIGHT** 입력 후 **Ctrl** + **A**

③ [Text]란에 **A2** 입력

④ [Num_chars]란에 **2** 입력

⑤ **Ctrl** 을 누른 상태에서 [**확인**]을 클릭합니다.

• Text(문자) : 추출할 허리둘레가 있는 [A2] 셀 지정
• Num_chars(문자 수) : 오른쪽에서 두 글자를 추출할 것이므로 '2' 입력

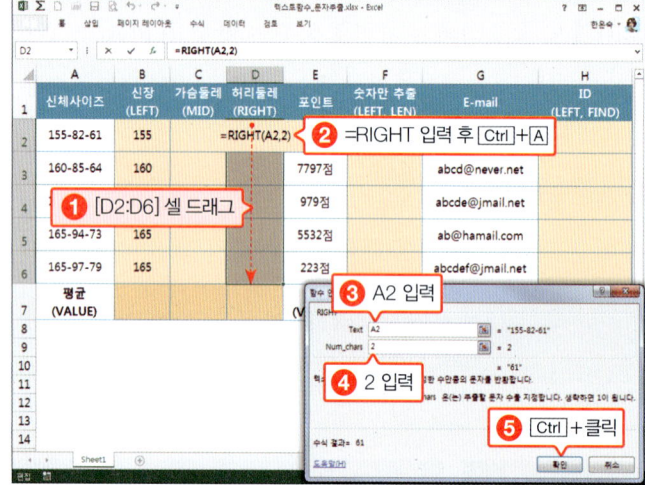

---

04 문자 가운데에서 추출하기

신체사이즈의 문자 중 가운데에서 두 개를 추출하여 가슴둘레에 입력하겠습니다.

① [C2:C6] 셀 드래그

② **=MID** 입력 후 **Ctrl** + **A**

③ [Text]란에 **A2** 입력

④ [Start_num]란에 **5** 입력

⑤ [Num_chars]란에 **2** 입력

⑥ **Ctrl** 을 누른 상태에서 [**확인**]을 클릭합니다.

• Text(문자) : 추출할 가슴둘레가 있는 [A2] 셀 지정
• Start_num(시작 위치) : 다섯 번째 글자부터 추출할 것이므로 시작 위치 번호로 '5' 입력
• Num_chars(문자 수) : 두 글자를 추출할 것이므로 '2' 입력

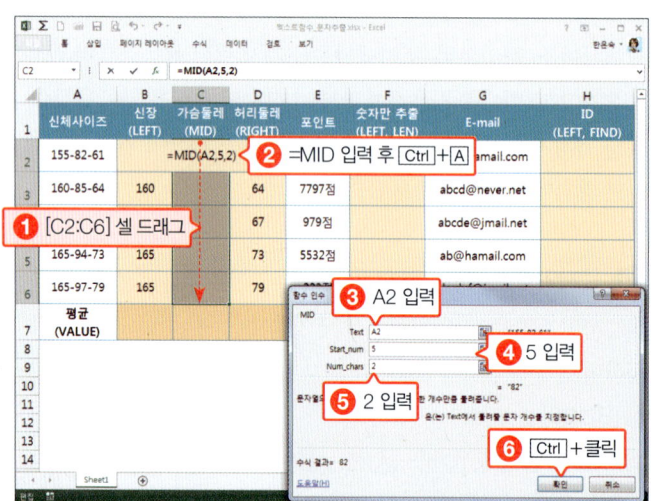

05 포인트 문자에서 숫자만 추출하기

'점'이라는 문자와 함께 입력된 포인트에서 숫자만 추출하겠습니다. 추출할 문자 개수가 셀마다 다르고 제외할 문자 개수는 문자 '점'과 동일하므로 추출할 문자 개수는 LEN 함수를 사용하여 입력합니다.

① [F2:F6] 셀 드래그

② =LEFT 입력 후 Ctrl + A

③ [Text]란에 E2 입력

④ [Num_chars]란에 LEN(E2)−1 입력

⑤ Ctrl 을 누른 상태에서 [확인]을 클릭합니다.

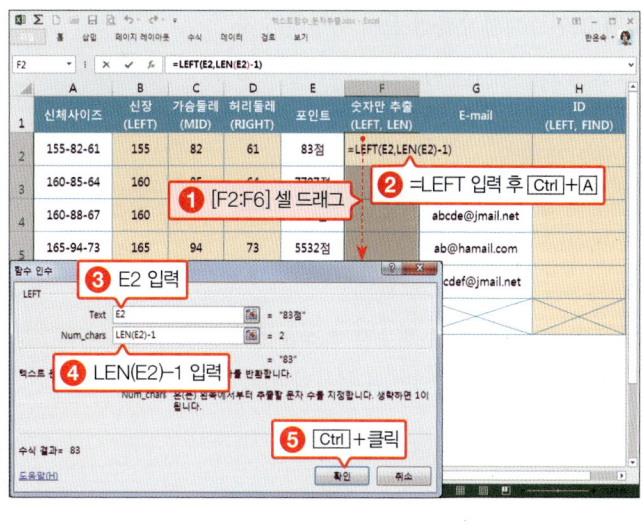

• Text(문자) : 추출할 포인트가 있는 [E2] 셀 지정
• Num_chars(문자 개수) : 전체 문자 길이에서 '점' 한 글자를 뺀 글자 개수를 추출할 것이므로 문자 길이에서 1을 빼는 'LEN(E2)−1'을 입력

06 이메일 주소에서 ID만 추출하기

[E−mail]에서 @ 기호 앞 위치까지의 개수만큼 추출하면 ID만 추출됩니다.

① [H2:H6] 셀 드래그

② =LEFT 입력 후 Ctrl + A

③ [Text]란에 G2 입력

④ [Num_chars]란에 FIND("@",G2)−1 입력

⑤ Ctrl 을 누른 상태에서 [확인]을 클릭합니다.

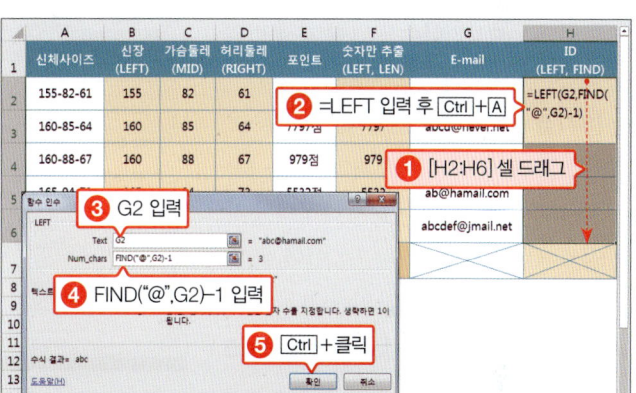

• Text(문자) : 추출할 ID가 있는 [G2] 셀 지정
• Num_chars(문자 수) : '@'까지의 위치 번호를 구하는 FIND("@",G2) 함수식에서 @ 기호는 빼고 추출해야 하므로 'FIND("@",G2)−1' 입력

07 VALUE 함수로 문자 속성 숫자 값 변환하기

① [F7] 셀 클릭

② [수식] 탭−[함수 라이브러리] 그룹−[자동 합계] 클릭. 텍스트 함수로 추출한 숫자의 속성은 문자이므로 SUM 함수의 괄호에 셀 범위가 자동으로 지정되지 않습니다.

③ [F2:F6] 셀을 드래그하고 Enter 를 누릅니다.

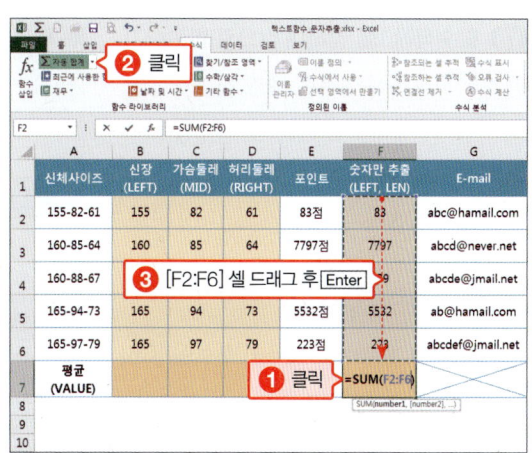

범위 합계로 0이 표시됩니다. 텍스트 함수로 추출한 문자 속성의 숫자를 값으로 변환하려면 VALUE 함수 안에 텍스트 함수식을 넣습니다.

08 포인트에서 추출한 문자 속성의 숫자를 숫자 값으로 변환하기 위해 VALUE 함수를 사용해보겠습니다.

① [F2] 셀 클릭

② 수식 입력줄의 =과 **LEFT** 사이에 **VALUE(** 입력

③ 함수식 끝에 **)** 입력 후 Enter

④ [F2] 셀을 선택하고 채우기 핸들을 [F6] 셀까지 드래그하여 수식을 복사합니다.

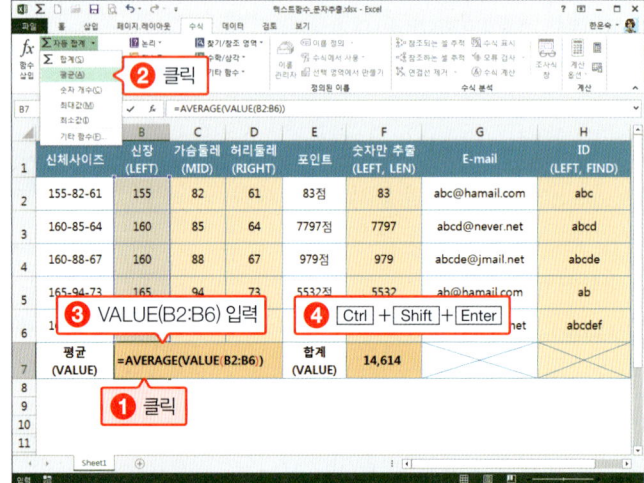

합계가 구해집니다.

09 VALUE를 사용한 배열 수식으로 계산하기

참조할 셀에 함수식을 작성하지 않고 계산 함수 안에 VALUE 함수를 넣어 계산 범위를 배열 수식으로 작성할 수도 있습니다.

① [B7] 셀 클릭

② [수식] 탭-[함수 라이브러리] 그룹-[자동 합계]-**[평균]** 선택. 문자 속성의 숫자들로 AVERAGE 함수 괄호 안에 셀 범위가 자동으로 지정되지 않습니다.

③ AVERAGE 함수의 괄호 안에 **VALUE (B2:B6)** 입력

④ 배열 수식으로 함수식을 완성하기 위해 Ctrl + Shift + Enter 를 누릅니다.

10 함수식에 1을 곱하여 값으로 변환하기

텍스트 함수식에 연산을 해도 결과가 값으로 만들어집니다. 즉, VALUE 함수를 사용하지 않고도 함수식에 1을 곱하면 값으로 변환할 수 있습니다.

① [C2] 셀 클릭 후 F2

② ***1** 입력 후 Enter

③ [C2] 셀을 선택하고 채우기 핸들을 [C6] 셀까지 드래그하여 수식을 복사합니다.

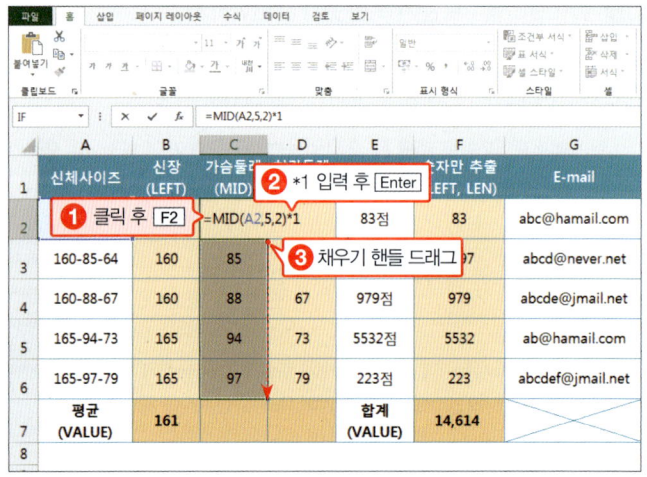

11

① [C7] 셀 클릭

② [수식] 탭-[함수 라이브러리] 그룹-[자동 합계]-**[평균]** 선택
AVERAGE 함수에 자동으로 [C2:C6] 셀 범위가 지정됩니다.

③ Enter 를 누릅니다.

[C2:C6] 셀이 숫자 값으로 변환되었기 때문에 바로 평균이 구해집니다.

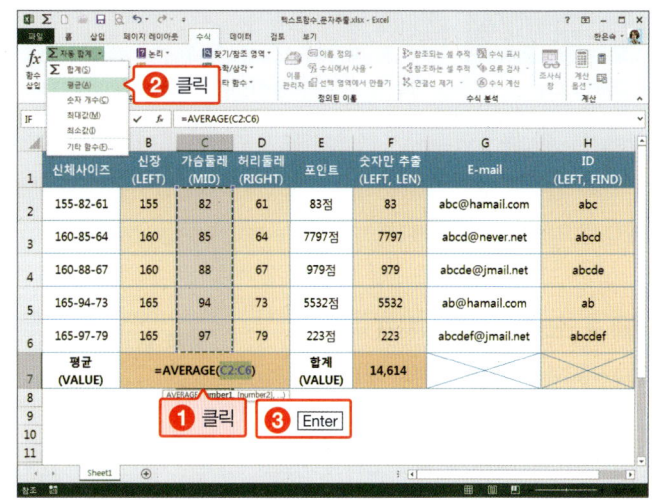

12 **선택하여 붙여넣기 연산으로 값 변환하기**

① [C7] 셀의 채우기 핸들을 [D7] 셀로 드래그해 AVERAGE 함수식 복사
[D2:D6] 셀 범위의 숫자가 문자 속성이므로 오류 표시가 생깁니다.

② [D9] 셀에 **1** 입력 후 Enter

③ 다시 **[D9]** 셀 클릭

④ [홈] 탭-[클립보드] 그룹-**[복사]**를 클릭합니다.

13 복사한 값을 [선택하여 붙여넣기]의 [값] 기능을 이용해 범위에 곱해보겠습니다.

① [D2:D6] 셀 드래그

② [홈] 탭-[클립보드] 그룹-[붙여넣기]-**[선택하여 붙여넣기]** 선택

③ 대화상자의 [붙여넣기]에서 **[값]** 클릭

④ [연산]에서 **[곱하기]** 클릭

⑤ **[확인]** 클릭

⑥ **[D9]** 셀을 선택하고 Delete 를 눌러 삭제합니다.

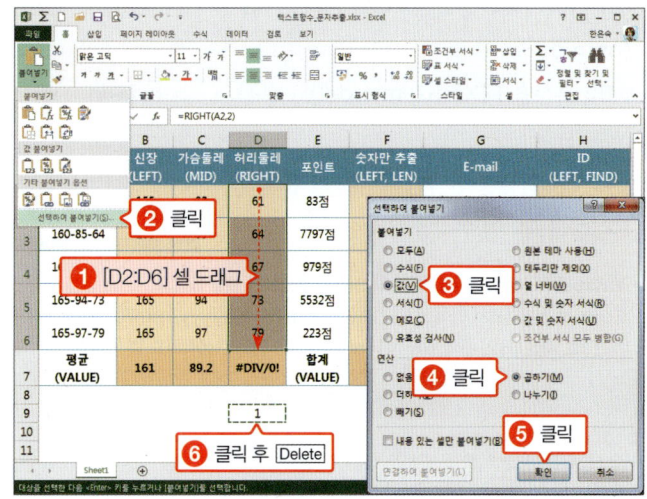

바로 통하는 TIP 주로 텍스트 함수식 결과보다는 다른 시스템에서 가져온 문자 속성의 숫자를 값으로 직접 변환하기 위해 사용합니다.

- **실습 파일** Chapter11\Section02\텍스트함수_문자변환.xlsx • **완성 파일** Chapter11\Section02\텍스트함수_문자변환완성.xlsx

앞에서는 한 셀에 있는 문자 중 일부를 추출했지만 이번에는 여러 셀에 있는 문자를 한 셀에 합쳐보겠습니다. 또한 셀의 일부 문자를 다른 문자로 일괄 변환하고, 잘못된 숫자 구분 기호로 인해 문자 속성으로 입력되어 있는 숫자를 값으로 변환하겠습니다.

01 & 연산자로 문자 합치기

기간에 '가입일 ~ 만기일' 형태로 합쳐서 표시하겠습니다.

① [C2] 셀에 **=A2&"~ "&B2** 입력 후 Enter

② **[C2] 셀**을 선택하고 채우기 핸들을 더블클릭하여 수식을 복사합니다.

결과 셀에는 날짜 서식이 적용되지 않으므로 날짜에 해당되는 숫자로 표시됩니다.

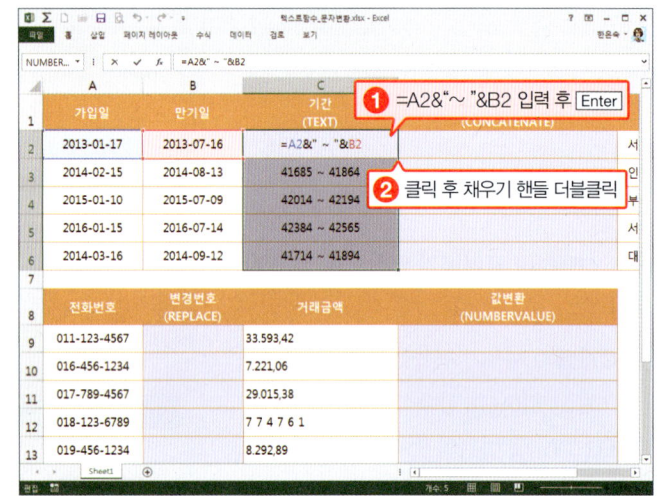

02 TEXT 함수로 셀의 일부 문자에 서식 지정하기

한 셀에 있는 두 날짜에 대해 각각 다른 서식 코드를 지정하여 표시해보겠습니다.

① [C2] 셀 더블클릭

② 수식에서 **A2** 부분을 TEXT(A2,"yyyy/mm/dd")로 수정

③ B2 부분을 TEXT(B2,"mm/dd")로 수정 후 Enter

④ 다시 **[C2] 셀**을 선택한 후 채우기 핸들을 더블클릭하여 수식을 복사합니다.

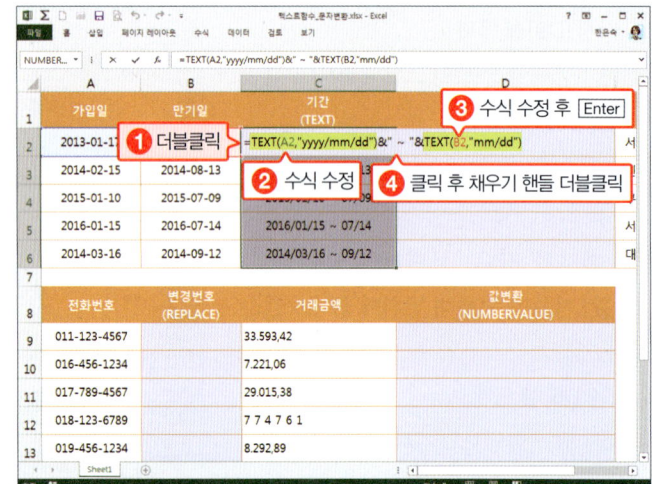

- Value(값) : 서식을 지정할 값이 있는 [A2] 셀, [B2] 셀을 드래그
- Format_text(표시 형식 코드) : [A2] 셀의 날짜 서식(yyyy/mm/dd)은 연도 4자리 yyyy, 월 2자리 mm, 일 2자리 dd로 표시하고 구분 기호는 /로 지정. [B2] 셀의 날짜 서식(mm/dd)은 연도는 생략하고 월 2자리 mm, 일 2자리 dd로 표시하고 구분 기호는 /로 지정

03 CONCATENATE 함수로 여러 셀의 문자를 한 셀에 합치기

따로 떨어진 주소를 한 셀에 합쳐보겠습니다. 합칠 문자열이 많아 CONCATENATE 함수를 사용하겠습니다.

① [D2:D6] 셀 드래그

② =CONCATENATE 입력 후 Ctrl + A

③ [Text1]~[Text8]란에 그림과 같이 각 셀 주소와 공백, 번지 지정

④ Ctrl 을 누른 상태에서 [확인]을 클릭합니다.

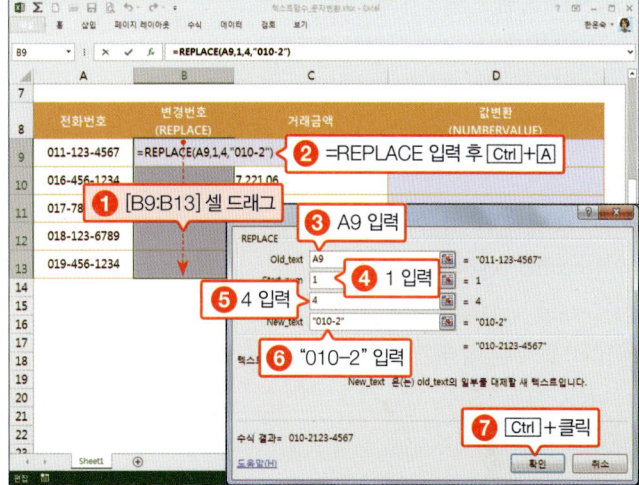

04 REPLACE 함수로 전화번호 일부를 일률적으로 변경하기

전화번호 앞부분을 모두 '010-2'로 변경하겠습니다.

① [B9:B13] 셀 드래그

② =REPLACE 입력 후 Ctrl + A

③ [Old_text]란에 **A9** 입력

④ [Start_num]란에 **1** 입력

⑤ [Num_chars]란에 **4** 입력

⑥ [New_text]란에 **"010-2"** 입력

⑦ Ctrl 을 누른 상태에서 [확인]을 클릭합니다.

・Old_text(기존 문자) : 변경할 전화번호가 있는 [A9] 셀
・Start_num(바꿀 문자열 위치) : 전화번호의 첫 번째 글자부터 변경할 것이므로 '1' 입력
・Num_chars(바꿀 문자 수) : 첫 번째 글자부터 네 개를 바꿀 것이므로 '4' 입력
・New_text(새 문자) : 바꿔 넣을 새 문자열로 "010-2" 입력

05 NUMBERVALUE 함수로 잘못된 구분 기호로 인한 문자 속성의 숫자, 값 변환하기

독일이나 프랑스 등에서는 소수점 기호로 마침표(.)가 아니라 콤마(,)를 사용하고 반대로 자릿수 구분 기호로 콤마(,)가 아니라 마침표(.)를 사용합니다. 이런 형태의 숫자를 한글 엑셀에 가져오면 구분 기호가 맞지 않아 문자 속성으로 인식됩니다. 숫자에 공백이 포함된 경우도 마찬가지입니다. [거래금액]에 있는 문자 속성의 숫자들을 값으로 변환해보겠습니다.

① **[D9:D13]** 셀 드래그
② **=NUMBERVALUE** 입력한 후 Ctrl + A 를 누릅니다.

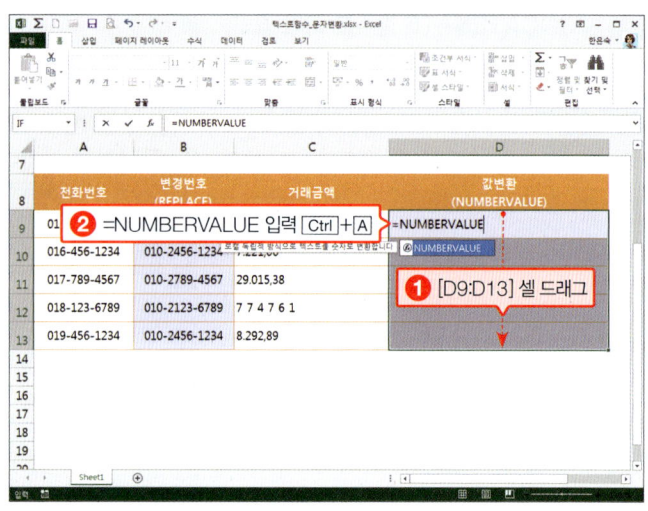

06

① [Text]란에 **C9** 입력
② [Decimal_separator]란에 , 입력
③ [Group_separator]란에 . 입력
④ Ctrl 을 누른 상태에서 **[확인]**을 클릭합니다.

[D9:D13] 셀에 입력된 값이 수정됩니다.

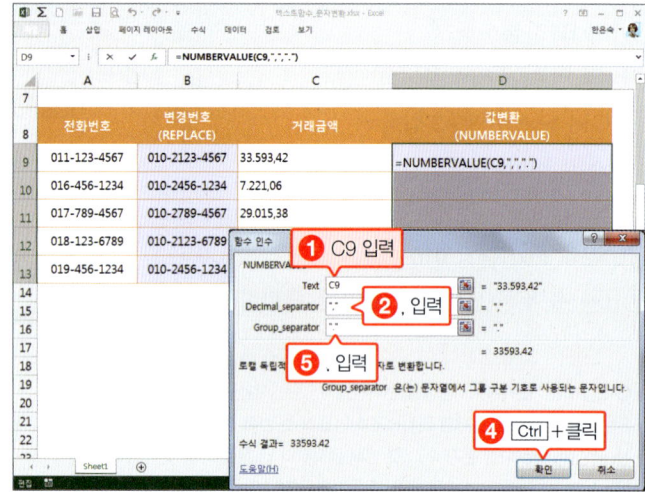

· Text(문자) : 값으로 변환할 문자 속성의 숫자가 있는 [C9] 셀 지정
· Decimal_separator(소수 구분 기호) : [C9] 셀에서 소수 구분 기호로 사용된 콤마 ',' 입력
· Group_separator(단위 구분 기호) : [C9] 셀에서 단위 구분 기호로 사용된 마침표 '.' 입력

텍스트 함수로 제품번호에서 제품정보 입력하기

2007 | 2010 | **2013**

- **실습 파일** Chapter11 \ Section02 \ 재고조사표.xlsx - **완성 파일** Chapter11 \ Section02 \ 재고조사표완성.xlsx

재고조사표에 입력된 제품번호로부터 조건에 따라 구분, 제품명칭, 규격을 입력하고 유로화로 입력된 단가를 원화로 환산하여 계산해보겠습니다. 또한 조사일, 조사차수, 대리점명을 조합하여 문서번호를 입력하겠습니다.

문서번호: **마포002-150122** ❶

담당	부장	전무	대표

재고조사표

조사일: **2015-01-22** 조사차수: **2** 대리점: **마포**

구분	제품번호	제품명칭	규격	수량	단가 (EUR)	단가 (₩)	금액(₩)
남성복	MG970(90)	구스다운패딩	90	6	337,16	488,882	2,933,292
여성복	WD476(100)	덕다운패딩	100	4	459,31	666,000	2,663,998
남성복	MG371(95)	구스다운패딩	95	2	956,91	1,387,520	2,775,039
여성복	WG305(110)	구스다운패딩	110	4	314,5	456,025	1,824,100
아동복	KD433(9)	덕다운패딩	9	2	888,93	1,288,949	2,577,897
여성복	WD575(95)	덕다운패딩	95	3	721,29	1,045,871	3,137,612
아동복	KG210(90)	구스다운패딩	90	1	826,18	1,197,961	1,197,961
남성복	MD237(100)	덕다운패딩	100	9	438,31	635,550	5,719,946
아동복	KG429(5)	구스다운패딩	5	3	779,5	1,130,275	3,390,825
아동복	KG559(15)	구스다운패딩	15	7	123,47	179,032	1,253,221
여성복	WD369(90)	덕다운패딩	90	8	363,94	527,713	4,221,704
여성복	WD211(95)	덕다운패딩	95	2	468,45	679,253	1,358,505
남성복	MG548(105)	구스다운패딩	105	9	288,34	418,093	3,762,837
남성복	MD298(95)	덕다운패딩	95	2	945,42	1,370,859	2,741,718
남성복	MG765(100)	구스다운패딩	10	3	265,3	384,685	1,154,055

❷ ❸ ❹ ❺

❶ 문서 번호 만들기
(CONCATENATE, TEXT 함수 사용)

❷ 구분 입력
(IF, LEFT 함수 사용)

❸ 제품명칭 입력
(IF, MID 함수 사용)

❹ 제품번호에서 규격 추출
(MID, LEN, FIND 함수 사용)

❺ 유로화를 원화로 환산
(NUBERVALUE 함수 사용)

01 CONCATENATE, TEXT 함수로 문서번호 만들기

대리점 이름에 조사차수를 세 자리로 표시하고 하이픈 뒤에 조사일을 연월일 두 자리씩으로 나타내는 문서번호를 만들어보겠습니다.

① [B1] 셀에 =CONCATENATE 입력 후 [Ctrl]+[A]

② [Text1]란에 H4 입력

③ [Text2]란에 TEXT(E4,"000") 입력

④ [Text3]란에 – 입력

⑤ [Text4]란에 TEXT(B4,"yymmdd") 입력

⑥ [확인]을 클릭합니다.

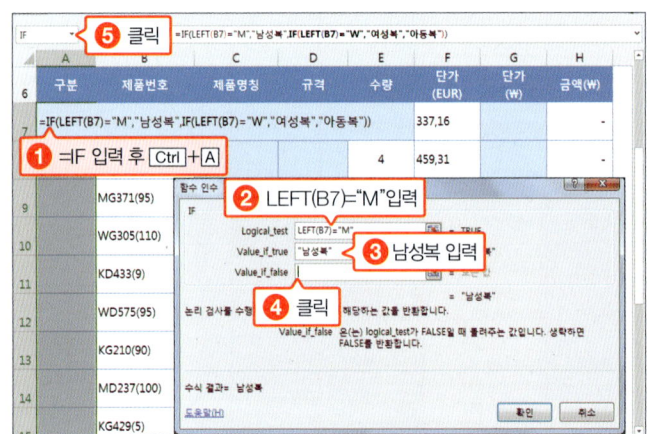

· Text1(문자1) : 조합할 첫 번째 문자로 대리점명이 있는 [H4] 셀 지정
· Text2(문자2) : 조합할 두 번째 문자로 조사차수인 [E4] 셀을 드래그하고, 숫자를 세 자리로 표시하기 위해 TEXT 함수의 000 코드 지정
· Text3(문자3) : 조합할 세 번째 문자로 하이픈 기호 '–' 지정
· Text4(문자4) : 조합할 네 번째 문자로 조사 날짜인 [B4] 셀을 드래그하고, 연월일을 각각 두 자리씩으로 표시하기 위해 TEXT 함수의 yymmdd 코드 지정

02 IF, LEFT 함수로 제품 구분 입력하기

제품번호가 M으로 시작하면 '남성복', W로 시작하면 '여성복', K로 시작하면 '아동복'이라고 입력하겠습니다.

① [A7] 셀에 =IF 입력 후 [Ctrl]+[A]

② [Logical_test]란에 LEFT(B7)="M" 입력

③ [Value_if_true]란에 남성복 입력

④ [Value_if_false]란 클릭

⑤ 이름 상자의 함수 목록에서 IF를 선택합니다.

· Logical_test(조건) : [B7] 셀 왼쪽에서 첫 번째 글자가 'M'인지 확인(LEFT 함수에 추출할 개수를 입력하지 않으면 한 개만 추출)
· Value_if_true(참일 때의 값) : 조건 확인 결과 참이면 '남성복' 입력
· Value_if_false(거짓일 때의 값) : 조건 확인 결과 거짓이면 두 번째 IF 함수 실행

03

① 두 번째 **IF** [함수 인수] 대화상자의 [Logical_test]
란에 **LEFT(B7)="W"** 입력

② [Value_if_true]란에 **여성복** 입력

③ [Value_if_false]란에 **아동복** 입력

④ [확인] 클릭

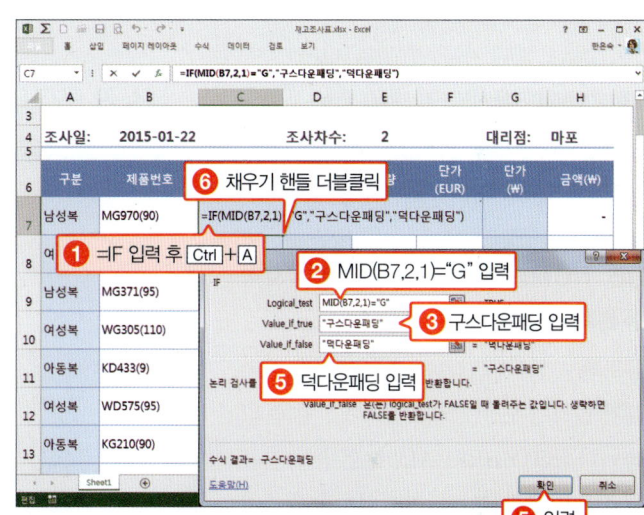

[A7] 셀의 채우기 핸들을 더블클릭하여 수식을 복사합니다.

· **Logical_test(조건)** : [B7] 셀 왼쪽에서 첫 번째 글자가 'W'인지 확인
· **Value_if_true(참일 때의 값)** : 조건 확인 결과 참이면 '여성복' 입력
· **Value_if_false(거짓일 때의 값)** : 조건 확인 결과 거짓이면 '아동복' 입력

04 IF, MID 함수로 제품명칭 입력하기

제품번호의 두 번째 글자가 G면 '구스다운
패딩', D면 '덕다운패딩'이라고 입력하겠습
니다.

① [C7] 셀에 **=IF** 입력 후 [Ctrl]+[A]

② [Logical_test]란에 **MID(B7,2,1)="G"**
입력

③ [Value_if_true]란에 **구스다운패딩** 입력

④ [Value_if_false]란에 **덕다운패딩** 입력

⑤ [확인] 클릭

⑥ [C7] 셀의 채우기 핸들을 더블클릭하여
수식을 복사합니다.

· **Logical_test(조건)** : [B7] 셀의 두 번째 글자부터 한 개(MID(B7,2,1))가 'G'인지 확인
· **Value_if_true(참일 때의 값)** : 조건 확인 결과 참이면 '구스다운패딩' 입력
· **Value_if_false(거짓일 때의 값)** : 조건 확인 결과 거짓이면 '덕다운패딩' 입력

05 MID, LEN, FIND 함수로 제품번호에서 규격 추출하기

제품번호 괄호 안에 있는 제품 규격을 추출해보겠습니다.

① [D7] 셀에 **=MID** 입력 후 Ctrl + A

② [Text]란에 **B7** 입력

③ [Start_num]란에 **FIND("(",B7)+1** 입력

④ [Num_chars]란에 **LEN(B7)−FIND("(",B7)−1** 입력

⑤ [확인]을 클릭합니다.

⑥ [D7] 셀의 채우기 핸들을 더블클릭하여 수식을 복사합니다.

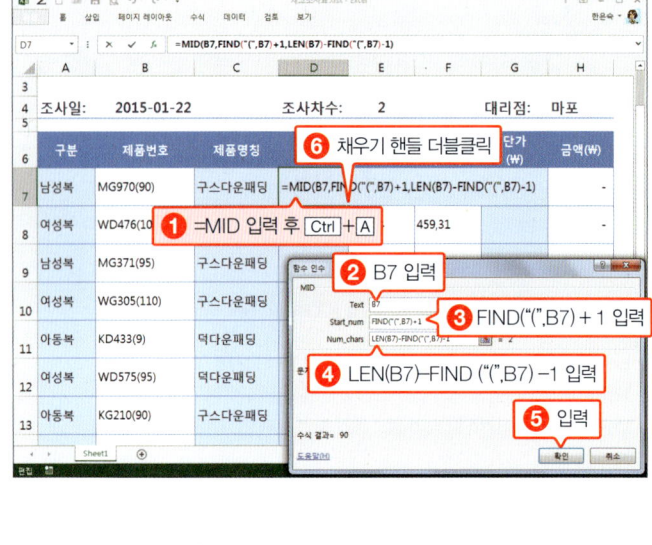

- Text(문자) : 추출할 규격이 포함된 [B7] 셀
- Start_num(추출 시작 위치) : [B7] 셀에서 "(" 문자 다음부터 추출합니다. 따라서 FIND("(",B7)로 입력하면 "(" 문자의 위치를 [B7] 셀에서 찾은 후 +1을 해줍니다.
- Num_chars(추출할 문자 개수) : 제품번호 전체 문자 길이인 LEN(B7)에서 "("까지의 길이인 FIND("(",B7)을 빼고 끝에 있는 ")" 문자 한 개까지 더 뺀 개수만큼 문자를 추출합니다.

06 NUMBERVALUE 함수로 유로화를 원화로 환산하기

유로화로 입력된 단가는 소수점 기호 콤마(,)가 입력된 문자이므로 바로 계산할 수 없습니다. NUMBERVALUE 함수를 이용해 값으로 변환합니다. 현재 유로화 환율이 1,450원이라는 가정 하에 계산해보겠습니다.

① [G7] 셀에 **=NUMBERVALUE(F7,",")** *1450 입력 후 Enter

② [G7] 셀을 선택하고 채우기 핸들을 더블클릭하여 수식을 복사합니다.

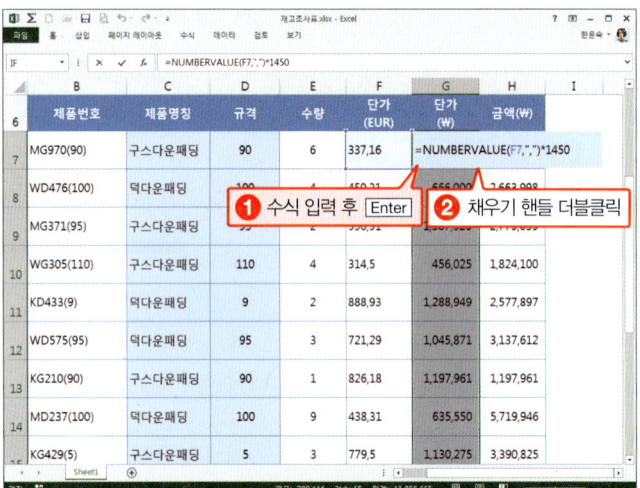

혼자해보기 숫자를 추출하여 출장비 계산하기

- **실습 파일** Chapter11\Section02\출장비지급명세서.xlsx
- **완성 파일** Chapter11\Section02\출장비지급명세서완성.xlsx

다음의 지시 사항에 따라 출장비 지급 명세서 빈 셀에 숫자를 추출한 후 계산하여 교통비, 식비, 숙박비 등을 구해보겠습니다.

출장비 지급 명세서

성명: 도민준 부서: 영업부 직위: 대리

날짜	요일	출장일수	출장지	거리	교통비	식비	숙박비	합계
2014-12-01		1박 2일	군산	149.2 km				-
2014-12-09		4박 5일	당진	54.6 km				-
2014-12-17		2박 3일	천안	24.4 km				-
2015-01-08		1박 2일	대전	87.7 km				-
2015-01-22		3박 4일	대천	81.2 km				-
2015-02-05		1박 2일	부여	93.1 km				-
2015-02-19		2박 3일	서산	86.5 km				-
2015-03-05		1박 2일	서울	107.4 km				-
합계					-	-	-	-

【MEMO】

※ 교통비: 1km 당 700원

※ 식 비: 일수*3*7000원

※ 숙박비: 박수*75000원

▲ 실습 파일

출장비 지급 명세서

(2014/12/01 ~ 2015/03/05)

성명: 도민준 부서: 영업부 직위: 대리

날짜	요일	출장일수	출장지	거리	교통비	식비	숙박비	합계
2014-12-01	월요일	1박 2일	군산	149.2 km	104,440	42,000	75,000	221,440
2014-12-09	화요일	4박 5일	당진	54.6 km	38,220	105,000	300,000	443,220
2014-12-17	수요일	2박 3일	천안	24.4 km	17,080	63,000	150,000	230,080
2015-01-08	목요일	1박 2일	대전	87.7 km	61,390	42,000	75,000	178,390
2015-01-22	목요일	3박 4일	대천	81.2 km	56,840	84,000	225,000	365,840
2015-02-05	목요일	1박 2일	부여	93.1 km	65,170	42,000	75,000	182,170
2015-02-19	목요일	2박 3일	서산	86.5 km	60,550	63,000	150,000	273,550
2015-03-05	목요일	1박 2일	서울	107.4 km	75,180	42,000	75,000	192,180
합계					478,870	483,000	1,125,000	2,086,870

【MEMO】

※ 교통비: 1km 당 700원

※ 식 비: 일수*3*7000원

※ 숙박비: 박수*75000원

▲ 완성 파일

1. 그림과 같이 출장비 지급 명세서 제목 아래 [A2] 셀에 '[A7] 셀 날짜 ~ [A14] 셀 날짜'를 괄호 안에 표시합니다. 날짜 표시 형식은 yyyy/mm/dd 형식으로 표시합니다(CONCATENATE, TEXT 함수 사용).

2. 요일은 날짜 셀의 날짜 데이터를 참조하여 해당되는 요일을 입력합니다(TEXT 함수 사용, 서식 코드는 'aaaa').

3. 교통비는 거리에서 숫자만 추출한 결과에 700을 곱하여 구합니다(LEFT, LEN 함수 사용).

4. 식비는 출장일수의 일수를 추출한 결과에 3과 7000을 곱하여 구합니다(MID 함수 사용).

5. 숙박비는 출장일수에서 숙박일수를 추출한 결과에 75000을 곱하여 구합니다(LEFT 함수 사용).

두 날짜나 시간의 간격을 계산하려면 날짜/시간 함수를 사용합니다. 날짜나 시간 계산은 은행이나 보험회사에서 기간 단위로 이율을 계산할 때, 일반 회사에서는 기간에 따라 수당, 급여, 퇴직금 등을 계산할 때 사용할 수 있습니다.

엑셀의 날짜 개념

① 하이픈(–)이나 슬러시(/)를 구분 기호로 연–월–일을 입력하면 셀에 자동으로 날짜 서식이 지정되면서 데이터가 입력됩니다. ② 날짜 서식이 지정된 셀에 숫자 1을 입력하면 1900년 1월 1일로 날짜가 표시되며 ③ 날짜 서식을 없애면 해당 날짜의 숫자로 표시됩니다. 엑셀은 1에서 2,958,465까지의 숫자를 1900–01–01에서 9999–12–31까지의 날짜로 표시하기 때문입니다. 이처럼 엑셀에 입력한 날짜 데이터는 그 속성이 숫자이기 때문에 ④ 날짜 데이터에 숫자를 더하거나 빼면 날짜로부터 해당 숫자의 일수만큼 더하거나 빼집니다.

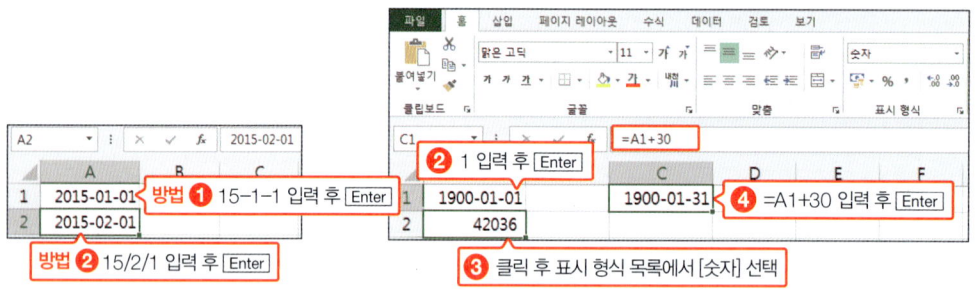

엑셀의 시간 개념

콜론(:)을 구분 기호로 시:분:초를 입력하면 셀에 시간 서식이 적용되면서 데이터가 입력됩니다. 시간 데이터가 입력된 셀의 시간 서식을 없애면 역시 숫자로 표시됩니다. 엑셀은 하루 24시간을 1로 정의하고 시간을 0과 1 사이 소수점으로 표시합니다.

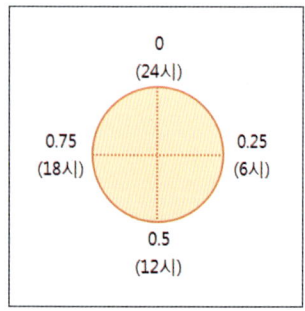

예를 들어 ① 셀에 6:30을 입력한 후 ② 6시 30분이 입력된 셀에서 서식을 없애면 0.270833이 표시됩니다. 6시는 6을 24시간으로 나눈 0.25입니다. 1시간은 60분, 24시간은 1,440분이므로 30분은 30을 1,440분으로 나눈 0.020833입니다. 따라서 6시 30분은 0.25+0.020833=0.270833과 같습니다.

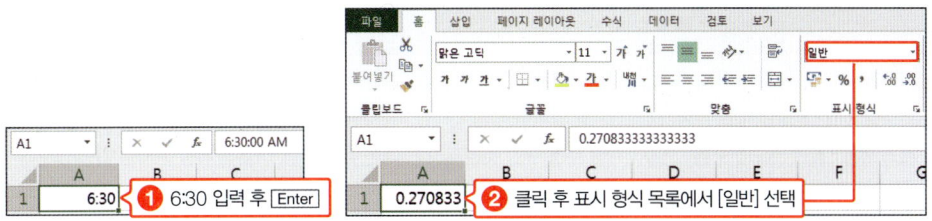

엑셀의 시간 데이터는 실제로 24시간으로 나누어진 0 이하의 숫자이므로 다음과 같이 시간 서식이 적용된 근무시간에 시급을 곱해야 할 때는 근무시간에 바로 시급을 곱하는 것이 아니라 24를 곱한 후 시급을 곱해야 합니다.

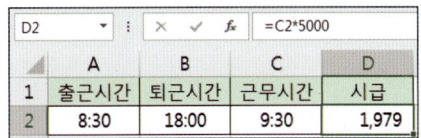

▲ 근무시간에 5000을 곱한 결과

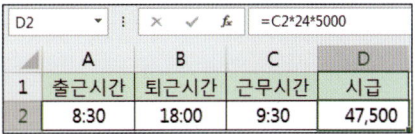

▲ 근무시간에 24를 곱하고 5000을 곱한 결과

현재 날짜, 시간을 표시하는 TODAY, NOW 함수

TODAY 함수는 컴퓨터에 설정된 현재 날짜를 돌려주며 NOW 함수는 현재 날짜와 함께 시간까지 돌려주는 함수입니다. 혼자서 사용되기도 하고 특정 날짜에서 현재 날짜, 시간까지의 경과일이나 시간을 계산하기 위해 사용되기도 합니다.

함수 형식	=TODAY( ) =NOW( )
인수	TODAY, NOW 함수는 인수 없이 빈 괄호만 입력합니다.

두 날짜 사이의 날짜 수를 구하는 DAYS 2013, DAYS360 함수

두 날짜 사이의 날짜 수를 구하려면 끝 날짜에서 시작 날짜를 빼는 일반 수식을 사용할 수 있습니다. 날짜와 시간까지 입력된 데이터로 날짜 수를 계산할 때 엑셀 2013에서 추가된 DAYS 함수를 사용하면 시간은 무시하고 두 날짜 사이의 일수만 계산합니다. DAYS360 함수는 1년을 360일(30일 기준 12개월)로 하여 두 날짜 사이의 날짜 수를 계산합니다.

함수 형식	=DAYS(End_date, Start_date) =DAYS360(Start_date, End_date, Method)
인수	Start_date(시작 날짜) : 날짜 수를 계산할 시작 날짜 End_date(끝 날짜) : 날짜 수를 계산할 끝 날짜 Method(계산 방식) : FALS나 0을 입력하거나 생략하면 U.S(NASD)식, TRUE 또는 1을 입력하면 유럽식 사용

두 날짜 사이의 종류별 경과 기간을 구하는 DATEDIF 함수

DATEDIF 함수는 두 날짜 사이에 경과된 연수나 개월 수, 일수를 구할 때 사용되는 함수입니다. DATEDIF 함수는 함수 라이브러리나 함수 마법사 목록에서는 찾을 수 없지만 함수식은 셀에 직접 입력해야 합니다.

함수 형식	=DATEDIF(시작일, 종료일, 결과 유형)
인수	**시작일** : 기간을 구할 시작 날짜나 날짜가 입력된 셀. 날짜를 직접 입력할 때는 큰따옴표("") 안에 입력 **종료일** : 기간을 구할 종료 날짜가 입력된 셀. 날짜를 직접 입력할 때는 큰따옴표("") 안에 입력 **결과 유형** : 경과 연도를 구할 것인지, 개월 수를 구할 것인지 등에 대한 결과 유형. 다음의 유형 문자를 입력하며 대소문자는 구분하지 않습니다. 큰따옴표("") 안에 입력 y : 총 경과 연도 수 m : 총 경과 개월 수 d : 총 경과 일수 ym : 경과 연도를 뺀 나머지 개월 수 md : 경과 연도와 개월 수를 뺀 나머지 일수

날짜로부터 요일 정보를 가져오는 WEEKDAY 함수

WEEKDAY 함수는 날짜로부터 요일에 해당되는 숫자를 반환하는 함수입니다. 주로 요일을 조건으로 계산해야 할 때 사용됩니다.

함수 형식	=WEEKDAY(Serial_number,Return_type)
인수	**Serial_number(날짜)** : 날짜 형식의 날짜 데이터나 날짜에 해당하는 숫자 **Return_type(결과 유형)** : 요일을 구할 유형으로 생략하면 일요일(1)~토요일(7) 순서로 숫자를 가져옵니다. 보통은 생략함 1 또는 생략 : 일요일(1) ~ 토요일(7)의 순서로 숫자를 가져옴 2 : 월요일(1) ~ 일요일(7)의 순서로 숫자를 가져옴 3 : 월요일(0) ~ 일요일(6)의 순서로 숫자를 가져옴

날짜를 지정하는 DATE 함수, 연, 월, 일을 가져오는 YEAR, MONTH, DAY 함수

DATE 함수는 함수 안에서 연, 월, 일을 인수로 지정하여 원하는 날짜를 만들거나 계산할 때 사용합니다. 예를 들어 어떤 날짜로부터 몇 개월이나 몇 년 전, 후의 날짜를 만들어야 할 때는 DATE 함수 안의 인수에서 계산해주면 편리합니다.

YEAR, MONTH, DAY 함수는 날짜로부터 연, 월, 일에 해당하는 숫자만 가져오는 함수입니다.

함수 형식	=DATE(Year, Month, Day) =YEAR(Serial_number) =MONTH(Serial_number) =DAY(Serial_number)

인수	Year(연) : 1900부터 9999까지 연도를 나타내는 숫자
	Month(월) : 1부터 12까지 월을 나타내는 숫자
	Day(일) : 1부터 31까지 일자를 나타내는 숫자
	Serial_number(날짜) : 날짜 또는 날짜 데이터에 해당하는 숫자

시간을 지정하는 TIME 함수, 시, 분, 초를 가져오는 HOUR, MINUTE, SECOND 함수

TIME 함수는 함수 안에서 시, 분, 초를 인수로 지정하여 원하는 시간을 만들거나 계산할 때 사용합니다. 어떤 시간으로부터 몇 시간 전이나 후, 몇 분 전이나 후의 시간을 구해야 할 때는 TIME 함수 안의 인수에서 계산해주어야 합니다.

HOUR, MINUTE, SECOND 함수는 시간으로부터 시, 분, 초에 해당하는 숫자만 가져오는 함수입니다.

함수 형식	=TIME(Hour, Minute, Second)
	=HOUR(Serial_number)
	=MINUTE(Serial_number)
	=SECOND(Serial_number)
인수	Hour(시) : 0부터 23까지 시간을 나타내는 숫자
	Minute(분) : 0부터 59까지 분을 나타내는 숫자
	Second(초) : 0부터 59까지 초를 나타내는 숫자
	Serial_number(시간) : 시간 형식으로 된 시간 데이터 또는 시간에 해당하는 숫자

핵심기능실습 | 날짜 및 시간 함수로 날짜, 시간 계산하기

• **실습 파일** Chapter11\Section03\날짜시간함수.xlsx   • **완성 파일** Chapter11\Section03\날짜시간함수완성.xlsx

날짜로부터 연, 월, 일을, 시간으로부터 시, 분, 초를 추출해보고 날짜나 시간 사이의 다양한 계산을 위해 필요한 날짜, 시간 함수들을 사용해보겠습니다.

01 날짜에서 연, 월, 일 추출하기

계약날짜가 입력된 셀에서 연, 월, 일을 추출해보겠습니다.

① [B3] 셀에 **=YEAR(A3)** 입력 후 Enter

② [C3] 셀에 **=MONTH(A3)** 입력 후 Enter

③ [D3] 셀에 **=DAY(A3)**를 입력하고 Enter 를 누릅니다.

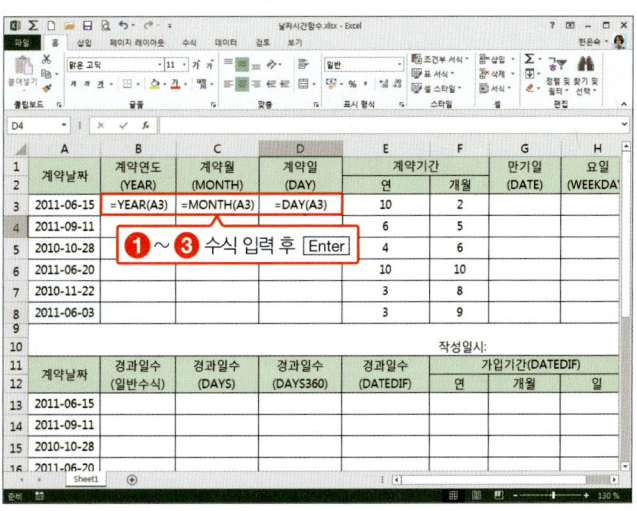

① [B3:D3] 셀 드래그

② 채우기 핸들을 더블클릭하여 함수식들을
복사합니다.

[B4:D8] 셀까지 값이 입력됩니다.

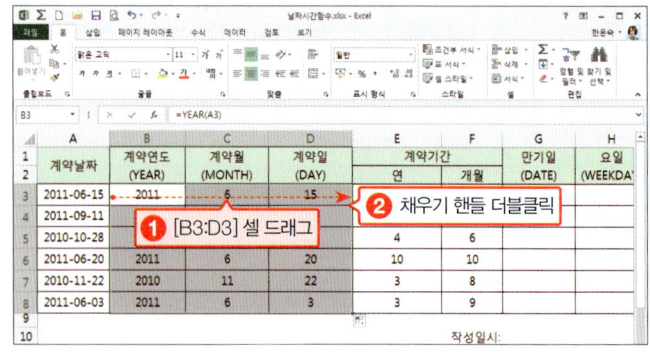

03 날짜에 연도 수와 개월 수 더하기

계약날짜에 계약기간의 연도 수와 개월 수
를 더하여 만기일을 구하겠습니다.

① [G3:G8] 셀 드래그

② =DATE 입력 후 Ctrl + A

③ [Year]란에 B3+E3 입력

④ [Month]란에 C3+F3 입력

⑤ [Day]란에 D3 입력

⑥ Ctrl 을 누른 상태에서 [확인]을 클릭합
니다.

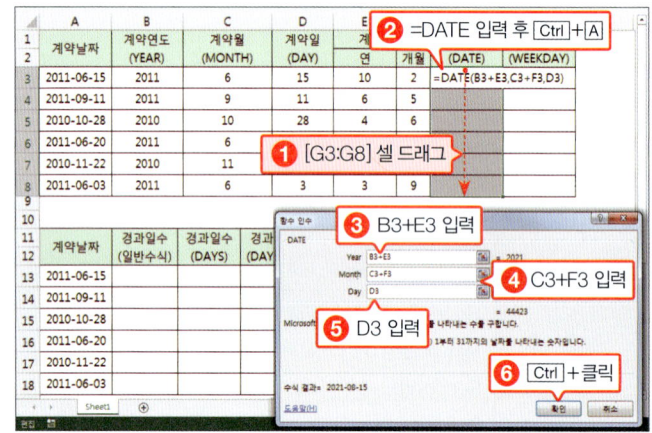

· Year(연도) : 계약연도(B3)에 계약기간의 연도 수(E3)를 더하여 연도 지정
· Month(월) : 계약월(C3)에 계약기간의 개월 수(F3)를 더하여 월 지정
· Day(일) : 계약일(D3)의 일자 지정

04 만기일 날짜의 요일 구하기

날짜에서 요일을 구해주는 WEEKDAY 함
수를 이용해 만기일의 요일을 구해보겠습
니다.

① [H3:H8] 셀 드래그

② =WEEKDAY 입력 후 Ctrl + A

③ [Seial_Number]란에 G3 입력

④ Ctrl 을 누른 상태에서 [확인] 클릭

⑤ 결과로 표시된 요일에 해당하는 번호를
문자로 표시하기 위해 Ctrl + 1 을 눌
러 [셀 서식] 대화상자를 표시합니다.

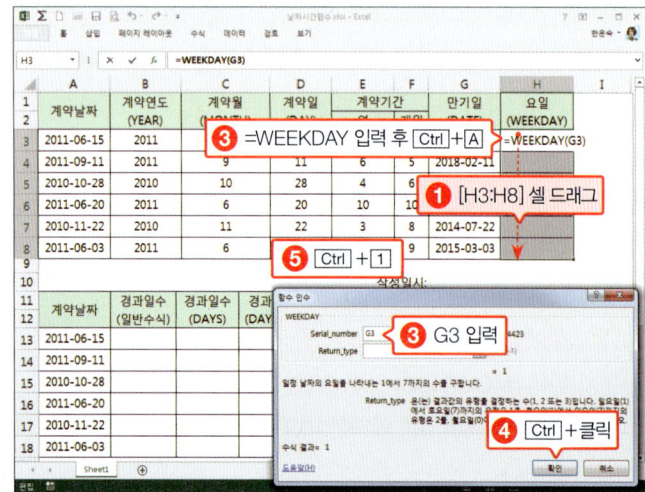

· Serial_number(날짜) : 요일을 구할 만기일 날짜 셀(G3)을 지정
· Return_type(결과유형) : 결과 값 유형으로 일요일(1)~토요일(7) 유형으로 구할 것이므로 생략

05

① [표시 형식] 탭의 [범주] 목록에서 **[사용자 지정]** 선택

② [형식]란에 **aaaa** 입력

③ **[확인]**을 클릭합니다.

[보기] 항목의 '일요일'과 같은 형식으로 요일이 입력됩니다.

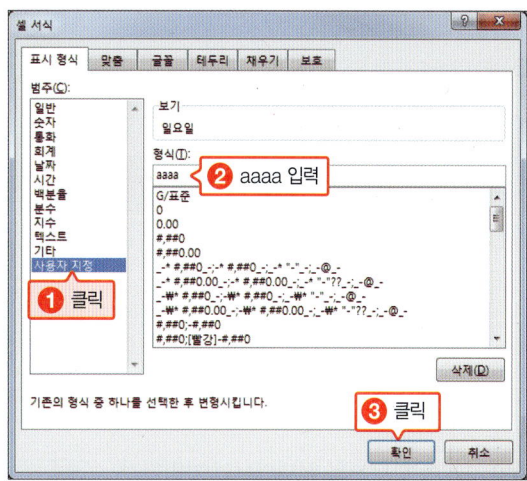

06 계약날짜로부터 현재까지의 경과 일수 구하기

날짜 사이의 경과 일수를 구하는 방법은 다양합니다. 각 방법별 결과 값의 차이를 확인해보겠습니다. 먼저 현재 일시를 입력하기 위해 [G10] 셀에 **= NOW( )**를 입력하고 Enter를 누릅니다.

	A	B	C	D	E	F	G	H
1	계약날짜	계약연도	계약월	계약일	계약기간		만기일	요일
2		(YEAR)	(MONTH)	(DAY)	연	개월	(DATE)	(WEEKDA'
3	2011-06-15	2011	6	15	10	2	2021-08-15	일요일
4	2011-09-11	2011	9	11	6	5	2018-02-11	일요일
5	2010-10-28	2010	10	28	4	6	2015-04-28	화요일
6	2011-06-20	2011	6	20	10	10	2022-04-20	수요일
7	2010-11-22	2010	11	22	3	8	2014-07-22	화요일
8	2011-06-03	2011	6	3	3	9	2015-03-03	화요일
9								
10							작성일시:	=NOW()
11	계약날짜	경과일수	경과일수	경과일수	경과일수		가입기간(DAY)DIF)	
12		(일반수식)	(DAYS)	(DAYS360)	(DATEDIF)		**= NOW( ) 입력 후 Enter**	
13	2011-06-15							
14	2011-09-11							

07

① [B13] 셀에 **=$G$10−A13** 입력 후 Enter

② [C13] 셀에 **=DAYS($G$10,A13)** 입력 후 Enter

③ [D13] 셀에 **=DAYS360(A13,$G$10)** 입력 후 Enter

④ [E13] 셀에 **=DATEDIF(A13,$G$10, "d")**를 입력하고 Enter를 누릅니다.

	A	B	C	D	E	F	G
1	계약날짜	계약연도	계약월		계약일	계약기간	만기일
2		(YEAR)	(MONTH)		(DAY)	연	개월	(DATE
3	2011-06-15	2011	6		15	10	2	2021-08
4	2011-09-11	2011	9		11	6	5	2018-02
5	2010-10-28	2010	10		28	4	6	2015-04
6	2011-06-20	2011	6		20	10	10	2022-04
7	2010-11-22	2010	11		22	3	8	2014-07
8	2011-06-03	2011	6		3	3	9	2015-03

계약연도 (YEAR), 계약월 (MONTH), 계약일 (DAY), 계약기간 연/개월, 만기일(DATE)

	A	B	C	D	E	F	G
10						작성일시:	2014
11	계약날짜	경과일수	경과일수	경과일수	경과일수	가입기간(	
12		(일반수식)	(DAYS)	(DAYS360)	(DATEDIF)	연	개월
13	2011-06-15	=$G$10-A13	=DAYS($G$10,A13)	=DAYS360(A13,$G$10)	=DATEDIF(A13,$G$10,"d")		
14	2011-09-11						
15	2010-10-28						
16	2010-06-20						
17	2010-11-22						
18	2011-06-03						

① ~ ④ 수식 입력 후 Enter

바로 통하는 TIP 결과 비교

① **일반 수식**: NOW 함수는 날짜와 시간까지 입력되므로 '끝 날짜−시작 날짜' 수식으로 계산한 결과는 소수까지 구해집니다.

② **DAYS 함수**: DAYS 함수는 '끝 날짜, 시작 날짜' 순으로 인수를 지정합니다. 시간을 제외한 날짜만 계산한 결과가 구해집니다.

③ **DAYS360 함수**: DAYS360 함수는 '시작 날짜, 끝 날짜' 순으로 인수를 지정합니다. 각 개월을 30일로 처리한 결과이므로 경과 일수가 더 적게 구해집니다.

④ **DATEDIF 함수**: DATEDIF 함수는 '시작 날짜, 끝 날짜, 계산 옵션' 순으로 인수를 지정합니다. 계산 옵션 'd'는 두 날짜 사이의 전체 일수를 구하라는 옵션입니다. 결과는 DAYS 함수 결과와 같습니다.

※ NOW 함수 결과는 여러분이 실습하고 있는 날짜와 시간으로 계산되므로 결과 그림과는 값이 다릅니다.

08

① [B13:E13] 셀 드래그

② 채우기 핸들을 더블클릭하여 수식을 복사합니다.

[B4:E18] 셀까지 값이 입력됩니다.

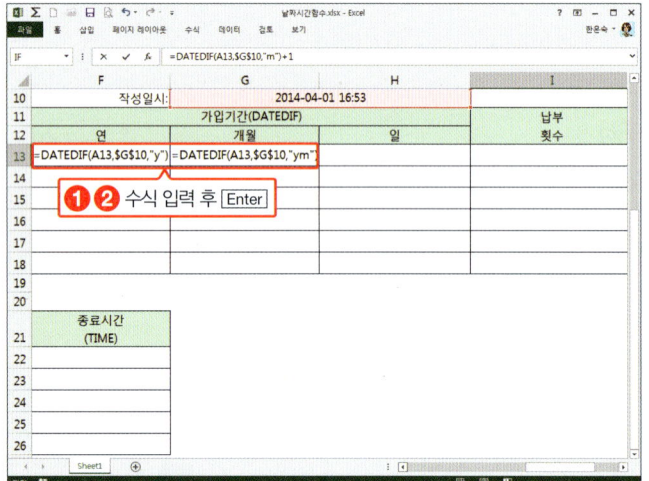

09 계약날짜로부터 현재까지의 가입기간 및 납부 횟수 구하기

DATEDIF 함수는 계산 옵션 지정에 따라 두 날짜 사이의 경과 일수뿐 아니라 경과 연도, 개월 수 등을 구할 수 있습니다. 계약 날짜로부터 현재날짜까지의 가입기간이 몇 년, 몇 개월, 몇 일인지 구해보겠습니다.

① [F13] 셀에 =DATEDIF(A13,$G$10, "y") 입력 후 Enter

경과 연도 수가 구해집니다.

② [G13] 셀에 =DATEDIF(A13,$G$10, "ym") 입력 후 Enter

경과 연도를 뺀 나머지 개월 수가 구해집니다.

10

① [H13] 셀에 =DATEDIF(A13,$G$10, "md") 입력 후 Enter

경과 연도와 개월 수를 뺀 나머지 일수가 구해집니다.

② [I13] 셀에 =DATEDIF(A13,$G$10, "m")+1을 입력하고 Enter를 누릅니다.

총 경과 개월 수가 구해집니다(계약 월부터 납부 횟수에 넣어야 하므로 +1을 했습니다).

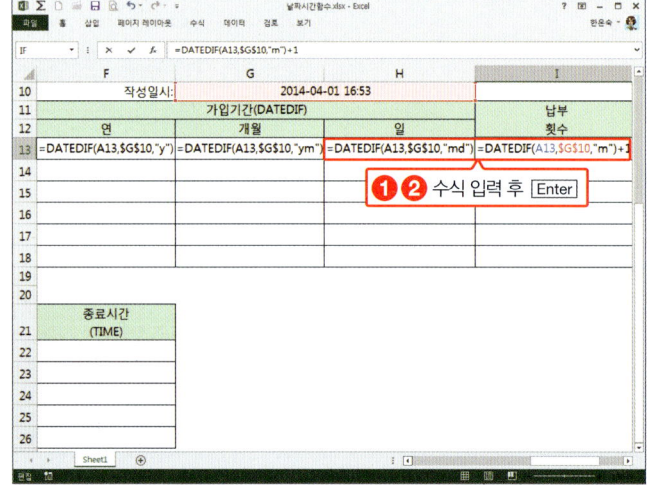

11

① [F13:I13] 셀 드래그

② **채우기 핸들**을 더블클릭하여 함수식들을
복사합니다.

[F14:I18] 셀까지 값이 입력됩니다.

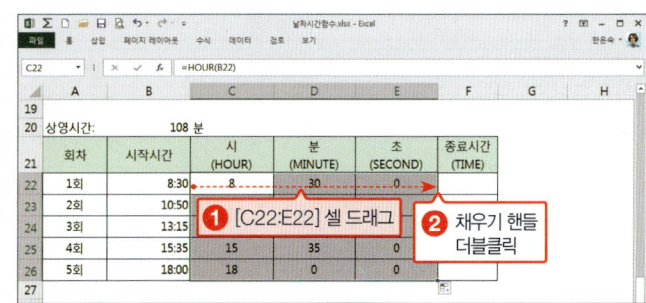

12 시간에서 시, 분, 초 추출하기

시작시간이 입력된 셀에서 시, 분, 초를 추출해보겠습
니다.

① [C22] 셀에 **=HOUR(B22)** 입력 후 Enter

② [D22] 셀에 **=MINUTE(B22)** 입력 후 Enter

③ [E22] 셀에 **=SECOND(B22)**를 입력하고 Enter 를
누릅니다.

13

① [C22:E22] 셀 드래그

② **채우기 핸들**을 더블클릭하여 함수식들을
복사합니다.

[C23:E26] 셀까지 값이 입력됩니다.

**14 시작시간에 상영시간을 더하여 종료시
간 구하기**

시작시간에 상영시간을 더하여 종료시간
을 구하겠습니다.

① [F22:F26] 셀 드래그

② **=TIME** 입력 후 Ctrl + A

③ [Hour]란에 **C22** 입력

④ [Minute]란에 **D22+$B$20** 입력

⑤ [Second]란에 **E22** 입력

⑥ Ctrl 을 누른 상태에서 [**확인**]을 클릭합
니다.

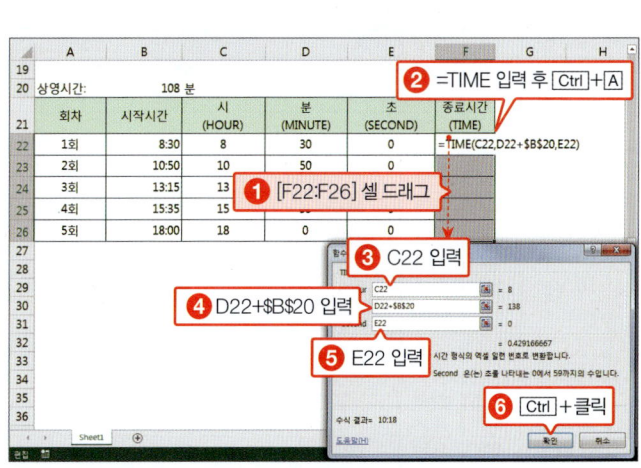

• Hour(시) : 시작시간에서 추출한 시간(C22) 지정

• Minute(분) : 시작시간에서 추출한 분(D22)를 지정하고 [B20] 셀의 분을 더함. [B20] 셀은 수식을 복사할 때 변하지 않도록 절대 참조 형태로
입력. 60분이 넘는 값은 시간으로 더해짐

• Second(초) : 시작시간에서 추출한 초(E22) 지정

아르바이트 급여명세서에 근무기간 및 시급 구하기

2007 | 2010 | 2013

• 실습 파일 Chapter11 \ Section03 \ 아르바이트급여.xlsx   • 완성 파일 Chapter11 \ Section03 \ 아르바이트급여완성.xlsx

한 달간 출근 시간과 퇴근 시간이 입력된 아르바이트 급여명세서입니다. 계약일, 계약기간을 이용해서 근무기간, 재계약일 등을 구합니다. 근무시간은 점심시간 1시간을 빼고 평일과 주말 근무시간을 따로 계산합니다. 평일과 주말 근무의 시급은 다르게 구합니다. 또한 일요일인 행은 글꼴 색을 빨간색으로, 토요일인 행은 글꼴 색을 파란색으로 표시해보겠습니다.

평일급여 = 근무시간*7000원

주말급여 = 근무시간*8500원

아르바이트 급여명세서

소속	판매부	성명	김수현	계약일	2013-10-01	근무기간	1년 1개월 29일
				계약기간	1년 6개월	재계약일	2015-04-01

| 총근무시간 | 258시간28분 | | | 지급합계 | ₩1,914,500 | | |

날짜	출근	퇴근	평일 근무시간	평일급여	주말 근무시간	주말급여
11/01(토)	9:00	21:10	0:00	-	11:10	93,500
11/02(일)	8:52	18:07	0:00	-	8:14	68,000
11/03(월)	8:24	20:36	11:12	77,000	0:00	-
11/04(화)	8:52	18:15	8:23	56,000	0:00	-
11/05(수)	8:32	18:02	8:29	56,000	0:00	-
11/07(금)	8:09	17:23	8:13	56,000	0:00	-
11/08(토)	7:12	21:30	0:00	-	13:18	110,500
11/09(일)	8:50	18:00	0:00	-	8:09	68,000
11/10(월)	7:26	19:40	11:14	77,000	0:00	-
11/11(화)	8:52	18:03	8:10	56,000	0:00	-
11/13(목)	9:07	21:07	11:00	77,000	0:00	-
11/14(금)	9:32	19:50	9:18	63,000	0:00	-
11/15(토)	7:26	21:40	0:00	-	13:14	110,500
11/16(일)	8:24	20:41	0:00	-	11:17	93,500
11/17(월)	8:38	18:03	8:24	56,000	0:00	-
11/18(화)	7:26	20:52	12:26	84,000	0:00	-
11/19(수)	7:12	18:14	10:02	70,000	0:00	-
11/21(금)	8:57	18:16	8:19	56,000	0:00	-
11/22(토)	8:52	18:16	0:00	-	8:24	68,000
11/23(일)	8:38	20:38	0:00	-	11:00	93,500
11/24(월)	8:52	18:14	8:21	56,000	0:00	-
11/25(화)	8:09	19:26	10:16	70,000	0:00	-
11/27(목)	8:47	18:14	8:26	56,000	0:00	-
11/28(금)	8:09	17:50	8:40	56,000	0:00	-
11/29(토)	8:09	20:32	0:00	-	11:23	93,500
11/30(일)	8:52	21:10	0:00	-	11:17	93,500
합계			150시간59분	1,022,000	107시간28분	892,500

❶ 주말 근무시간 구하기
   (IF, OR, WEEKDAY 함수 사용)
❷ 급여 구하기(HOUR 함수 사용)
❸ 근무시간 합계 서식 지정
❹ 주말 행에 조건부 서식 지정
   (WEEKDAY 함수 사용)

01 근무기간 구하기

[H3] 셀에 **=DATEDIF(F3,A34,"y")&"년"** 입력한 후 Enter 를 누릅니다.

바로 통하는 TIP 함수식 설명
=DATEDIF(F3,A34,"y")&"년" : 계약일(F3)로부터 급여 말일(A34)까지의 경과연도 수("y")에 '년'을 연결(&)

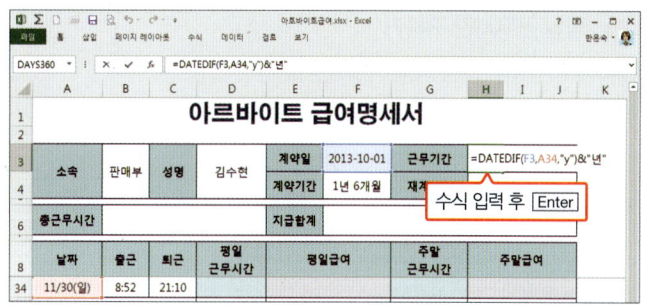

02

① [I3] 셀에 **=DATEDIF(F3,A34,"ym")&"개월"** 입력 후 Enter

② [J3] 셀에 **=DATEDIF(F3,A34,"md")& "일"**을 입력하고 Enter 를 누릅니다.

바로 통하는 TIP 함수식 설명
① =DATEDIF(F3,A34,"ym")&"개월" : 계약일(F3)로부터 급여 말일(A34)까지의 연도 수를 뺀 개월 수("ym")에 "개월"을 연결(&)
② =DATEDIF(F3,A34,"md")&"일" : 계약일(F3)로부터 급여 말일(A34)까지의 연도 수와 개월 수를 뺀 일수("md")에 "일"을 연결(&)

03 계약기간을 더해 재계약일 구하기

계약일에 계약기간을 더해 재계약일을 구해보겠습니다.

① [H4] 셀에 **=DATE** 입력 후 Ctrl + A

② [Year]란에 **YEAR(F3)+LEFT(F4)** 입력

③ [Month]란에 **MONTH(F3)+MID (F4,4,1)** 입력

④ [Day]란에 **DAY(F3)** 입력

⑤ [확인]을 클릭합니다.

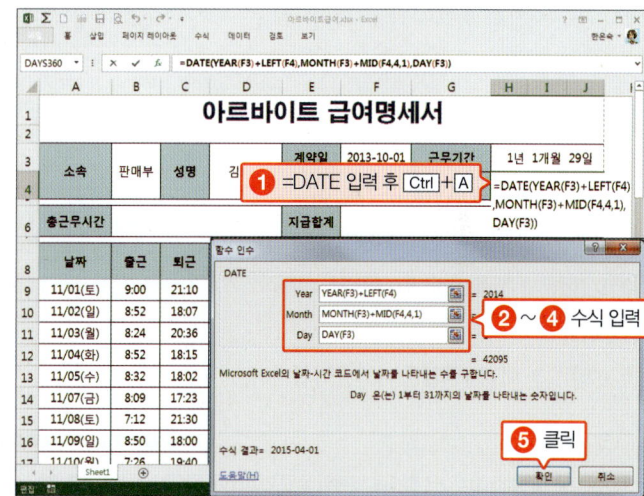

- **Year(연)** : 계약일의 연도 YEAR(F3)에 계약기간 셀 왼쪽에서 첫 번째 글자 한 개(LEFT(F4))를 더합니다.
- **Month(월)** : 계약일의 월 MONTH(F3)에 계약기간 셀 네 번째 글자 한 개(MID(F4,4,1))를 더합니다.
- **Day(일)** : 계약일의 일 DAY(F3)를 지정

04 평일 근무시간 구하기

날짜가 일요일이나 토요일이면 0으로 지정하고 아니면 퇴근시간에서 출근시간과 점심시간 1시간을 뺀 근무시간을 구합니다.

① [D9] 셀에 **=IF** 입력 후 Ctrl + A

② [Logical_test]란에 **OR(WEEKDAY(A9)=1, WEEKDAY(A9)=7)** 입력

③ [Value_if_true]란에 **0** 입력

④ [Value_if_false]란에 **C9-B9-1/24** 입력

⑤ [확인] 클릭

⑥ [D9] 셀의 **채우기 핸들**을 더블클릭합니다.

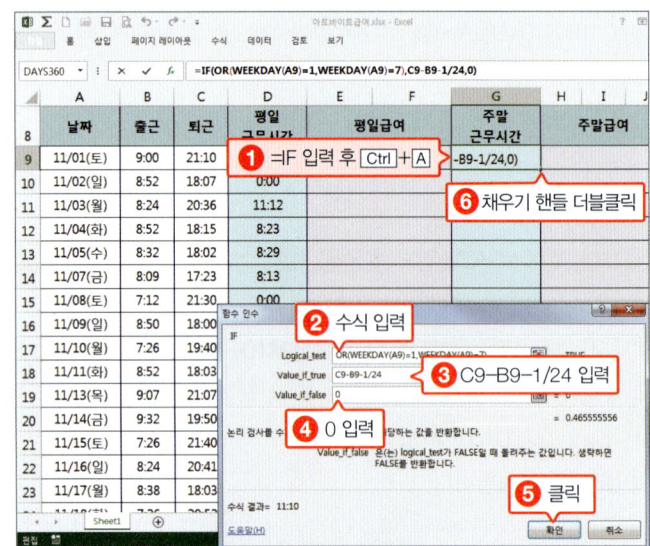

• Logical_test(조건) : OR 함수로 날짜의 요일 번호(WEEKDAY(A9))가 1(일요일)이거나 7(토요일)인지 확인
• Value_if_true(참 값) : 조건이 참이면, 즉 주말이면 '0' 입력
• Value_if_false(거짓 값) : 조건이 거짓, 즉 평일이면 퇴근시간(C9)에서 출근시간(B9)을 빼고 점심시간 1시간을 빼야 하므로 1을 24시간으로 나눈 값을 뺌

05 주말 근무시간 구하기

날짜가 일요일이나 토요일이면 퇴근시간에서 출근시간과 점심시간 1시간을 뺀 근무시간을 구하고, 아니면 0을 지정합니다.

① [G9] 셀에 **=IF** 입력 후 Ctrl + A

② [Logical_test]란에 **OR(WEEKDAY(A9)=1,WEEKDAY(A9)=7)** 입력

③ [Value_if_true]란에 **C9-B9-1/24** 입력

④ [Value_if_false]란에 **0** 입력

⑤ [확인] 클릭

⑥ [G9] 셀의 **채우기 핸들**을 더블클릭합니다.

• Logical_test(조건) : OR 함수로 날짜의 요일 번호(WEEKDAY(A9))가 1(일요일)이거나 7(토요일)인지 확인
• Value_if_true(참 값) : 조건이 참이면, 즉 주말이면 퇴근시간(C9)에서 출근시간(B9)을 빼고 점심시간 1시간을 빼야 하므로 1을 24시간으로 나눈 값을 뺌
• Value_if_false(거짓 값) : 조건이 거짓이면, 즉 평일이면 0 입력

06 급여 계산하기

근무시간의 시간 부분만 추출하여 평일급여는 7,000원, 주말급여는 8,500원을 곱합니다.

① [E9] 셀에 =**HOUR(D9)*7000** 입력 후 Enter

② [E9]셀 선택 후 **채우기 핸들** 더블클릭

③ [H9] 셀에 =**HOUR(G9)*8500** 입력 후 Enter

④ [H9] 셀을 다시 선택하고 **채우기 핸들**을 더블클릭합니다.

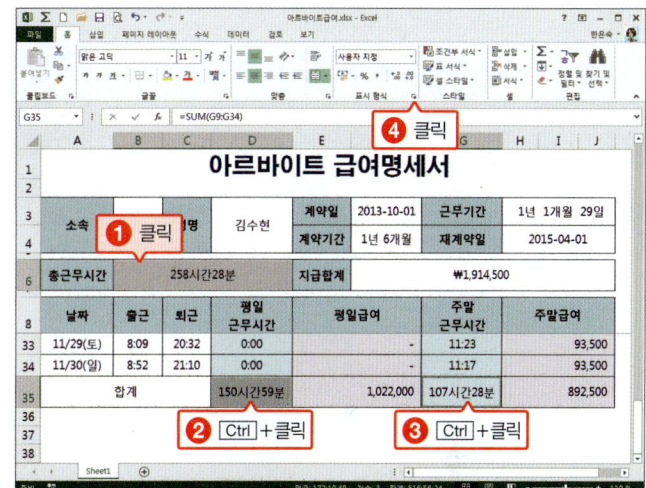

07 근무시간 합계 서식 지정하기

근무시간과 급여합계 셀에는 미리 SUM 함수식이 입력되어 있습니다. 일반 시간 서식으로 설정되어 24시간을 넘는 근무시간 합계가 제대로 표시되지 않습니다. 근무시간 합계 서식에 24시간이 넘는 시간을 표시하도록 지정하겠습니다.

① [B6] 셀 클릭

② [D35] 셀 Ctrl+클릭

③ [G35] 셀 Ctrl+클릭

④ [홈] 탭−[표시 형식] 그룹의 [**대화상자 표시**]아이콘을 클릭합니다.

08

① [셀 서식] 대화상자의 [범주] 목록에서 [**사용자 지정**] 선택

② [형식]란에 **[h]시간m분** 입력

③ [**확인**]을 클릭합니다.

─────────────────────

숫자 값의 합으로만 표시되었던 근무시간 합계가 '[h]시간m분' 형태로 수정되었습니다.

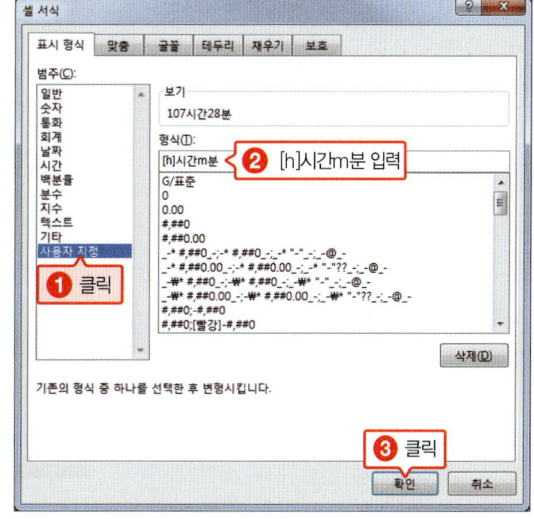

09 주말 행에 조건부 서식 지정하기

일요일인 행은 글꼴 색을 빨간색으로 지정하겠습니다.

① [A9:J34] 셀 드래그

② [홈] 탭-[스타일] 그룹-[조건부 서식]-[새 규칙] 선택

③ [규칙 유형 선택] 목록에서 [수식을 사용하여 서식을 지정할 셀 결정] 선택

④ 수식 입력란에 =WEEKDAY($A9)=1 입력

⑤ [서식]을 클릭합니다.

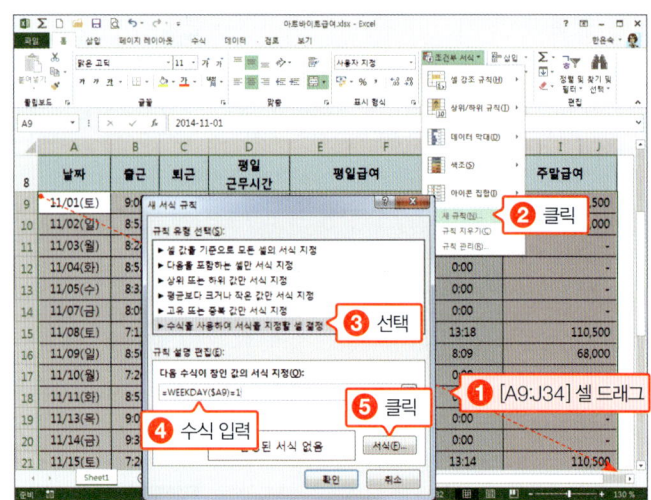

10

① [셀 서식] 대화상자의 [글꼴] 탭-[색] 목록에서 [빨강] 선택

② [확인]을 클릭합니다.

[새 서식 규칙] 대화상자의 [확인]을 클릭합니다.

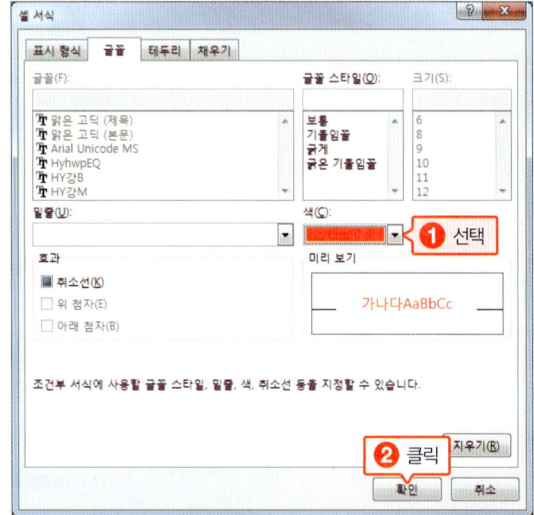

11 토요일인 행은 글꼴 색을 파란색으로 지정하겠습니다.

① [홈] 탭-[스타일] 그룹-[조건부 서식]-[새 규칙] 선택

② [규칙 유형 선택] 목록에서 [수식을 사용하여 서식을 지정할 셀 결정] 선택

③ 수식 입력란에 =WEEKDAY($A9)=7 입력

④ [서식]을 클릭합니다.

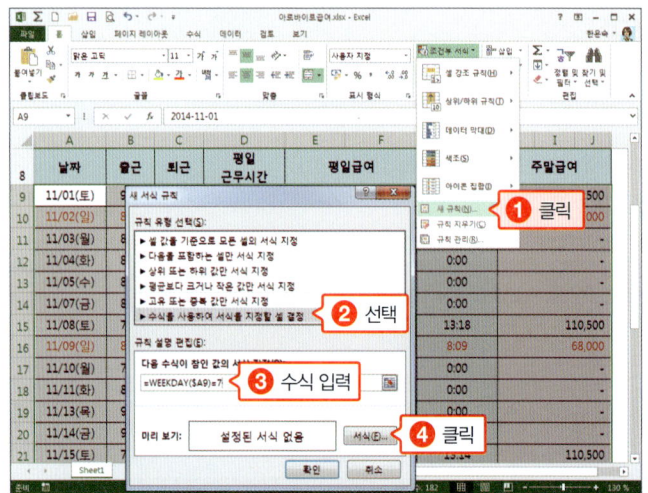

12

① [셀 서식] 대화상자 [글꼴] 탭의 [색] 목록에서 **[파랑]**
　　선택

② **[확인]**을 클릭합니다.

[새 서식 규칙] 대화상자의 [확인]을 클릭합니다.

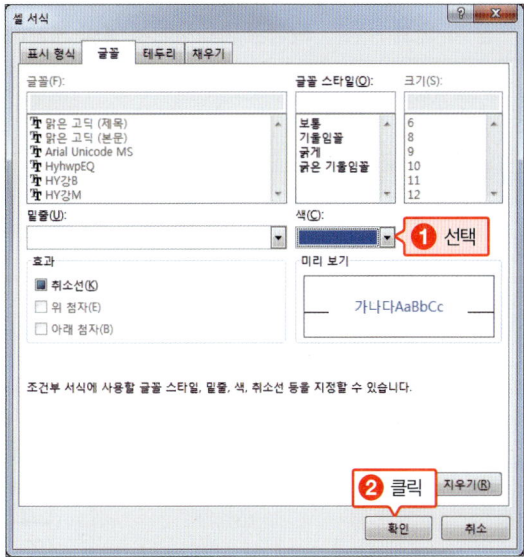

실무활용노트 **EXCEL**　　**5일 단위로 셀 색 채우기**

날짜의 일자가 5일 단위인 행에 셀 색을 채우고 싶다면 조건부 서식에서
MOD 함수와 DAY 함수를 사용한 조건식을 지정합니다. MOD 함수는 숫
자를 나누기한 후 나머지 값을 구합니다. MOD 함수 속에서 날짜의 일자
를 가져온 후 일자를 5로 나눈 나머지가 0이면 5일 단위입니다. 따라서
=MOD(DAY($A9),5)=0을 조건식으로 지정한 후 [서식]을 클릭하고 [셀 서식]
대화상자에서 채우기 색을 지정하면 5일 단위 행에 셀 색이 채워집니다.

- **실습 파일** Chapter11\Section03\퇴직금명세서.xlsx　•**완성 파일** Chapter11\Section03\퇴직금명세서완성.xlsx

퇴직금 명세서의 지시 사항에 따라 정산일시, 생년월일, 근무일수, 재직기간, 평균 급여 계산의 근무날짜 등 빈칸을 완성합니다.

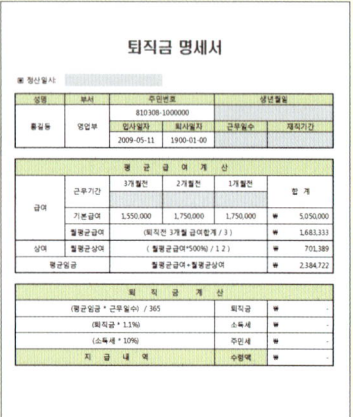

▲ 실습 파일

▲ 완성 파일

1 정산일시 : [B3] 셀에 현재 날짜와 시간을 입력합니다(NOW 함수 사용).

2 생년월일 : 주민번호를 이용하여 [E6] 셀에 생년월일을 입력합니다(DATE, LEFT, MID 함수 사용).

3 근무일수 : 입사일자에서 퇴사일자까지의 전체 근무일수를 [E8] 셀에 구합니다(DAYS 함수 사용). 퇴사일자는 [B3] 셀이 연결되어 있습니다.

4 재직기간 : 입사일자에서 퇴사일자까지의 재직기간이 몇 년, 몇 개월, 몇 일인지 [F8] 셀에 구합니다(DATEDIF 함수, & 연산자 사용).

5 [C12] 셀에 퇴사일 3개월 전, [D12] 셀에 2개월 전, [E12] 셀에 1개월 전 날짜를 구합니다(DATE, YEAR, MONTH, DAY 함수 사용).

많은 양의 데이터 목록이나 배열을 참조하여 찾은 값을 가지고 계산해야 하는 경우에는 찾기/참조 영역 함수들을 사용합니다. 실무에서 많이 사용되는 찾기/참조 영역 함수들을 살펴보겠습니다.

목록에서 값을 찾아오는 VLOOKUP, HLOOKUP 함수

VLOOKUP, HLOOKUP은 어떤 값을 입력하고 해당 값을 다른 데이터 목록에서 찾은 후 그 해당 값과 관련된 정보를 가지고 와야 할 때 주로 사용하는 함수입니다.

두 함수의 쓰임새와 함수 인수 형식은 거의 동일하지만, VLOOKUP 함수는 세로 방향 데이터 목록에서 값을 찾아올 때, HLOOKUP 함수는 가로 방향 데이터 목록에서 값을 찾아올 때 사용합니다.

함수 형식	=VLOOKUP(Lookup_value,Table_array,Col_index_num,[Range_lookup]) =HLOOKUP(Lookup_value,Table_array,Row_index_num,[Range_lookup])
인수	Lookup_value(찾는 값) : 표 목록 첫 번째 줄에서 찾으려는 값 Table_array(표 목록) : 찾을 값이 있는 표 목록 Col_index_num(열 번호) : 표 목록에서 가져올 데이터가 있는 열 번호 Row_index_num(행 번호) : 표 목록에서 가져올 데이터가 있는 행 번호 Range_lookup(찾을 방식) : 정확히 일치하는 값을 찾을 것인지, 수치 범위 내에서 근사 값을 찾을 것인지에 대한 선택 사항 True 또는 생략 : 수치 범위 내에서 근사 값을 찾음. 찾을 값이 숫자인 경우 주로 사용 False or 0 : 정확하게 일치하는 값을 찾음. 찾을 값이 문자인 경우 주로 사용

지정한 행과 열이 교차하는 셀의 값을 가져오는 INDEX 함수

INDEX는 범위 내에서 몇 번째 행, 몇 번째 열에 있는 값을 구할 수 있는 함수입니다. 배열(Array)형과 참조(Reference)형이 있는데, 배열형은 항상 한 개의 값 또는 값의 배열을 구합니다.

INDEX 함수의 첫째 인수가 배열 상수이면 배열형을 사용합니다. 참조형은 행과 열이 교차하는 위치의 셀 참조를 반환합니다. 참조 범위가 인접하지 않은 여러 영역으로 이루어진 경우에는 참조형을 사용합니다.

함수 형식	=INDEX(Array,Row_num,Column_num) → 배열형 =INDEX(Reference,Row_num,Column_num,Area_num) → 참조형
인수	Array(배열) : 찾아올 값이 있는 셀 범위나 배열 상수. 배열에 행만 있거나 열만 있는 경우 Row_num이나 Column_num 인수 중 하나는 생략할 수 있음 Row_num(행 번호) : 범위에서 찾아올 값이 있는 행 번호 Column_num(열 번호) : 범위에서 찾아올 값이 있는 열 번호 Reference(한 개 이상의 범위) : 한 개 이상의 셀 범위에 대한 참조. 인접하지 않은 범위를 참조로 입력하려면 콤마 (,)를 구분 기호로 입력하고, 괄호로 묶어줌(예 : (B4:E15,B20:E30)) Area_num(범위 번호) : 참조형 INDEX 함수에서 한 개 이상의 범위를 지정한 경우에 어느 범위에서 값을 찾아올 지 지정. 첫 번째 영역은 1, 두 번째는 2, 세 번째는 3으로 입력. 생략하면 영역 1이 지정됨

값이 범위 내에서 몇 번째 위치인지 구하는 MATCH 함수

MATCH는 범위 내에서 찾는 값이 몇 번째 위치에 있는지 구하는 함수입니다. INDEX 함수에서 특정 데이터의 행 번호와 열 번호를 지정할 때 함께 사용되는 경우가 많습니다.

함수 형식	=MATCH(Lookup_value,Lookup_array,Match_type)
인수	Lookup_value(찾는 값) : 범위에서 찾으려는 값. 숫자, 문자, 논리 값 Lookup_array(찾을 범위) : 찾을 값이 포함된 셀 범위 Match_type(찾을 방법) : 찾을 방법을 지정하는 숫자. −1, 0, 1 중에서 입력 −1 : 찾는 값보다 크거나 같은 값 중 가장 작은 값을 찾음. 찾을 범위가 내림차순으로 되어 있어야 함 0 : 찾는 값과 같은 첫째 값을 찾음. 찾을 범위가 임의의 순서여도 됨 1 : 찾는 값보다 작거나 같은 값 중에서 최댓값을 찾음. 찾을 범위가 오름차순으로 되어 있어야 함

행 번호를 가져오는 ROW 함수, 열 번호를 가져오는 COLUMN 함수

ROW는 행 번호를, COLUMN은 열 번호를 가져오는 함수입니다. 인수를 생략하면 현재 셀의 행 번호, 열 번호를 가져오며 인수로 셀 주소를 지정하면 해당 셀 주소에 대한 행 번호, 열 번호를 가져옵니다. 자동으로 일련번호가 변하도록 해야 할 때 주로 씁니다. 혼자 쓰이기보다는 다른 함수 안에서 활용되는 경우가 많습니다.

함수 형식	=ROW([Reference]) =COLUMN([Reference])
인수	Reference(셀 주소) : 행 번호나 열 번호를 가져올 셀 주소. 생략하면 현재 셀의 행 번호, 열 번호를 가져옴

1~254까지 일련번호에 대한 목록을 지정하는 CHOOSE 함수

어떤 값이 1인지, 2인지, 3인지, 4인지…에 따라 결과를 달리해야 할 때 IF나 VLOOKUP 함수보다 CHOOSE 함수를 사용하면 편리합니다. CHOOSE 함수는 Index_num 인수에 지정한 수식이나 셀 주소의 값이 1일 때 Value1 인수에 지정한 값을 돌려주고, 2일 때 Value2 인수에 지정한 값을 돌려줍니다. 이런 식으로 Value254 까지 결과 값을 지정할 수 있습니다.

함수 형식	=CHOOSE(Index_num,Value1,Value2,…,Value254)
인수	Index_num(색인 값) : 값을 결정할 색인 값. 수식이나 셀 주소를 넣을 수 있음 Value1~Value254(값1~값254) : 색인 값(Index_num)이 1인 경우부터 254인 경우까지 지정할 값 1~값 254

수식을 문자열로 가져오는 함수 FORMULATEXT 2013

FORMULATEXT는 엑셀 2013에서 추가된 함수로 지정한 셀이나 셀 범위의 수식을 문자열로 가져옵니다.

함수 형식	=FORMULATEXT(Reference)
인수	Reference(참조) : 가져올 수식이 있는 셀이나 셀 범위

핵심기능실습 | **찾기/참조 영역 함수로 데이터 가져오기**

• **실습 파일** Chapter11\Section04\찾기참조함수.xlsx • **완성 파일** Chapter11\Section04\찾기참조함수완성.xlsx

제품코드별 단가, 제품명이 입력된 목록으로부터 제품코드를 찾아 단가와 제품명, 제품등급을 가져옵니다. 제품 등급에 따라 할인율을 입력하는 등 매출현황표와 운임표의 빈칸을 채우기 위해 필요한 찾기/참조 영역 함수들의 사용 방법을 알아보겠습니다.

01 ROW, COLUMN 함수로 일련번호 매기기

ROW 함수로 세로 형태 목록인 매출현황 표의 일련번호를 입력합니다. COLUMN 함수로 가로 형태 목록인 단가표의 일련번 호를 입력하겠습니다.

① [A4] 셀에 **=ROW( )-3** 입력 후 Enter
② 다시 [A4] 셀을 선택하고 **채우기 핸들**을 더블클릭합니다.

바로 통하는 TIP 함수식 설명

= ROW( )-3 : 인수를 생략하면 현재 셀의 행 번호를 가 져옴. 일련번호가 1부터 시작해야 하므로 현재 행 번호에 서 일련번호에 포함하지 않을 3행을 뺌

02

① [M3] 셀에 =COLUMN(A1) 입력 후 Enter

② 다시 [M3] 셀을 선택하고 **채우기 핸들**을 [Q3] 셀까지 드래그합니다.

바로 통하는 TIP 함수식 설명

= COLUMN(A1) : 인수로 지정한 [A1] 셀의 열 번호 1을 가져옴. 함수를 사용하지 않고 숫자를 직접 입력하여 일련 번호를 매길 수도 있지만 데이터를 정렬해도 일련번호가 뒤섞이지 않게 하려면 함수를 사용

03 VLOOKUP 함수로 제품등급 입력하기

검사결과 값을 제품등급기준표에서 찾아 해당되는 등급을 가져오겠습니다. [M7] 셀에 =**VLOOKUP**을 입력하고 Ctrl + A 를 누릅니다.

바로 통하는 TIP VLOOKUP 함수는 세로 방향 데이터 목록에서 값을 찾아올 때 씁니다.

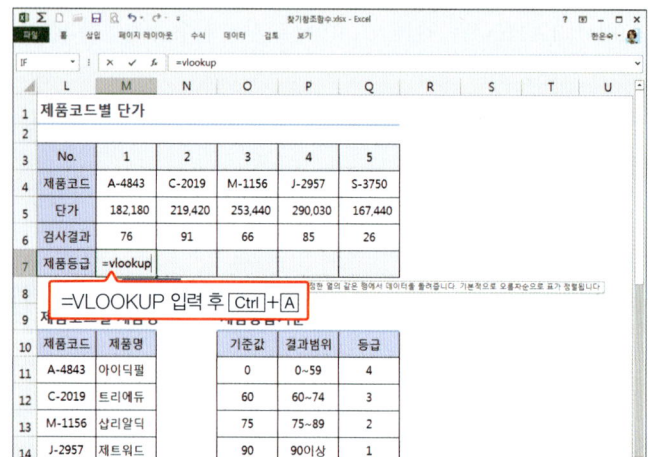

04

① [Lookup_value]란에 **M6** 입력

② [Table_array]란에 **$O$11:$Q$14** 입력

③ [Col_index_num]란에 **3** 입력

④ [확인] 클릭

⑤ [M7] 셀의 채우기 핸들을 [Q7] 셀까지 드래그하여 함수식을 복사합니다.

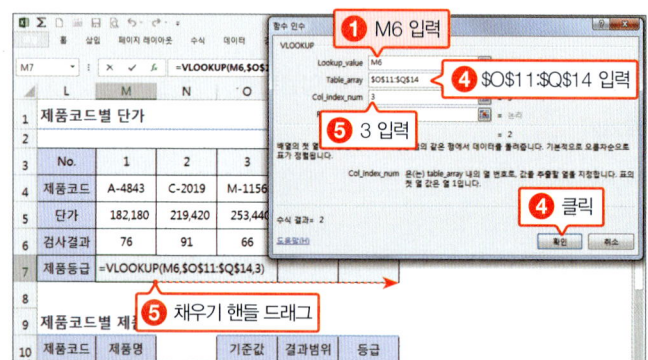

- **Lookup_value(찾는 값)** : 제품등급 기준 표에서 찾을 기준 값으로 검사 결과 값인 [M6] 셀 지정
- **Table_array(표 목록)** : [M6] 셀의 검사 결과 값을 찾을 표 목록인 [O11:Q14] 셀 지정. 수식 복사 시 범위가 변하지 않아야 하므로 절대 참조로 지정
- **Col_index_num(열 번호)** : 표 목록에서 가져올 데이터 등급은 세 번째 열에 있으므로 '3'을 지정
- **Range_lookup(찾을 방식)** : 기준 값의 수치 범위 내에서 근사 값을 찾아야 하므로 생략

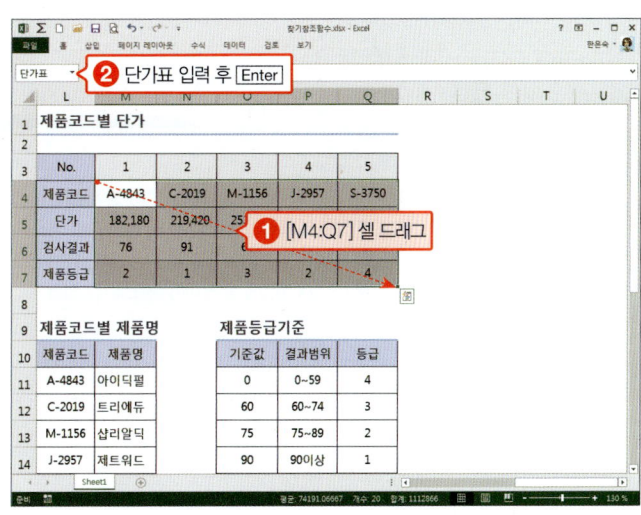
VLOOKUP, HLOOKUP 함수로 [Table_array]란에서 참조할 표 목록을 작성할 때는 다음 사항을 꼭 지켜야 합니다.

① 찾는 값(Lookup_value)은 표 목록(Table_array)의 첫 번째 줄에서만 찾기 때문에 꼭 첫 번째 줄에 작성해야 합니다.

② 찾는 값(Lookup_value)이 숫자인 경우에는 오름차순으로 찾으므로 숫자 범위 중 가장 작은 숫자부터 조건에 해당하는 단위별로 오름차순(작은 숫자부터 큰 숫자 순서)으로 작성해야 합니다.

다음은 표 목록(Table_array) 작성이 잘못되어 함수식 결과에 오류가 생기거나 엉뚱한 값을 찾아온 예입니다.

제품코드별 단가

No.	1	2	3	4	5
제품코드	A-4843	C-2019	M-1156	J-2957	S-3750
단가	182,180	219,420	253,440	290,030	167,440
검사결과	76	91	66	85	26
제품등급	#N/A	#N/A	#N/A	#N/A	#N/A

제품등급기준

결과범위	기준값	등급
0~59	0	4
60~74	60	3
75~89	75	2
90이상	90	1

▲ 찾는 값에 해당하는 열이 표 목록의 첫 번째 열이 아님

제품코드별 단가

No.	1	2	3	4	5
제품코드	A-4843	C-2019	M-1156	J-2957	S-3750
단가	182,180	219,420	253,440	290,030	167,440
검사결과	76	91	66	85	26
제품등급	4	4	#N/A	4	#N/A

제품등급기준

기준값	결과범위	등급
90	90이상	1
75	75~89	2
60	60~74	3
0	0~59	4

▲ 표 목록 첫 번째 열의 숫자 목록이 내림차순으로 작성됨

05 이름 정의하기

함수식을 좀더 간단하게 만들기 위해 함수식에서 사용할 범위에 미리 이름을 정의해 보겠습니다.

① [M4:Q7] 셀 드래그

② 이름 상자에 **단가표**라고 입력한 후 Enter 를 누릅니다.

06

① [L11:M15] 셀 드래그

② 이름 상자에 **제품목록**이라고 입력한 후 Enter 를 누릅니다.

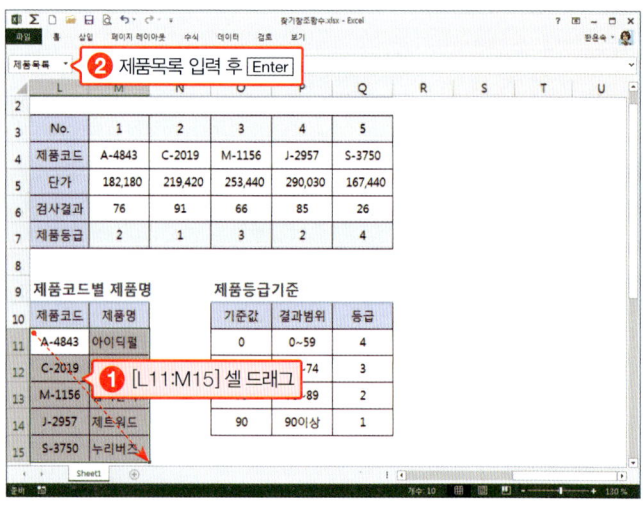

07 VLOOKUP 함수로 제품코드별 제품명 가져오기

제품코드에 따른 제품명을 제품목록 표에서 가져오겠습니다.

① [D4:D15] 셀 드래그

② =VLOOKUP 입력 후 Ctrl + A

③ [Lookup_value]란에 **C4** 입력

④ [Table_array]란에 **제품목록** 입력

⑤ [Col_index_num]란에 **2** 입력

⑥ [Range_lookup]란에 **0** 입력

⑦ Ctrl 을 누른 상태에서 [확인]을 클릭합니다.

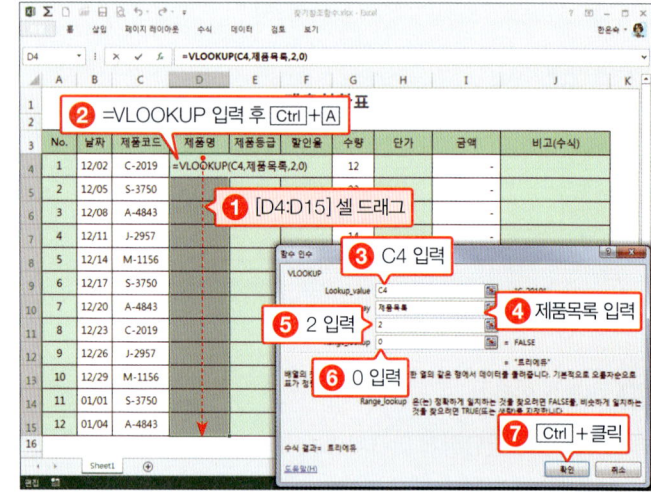

· Lookup_value(찾는 값) : 제품목록 표에서 찾을 제품코드인 [C4] 셀 지정
· Table_array(표 목록) : 제품코드를 찾을 표 목록인 [L11:M15] 셀의 이름 '제품목록' 입력
· Col_index_num(열 번호) : 제품목록 범위 중 가져올 제품명은 두 번째 열에 있으므로 '2' 입력
· Range_lookup(찾을 방식) : 정확하게 일치하는 값을 찾아야 하므로 '0' 입력

08 HLOOKUP 함수로 제품등급 가져오기

제품코드에 따른 제품등급을 단가표에서 가져오겠습니다. 단가표는 가로 방향 목록이므로 가로 방향 데이터 목록에서 값을 가져오는 HLOOKUP 함수를 사용합니다.

① [E4:E15] 셀 드래그

② =HLOOKUP 입력 후 Ctrl + A

③ [Lookup_value]란에 $C4 입력

④ [Table_array]란에 단가표 입력

⑤ [Row_index_num]란에 4 입력

⑥ [Range_lookup]란에 0 입력

⑦ Ctrl 을 누른 상태에서 [확인]을 클릭합니다.

- Lookup_value(찾는 값) : 단가표에서 찾을 제품코드로 [C4] 셀 지정. 수식을 옆 단가 열에 복사할 때 열 이름이 변경되지 않도록 '$C4'로 지정
- Table_array(표 목록) : 제품코드를 찾을 표 목록으로 [M4:Q7] 셀 이름인 '단가표' 입력
- Row_index_num(행 번호) : 단가표 범위 중 가져올 제품등급은 네 번째 행에 있으므로 '4' 입력
- Range_lookup(찾을 방식) : 정확하게 일치하는 값을 찾아야 하므로 '0' 입력

09 함수식 복사한 후 수정하여 단가 구하기

단가는 단가표 목록 두 번째 행에 있습니다. 제품등급을 구했던 함수식과 같으므로 가져올 행 번호만 수정하면 됩니다. 함수식을 복사한 후 행 번호만 수정하여 단가를 구하겠습니다.

① [E4:E15] 셀이 선택된 상태에서 복사하기 위해 Ctrl + C

② [H4] 셀을 클릭한 후 Ctrl + V 를 눌러 붙여넣기합니다.

10

① Shift + F3

② [Row_index_num]란의 4를 2로 수정

③ Ctrl 을 누른 상태에서 [확인]을 클릭합니다.

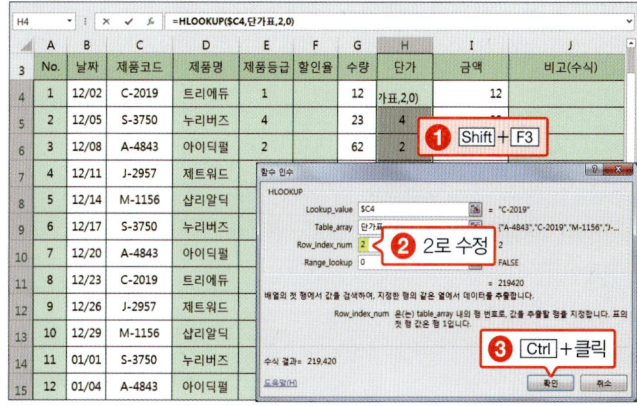

11 CHOOSE 함수로 제품등급별 할인율 구하기

제품등급 1~4등급까지 할인율을 지정해보겠습니다.

① [F4:F15] 셀 드래그

② =CHOOSE 입력 후 Ctrl + A

③ [Index_num]란에 E4 입력

④ [Value1]란에 5% 입력

⑤ [Value2]란에 7% 입력

⑥ [Value3]란에 10% 입력

⑦ [Value4]란에 12% 입력

⑧ Ctrl 을 누른 상태에서 [확인]을 클릭합니다.

・ Index_num(색인 값) : 할인율의 기준이 되는 등급인 [E4] 셀 지정
・ Value1(값 1) : [Index_num]란의 값이 1일 때 지정할 값으로 '5%' 입력
・ Value2(값 2) : [Index_num]란의 값이 2일 때 지정할 값으로 '7%' 입력
・ Value3(값 3) : [Index_num]란의 값이 3일 때 지정할 값으로 '10%' 입력
・ Value4(값 4) : [Index_num]란의 값이 4일 때 지정할 값으로 '12%' 입력

12 FORMULATEXT 함수로 금액 수식을 문자열로 표시하기

금액에는 할인율, 수량, 단가 셀을 참조한 수식이 미리 작성되어 단가, 할인율이 구해지면서 금액이 구해졌습니다. 금액의 수식을 비고에 문자열로 표시해보겠습니다.

① [J4:J15] 셀 드래그

② =FORMULATEXT(I4)를 입력한 후 Ctrl + Enter 를 누릅니다.

13 INDEX, MATCH 함수로 지정된 행과 열이 교차하는 셀 값 가져오기

[D19] 셀의 지역과 [F19] 셀의 무게를 아래쪽 운임표에서 찾아 운임을 가져오겠습니다.

① [H19] 셀에 =INDEX 입력 후 Ctrl + A

② [인수 선택] 대화상자에서 [array,row_num,column_num] 선택

③ [확인]을 클릭합니다.

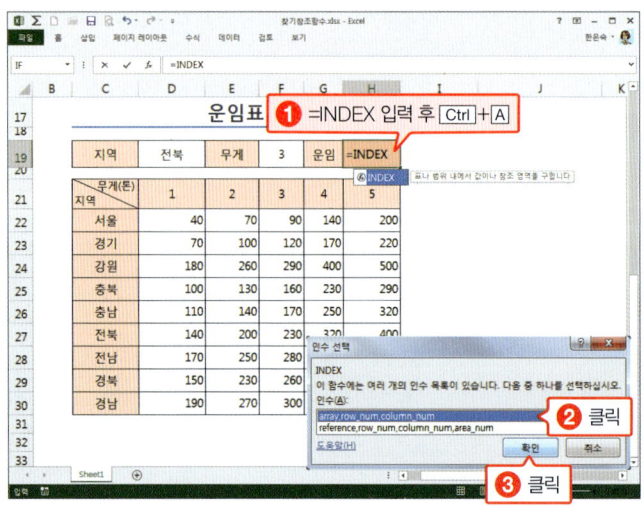

14 INDEX [함수 인수] 대화상자가 나타납니다.

① [Array]란에 **D22:H30** 입력
② [Row_num]란에 **MATCH(** 입력
③ 수식 입력줄에 입력된 **MATCH**를 클릭합니다.

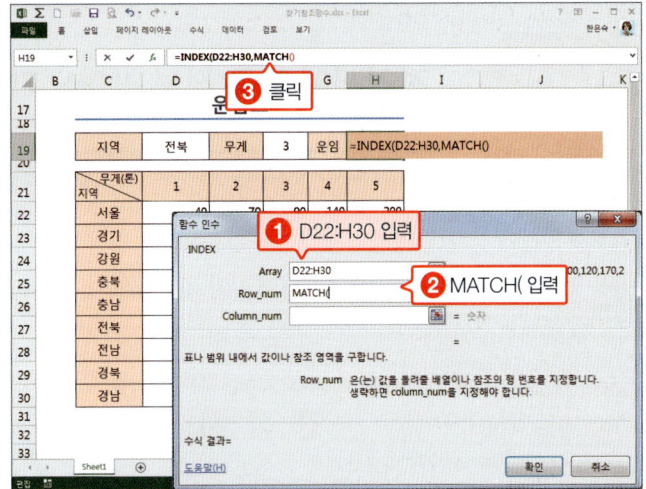

15

① MATCH [함수 인수] 대화상자의 [Lookup_value]란에 **D19** 입력
② [Lookup_array]란에 **C22:C30** 입력
③ [Match_type]란에 **0** 입력
④ 수식 입력줄의 **INDEX**를 클릭하여 다시 INDEX [함수 인수] 대화상자를 표시합니다.

· **Lookup_value(찾는 값)** : 몇 번째 위치에 있는지 알아볼 지역 이름인 [D19] 셀 지정
· **Lookup_array(찾을 범위)** : [D19] 셀 지역 이름이 포함된 범위인 [C22:C30] 셀 지정
· **Match_type(찾을 방법)** : 오름차순, 내림차순 상관없이 목록에서 찾을 것이므로 0 입력

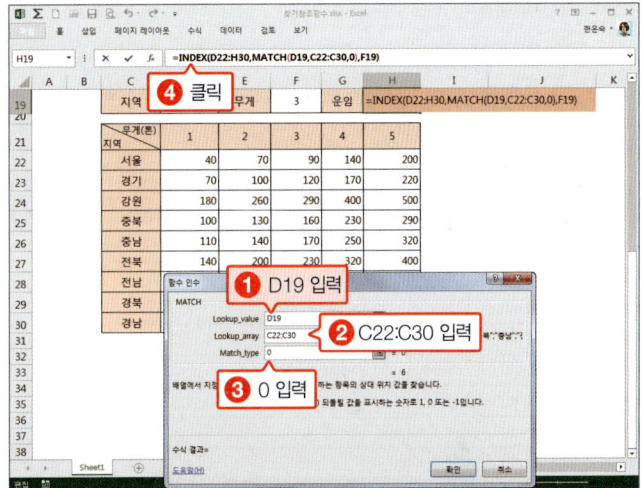

16

① [Column_num]란에 **F19** 입력
② [확인]을 클릭합니다.

· **Array(배열)** : 데이터를 가져올 배열 범위로 [D22:H30] 셀 지정
· **Row_num(행 번호)** : [D19] 셀 지역이 범위에서 몇 번째 행인지 확인해 행 번호를 가져오는 MATCH 함수식 입력
· **Column_num(열 번호)** : 무게는 숫자로 입력되어 있고 [F19] 셀 숫자가 열 번호이므로 [F19] 셀 직접 지정

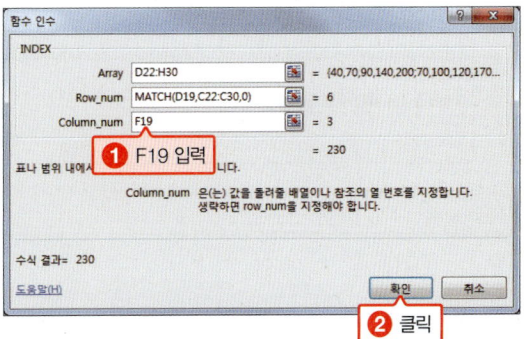

견적서에 제품 정보 찾아오기

2007 | 2010 | 2013

- 실습 파일 Chapter11 \ Section04 \ 견적서.xlsx • 완성 파일 Chapter11 \ Section04 \ 견적서완성.xlsx

견적서 빈칸에 찾기/참조 영역 함수들을 활용하여 품명과 단위에 따라 규격, 단가를 입력하고 수량에 따라 할인율을 입력하겠습니다. 또한 세액 유형에 따라 세액이 계산되도록 해보겠습니다.

견 적 서

날짜: 2014년 12월 1일

사업장소재지	성남시 분당구 야탑동 000
상 호	율도무역㈜
대 표 자 성 명	홍 길 동 (인)
전 화 번 호	(031) 700-0000

우리 전자㈜ 귀하

아래와 같이 견적합니다.

| 합계금액 (공급가액+세액) | 일금 일백이만구천오백일십원정 | | | | | ₩ | 1,029,510 | |

No.	품명	규격	수량	단위	할인율	단가	공급가액	세액 (부가세)
1	A-002	25x60	46	SET	7%	2,820	120,640	12,064
2	B-001	25x61	80	EA	12%	1,520	107,008	10,701
3	C-001	12x48	96	EA	12%	760	64,205	6,420
4	C-002	25x63	50	SET	7%	3,580	166,470	16,647
5	D-001	25x64	118	EA	15%	1,270	127,381	12,738
6	E-001	12x47	49	SET	7%	3,560	162,229	16,223
7	E-002	25x64	15	BOX	3%	12,920	187,986	18,799
* 이 하 여 백 *								
합 계							935,919	93,592

[MEMO]
세액유형 1은 일반, 2는 영세율임.   ※ 세액유형: 1

❶ 일련번호 입력하기 (ROW 함수 사용)

❷ 품명에 따라 규격 입력하기 (HLOOKUP 함수 사용)

❸ 수량에 따라 할인율 입력하기 (VLOOKUP 함수 사용)

❹ 규격과 단위에 따라 단가 입력하기 (INDEX, MATCH 함수 사용)

❺ 세액 유형과 따라 세액 구하기 (CHOOSE 함수 사용)

01 ROW 함수로 일련번호 입력하기

① [A12:A18] 셀 드래그

② =ROW( )−11을 입력한 후 Ctrl + Enter 를 누릅니다.

바로 통하는 TIP 일련번호가 1부터 시작해야 하므로 현재 행 번호에서 일련번호에 포함하지 않을 11을 뺐습니다.

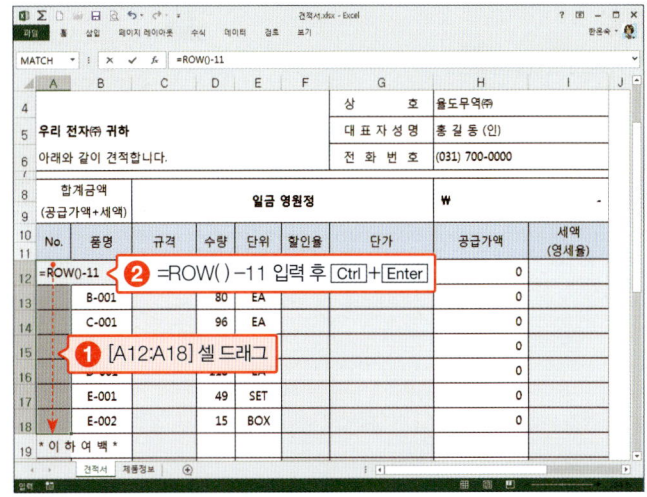

02 이름 정의하기

함수식을 간단하게 작성하기 위해 규격과 단가가 입력된 범위에 이름을 정의해두겠습니다.

① [제품정보] 시트 클릭

② [B1:K2] 셀 드래그

③ 이름 상자에 **규격표**라고 입력한 후 Enter 를 누릅니다.

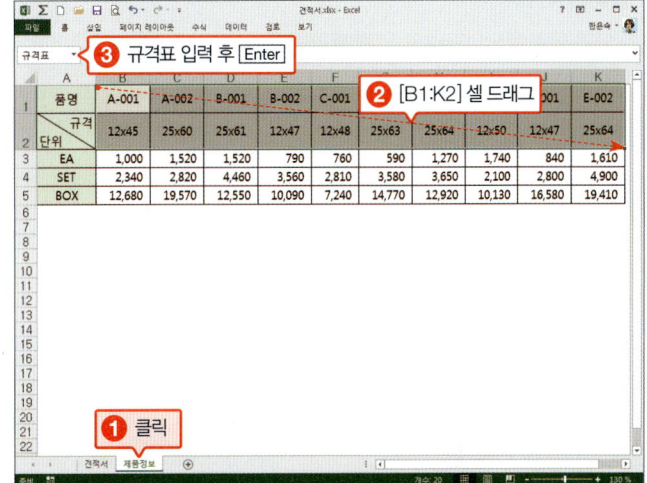

03

① [B2:K2] 셀 드래그

② 이름 상자에 **규격**이라고 입력한 후 Enter 를 누릅니다.

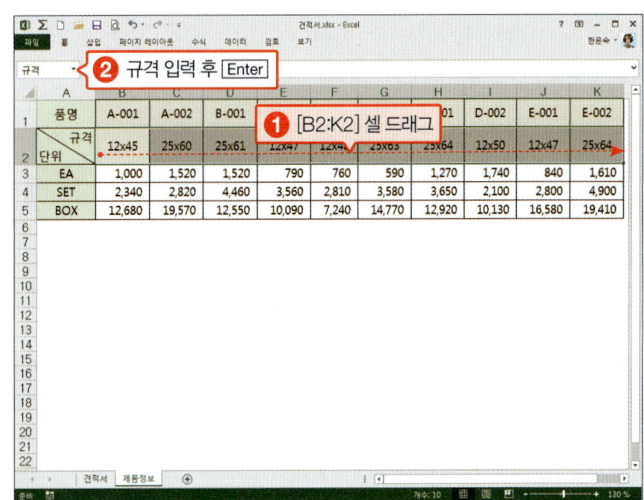

04

① [A3:A5] 셀 드래그

② 이름 상자에 **단위**라고 입력한 후
　[Enter]를 누릅니다.

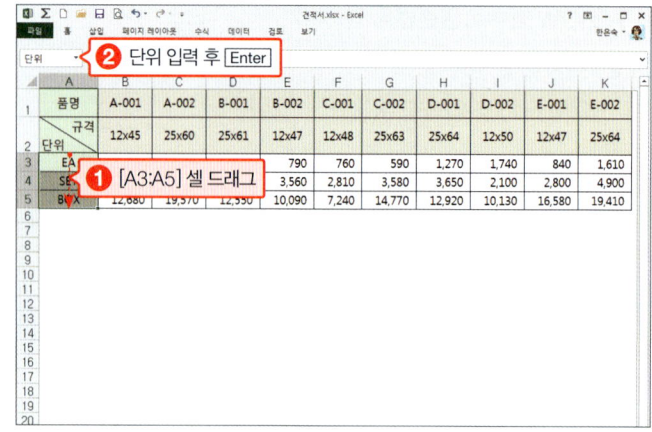

05

① [B3:K5] 셀 드래그

② 이름 상자에 **단가표**라고 입력한 후
　[Enter]를 누릅니다.

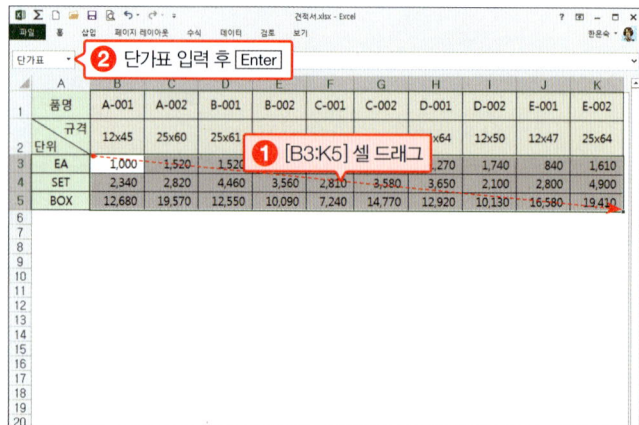

06 HLOOKUP 함수로 품명에 따라 규격 가져오기

규격표 범위는 가로 방향 목록이기 때문에 HLOOKUP 함수를 사용해야 합니다.

① [견적서] 시트에서 **[C12:C18]** 셀 드래그

② **=HLOOKUP** 입력 후 [Ctrl]+[A]

③ [Lookup_value]란에 **B12** 입력

④ [Table_array]란에 **규격표** 입력

⑤ [Row_Index_num]란에 **2** 입력

⑥ [Range_lookup]란에 **0** 입력

⑦ [Ctrl]을 누른 상태에서 [확인]을 클릭합니다.

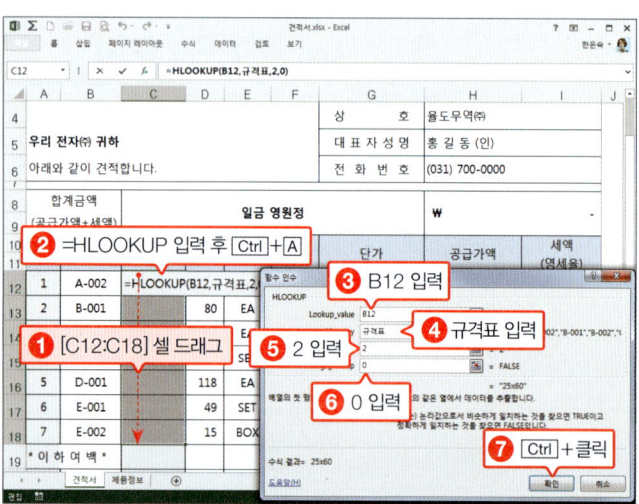

- Lookup_value(찾는 값) : 규격표에서 찾을 품명인 [B12] 셀 지정
- Table_array(표 목록) : 품명을 찾을 표 목록인 [제품정보] 시트의 [B1:K2] 셀 이름인 '규격표' 입력
- Row_index_num(행 번호) : 규격표 범위 중 가져올 규격은 두 번째 행에 있으므로 '2' 입력
- Range_lookup(찾을 방식) : 정확하게 일치하는 값을 찾아야 하므로 '0' 입력

07 VLOOKUP 함수로 수량에 따라 할인율 가져오기

할인규정 표 범위는 세로 방향 목록이므로 VLOOKUP 함수를 사용하겠습니다.

① [F12:F18] 셀 드래그

② =VLOOKUP을 입력한 후 Ctrl + A 를 누릅니다.

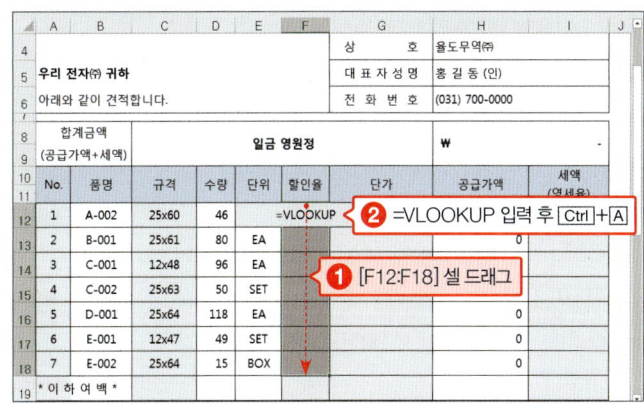

08 VLOOKUP [함수 인수] 대화상자가 나타납니다.

① [Lookup_value]란에 D12 입력

② [Table_array]란에 $K$12:$L$17 입력

③ [Col_index_num]란에 2 입력

④ Ctrl 을 누른 상태에서 [확인]을 클릭합니다.

· Lookup_value(찾는 값) : 할인규정 표에서 찾을 수량인 [D12] 셀 지정

· Table_array(표 목록) : 수량을 찾을 표 목록 [$K$12:$L$17] 셀 지정. 다른 셀에서 범위가 변하면 안 되므로 절대 참조 사용

· Col_index_num(열 번호) : 할인규정 표 범위 중 가져올 할인율은 두 번째 열에 있으므로 '2' 입력

· Range_lookup(찾을 방식) : 수량 범위에서 근사값을 가져와야 하므로 생략

09 INDEX, MATCH 함수로 규격과 단위에 따라 단가 가져오기

단가표 범위에서 규격과 단위를 찾아 해당 행과 열이 교차하는 위치의 단가를 가져오겠습니다.

① [G12:G18] 셀 드래그

② =INDEX 입력 후 Ctrl + A

③ [인수 선택] 대화상자의 인수 목록에서 [array,row_num,column_num]을 선택합니다.

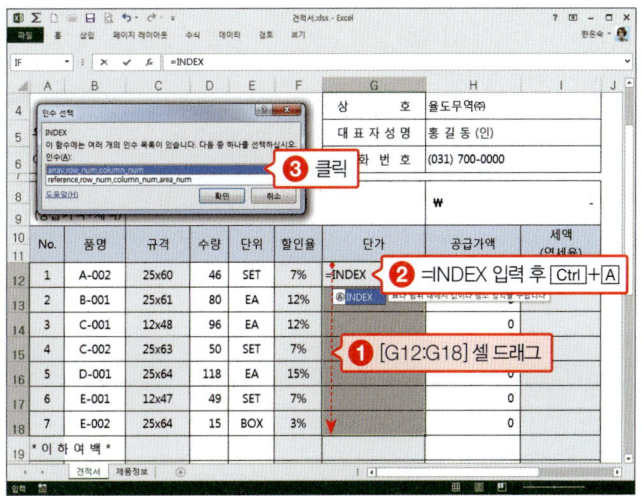

10 INDEX[함수 인수] 대화상자가 나타납니다.

① [Array]란에 **단가표** 입력

② [Row_num]란에 **MATCH(E12,단위,0)** 입력

③ [Column_num]란에 **MATCH(C12, 규격,0)** 입력

④ Ctrl 을 누른 상태에서 [확인]을 클릭합니다.

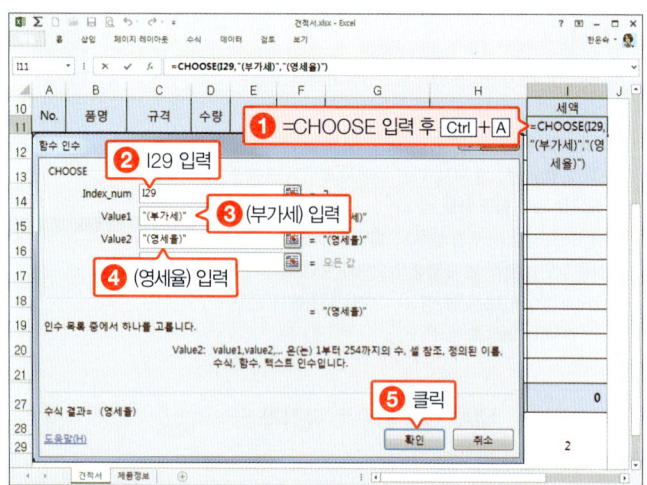

• Array(배열) : 단가를 가져올 배열 범위로 [제품정보] 시트의 [B3:K5] 셀 이름인 '단가표' 입력
• Row_num(행 번호) : 단가표에서 세로 방향 목록인 단위의 행 번호. [E12] 셀의 단위가 [제품정보] 시트의 단위 범위에서 몇 번째 행인지 알 수 있도록 행 번호를 가져오는 MATCH 함수식 입력
• Column_num(열 번호) : 단가표에서 가로 방향 목록인 규격의 열 번호. [C12] 셀의 규격이 [제품정보] 시트의 규격 범위에서 몇 번째 열인지 알 수 있도록 열 번호를 가져오는 MATCH 함수식 입력

11 CHOOSE 함수로 세액 유형에 따라 세액 구하기

[I11] 셀에는 [I29] 셀의 세액 유형이 1이면 '(부가세)'를 입력하고 2면 '(영세율)'을 입력하겠습니다.

① [I11] 셀에 **=CHOOSE** 입력 후 Ctrl + A

② [Index_num]란에 **I29** 입력

③ [Value1]란에 **(부가세)** 입력

④ [Value2]란에 **(영세율)** 입력

⑤ [확인]을 클릭합니다.

• Index_num(색인 값) : 세액 유형의 기준 값이 있는 [I29] 셀
• Value1(값1) : [Index_num]란의 값이 1일 때 입력할 문자로 '(부가세)' 입력
• Value2(값2) : [Index_num]란의 값이 2일 때 입력할 문자로 '(영세율)' 입력

12 [I29] 셀의 세액 유형이 1이면 '공급 가액×10%'를 계산하고 2면 '0'을 입력하겠습니다.

① [I12:I18] 셀 드래그

② =CHOOSE 입력 후 Ctrl + A

③ [Index_num]란에 $I$29 입력

④ [Value1]란에 H12*10% 입력

⑤ [Value2]란에 0 입력

⑥ Ctrl 을 누른 상태에서 [확인]을 클릭합니다.

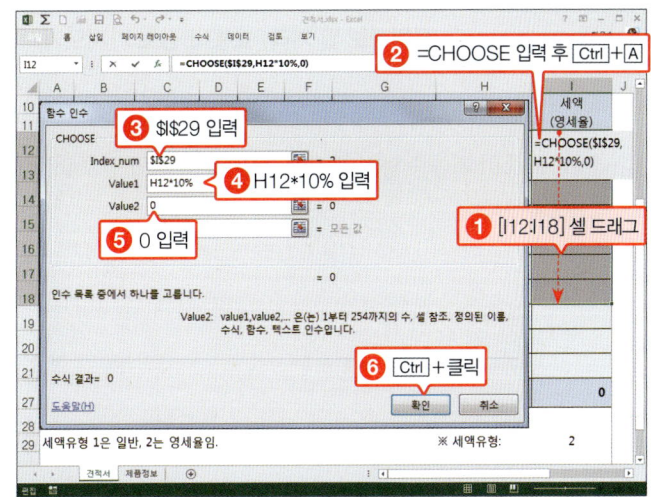

- Index_num(색인 값) : 세액 유형의 기준 값이 있는 [$I$29] 셀. 다른 셀에서 셀 주소가 바뀌지 않도록 절대 참조 사용
- Value1(값1) : [Index_num]란의 값이 1일 때 계산할 수식으로 'H12*10%' 입력
- Value2(값2) : [Index_num]란의 값이 2일 때 입력할 값으로 '0' 입력

13 [I29] 셀에 **1**을 입력하고 Enter 를 누릅니다. 영세율이 부가세로 바뀝니다.

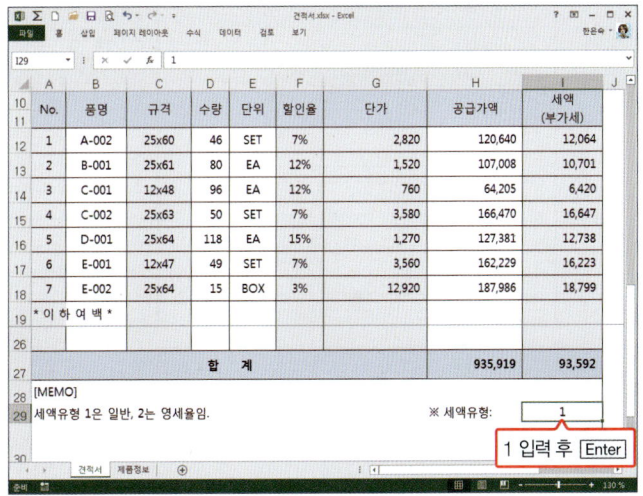

• 실습 파일 Chapter11\Section04\여비교통비지불증.xlsx　• 완성 파일 Chapter11\Section04\여비교통비지불증완성.xlsx

여비 교통비 지불증 양식 빈칸에 찾기/참조 영역 함수들을 활용하여 지시 사항에 따라 데이터를 가져 오도록 합니다.

여비·교통비 지불증

◼ 신 청 일 :　2015년 11월 12일

취급	기안	과장	부장

사번	신청자	부서	직위	전화
LP-5427	이순신	기획부	차장	566-0000

일금 이십칠만오천원정　　　　　　　　　　(₩ 275,000)

NO.	일자	출장목적	행선지 출발	행선지 도착	거리(km)	금액
1	11월 01일	세미나 진행	인천	광주	311.5	120,000
2	11월 04일	전시회 참석	서울	양평	54.6	21,000
3	11월 07일	거래처 미팅	인천	천안	111.9	60,000
4	11월 09일	교육 참석	서울	오산	38.2	14,000
5	11월 11일	교육 참석	서울	평창	169.2	60,000
* 이 하 여 백 *						

▲ 실습 파일　　　　　　　　　　▲ 완성 파일

1 [정보] 시트의 각 범위에 대한 이름을 정의합니다.

[A11:E24] – 사원목록
[H11:I16] – 거리표
[G11:G16] – 도착
[H10:I10] – 출발
[B4:H5] – 지급기준

2 [지불증] 시트에서 [A10] 셀의 사번을 [정보] 시트의 사원목록 범위에서 찾아 신청자, 부서, 직위, 전화번호를 각 입력란에 가져 옵니다(VLOOKUP 함수 사용).

3 No.는 ROW 함수를 사용하여 입력합니다.

4 [지불증] 시트의 출발, 도착지를 [정보] 시트의 거리표 범위에서 찾아 거리를 입력합니다(INDEX, MATCH 함수 사용).

5 [지불증] 시트의 거리를 [정보] 시트의 지급기준 범위에서 찾아 금액을 입력합니다(HLOOKUP 함수 사용).

수학/삼각 함수는 주로 수치 계산에서 사용하는 함수들입니다. 실무에서는 해당 업무에서 사용하는 계산식을 사칙 연산자로 작성하는 경우가 많습니다. 계산식을 더 짧고 간단히 작성할 수 있는 수학/삼각 함수에 대해서 살펴보겠습니다.

지정된 범위의 숫자를 모두 곱하는 PRODUCT 함수

PRODUCT는 지정된 범위의 숫자를 모두 곱합니다. 또한 범위 중간에 빈 셀이 있는 경우에는 빈 셀을 건너뛰고 곱하기 때문에 중간에 빈 셀이 포함된 범위에서 곱셈을 할 때 사용하면 편리합니다.

함수 형식	=PRODUCT(Number1,Number2,…,Number255)
인수	Number1~Number255(수1~수255) : 곱하려는 수로 255개까지 지정 가능. 연속된 범위인 경우에는 [Number1]란에서 한번에 지정할 수 있음

지정된 배열끼리 곱하고 더하는 SUMPRODUCT 함수

SUMPRODUCT는 지정한 배열끼리 대응되는 값들을 곱한 후 곱한 결과의 합계를 구해주는 함수입니다. PRODUCT 함수와는 달리 배열 안에 빈 셀이 있는 경우 빈 셀을 0으로 곱합니다.

함수 형식	=SUMPRODUCT(Array1, Array2…, Array255)
인수	Array1~Array255(배열1~배열255) : 계산할 배열로 2~255개의 배열 지정 가능. 배열의 차원은 모두 같아야 하며 같지 않을 경우 #VALUE! 오류가 반환됨

다중 조건에 대한 합계를 구하는 SUMIFS 함수

SUMIFS는 여러 가지 조건을 만족하는 경우의 합계를 구하는 함수입니다.

함수 형식	=SUMIFS(Sum_range,Criteria_range1, Criteria1,…Criteria_range127,Criteria127)
인수	Sum_range(합계 범위) : 합계를 구할 범위로 숫자, 이름, 참조 범위 지정. 빈 셀이나 텍스트 값은 무시됨 Criteria_range(조건 범위) : 조건에 맞는지 검사할 범위로 이름, 배열, 참조 범위를 지정. 다음에 오는 조건 인수와 짝을 이루며 127개까지 지정할 수 있음 Criteria(조건) : 숫자, 식, 셀 참조 또는 텍스트 형식의 조건으로서 앞에 있는 조건 범위 인수와 짝을 이루며 127개까지 지정할 수 있음

나눗셈의 몫과 나머지를 구하는 QUOTIENT, MOD 함수

QUOTIENT와 MOD는 나눗셈을 하는 함수입니다. QUOTIENT 함수는 나눗셈한 후 몫의 정수 부분만 반환하고, MOD 함수는 나머지 부분만 반환합니다.

함수 형식	=QUOTIENT(Numerator,Denominator) → 나눗셈 후 몫 부분만 구함
	=MOD(Number,Divisor) → 나눗셈 후 나머지 부분만 구함
인수	**Numerator(피제수)** : 피제수로 분자 부분에 해당되는 나누어질 수
	Denominator(제수) : 제수로 분모 부분에 해당되는 나눌 수
	Number(나누어질 수) : 나머지를 구할 수입니다. 분자 부분에 해당되는 피제수
	Divisor(나눌 수) : 나누는 수로 분모 부분에 해당되는 제수

로마 숫자와 아라비아 숫자를 변환하는 ROMAN, ARABIC `2013` 함수

ROMAN 함수는 아라비아 숫자를 문자 형태인 로마 숫자로 변환합니다. ARABIC 함수는 엑셀 2013 버전에서 추가된 함수로 문자 형태의 로마 숫자를 아라비아 숫자로 변환합니다.

함수 형식	=ROMAN(Number, Form)
	=ARABIC(Text)
인수	**Number(숫자)** : 로마 숫자로 변환할 아라비아 숫자. 음수이거나 3999보다 크면 #VALUE! 오류가 표시됨
	Form(숫자 스타일) : 로마 숫자의 스타일을 지정하는 숫자. Form 숫자에 따른 스타일은 다음과 같음
	0 또는 생략 : 고전 스타일(예 : ROMAN(499,0) = CDXCIX)
	1 : 더 간결한 스타일(예 : ROMAN(499,1) = LDVLIV)
	2 : 더 간결한 스타일(예 : ROMAN(499,2) = XDIX)
	3 : 더 간결한 스타일(예 : ROMAN(499,3) = VDIV)
	4 : 더욱 간결한 표기법(예 : ROMAN(499,4) = ID)
	Text(문자) : 아라비아 숫자로 변환할 문자 형태의 로마 숫자

숫자를 지정한 기수의 텍스트로 변환하는 BASE `2013` 함수

BASE는 엑셀 2013 버전에서 추가된 함수로 숫자를 원하는 기수의 텍스트로 변환해주는 함수입니다. 보통 우리가 사용하는 숫자는 10진수인데 필요에 따라 10진수를 2진수, 16진수 등으로 빠르게 변환할 수 있습니다.

함수 형식	=BASE(Number,Radix,Min_length)
인수	**Number(숫자)** : 변환할 숫자. 0~2^53 미만의 정수
	Radix(기수) : 변환할 기수. 2~36의 정수
	Min_length(최소 길이) : 반환할 문자열의 최소 길이. 생략하면 기본 길이로 반환. 지정한 길이보다 결과가 짧으면 앞자리에 0이 추가됨
	(예 : BASE(16,2)=10000, BASE(16,2,8)=00010000)

원하는 단위로 올림, 내림하는 CEILING.MATH `2013`, FLOOR.MATH `2013` 함수

CEILING.MATH는 지정한 배수로 숫자를 올림하며, FLOOR.MATH는 지정한 배수로 내림하는 함수입니다. 두 함수 모두 엑셀 2013 버전에서 추가되었으며 이전 버전에서는 같은 기능의 함수로 CEILING, FLOOR 함수가 있었습니다. 2013 버전에서는 호환성 함수로 제공됩니다. CEILING.MATH, FLOOR.MATH 함수에는 음수의 경우 올림이나 내림할 방향을 제어할 수 있는 Mode 인수가 추가되었습니다.

함수 형식	=CEILING.MATH(Number,Significance,Mode) 원하는 단위로 올림 =FLOOR.MATH(Number,Significance,Mode) 원하는 단위로 내림
인수	**Number(숫자)** : 올림이나 내림할 숫자 **Significance(배수)** : 올림이나 내림할 배수 **Mode(방향)** : Number가 양수인 경우는 영향을 주지 않으며 Number가 음수인 경우 올림이나 내림할 방향을 제어함(0에서 가까운 방향, 또는 먼 방향). 생략하면 0에서 가까운 방향으로 올림 또는 내림하고, −1을 입력하면 0에서 먼 방향으로 올림 또는 내림

핵심기능실습 │ **수학/삼각 함수로 계산하기**

- **실습 파일** Chapter11\Section05\수학삼각함수.xlsx - **완성 파일** Chapter11\Section05\수학삼각함수완성.xlsx

빈 셀이 포함된 데이터 범위를 곱하고, 배열끼리 곱하고 더하는 등 수학/삼각 함수가 활용되는 경우를 살펴보겠습니다.

01 PRODUCT 함수로 셀 범위 곱하기

[E2:E7] 셀의 판매금액에는 '원가×마진율×수량'을 곱하는 수식이 작성되어 있지만 마진율이 빈 셀인 경우에는 판매금액이 0으로 표시됩니다. 빈 셀은 건너뛰고 지정된 범위의 숫자를 모두 곱하는 PRODUCT 함수로 빈 셀은 무시하고 셀 범위를 곱해보겠습니다.

① [E2:E7] 셀 드래그

② **=PRODUCT** 입력 후 Ctrl + A

③ [Number1]란에 **B2:D2** 입력

④ Ctrl 을 누른 상태에서 [**확인**]을 클릭합니다.

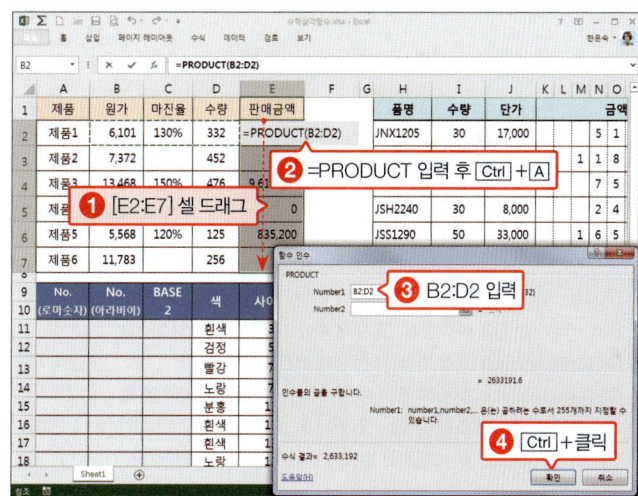

02 SUMPRODUCT 함수로 수량, 단가 범위 곱하고 더하기

오른쪽 표 금액란에 표시된 숫자들로는 합계를 구할 수 없으므로 수량 범위와 단가 범위를 곱한 후 곱한 결과들을 더하는 SUMPRODUCT 함수로 합계를 구해보겠습니다.

① [K7] 셀에 **=SUMPRODUCT** 입력 후 Ctrl + A

② [Array1]란에 **I2:I6** 입력

③ [Array2]란에 **J2:J6** 입력

④ [확인]을 클릭합니다.

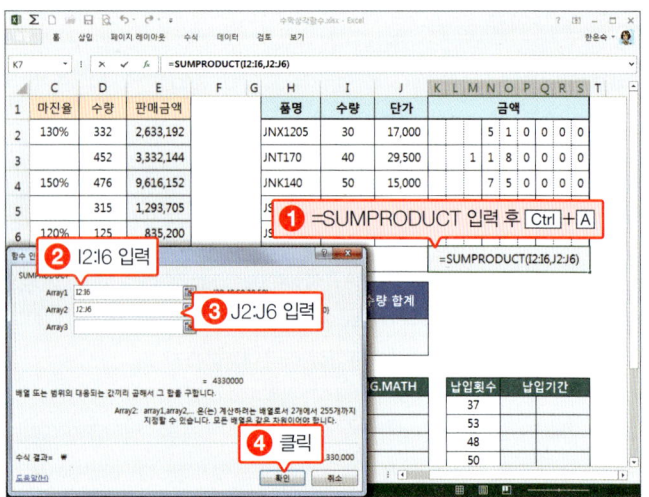

03 SUMIFS 함수로 두 조건에 해당하는 수량 합계 구하기

색상과 사이즈별 수량 목록 표에서 '흰색, 11호 이하' 사이즈의 수량 합계를 구해보겠습니다.

① [H11] 셀에 **=SUMIFS** 입력 후 Ctrl + A

② [Sum_range]란에 **F11:F25** 입력

③ [Criteria_range1]란에 **D11:D25** 입력

④ [Criteria1]란에 **흰색** 입력

⑤ [Criteria_range2]란에 **E11:E25** 입력

⑥ [Criteria2]란에 **<=11** 입력

⑦ [확인]을 클릭합니다.

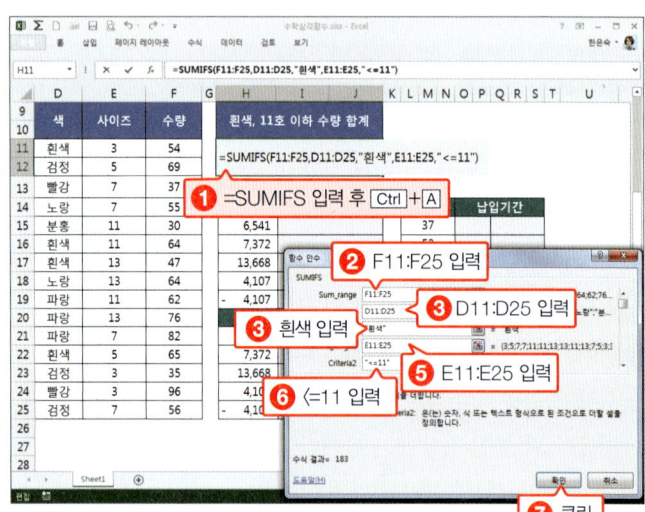

· Sum_range(합계 범위) : 합계를 구할 수량으로 [F11:F25] 셀 지정
· Criteria_range1(조건 범위1) : 첫 번째 조건으로 색 범위인 [D11:D25] 셀 지정
· Criteria1(조건1) : 첫 번째 조건 범위에서 확인할 조건인 '흰색' 지정
· Criteria_range2(조건 범위2) : 두 번째 조건 범위로 사이즈 범위인 [E11:E25] 셀 지정
· Criteria2(조건2) : 두 번째 조건 범위에서 11 이하인지 확인할 조건인 '<=11' 지정

SUMPRODUCT 함수로 다중 조건에 대한 개수와 합계 구하기

SUMPRODUCT 함수는 단순한 곱셈 결과의 합을 구하는 것뿐만 아니라 COUNTIFS나 SUMIFS 함수처럼 다중 조건에 대한 개수나 합계를 구할 때도 사용됩니다. 엑셀 2007 버전부터 추가된 SUMIFS, COUNTIFS 함수를 사용하면 다중 조건에 대한 합계나 개수를 구할 수 있지만 이 함수들은 다중 조건에 대해 AND 조건으로만 계산합니다. 엑셀 97~2003 버전 사용자를 위해서 SUMPRODUCT 함수를 사용하여 수식을 작성해주어야 할 경우도 있고, 다중 조건에 대한 OR 조건의 계산을 위해서는 SUMPRODUCT 함수를 사용해야 하는 경우도 있습니다.

SUMPRODUCT 함수는 배열을 인수로 취급하기 때문에 함수식 안에서 조건들 사이에 별표(*) 기호를 사용하면 AND 조건, 더하기(+) 기호를 사용하면 OR 조건으로 계산합니다. SUMPRODUCT 함수 안에 별표(*)나 더하기(+) 기호로 연결한 조건만 나열할 경우 조건에 대한 개수를 구하고, 조건들 뒤에 범위를 지정하면 해당 조건에 대한 범위의 합계를 구합니다. 다중 조건에 대한 구체적인 계산 방식은 다음과 같습니다.

- **다중 조건에 대한 개수**

  =SUMPRODUCT((조건1)*(조건2)*…*(조건N)) → 여러 조건이 모두 맞는 경우의 개수를 구함(AND 조건)

  =SUMPRODUCT((조건1)+(조건2)+…+(조건N)) → 여러 조건 중 한 가지라도 맞는 경우의 개수를 구함(OR 조건)

- **다중 조건에 대한 합계**

  =SUMPRODUCT((조건1)*(조건2)*…*(조건N),범위) → 여러 조건이 모두 맞는 경우 범위의 합계를 구함(AND 조건)

  =SUMPRODUCT((조건1)+(조건2)+…+(조건N),범위) → 여러 조건 중 한 가지라도 맞는 경우 범위의 합계를 구함(OR 조건)

위에서 SUMIFS 함수로 구했던 것을 SUMPRODUCT 함수로 구한다면 다음과 같이 작성하면 됩니다.
=SUMPRODUCT((D11:D25="흰색")*(E11:E25<=11),F11:F25)

	D	E	F	G H I J	K L M N O P Q R S
9 10	색	사이즈	수량	흰색, 11호 이하 수량 합계	
11	흰색	3	54	=SUMPRODUCT((D11:D25="흰색")*(E11:E25<=11),F11:F25)	
12	검정	5	69		

04 ROMAN 함수로 로마 숫자 일련번호 매기기

텍스트 형태의 로마 숫자로 일련번호를 매겨보겠습니다.

① [A11:A25] 셀 드래그

② =ROMAN 입력 후 Ctrl + A

③ [Number]란에 ROW( )−10 입력

④ Ctrl 을 누른 상태에서 [확인]을 클릭합니다.

- **Number(숫자)** : 로마자로 표시하는 숫자로 일련번호 1부터 시작되어야 하므로 현재 행 번호에서 위의 행 수 10을 뺀 'ROW( )−10' 입력
- **Form(숫자 스타일)** : 생략. 일반 고전 스타일로 표시

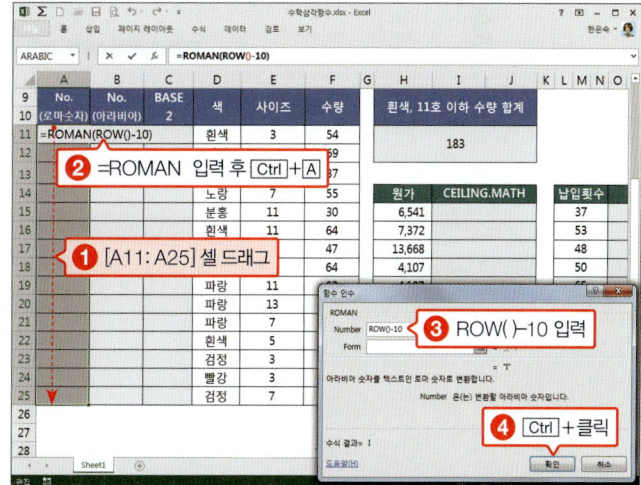

05 ARABIC 함수로 로마 숫자를 아라비아 숫자로 변환하기

문자 형태의 로마자를 아라비아 숫자로 다시 변환해보겠습니다.

① [B11:B25] 셀 드래그

② =ARABIC(A11)을 입력한 후 Ctrl + Enter 를 누릅니다.

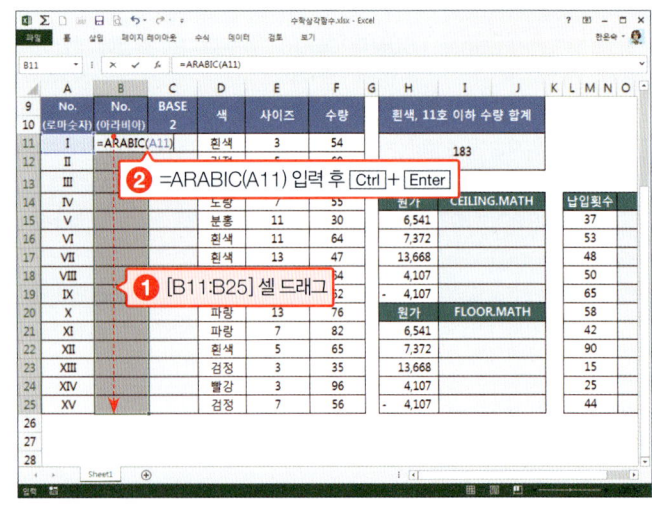

06 BASE 함수로 2진수, 16진수로 변환하기

아라비아 숫자로 변환된 일련번호를 [C10] 셀 값의 기수로 변환해보겠습니다.

① [C11:C25] 셀 드래그

② =BASE를 입력한 후 Ctrl + A 를 누릅니다.

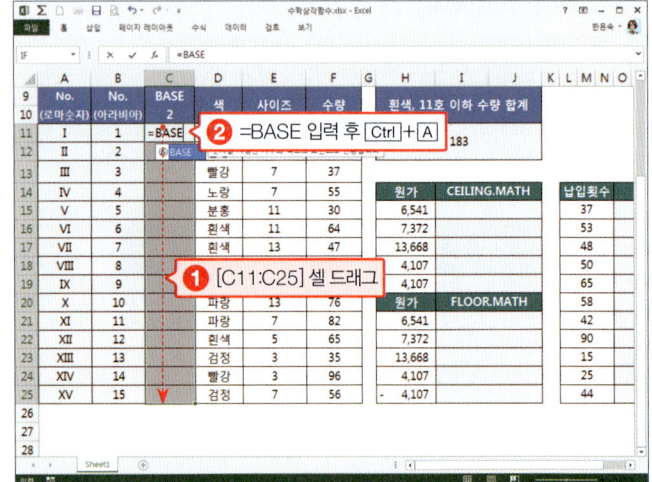

07 BASE [함수 인수] 대화상자가 나타납니다.

① [Number]란에 B11 입력

② [Radix]란에 $C$10 입력

③ Ctrl 을 누른 상태에서 [확인] 클릭
일련번호가 2진수로 변환됩니다.

④ [C10] 셀에 16을 입력하고 Enter 를 누르면 16진수로 변환됩니다.

· Number(숫자) : 변환할 숫자로 일련번호가 입력된 [B11] 셀 지정

· Radix(기수) : 변환할 기수가 입력된 [C10] 셀 지정. 아래 셀들에서는 셀 주소가 변하지 않도록 절대 참조 사용

· Min_length(최소 길이) : 생략. 변환된 값의 기본 길이로 반환

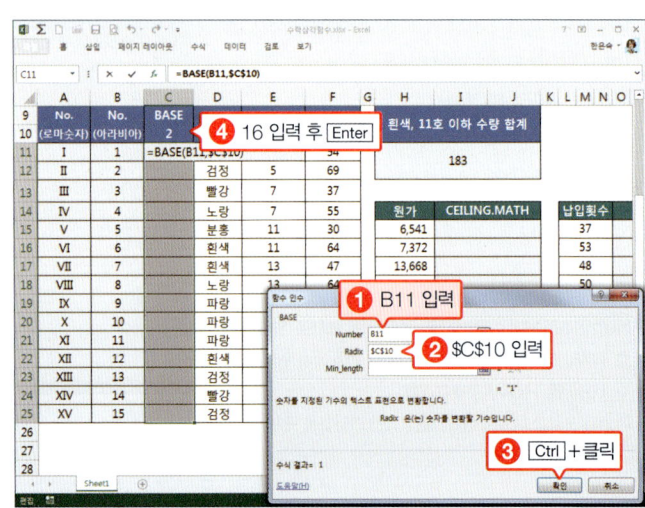

08 CEILING.MATH 함수로 500원 단위로 올림하기

원가의 금액을 500원 단위로 올림해보겠습니다. 즉, 100원 단위 숫자가 5 이상일 때는 1000원으로 올림하고, 1원 단위 숫자가 1 이상일 때는 500원으로 올림합니다.

① [I15:I19] 셀 드래그

② =CEILING.MATH 입력 후 Ctrl + A

③ [Number]란에 H15 입력

④ [Significance]란에 500 입력

⑤ Ctrl 을 누른 상태에서 [확인]을 클릭합니다.

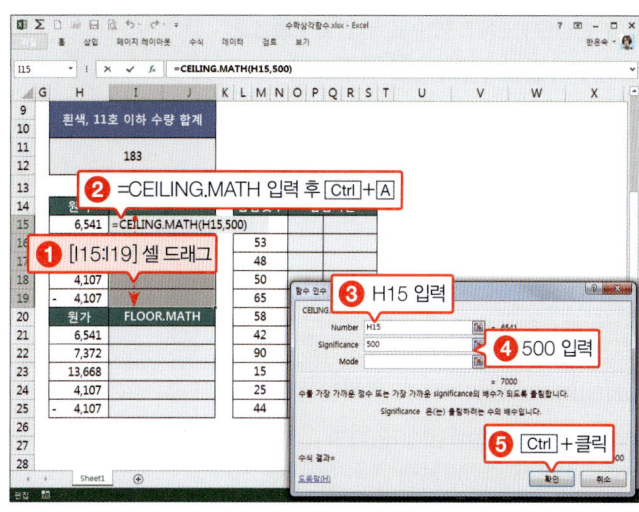

- Number(숫자) : 올림할 숫자가 입력된 [H15] 셀 지정
- Significance(배수) : 올림할 배수 '500' 입력
- Mode(방향) : 생략하여 0에서 가까운 방향으로 올림. 즉, 음수의 경우 숫자가 올림되지 않고 내림됨. 만약 [H19] 셀의 -4,107을 양수와 마찬가지로 500원 단위 올림하고 싶다면 Mode(방향)을 '-1'로 지정

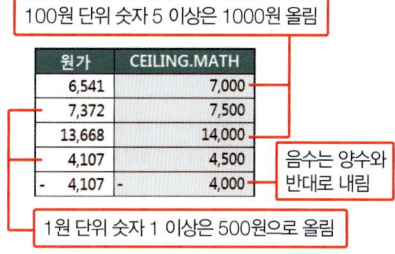

100원 단위 숫자 5 이상은 1000원 올림

원가	CEILING.MATH
6,541	7,000
7,372	7,500
13,668	14,000
4,107	4,500
- 4,107	- 4,000

음수는 양수와 반대로 내림

1원 단위 숫자 1 이상은 500원으로 올림

▲ 함수식 결과

09 FLOOR.MATH 함수로 500원 단위 내림하기

이번에는 원가의 금액을 500원 단위로 내림하겠습니다. 즉, 1원 단위 숫자가 1원 이상이면 0원으로 내림하고, 100원 단위 숫자가 5 이상이면 500원으로 내림합니다.

① [I21:I25] 셀 드래그

② =FLOOR.MATH 입력 후 Ctrl + A

③ [Number]란에 H21 입력

④ [Significance]란에 500 입력

⑤ Ctrl 을 누른 상태에서 [확인]을 클릭합니다.

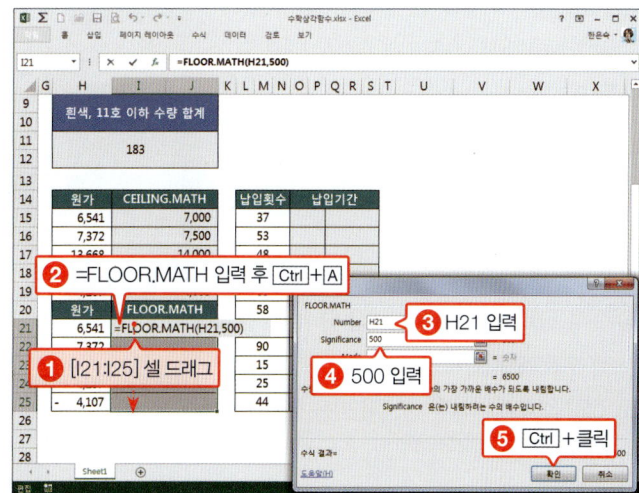

- Number(숫자) : 내림할 숫자가 입력된 [H25] 셀 지정
- Significance(배수) : 내림할 배수 '500' 입력
- Mode(방향) : 생략하여 0에서 가까운 방향으로 내림. 즉, 음수의 경우 숫자가 내림되지 않고 올림이 됨. 만약 [H25] 셀의 -4,107을 양수와 마찬가지로 끝자리를 0원으로 내림하고 싶다면 Mode(방향)을 '-1'로 지정

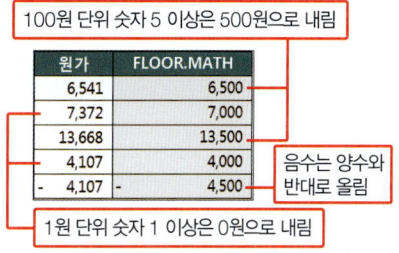

100원 단위 숫자 5 이상은 500원으로 내림

원가	FLOOR.MATH
6,541	6,500
7,372	7,000
13,668	13,500
4,107	4,000
- 4,107	- 4,500

음수는 양수와 반대로 올림

1원 단위 숫자 1 이상은 0원으로 내림

▲ 함수식 결과

⑩ QUOTIENT 함수로 납입횟수를 12로 나누어 납입기간의 연도 수 구하기

납입횟수는 개월 수로 입력되어 있습니다. QUOTIENT 함수를 이용해 12로 나눈 몫으로 연도 수를 구하고 함수식 뒤에 문자 '년'을 연결해보겠습니다.

① [O15:O25] 셀 드래그

② =QUOTIENT 입력 후 [Ctrl]+[A]

③ [Numerator]란에 **L15** 입력

④ [Denominator]란에 **12** 입력

⑤ 수식 입력줄에 입력된 수식 끝 부분 클릭 후 &"**년**" 입력

⑥ [Ctrl]을 누른 상태에서 [**확인**]을 클릭합니다.

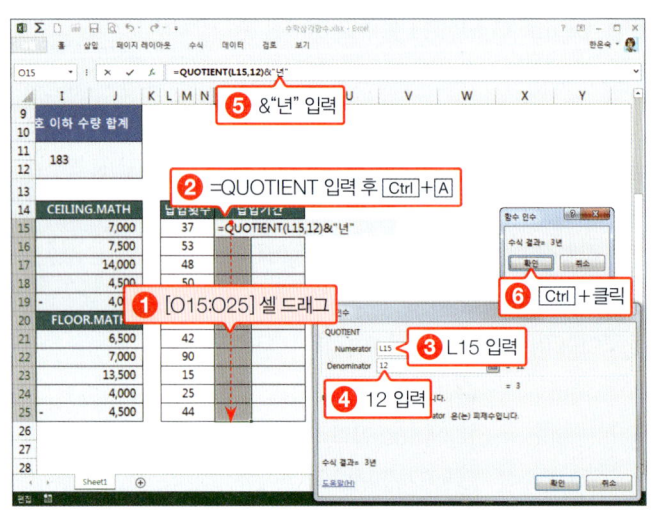

• Numerator(피제수) : 나누어질 개월 수가 입력된 [L15] 셀 지정
• Denominator(제수) : 12개월로 나눌 것이므로 '12' 입력

⑪ MOD 함수로 납입횟수를 12로 나누어 납입기간의 나머지 개월 수 구하기

MOD 함수를 이용해 12로 나눈 나머지를 구하여 개월 수를 나타내고 함수식 뒤에 문자 '개월'을 연결해보겠습니다.

① [Q15:Q25] 셀 드래그

② =MOD 입력 후 [Ctrl]+[A]

③ [Number]란에 **L15** 입력

④ [Divisor]란에 **12** 입력

⑤ 수식 입력줄에 입력된 수식 끝 부분 클릭 후 &"**개월**" 입력

⑥ [Ctrl]을 누른 상태에서 [**확인**]을 클릭합니다.

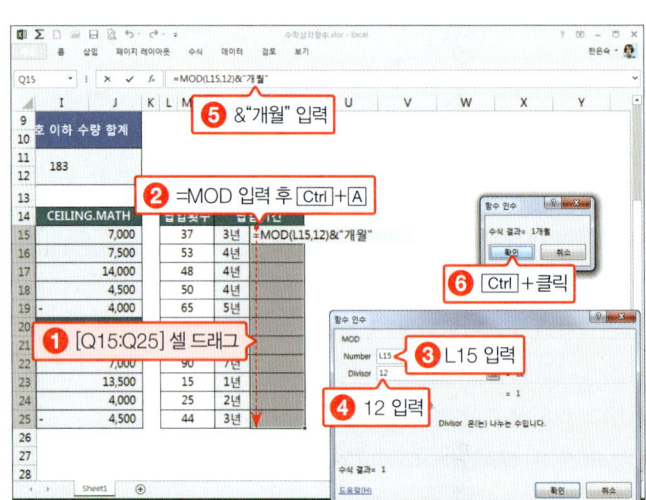

• Number(나누어질 수) : 나누어질 납입횟수가 입력된 [L15] 셀 지정
• Divisor(나눌 수) : 12개월로 나눌 것이므로 '12' 입력

간이세금계산서에 계산 항목 채우기

2007 | 2010 | 2013

- **실습 파일** Chapter11 \ Section05 \ 간이세금계산서.xlsx   - **완성 파일** Chapter11 \ Section05 \ 간이세금계산서완성.xlsx

[거래현황] 시트에 수집된 데이터를 이용하여 [계산서] 시트의 일자별, 품목별, 수량 합계를 계산하고 원가, 마진율, 할인율을 곱하여 단가를 구하겠습니다. 계산서의 할인율은 수량이 15 이상이면 90%, 나머지는 빈칸으로 표시하는 IF 함수식이 작성되어 있습니다. 금액란은 MID 함수로 '수량×단가'의 결과가 한 셀에 한 글자씩 입력되도록 작성되어 있습니다. 수량 범위와 단가 범위를 배열끼리 곱하고 더해 합계 금액을 표시하고 합계 금액을 1.1로 나누어 공급가와 부가세를 구합니다. 또한 계산서 목록의 5행마다 빨간색 실선을 표시해 구분해보겠습니다.

간이세금계산서

한빛상사 귀하

공급자	사 업 자 등 록 번 호	123-12-12345			
	상 호	드림컴	성 명	홍길동	
	사 업 장 소 재 지	서울 동작구 상도동 000-0			
	업 태	도소매	종 목	전자상거래	

작성년월일	③ 영수(청구) 금액	④ 공급가	부가세
2015-04-05	₩20,577,000	₩18,706,363	₩1,870,637

위 금액을 영수(청구)함.

월/일	품목	① 수량	② 단가	금액							
4/2	HES-0403	27	24,840			6	7	0	6	8	0
4/2	HZD-5262	32	112,500		3	6	0	0	0	0	0
4/2	WNW-2443	22	16,200			3	5	6	4	0	0
4/2	XAK-9713	6	98,800			5	9	2	8	0	0
4/2	KLF-2372	9	25,600			2	3	0	4	0	0
4/3	HES-0403	23	24,840			5	7	1	3	2	0
4/3	HZD-5262	20	112,500		2	2	5	0	0	0	0
4/3	WNW-2443	11	18,000			1	9	8	0	0	0
4/3	XAK-9713	17	88,920		1	5	1	1	6	4	0
4/3	KLF-2372	12	25,600			3	0	7	2	0	0
4/4	HES-0403	23	24,840			5	7	1	3	2	0
4/4	HZD-5262	19	112,500		2	1	3	7	5	0	0
4/4	WNW-2443	5	18,000				9	0	0	0	0
4/4	XAK-9713	21	88,920		1	8	6	7	3	2	0
4/4	KLF-2372	31	23,040			7	1	4	2	4	0
4/5	HES-0403	11	27,600			3	0	3	6	0	0
4/5	HZD-5262	17	112,500		1	9	1	2	5	0	0
4/5	WNW-2443	18	16,200			2	9	1	6	0	0
4/5	XAK-9713	20	88,920		1	7	7	8	4	0	0
4/5	KLF-2372	27	23,040			6	2	2	0	8	0
합계		371			2	0	5	7	7	0	0	0

① 일자별, 품목별 수량 합계 구하기 (SUMIFS 함수 사용)

② 원가, 마진율, 할인율 곱하여 단가 구하기 (PRODUCT 함수 사용)

③ 합계금액 구하기(SUMPRODUCT 함수 사용)

④ 합계금액의 10%를 뺀 공급가 구하기 (QUOTIENT 함수 사용)

⑤ 5행마다 빨간색 테두리 표시 (조건부 서식, MOD 함수 사용)

01 이름 정의하기

① [거래현황] 시트의 **[A2]** 셀 클릭 후 표 전체를 범위 지정하기 위해 **Ctrl** + **A**

② [수식] 탭-[정의된 이름] 그룹-[선택 영역에서 만들기] 클릭

③ 대화상자에서 [첫 행]에 체크 표시

④ [확인]을 클릭합니다.

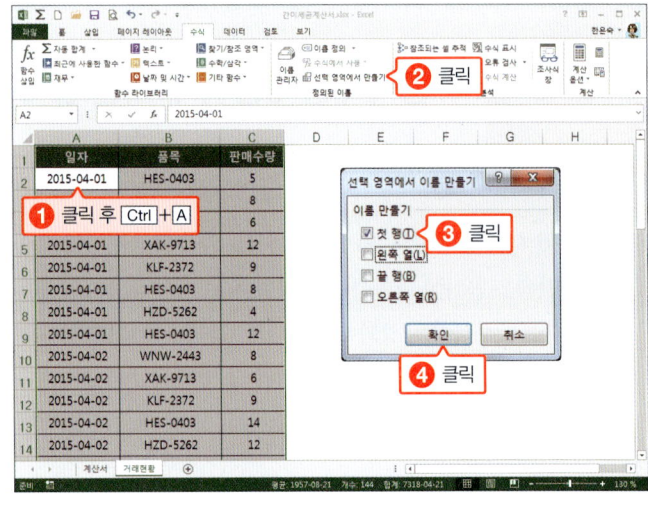

02 SUMIFS 함수로 일자별, 품목별 수량 합계 구하기

[계산서] 시트에는 월/일란과 품목란의 데이터가 입력되어 있습니다. [거래현황] 시트에서 해당 데이터의 판매수량 합계를 찾아 구해보겠습니다.

① [계산서] 시트 클릭

② [G12:G31] 셀을 드래그

③ =SUMIFS를 입력한 후 **Ctrl** + **A**를 누릅니다.

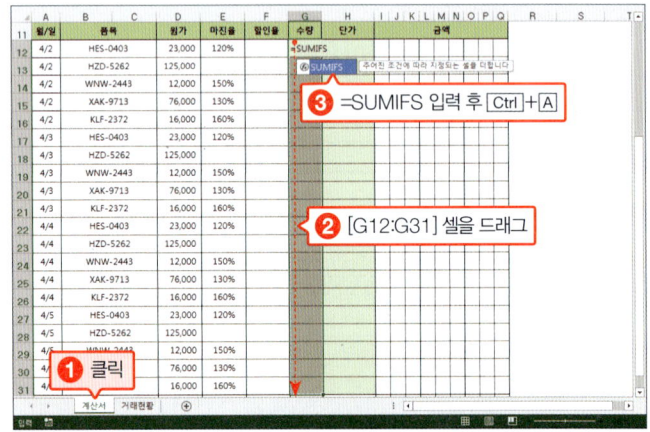

03 SUMIFS [함수 인수] 대화상자가 나타납니다.

① [Sum_range]란에 **판매수량** 입력

② [Criteria_range1]란에 **일자** 입력

③ [Criteria1]란에 **A12** 입력

④ [Criteria_range2]란에 **품목** 입력

⑤ [Criteria2]란에 **B12** 입력

⑥ **Ctrl** 을 누른 상태에서 [확인]을 클릭합니다.

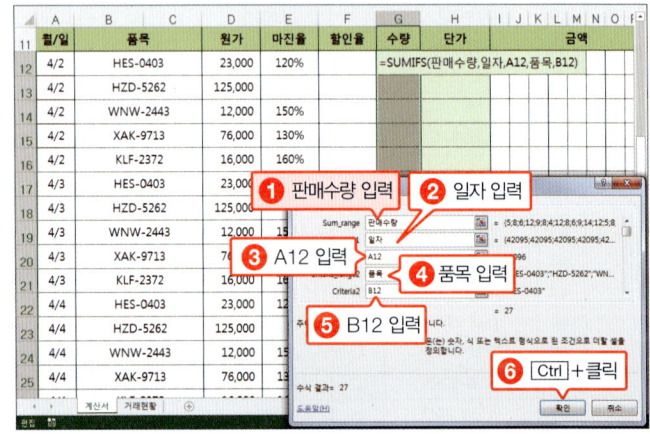

- Sum_range(합계 범위) : 합계를 구할 범위로 [거래현황] 시트의 [C2:C48] 셀의 이름인 '판매수량' 지정
- Criteria_range1(조건 범위1) : 첫 번째 조건을 확인할 범위로 [거래현황] 시트의 [2:A48] 셀의 이름인 '일자' 지정
- Criteria1(조건1) : 첫 번째 조건 범위에서 확인할 조건인 날짜가 입력된 [A12] 셀 지정
- Criteria_range2(조건 범위2) : 두 번째 조건을 확인할 범위로 [거래현황] 시트의 [B2:B48] 셀의 이름인 '품목' 지정
- Criteria2(조건2) : 두 번째 조건 범위에서 확인할 조건인 품목명이 입력된 [B12] 셀 지정

04 PRODUCT 함수로 원가, 마진율, 할인율 곱하여 단가 구하기

원가, 마진율, 할인율을 곱하되, 빈칸을 무시하고 곱해야 하므로 PRODUCT 함수를 사용해보겠습니다.

① [H12:H31] 셀 드래그

② =PRODUCT 입력 후 Ctrl + A

③ [Number1]란에 D12:F12 입력

④ Ctrl 을 누른 상태에서 [확인]을 클릭합니다.

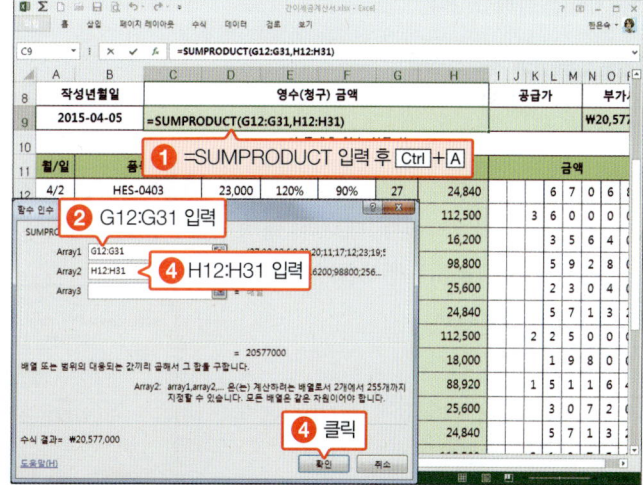

05 SUMPRODUCT 함수로 합계 금액 구하기

계산서 금액란의 숫자들로는 합계를 구할 수 없으므로 수량과 단가 범위를 곱하고 곱한 결과들을 더하는 SUMPRODUCT 함수로 합계를 구해보겠습니다.

① [C9] 셀에 =SUMPRODUCT 입력 후 Ctrl + A

② [Array1]란에 G12:G31 입력

③ [Array2]란에 H12:H31 입력

④ [확인]을 클릭합니다.

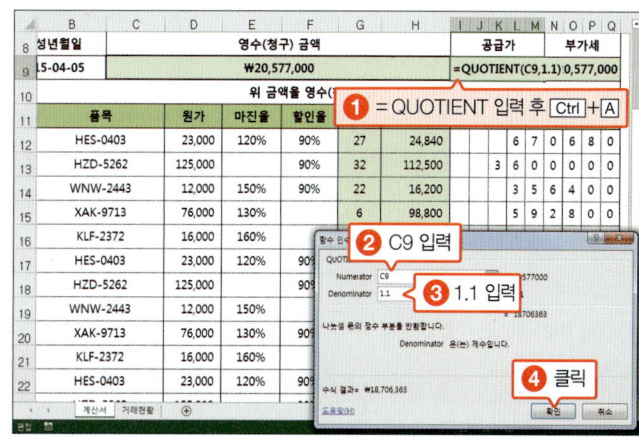

06 QUOTIENT 함수로 합계 금액의 10%를 뺀 금액 구하기

합계 금액을 1.1로 나눈 몫을 구하여 공급가를 구하겠습니다.

① [I9] 셀에 =QUOTIENT 입력 후 Ctrl + A

② [Numerator]란에 C9 입력

③ [Denominator]란에 1.1 입력

④ [확인]을 클릭합니다.

• =C9/1.1의 계산식으로 작성해도 되지만 소수 이하까지 나오게 되므로 QUOTIENT 함수를 사용하여 나눗셈 몫의 정수만 가져옴
• Numerator(피제수) : 나누어질 합계 금액이 입력된 [C9] 셀 지정
• Denominator(제수) : 나눌 수로 '1.1' 입력

07 조건부 서식과 MOD 함수로 목록의 5행마다 빨강색 테두리 표시하기

품목이 5개이므로 5행마다 빨간색으로 아래쪽 테두리를 표시해 구분하겠습니다.

① [A12:Q31] 셀 드래그

② [홈] 탭-[스타일] 그룹-[조건부 서식]-[새 규칙] 선택

③ [새 서식 규칙] 대화상자의 [규칙 유형 선택] 목록에서 [수식을 사용하여 서식을 지정할 셀 결정] 선택

④ 수식 입력란에 **=MOD(ROW( )-11,5)=0** 입력

⑤ [서식]을 클릭합니다.

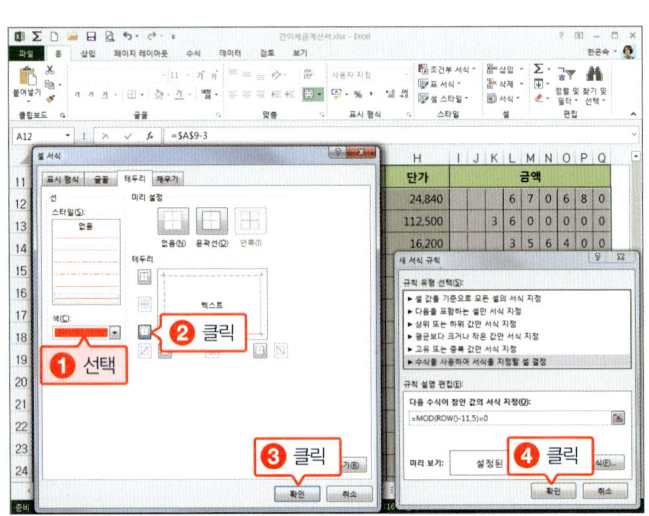

바로 통하는 TIP 함수식 설명

• =MOD(ROW() -11,5)=0 : 행 번호(ROW() -11)를 5로 나눈 나머지가 0이면 서식 지정

08

① [셀 서식] 대화상자에서 [테두리] 탭의 [색] 목록에서 [빨강]을 선택합니다.

② [아래쪽 테두리] 선택

③ [확인]을 클릭합니다.

④ 새서식 규칙 대화상자의 [확인]을 클릭합니다.

09 열 숨기기

계산서에서 보여줄 필요가 없는 원가, 마진율, 할인율 열을 숨기겠습니다.

① D열 머리글에서 F열 머리글까지 드래그해 범위로 지정

② 해당 범위에서 마우스 오른쪽 버튼 클릭

③ [숨기기]를 선택합니다.

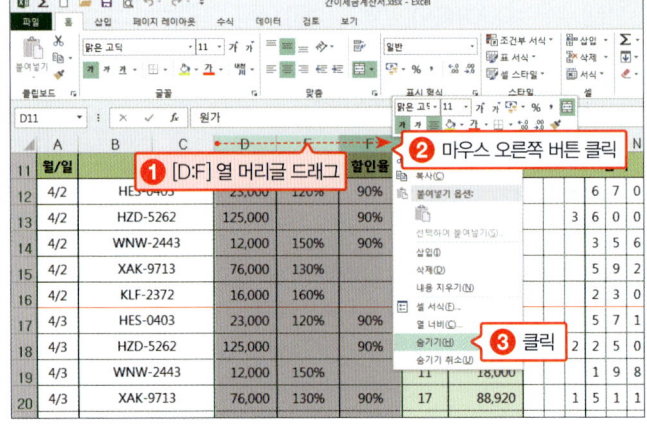

주문목록 데이터로 매출집계표에 계산하기

- **실습 파일** Chapter11 \Section05\제품매출집계표.xlsx
- **완성 파일** Chapter11 \Section05\제품매출집계표완성.xlsx

다음의 지시 사항에 따라 [제품주문현황] 시트의 데이터 목록을 활용하여 [매출집계표]에 수량 합계를 구하고 판매단가, 매출액 등을 구하여 표의 빈칸을 완성합니다.

제품 매출 집계표

No.	품명	규격	원가	수량	판매단가	할인적용	매출액	세액	비고
1	A-001	25x25	4,628	47	5,000		235,000	23,500	
2	A-001	50x50	2,198	65	2,500	95%	154,375	15,438	
3	A-002	25x25	4,760	30	5,000		150,000	15,000	set
4	A-002	50x50	2,369	54	2,500	95%	128,250	12,825	set
5	B-001	25x25	4,778	60	5,000	95%	285,000	28,500	set
6	B-001	50x50	4,890	80	5,000	95%	380,000	38,000	set
7	B-002	25x25	2,674	32	3,000		96,000	9,600	set
8	B-002	50x50	3,497	36	3,500		126,000	12,600	set
9	C-001	25x25	2,860	48	3,000		144,000	14,400	set
10	C-001	50x50	2,106	69	2,500	95%	163,875	16,388	
11	C-002	25x25	4,973	34	5,000		170,000	17,000	set
12	C-002	50x50	3,691	70	4,000	95%	266,000	26,600	set
합계							₩ 2,298,500	₩ 229,850	
총합계(매출액+세액)							₩2,528,350		

[MEMO]

※ 할인금액: ₩72,500

▲ 실습 파일　　　　　　　　　　　▲ 완성 파일

1 [제품주문현황] 시트의 표 목록 범위를 지정한 후 [수식] 탭–[정의된 이름] 그룹–[선택 영역에서 만들기]를 사용하여 첫 행을 이름으로 정의합니다.

2 [매출집계표] 시트의 수량은 품명과 규격을 조건으로 하여 [제품주문현황] 시트의 수량 합계를 구합니다(SUMIFS 함수 사용).

3 판매단가 : 원가에서 500원 단위를 올림하여 구합니다(CEILING.MATH 함수 사용).

4 매출액 : 수량, 판매단가, 할인적용을 곱하여 구합니다(PRODUCT 함수 사용).

5 비고 : 수량이 짝수인 경우 'set'라고 입력하고 나머지는 빈칸으로 표시합니다(IF, MOD 함수 사용).

6 할인금액 : 수량 범위와 단가 범위를 곱한 후 합계를 구한 값(SUMPRODUCT 함수 사용)에서 매출액 합계를 뺍니다.

06 재무 함수

재무 함수는 대출금 상환, 투자 금액에 대한 미래 가치나 현재 가치, 채권에 대한 가치 등을 결정하는 계산을 할 때 사용합니다. 다른 함수에 비해 생소한 인수들을 사용하기 때문에 다소 복잡해 보일 수 있지만, 재무 회계 업무를 담당하는 사용자들의 경우 재무 함수 인수의 의미를 잘 이해하면 업무에서 유용하게 사용할 수 있습니다.

FV, PMT, PV, NPER, RATE, PDURATION `2013`, RRI `2013` 함수

재무 함수에도 다양한 종류가 있습니다. 여기에서는 재정과 관련된 업무 계산에 사용할 수 있는 함수 위주로 알아보겠습니다. 경제 활동에 많이 활용되고 재무 함수들은 다음과 같습니다.

함수 형식	설명
=**FV**(Rate,Nper,Pmt,Pv,Type)	투자액의 미래 가치를 구합니다.
=**PMT**(Rate,Nper,Pv,Fv,Type)	차입금에 대해 정기적으로 상환하는 원리금을 구합니다.
=**PV**(Rate,Nper,Pmt,Fv,Type)	투자한 금액의 현재 가치를 구합니다.
=**NPER**(Rate,Pmt,Pv,Fv,Type)	투자 기간 수를 구합니다.
=**RATE**(Nper,Pmt,Pv,Fv,Type)	이자 지급 기간당 이율을 계산합니다.
=**PDURATION**(Rate,Pv,Fv)	투자를 통해 지정한 가치에 도달하는 데 필요한 기간을 구합니다.
=**RRI**(Nper,Pv,Fv)	투자 증가액의 평균 이자율을 구합니다.

재무 함수의 공통 인수

재무 함수에서 주로 사용되는 인수들은 다음과 같습니다.

인수	설명
Rate	비율(Rate). 기간당 이자율
Nper	기간 수(Number period). 총 지불 횟수 또는 총 투자 기간
Pmt	지불 금액(Payment). 투자 금액 또는 대부금으로 정기적으로 지불되는 금액
Pv	현재 가치(Present value). 투자한 시점의 투자 금액 또는 대부금의 가치. 예를 들면 대부금의 현재 가치는 최초로 빌린 금액임
Fv	미래 가치(Future value). 투자 금액 또는 대부금을 완불한 후의 가치
Type	유형(Type). 0 또는 1로 납입 시점을 나타냄. Type를 생략하면 0으로 간주하며 0은 기말, 1은 기초를 의미함

FV, PMT, PV, RATE 함수로 금융 상품 비교하기

• 실습 파일 Chapter11\Section06\금융상품비교표.xlsx • 완성 파일 Chapter11\Section06\금융상품비교표완성.xlsx

다음의 금융 상품 비교 표에서 각 상품별 적금의 만기 금액, 대출금에 대한 원금과 이자를 포함한 월 상환액, 이율, 연금 일시금 등을 구해보겠습니다. 납입 시점은 모두 월말입니다.

01 FV 함수로 적금 만기 금액 구하기

① [E4:E6] 셀 드래그

② =FV를 입력한 후 Ctrl + A 를 누릅니다.

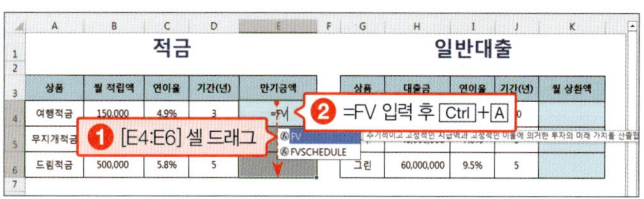

02 FV [함수 인수] 대화상자가 나타납니다.

① [Rate]란에 C4/12 입력

② [Nper]란에 D4*12 입력

③ [Pmt]란에 -B4 입력

④ Ctrl 을 누른 상태에서 [확인]을 클릭합니다.

• Rate : 적립액이 월 적립액이므로 그에 맞추기 위해 연이율을 월이율로 환산해야 합니다. 연이율(C4) 나누기 12개월 지정

• Nper : 역시 적금 기간을 월로 환산하기 위해 기간(D4) 곱하기 12 지정

• Pmt : 월 적립액(B4)를 지정하되, 금액이 나가는 돈이므로 음수로 만들기 위해 음수 기호(-)를 앞에 붙임

• 투자 원금 즉, 현재 가치(Pv)는 없으므로 생략하고 납입 시점(Type)은 월말인 경우이므로 생략

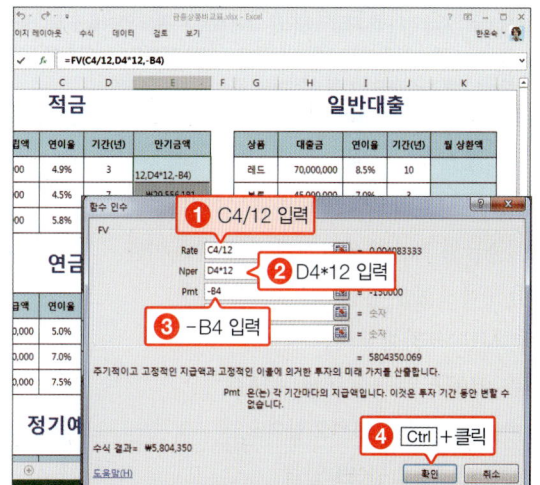

03 PMT 함수로 대출 월 상환액 구하기

대출금에 대해 월마다 정기적으로 상환활 금액을 구합니다.

① [K4:K6] 셀 드래그

② =PMT 입력 후 Ctrl + A

③ [Rate]란에 I4/12 입력

④ [Nper]란에 J4*12 입력

⑤ [Pv]란에 -H4 입력

⑥ Ctrl 을 누른 상태에서 [확인]을 클릭합니다.

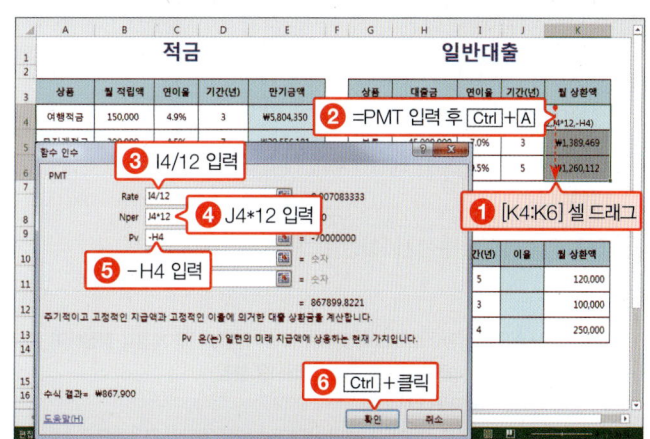

• Rate : 월 상환액을 구하는 것이므로 그에 맞추기 위해 연이율을 월이율로 환산해야 합니다. 연이율(I4) 나누기 12개월 지정

• Nper : 역시 대출 기간을 월로 환산하기 위해 기간(J4) 곱하기 12 지정

• Pv : 현재 대출을 받는 것이므로 현재 가치(Pv)에 해당됩니다. 대출금(H4)을 지정하되, 역시 음수 기호(-)를 붙임

• 미래 가치(Fv)는 없으므로 생략하고 납입 시점(Type)은 월말인 경우이므로 생략

04 PV 함수로 연금의 현재 가치 구하기

① [E11:E13] 셀 드래그

② =PV 입력 후 Ctrl + A

③ [Rate]란에 C11/12 입력

④ [Nper]란에 D11*12 입력

⑤ [Pmt]란에 –B11 입력

⑥ Ctrl 을 누른 상태에서 [확인]을 클릭합
 니다.

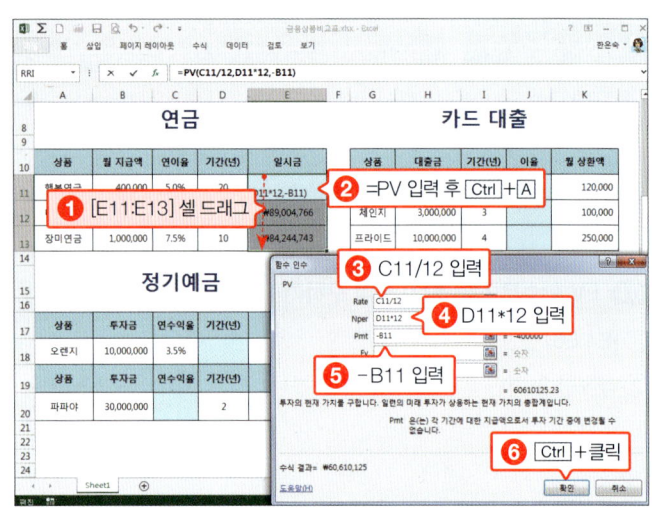

• Rate : 지급액이 월 지급액이므로 그에 맞추기 위해 연이율을 월이율로 환산해야 합니다. 연이율(C11) 나누기 12개월 지정
• Nper : 역시 연금 기간을 월로 환산하기 위해 기간(D11) 곱하기 12 지정
• Pmt : 월 지급액(B11)을 지정하되, 음수 기호(–)를 붙임
• 현재 가치를 구하는 것이므로 미래 가치(Fv)는 생략하고, 납입 시점(Type)은 월말인 경우이므로 생략

05 RATE 함수로 대출 이율 구하기

대출금의 기간별 상환액에 따른 대출 이율
을 구해보겠습니다.

① [J11:J13] 셀 드래그

② =RATE 입력 후 Ctrl + A

③ [Nper]란에 I11*12 입력

④ [Pmt]란에 –K11 입력

⑤ [Pv]란에 H11 입력

⑥ 수식 입력줄에 입력된 수식 끝 부분 클
 릭 후 *12 입력. RATE 함수식으로 구해
 진 이율은 월이율이므로 연이율로 바꾸
 기 위해 함수식에 곱하기 12를 지정합
 니다.

⑦ Ctrl 을 누른 상태에서 [확인]을 클릭합
 니다.

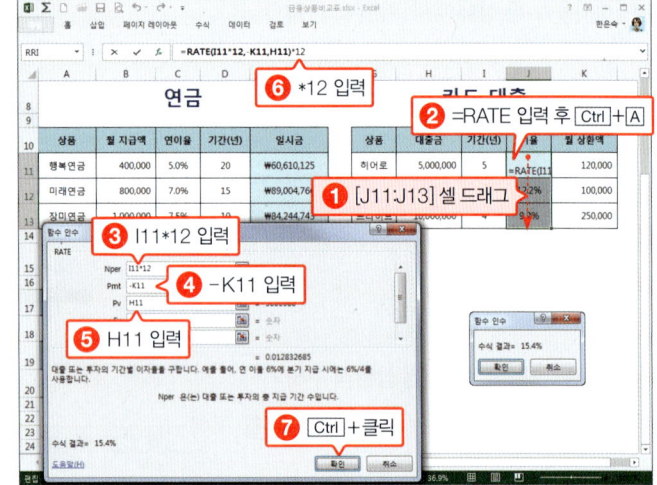

• Nper : 상환액이 월 상환이므로 그에 맞추기 위해 기간(I11)을 개월로 환산해야 합니다. 기간(I11) 곱하기 12개월 지정
• Pmt : 월 상환액(K11)을 지정하되, 음수 기호(–)를 붙임
• Pv : 현재 가치로 대출금(H11) 지정
• 미래 가치(Fv)는 없으므로 생략하고, 납입 시점(Type)은 월말인 경우이므로 생략

06 PDURATION 함수로 정기예금의 기간 구하기

투자금액이 정기예금의 목표액에 도달하는 기간을 구해보겠습니다.

① [D18] 셀에 =PDURATION 입력 후 Ctrl + A

② [Rate]란에 **C18** 입력

③ [Pv]란에 **B18** 입력

④ [Fv]란에 **E18** 입력

⑤ [확인]을 클릭합니다.

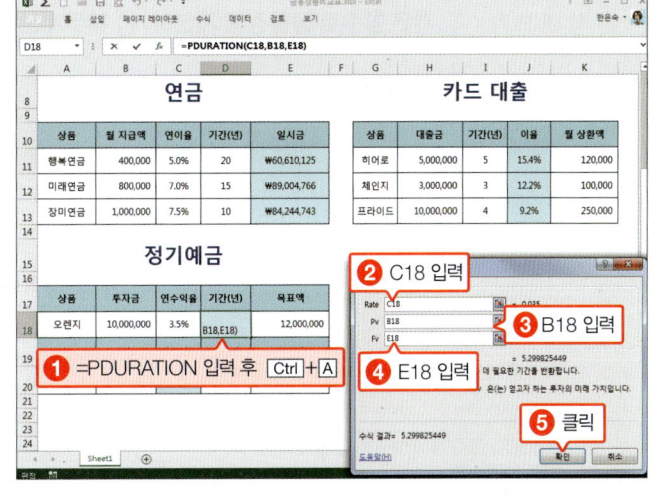

· Rate : 연수익율이 입력된 [C18] 셀 지정
· Pv : 투자의 현재 가치로 예금액이 입력된 [B18] 셀 지정
· Fv : 투자의 미래 가치로 원하는 목표액이 입력된 [E18] 셀 지정

07 RRI 함수로 정기예금의 연수익율 구하기

투자금액이 정기예금의 목표액에 도달하는 기간 내의 평균 수익률을 구해보겠습니다.

① [C20] 셀에 =RRI 입력 후 Ctrl + A

② [Nper]란에 **D20** 입력

③ [Pv]란에 **B20** 입력

④ [Fv]란에 **E20** 입력

⑤ [확인]을 클릭합니다.

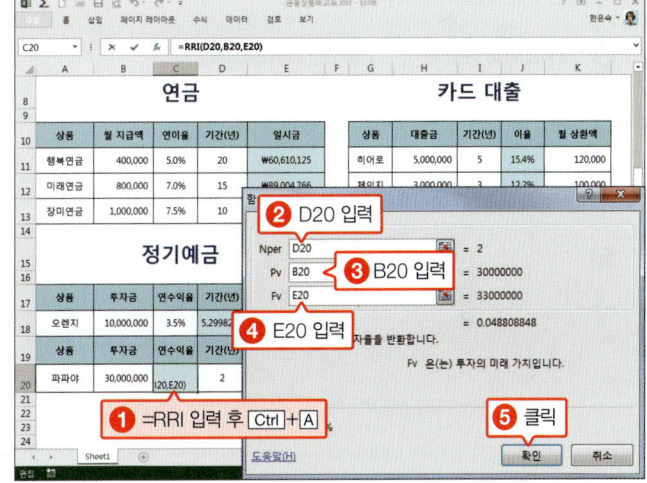

· Nper : 기간이 입력된 [D20] 셀 지정
· Pv : 투자의 현재 가치로 예금액이 입력된 [B20] 셀 지정
· Fv : 투자의 미래 가치로 원하는 목표액이 입력된 [E20] 셀 지정

재무 함수로 생활경제 계산하기 : 재무계산표

▪ **실습 파일** Chapter11\Section06\재무계산표.xlsx ▪ **완성 파일** Chapter11\Section06\재무계산표완성.xlsx

실생활에 적용할 수 있는 FV, PMT, PV, NPER, RATE 각 함수를 사용하여 다음의 5개 표에 작성된 조건에 따라 각 상황에 맞는 재무 함수식을 작성해보겠습니다.

정기 적금 만기금액 구하기

월저축액	연이율	기간(년)	만기 금액
550,000	3.8%	3	₩20,937,679

월 80만원을 10년간 지급 받는 연금의 현재 가치

월 지급액	기간(년)	연이율	현재 가치
800,000	10	6.5%	₩70,454,800

대출금의 월 상환액 구하기

대출금	연이율	기간(년)	월 상환액
70,000,000	7.8%	10	₩841,914

대출금의 상환기간 구하기

대출금	월 상환액	연이율	상환기간(년)
100,000,000	980,000	7.5%	14

자동차 할부금의 이자율 구하기

구입가격	월 상환액	기간(년)	이자율
23,000,000	850,000	5	3.1%

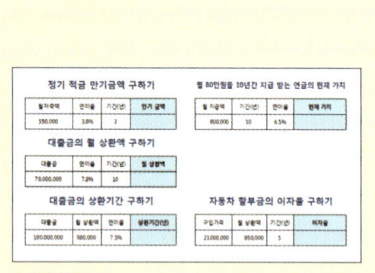

▲ 실습 파일　　　　　　▲ 완성 파일

1 정기 적금 만기 금액은 FV 함수를 사용합니다.

2 대출금의 월 상환액은 PMT 함수를 사용합니다.

3 대출금의 상환기간은 NPER 함수를 사용합니다.

4 연금의 현재 가치는 PV 함수를 사용합니다.

5 자동차 할부금의 이자율은 RATE 함수를 사용합니다.

맞춰 쓰는
재미가 있다!
매크로와 VBA

매크로와 VBA를 활용하면 반복해야 하는 작업을 기록해두고 명령 버튼이나 단축키를 눌러 한번에 실행할 수 있습니다. 또한 엑셀의 리본 메뉴에서 제공하지 않는 기능을 만들어서 사용할 수도 있습니다. 매크로와 VBA를 배우는 데는 많은 시간과 노력이 필요하지만 배워둘 가치가 있는 고급 기능입니다. 매크로와 VBA를 익히는 데 기본이 되는 몇 가지 개념을 배워보도록 하겠습니다.

자주 반복하는 작업을 매크로로 기록해두면 한 번의 매크로 명령으로 반복 작업을 실행할 수 있습니다. 매크로를 작성하는 방식에는 동작 방식과 코딩 방식이 있습니다. 동작 방식은 캠코더로 동영상을 촬영하듯 사용자가 마우스나 키보드로 작업하는 과정을 기록하여 엑셀에서 코드 값으로 자동 변환하는 것입니다. 코딩 방식은 비주얼 베이식 편집기를 사용해서 사용자가 직접 코딩하는 방식입니다. 특히 동작 방식은 프로그래밍 언어에 대한 지식이 없는 사용자도 쉽게 사용할 수 있다는 장점이 있습니다.

매크로 기록하기

매크로를 기록하려면 [보기] 탭-[매크로] 그룹-[매크로]-[매크로 기록]을 선택하거나 [개발 도구] 탭-[코드] 그룹-[매크로 기록]을 클릭합니다. 또는 상태 표시줄 왼쪽 하단의 [매크로 기록] 버튼을 클릭해도 됩니다.

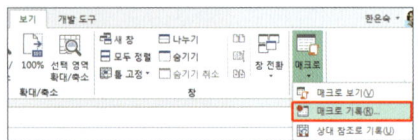

▲ [보기] 탭-[매크로] 그룹-[매크로 기록]

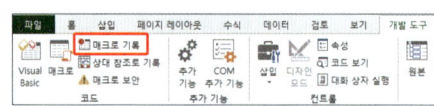

▲ [개발 도구] 탭-[코드] 그룹-[매크로 기록]

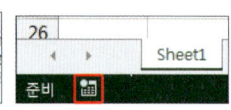

▲ 상태 표시줄의 [매크로 기록] 버튼

[매크로 기록] 대화상자

[매크로 기록] 버튼이나 메뉴를 선택하면 [매크로 기록] 대화상자가 열립니다. [매크로 기록] 대화상자에 기록할 매크로 이름을 입력하고 매크로 저장 위치를 지정한 후 [확인]을 클릭하면 기록이 시작됩니다. [바로 가기 키]와 [설명]은 생략해도 됩니다.

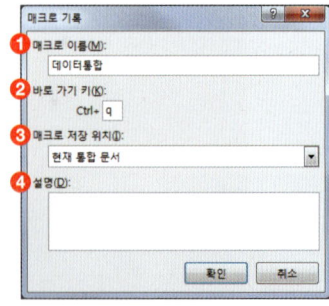

① **매크로 이름** : 매크로 내용과 관련된 이름으로 지정하는 것이 좋으며, 첫 글자는 문자로 시작해야 합니다. 공백이나 특수 문자는 사용할 수 없습니다.

② **바로 가기 키** : 단축키를 사용하여 매크로를 실행하려면 바로 가기 키를 지정합니다. 대소문자를 구별합니다.

③ **매크로 저장 위치** : 세 개의 저장 위치가 있습니다.
- **개인용 매크로 통합 문서** : 엑셀 프로그램에 매크로를 저장합니다. 여기에 매크로를 저장하면 모든 파일에서 매크로를 사용할 수 있습니다.
- **새 통합 문서** : 새 통합 문서를 작성한 후 해당 문서에 대해서만 매크로를 사용합니다.
- **현재 통합 문서** : 현재 열려 있는 문서에만 매크로를 저장하고 사용합니다.

④ **설명** : 매크로에 대한 설명을 입력하는 부분입니다.

기록 중지

매크로 기록 중 기록하고자 하는 작업이 모두 끝나면 [개발 도구] 탭−[코드] 그룹−[기록 중지]를 클릭하여 중지하거나 상태 표시줄의 [기록 중지] 버튼 클릭합니다.

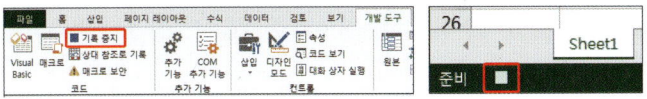

매크로에서 셀 참조하는 방법

매크로 기록 시 셀을 선택하면 기본적으로는 **절대 참조** 상태로 기록되어 매크로 기록 당시에 선택한 셀과 범위에 대해서만 해당 매크로가 실행됩니다. **상대 참조** 상태로 기록하고 싶다면 [개발 도구] 탭−[코드] 그룹−[상대 참조로 기록]을 클릭한 후 기록을 시작합니다. 상대 참조로 기록하는 매크로는 매크로를 실행할 당시에 선택되는 셀이나 범위에 대해서 매크로를 실행할 수 있습니다.

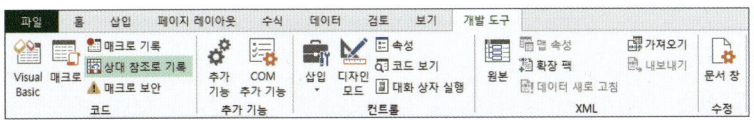

① **절대 참조** : 매크로 기록 당시에 선택한 범위에만 해당 매크로 수행
② **상대 참조** : 어느 셀이든 매크로 실행 시 선택하는 셀에 대해 매크로 수행

매크로 사용 통합 문서(*.xlsm)로 저장하기

현재 통합 문서에 매크로를 기록했다면 [Excel 매크로 사용 통합 문서(*.xlsm)] 형식으로 저장해야 기록된 매크로도 함께 저장됩니다. 매크로 사용 통합 문서로 저장하려면 **[방법 ①]** [파일] 탭−[내보내기]−[파일 형식 변경]−[매크로 사용 통합 문서(*.xlsm)]를 클릭하고 [다른 이름으로 저장]을 클릭합니다. 또는 **[방법 ②]** [파일] 탭−[다른 이름으로 저장]을 클릭한 후 [다른 이름으로 저장] 대화상자의 [파일 형식] 목록에서 [Excel 매크로 사용 통합 문서(*.xlsm)]를 선택하여 저장합니다.

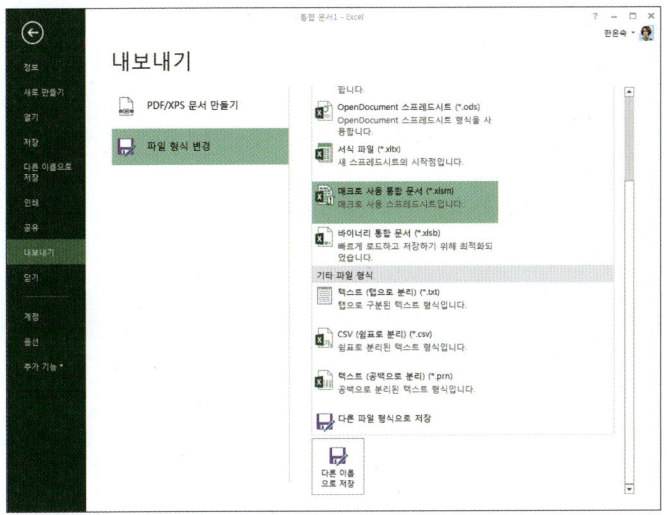
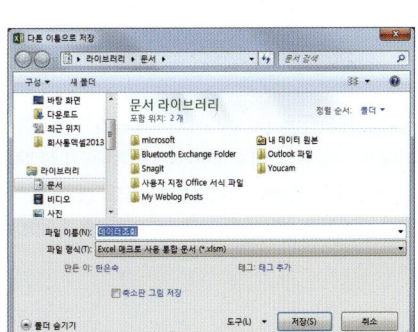

• 실습 파일 Chapter12\Section01\매물목록.xlsx　• 완성 파일 Chapter12\Section01\매물목록완성.xlsm

고급 필터 기능을 사용할 때는 조건을 수정한 후에 다시 고급 필터 메뉴를 선택하여 원본 데이터 범위와 조건 범위를 반복해서 지정해주어야 합니다. 이러한 고급 필터 기능을 매크로로 기록해두면 조건만 수정한 후에 매크로를 실행하여 빠르게 고급 필터를 실행할 수 있습니다.

300개 부동산 매물 목록에 대해 고급 필터 기능을 사용하여 선택한 조건에 따라 데이터를 추출하는 매크로를 기록해보겠습니다. 또한 지정된 범위 중 빈 셀만 선택할 수 있는 기능을 모든 엑셀 파일에서 실행할 수 있도록 매크로로 기록해보겠습니다. 여기에서는 매크로 기록만 실습하고 매크로 실행은 다음 섹션에서 실습하도록 하겠습니다.

01 리본 메뉴에 개발 도구 탭 표시하기

매크로와 관련 명령을 쉽게 선택하기 위해 [개발 도구] 탭을 표시하겠습니다.

① **리본 메뉴의 탭** 중 한 군데에 마우스 포인터를 위치시킨 후 마우스 오른쪽 버튼 클릭

② **[리본 메뉴 사용자 지정]** 선택

③ [Excel 옵션] 대화상자의 [리본 메뉴 사용자 지정] 목록에서 **[개발 도구]**에 체크 표시

④ **[확인]**을 클릭합니다.

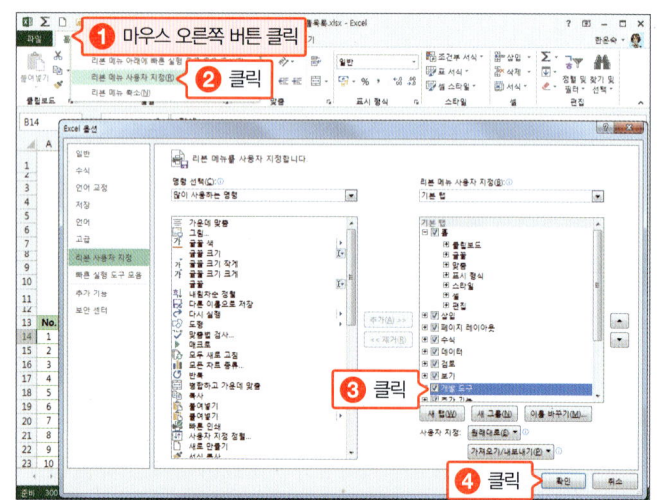

02 데이터 추출 매크로 기록하기

고급 필터 기능을 사용하는 매크로를 기록해보겠습니다.

① [개발 도구] 탭-[코드] 그룹-[매크로 기록]을 클릭하거나 상태 표시줄의 **[매크로 기록]** 버튼 클릭

② [매크로 기록] 대화상자의 [매크로 이름]에 **고급필터** 입력

③ **[확인]**을 클릭합니다.

바로 통하는 TIP [매크로 기록] 대화상자의 [확인]을 클릭하는 순간부터 [기록 중지] 버튼을 클릭하기 전까지의 모든 마우스와 키보드 작업이 기록되므로 매크로로 기록할 작업 이외의 불필요한 작업은 하지 않도록 주의해야 합니다.

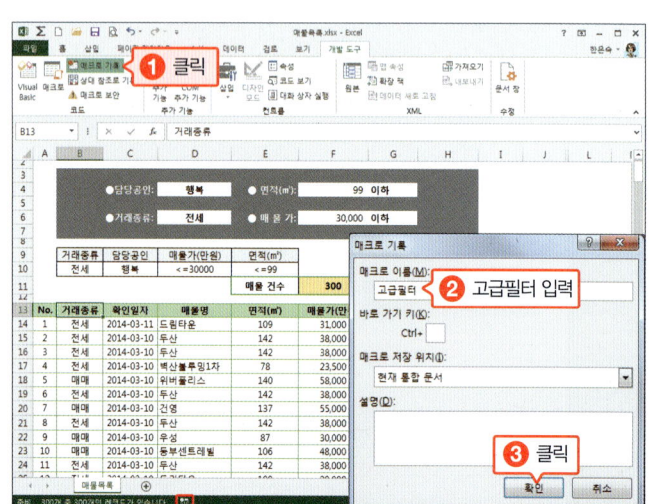

03

① [A13] 셀 클릭

② [데이터] 탭-[정렬 및 필터] 그룹-[고급] 클릭

③ [고급 필터] 대화상자의 [결과]에서 [현재 위치에 필터] 클릭. [목록 범위]에는 $A$13:$H$313이 지정되어 있습니다.

④ [조건 범위] 클릭

⑤ [B9:E10] 셀 드래그. $B$9:$E$10이 [조건 범위]로 지정됩니다.

⑥ [확인] 클릭

⑦ 상태 표시줄의 [기록 중지] 버튼을 클릭합니다.

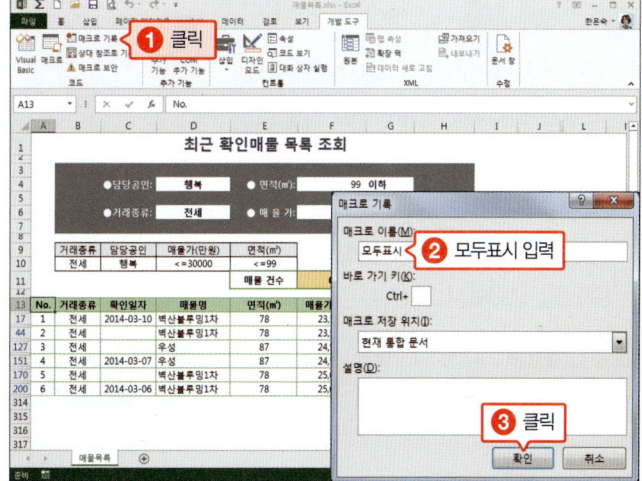

04 데이터 모두 표시 매크로 기록하기

고급 필터 결과를 해제하고 모든 데이터를 표시하도록 매크로를 기록하겠습니다.

① [개발 도구] 탭-[코드] 그룹-[매크로 기록]을 클릭하거나 상태 표시줄의 [매크로 기록] 버튼 클릭

② [매크로 기록] 대화상자의 [매크로 이름]에 모두표시 입력

③ [확인]을 클릭합니다.

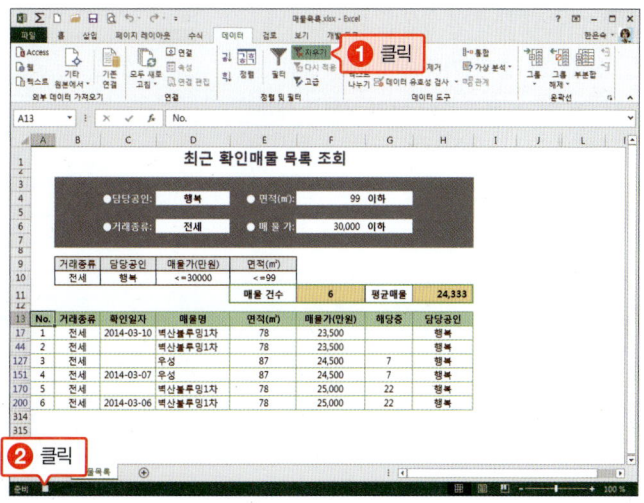

05

① [데이터] 탭-[정렬 및 필터] 그룹-[지우기] 클릭

② 상태 표시줄의 [기록 중지] 버튼을 클릭합니다.

06 빈셀선택 매크로 기록하기

지정된 범위 중 빈 셀만 선택하는 매크로를 기록하겠습니다.

① [개발 도구] 탭-[코드] 그룹-[상대 참조로 기록] 클릭

② [매크로 기록] 클릭

③ [매크로 기록] 대화상자의 [매크로 이름]에 **빈셀선택** 입력

④ [매크로 저장 위치] 목록에서 [개인용 매크로 통합 문서] 선택

⑤ [확인]을 클릭합니다.

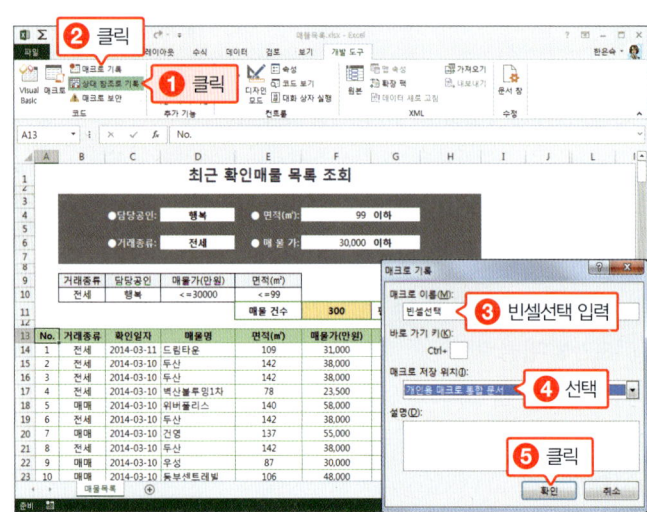

바로 통하는 TIP '빈셀선택' 매크로는 매크로 실행 시 선택된 셀을 기준으로 하기 위해 상대 참조로 기록하고, 모든 엑셀 파일에서 실행할 수 있도록 '개인용 매크로 통합 문서'에 기록합니다.

07

① Ctrl + * (또는 Ctrl + Shift + 8)를 눌러 현재 셀 주변을 전체 범위로 지정

② [홈] 탭-[편집] 그룹-[찾기 및 선택]- [이동 옵션] 선택

③ [이동 옵션] 대화상자에서 [빈 셀] 클릭

④ [확인]을 클릭합니다.

바로 통하는 TIP 상대 참조로 기록할 때 범위 지정 작업은 단축키를 사용하는 것이 좋습니다.

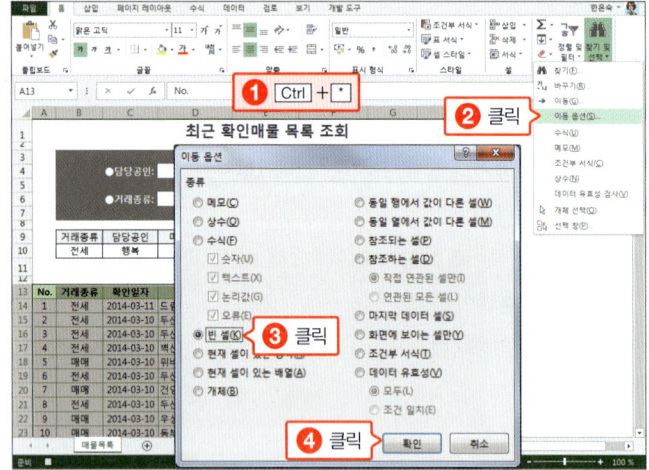

08 다음과 같이 빈 셀들만 선택됩니다.

① 상태 표시줄의 [기록 중지] 버튼 클릭

② 다른 셀을 클릭하여 **범위 지정**을 해제합니다.

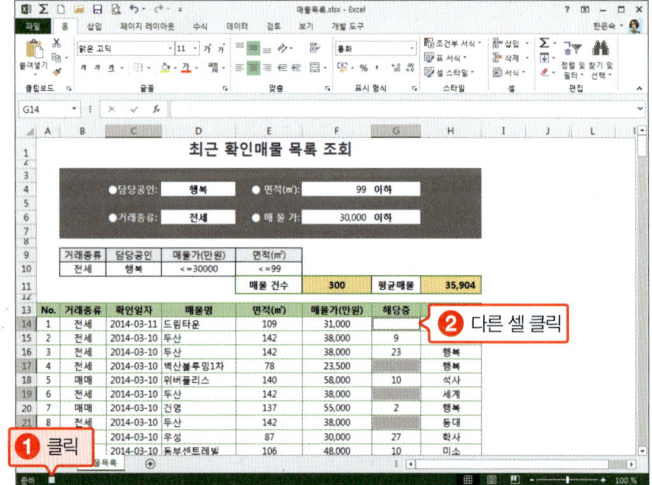

09 기록된 매크로 확인하기

① [개발 도구] 탭-[코드] 그룹-[매크로]를 클릭

[매크로] 대화상자가 표시됩니다. 매크로 목록에서 기록한 매크로 이름을 선택하고 [실행]을 클릭하면 매크로를 실행할 수 있습니다.

② 지금은 [취소]를 클릭합니다.

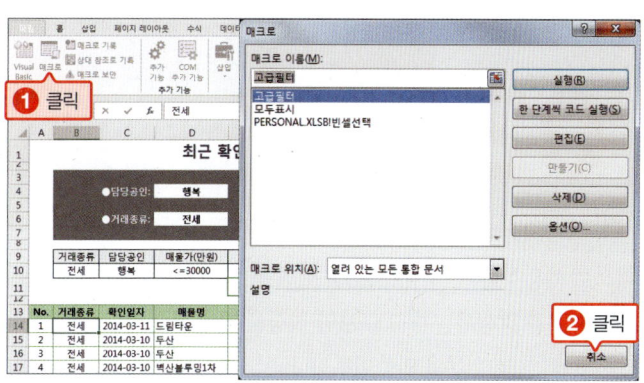

10 매크로 사용 통합 문서로 저장하기

매크로 사용 통합 문서를 저장하겠습니다.

① F12

② [다른 이름으로 저장] 대화상자의 [파일 형식] 목록에서 [Excel 매크로 사용 통합 문서(*.xlsm)] 선택

③ [저장]을 클릭합니다.

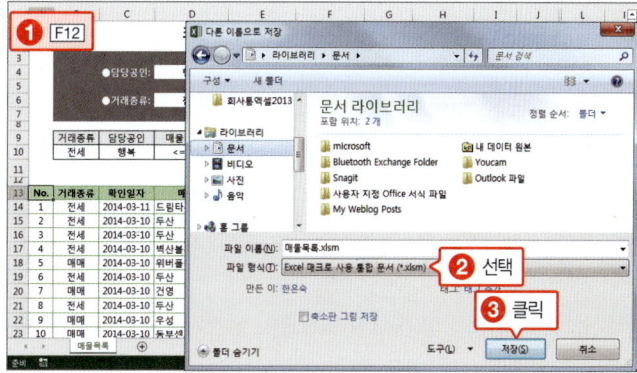

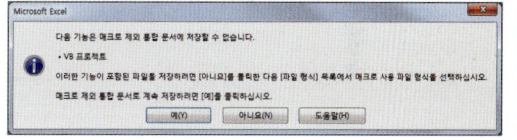

---

11 개인용 매크로 통합 문서 저장

이번에는 개인용 통합 문서로 저장하겠습니다.

① 엑셀 프로그램 창의 [닫기] 버튼 클릭

개인용 매크로 통합 문서에 [빈셀선택] 매크로를 기록했기 때문에 변경 내용을 저장하겠느냐는 메시지가 표시됩니다.

② [저장]을 클릭합니다. 개인용 매크로 통합 문서가 저장되면서 엑셀이 종료됩니다.

바로 통하는 TIP 개인용 매크로 통합 문서의 이름은 PERSONAL.XLSB로 XLSTART 폴더에 저장되어 엑셀을 실행할 때 자동으로 열립니다.

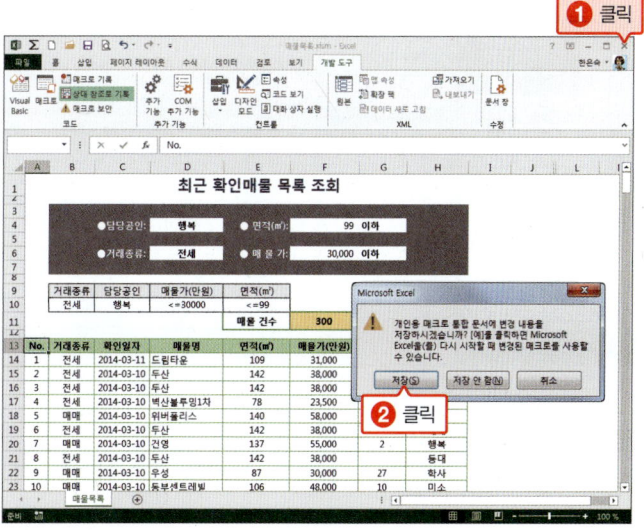

02 매크로 실행하기

매크로 사용 통합 문서(*.xlsm)를 열면 엑셀의 매크로 보안 설정에 따라 보안 경고 메시지 표시줄이 나타납니다. 매크로 사용을 위해서는 매크로 보안 설정을 미리 확인해두는 것이 좋습니다. 기록된 매크로를 실행하기 위해서는 워크시트에 [실행] 버튼을 만들어두거나 리본 메뉴나 빠른 실행 도구 모음에 아이콘을 추가해두는 방법 등이 있습니다.

매크로 보안 설정

매크로 사용 통합 문서(*.xlsm)를 열면 문서에 포함된 매크로는 사용할 수 없는 상태입니다. 또한 리본 메뉴 아래에 보안 경고 메시지 표시줄이 나타납니다. 문서에 포함된 매크로를 사용하려면 메시지 표시줄의 **[콘텐츠 사용]**을 클릭해야 합니다.

파일을 열 때 보안 경고 메시지 표시줄이 생기지 않고 매크로를 포함하면서 바로 실행되게 하려면 매크로 보안 설정을 변경합니다. [개발 도구 탭]−[코드] 그룹−[매크로 보안]을 클릭하여 [보안 센터] 대화상자가 열리면 [매크로 설정] 메뉴의 **[모든 매크로 포함]**을 클릭합니다. 위험성 있는 코드가 실행될 수 있으므로 사용하지 않는 것이 좋습니다.

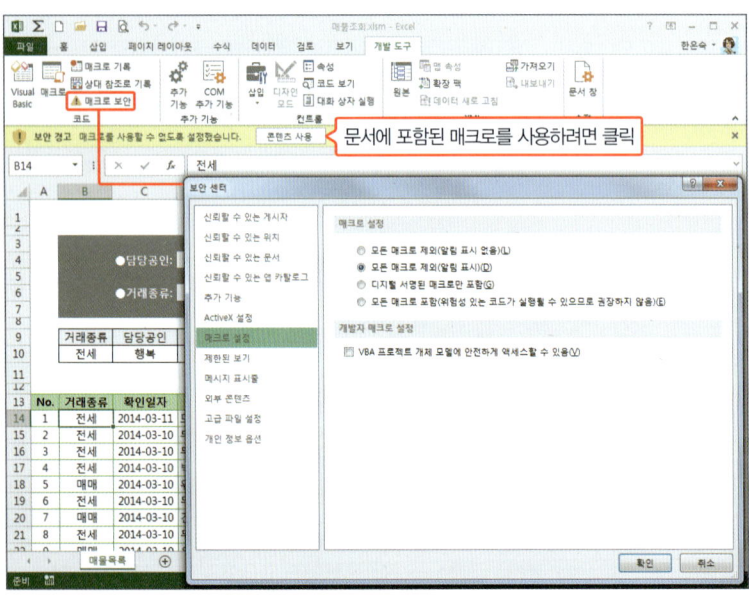

매크로 실행 방법

매크로를 실행할 때는 다음과 같은 여러 가지 방법을 사용할 수 있습니다.

● [매크로] 대화상자에서 실행하기

[개발 도구] 탭-[코드] 그룹-[매크로]를 클릭한 후 나타나는 [매크로] 대화상자에서 직접 매크로 이름을 선택합니다. [실행]을 클릭하면 매크로가 실행됩니다.

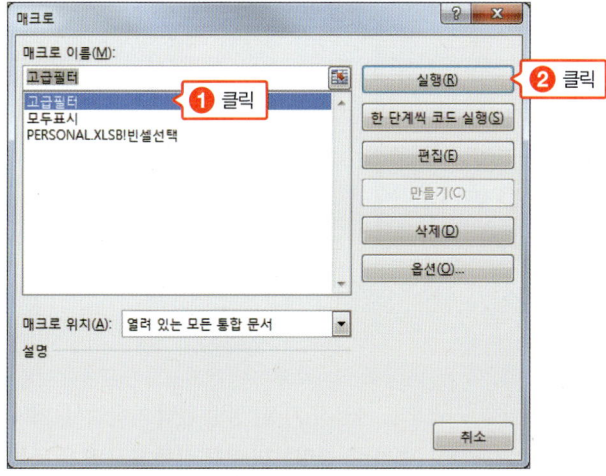

● 바로 가기 키를 사용하여 실행하기

매크로를 기록할 때 [매크로 기록] 대화상자에서 [바로 가기 키]를 지정한 경우에는 [바로 가기 키]를 누르면 해당 매크로가 실행됩니다.

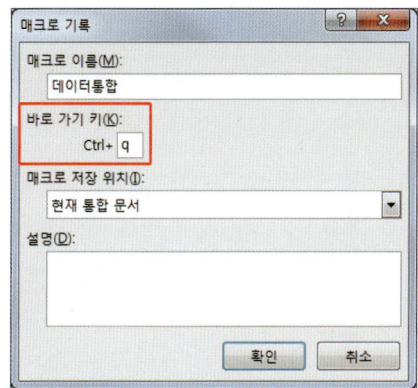

● 개체에 매크로 지정하여 실행하기

도형, 그림이나 컨트롤 개체 등을 만든 후 매크로를 지정할 수 있습니다. [개발 도구] 탭 – [컨트롤] 그룹 – [삽입]을 클릭하여 컨트롤 개체를 삽입할 수 있으며 단추, 목록 상자, 콤보 상자, 옵션 단추 등은 문서 내에서 사용자가 항목을 선택하면 그 결과를 반영하는 개체입니다.

컨트롤 개체를 작성하면 바로 [매크로 지정] 대화상자가 열립니다. 대화상자에서 지정할 매크로를 선택하고 [확인]을 클릭하면 매크로가 지정됩니다. 컨트롤 개체 이외의 개체에 매크로를 지정하려면 개체를 마우스 오른쪽 버튼으로 클릭한 후 [매크로 지정]을 선택합니다. 매크로 지정 대화상자가 열린 후 매크로가 지정된 개체를 클릭하면 매크로가 실행됩니다.

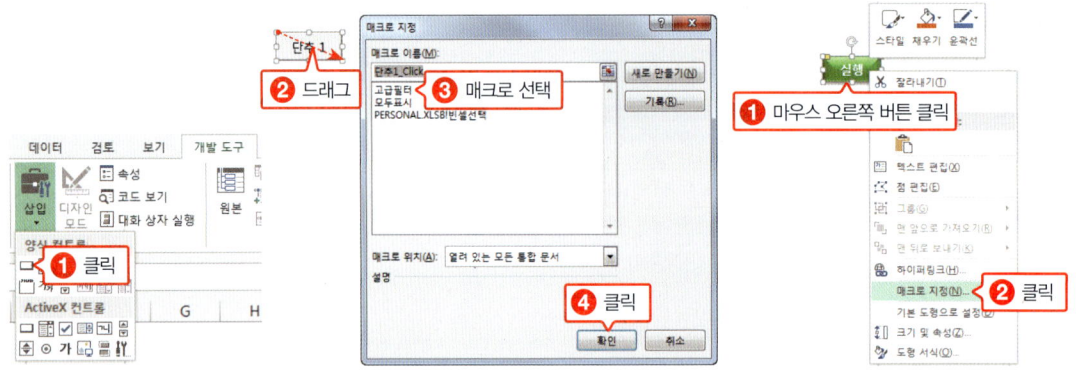

▲ 컨트롤 개체를 삽입하면 [매크로 지정] 대화상자가 열림   ▲ 일반 개체에 매크로 지정

빠른 실행 도구 모음에 매크로 명령 추가하기

빠른 실행 도구를 추가할 때 [Excel 옵션] 대화상자의 [빠른 실행 도구 모음 사용자 지정] 명령 선택 목록에서 [매크로]를 선택하면 기록된 매크로 목록이 표시됩니다. 매크로를 선택하고 [추가]를 클릭하면 빠른 실행 도구 모음 목록에 선택한 매크로가 추가됩니다. [수정]을 클릭하면 매크로 단추를 다른 모양으로 변경할 수 있습니다.

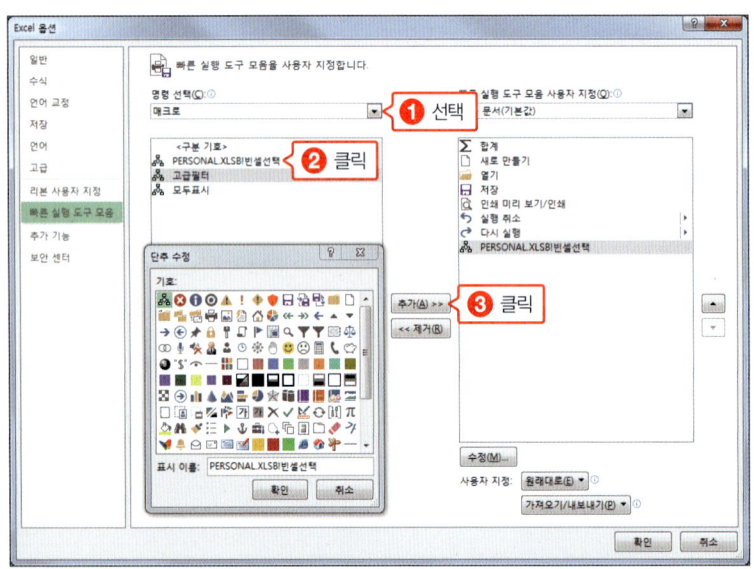

회사통 실무활용 41

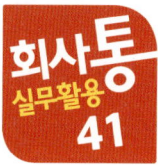

매크로 실행 단추로 매크로 실행하기

2007 | 2010 | 2013

▪ **실습 파일** Chapter12 \ Section02 \ 매물조회.xlsx ▪ **완성 파일** Chapter12 \ Section02 \ 매물조회완성.xlsm

기록한 매크로를 컨트롤 개체 중 단추와 도형에 지정하여 실행해보겠습니다. 또한 '빈셀선택' 매크로는 모든 엑셀 파일에서도 실행할 예정이므로 빠른 실행 도구 모음에 아이콘으로 추가해보겠습니다.

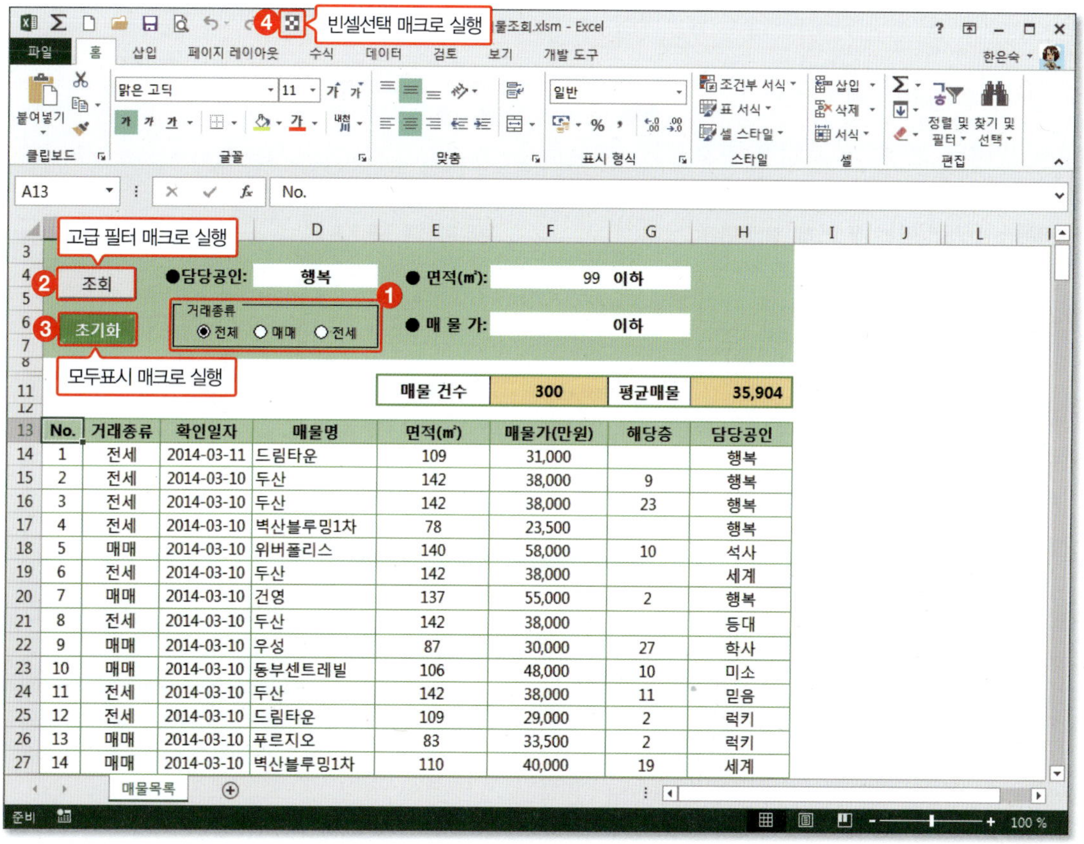

❶ 옵션 단추 컨트롤 서식 지정

❷ 단추 삽입 및 매크로 지정

❸ 도형 삽입 및 매크로 지정

❹ 빠른 실행 도구 모음에 매크로 명령 추가

01 '매물조회.xlsm' 파일을 불러오면 리본 메뉴 아래에 보안 경고 메시지 표시줄이 나타납니다. 기록된 매크로를 사용하기 위해 [콘텐츠 사용]을 클릭합니다.

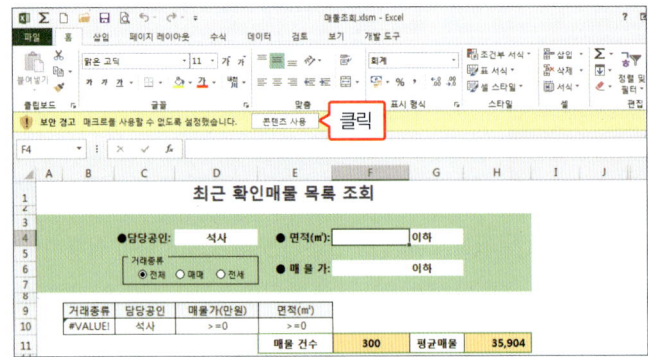

02 옵션 단추 컨트롤 서식 지정하기

미리 삽입해놓은 거래종류를 선택하는 옵션 단추에 컨트롤 서식을 지정해보겠습니다.

① [전체]라고 되어 있는 첫 번째 옵션 단추를 마우스 오른쪽 버튼 클릭

② [컨트롤 서식] 선택

③ [컨트롤 서식] 대화상자의 [컨트롤] 탭에서 [값]을 [선택한 상태]로 클릭

④ [셀 연결]란을 클릭

⑤ [F10] 셀 클릭

⑥ [확인]을 클릭합니다.

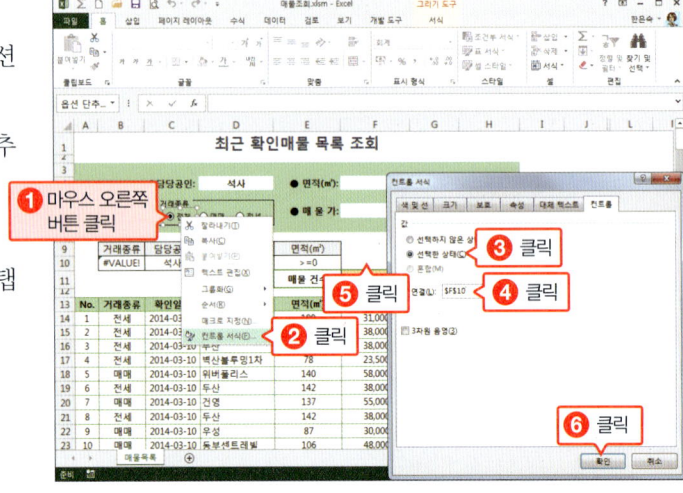

바로 통하는 TIP '거래종류'라고 되어 있는 개체는 [개발 도구] 탭-[컨트롤] 그룹-[삽입] 메뉴 중 양식 컨트롤에 있는 [그룹 상자 ▢]를 삽입한 것입니다. 단순히 보기 좋게 옵션 단추들을 모아서 표시하기 위한 개체이므로 별도의 컨트롤 서식은 지정할 필요가 없습니다.
[옵션 단추]는 [개발 도구] 탭-[컨트롤] 그룹-[삽입] 메뉴 중 양식 컨트롤에 있는 [옵션 단추 ◉]를 삽입한 것입니다. [옵션 단추]를 클릭하면 컨트롤 서식에서 지정한 셀에 옵션 단추의 순번이 들어가게 됩니다. 세 개의 옵션 단추 중 첫 번째 옵션 단추를 선택하면 1, 두 번째 옵션 단추를 선택하면 2, 세 번째 옵션 단추를 선택하면 3이 연결 셀에 들어갑니다. 이 번호는 고급 필터의 조건 범위 중 거래종류 조건 [B10] 셀에 입력된 CHOOSE 함수에서 사용되었습니다.

03 조건 범위 숨기기

① 행 머리글인 9~10행을 드래그한 후 마우스 오른쪽 버튼 클릭

② [숨기기]를 선택합니다.

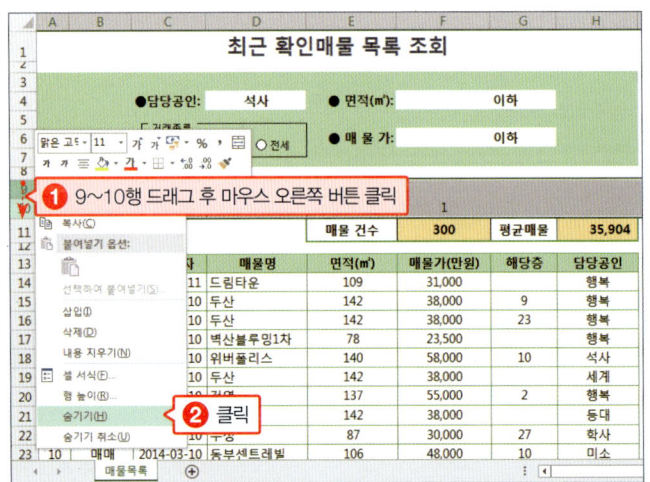

04 단추 삽입하고 매크로 지정하기

단추를 클릭했을 때 매크로가 실행되도록 지정해보겠습니다.

① [개발 도구] 탭-[컨트롤] 그룹-[삽입]-**[단추(양식 컨트롤)]** 선택

② [A4] 셀 위치에 단추를 그리기 위해 **사각형** 드래그

③ [매크로 지정] 대화상자가 표시되면 [고급필터] 매크로 선택

④ [확인]을 클릭합니다.

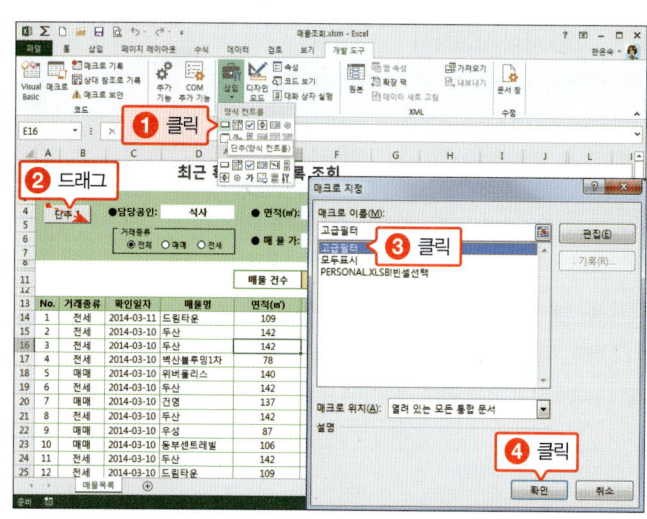

바로 통하는 TIP 양식 컨트롤과 ActiveX 컨트롤의 차이

ActiveX 컨트롤은 주로 VBA로 프로그래밍을 할 때 사용하며 양식 컨트롤은 매크로 기록으로 작성한 매크로를 적용할 때 사용합니다.

05 단추 이름을 수정해보겠습니다.

① 단추 안의 텍스트를 클릭하거나 단추를 **마우스 오른쪽 버튼** 클릭

② **[텍스트 편집]** 선택

③ 단추 이름을 **조회**라고 입력합니다.

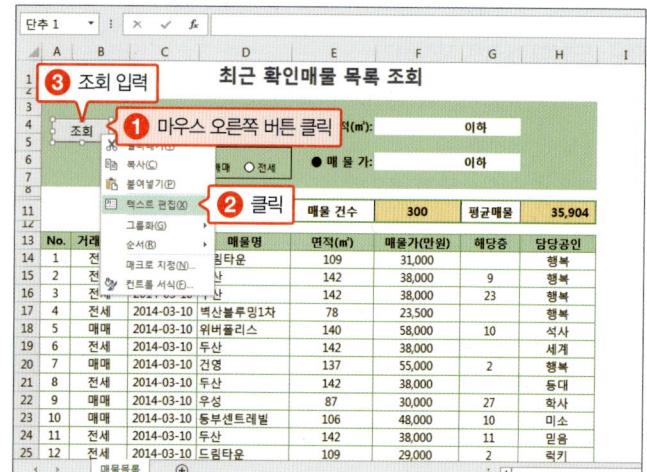

06 도형 삽입하기

① [삽입] 탭-[일러스트레이션] 그룹-[도형]-**[모서리가 둥근 직사각형]** 선택

② 조회 단추 아래에 드래그하여 **사각형** 삽입

③ 삽입한 도형이 선택된 상태에서 **초기화**라고 입력한 후 [ESC]를 눌러 입력을 완료합니다.

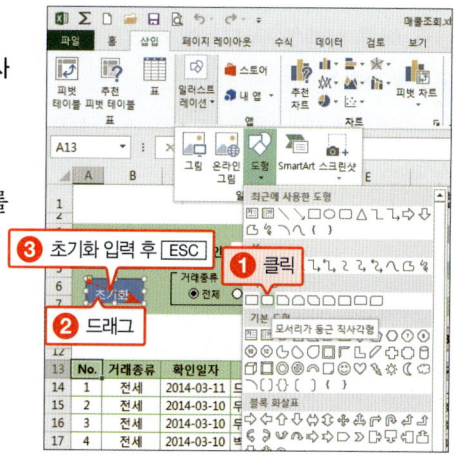

07 도형 서식 지정하기

① [그리기 도구]–[서식] 탭–[도형스타일] 그룹의 스타일 갤러리에서 [색 채우기–녹색, 강조 6] 선택

② [도형 효과]–[기본 설정]–[기본 설정 3] 선택

③ [홈] 탭–[맞춤] 그룹–[세로 가운데 맞춤], [가로 가운데 맞춤] 클릭

④ [글꼴] 그룹–[굵게]를 클릭합니다.

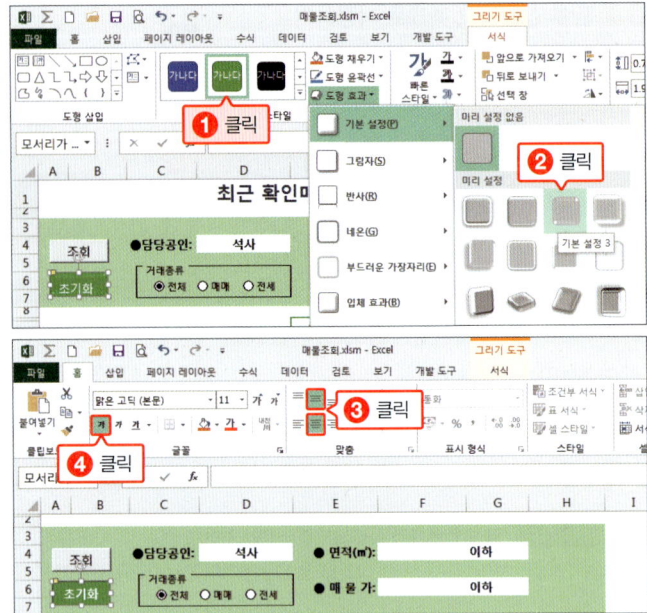

08 도형에 매크로 지정하기

도형을 클릭했을 때 매크로가 실행되도록 지정해보겠습니다.

① 도형을 마우스 오른쪽 버튼 클릭

② [매크로 지정] 선택

③ [매크로 지정] 대화상자에서 [모두표시] 매크로 선택

④ [확인]을 클릭합니다.

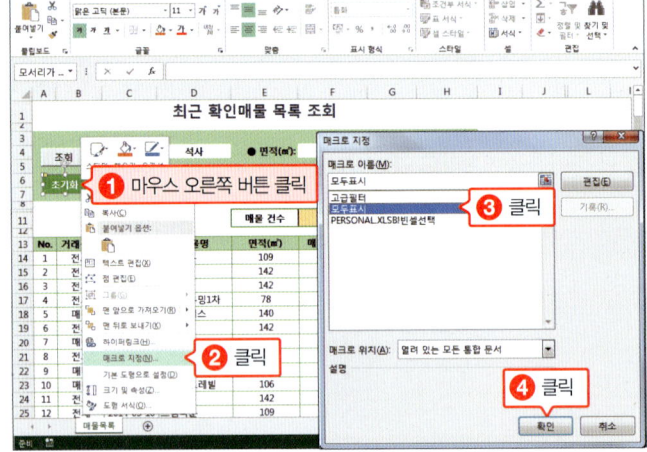

09 빠른 실행 도구 모음에 매크로 실행 도구 추가하기

① 빠른 실행 도구 모음에서 마우스 오른쪽 버튼 클릭

② [빠른 실행 도구 모음 사용자 지정] 선택

③ [Excel 옵션] 대화상자의 [명령 선택] 목록에서 매크로 선택

④ 매크로 목록에서 PERSONAL.XLSB! 빈셀 선택

⑤ [추가] 클릭

⑥ [수정]을 클릭합니다.

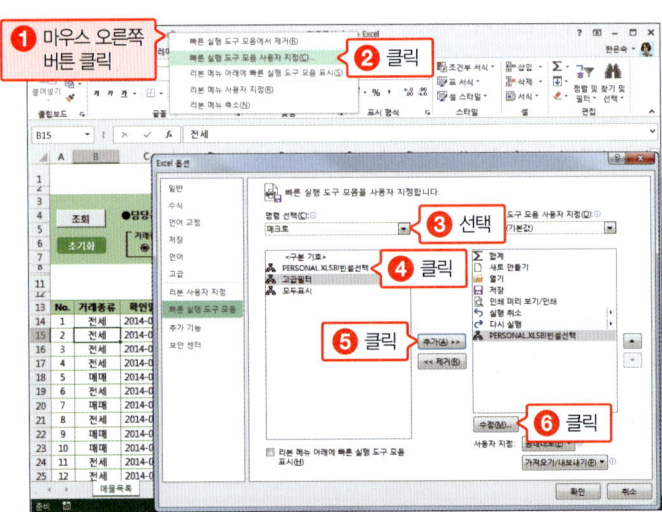

10

① [단추 수정] 대화상자의 기호 목록에서 적당한 모양의 **단추** 선택

② [표시 이름]에 **빈셀선택** 입력

③ [확인]을 클릭합니다.

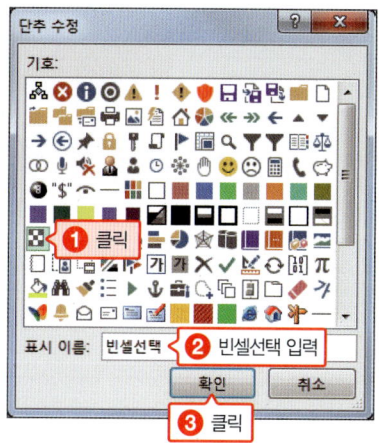

[Excel 옵션] 대화상자에서 [확인]을 클릭합니다.

바로 통하는 TIP 개인용 매크로 통합 문서에 저장한 매크로는 모든 엑셀 파일에서 사용할 수 있어야 하므로 워크시트에 매크로 실행 버튼을 만들지 않고 빠른 실행 도구 모음에 단추를 만들어주어야 합니다.

11 매크로 실행하기

빠른 도구 모음에 추가한 매크로 실행 도구로 매크로를 사용해보겠습니다.

① [D4] 셀에서 [행복] 선택

② [F4] 셀에 **99** 입력

③ [거래종류]에서 [전체] 클릭

④ [조회] 클릭

⑤ 빠른 실행 도구 모음의 [빈셀선택] 클릭

⑥ 다른 셀을 클릭하여 **빈 셀 범위 지정 해제**

⑦ [초기화]를 클릭하면 모든 데이터가 표시됩니다.

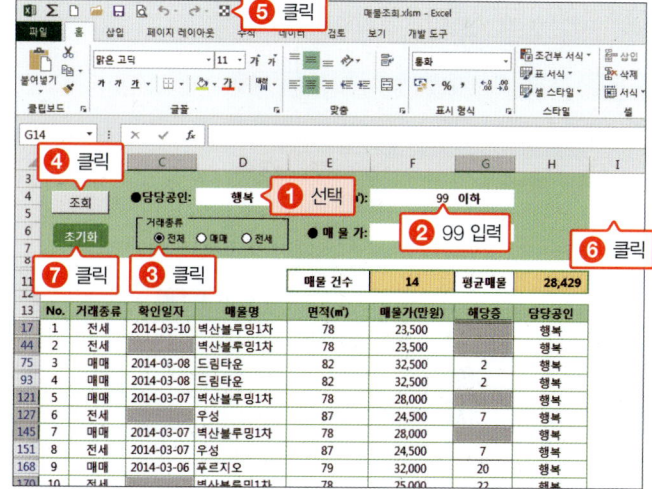

기록한 매크로 중 잘못 기록한 매크로가 있다면 매크로를 처음부터 다시 기록하는 것보다 비주얼 베이식 편집기에서 편집하는 것이 더 편리합니다. 또한 더 이상 사용하지 않는 매크로들을 한꺼번에 삭제하는 방법에 대해서 알아보겠습니다.

매크로 편집하기

기록해둔 매크로를 편집하려면 비주얼 베이식 편집기를 사용합니다. 비주얼 베이식 편집기를 실행하려면 [매크로] 대화상자에서 편집할 매크로를 선택하고 [편집]을 클릭하거나 [개발 도구] 탭−[코드] 그룹−[Visual Basic]을 클릭합니다. Alt + F11 를 눌러도 됩니다.

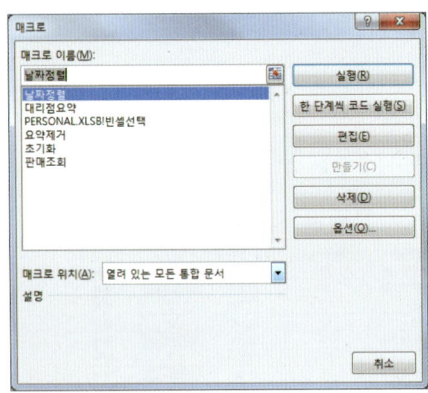

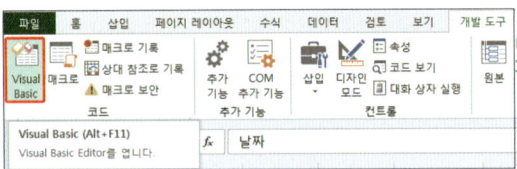

매크로 실행 중 오류가 발생할 때

매크로를 실행했는데 오류가 발생하게 되면 다음과 같이 Microsoft Visual Basic 대화상자가 표시됩니다. [종료]를 클릭하면 창만 없어집니다. [디버그]를 클릭할 경우에는 비주얼 베이식 편집기 창이 표시되고 오류가 생긴 코드에 노란색 표시가 나타납니다. 오류 실행을 중지하고 편집하려면 도구 모음의 [재설정] 버튼을 클릭한 후 코드를 편집합니다.

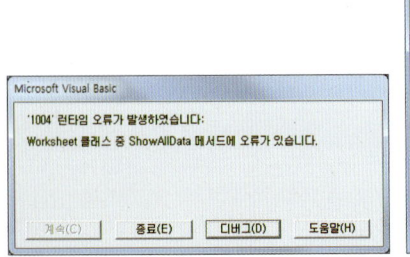

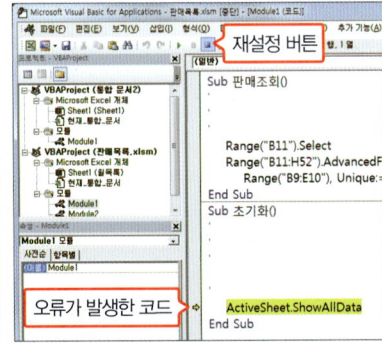

비주얼 베이식 편집기(Visual Basic Editor) 화면 구성

비주얼 베이식 편집기 창의 각 구성 요소는 다음과 같으며 각 구성 요소를 숨기거나 표시하려면 [보기] 메뉴에서 선택합니다.

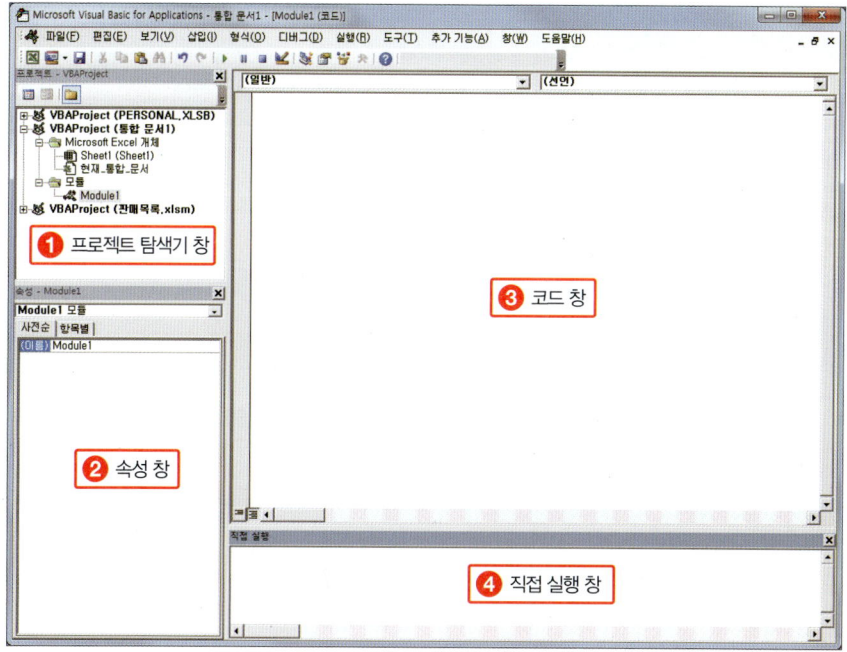

① **프로젝트 탐색기 창** : 현재 열려 있는 모든 통합 문서의 시트와 삽입된 모듈, 삽입된 사용자 정의 폼 등이 표시되어 있습니다. 속성이나 코드를 작성할 개체를 선택합니다.

② **속성 창** : 프로젝트 탐색기 창에서 특정 개체를 선택하면 현재 선택한 개체에 대한 속성이 표시되며 이를 이용하여 각종 속성을 설정합니다.

③ **코드 창** : Visual Basic 코드를 기록, 표시, 편집할 수 있는 공간으로 하나의 모듈 시트에 여러 개의 프로시저를 표시할 수 있습니다.

④ **직접 실행 창** : 코드 창에 작성한 프로시저의 실행 결과를 미리 확인할 수 있습니다.

매크로 삭제하기

① 한 개의 매크로를 삭제할 때는 [매크로] 대화상자에서 선택한 후 삭제하면 편리합니다. ② 여러 매크로를 한꺼번에 삭제하려면 비주얼 베이식 편집기에서 삭제할 매크로의 코딩 부분을 범위로 지정한 후 Delete 를 누릅니다.

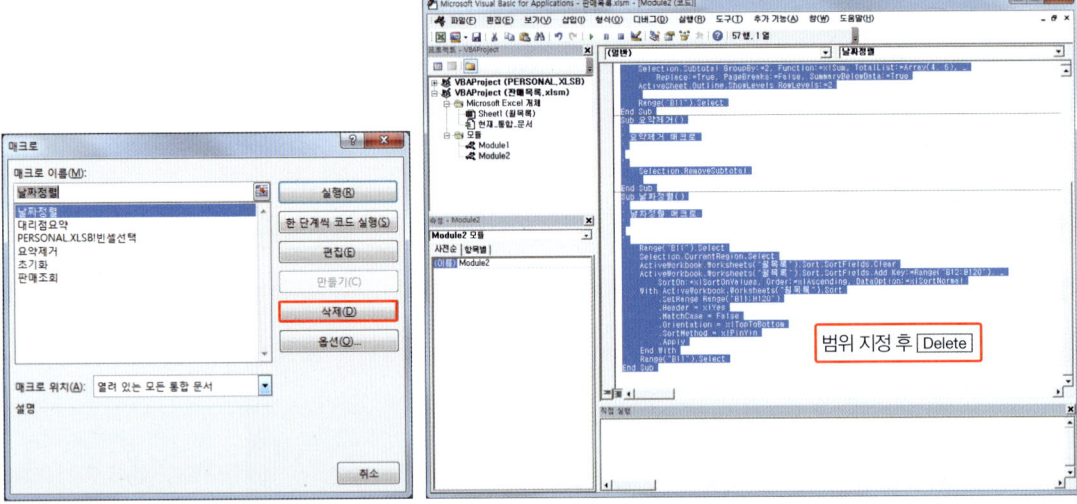

▲ [방법 ①] [매크로] 대화상자에서 선택한 후 삭제   ▲ [방법 ②] 삭제할 매크로의 코딩 부분을 Delete 로 삭제

개인용 매크로 통합 문서 삭제하기

개인용 매크로 통합 문서에 기록된 매크로 여러 개 중 하나를 삭제하려면 비주얼 베이식 편집기에서 해당 매크로가 코딩된 부분을 범위 지정한 후 Delete 를 누릅니다. 개인용 매크로 통합 문서에 있는 매크로가 모두 필요 없다면 아예 PERSONAL.XLSB 파일 자체를 삭제하는 것이 좋습니다. PERSONAL.XLSB 파일의 위치를 알고 싶다면 ① 비주얼 베이식 편집기의 [보기]−[직접 실행 창]을 선택하고 ② 직접 실행 창에 ?application.StartupPath 라고 입력한 후 Enter 를 누릅니다.

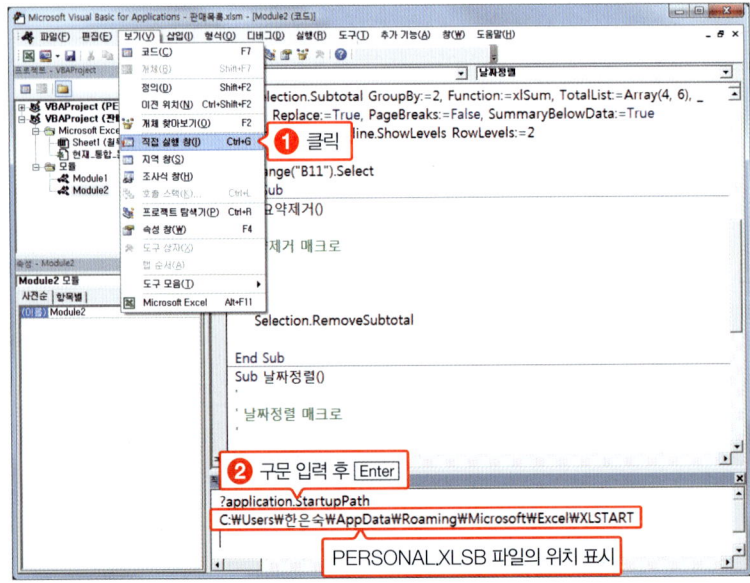

매크로 편집 및 삭제하기

2007 | 2010 | 2013

· **실습 파일** Chapter12\Section03\판매목록.xlsx · **완성 파일** Chapter12\Section03\판매목록완성.xlsm

다음 판매목록 파일에 기록된 판매조회 매크로에는 데이터 범위와 조건 범위가 잘못 지정되어 있습니다. 비주얼 베이식 편집기를 사용하여 판매조회 매크로에 기록된 범위를 수정합니다. 또한 [요약 제거] 버튼에는 부분합 제거 매크로가 지정되어 있는데, 부분합 제거 매크로를 수행한 후 다시 날짜별로 정렬되도록 별도로 기록된 날짜정렬 매크로를 복사하여 추가하도록 합니다.

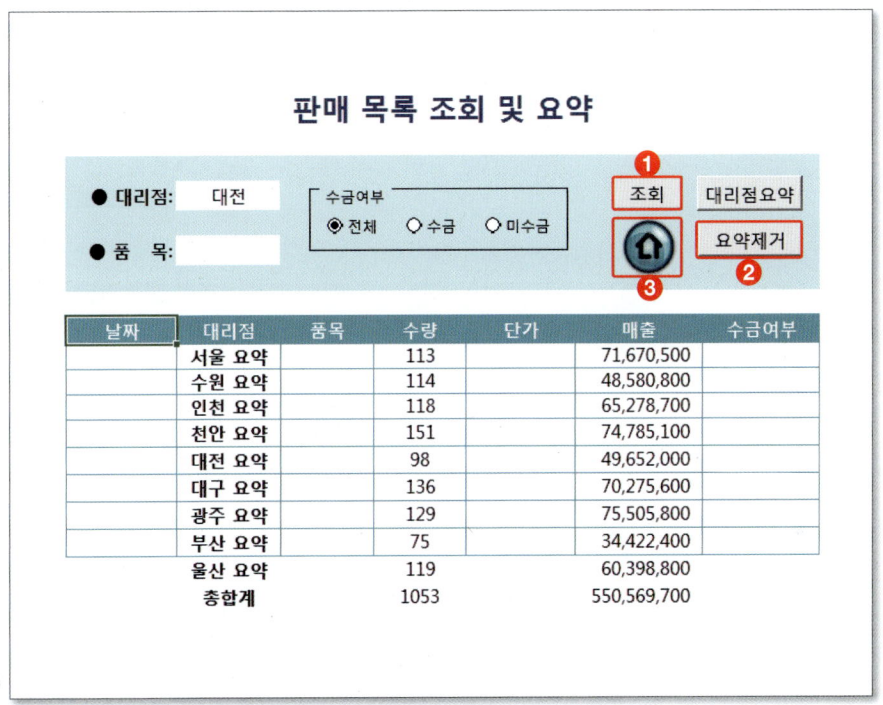

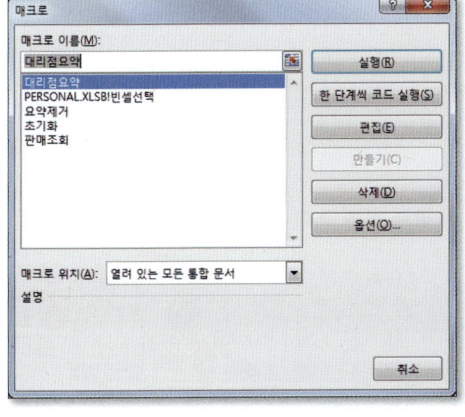

❶ 판매조회 매크로 편집

❷ 요약제거 매크로 편집

❸ 오류 메시지 무시 코드 추가

01 판매조회 매크로 편집하기

[조회]에는 선택한 조건에 따라 고급 필터 매크로가 연결되어 있습니다.

① [조회] 클릭. 고급 필터가 실행되지 않습니다. 잘못 기록된 데이터 범위와 조건 범위를 수정하겠습니다.

② [개발 도구] 탭-[코드] 그룹-[매크로] 클릭

③ [매크로] 대화상자에서 [판매조회] 선택

④ [편집]을 클릭합니다.

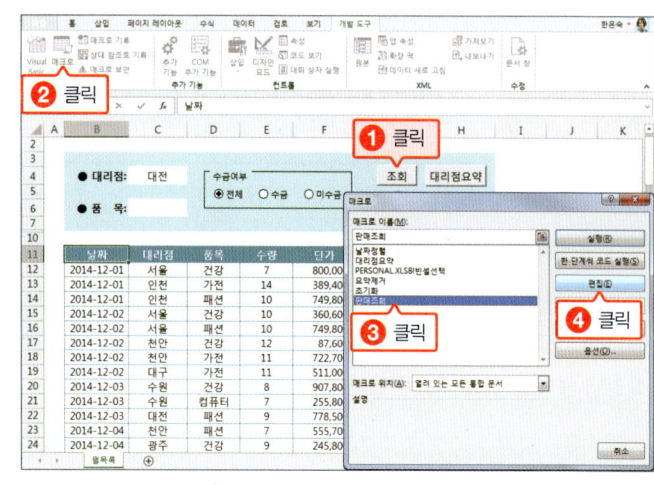

바로 통하는 TIP 데이터 범위 및 숨겨져 있는 조건 범위

숨겨져 있는 8행과 9행의 조건 범위는 다음과 같으며, 판매 목록 데이터 범위는 [B11:H120] 셀입니다.

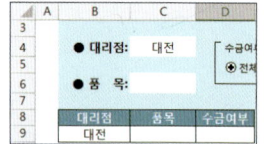

02 매크로 코드를 수정해보겠습니다.

① 비주얼 베이식 편집기 창에서 판매조회 매크로 코드 중 두 번째 줄의 Range ("B11:H52")에서 H52를 **H120**으로 수정

② 세 번째 줄의 B9:E10을 **B8:D9**로 수정

③ 비주얼 베이식 편집기 창의 [닫기] 버튼을 클릭합니다.

바로 통하는 TIP 비주얼 베이식 편집기에서 작업한 내용은 별도로 비주얼 베이식 편집기에서 저장할 필요가 없습니다. 엑셀 문서를 저장할 때 함께 저장됩니다.

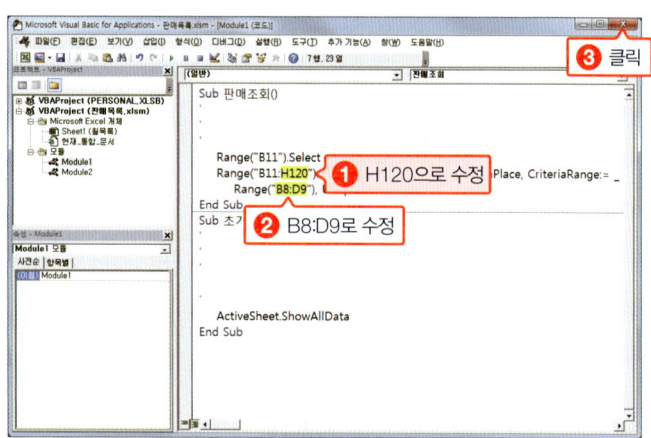

03 요약제거 매크로 편집하기

① 엑셀 화면으로 다시 돌아와서 [조회] 클릭. 조건에 대한 데이터를 추출합니다.

② [초기화] 클릭

③ [대리점요약] 클릭

④ [요약 제거] 클릭. 부분합 제거 후에는 다시 날짜별로 정렬되어야 하는데, 그렇지 않은 것을 볼 수 있습니다.

⑤ 매크로를 편집하기 위해 [개발 도구 탭] -[코드] 그룹-[Visual Basic]을 클릭합니다.

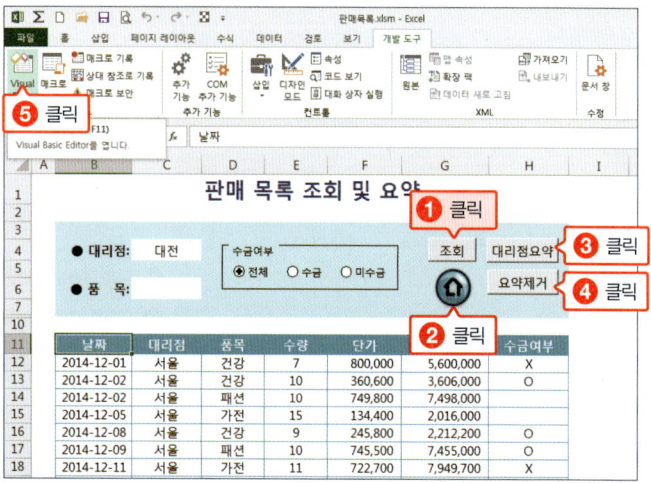

04 코드 창에서 직접 매크로를 수정해보 겠습니다.

① 프로젝트 탐색 창의 모듈 폴더 아래에 있는 [Module2] 더블클릭

② **날짜정렬 매크로** 코드 범위를 드래그 후 마우스 오른쪽 버튼 클릭

③ [복사] 선택

④ **요약제거 매크로의 코드 끝부분** 클릭 빈 줄이 없다면 [Enter]를 눌러 빈 줄을 삽입합니다.

⑤ [Ctrl]+[V]를 눌러 붙여넣기합니다.

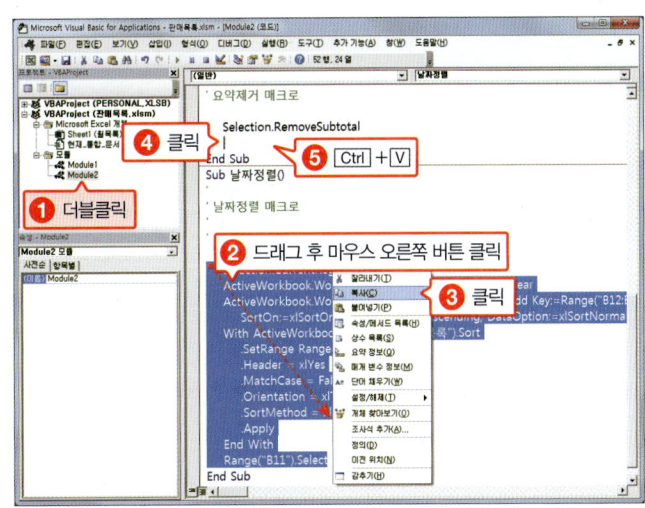

05 매크로 삭제하기

코드 창에서 직접 매크로를 삭제해보겠습 니다.

① **날짜정렬 매크로부터 맨 끝의 품목정렬 매크 로까지** 코드 범위 드래그

② [Delete]를 눌러 삭제

③ 비주얼 베이식 편집기 창의 [닫기] 버튼 을 클릭합니다.

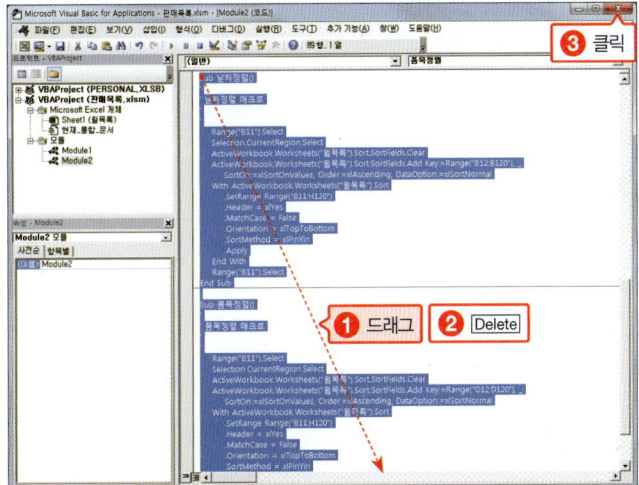

06

① 엑셀 화면으로 돌아와서 [대리점요약] 버 튼 클릭

② [요약 제거] 버튼 클릭 부분합이 제거된 후 날짜별로 정렬됩 니다.

③ [개발 도구] 탭-[코드] 그룹-[매크로]를 클릭하면 날짜정렬과 품목정렬 매크로 가 삭제된 것을 볼 수 있습니다.

④ [취소]를 클릭합니다.

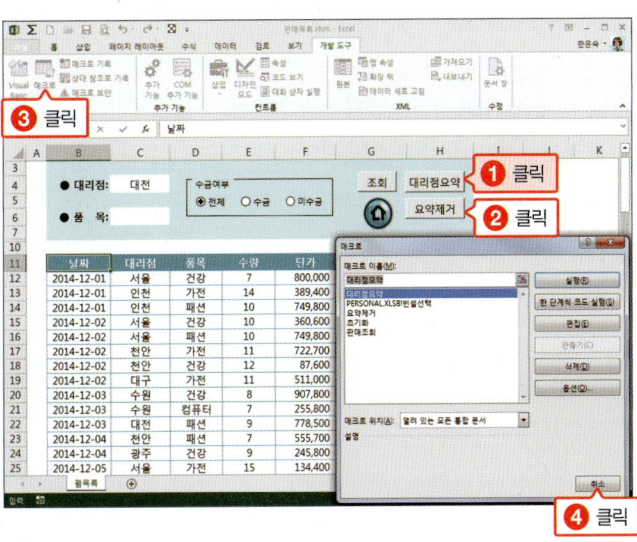

07 오류 메시지 무시 코드 추가하기

① [조회] 아래에 있는 [초기화] 매크로 버튼
클릭

이미 초기화 상태에서 초기화 매크로를
실행했기 때문에 오류 메시지 대화상자
가 표시됩니다.

② [디버그]를 클릭합니다.

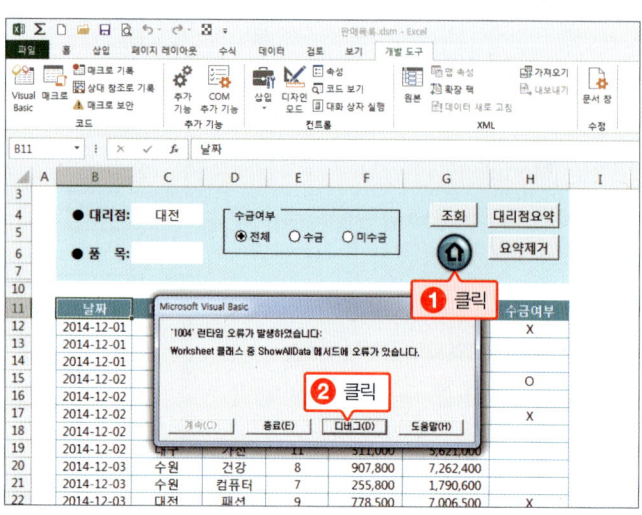

08 매크로 코드 위에 'On Error Resume Next'라는 구문을 입력해놓으면 [초
기화] 매크로 버튼을 아무리 눌러도 오류
메시지 대화상자가 표시되지 않습니다. 이
구문은 프로그램 전체 진행에 큰 문제가 없
는 경우 나머지 작업을 진행하도록 할 때
주로 사용합니다.

① 초기화 매크로 코드 ActiveSheet.Show
AllData 위에 **On Error Resume Next**
입력

② 도구 모음에서 [재설정] 클릭

③ 비주얼 베이식 편집기 창의 [닫기] 버튼
을 클릭합니다.

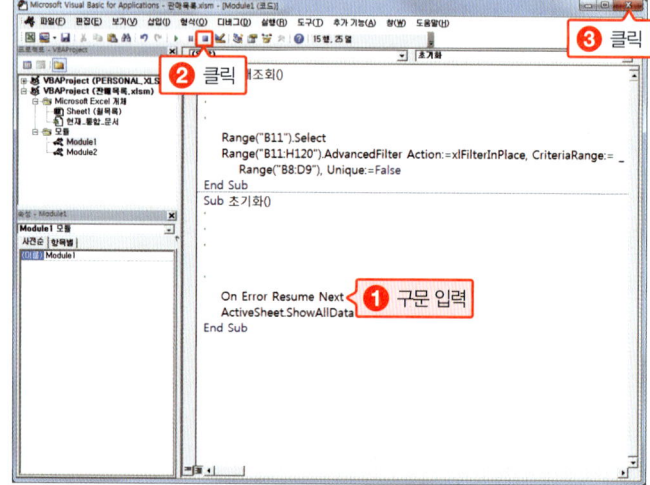

09 이제 [초기화] 버튼을 클릭해도 오류 메
시지 대화상자가 표시되지 않습니다.

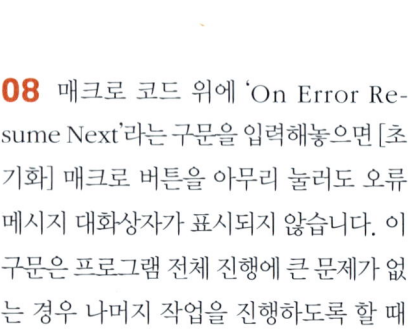

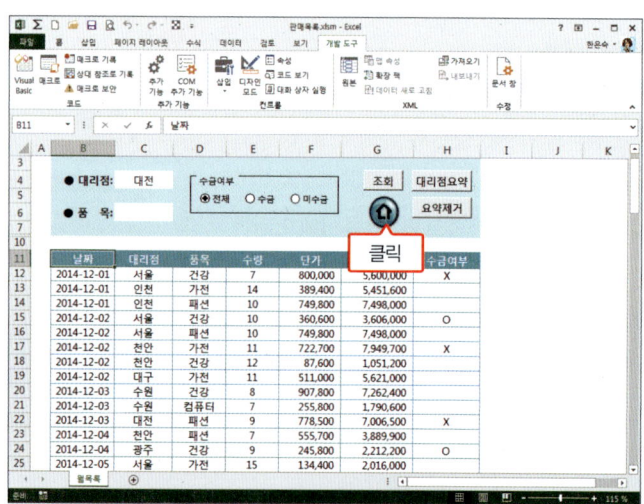

찾아보기

한빛미디어의 오피스 학습 로드맵을 이용하면 스스로의 오피스 활용 능력을 점검하고 앞으로 공부해야 할 부분이 무엇인지 한눈에 확인할 수 있습니다.

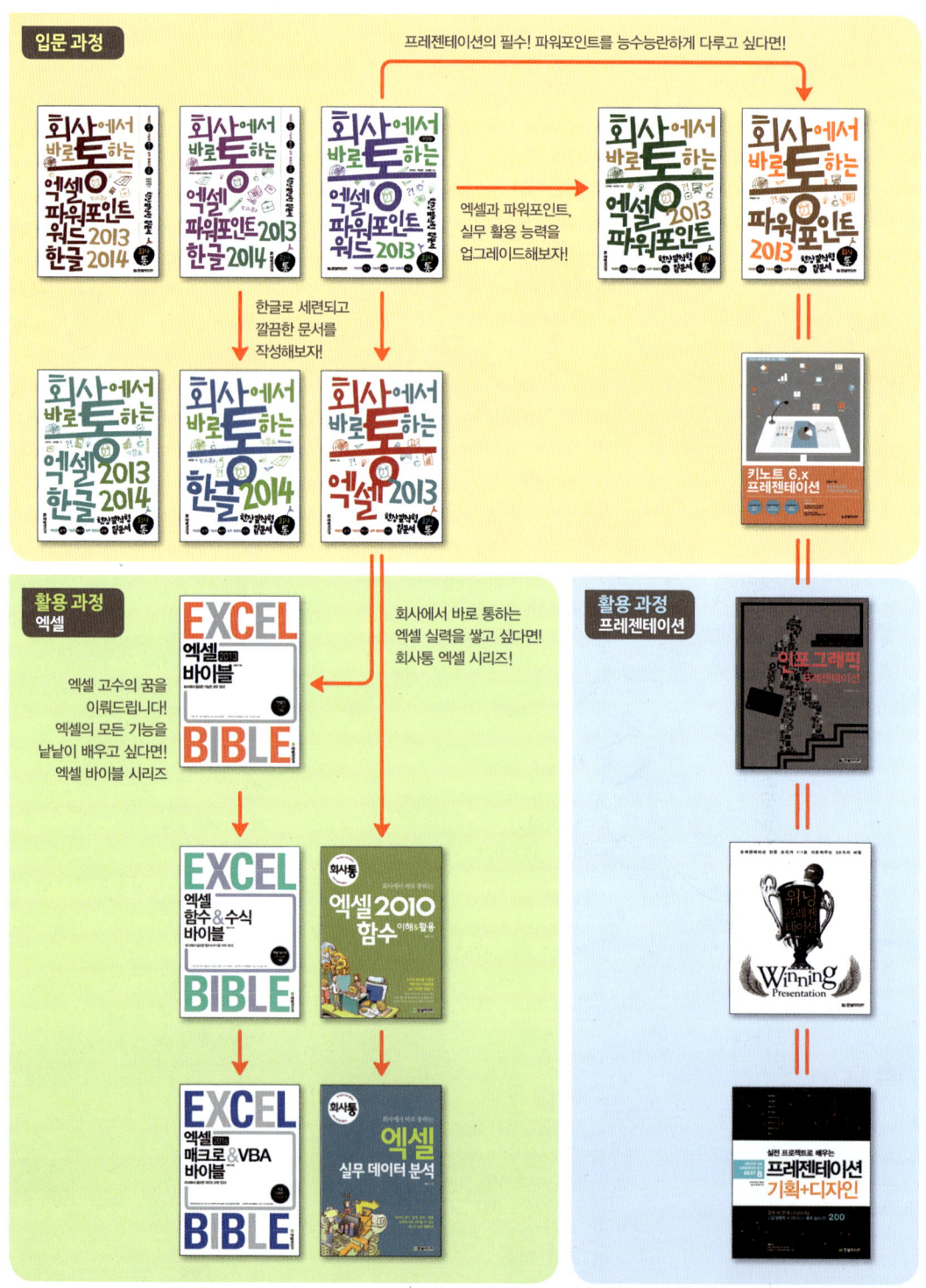